西安电子科技大学年鉴

（2022卷）

西安电子科技大学党政办公室　编

西安电子科技大学出版社

图书在版编目（CIP）数据

西安电子科技大学年鉴. 2022 卷 / 西安电子科技大学党政办公室编. -- 西安：西安电子科技大学出版社，2024.12. -- ISBN 978-7-5606-7514-5

Ⅰ. G649.284.11-54

中国国家版本馆 CIP 数据核字第 2024D0S026 号

责任编辑 孟秋黎

出版发行 西安电子科技大学出版社（西安市太白南路 2 号）

电　　话 (029)88202421　88201467　　邮　　编 710071

网　　址 www.xduph.com　　电子邮箱 xdupfxb001@163.com

经　　销 新华书店

印刷单位 咸阳华盛印务有限责任公司

版　　次 2024 年 12 月第 1 版　　2024 年 12 月第 1 次印刷

开　　本 880 毫米×1230 毫米　1/16　　印张 36

字　　数 996 千字

定　　价 150.00 元

ISBN 978-7-5606-7514-5

XDUP 7815001-1

＊＊＊ 如有印装问题可调换 ＊＊＊

顾　问：任小龙　张新亮

策　划：朱文凯

组稿负责人（排名不分先后）：

柳潇　苗启广　靳珠　房亮　毛立强　季庆阳　卢硕

吴秀霞　傅超　李勇强　容岚　邓成　林波　苏涛

张君博　王爽　田聪　于磊　于海涛　刘欣　倪伟

沈玉龙　韩光　樊稳　刘建锋　李波　李团结　秦明

郭涛　韩卿　杨震　黄大林　王晓辉　魏峻　李云松

杨光暲　丁金闪　崔江涛　李青山　梁玮　訾斌　独国社

徐淮良　黄军荣　郭立新　柴建　李耀平　杨生海　薄立军

刘文博　石福祁　徐战利　陈会林　肖刚　郑雪峰　朱樟明

马晓华　王丽玲　王忠良　朱伟　周峰　宋刚锋　杨丽

张美茹　李晖　张毅　侯彪　周燕来　李刚　张玉振

刘丰雷　王从思　邓军　姜文　张武军　郭彤　高维岳

董大威　李鹏　刘小东

主　编：蔡固顺

副主编：吴华

编　辑：寇瑜　石凤苗

目　录

★ 重 要 文 献 ★

★ 机构与干部工作 ★

★ 党建与思想政治工作 ★

★ 发展规划与综合管理 ★

★ 人 才 培 养 ★

★ 科研产业 ★

★ 人才队伍 ★

★ 交流与拓展 ★

★ 管理服务 ★

★ 表彰与奖励 ★

★ 大 事 记 ★

★ 重要文献 ★

学校年度工作要点、工作总结

西安电子科技大学 2022 年工作要点

总体思路： 以习近平新时代中国特色社会主义思想为指导，深入学习贯彻党的十九大和十九届历次全会精神，认真贯彻落实习近平总书记关于教育的重要论述，迎接二十大，学习贯彻党的二十大精神，深刻认识“两个确立”的决定性意义，增强“四个意识”、坚定“四个自信”、做到“两个维护”，完整、准确、全面贯彻新发展理念，融入服务新发展格局，坚持和加强党对学校工作的全面领导，全面贯彻党的教育方针，落实立德树人根本任务，围绕“双一流”建设总体目标，瞄准“十四五”战略任务，抓紧抓实“一个根本、三大高地、四个支撑和一项保障”，攻坚克难，守住底线，以高质量发展新篇章迎接党的二十大胜利召开。

一、坚定不移用习近平新时代中国特色社会主义思想铸魂育人，确保学校始终成为坚持党的领导的坚强阵地

1. 深化对党的创新理论的学习宣传和理解运用。把学习贯彻习近平新时代中国特色社会主义思想作为首要政治任务，深入学习贯彻习近平总书记关于教育的重要论述，切实把习近平总书记重要指示批示、党中央重大部署和部党组决策转化为推动事业高质量发展的具体落实举措。开展迎接二十大以及学习、宣传党的二十大精神系列活动，全力营造喜迎党的二十大浓厚氛围。巩固拓展党史学习教育成果，建立“我为群众办实事”长效机制，深入推进党的历史和创新理论进教材、进课堂、进头脑，深化“四史”教育。加强学校习近平新时代中国特色社会主义思想研究中心建设，力争产出高水平研究成果。

2. 始终把政治建设摆在首位。坚持把学习贯彻习近平总书记重要指示批示精神作为党委全委会、常委会和校长办公会的“第一议题”，全面贯彻党的教育方针，推动《关于贯彻落实习近平总书记对我校十名同志及全校教师的亲切问候和嘱托的行动方案》落地见效，严格落实《加强党的政治建设的若干措施工作台账》。完善党的全面领导体制机制，推进《中国共产党普通高等学校基层组织工作条例》落实落地落细，系统修订完善学校相关制度，健全党委领导下的校长负责制，把党的领导覆盖办学治校各领域、贯穿教育教学各环节、融入人才培养各方面。

3. 持续推动基层党组织全面进步、全面过硬、全面提升。实施基层党建质量提升工程，努力构建高质量党建工作体系，深入实施“对标争先”建设计划(一个党委一个品牌、一个支部一个特色，一名党员一项承诺)，深化党建“双创”工作，发挥好标杆院系、样板支部的示范带头作用。增强基层党组织政治功能，进一步推动党建与业务工作的深度融合，持续推进“智慧党建”，认真落实院(系)党组织书记政治能力提升计划、教师党支部书记“双带头人”队伍质量攻坚计划、大学生党支部书记骨干培

养计划和党员先锋工程，提高离退休教职工党建工作标准化规范化水平。认真做好学校第十三次党员代表大会筹备工作。坚持“四个不摘”，聚焦“五大振兴”，接续做好中央单位定点帮扶工作，完成好陕西省“双百工程”工作。

4. 严格落实意识形态工作责任制，确保学校安全稳定大局。深入学习贯彻习近平法治思想，自觉运用法治思维和法治方式推动工作，完善依法治校工作机制。完成学校有关章程修订并报教育部核准，依据有关章程完善内部制度规范。持续推进奋进包容的校园文化建设，进一步梳理凝练西电精神文化谱系，形成凝聚人心、鼓舞士气的思想共识和精神力量。继续推动省级文明校园创建工作。严格落实意识形态工作责任制，加强意识形态阵地管理，筑牢“三微一端”等阵地。强化保密宣传教育，压实保密责任。从严从紧科学精准做好新冠疫情常态化防控，全力守护师生生命健康。坚持底线思维，加强安全稳定体系建设，常态化开展校园安全隐患和矛盾纠纷排查化解，巩固校园安全专项整顿成果，防范化解重大风险，筑牢校园安全防线。

5. 坚持严的主基调，继续推进全面从严治党向纵深发展、向基层延伸。压实全面从严治党主体责任，强化监督执纪问责，持续优化政治生态和育人环境。聚焦“两个维护”，做实做深政治监督，做细日常监督，推动专项监督，强化内部审计监督，打通各类监督贯通衔接的断点堵点，抓好重点领域廉政风险防控，制定《监督工作联席会议制度》，修订《管理工作人员问责实施办法》。一体推进不敢腐、不能腐、不想腐，持续打好反腐败斗争攻坚战持久战，实现 2021 年之前自办类问题线索清零；推进警示教育常态化制度化，加强对违纪违法案件的查处和通报曝光力度，发挥好案件查办后续效果，深化源头治理。严肃查处诬告陷害行为，对检举控告失实、受到诬告陷害的及时澄清正名。锲而不舍落实中央八项规定及其实施细则精神，驰而不息纠“四风”树新风，持续深化群众反映强烈的突出问题专项整治，开展“永葆自我革命精神”主题教育，营造严的氛围。推进巡视巡察整改上下联动，探索并建立整改促进机制、评估机制，出台《关于加强巡察整改和成果运用的实施办法》，开展好整改“回头看”，完成二级党组织巡察全覆盖。

6. 建设忠诚干净担当的高素质专业化干部队伍。把政治标准放在首位，树立担当作为的鲜明导向，抓好干部“育选管用”，为干部“精准画像”。强化教育培训和实践锻炼，着力提高干部政治能力和专业素养。加强干部调训和专题培训力度，提升培养培训的系统性、针对性、实效性，有计划选派一定数量干部参加一个月以上的校外脱产培训，办好暑期干部读书研讨班、新任中层干部培训班等重点培训班次。大力发现和培养优秀年轻干部，注重选派年轻干部到急难险重任务一线增长才干，在攻坚克难中考验干部。选优配强中层班子，积极有序推进干部交流，优化干部成长路径。继续落实好引进领导人员聘任管理办法，柔性引进高水平专家，指导和带动年轻干部成长发展。做实做细干部管理监督，完善考核评价机制，强化关心关爱，激励干部担当作为。

7. 开创统战和群团工作新局面，巩固团结奋斗的共同思想基础。完善大统战工作格局，提高统战工作科学化、规范化、制度化水平，推动统战信息化应用创新。支持各民主党派加强自身组织建设，充分发挥学校各民主党派、各级人大代表和政协委员的重要作用，围绕国计民生、学校中心工作、重大事项撰写高质量议案提案，切实提升参政议政能力。加强党外知识分子思想引领，召开第二届“知联论坛”，完善领导干部联系党外代表人士谈心谈话制度，引导党外知识分子立足岗位做贡献。深化民族团结进步教育。进一步加强教代会建设和工会工作，提高建议提案办理工作能力和效果，完善大病关爱互助保障政策，加大补助力度。做好老同志生活关心、精神关爱和思想引导，探索完善离退休人员两级管理服务机制。推进新时代关工委建设。迎接中国共青团建团 100 周年，加强共青团和学生组织规范化建设，扩大志愿者服务和社会实践活动的覆盖面，开展好大学生课外科技活动，打造一批优秀社团和品牌活动，创作一批反映西电办学历史与传统的文艺精品。

二、落实立德树人根本任务，全面提升人才培养质量

1. 体系化推进红色育人，完善大思政工作格局。推进习近平新时代中国特色社会主义思想进教材、进课堂、进头脑，发挥课堂教学铸魂育人主渠道作用。开好“习近平新时代中国特色社会主义思想概论”课程，加强以习近平新时代中国特色社会主义思想为核心内容的思政课课程群建设。推进落实时代新人培育工程，深化“三全育人”综合改革，发挥“十大育人”体系凝聚育人合力作用，挖掘校庆、校史、校友中的育人资源，培育一批西电特色红色育人载体和品牌。开展“青春使命”主题教育和“做新时代西军电人的责任使命”大讨论。推进“AI＋思政教育”，开展精准思政和学生服务。把科学家精神融入研究生思政教育，继续打造“三好三有”导学思政育人特色品牌。加强思政课教师、辅导员和心理健康教师队伍建设，提升马克思主义学院建设水平。加强“一站式”学生社区综合管理，深化书院制改革。全面落实《体育教育改革实施方案》《美育教育改革实施方案》，打造“一院一品”劳动教育品牌，实施心理育人质量提升工程。建立就业质量综合评价机制，总结就业育人典型案例，加强就业创业典型人物宣传，持续引导学生到国家重点战略单位建功立业，本科生就业率不低于95%，研究生就业率不低于98%。统筹做好2020级、2021级本科生军训工作。

2. 加强统筹协同，体系化培养拔尖创新人才。统筹协调发展以培养未来科学家为目标的基础学科拔尖创新人才基地、以培养创新人才为目标的教改班、以培养卓越工程师为目标的卓越班、以培养特色领域领军人才为目标的各类试点班，明确目标定位，分类培养。加强统筹规划，配置专班研究设计，深化培养体系和方案改革，研究探索科学鉴才、分类培养和综合评价机制，设置名师引领，推动书院制、学分制和国际化改革，优先推动数字化转型和智能升级的教育教学改革试点。2022年第一批学生正式进入新体系培养。

3. 强化基础厚实、实践创新能力强、产教融合、“人工智能＋教育”的育人特色。全面梳理优化数理课程和学科基础课程体系，针对不同学生设置分层分类的数理基础能力培养体系，按照“高阶性、创新性、挑战度”要求，提升数理基础课程教学质量和师资水平。优化工程训练环节设计和课程体系，推进智能制造与电子封装共享中心建设，打造西部领先的跨学科工程实践与创新能力培养平台。深化与行业领军企业的合作，加强国家集成电路产教融合创新平台建设，培育建设国家人工智能产教融合创新平台，组织申报国家级创新创业学院、创新创业实践教育中心，依托异地研究院培育建设产教融合示范基地，积极参与建设国家级产教融合研究生联合培养基地。深化信息技术与教育教学融合创新，推动教育数字化转型和智能升级，丰富数字教育资源和服务供给，改进课堂教学模式和学生评价方式，拓展西电智课平台功能，为教师开展双空间教学减轻工作量，为学生提供更多样化的学习资源。成立eMOOC联盟，建设大师/名师MOOC课程，落实教育部“慕课西部行计划”。力争“AI＋教育中心”成为全国高校“人工智能＋教育”创新实验区、引领示范区。

4. 巩固本科教学基础优先地位，做好新一轮本科教育教学审核评估工作。对标第一类审核评估指标体系，补短板、强特色，根据一流人才培养系统的建设目标，结合审核评估的具体要求，出台《关于进一步加强本科教学的若干举措》，通过合理设置教学岗位，优化教师考评体系，设置一流专业专项职称奖励指标，选树一大批面向一线、覆盖面广的教学先进典型，构建完善新生导师制等举措，鼓励引导更多教师将主要精力投入人才培养。落实新时代本科质量工程，深化专业、教材、课程、实验实践、创新创业和师资队伍等方面建设，统筹卓越拔尖人才培养，推进新工科、新文科、急需专业和新兴交叉专业的发展，推动实验室开放共享体系建设。以培育产生国家级教学成果奖为抓手，深入梳理、全面展示人才培养和教育教学改革成果。对标教育部关于网络教育试点总结性评估指标体系，做好迎接专家组检查评估的准备工作。

5. 深化研究生教育综合改革，提升研究生特色教育品牌。全面实施“1 个主方案 + 8 个专项计划 + 6 项主要举措 + N 个配套”的系列改革政策。加强研究生教育质量监督体系建设，出台《学生科研硬成果认定办法》，强化学位论文抽检结果的反馈使用，稳步推进 2020—2025 年学位授权点周期性合格评估。深化产教融合研究生联合培养，发挥异地研究院产业资源集中的优势，推进高质量产教融合，确保异地研究院研究生培养高水平高质量。

三、深化一流建设，打造学科、人才队伍、科技创新“三大高地”

1. 加强顶层设计，强化一流学科群建设。全面落实三部委《关于深入推进世界一流大学和一流学科建设的若干意见》，结合第五轮学科评估结果，深入开展学科发展分析，对优势学科、基础学科、交叉学科和新兴学科加强分类指导，优化人事、科研、人才培养等引导支持政策，修订《学科建设经费管理办法》。巩固提升“3 + 1”学科实力的同时，稳步推进集成电路研究院建设，加强集成电路科学与工程一级学科建设。出台《关于加强基础学科建设的若干举措》，强化数学、物理、化学、生命科学、材料等基础学科建设，探索长周期、多元化的考核与评价方法。开展基础学科、潜力学科小同行评估活动，组织国内外同行专家为学科发展把脉建言。

2. 打造与一流学科相匹配的一流人才队伍。加强教师思想政治素质和师德师风建设，加强教师典型选树，持续做好师德教育，强化教师思想政治素质考察。精心培育战略科学家、学术领军人才和高水平创新团队，培养一批具有国际竞争力的优秀青年人才，打造高素质专业化创新型教师队伍。探索学科建设与人才引聘联动工作机制，进一步明确学院人才引聘规模与团队建设、学科发展的关系。加大海外人才和青年人才的引进力度，建设高层次人才储备库，落实青年人才常态化联络与发展跟踪机制。校院协同落实好新一轮教师岗位聘任工作。

3. 深化评价机制改革，引导教师实干深耕。继续推动“破五唯”，坚持“以贡献论英雄”，修订学校职称评聘办法。扩大教师长周期考核试点范围，引导更多教师潜心育人。推进专技岗位改革，解决专技人才引育、岗位设置、聘任等问题，抓好实验室技术人才队伍建设。

4. 深化科研体制机制改革，强化有组织科研。出台《科研平台实体化建设方案》，确保国家级重点实验室重组优化顺利通过，深度融入国家实验室建设体系，积极推进国家级重点实验室培育并力争新建立项，全力推动国家工程研究中心通过验收，加快前沿科学中心、重大基础设施、基础研究科学中心培育，新增省部级平台 3 个。出台《关于进一步做好有组织科研的若干举措》。围绕若干优势科研领域，推进从基础研究、技术攻关到成果转化的全体系创新链建设。以重大工程和装备等为牵引，探索构建跨学科跨学院的创新联合体和创新联盟。开展基础研究、人文社科和国防科研等分类评价改革。实施青年教师科研能力提升计划。强化国家重大科研项目的质量与服务保障体系建设。新增承接国家重大科研项目不少于 20 项，科研经费争取突破 18 亿元。做好科技奖励工作，争取获批国家科技奖励 1 或 2 项。

5. 推动创新链产业链深度融合。深度融入秦创原建设，落实学校《秦创原创新驱动平台建设三年行动计划》，争取获批陕西省专利导航服务基地，推动科技创新成果在秦创原转化落地。年度成果转化项目到款不低于 4.5 亿元(专利许可转让金额不低于 3000 万元)。完成科技园整改任务，打造具有西电特色的创新创业孵化器。建立完善校企合作项目信息资源库。

四、提升治理能力，强化信息化、国际化、管理服务、资源条件“四个支撑”

1. 强化信息化支撑，打造“人工智能 + 教育”标杆大学。完善“六新”信息化建设体系，加强数据治理，推动资源共享和集约使用，加速校园“数字大脑”落成。按照“应用为王、服务至上”的要求，构建获得感更高的师生服务体系和支撑力更强的师生发展体系，优化“一网通办”，加强 PC 端、手机端、自助打印终端等校级统一服务平台建设，打造“微西电”，提供“微服务”；建设完善学科发展动态监测平台、学生能力证书、学业“红绿灯”、教师全生命周期服务平台和全流程科研能力支持体系等，遴选 3～5 个具有西电特色的标杆应用，打造全国性品牌。

2. 强化国际化支撑，高质量推进国际交流与合作。优化全球合作网络布局，依托“慕课出海”计划，深化拓展对非洲高校的优质教育资源输出。确保中美合作办学项目开好局，推动中法、中英 2 个合作办学项目提质增效。加大师生到海外一流大学联合培养和深造力度。做优来华留学示范基地，全力通过来华留学质量再认证，落实来华留学研究生招生改革方案，吸引优质生源。增强国家级科研平台、学科创新引智基地、中德法兰克福研究中心等平台的辐射作用，鼓励学院主动对接国外一流高校和研究机构开展实质性合作，发挥归国留学人员对外合作交流作用。适时开展对基础学科、潜力学科的国际评估、小同行评估。按照具有国际影响力的一流期刊标准，高起点办好《信息与智能学报(英文)》。

3. 强化管理服务支撑，提升管理服务的规范化水平和效率效果效益。建设财务诚信体系，出台《财务诚信评价办法》。扩大二级单位内控建设试点范围，修订合同管理制度，完善资产经营公司内控体系。规范非学历教育管理，促进非学历教育健康有序发展。平稳有序做好义务教育“公参民”清理整顿。出台《预算绩效管理办法》，建立全过程预算分配和管理新模式。推进仪器设备开放共享有关制度落地落细，完善大型仪器设备共享虚拟公共平台。优化公房管理，强调共享共用，强化监督考核，提升使用效益。出台并推动落实“1 + 14”采购制度新体系，探索学校自行组织科研仪器设备政府采购方案，落实好采购专员和采购大户定期交流、重点项目需求审查等机制。稳妥推动后勤综合改革，优化体制机制激发活力，精简规模，规范用工，降低用工风险，多措并举降低能耗；加强专业技术人员队伍建设，强化服务标准与考核评价，切实提升后勤保障服务质量、水平和师生满意度。优化“一站式”大厅服务内容，深化“最多跑一次”改革。

4. 强化资源条件支撑，提升广大师生的获得感、幸福感、安全感。开源节流，多渠道筹集资金，全年收入突破 40 亿元。全面落实校庆合作项目，做好校庆捐赠基金的管理工作。南校区网络安全创新研究大楼、半导体国家工程研究中心实验大楼交付使用，南校区单身教师公寓开工建设，南校区研究生公寓一期、校医院主体建筑封顶。全力争取南校区研究生公寓二期、未来信息科技创新研究大楼 2 个项目完成报建手续，南校区游泳馆、测试分析中心大楼 2 个项目完成教育部立项。根据南北校区功能定位稳步推进相关学院搬迁。建成并正式运行仪器设备馆。完成分析测试共享中心建设。完成南校区高性能计算中心一期建设，深化与国内一流超算中心的战略合作。加快建设化学生物综合实验中心。北校区医院开设发热门诊和核酸检测实验室，北校区家属区加建电梯 10 部，开展学生公寓专项维修。持续改善基础设施与校园环境，加快论证南校区新能源汽车充电桩建设。稳步提升基础教育质量，力争附属中学通过省示范高中验收。

西安电子科技大学2022年重点工作补充安排

总体思路：以习近平新时代中国特色社会主义思想为指导，认真贯彻落实习近平总书记关于教育的重要论述，以迎接二十大，学习、宣传、贯彻党的二十大精神为工作主线，坚持稳中求进的总体思路，围绕“双一流”建设总体目标和“十四五”战略目标，落实好立德树人根本任务，自觉履行高水平科技自立自强使命担当，全面完成并深化全年各项工作部署，坚定不移走好高质量发展、内涵式发展、特色发展之路，更好地为国家重大战略需求和经济社会发展服务，以实际行动迎接党的二十大胜利召开。

一、以政治建设为统领，加强党对学校工作的全面领导

1. 坚持不懈用习近平新时代中国特色社会主义思想铸魂育人，深入学习宣传贯彻党的二十大精神。切实将学习贯彻党的二十大精神作为首要政治任务，制订并严格落实学习宣传贯彻党的二十大精神实施方案，总结宣传好10年来学校改革发展成就。发挥好校、院两级理论学习中心组学习的龙头示范带动作用，组织好广大师生的《习近平谈治国理政》第四卷学习教育工作。高标准、高质量开设好“习近平新时代中国特色社会主义思想概论”课程。

2. 以党的二十大精神为指引，认真做好学校第十三次党代会筹备工作。全面贯彻落实党中央重大部署和部党组决策，科学谋划学校战略安排和各项目标任务，广泛凝聚广大干部师生共识，扎实做好学校第十三次党代会各项筹备工作。

3. 抓紧抓好意识形态工作，切实维护好政治安全和校园稳定。制定并严格执行《关于落实意识形态工作“三早”要求的实施方案》，严格落实涉意识形态安全信息“先审后发”制度，快速妥善处置网络舆情。坚决贯彻疫情防控方针政策，坚持常态化科学精准防控和应急处置相结合，确保师生健康、校园安全。完善重大决策和制度安排的风险评估与监督机制，充分听取广大师生和专家等各方意见。全面排查校园网络、实验室、学生宿舍、食品卫生、消防、用水用电用气等各类安全风险隐患，确保万无一失，以“时时放心不下”的责任感扎实做好安全稳定工作。

4. 加快构建高质量党建工作体系，强化干部队伍建设。健全党史学习教育常态化长效化制度机制，完成年度“我为群众办实事”实践活动各项任务。建立以“双创”为抓手推动党建高质量发展的工作机制，全面推进示范高校创建，高标准严要求做好标杆院系、样板支部培育。开展基层党建工作专项检查，扎实开展“一个党委一个品牌、一个支部一个特色、一名党员一项承诺”活动、党课竞赛活动、党建优秀案例评选活动。加快推进智慧党建系统开发。继续选优配强中层班子，探索管理干部工作交流会机制，着力提升年轻干部的政治能力、调查研究能力、科学决策能力、改革攻坚能力、应急处突能力、群众工作能力、抓落实能力。积极探索两级管理模式，推进离退休人员关心关爱全覆盖。高质量完成中央单位定点帮扶工作、陕西省“双百工程”工作，承办好“教育部直属高校服务乡村振兴培训班”。

5. 做好新时代统战和群团工作，凝聚推动高质量发展强大合力。开展好“统一战线献礼党的二十大”主题宣传教育，举办“同心同向共奋斗　再接再厉著华章”主题实践活动，深入推进民族团结进步月教育和创建活动。持续加强教代会建设和工会工作，推动提案办理落地落实，建设好工会法律、心理咨询平台。深化共青团改革创新，切实提高思想政治引领实效，召开第十一次学代会和第五次研代会。

6. 持之以恒推进全面从严治党，切实提高一体推进“三不腐”能力和水平。加强对各单位学习贯

彻党的二十大精神落实情况的监督检查。定期组织召开学校监督联席会议，及时发现并解决苗头性倾向性问题，有效增强监督合力。完成巡察工作全覆盖，开展异地研究院巡察，重点推进巡察整改“回头看”。加大案件查办力度，努力实现2021年以前自办类问题线索清零，强化“不敢腐”的震慑。严格落实上级关于推动作风建设的若干措施和专项行动方案，重点对服务师生态度、回应师生诉求、劳动纪律、履职尽责等开展监督检查；开展对各单位形式主义、官僚主义共性问题整改情况的检查，督促整改落实到位。针对严重职务违法犯罪典型案件，深入开展以案促改专项工作，全面排查风险漏洞，优化内控体系，完善管理制度，扎牢“不能腐”的笼子；更加突出预防教育和抓早抓小，打造高质量的“清风西电——廉洁教育进学院”宣教活动品牌，以身边人、身边事警示教育广大党员干部，增强“不想腐”的自觉。

二、落实立德树人根本任务，全面提升人才培养质量

1. 不断深化“三全育人”成效，促进学生全面成长。严格落实教育部等十部门《全面推进“大思政课”建设的工作方案》，深入推动思政课高质量发展。加快推进红色基因铸魂育人工作，统筹推进和重点突破相结合，打造具有西电特色的红色育人品牌。改革学生综合素质测评办法，完善基于大数据的能力证书，为学生全面发展提供个性化服务和引导。形成高校共青团第二课堂实践教育数字化转型案例。深入开展“学在西电”学风建设活动，开展第五届“科学道德与学风建设月”活动。继续深化书院改革，落实新生导师制、新生班主任制和学生社团进书院。专兼职结合加强心理健康教育队伍，强化导师心理健康教育意识。完善就业质量评价综合体系，深入推进访企拓岗工作。

2. 全面提高本科教学质量，持续强化拔尖创新人才培养。全面开展本科教育教学审核评估评建工作，完善学校自评报告。推动新生研讨课课程与新生导师制融合增效。出台《拔尖创新实验班管理办法》，完成首次实验班建设质量评估，深入研究各实验班运行现状，落实相关配套政策。推进一流专业建设，加强工程教育认证，开展新一轮专业自评。促进学院构建持续改进的专业质量保障机制。完善核心课程建设机制，打造高质量品牌课程体系。加强教材建设的顶层规划，建设教材建设管理系统，规范教材选用、审核程序。做好本科优质教学奖的过程评价和年度评选，引导教师重视教学。深入推进优质示范课观摩班公益进修活动，深化师资队伍规范化建设和常态化培训。持续推动“优质生源聚力工程2.0”，发布招生质量白皮书。严格毕业设计过程管理，建立本科生论文抽查制度。

3. 扎实推进研究生教育综合改革，持续打造研究生特色教育品牌。强化过程管理和质量保障，指导各学院立足学科特点和人才培养特色，立项实施不少于15项研究生教育综合改革专项行动计划。深化科教融合、产教融合、军民融合，加强机制设计，深入实施工程硕博士卓越工程师培养改革专项，筹建卓越工程师学院，推进1或2项与龙头企业产教融合培养的示范项目和基地，构建高水平研究生校企联合课程体系，出台课程开设、管理与评价配套办法。在电子信息领域推动本硕博贯通培养模式改革，完成拔尖人才选拔标准和选拔机制、重点领域本硕博贯通培养方案、分流淘汰机制等贯通培养体制机制的方案设计，探索依托国家重大科研项目和国家级科研基地培养拔尖人才的特色体系，在相关学院试点开展本硕博贯通式拔尖人才培养。依托广州研究院、杭州研究院接续优化基于高水平项目和导师的产教融合专业学位培养范式，夯实龙头企业“出题”、学校团队“解题”的育人模式。启动新一轮博硕士学位授权点申报工作，重点推进新增交叉学科和学校培育学科的申报准备。做好研究生论文质量分析，进一步加强论文质量管理。

三、深化一流建设，持续打造学科、人才队伍、科技创新“三大高地”

1. 持续优化学科布局。强化基础学科建设，深入落实《关于加强基础学科建设和基础学科人才培

养的若干举措》，持续推进基础学科培育提升计划，提升项目建设成效。谋划推进“2030 创新引领计划”和“人文社科振兴计划”。做好“双一流”建设指标常态化监测，构建完善推进一流建设的长效机制，确保总体目标分步分阶段落实推进。优化学科信息采集系统，为科学分析学科发展现状、谋划学科发展路径提供动态数据支撑。完善标志性成果目录，推进以质量、贡献、影响为导向的高水平学术成果评价。加快推进工程学科、基础学科、人文社科学科的高水平期刊目录的分类认定。

2. 深入实施人才强校战略。持续推进教师工作体制机制建设，制定《关于加强教师思想政治和师德师风建设工作的意见》《教师师德考核实施办法》，成立党委教师工作委员会，构建大教师工作格局。优化“华山学者”岗位体系，加强国家战略科学家培育，加大对教书育人成果突出的教师以及基础学科、新兴交叉学科和“卡脖子”关键技术领域人才及优秀学术带头人的支持力度。支持教师团队教学科研协调发展。修订《核心指标奖励办法》，优化绩效分配政策。修订《职员职级管理办法》，做好 2022 年职员职级评聘工作。改革完善博士后队伍建设和管理制度体系，提高博士后待遇，畅通博士后晋升和留校通道，完善博士后服务体系。

3. 夯实完善高质量科技创新体系。持续推进全国重点实验室重组和新建工作，力争在全国重点实验室重组中实现新增突破和进入国防领域全国重点实验室标杆序列；全面推进和做好国家工程研究中心和教育部集成攻关大平台建设与验收工作；争取教育部重点实验室等省部级基地评估获优，推进陕西实验室、省部级科研基地的新增培育申报工作。强化 2023 年重大重点科研项目、团队、基地及人才的谋划和培育工作。强化科研项目质量管理、过程管理，实现千万级以上项目精细化管理，确保工业软件、电子元器件领域的“卡脖子”项目等国家重大任务顺利完成结题验收。持续实施国防科研能力提升计划，大力提升学校在服务国家战略需求中的贡献效益和影响力。强化科研管理与服务，出台、修订《科技创新基地建设与运行管理办法》《自然科学类科研项目资金管理办法》《人文社科类科研项目资金管理办法》等。修订学风建设委员会章程，理顺工作流程；开展学风建设委员会换届工作，成立校学术委员会科技伦理专门委员会。实现全校范围的保密检查和抽查常态化，为 2023 年复审工作做好准备。深化校地校企深度合作，争取搭建一批有影响力的校企联合创新中心、实验室。加强校本部与异地研究院的科研互动与支撑关系，充分利用异地研究院连通校地的合作交流通道，力争实现重大重点项目与重大科研平台突破。

四、提升治理能力，强化信息化、国际化、管理服务、资源条件“四个支撑”

1. 强化信息化支撑，做好教育数字化转型的试验田。坚持“应用为王”，立足“方便师生、服务决策”，持续推进信息化在教学资源、教学模式、评价改革等方面的深化应用，着力形成一批深受师生欢迎的数字化转型应用场景，切实提升师生数字化转型的获得感。推进国家高等教育智慧教育平台试点工作，建设“慕课西部行计划 2.0”新支点。推出虚拟教研室共建共享平台，深化虚拟教研室试点工作。升级上线人事、科研、学科发展、学生管理、数字档案馆等信息化应用，着重推动财资一体化平台和学院决策分析平台，以流程再造为主线，深化各类业务信息化建设与融合。举办校园师生信息化创新大赛。建立西电-联通教育信息化联合实验室和创新研发中心。

2. 强化国际化支撑，深化推进高质量国际交流与合作。谋划后疫情时期学生国际交流工作，提质增效。落实学生国际交流提升计划，做好学生赴国际组织实习、本科生创新拔尖基地班海外引课、研究生学术英语能力提升、优质课程引进等项目全面实施与质量监管。持续推进“国际及港澳台合作伙伴提升计划”，倾斜支持基础学科学院的国际化工作，拓展与俄罗斯、东盟等国家和地区高校的合作。推动马来西亚深斋孔子学院落地工作，推进各孔子学院建设工作。完成中国国情教育系列课程和教材建设，做好线上线下教学资源编写及录制。依托 111 引智基地和国际联合研究中心等平台，探索组建国际化师资队伍，强化科学研究的国际化合作程度。

3. 强化管理服务与资源条件支撑，持续推动管理服务提质增效。根据教育部核准的新版学校章程，进一步规范学校制度体系，开展新一轮学校规章制度建设专项整改。规范财务管理、提升服务质量，修订《预算管理办法》《财政专项资金管理办法》，高质量完成2023年学校综合财务计划。强化审计监督，修订《审计结果运用实施办法》，做好迎接教育部经济责任审计工作，加大力度推动审计整改。加快推进南北校区搬迁，提高资源使用效益。启动南校区高性能计算中心暨非通用超算中心建设。积极开展校友及基金工作，举行第四届校友日活动，推进落实校庆捐赠及合作项目。

4. 加快推进民生工程，不断提升师生获得感、幸福感、安全感。完成南北校区教学区、宿舍区及家属区的有线网络和无线网络升级改造，并对已改造楼宇进行测试调优，全面提升用户用网体验。完成南校区研究生公寓二期项目规划审批手续，加快施工图设计及招投标程序。引入高新自来水作为南校区应急水源，提升师生生活用水应急保障能力。北校区家属区老旧楼宇加装至少10部电梯。北校区教学区加装直饮水机。实施北校区东区规划改造和南北校区部分区域景观提升改造。持续优化南北校区物资供应点功能。构建教职工多维困难帮扶体系。完成北校区医院发热门诊和核酸检测实验室建设并投入使用，加快推进南校区新医院建设。优化并启用师生服务热线综合服务平台。提升后勤保障服务质量，持续打造学生“1元爱心餐”品牌。在北校区就业指导服务中心建设独立的网络面试间。设置校园运动场智能储物柜。提升基础教育质量，力争附属中学通过省示范高中验收，完成附小北教学楼加固改造工程。

2022年校领导班子述职报告

2022年是党和国家历史上极为重要的一年。面对风高浪急的国际环境和艰巨繁重的国内改革发展稳定任务，以习近平同志为核心的党中央团结带领全党全国各族人民，胜利召开党的二十大，描绘了全面建设社会主义现代化国家的宏伟蓝图，书写了社会主义现代化建设的新篇章。

2022年也是学校全面深化综合改革，认真落实“十四五”规划各项目标任务，加快推进“双一流”建设极为重要的一年。全校师生以习近平新时代中国特色社会主义思想为指导，紧紧围绕深入学习贯彻党的二十大精神这条主线，深刻领悟“两个确立”的决定性意义，增强“四个意识”、坚定“四个自信”、做到“两个维护”，坚持和加强党对学校工作的全面领导，全面贯彻党的教育方针，落实立德树人根本任务，各项事业取得长足进步，部分领域实现了历史性突破，特色鲜明的世界一流大学建设迈出铿锵步伐。

这一年，有许多时刻值得西电人铭记。党旗在抗疫一线高高飘扬，全校师生迎难而上，坚决打好疫情防控阻击战，保证了“动态清零”阶段校园“零感染”；疫情防控政策调整后，我们及时将工作重心调整到“保健康、防重症”，同步取得阶段性成果，广大师生学习生活井然有序，生命健康安全得到有效保障。这一年，我们敢于面对、积极应对一系列风险挑战，更加增强了建好“新时代西军电”的志气和底气。

这一年，有许多成绩值得西电人骄傲。我们取得的成绩是全面性的，党的建设迈上新台阶，人才培养成绩喜人，科研实力显著增强，人才引育取得新突破，管理服务保障各方面事业发展取得全面进步。我们取得的成绩效应长期、影响深远，国家重点实验室重组工作取得了历史性成绩，为未来实现高水平科技自立自强奠定了坚实基础。我们取得的成绩是跨越式的，第五轮学科评估全面进步，全年收入超过40亿元，科研经费突破20亿元……这些标志性成绩必将在学校事业发展史上留下浓墨重彩的一笔。

许多蓝图值得西电人畅想。我们积极筹备召开学校第十三次党代会，坚持与全面建设社会主义现代化国家同频共振，全面谋划学校未来五年甚至更长远的美好蓝图和发展愿景；我们认真做好本科教育教学质量评估准备和研究生教育深化改革工作，吹响了全面提升人才自主培养质量的“冲锋号”。

一年来，我们的主要工作如下。

一、以政治建设为统领，加强党对学校工作的全面领导，牢牢把握正确办学方向

学校党委领导班子坚持用党的创新理论武装全体师生，坚持把政治建设摆在首位，坚持抓好领导班子和高素质干部队伍这个关键，始终保持干事创业的精神状态，始终坚持严的主基调不动摇，党的领导纵到底、横到边、全覆盖工作格局基本形成，为推动学校改革发展提供了坚强政治保证。

（一）抓好思想武装，深入学习贯彻习近平新时代中国特色社会主义思想和党的二十大精神

一是坚持用习近平新时代中国特色社会主义思想凝心铸魂。持之以恒坚持“第一议题”学习制度，全年共组织17次党委常委会传达学习、16次党委理论学习中心组集体学习，深入学习领会习近平总书记重要讲话重要指示和中央重要会议精神，研究学校贯彻落实意见。系统跟进党的创新理论最新发展，高标准、高质量开好讲好“习近平新时代中国特色社会主义思想概论”课。

二是坚持把学习贯彻党的二十大精神作为首要政治任务和全年工作主线。及时制订学习宣传贯彻

党的二十大精神实施方案，深入推进党的二十大精神进教材、进课堂、进头脑。举办校领导班子和中层干部专题读书班，开展校、院两级党委理论学习中心组学习；学校领导班子带头下基层联学。学校各级宣讲团深入基层宣讲，分层次开展“学习贯彻党的二十大精神，建好新时代西军电”大讨论，使全校上下深刻认识到：党的二十大对教育、科技、人才“三位一体”的全面部署，是西电人的重大机遇；为建设教育强国、科技强国、人才强国，为开辟发展新领域新赛道、塑造发展新动能新优势贡献西电力量，是我们必须回答好的时代命题。校领导班子紧密结合工作实际，深入研究推动党的二十大战略部署转化为务实有效的工作思路、办法举措和具体行动。

三是完善大思政工作格局，体系化推进红色育人。深化“三全育人”改革，完善“十大育人”体系，入选“一站式”学生社区综合管理模式建设试点高校、全国高校党的二十大精神宣讲团、全国首批科学家精神教育基地、全省大中小学劳动教育实践基地。加强学风建设，加大学术不端查处力度，获批中国科协学风涵养工作室 4 个。培育西电特色红色育人品牌，启动“人工智能 + 思政”建设，《西电红色校史故事》成为思政课程和课程思政重要素材，《信仰的光芒——毛泽东与西安电子科技大学》取得良好社会反响。学校思想政治工作体系日趋完善，思政课育人有效性、针对性逐步增强，广大学生对以习近平同志为核心的党中央衷心拥护，对成长成才、建功立业的信心更加坚定，努力成为担当民族复兴大任的时代新人。

四是认真落实建立健全校、院两级开学典礼和毕业典礼制度的相关要求。校领导班子将开学、毕业典礼作为加强思想政治教育、厚植爱国情怀、传承西电红色基因的重要载体，以“传承红色基因，开启新时代新征程”为鲜明主题设计了开学典礼相关环节，以“到祖国最需要的地方去”为鲜明主题设计了毕业典礼相关环节。书记“开学第一课”和校长在典礼上的讲话，坚持以习近平新时代中国特色社会主义思想为指导，充分体现了党的教育方针，旗帜鲜明地表达了学校“为党育人、为国育才”的使命担当。

(二) 抓好党的全面领导这个根本保证，不断完善加强党对学校工作全面领导的体制机制

一是牢记嘱托，坚定不移地沿着习近平总书记指引的方向勇毅前行。把习近平总书记重要指示批示精神作为指导各项工作的根本遵循，以绝对忠诚和实际行动坚决践行“两个维护”。习近平总书记对学校十位老教师及全体教师的亲切问候和嘱托已成为“双一流”建设、“十四五”规划实施和第十三次党代会战略谋划的根本遵循。习近平总书记批示的“逐日工程”“觅音计划”、回信的“青年红色筑梦之旅”取得阶段性成果和优异成绩。

二是加强领导，坚持党管改革发展，总揽全局、协调各方。持之以恒加强党的政治建设，全面提升政治判断力、政治领悟力、政治执行力。不断增强工作的科学性、系统性和战略性，对事关发展全局和师生利益的重要事项，带领班子成员攻坚克难、担当作为。通过全年 35 次党委常委会的 180 个议题，系统布局红色基因传承、拔尖创新人才培养、本科教育教学审核评估、研究生教育综合改革、基础学科发展、战略人才引育、关键核心技术突破、全国重点实验室重组、全面从严治党、二级党组织巡察等重点任务。

(三) 抓好班子建好队伍，树立担当实干作风，凝聚干事创业合力

一是坚持以身作则、以上率下，发挥好“头雁作用”。全面加强党委常委会自身建设，严格落实“一岗双责”和“约法三章”。建立健全了党委常委会、校长办公会重要议题磋商制度；党委书记与校长坚持经常性沟通、重要问题反复酝酿；班子成员坚持每周召开工作调度会。班子成员积极践行“一线规则”，建立相关部门每月收集师生意见机制和特殊时期每日收集机制；设置 1234 师生热线服务平台，畅通反映问题通道，督促解决反映问题 717 件，涉及部门 20 个，满意率达到 96.43%；学校主要

领导对书记信箱、校长信箱反映的问题逐一协调解决，定期赴部门、学院现场办公、解决问题。领导班子年度评议考核结果持续向好。

二是突出忠诚干净担当，持续打造高素质专业化干部队伍。以完善“育选管用”工作体系为重点，加强干部选任工作，配齐配强各级领导干部，注重选优配强二级学院党政领导班子，中层干部队伍结构更加合理；用好考核“指挥棒”，营造干事创业的浓厚氛围；坚持严管和厚爱相结合，抓好干部的全方位教育管理和经常性监督，各级领导干部的个人事项报告全年查核一致率为100%；干部师生对新提拔任用管理干部的认同率为95.73%，位居教育部直属高校前列。

(四) 抓好全面从严治党，营造风清气正、干事创业的良好政治生态

一是精准监督靶向，提升监督质效。抓准政治监督切入点，重点就二级党组织深入学习宣传贯彻党的二十大精神情况、落实立德树人根本任务情况、疫情防控情况等进行监督，确保上级党组织重大决策部署在学校落地生根、开花结果。建立监督联席会议制度，形成组织、纪监、人事、巡察、审计等部门联动协同监督格局。彰显巡察利剑作用，稳步实现全校二级党组织巡察全覆盖。

二是精砺执纪利剑，涵养清风正气。持续深化严的氛围，坚持以案促改，以身边事教育身边人，防微杜渐。锲而不舍落实中央八项规定精神，持续深化纠治“四风”，扎实开展“象牙塔”内官僚主义4类突出现象等问题自查自纠工作。对各类违纪问题保持“零容忍”，立案审查调查3件，对2人作出党政纪处分，严肃查处师德违规问题线索共计3件；对涉及轻微违纪的党员干部教师，加大谈话提醒、诫勉批评和书面函询力度。“去存量、遏增量”成效显著，2021年之前遗留的问题线索已基本办结。

三是坚决扛起整改政治责任，持续认真做好教育部巡视学校反馈意见的整改工作。统筹推进教育部巡视反馈意见整改和选人用人专项检查整改落实工作，形成巡视整改落实情况“回头看”长效工作机制，学校巡视整改工作取得扎实成效，整改任务已基本完成，巡视整改和成果运用不断得到巩固和强化。学校党委对照教育部巡视反馈的6个方面16类问题，制订了24个专项任务、212项整改举措，目前已完成其中的211项，占总体任务量的99.5%。

二、“双一流”建设和高质量发展取得扎实成效，办学实力显著增强，关键领域实现历史性突破

学校党委领导班子肩负新时代一流建设使命，擘画高质量发展图景，坚持教育、科技、人才“三位一体”统筹推进，凝聚广大师生思想共识，汇聚强大合力，着力提升办学治校能力。

(一) 坚持电子信息特色，学科实力持续增强

坚持以学科建设为龙头，强化优势特色，推动内涵式发展和质量提升，成果丰硕。

一是加快落实国家“双一流”建设战略任务，在第五轮学科评估中，5个学科获评A类，其中2个获评A+，学科评估全面进步；新增2个陕西省一流学科，新增省级建设经费1000万元/年，有效巩固了全国电子信息领域领先优势地位。

二是面向国家急迫需要和长远发展需求，出台并深入落实《关于加强基础学科建设和基础学科人才培养的若干举措》，投入3.8亿元支持基础学科发展，调整成立物理学院、光电工程学院、集成电路研究院。

(二) 续写“西电现象”，全面提高人才自主培养质量

加强统筹各方面政策、机制、资源、要素，努力全方位提高人才自主培养质量，成效明显。

一是办学实力稳步上升，生源质量提升明显。2022年本科招生24个省份的理工录取最低位次超过

去年，再创新高；硕士研究生优质生源数量和生源率逐年增加，优质生源率达到 67.9%；博士招生指标比去年增长 10.8%。

二是加快拔尖创新人才培养，改革创新能力提升明显。加大电子信息领域拔尖创新人才、基础学科拔尖人才培养力度，第一批本科学生进入新体系培养。入选全国首批工程硕博士培养改革专项试点高校，协同 9 家头部企业为党和国家培养卓越工程师。

三是教学改革亮点频现，培养质量提升明显。9 个专业获批国家级一流专业，15 个项目获省级教学成果奖。入选首批国家级创新创业学院建设单位。4 名教师获评陕西省教学名师，获奖人数取得历史最好成绩，位居陕西高校前列。连续 8 年获“互联网+”大赛金奖，位居全国同类高校前列；全国电赛模拟电子系统设计专题邀请赛一等奖数、全国大学生信息安全竞赛获奖总数位居全国第一。

四是努力实现毕业生高质量充分就业，就业质量提升明显。2022 届毕业生就业率总体超过 96.5%，研究生超过 98%，位居全国部属高校前列；80%以上到信息技术产业、科学研究与高端装备制造业就业，近千名毕业生进入军工单位，居教育部直属高校第一。学校荣获“2022 中国年度最佳高校就业典范奖”。

五是深化教育数字化转型，示范引领效应提升明显。“AI+ 教育中心”成为全国高校“人工智能 + 教育”创新实验区。学校与中国联通签署教育信息化发展合作协议。入选全国“区块链 + 教育”应用试点高校、工信部“5G + 教育”应用试点高校、陕西省首批高等教育数字化转型试点高校。教育部党组书记、部长怀进鹏到校考察并给予高度评价，鼓励西电做好新时代高等教育数字化战略发展的试验田。

(三) 有组织科研成效初现，服务国家重大战略能力显著增强

勇担服务高水平科技自立自强的时代使命，瞄准关键核心技术特别是“卡脖子”问题，强化有组织科研与集成攻关，各项科研指标全线飘红。

一是承担国家重大科研任务的能力持续提升。科研经费同比增长 23.4%，首次突破 20 亿元，保持快速增长势头。千万级项目进入评审 33 项，千万级合同项目新增 20 项。

二是在服务国家重大战略需求中再立新功。学校牵头的 5 项国家“卡脖子”工程项目、学校首个国家重大科研仪器研制项目全部通过验收；多项科研成果应用到探火、探月、003 型航母、隐身战机、东风系列、水面舰艇，1 人和 1 个集体获首次火星探测任务先进表彰，1 人获探月工程嫦娥五号任务先进表彰。

三是国家重点实验室重组成效显著。民口 2 家牵头建设、1 家参与建设的全国重点实验室(我校为主任所在单位)获科技部批复。融入国家实验室体系工作稳步推进，与鹏城实验室签署网点建设协议，与苏州实验室签署战略合作协议，与行业龙头企业新建 13 个校企联合实验室。

四是在科技奖励方面再创佳绩。获陕西省科技奖一等奖 4 项，教育部科研优秀成果奖一等奖 1 项、二等奖 1 项、青年科学奖 1 项，陕西省专利一等奖 2 项。获批教育部人文社科项目 11 项，创历史新高；获批第十七届中国青年科技奖 2 项，其中特别奖 1 项；获批第十七届中国青年女科学家奖 1 项、团队奖 1 项。

(四) 矢力开发人才第一资源，人才队伍更加优化

认真落实党管人才原则，全面贯彻新时代人才工作新理念、新战略、新举措，扎实推动人才强校战略落地生效。

一是加强师德师风建设，做好教书育人楷模、最美教师等优秀代表的选树宣传，激励广大教师成为学生为学、为事、为人的“大先生”。加大对教书育人成果突出的教师，基础学科、交叉学科、“卡

脖子”关键技术领域人才，以及优秀学术带头人的支持力度，完善“华山学者”岗位体系，激发人才活力。入选西北唯一科技人才评价改革试点单位。完成新一轮岗位聘任，深化教师分类评价、分类晋升，引导教师在不同岗位实现人生出彩。

二是加快培养造就高素质教师队伍。在关键核心领域加快培养战略科技人才、一流科技领军人才和创新团队。以全国高校黄大年式教师团队建设引领科技人才队伍建设，1 个教师团队入选第二批“全国高校黄大年式教师团队”。新增国家级人才 22 人、省部级人才 38 人，新聘华山学者特聘及以上全职岗位 48 人，高层次人才队伍持续扩容提质。

三是坚持将博士后作为教师重要来源。改革完善博士后队伍建设和管理制度体系，提高待遇、畅通晋升通道，充分发挥博士后科研生力军和人才蓄水池作用。

(五) 深入对外交流与合作，主动服务国家区域发展战略

加快和扩大高水平开放合作，努力构建服务经济社会发展新格局。主动将自身发展的小逻辑服务于国家经济社会发展的大逻辑，积极融入粤港澳大湾区、长三角、京津冀等国家重点战略区域建设和行业产业创新发展。积极服务陕西经济社会发展，有力助推落实“秦创原创新驱动平台建设”及“三项改革”，在陕西高校秦创原建设工作及科技成果转移转化绩效评估工作中获评 A+。学校获批高校国家知识产权信息服务中心。广州研究院、杭州研究院健康运行。

深化创新国际交流合作，深入实施全球合作伙伴提升计划、国际学术交流推进计划、学生国际交流提升计划、“留学西电”特色品牌建设。与 12 所海外知名院校签订合作协议；获批 2 项国家留学基金委创新型人才国际合作培养项目；获中国政府友谊奖 1 项、陕西省三秦友谊奖 1 项；选送 11 名学生赴联合国等国际组织实习，学生赴国际组织实习实现“从无到有”的突破；多米尼克国立大学孔子课堂揭牌，马来西亚深斋孔子学院成立；与美国弗吉尼亚理工大学中美合作办学项目高质量完成首年招生计划；新增中法、中英合作办学联合实验室。

(六) 办学条件、保障条件不断改善，治理效能和服务水平持续提升

坚持开源节流，多渠道筹措办学资金。学校资产总额达到 87.05 亿元，超额完成全年收入 40 亿元目标，实现收入 43.14 亿元，财政拨款同比增加 1.91 亿元，为学校内涵式发展和办学条件改善奠定了坚实基础。

探索管理服务转型升级路径，不断推进治理体系和治理能力现代化建设。完成大学章程修订并获教育部批复，新订或修订校级制度 65 项。优化考核评价，完善学校业务质量观测点模型，形成以立德树人成效为指引的工作标准和评价指标。加强内部控制，“二级单位内控建设试点工作”入选教育部内控典型案例。优化校区功能布局，稳步推进南北校区搬迁。提升公房使用效益，南校区会议中心投入使用。

加大优质资源供给，为高质量教学科研活动提供更好支撑。半导体国家工程研究中心实验大楼竣工；南校区游泳馆、测试分析中心大楼获教育部立项；分析测试共享中心建成，支撑多学科发展的一批大型高端仪器设备陆续配置到位；南校区高性能计算中心暨专用超算中心建设启动。积极开展校友及基金工作，寻求海内外校友更多支持。

三、持续增进民生福祉，解决好师生最急最忧最盼问题

学校党委领导班子始终把增进民生福祉作为发展的根本目的，坚持多做打基础、利长远的好事，多做促发展、惠民生的实事。坚持办一桩实事、暖一片民心，以实实在在的工作成效切实提升师生群众的获得感、幸福感、安全感。

(一) 坚持把师生生命安全和身体健康放在首位，坚决打好疫情防控阻击战

在疫情防控任务吃紧阶段与措施调整转段时期，学校党委召开和参加各类疫情防控工作会议 130 次，关键时期坚持每日调度，持续优化工作方案、突发预案和细分预案；学校党委和全校师生员工坚决听党指挥，各级党组织充分发挥战斗堡垒作用，广大师生党员挺身而出，全体西电人守望相助，有力保证了“动态清零”阶段校园“零感染”；疫情防控政策调整后，学校党委及时将工作重心调整到“保健康、防重症”，同步取得阶段性成果，学校师生生命健康安全得到有效保障，教育教学秩序和安全稳定大局得到有力维护。

(二) 坚持以“我为群众办实事”为抓手，持续巩固拓展党史学习教育成果

全力推进落实校领导班子“我为师生办实事”18 项任务、各二级单位办实事 165 项、广大党员服务师生事项 1 万余项，及时回应关切问题、直击突出问题。特别是立足教师人人出彩的新一轮岗位聘任、网络安全创新研究大楼竣工使用、单身教师公寓开工建设、新医院主体结构封顶、发热门诊开设、一站式“接诉即办”师生热线服务平台上线、南北校区部分区域景观提升改造、北校区老旧楼宇电梯加装、学生“1 元爱心餐”享用、校园网升级改造、两校区电动车和电动自行车充电桩建成、南校区家属区物资供应点设立、教学区 95 台直饮水机加装、大病关爱互助补助金额提高等一大批民生工作，得到了师生广泛赞誉。

(三) 我们坚持在发展中保障和改善民生，不断增强师生的幸福感和获得感

南校区引入高新应急水源校内配套和校外市政管网方案获批；隔离观察区建成 98 间隔离房，校园健康驿站即将竣工；完成北校区餐厅、北校区公共浴室、92 和 93 号楼周边、竹园餐厅维修装修；完成全校 200 余栋楼宇安全排查并形成整治长效机制；加装井口防坠网 2300 余套；完成丁香公寓二期热水泵站建设，彻底解决该区域洗澡热水供应问题；设立教职工心理咨询室；加快推进养老保险缴费、退休人员养老待遇核算和养老金退款进度，提高教职工医疗待遇保障水平；完善离退休工作部门与原单位共同关心关爱离退休人员的工作机制，针对独居空巢老人进行特殊关照；完成幼儿园条件改善、附小北教学楼加固工程，附中顺利通过省级示范高中西安市教育局专家组验收，获陕西省教育厅验收资格。

四、切实推动基层党建工作再上新台阶，为“双一流”建设提供坚强组织保障

学校党委领导班子着力在筑牢基层党建根基、健全组织体系、激发组织活力上下功夫，努力在“双一流”建设中发挥基层组织优势，夯实西电底蕴、凝聚西电力量、淬炼西电担当。

(一) 深入贯彻新时代党的组织路线，切实推动基层党建工作向高质量、高水平迈进

突出常态长效，持续提升党建工作标准化、规范化水平。全面贯彻落实高校基层组织工作条例，不断规范院系党委会和党政联席会决策制度，严肃党内政治生活，推动“三会一课”和谈心谈话、主题党日等制度落实。领导班子成员认真参加所联系学院党委、师生党支部和所在支部组织生活，班子成员之间经常开展谈心谈话。积极开展党组织书记讲党课竞赛、基层党建特色案例和党日优秀案例评选活动，党委书记给全校党员师生讲党课，连续 3 年入选教育部高校示范微党课。

突出示范引领，持续推进党组织“对标争先”计划。深入实施新时代高校党建示范创建和质量创优工作，学校获评陕西省高校党建工作示范高校，7 个基层党组织新入选全国标杆院系、样板支部培育创建名单。校内遴选 24 个党建工作标杆院系、样板支部培育创建单位，确定 24 个党委品牌创建单位、50 个支部特色创建单位。84 名教师党支部书记均为“双带头人”，持续保持 100%全覆盖。

突出优势转化，持续推进党建与业务深度融合。将基层党建优势转化为事业发展成果，师生结合

支部、建在导学团队上的支部、建在实验室和科研团队上的支部、跨年级整合支部、专业联合支部共计 227 个，同比增长 34.3%；谋划建立教学科研党建一体化教师团队，着力实现人才培养、科学研究和党建一体化发展。加大在优秀大学生和高层次人才、青年学术骨干中发展党员的力度，圆满完成全年发展任务，其中发展高知群体党员 11 名，远高于近 5 年平均水平。“党建 + 乡村振兴”深入实施，学校第 3 次获得中央单位定点帮扶成效考核评价最高等次“好”，连续 5 年获陕西省“双百工程”先进单位。

(二) 不断强化政治引领，持续推进校园民主和校园文化建设取得新成效

不断推动统战群团工作创新发展，持续构建大统战格局，加强民主党派和统战团体建设，充分发挥学校各级人大代表、政协委员的重要作用。学校荣获陕西省统战宣传工作先进单位，郝跃院士获“全国九三楷模”，1 人当选民盟中央委员。学校教师 6 人荣任陕西省人大代表、政协委员，1 人当选第十四届全国人大代表。

我们不断深化校园民主管理，持续激发群团组织活力，有力发挥教代会、工会、学代会、研代会等在学校治理中的桥梁纽带作用。召开提案工作“面对面”交流会，立案提案满意率达 100%。不断增强学校共青团的政治性、先进性、群众性，共青团工作取得显著成效，走在全省、全国前列，为服务学生自我管理、自我成长发挥了重要作用。

不断强化西电人共同体意识，引导师生相互支持、相互欣赏、团结协作、奋发进取。建立学校、学院和部处主要领导与教师、学生经常性沟通交流机制，奋进包容的校园文化建设取得了显著成效。

(三) 以“时时放心不下”的责任感，切实维护政治安全、意识形态安全和校园稳定

筑牢思想政治防线，守好意识形态阵地。出台落实习近平新时代中国特色社会主义思想“三进”方案；对“三早”要求作出专门部署。加强教师理想信念教育，涌现出一批黄大年式教师团队和陕西省师德建设示范团队、师德标兵以及“最美教师”等先进典型。加强学生心理健康教育，有效防范校园心理危机、极端心理事件发生。抵御防范校园传教渗透，系统开展网络风险排查，强化舆情监测、研判、报告、处置等流程机制，维护了意识形态阵地安全。

坚持安全第一、预防为主，努力建好平安校园、和谐校园。努力打造上下贯通、左右协调的安全工作体系，严格落实全年 24 小时在岗值班制度，分情况实施“周研判”“日研判”，成功保障了党的二十大期间学校总体秩序稳定。认真落实稳定安全风险评估机制，经常性排查校园食品、实验室、消防、用水用电用气等风险隐患，发动学生开展“校园安全随手拍”，夯实校园安全日常防线，切实做到守土有责、守土负责、守土尽责。

下一步举措：

我们将坚持问题导向，着力固根基、扬优势、补短板、强弱项，切实将整改成效转化为全面推进“双一流”建设的强大动力，确保学校办学事业始终沿着正确方向健康发展。

一是要着力深化党的创新理论引领、强化党的创新理论武装，深入学习贯彻习近平新时代中国特色社会主义思想和党的二十大精神，切实做到学深悟透、融会贯通、落到实处。

二是要加强党的全面领导，加快推动学校“双一流”建设和高质量发展。持续提高管党治党、办学治校的能力和水平，确保学校第十三次党代会胜利召开；抓好立德树人根本任务，全面提升人才自主培养质量，做好本科教育教学审核评估工作，深化研究生综合改革；打造学科高地、人才队伍高地、科技创新高地；强化信息化、国际化、管理服务、资源条件“四个支撑”。

三是要坚持党管干部党管人才原则，鲜明树立新时代选人用人导向，突出政治能力，统筹抓好“育选管用”，加强班子建设和干部人才队伍建设。

四是要着力提升基层党组织的政治功能和组织功能，全面增强基层党组织生机活力，持续推动基层党组织全面进步、全面过硬。

五是要持续推进和谐稳定、包容奋进的校园文化环境，不断增进民生福祉。

六是要坚持以严的基调强化正风肃纪，坚持自我革命精神，持之以恒加强作风建设，一体推进“三不腐”，有力加强经常性纪律教育，坚持不懈把全面从严治党向纵深推进。

2023年是全面贯彻落实党的二十大精神的开局之年，是学校第十三次党代会的召开之年，是本科教育教学审核评估工作的冲刺之年，也是学校“十四五”规划和新一轮“双一流”建设方案全面落地的关键之年。在新的历史起点上，让我们牢记使命、众志成城，团结奋斗、开拓创新，瞄准“新时代西军电”的使命愿景和“特色鲜明世界一流大学”的战略目标，不负新时代，奋进新征程，共同创造西电更加美好的明天！

新制定、修订的重要规章制度

大 学 治 理

西安电子科技大学章程

(2015 年 3 月 11 日中华人民共和国教育部核准通过
根据 2022 年 7 月 28 日《教育部关于同意西安电子科技大学章程部分条款修改的批复》修正)

西电发〔2022〕24 号

序　　言

西安电子科技大学是中国共产党早期创建的学校之一，由毛泽东等老一辈革命家亲手创立，1931 年诞生于江西瑞金革命根据地，前身是中央革命军事委员会无线电学校。在长期办学实践中，学校积淀了深厚的红色基因，先后经历中国工农红军通信学校、中央军委无线电通信学校、晋察冀军区电讯工程专科学校、华北军区电讯工程专科学校、中国人民革命军事委员会工程学校、中国人民解放军通信工程学院等办学时期。1958 年学校迁址西安。1960 年更名为中国人民解放军军事电信工程学院(简称西军电)，1966 年转为地方建制，更名为西北电讯工程学院，1988 年定名为西安电子科技大学。学校先后隶属中央军委、国防科工委、六机部、四机部、电子工业部、机械电子部、信息产业部，2000 年划转教育部直属管理。

长期以来，学校的建设与发展得到了党和国家的高度重视，1959 年被中央确定为 20 所全国重点大学之一，1998 年学校获准成为国家“211 工程”重点建设高校，2017 年入选国家“双一流”建设高校。

学校始终践行“全心全意为人民服务”的办学宗旨，弘扬“西电精神”，倡导“团结、勤奋、求实、创新”的优良校风，秉承“厚德、求真、砺学、笃行”的校训，巩固和发展电子与信息优势，努力成为推动国家信息化建设、国防现代化建设与区域经济社会创新发展的重要力量，致力于建设成为特色鲜明的世界一流大学。

第一章　总　　则

第一条　为促进学校依法自主办学，科学发展，保障师生合法权益，建立和完善现代大学制度，根据《中华人民共和国教育法》《中华人民共和国高等教育法》及《高等学校章程制定暂行办法》等法律法规，制定本章程。

第二条　学校名称为西安电子科技大学，简称“西电”；英译为“XIDIAN UNIVERSITY”，简称“XDU”。

第三条　学校法定住所为陕西省西安市雁塔区太白南路 2 号。学校设有北校区(地址：陕西省西安市雁塔区太白南路 2 号)和南校区(地址：陕西省西安市西沣路兴隆段 266 号)。

第四条　学校为非营利性教育事业单位，由国家举办，行政主管部门是国务院教育行政部门。

第五条　学校具有独立法人资格，依法享有相应的权利、履行相应的义务，独立承担法律责任。校长是学校的法定代表人。

第六条　学校坚持和加强党的全面领导，高举中国特色社会主义伟大旗帜，以马克思列宁主义、毛泽东思想、邓小平理论、“三个代表”重要思想、科学发展观、习近平新时代中国特色社会主义思想为指导，增强“四个意识”、坚定“四个自信”、做到“两个维护”，全面贯彻党的基本理论、基本路线、基本方略，全面贯彻党的教育方针，坚持教育为人民服务、为中国共产党治国理政服务、为巩固和发展中国特色社会主义制度服务、为改革开放和社会主义现代化建设服务，坚守为党育人、为国育才，培养德智体美劳全面发展的社会主义建设者和接班人。

第七条　学校以人才培养、科学研究、社会服务、文化传承创新、国际交流合作为基本职能。

第八条　学校坚持社会主义办学方向，坚持立德树人根本任务，致力于为国家培养爱国进取、基础厚实、术业精湛、求是创新、身心健康，具有国际视野的优秀骨干人才；坚持打造一流教师队伍，构建一流人才培养体系，选拔培养一流拔尖创新人才，为国家精心造就能够引领未来的领军人才。

第九条　学校实行中国共产党西安电子科技大学委员会领导下的校长负责制，坚持依法治校、教授治学、民主管理、社会参与。

第十条　学校的办学活动接受举办者和主管部门的领导和监督。举办者支持学校依法按照章程自主办学，保护学校的合法权益。

第十一条　学校依法自主管理内部事务，享有以下办学自主权：

(一) 根据社会需求、办学条件和国家核定的办学规模、国家招生政策规定，制订招生方案，调节学科专业招生比例。

(二) 设置和调整学科、专业。

(三) 根据教学需要，制订教学计划，选编教材，组织实施教学活动。

(四) 开展科学研究、社会服务和文化传承创新活动。

(五) 与地方政府、国内外高等学校、研究机构、企事业单位开展科学技术文化交流与合作。

(六) 根据实际需要和精简、效能的原则，确定教学、科学研究、行政职能部门等内部组织机构的设置和人员配备。

(七) 按照国家有关规定，评聘教师和其他专业技术人员的职务，调整薪酬分配。

(八) 管理和使用举办者提供的财产、国家财政性资助、受捐赠财产和其他依法获得的财产。

(九) 国家规定的其他办学自主权。

第十二条　学校依法履行以下义务：

(一) 遵守国家法律、法规，贯彻党和国家的教育方针，执行国家教育政策。

(二) 维护受教育者、教职员工的合法权益。

(三) 接受举办者的监督和指导，接受办学水平和办学质量的考核与评估，接受社会监督和评议。

(四) 执行国家教育收费规定，并公开收费项目和收费标准。

(五) 法律、法规以及本章程规定的其他义务。

第二章　办 学 活 动

第十三条　学校的基本教育形式是全日制高等学历教育，包括本科生教育和研究生教育。其他教育形式为非全日制研究生教育、高等学历继续教育、非学历教育等。

第十四条　学校以电子与信息学科为特色，工、理、管、文、经、军等多学科协调发展，并根据经济社会发展、知识创新和科技进步的需要，结合学校战略规划、办学定位和学科专业发展，设置和调整学科专业。

第十五条　学校坚持德智体美劳全面衡量、综合评价、择优录取的原则，加强招生管理，切实维护考生合法权益，确保招生的公平和公正。

第十六条　学校根据各学科、专业人才培养方案，组织实施教学活动，授予学士、硕士、博士学位，根据学籍管理规定，按照学分制开展具体教学管理。

第十七条　学校根据人才培养目标和学科优势，建立健全教材管理制度，科学规划教材建设，依法依规选编教材，重视教材质量。

第十八条　学校构建长效教育教学质量保障体系，树立质量意识，建立质量标准，开展质量评价，实施质量管理，确保人才培养质量。接受举办者和教育主管部门依法对学校办学行为的监督、管理和指导，接受专门机构和社会机构对学校学科、专业和办学水平、质量进行的相关评估。

第十九条　学校由国家教育行政部门、国家国防科技工业主管部门、陕西省人民政府等多方共建，坚持协同创新，鼓励国际合作办学，探索为国家建设和社会发展服务的有效途径。

第二十条　学校坚持政产学研用协调发展，通过科学研究、技术开发实现知识创新和技术创新，提升学校的科技创新能力和社会影响力。鼓励开展科技成果转移转化，为国民经济、国防建设、行业发展和区域经济社会建设提供科技服务。

第二十一条　学校大力弘扬科学家精神，营造自由宽松的学术环境和科学研究氛围，提倡追求真理、学术自由。强化学术规范，倡导严谨求实的学术风气，反对和严惩学术不端行为。

第二十二条　学校面向世界科技前沿、面向经济主战场、面向国家重大需求、面向人民生命健康，建立和完善科技创新体系，培育和建设高水平科技人才队伍和高水平科研基地，鼓励和强化国内外科技交流与合作，持续推动协同创新，自由探索和有组织科研并重，鼓励基础前沿探索和关键技术突破，并按照国家有关规定扩大和保障科研机构和科研人员享有相应的科研自主权，不断增强创新活力、提升创新能力。

第二十三条　学校坚持把立德树人成效作为检验一切工作的根本标准，建立健全引导教师潜心育人的评价制度，强化科技评价和人才评价的质量、贡献、绩效导向，落实促进学生全面发展的多元评价办法。

第二十四条　学校弘扬社会主义核心价值观，加强社会主义精神文明建设，注重用社会主义先进文化、革命文化、中华优秀传统文化培根铸魂，赓续西电红色文化、创新文化和奋斗文化。

第三章 学 生

第二十五条 学生是指被学校依法录取、取得入学资格，具有学校学籍的受教育者。

第二十六条 学生在校期间依法享有下列权利：

(一) 参加学校教育教学计划安排的各项活动，使用学校提供的教育教学资源。

(二) 参加社会实践、志愿服务、勤工助学、文娱体育及科技文化创新等活动，获得就业创业指导和服务。

(三) 申请奖学金、助学金及助学贷款。

(四) 在思想品德、学业成绩等方面获得科学、公正评价，完成学校规定学业后获得相应的学历证书、学位证书。

(五) 在校内组织、参加学生团体，以适当方式参与学校管理，对学校与学生权益相关事务享有知情权、参与权、表达权和监督权。

(六) 对学校给予的处理或者处分有异议，向学校、教育行政部门提出申诉，对学校、教职员工侵犯其人身权、财产权等合法权益的行为，提出申诉或者依法提起诉讼。

(七) 法律、法规和学校规章制度规定的其他权利。

第二十七条 学生在校期间依法履行下列义务：

(一) 遵守宪法和法律、法规。

(二) 遵守学校章程和规章制度。

(三) 恪守学术道德，完成规定学业。

(四) 按规定缴纳学费及有关费用，履行获得贷学金及助学金的相应义务。

(五) 遵守学生行为规范，尊敬师长，养成良好的思想品德和行为习惯。

(六) 珍惜和维护学校名誉，维护学校权益。

(七) 爱护学校设施，节约能源，保护环境。

(八) 法律、法规和学校规章制度规定的其他义务。

第二十八条 学校坚持德智体美劳“五育”并举，坚持全员全过程全方位育人，为学生提供思想教育、专业教育、劳动教育，引导学生养成良好的思想品德和行为习惯，为学生提供心理健康教育和文化体育设施及相关服务。

第二十九条 学校对取得突出成绩和为学校争得荣誉的学生集体和个人进行表彰奖励。

学校对有违法、违规、违纪行为的学生给予批评教育或者纪律处分。给予学生的纪律处分，应当坚持教育与惩戒相结合，与学生违法、违规、违纪行为的性质和过错的严重程度相适应。

第三十条 学校建立和完善学生权利保护机制，鼓励、支持和保障学生参与学校的民主管理和监督，维护学生合法权益。学生通过学生代表大会、研究生代表大会、党团组织、学生会等参与学校管理。

第三十一条 学校设立校、院两级学生代表大会制度。学校学生代表大会由校党委领导、校团委指导，学校支持定期召开学生代表大会，听取学生代表意见和建议。强化党对学生会(研究生会)和学生社团的具体领导，加强团委的日常指导，配齐配强指导教师，遴选党员、入党积极分子担任学生会(研究生会)和学生社团负责人，重视学生干部队伍建设。

第三十二条 在学校接受培训、在职学习等其他非学历教育类型的无学籍受教育者，其权利义务由受教育者与学校依法另行约定。

第四章 教 职 员 工

第三十三条 学校教职员工由学校聘任的教师、其他专业技术人员、管理人员和工勤人员等组成。

第三十四条 学校对教职员工实行下列聘任(用)制度:

(一) 教师实行资格认证、专业技术职务和岗位聘任制度。

(二) 其他专业技术人员实行专业技术职务聘任制度。

(三) 管理人员实行聘任制度。

(四) 工勤人员实行聘用及劳动合同制度。

第三十五条 学校制定人事管理制度,与教职员工依法签订书面合同,对教职员工定期进行考核,考核结果作为受聘任教、晋升工资、实施奖惩的依据。

第三十六条 学校教职员工享有下列权利:

(一) 按工作职责使用学校的公共资源。

(二) 公平获得自身发展所需的相应工作机会和条件。

(三) 指导学生的学习和发展,评定学生的品行和学业成绩。

(四) 在品德、能力和业绩等方面获得公正评价,公平获得各种奖励和荣誉称号。

(五) 知悉学校改革、建设和发展及关涉切身利益的重大事项。

(六) 参与学校民主管理,对学校工作提出意见和建议。

(七) 就职务聘用、福利待遇、评优评奖、纪律处分等事项表达异议和提出申诉,对学校侵犯其人身、财产等合法权益的行为,依法申请复议或提起诉讼。

(八) 宪法、法律、法规和学校规章制度规定的其他权利。

第三十七条 学校教职员工应履行下列义务:

(一) 坚定正确政治方向,爱国守法,遵守学校规章制度。

(二) 爱岗敬业,自觉履行岗位职责,勤勉工作。

(三) 传播优秀文化,潜心教书育人,关心爱护学生,促进学生德智体美劳全面发展。

(四) 恪守职业道德,秉持公平诚信,坚持言行雅正,遵守学术规范。

(五) 未经学校批准,不得在校外兼职。

(六) 维护学校名誉和利益。

(七) 国家法律法规、学校规章制度或聘约规定的其他义务。

第三十八条 教师是学校办学的主体力量,教师应恪守教师职业行为准则,努力成为有理想信念、有道德情操、有扎实学识、有仁爱之心的好老师。学校为教师开展人才培养、科学研究、社会服务、文化传承创新、国际交流合作等活动提供必要的条件和保障,建立健全各类进修、培训制度,为教职员工提供事业发展的平台。

第三十九条 学校对在各项工作中做出突出成绩的教职员工给予表彰和奖励,对违反国家法律法规和学校规章制度、聘用合同的教职员工,依法依规给予相应的处分。

第四十条 学校依法保障教职员工福利待遇,建立教职员工权利保护机制,维护教职员工合法权益。

第四十一条 学校鼓励和支持教职员工参与学校的民主管理和监督,对学校的工作提出意见和建议。

教职员工通过教代会、工会、教授会等形式依法参与学校管理，维护自身权益。

第四十二条　讲席教授、讲座教授、兼职教授、名誉教授、客座教授、在站博士后、访问学者、进修教师等其他教育工作者，在本校从事教学、科研、进修活动期间，依据法律规定、政策规定、学校规定和合同约定，享受相应的权利，履行相应的义务，学校为其提供必要的条件和帮助。

第五章　学校管理体制

第一节　基本制度

第四十三条　学校依据法律和《中国共产党普通高等学校基层组织工作条例》等不断完善党委领导下的校长负责制，健全行政体制、学术体制以及师生员工广泛参与的民主管理与监督体制，积极探索具有中国特色的现代大学制度。

第四十四条　学校按照有利于推进教授治学、民主管理，有利于调动基层组织积极性的原则，可设置、变更或撤销下属党政职能机构、教学科研机构和直属机构，并根据实际情况合理调整各部门的职能。各部门根据学校的授权，履行管理和服务职责，为全校师生员工提供优质服务，构建精细化管理模式。

第四十五条　学校依据法律、法规的规定和民主管理、科学管理的需要，设立学术委员会、学位评定委员会、工会、教职工代表大会、学生代表大会等组织机构。

学校根据党建、教育教学、学科建设、科学研究、师资队伍建设等需要，设置专门委员会，各委员会依据学校授权或各自章程履行职责。

第四十六条　学校坚持科学民主决策原则，建立和完善群众参与、专家咨询与集体决策相结合的决策机制。对于专业性较强的重要事项，应经过专业委员会咨询论证；对于事关学校改革发展全局的重大问题和涉及教职工切身利益的重要事项，应广泛听取群众意见，保障和实现教职工参与学校民主管理和民主监督的权利。

第四十七条　学校坚持民主集中制原则。按照党委领导下的校长负责制的要求，严格执行议事规则和决策程序，凡属学校重大决策、重要人事任免、重大项目安排和大额度资金运作事项，必须经校党委常委会集体研究作出决定。

第四十八条　学校设置学校纪委负责学校党的纪检工作，设置学校监察机构负责学校行政监察工作，设置学校审计机构负责学校审计工作。

第四十九条　学校实行校院两级管理体制，明晰校院职责和权限，简政放权、重心下移，实施教育资源有效整合和优化配置，激发学院办学活力。

第五十条　学校所属的具有独立法人资格的单位，依据法律和学校规定实行相对独立的运营和管理。

第二节　学校党委

第五十一条　中国共产党西安电子科技大学委员会(以下简称学校党委)全面领导学校工作，承担管党治党、办学治校主体责任，把方向、管大局、做决策、抓班子、带队伍、保落实，支持校长按照《中华人民共和国高等教育法》的规定积极主动、独立负责地行使职权，保证教学、科研和行政管理等各项任务的完成。

第五十二条　学校党委由中国共产党西安电子科技大学党员代表大会选举产生，每届任期五年，对党员代表大会负责并报告工作，其主要职责是：

(一) 宣传和执行党的路线方针政策，宣传和执行党中央以及上级党组织和本组织的决议，坚持社会主义办学方向，依法治校，依靠全校师生员工推动学校科学发展，培养德智体美劳全面发展的社会主义建设者和接班人。

(二) 坚持马克思主义指导地位，组织党员认真学习马克思列宁主义、毛泽东思想、邓小平理论、“三个代表”重要思想、科学发展观、习近平新时代中国特色社会主义思想，学习党的路线方针政策和决议，学习党的基本知识，学习业务知识和科学、历史、文化、法律等各方面知识。

(三) 审议确定学校基本管理制度，讨论决定学校改革发展稳定以及教学、科研、行政管理中的重大事项。

(四) 讨论决定学校内部组织机构的设置及其负责人的人选。按照干部管理权限，负责干部的教育、培训、选拔、考核和监督。加强领导班子建设、干部队伍建设和人才队伍建设。

(五) 按照党要管党、全面从严治党要求，加强学校党组织建设。落实基层党建工作责任制，发挥学校基层党组织战斗堡垒作用和党员先锋模范作用。

(六) 履行学校党风廉政建设主体责任，领导、支持内设纪检组织履行监督执纪问责职责，接受同级纪检组织和上级纪委监委及其派驻纪检监察机构的监督。

(七) 领导学校思想政治工作和德育工作，落实意识形态工作责任制，维护学校安全稳定，促进和谐校园建设。

(八) 领导学校群团组织、学术组织和教职工代表大会。

(九) 做好统一战线工作。对学校内民主党派的基层组织实行政治领导，支持其依照各自章程开展活动。支持无党派人士等统一战线成员参加统一战线相关活动，发挥积极作用。加强党外知识分子工作和党外代表人士队伍建设。加强民族和宗教工作，深入开展铸牢中华民族共同体意识教育，坚决防范和抵御各类非法传教、渗透活动。

第五十三条　学校党委坚持党管干部原则，做好干部队伍建设规划，统筹干部素质培养、知事识人、选拔任用、从严管理、正向激励体系建设，建设忠诚干净担当的高素质专业化干部队伍。

学校党委坚持党管人才原则，深入实施新时代人才强国战略，统筹推进学校各类人才队伍建设，全方位培养、引进、用好人才；加强对人才的政治把关，建立健全学校作为用人主体的自我约束机制；加强对人才的政治引领和政治吸纳，不断提高各类人才的思想政治素质和业务素质。

学校党委坚持对教师工作的领导，设立党委教师工作委员会，研究审议学校教师思想政治和师德师风建设工作重大事项，指导相关部门开展工作。

第五十四条　学校党委通过党委全体委员会议(以下简称党委全委会)处理前款规定的有关事项。学校党委全委会在学校党员代表大会闭会期间领导学校工作。学校党委设立常务委员会(以下简称党委常委会)，主持党委经常工作。

第五十五条　学校党委全委会由常委会召集，必须有2/3以上委员到会方能举行。全委会实行民主集中制，进行表决时，以赞成票超过应到会委员人数的半数为通过。

第五十六条　学校党委常委会会议由党委书记召集并主持，必须有1/2以上常委到会方可举行；讨论决定干部任免等重要事项，须有2/3以上常委到会才能召开。常委会实行民主集中制，进行表决时，以赞成票超过应到会常委人数的半数为通过。

第五十七条　学校党委全委会和党委常委会决议或决定的事项，由学校领导班子成员按照分工领导相关部门组织实施，执行情况及时向党委书记或党委常委会汇报。

第五十八条　中国共产党西安电子科技大学纪律检查委员会，由中国共产党西安电子科技大学党员代表大会选举产生，在学校党委和上级纪委双重领导下进行工作，是学校党内监督的专责机关，履行监督执纪问责职责。主要任务是：

(一) 维护党章和其他党内法规，检查党的路线方针政策和决议的执行情况，协助学校党委推进全面从严治党、加强党风建设和组织协调反腐败工作。

(二) 经常对党员进行遵守纪律的教育，作出关于维护党纪的决定。

(三) 对党的组织和党员领导干部履行职责、行使权力进行监督，受理处置党员群众检举举报，开展谈话提醒、约谈函询。

(四) 检查和处理党的组织和党员违反党章和其他党内法规的比较重要或者复杂的案件，决定或者取消对这些案件中的党员的处分；进行问责或者提出责任追究的建议。

(五) 受理党员的控告和申诉，保障党员权利不受侵犯。

学校纪委应当严格按照职责权限和工作程序处理违犯党纪的线索和案件，把处理特别重要或者复杂案件中的问题和处理结果，向学校党委和上级纪委报告。

第三节 校 长

第五十九条 学校校长是学校的主要行政负责人。学校副校长协助校长行使职权。

第六十条 校长在党委的领导下全面负责学校的教学、科研和其他行政管理工作，行使下列职权：

(一) 组织拟订和实施学校发展战略规划、基本管理制度、重要行政规章制度、重大教学科研改革措施、重要工作计划、重要办学资源配置方案。组织制定和实施具体规章制度、工作计划安排。

(二) 组织拟订和实施学校行政组织机构的设置方案。按照国家法律和干部选拔任用工作有关规定，推荐副校长人选，任免行政组织机构的负责人。

(三) 组织拟订和实施学校人才发展规划、重要人才政策和重大人才工程计划。负责教师队伍建设，依据有关规定聘任与解聘教师以及内部其他工作人员。

(四) 组织拟订和实施学校重大基本建设、年度经费预算等方案。加强财务管理和审计监督，管理和保护学校资产。

(五) 组织开展教学活动和科学研究，创新人才培养机制，提高人才培养质量，推进文化传承创新，服务国家和地方经济社会发展，把学校办出特色、争创一流。

(六) 组织开展思想品德教育，对学生进行学籍管理并实施奖励或者处分，开展招生和就业工作。

(七) 做好学校安全稳定和后勤保障工作。

(八) 组织开展学校对外交流与合作，依法代表学校与各级政府、社会各界和境外机构等签署合作协议，接受社会捐赠。

(九) 向党委报告重大决议执行情况，向教职工代表大会报告工作，组织处理教职工代表大会、学生代表大会、工会会员代表大会和团员代表大会有关行政工作的提案。支持学校各级党组织、民主党派基层组织、群众组织和学术组织开展工作。

(十) 履行法律法规和学校章程规定的其他职权。

第六十一条 校长办公会是学校的行政议事决策机构，是校长行使职权的基本形式。校长通过召集并主持校长办公会处理前款规定的有关事项。

第六十二条 校长办公会由校长主持，会议成员一般为学校行政领导班子成员，党委书记、副书记、纪委书记可视情况参加。会议议题由校长提出，也可由学校领导班子其他成员提出、校长确定。必须有会议成员半数以上到会方能举行。校长应在广泛听取与会人员意见基础上，对讨论研究的事项作出决定，由分管校领导和相关职能部门组织实施和落实。

第四节 学术委员会

第六十三条 学术委员会是学校的最高学术机构，统筹行使学术事务的决策、审议、评定和咨询等职权，按其章程组建和运行。

第六十四条　学术委员会可以就学科建设、教师聘任、教学指导、科学研究、学术道德、科技伦理等事项设立若干专门委员会，具体承担相关职责和学术事务，并在各教学科研机构设置学术分委员会。

第六十五条　学术委员会由学校不同学科、专业的教授及具有正高级以上专业技术职务的人员组成，并应当有一定比例的青年教师。

学术委员会人数要与学校的学科、专业设置相匹配，并为不低于十五人的单数。其中，担任学校及职能部门党政领导职务的委员，不超过委员总人数的 1/4；不担任党政领导职务及院(部、系)主要负责人的专任教授，不少于委员总人数的 1/2。

校长可以根据需要，聘请校外专家及青年教师、优秀博士生等担任专门学术事项的特邀委员。

第六十六条　学校下列事务决策前，应当提交学术委员会审议，或者交由学术委员会审议并直接作出决定：

(一) 学科、专业及教师队伍建设规划，以及科学研究、对外学术交流合作等重大学术规划。

(二) 自主设置或者申请设置学科、专业。

(三) 学术机构设置方案，交叉学科、跨学科协同创新机制的建设方案、学科资源的配置方案。

(四) 教学科研成果、人才培养质量的评价标准及考核办法。

(五) 学位授予标准及细则，学历教育的培养标准、教学计划方案、招生的标准与办法。

(六) 学校教师职务聘任的学术标准与办法。

(七) 学术评价、争议处理规则，学术道德规范。

(八) 学术委员会专门委员会组织规程，学术分委员会章程。

(九) 学校认为需要提交审议的其他学术事务。

第六十七条　学校实施以下事项，涉及对学术水平作出评价的，应当由学术委员会或者其授权的学术组织进行评定：

(一) 学校教学、科学研究成果和奖励，对外推荐教学、科学研究成果奖。

(二) 高层次人才引进岗位人选、校外专家聘任人选，推荐国内外重要学术组织的任职人选、人才选拔培养计划人选。

(三) 自主设立各类学术、科研基金、科研项目以及教学、科研奖项等。

(四) 需要评价学术水平的其他事项。

第六十八条　学校作出下列决策前，应当通报学术委员会，由学术委员会提出咨询意见：

(一) 制定与学术事务相关的全局性、重大发展规划和发展战略。

(二) 学校预算决算中教学、科研经费的安排、分配和使用。

(三) 教学、科研重大项目的申报及资金的分配使用。

(四) 开展中外合作办学、赴境外办学，对外开展重大项目合作。

(五) 学校认为需要听取学术委员会意见的其他事项。

第五节　学位评定委员会

第六十九条　学校依法设立学位评定委员会(以下简称学位委员会)，依据法律法规规定的权限，负责学校有关学位审议、评定和授予等事项，按其章程组建和运行。

学位评定体系由学位委员会、学部学位评定分委员会、学院(专业学位类别)学位评定分委员会三级构成。

第七十条　学位委员会委员包括学校的相关负责人、本学校的国务院学位委员会学科评议组成员和全国专业学位研究生教育指导委员会委员，研究生院、本科生院、科学研究院、发展规划部主要负责人，学部主任、知名专家和教授等。学位委员会主席由校长担任，副主席由主管研究生教育的学校领导和学术地位较高的专家担任。

学位委员会由不超过二十七名委员组成，其中设主席一人，副主席二至四人，另设秘书长一人，每届任期四年。

第七十一条　学位委员会履行以下职责：

(一) 审查通过学位获得者人员名单，作出授予学位的决定。

(二) 通过授予名誉博士学位人员名单。

(三) 作出撤销违反规定而授予学位的决定。

(四) 审定新增或调整博士、硕士学位授权点。

(五) 审定学校按照国务院学位委员会有关文件制定的学位授予工作细则并检查执行情况。

(六) 审定新增博士生指导教师和硕士生指导教师。

(七) 作出设立或撤销学部和学院(专业学位类别)学位分委员会的决定，审定学部和学院(专业学位类别)学位分委员会名单。

(八) 审议学部和学院(专业学位类别)学位分委员会上报的与学位授予相关的学术不端行为查处结果，并作出处理决定。

(九) 研究和处理学位授予中有异议的问题和其他有关问题。

(十) 审定学校学位与研究生教育工作中的有关重大问题。

第六节　教职工代表大会及工会

第七十二条　学校教职工代表大会在学校党委领导下依据有关法律和规定行使职权、履行职责，是学校教职工依法参与学校民主管理和监督的基本形式。

校工会是学校党委和上级工会组织领导下的教职工自愿参加的群众组织，按照《中华人民共和国工会法》《中国工会章程》和教育部《学校教职工代表大会规定》开展工作，履行工会职责。学校建立校院两级工会组织。

第七十三条　学校教职工代表大会行使下列职权：

(一) 听取学校章程草案的制定和修订情况报告，提出修改意见和建议。

(二) 听取学校发展规划、教职工队伍建设、教育教学改革、校园建设以及其他重大改革和重大问题解决方案的报告，提出意见和建议。

(三) 听取学校年度工作、财务工作、工会工作报告以及其他专项工作报告，提出意见和建议。

(四) 讨论通过学校提出的与教职工利益直接相关的福利、校内分配实施方案以及相应的教职工聘任、考核、奖惩办法。

(五) 审议学校上一届(次)教职工代表大会提案的办理情况报告。

(六) 按照有关工作规定和安排评议学校领导干部。

(七) 通过多种方式对学校工作提出意见和建议，监督学校章程、规章制度和决策的落实，提出整改意见和建议。

(八) 讨论法律法规、规章制度规定的以及学校与学校工会商定的其他事项。

教职工代表大会的意见和建议，以会议决议的方式作出。

第七十四条　学校尊重和支持教职工代表大会参与学校民主管理和监督，落实教职工代表大会有关决议和提案。

第七十五条　凡与学校签订聘任聘用合同、具有聘任聘用关系的教职工，均可当选为教职工代表大会代表。教职工代表以教师为主体，教师代表不得低于代表总数的 60%，并且保证一定比例的青年教师和女教师代表。教职工代表大会代表实行任期制，任期五年，可以连选连任。

第六章　教学科研机构

第七十六条　学校根据人才培养、学科专业建设、科学研究、服务社会的需要，设置若干学部、学院、研究院(所、中心、基地)、实验室(中心)、中外合作办学机构等教学科研机构。学院可根据发展需要下设若干系或研究机构。

第七十七条　教学科研机构的设立、变更或撤销须经充分论证，学术委员会审议，校长办公会讨论，根据学校议事规则提交党委常委会决定。

第七十八条　学校本着事权相宜和权责一致的原则，在人、财、物等方面规范有序地赋予教学科研机构相应的管理权力，指导和监督其在授权范围内自主运行和相对独立地开展办学活动。

第七十九条　学院根据学校的规划、规定或者授权，履行以下职责：

(一) 负责学科和师资队伍建设。

(二) 依照程序设置内部机构。

(三) 制订专业教学计划并组织实施。

(四) 组织开展科学研究和学术活动。

(五) 聘任岗位的人员聘用、考核和管理。

(六) 学生的教育与管理。

(七) 内部资产和财务管理。

(八) 开展社会服务活动。

(九) 开展对外交流与合作。

(十) 行使学校赋予的其他职权。

第八十条　学院根据工作需要和党员人数，经学校党委批准，设立相应的党组织，在《中国共产党普通高等学校基层组织工作条例》的规定下开展工作。

学院党组织强化政治功能，履行政治责任，保证教学科研管理等各项任务完成，支持本单位行政领导班子和负责人开展工作，健全集体领导、党政分工合作、协调运行的工作机制。学院党组织会议依其议事规则履行职责。

教职工党支部围绕本单位改革发展稳定等开展工作，落实立德树人根本任务，发挥教育管理监督党员和组织宣传凝聚服务师生员工的作用。

学生党支部加强思想政治引领，筑牢学生理想信念根基，引导学生刻苦学习、全面发展、健康成长。

第八十一条　院长是学院的行政负责人，全面负责本单位的教育教学、科学研究、学科建设、对外交流和其他行政管理工作。学校根据需要可在学院设名誉院长、执行院长、常务副院长、副院长；院长非学校全职教职工或院长空缺的，可设执行院长履行院长职责。

第八十二条　学院党政联席会议讨论和决定本单位工作中的重要事项，涉及办学方向、教师队伍建设、师生员工切身利益等事项的，应当经学院党组织研究讨论后，再提交党政联席会议决定。

学院党政联席会议依其议事规则履行职责。

第八十三条　学校建立二级教代会制度，二级单位教职工代表大会在二级党委(党总支)领导下，听取审议本单位年度工作报告，对本单位工作中的重大问题提出意见和建议，并对本单位领导干部进行评议监督。

第八十四条　学院设立学术分委员会。学术分委员会是本单位学术建议、咨询、审议、评议的机构，依照其章程开展工作。

第八十五条　学院设立学位评定分委员会。学位评定分委员会是履行本单位学位授予、学位与研究生教育管理工作事项的审议与决策机构，依照其章程开展工作。

第八十六条　学院设立教学指导分委员会。教学指导分委员会是教学科研单位教育教学工作的学术组织，为本单位人才培养提供咨询和建议，对教学及相关工作开展研究、指导、审议和评估。

第八十七条　学院可根据自身建设发展需要成立教授委员会，作为学院建议、咨询机构，依照章程开展工作。

第八十八条　学校设立学部，学部是学术管理机构，是相关一级学科建设的规划统筹单位，对负责重点建设的一级学科实施统筹管理。学部按照学校制定的学部运行管理办法开展工作。

学校设立的其他具有独立建制的教学科研机构等，其领导体制、组织结构、决策机制、民主管理和监督机制参照学院模式和学校有关规定执行。

第七章　校友会、基金会、战略咨询委员会

第一节　校　友　会

第八十九条　西安电子科技大学校友总会(以下简称校友总会)是由西安电子科技大学校友联合发起、依法注册成立的全国性、联合性的社会团体法人。

第九十条　学校校友是指在西安电子科技大学各时期的全日制学历教育、非全日制教育、高等学历继续教育、非学历教育和留学生教育中毕业、结业、肄业学生和三个月以上短训班、学习班的学员，以及在学校各个办学时期工作过的教师、干部、职工，各附属单位的教职工以及被学校依法依规授予名誉学位的中外各界人士。

第九十一条　校友总会依据国家有关规定及章程开展活动，并坚持发扬母校的光荣传统和优良学风，以多种方式联系和服务校友，加强海内外校友之间以及校友和母校之间的联系，扩大学校在海内外的影响，鼓励和支持校友成立具有界别、行业、地域特点的校友分会。

第二节　基　金　会

第九十二条　西安电子科技大学教育基金会(以下简称基金会)是学校设立的非公募基金会。

第九十三条　基金会按照国家法律法规、相关政策和《基金会管理条例》，推进教育事业发展，提高办学的质量和水平，多方面争取国内外团体和个人的支持和捐赠。

第九十四条　基金会对国内外捐赠给西安电子科技大学、用于教育发展的资金进行管理。通过设立各项基金资助项目，支持校内外各项公益活动的开展，并按照捐赠者意愿实施特定的资助项目，完成指定用途捐赠基金的使用。

第三节　战略咨询委员会

第九十五条　西安电子科技大学战略咨询委员会(以下简称战略咨询委)是学校设立的战略咨询机构。

第九十六条　战略咨询委由知名校友、专家、企业家以及关心学校发展的各界人士组成。

第九十七条　战略咨询委根据学校工作需要，为学校的中长期发展目标、战略规划、学科布局、重要改革举措等战略性、前瞻性问题提供决策咨询；发挥桥梁纽带作用，密切学校与社会、行业、企

业等的联系，为学校面向各界争取资源提供支持。

第八章　资产、经费和后勤

第九十八条　学校国有资产是指学校通过以下方式取得或者形成的资产：

(一) 使用财政资金形成的资产。

(二) 接受调拨或者划转、置换形成的资产。

(三) 接受捐赠并确认为国有的资产。

(四) 其他国有资产。

学校依法保护和合理利用校名、校誉、专利权、知识产权等无形资产。

第九十九条　学校建立健全资产管理制度，在学校统一领导下，资产管理工作实行“统一领导、归口管理、分级负责、责任到人”的管理机制。全校各单位、教职员工要依法维护学校资产的安全、完整。对违反国有资产管理规定，造成学校国有资产损失的，学校将追究相关单位及人员责任。

第一百条　学校对外合同需经法务审核后，由法定代表人签订或书面授权签订。

第一百零一条　学校收入是指学校开展教学、科研及其他活动依法取得的非偿还性资金。学校收入包括财政补助收入、事业收入、上级补助收入、附属单位上缴收入、经营收入、非本级财政补助收入、投资收益、捐赠收入、利息收入、租金收入和其他收入，用于为学校各项事业发展提供财力保障。

学校坚持勤俭办学方针，厉行节约，提高资金使用效益。

第一百零二条　学校实行“统一领导与分级管理”的财务管理体制。

学校编制预算坚持“量入为出、收支平衡”的原则，实行校、院两级管理的预算体制。

第一百零三条　学校加强科研经费管理。纵向科研经费实行预算管理，横向科研经费实行合同管理。

第一百零四条　学校严格按照国家财经法规管理财务工作，依法建立健全财务管理制度、经济责任制度和内部审计制度，不断完善内部控制制度，规范学校及校内各部门(单位)的经济行为，防控各类经济风险，并依法接受主管部门和财政、审计、物价、税务等部门的监督，确保资金运行安全。

第一百零五条　学校不断完善后勤管理和服务体系，为学生和教职员工的学习、工作和生活提供保障。

第九章　学 校 标 识

第一百零六条　学校校徽以西安电子科技大学简称的拼音头字母简写“XD”为主体构型，主体构型下为建校年份(1931)。校徽内环为一条电子旋绕轨迹，内环外上书毛体校名“西安电子科技大学”，下为学校英文名称“XIDIAN UNIVERSITY”。

第一百零七条　学校校旗为长方形旗帜，中央上部为学校校徽，下部为中文校名全称和校名英译全称标准组合。

第一百零八条　学校标准色有西电红、西电蓝两种。西电红(CMYK：C0 M100 Y100 K20，RGB：R175 G33 B37，Pantone：S88-1CVS)，西电蓝(CMYK：C100 M70 Y0 K10，RGB：R0 G65 B130，Pantone：S197-1CVS)。

第一百零九条　学校校歌是《与共和国同行》，商子秦作词，陶龙作曲。

第一百一十条　学校校庆日为10月中旬第一个星期六。

第一百一十一条　学校网址是 https://www.xidian.edu.cn。

第十章　附　　则

第一百一十二条　本章程的制定和修改须经学校教职工代表大会讨论，由校长办公会、党委常委会研究审议，学校党委全委会审定后，报国务院教育行政部门核准。

第一百一十三条　本章程是学校依法办学、履行职能的根本制度。本章程生效之后制定的学校规章制度，不得与本章程相抵触。

本章程生效之前制定的学校规章制度与本章程不一致的，以本章程为准。

第一百一十四条　学校党委负责监督章程的执行情况，依据章程审查学校内部规章制度，受理对违反章程的管理行为、办学活动的举报和投诉。

第一百一十五条　本章程及未尽事宜由学校党委授权党委常委会负责解释。

第一百一十六条　本章程经核准，自发布之日起施行。

2022 年 8 月 26 日

西安电子科技大学学位评定委员会章程(2022年修订)

西电学位〔2022〕22号

第一章 总 则

第一条 根据《中华人民共和国学位条例》和《中华人民共和国学位条例暂行实施办法》的有关规定，为做好学校学位与研究生教育工作，规范学位评定委员会的职责，特制定本章程。

第二条 西安电子科技大学学位评定委员会(以下简称“校学位委员会”)是在教育部相关学位政策规定和授权范围内，对学校学位授予及其他学位与研究生教育工作相关事项进行审议与决策的机构。

第三条 学位评定工作坚持公开、公平、依法、民主评定的原则。

第二章 组成与产生方式

第四条 西安电子科技大学学位评定体系由校学位委员会、学部学位评定分委员会(以下简称“学部学位分委员会”)、专业学位类别学位评定分委员会(以下简称“专业学位类别学位分委员会”)和学院学位评定分委员会(以下简称“学院学位分委员会”)构成。

第五条 校学位委员会委员不超过37人，其中设主席1人、副主席2～4人，另设秘书长1人，秘书1人，每届任期4年。

校学位委员会委员由职务委员和专家委员组成，职务委员应包括学校的相关负责人、学校的国务院学科评议组成员和全国专业学位研究生教育指导委员会委员、研究生院、本科生院、发展规划部负责人、各学位分委员会主席，专家委员由杰出学术带头人、知名专家学者和教授担任。校学位委员会主席由校长担任，副主席由主管研究生教育的学校领导和学术地位较高的专家学者担任。

第六条 学部学位分委员会按照一级学科设置，由9～17名委员组成，其中设主席1人、副主席1～2人，另设秘书1人，每届任期4年。

学部学位分委员会委员应包括学部的主要负责人、学部的校学位委员会委员，学部负责建设一级学科相关的学院学位分委员会主席和副主席、学科带头人和研究生导师代表等。学部学位分委员会主席由学部主任担任。

第七条 专业学位类别分委员会按照专业学位类别设置，由9～15名委员组成，其中设主席1人、副主席1～2人，另设秘书1人，每届任期4年。

专业学位类别分委员会委员应包括涉及该类别研究生培养相关学院的主要负责人、具有较高学术水平和丰富工程经验的研究生导师代表、具有丰富实践经验和熟悉研究生培养的行业企业专家(3～5名)等。专业学位类别分委员会主席由专业学位类别负责学院院长或学术地位较高的校内专家学者担任。

第八条 学院学位分委员会按照学院行政机构设置，由9～15名委员组成，其中设主席1人、副主席1～2人，另设秘书1人，每届任期4年。

学院学位分委员会委员应包括学院的主要负责人、学院的校学位委员会委员、学术带头人和研究生导师代表等。学院学位分委员会主席由院长或执行院长担任。

第九条 校学位委员会委员原则上应具有正高级职称，各学位分委员会委员原则上应具有副高级及以上职称，其中正高级职称的专家至少占委员的半数。为了保证委员们正常履行职责，除行业企业专家担任分委员会委员外，其余委员原则上要求全职在岗。

第十条　校学位委员会下设学位办公室，挂靠研究生院，负责有关学位事务的日常管理工作。

第十一条　各级学位委员会产生方式

1. 校学位委员会主席、副主席由校长办公会议、学校党委常委会议审定；

2. 校学位委员会委员中的专家委员由主席会议结合各学部、学院提名，形成建议名单，经校长办公会议、学校党委常委会议审定，职务委员依据职务经主席批准后自然当选，报国务院学位委员会备案；

3. 学部学位分委员会委员由学部提名，专业学位类别和学院学位分委员会委员由学院提名，形成建议名单，报校学位委员会审定。

第十二条　各级学位委员会委员在任期内可以变更。委员在任期内因退休、离职、调离学校等原因导致无法正常履行委员职责，或无正当理由 1 年内 2 次或在任期内 3 次不参加学位委员会会议者，自然失去委员资格。学部调整或学院党政领导班子换届后应及时调整各学位分委员会，调整程序按产生程序进行。

第十三条　各级学位委员会的换届工作由学位办公室负责。换届按照校学位委员会、各学位分委员会的顺序进行。

第三章　职　　责

第十四条　校学位委员会的主要职责。

1. 审议学位申请人员名单，作出授予学士、硕士、博士学位的决定；

2. 审议学位申请重点人员名单，作出授予、暂缓授予、不授予学士、硕士、博士学位的决定；

3. 审议通过授予名誉博士学位人员名单；

4. 作出撤销违反规定而授予学位的决定；

5. 审议博士、硕士学位授权点的审核增列或动态调整；

6. 审议新增博士研究生指导教师和硕士研究生指导教师；

7. 审议学校有关学位与研究生教育的规章制度和办法，检查、监督、评估各级学位授予质量；

8. 作出设立或撤销各学位分委员会的决定，审定各学位分委员会名单；审议学位分委员会上报的研究生学术不端行为查处结果，并作出处理决定；

9. 作出暂停招生或撤销研究生指导教师任职资格的决定；

10. 研究和处理学位授予中有异议的问题和其他有关问题；

11. 审定学校学位与研究生教育工作中的其他有关重大问题。

第十五条　学部学位分委员会的主要职责。

1. 审核负责建设一级学科研究生培养方案、课程设置及教学大纲；

2. 审核负责建设一级学科博士、硕士研究生的学位申请，作出是否建议授予博士、硕士学位的决定，报校学位委员会审批；

3. 审核负责建设一级学科学位授权的审核增列或动态调整，报校学位委员会审批；

4. 审核负责建设一级学科的研究生指导教师资格认定与聘任，报校学位委员会审批；

5. 制定负责建设一级学科研究生学位授予标准等相关规章制度，检查、监督、评估学位授予质量；

6. 研究和处理本学部学位与研究生教育工作中有争议的问题及其他事项；

7. 完成校学位委员会布置、授权的其他工作。

第十六条　专业学位类别学位分委员会的主要职责。

1. 审核专业学位类别研究生培养方案、课程设置及教学大纲；

2. 审核专业学位类别博士、硕士研究生的学位申请，作出是否建议授予博士、硕士学位的决定，报校学位委员会审批；

3. 审核专业学位类别授权的动态调整，报校学位委员会审批；

4. 审核专业学位类别研究生指导教师资格认定与聘任，报校学位委员会审批；

5. 制定专业学位类别研究生学位授予标准等相关规章制度，检查、监督、评估研究生学位授予质量；

6. 研究和处理本分委员会学位与研究生教育工作中有争议的问题及其他事项；

7. 完成校学位委员会布置、授权的其他工作。

第十七条　学院学位分委员会的主要职责。

1. 审查学士学位获得者人员名单；

2. 审查归属学部一级学科的研究生培养方案、课程设置及教学大纲，报学部学位分委员会审核，审核无归属学部其他学科的研究生培养方案、课程设置及教学大纲；

3. 审批博士、硕士研究生学位论文评阅人及答辩委员会组成名单等学位申请相关材料，组织硕士、博士研究生学位论文答辩；

4. 审查博士、硕士研究生的学位申请，作出是否建议授予博士、硕士学位的决定，学术学位报所归属学部学位分委员会审核，若无归属学部，直接报校学位委员会审批，专业学位报专业学位类别学位分委员会审核；

5. 审查学位授权的审核增列或动态调整，一级学科学位授权报所归属学部学位分委员会审核，若无归属学部，直接报校学位委员会审批，专业学位类别授权的审核增列报校学位委员会审批，专业学位类别授权的动态调整报专业学位类别学位分委员会审核；

6. 审查研究生指导教师资格认定与聘任，学术学位研究生指导教师报所归属学部学位分委员会审核，若无归属学部，直接报校学位委员会审批，专业学位类别研究生指导教师报专业学位类别学位分委员会审核；

7. 查处研究生指导教师违反规定的行为，给出调查结果和处理建议，报校学位委员会审批；

8. 查处研究生的学术不端行为，给出调查结果和处理建议，报校学位委员会审批；

9. 制定学部负责建设一级学科之外其他学科的研究生学位授予标准等相关规章制度，检查、监督、评估研究生学位授予质量；

10. 研究和处理本学院学位与研究生教育工作中有争议的问题及其他事项；

11. 完成校学位委员会、学部和专业学位类别学位分委员会布置、授权的其他工作。

第十八条　学位办公室的主要职责。

1. 制定有关学位授予的具体标准及工作细则；

2. 审查各单位上报的拟授予学士学位、硕士学位、博士学位相关材料及人员名单，办理有关学位申请手续；

3. 组织校学位委员会会议；

4. 发布授予学位通告，发放学位证书，安排学位授予仪式，向上级和有关部门报送学位信息，整理学位档案；

5. 组织学位论文质量检查和优秀学位论文评选、奖励、上报工作；

6. 受理有关学位评定和学位授予的争议和投诉；

7. 办理校学位委员会授权的其他有关工作。

第四章 议 事 规 则

第十九条 各级学位委员会实行例会制，每年召开三次全体会议，一般在 6 月、9 月和 12 月，由主席负责召集和主持(主席因故缺席可委托副主席召集和主持)。根据工作需要，主席可以临时召开全体会议。校学位委员会会议召开前，先行召开由主席、副主席和秘书长参加的主席会议，对会议议程进行审核，通过后方可提交大会审议。3 名以上校学位委员会委员联名或校长办公会议，可以向校学位委员会提出有关学位工作的议项，经主席会议讨论同意后，列入校学位委员会会议议程。必要时可以先征求有关部门的意见。各学位分委员会召开会议可参照执行。

第二十条 校学位委员会举行会议，一般应当在会议举行之前，由学位办公室将会议日期、建议会议讨论的主要事项通知校学位委员会委员，并提前将会议主要文件送达校学位委员会委员。

第二十一条 各级学位委员会召开全体会议时，须有 2/3 以上委员出席，方为有效。一般采用无记名投票方式进行表决，作出决议时，同意票数超过全体委员人数的 1/2 方为通过，表决结果当场宣布。

第二十二条 各级学位委员会委员原则上不得缺席会议，因故不能出席者应提前履行请假手续。

第二十三条 各级学位委员会委员，应自觉维护学位评定委员会的权威和声誉，严格遵守保密制度，不得泄露会议讨论的内容。

第二十四条 各级学位委员会在参加会议讨论学位与研究生教育工作有关议题时，如议题涉及委员本人或直系亲属，应回避。

第二十五条 校学位委员会开会时，如果需要有关单位负责人或个人列席时，由主席指定，由学位办公室通知。列席人员只对校学位委员会提出的问题作出说明和答复，不具有表决权。

第二十六条 校学位委员会休会期间，由主席会议对日常重要的学位工作事项作出决定。

第二十七条 校学位委员会的决议，以《校学位评定委员会会议纪要》的方式，由主席审核签发，学位办公室负责将有关内容提交校长办公会议通报。秘书长负责领导学位办公室的日常工作，并向校学位委员会会议报告工作。校学位委员会会议认为必要时，对工作报告作出决议。

第五章 附 则

第二十八条 学位办公室根据实际需要，在征求校学位委员会委员意见的基础上，提出修改校学位委员会章程的建议。修改校学位委员会章程，须经校学位委员会主席同意，并经校学位委员会 2/3 以上委员通过，再由校长办公会议、学校党委常委会议审定。

第二十九条 各学位分委员会章程由各学部和学院自行制定，报校学位委员会核准。

第三十条 本章程自学校签发之日起实施，原《西安电子科技大学学位评定委员会章程(2018 年修订)》(西电学位〔2018〕22 号)同时废止。本章程解释权归校学位委员会。

2022 年 12 月 1 日

团 委 工 作

西安电子科技大学学生社团建设管理办法

西电党〔2022〕37 号

第一章 总 则

第一条 为深入学习贯彻习近平新时代中国特色社会主义思想特别是习近平总书记关于高校思想政治工作和青年工作的重要论述，切实加强我校学生社团建设管理，充分发挥学生社团育人功能，支持学生社团健康有序发展，根据教育部、团中央《高校学生社团建设管理办法》(教党〔2020〕13 号)文件精神，结合我校学生社团建设管理实际，特制定本办法。

第二条 学生社团是落实立德树人根本任务、推进素质教育的重要载体，是高校学生根据成长成才需要，结合自身兴趣特长，在学校党委的领导和团委的指导下开展活动的群众性学生团体。学生社团一般分为思想政治类、学术科技类、创新创业类、文化体育类、志愿公益类、自律互助类及其他类等。

第三条 学生社团必须遵守《中华人民共和国宪法》、法律、法规、国家政策以及各级教育部门、共青团组织、学联组织和我校的规章制度，不得反对宪法确定的基本原则，不得危害国家的统一、安全和民族团结，不得损害国家利益、社会公共利益以及其他组织和公民的合法权益，不得违背社会道德风尚。学生社团不得从事营利性经营活动。

第四条 学生社团的基本任务是：以习近平新时代中国特色社会主义思想为指导，团结凝聚广大青年学生，坚持思想性、知识性、艺术性、多样性相统一的原则，积极开展方向正确、健康向上、格调高雅、形式多样的社团活动，丰富课余生活，繁荣校园文化，促进青年学生德智体美劳全面发展。

第五条 学生社团分为校级和院级。校级、院级学生社团均可面向全校学生招募成员和开展活动。

第二章 注 册 登 记

第六条 根据《中华人民共和国教育法》关于“国家实行教育与宗教相分离”的规定，不得成立宗教类学生社团。除学校党委特别批准外，所有学生群众性组织(含团队运营的网络新媒体社团)均须按学生社团登记注册。

第七条 申请成立学生社团，须具备以下条件：

(一) 遵守宪法、法律、法规以及各级教育部门、共青团组织、学联组织和我校的有关规定及本办法，自愿接受指导和管理。

(二) 由 20 名(含)以上我校在籍在读在校学生联合发起，发起人无违反法律法规的行为，未受过校纪校规处分，具有开展该社团活动所需的基本能力素质。

(三) 有规范的名称、相应的组织机构。社团名称应符合国家法律、法规和学校相关规定，与其业务性质相符，能准确反映其特征，不得违背校园文明风尚和社会公共道德；社团名称应避免重复，并与学校直属学生组织名称相区别。

(四) 有明确的业务指导单位。原则上业务指导单位应是与社团业务相关的校内机关职能部门、院(系)党组织或校内学术科研机构。

(五) 有至少 1 名指导教师。

(六) 有规范的社团章程，学生社团章程应包括社团名称、类别、宗旨，成员资格、权利、义务及入会程序，组织机构、管理制度、财务制度，活动内容和范围，经费来源、物质条件，执行机构的产生程序及权限，负责人的资格、权限和产生、罢免程序，章程修改程序，社团终止程序以及其他应当由章程规定的事项。

第八条　申请成立学生社团材料应包括社团成立筹备申请书、发起人和拟任负责人基本情况(包括思想表现、学习成绩等)、指导教师确认书、业务指导单位确认书、社团章程草案等。

第九条　学生社团实行年审制度。年审内容包括社团成员构成、社团负责人工作及学习情况、年度活动清单、指导教师工作情况、业务指导单位意见、财务状况、有无违纪违规情况等。对年审合格的学生社团进行注册登记，只有进行注册登记的学生社团方可继续开展活动。对运行情况良好的社团，可在评奖评优、活动经费等方面给予适当的表彰激励。对年审不合格的学生社团提出整改意见，整改期限一般 3 至 6 个月，整改期间社团不得开展除整改以外的其他活动。

第十条　学生社团有下列情形之一的，不予批准成立或不予继续注册登记：

(一) 申请成立时弄虚作假的。

(二) 参加学生社团的人数长期不足 20 人的。

(三) 年审不合格且整改无效的。

(四) 全体成员大会决议解散的。

(五) 在同一校区已有性质相同或相似学生社团的。

(六) 涉及宗教文化的。

(七) 仅吸纳单一民族或单一地区学生参加的。

(八) 跨地跨校联合成立的。

(九) 未经学校审核审批的校外机构会员单位或分支机构性质的学生组织。

(十) 举办违反法律法规、校规校纪或社团章程宗旨活动的。

(十一) 其他不宜批准成立或不宜继续注册登记的。

第十一条　企业、社会机构或个人原则上不得在学校建立特定冠名的学生俱乐部、协会等社团。对于与企业、社会机构或个人联系紧密的创新创业类社团，确有冠名需要的，需报学校党委批准。原则上学生社团不应涉及外事事务，确有需要的，须报学校党委批准。

第十二条　未经批准成立或已经注销的学生社团不得开展任何活动，已批准成立的学生社团中的成员，未经学生社团集体研究授权，不得以社团名义开展活动。留学生成立学生社团由学校外事部门统筹负责。

第十三条　在学校党委的领导下，由党委学生工作部牵头组织各相关部门负责人及学生社团业务相关领域专家成立学生社团建设管理评议委员会，负责对学生社团注册登记及年审进行评议审核。评议委员会负责人由校党委分管学生工作的同志担任。评议委员会下设办公室(设在校团委)，负责学生社团建设管理日常工作。评议审核结果须提交学校党委核准后方可执行。原则上在把控质量的前提下，促进学生社团精品建设、健康发展。

第十四条　在学校党委的领导下，校团委定期组织开展学生社团排查整治工作。对于未按规定注册或政治导向错误、开展非法活动的学生社团要依法依规予以取缔，对于校外人员未经学校许可，滥用、冒用学校名称(包括学校已申请注册具有法律效力的简称、别称)建立学生社团(含其运营的新媒体平台)在校内外开展非法活动的，除对其校内非法活动及活动据点予以取缔外，还应运用法律手段依法追究该非法社团及相关负责人的法律责任，维护学校和学生权益。

第三章 指 导 教 师

第十五条 学生社团指导教师的主要职责是：指导学生社团发展建设，把握社团发展正确方向，加强社团成员思想政治教育，规范学生社团日常管理，参加学生社团相关活动，开展学生社团骨干培训，定期对所指导社团工作进行总结，及时发现掌握、指导整改社团建设、活动中存在的突出问题，并经业务指导单位向学校党委学生工作部门报告等。

第十六条 学生社团指导教师应为本校在职在岗教职工，具备较强的思想政治素质、组织管理能力和与社团发展相关的专业知识，工作经验丰富，热心公益事务，具有奉献精神，关爱学生成长。

第十七条 配强学生社团指导教师，形成齐抓共管的协调联动长效机制。党委学生工作部要牵头建立学生社团指导教师选聘机制，会同研工、团委、组织、宣传、人事、教务等部门，注重发挥院(系)依托作用，按照个人申请、组织推荐、双向选择的原则建立指导教师库，并在教师库内选聘指导教师。思想政治类社团和志愿公益类社团指导教师须为中共党员。鼓励选聘高水平的思政课教师担任思想政治类社团的指导教师。指导教师实行聘任制，每个聘期为 1 年。原则上每名指导教师最多指导 2 个学生社团。

第十八条 党委学生工作部要牵头加强对学生社团指导教师评价考核与激励，将指导教师纳入高校思想政治工作队伍培训计划，加大培训力度。学生社团指导教师工作量参照学业导师标准进行核算认定、发放酬金，并将指导学生社团情况纳入教师思想政治工作和师德师风表现中。对考核优秀的指导教师在绩效工资、职称评聘、评奖评优中给予政策支持，对考核不合格的指导教师要依规解除聘任。

第四章 组 织 建 设

第十九条 充分保障学生社团成员权利。所有学生社团成员应当是具有正式学籍的本校在读学生。社团成员有权了解所在社团的章程、组织机构和财务制度，有权对社团的管理和活动提出质询和建议，有权按照章程申请加入或退出该社团，有权向上级管理部门反映社团及其成员出现的违纪违规等问题。社团成员应定期注册，并按要求参加社团相关活动，每名学生最多加入 2 个学生社团。

第二十条 定期召开学生社团全体成员大会。拟批准成立的学生社团要召开全体成员大会或成员代表大会，通过社团章程，选举产生社团执行机构和负责人候选人，已注册的学生社团要定期召开全体成员大会或成员代表大会，依照社团章程行使职权，包括选举和更换社团负责人候选人、审议社团工作报告，对社团变更、解散等事项作出决定，修改社团章程、监督社团财务及活动开展情况等。

第二十一条 加强学生社团政治引领。具备条件的学生社团原则上应建立临时党支部或团支部，承担政治理论学习、研究社团重要事项等职责。临时党支部(团支部)一般不发展党员(团员)、不收缴党费(团费)、不选举党代表(团代表)等。学生社团注销后，临时党支部或团支部自然撤销。

第二十二条 健全学生社团骨干遴选机制。学生社团负责人候选人须政治立场鲜明、学习成绩优秀、组织能力突出、学习成绩综合排名须在班级前 50%以内。学生社团负责人由校团委在党委学生工作部的指导下，通过提名推荐、公开选举、考察公示、审核批准等环节遴选产生。遴选党员、入党积极分子担任学生社团负责人(思想政治类社团和志愿公益类社团的主要负责人应为中共党员)。各部门负责人由学生社团在指导教师的指导下遴选产生，名单报校团委备案。

第二十三条　强化学生社团骨干评价激励。制定全面客观、科学有效的学生社团骨干评价考核办法，建立以服务和贡献为导向的荣誉激励机制，引导学生社团骨干全心全意为社团发展服务，为社团成员成长助力，在社团工作的实践中受教育、长才干、作贡献。

第五章　活动管理

第二十四条　学校鼓励学生社团依据法律法规、校纪校规、社团章程广泛开展社团活动，积极创新载体形式，充分利用新媒体技术，不断增强社团活动的吸引力和感染力。社团活动须经学生社团集体决策、指导教师同意并报业务指导单位批准后方可开展。

第二十五条　学生社团及其成员不得开展与其宗旨不符的活动，不得开展纯商业性活动，不得参与违法违纪活动，不得散布违背宪法、法律、法规和党的路线方针政策的错误观点和言论。未经批准，学生社团不得自行与校外任何单位、组织或个人签订任何形式的合约或协议，不得接受经费资助。

第二十六条　学生社团建立网站、新媒体平台及印发刊物等须报党委学生工作部门审核备案。建立内容把关机制，确保发布内容积极健康，学生社团开展线上线下宣传、发布活动信息须经指导教师审核同意。

第二十七条　在党委学生工作部的指导下，校团委等相关部门加强对学生社团及其成员开展活动的规范管理和分类指导。发现违反法律法规或校纪校规的活动，要坚决及时制止。对违反法律法规或校纪校规的学生社团，要视情节严重程度，按程序对相关责任人给予纪律处分。在校期间受到校规校纪处分的、曾因违反有关规定被撤销社团职务的、对社团被宣布解散或注销应当承担主要责任的学生不得再担任社团负责人。

第六章　强化领导

第二十八条　学校党委将学生社团工作纳入学校思想政治工作和群团工作整体格局谋划部署，定期听取学生社团工作汇报，及时研究解决有关问题，明确分管学生工作的负责同志分管学生社团工作，分管人事、教学的负责同志参与学生社团指导教师选聘考核、社团骨干学习指导等管理工作。

第二十九条　构建学校党委统一领导，党委学生工作部牵头负责，研工、团委、组织、宣传、保卫、人事、教务等相关职能部门共同参与的学生社团工作机制。党委学生工作部要切实承担起学生社团建设发展、统筹管理的相关职责，对全校学生社团建设发展进行研究规划，制度性研究学生社团注册登记及年审、骨干遴选及考核等重要工作和重大事项，推进党的领导具体化。

第三十条　加强党建带团建，把党建、团建与社团建设有机结合起来。学校团委要加强对全校学生社团的具体指导，成立学生社团管理部门，配备专职工作人员，做好学生社团建设管理评议委员会日常工作和社团建设管理具体事务等。

第三十一条　业务指导单位承担学生社团健康发展的主体责任，担负对所负责学生社团日常活动的监督指导和社团成员的教育管理职责，负责指导教师工作情况评价认定等。

第三十二条　学校鼓励学生社团健康有序发展，在经费、场地、设备、条件、制度等方面给予充分保障，按照平均每年每生不低于20元的标准设立学生社团活动专项经费，支持学生社团活动正常开展，并保证专款专用。

第三十三条　学生社团原则上不接受校外资助，不收取成员会费。确有资助需要的，要加强对资助事宜的合法合规性审核，并将各项资助经费纳入学校财务统一管理。学生社团解散或注销后的剩余财产，按照学校有关规定执行。

第三十四条　建立倒查问责机制，对学生社团管理出现重大问题的相关单位，按照全面从严治党要求依规依纪进行严肃追责问责。

第七章　附　　则

第三十五条　本办法自印发之日起施行，《西安电子科技大学学生社团管理办法(试行)》(西电团〔2019〕12 号)同时废止。学校其他文件中关于学生社团管理规定与本办法不一致的，以本办法为准。

第三十六条　本办法由西安电子科技大学学生社团建设管理评议委员会办公室负责解释。

2022 年 12 月 1 日

教育教学——本科教育

西安电子科技大学本科生国家奖学金评审办法(修订)

西电学〔2022〕10号

第一章　总　　则

第一条　为激励我校本科学生勤奋学习、努力进取、德智体美劳全面发展，根据《教育部　财政部关于印发〈本专科生国家奖学金评审办法〉的通知》(教财函〔2019〕105号)《财政部 教育部 人力资源社会保障部　退役军人部　中央军委国防动员部关于印发〈学生资助资金管理办法〉的通知》(财教〔2021〕310号)文件精神，结合我校实际，特制定本办法。

第二条　国家奖学金由中央政府出资设立，用于奖励我校全日制本科(含第二学士学位)学生中特别优秀的学生。

第二章　奖励标准和申请条件

第三条　国家奖学金的奖励标准为每人每年8000元，一次性发放。

第四条　申请国家奖学金的基本条件：

(一) 具有中华人民共和国国籍。

(二) 热爱祖国，拥护中国共产党的领导。

(三) 遵守宪法和法律，遵守学校规章制度。

(四) 诚实守信，道德品质优良，《诚信档案》中无任何不良记录。

(五) 上一学年学习成绩优异，创新能力、社会实践、综合素质等方面特别突出，符合当年学校综合发展奖学金的申请条件。

第五条　在符合基本条件的前提下，申请人还应满足以下具体条件：

(一) 年级要求：二年级及以上年级本科生。

(二) 成绩要求：学习成绩排名与综合考评成绩排名均位于专业前10%(含10%)的学生，可以申请本科生国家奖学金。学习成绩排名和综合考评成绩排名没有进入专业前10%，但达到专业前30%(含30%)的学生，如在其他方面表现非常突出，也可申请本科生国家奖学金，但需提交详细的证明材料，证明材料须经学院(书院)审核盖章确认。

其他方面表现非常突出是指在道德风尚、学术研究、学科竞赛、创新发明、社会实践、社会工作、体育竞赛、艺术展演等某一方面表现特别优秀。具体是指：

1. 在社会主义精神文明建设中表现突出，具有见义勇为、助人为乐、奉献爱心、服务社会、自立自强的实际行动，在本校、本地区产生重大影响，在全国产生较大影响，有助于树立良好的社会风尚。

2. 在学术研究上取得显著成绩，以第一作者发表的通过专家鉴定的高水平论文，以第一、二作者出版的通过专家鉴定的学术专著。

3. 在学科竞赛方面取得显著成绩，在国际和全国性专业学科竞赛、课外学术科技竞赛、中国“互联网+”大学生创新创业大赛等竞赛中获一等奖(或金奖)及以上奖励。

4. 在创新发明方面取得显著成绩，科研成果获省、部级以上奖励或获得通过专家鉴定的国家专利(不包括实用新型专利、外观设计专利)。

5. 在体育竞赛中取得显著成绩，为国家争得荣誉。非体育专业学生参加省级以上体育比赛获得个人项目前三名，集体项目前二名；高水平运动员参加国际和全国性体育比赛获得个人项目前三名、集体项目前二名。集体项目应为上场主力队员。

6. 在艺术展演方面取得显著成绩，参加全国大学生艺术展演获得一、二等奖，参加省级艺术展演获得一等奖；艺术类专业学生参加国际和全国性比赛获得前三名。集体项目应为主要演员。

7. 获全国十大杰出青年、中国青年五四奖章、中国大学生年度人物等全国性荣誉称号。

8. 其他应当认定为表现非常突出的情形。

第三章　组 织 机 构

第六条　学校成立本科生资助工作领导小组，全面领导国家奖学金评审工作。由学校分管学生工作校领导任组长，本科生院、计划财务处、各学院(书院)相关负责人为成员。

第七条　学校成立本科生国家奖学金评审委员会，具体负责评审工作，向评审领导小组提出本科生国家奖学金评审意见。由各学院(书院)具有代表性的管理人员、专家学者和学生代表组成。

第八条 各学院(书院)成立由学院(书院)党委副书记、辅导员组成的学院(书院)评审工作组，全面负责本单位国家奖学金的评审工作，党委副书记任组长。

第九条 各辅导员具体负责其所带学生的国家奖学金申请和初评，成立由20%以上学生组成的民主评议小组，辅导员任组长。

第四章　申请和评审

第十条　国家奖学金于每学年秋季学期开学初启动申请和评审。

第十一条　国家奖学金的申请。

学生本人填写《国家奖学金申请表》，向民主评议小组提交申请。

第十二条　国家奖学金的评审。

坚持公开、公平、公正、择优的原则，按照以下步骤组织评审。

1. 民主评议小组评议。评议小组应以对全体学生高度负责的态度，依据有关文件精神对每个申请国家奖学金者认真评议。

2. 学院(书院)评选。各学院(书院)评审工作组对民主评议小组的评议结果认真审核，严格把关，评选出本单位的国家奖学金推荐名单，并在学院(书院)范围内公示3个工作日，无异议后提交学校学生资助管理中心。

3. 学校学生资助管理中心审核。各学院(书院)将国家奖学金评选结果报送学校学生资助管理中心，学生资助管理中心复核后提出学校当年国家奖学金获奖学生建议名单，上报学校本科生国家奖学金评审委员会。

4. 学校审定推选。学校本科生国家奖学金评审委员会对国家奖学金获奖学生建议名单进行研究审定，由学生资助管理中心组织在全校公示5个工作日，无异议后上报教育部。

第五章　国家奖学金的发放

第十三条　学校接到教育部的批复名单后，本科生院为学生颁发国家统一印制的荣誉证书，并记入学生学籍档案，计划财务处将国家奖学金一次性拨付至获奖学生本人银行卡。

第十四条　同一学年内，获得国家奖学金的家庭经济困难学生可以同时申请并获得国家助学金，但不能同时获得国家励志奖学金。

第十五条　同一学年内，获得国家奖学金的学生可以同时申请本科生校长奖。

第十六条　同一学年内，获国家奖学金的学生，不再发给学校综合发展奖学金、单项奖学金，只授予学校评定的综合发展奖学金相应级别的荣誉称号。

第十七条　凡受到警告及警告以上处分者，对其所获得的国家奖学金停发或追回，收回荣誉称号。

第六章　附　　则

第十八条　本办法自发布之日施行，原《关于印发〈西安电子科技大学本科生国家奖学金评审办法〉的通知》(西电学〔2019〕46 号)同时废止。

第十九条　本办法由本科生院负责解释。

2022 年 6 月 28 日

西安电子科技大学服兵役学生国家教育资助实施办法

西电学〔2022〕7 号

第一章 总 则

第一条 为推进国防和军队现代化建设，鼓励我校学生积极应征入伍服兵役，提高兵员征集质量，支持退役士兵接受系统的高等教育，提高退役士兵就业能力，根据《财政部 教育部 人力资源社会保障部 退役军人部 中央军委国防动员部关于印发〈学生资助资金管理办法〉的通知》(财教〔2021〕310 号)文件精神，结合学校实际，制定本办法。

第二条 高等学校学生应征入伍服兵役高校学生国家教育资助，是指国家对应征入伍服义务兵役、招收为士官的高校学生，在入伍时对其在校期间缴纳的学费实行一次性补偿或用于学费的国家助学贷款实行代偿；对应征入伍服义务兵役前正在高校就读的学生(含按国家招生规定录取的高校新生)，服役期间按国家有关规定保留学籍或入学资格、退役后自愿复学或入学的，实行学费减免；对退役后，自主就业，通过全国统一高考或高职分类招考方式考入高等学校并到校报到的入学新生，实行学费减免。

第三条 本办法所称学生是指学校全日制普通本科生、研究生和第二学士学位的应(往)届毕业生、在校生和入学新生。

第四条 下列学生不享受以上国家资助：

(一) 在校期间已通过其他方式免除全部学费的学生。

(二) 定向生(定向培养士官除外)、委培生和国防生。

(三) 其他不属于服义务兵役或招收士官到部队入伍的学生。

第二章 标准和年限

第五条 学费补偿、国家助学贷款代偿以及学费减免的标准，本科生每生每年最高不超过 12000 元，研究生每生每年最高不超过 16000 元。

学费补偿或国家助学贷款代偿金额，按学生实际缴纳的学费或用于学费的国家助学贷款(包括本金及其全部偿还之前产生的利息，下同)两者金额较高者执行；复学或新生入学后学费减免金额，按学校实际收取学费金额执行。超出标准部分不予补偿、代偿或减免。

第六条 获学费补偿学生在校期间获得国家助学贷款的，补偿资金应当首先用于偿还国家助学贷款。

第七条 获得国家助学贷款的高校在校生应征入伍后， 应主动与学校及银行联系，国家助学贷款停止发放。

第八条 学费补偿、贷款代偿或学费减免资助期限为全日制普通高等学历教育一个学制期。对复学或入学后攻读更高层次学历的不在学费减免范围之内；攻读更高层次学历后二次入伍，可以类比第一次入伍享受更高层次学历教育阶段的资助。

学费补偿、贷款代偿或学费减免资助年限按照国家对本科、研究生、第二学士学位规定的基本修业年限据实计算。以入伍时间为准，入伍前已完成规定的修业年限，即为学费补偿或国家助学贷款代偿的年限；退役复学后接续完成规定的剩余修业年限，即为学费减免的年限；退役后考入高校的新生，规定的基本修业年限，即为学费减免的年限。

对专升本、本硕连读学制学生，在专科或本科学习阶段应征入伍的，以专科或本科规定的学习时间实行入伍资助，在本科或硕士学习阶段应征入伍的，以本科或硕士规定的学习时间实行入伍资助。专升本、本硕连读、第二学士学位毕业生学费补偿或国家助学贷款代偿的年限，分别按照完成本科、硕士和第二学士学位阶段学习任务规定的学习时间计算。

第三章　申请与审批

第九条　学费补偿或国家助学贷款代偿应遵循以下程序：

(一) 应征报名学生登录全国征兵网，按要求在线填写、打印《应征入伍服兵役高等学校学生国家教育资助申请表I》(以下简称《申请表I》，一式两份)并提交至学校学生资助管理中心。在校期间获得国家助学贷款的学生，需同时提供《国家助学贷款借款合同》复印件和本人签字的偿还贷款计划书。

(二) 学校相关部门对《申请表I》中学生的资助资格、标准、金额等相关信息审核无误后，在《申请表I》加盖公章，一份留存，一份返还学生。

(三) 学生在征兵报名时将《申请表 I》交至入伍所在地县级人民政府征兵办公室(以下简称县级征兵办)。学生被批准入伍后，县级征兵办对《申请表I》加盖公章并返还学生。

(四) 学生将《申请表I》原件和《入伍通知书》复印件，寄送回学校学生资助管理中心。

(五) 学校学生资助管理中心在收到学生报送的《申请表I》原件和《入伍通知书》复印件后，对各项内容进行复核，及时向学生进行学费补偿或国家助学贷款代偿。

对于办理高校国家助学贷款的学生，由高校按照还款计划，一次性向银行偿还学生高校国家助学贷款本息(学费部分)，并将银行开具的偿还贷款票据交寄学生本人或其家长。偿还全部贷款后如有剩余资金，汇至学生指定的地址或账户。

对于在户籍所在县(市、区)办理了生源地信用助学贷款的学生，由高校根据学生签字的还款计划，将代偿资金一次性汇至学生指定的地址或账户。

第十条　退役后自愿回校复学或入学的学生和退役后考入高校的入学新生，到高校报到后向高校一次性提出学费减免申请，填报《应征入伍服兵役高等学校学生国家教育资助申请表II》(以下简称《申请表II》，一式两份)并提交退役证书复印件。学校学生资助管理中心在收到申请材料后，及时对学生申请资格进行审核。符合条件的，及时办理学费减免手续，逐年减免学费。

第十一条　入伍资助资金不足以偿还国家助学贷款的，学生应与经办银行重新签订还款计划，偿还剩余部分国家助学贷款。

第十二条　应征入伍服兵役的往届毕业生，申请国家助学贷款代偿的，应由学生本人继续按原还款协议自行偿还贷款，学生本人凭贷款合同和已偿还的贷款本息银行凭证向学校申请代偿资金。

第四章　资金拨付和管理

第十三条　学生应征入伍服兵役国家资助资金按照财政国库管理有关制度规定支付。

第十四条　学校应按照相关规定要求及时办理补偿代偿和学费减免，确保国家资助政策及时落实到位。

第十五条　学校在每年10月31日前，将本年度入伍资助经费使用等情况，报全国学生资助管理中心审核。

第五章　管理与监督

第十六条　因故意隐瞒病史或弄虚作假、违法犯罪等行为造成退兵的学生，以及因拒服兵役被部队除名的学生，学校取消其受助资格。

第十七条　被部队退回或除名并被取消资助资格的学生，如学生返回学校就读，已补偿的学费或代偿的国家助学贷款资金由学校会同退役安置地县级征兵办收回。学校在收回资金后，将及时逐级汇总上缴全国学生资助管理中心。

第十八条　因部队编制员额缩减、国家建设需要、因战因公负伤致残、因病不适宜在部队继续服役、家庭发生重大变故需要退役等原因，经组织批准提前退役的学生，仍具备受助资格。其他非正常退役学生的资助资格认定，由学校所在地省级人民政府征兵办公室会同同级教育部门确定。

第六章　附　　则

第十九条　本办法自发布之日起施行。原《关于印发〈西安电子科技大学学生服兵役资助管理办法(试行)〉的通知》(学字〔2013〕52 号)同时废止。

第二十条　本办法由本科生院、党委研究生工作部负责解释。

2022 年 6 月 28 日

西安电子科技大学本科生国家助学金评定实施办法

西电学〔2022〕8号

第一章 总 则

第一条 为规范学校国家助学金评定和管理，体现党和政府对家庭经济困难学生的关心关爱，充分发挥国家助学金在资助育人工作中的积极作用，激励困难学生德智体美劳全面发展。根据《财政部 教育部 人力资源社会保障部 退役军人部 中央军委国防动员部关于印发〈学生资助资金管理办法〉的通知》(财教〔2021〕310号)文件精神，结合我校实际，制定本办法。

第二条 本办法适用于学校家庭经济困难的全日制本科在校学生(含预科、第二学士学位，不含退役士兵学生)。全日制在校退役士兵学生全部享受本科生国家助学金。

第二章 申请条件

第三条 国家助学金基本申请条件：

1. 具有中华人民共和国国籍；
2. 热爱祖国，拥护中国共产党的领导；
3. 遵守宪法和法律，遵守学校规章制度；
4. 诚实守信，道德品质优良；
5. 勤奋学习，积极上进；
6. 家庭经济困难，生活俭朴；
7. 申请国家助学贷款的家庭经济困难学生优先；
8. 积极参加社会实践及公益活动；
9. 综合测评考核成绩良好。

第三章 资助标准

第四条 国家助学金以资助家庭经济困难学生生活费用为目的，我校国家助学金分为两档，资助标准根据教育部当年文件确定，生均资助标准应不低于教育部规定生均资助标准，实际资助标准根据国家当年政策文件适时调整。全日制在校退役士兵学生全部享受本专科生国家助学金，资助标准为每生每年3300元。

第五条 原建档立卡贫困家庭学生、最低生活保障家庭学生、特困供养学生、孤残学生、烈士子女、边缘易致贫家庭学生以及因病因灾因意外事故等特殊情况致困家庭的学生作为重点资助对象，原则上应当按照最高档次给予相应资助。

第四章 名额分配

第六条 学校国家助学金的资助名额由财政部商有关部门确定。每年九月份，学校根据上级主管部门下拨的指标，结合家庭经济困难学生认定情况，统筹规划，向各学院(书院)下拨分配指标。

第五章　评 定 程 序

第七条　国家助学金每学年评定一次，一般在当年家庭经济困难认定工作结束后开展。

第八条　国家助学金评审应坚持公开、公平、公正的原则。评定程序如下：

1. 学生本人提出申请。

学生(不含退役士兵学生)根据国家助学金申请条件向所在学院(书院)提出申请，并提交《国家助学金申请表》，可连年申请。

2. 班级评议。

各班级成立以辅导员为组长的班级民主评议小组，在辅导员指导下，以对全班学生高度负责的态度，依据有关文件对每个申请学生深入调查摸底，进行全面、客观评议。

3. 学院(书院)审核。

各学院(书院)学生工作领导小组对班级评议结果认真审核，严格把关，确保结果公平公正。国家助学金评定实行公示制，学院(书院)开展评定前设立举报电话、举报邮箱，接受监督，听取异议，公示时间不少于 3 天。

4. 学校审批。

各学院(书院)将国家助学金评定结果上报学生资助管理中心，学生资助管理中心对报送结果进行复核，并在全校范围内公示 3 天，无异议后将评定结果报学校本科生资助工作领导小组，通过后报送教育部。

第六章　发 放 及 管 理

第九条　学校按 10 个月将国家助学金发放至受助学生本人银行卡。

第十条　在同一学年内，申请并获得国家助学金的学生，可同时申请并获得国家奖学金或国家励志奖学金。

第十一条　在助学金评选、公示及发放后，如发现学生存在弄虚作假、超前消费和过度消费等不符合评定要求情况，一经查实，取消该生受助资格，追回已发助学金，并按相关校纪校规处理。

第十二条　各学院(书院)应深入开展诚信、感恩、励志教育，切实加强管理，认真做好国家助学金评审工作，确保国家助学金用于资助家庭经济困难学生。对获得国家助学金的家庭经济困难学生建立困难学生档案，加强动态跟踪管理，积极引导受助学生合理使用助学金，确保国家助学金切实用于家庭经济困难学生生活费用开支。

第十三条　学生在学制期限内，由于出国、疾病等原因办理保留学籍或休学等手续的，暂停对其发放国家助学金，待其恢复学籍后再行发放。超过基本修业年限的在校生不再享受国家助学金。

第七章　附　　则

第十四条　本办法自发布之日起施行。原《关于印发〈西安电子科技大学本科生国家助学金评定管理办法〉的通知》(西电学〔2021〕3 号)同时废止。

第十五条　本办法由本科生院负责解释。

2022 年 6 月 28 日

西安电子科技大学本科生国家励志奖学金评审办法(修订)

西电学〔2022〕9号

第一章　总　　则

第一条　为激励我校家庭经济困难学生勤奋学习、努力进取、德智体美劳全面发展，根据《财政部　教育部　人力资源社会保障部　退役军人部　中央军委国防动员部关于印发〈学生资助资金管理办法〉的通知》(财教〔2021〕310号)有关精神，结合我校实际，特制定本办法。

第二条　国家励志奖学金由中央政府出资设立，用于奖励资助我校全日制本科(含第二学士学位)学生中品学兼优的家庭经济困难学生。

第二章　奖励标准和申请条件

第三条　国家励志奖学金的奖励标准为每人每年5000元，一次性发放。

第四条　国家励志奖学金的基本申请条件：

1. 全日制计划内本科二年级以上(包括二年级)学生；
2. 热爱祖国，拥护中国共产党的领导；
3. 自觉遵守宪法和法律，认真执行学校规章制度；
4. 诚实守信，道德品质优良，《诚信档案》中无任何不良记录；
5. 上一学年度学习成绩优秀，在本专业排名前30%；
6. 德智体美劳全面发展，综合测评成绩在本专业排名前30%；
7. 在评审学年是学校认定的家庭经济困难学生，生活简朴。

第三章　组 织 机 构

第五条　国家励志奖学金的评定工作在学校学生资助工作领导小组的领导下，由学生资助管理中心具体负责组织评审工作。

第六条　各学院/书院成立由学院/书院党委副书记、辅导员组成的学院/书院评审工作组，全面负责本单位国家励志奖学金的评审工作，党委副书记任组长。

第七条　各辅导员具体负责其所带学生的国家励志奖学金申请和初评，成立由20%以上学生组成的民主评议小组，辅导员任组长。

第四章　申 请 和 评 审

第八条　国家励志奖学金于每学年秋季学期开学初启动申请和评审。

第九条　国家励志奖学金的申请：

学生本人填写《西安电子科技大学国家励志奖学金申请表》，向民主评议小组提交申请。

第十条　国家励志奖学金的评审：

实行等额评审，坚持公开、公平、公正、择优的原则，按照以下步骤组织评审。

1. 民主评议小组评议。

评议小组应以对全体学生高度负责的态度，依据有关文件的要求对每个申请国家励志奖学金者认真评议。

2. 学院/书院评选。

各学院/书院评审工作组对民主评议小组的评议结果认真审核，严格把关，等额评选出本单位的国家励志奖学金推荐名单，在学院/书院范围内公示 3 个工作日，无异议后提交学校学生资助管理中心。

3. 学校学生资助管理中心审核。

各学院/书院将国家励志奖学金评选结果报送学校学生资助管理中心，学生资助管理中心复核后提出学校当年国家励志奖学金获奖学生建议名单，上报学校学生资助工作领导小组。

4. 学校审定推选。

学校学生资助工作领导小组对国家励志奖学金获奖学生建议名单进行研究审定，由学生资助管理中心组织在全校公示 5 个工作日，无异议后上报教育部。

第五章　国家励志奖学金的发放

第十一条　学校接到教育部的批复名单后，计划财务处将国家励志奖学金一次性拨付至学生本人银行卡，本科生院将获奖情况记入学生档案。

第十二条　同一学年内，获国家励志奖学金的学生，不再发放学校奖学金，只授予学校评定的相应级别的荣誉称号。

第十三条　同一学年内，获得国家励志奖学金的家庭经济困难学生可以同时申请并获得国家助学金，但不能同时获得国家奖学金。

第十四条　同一学年内，获得国家励志奖学金的学生可以同时申请并获得本科生校长奖。

第十五条　获得国家励志奖学金的学生，有下列情况之一者停发或追回奖学金，收回荣誉称号：

1. 在家庭经济困难学生认定工作中弄虚作假；

2. 消费水平明显高于全校平均，铺张浪费；

3. 受到警告及警告以上处分。

第六章　附　　则

第十六条　本办法自发布之日施行，原《关于印发〈西安电子科技大学国家励志奖学金评审办法〉的通知》(西电学〔2019〕10 号)同时废止。

第十七条　本办法由本科生院负责解释。

2022 年 6 月 28 日

教育教学——研究生教育

西安电子科技大学研究生学业奖学金管理办法

西电研〔2022〕18 号

第一章　总　　则

第一条　为激励研究生勤奋学习、潜心科研、勇于创新、积极进取、全面发展，培养德才兼备的高层次人才，学校根据《中共中央、国务院关于印发〈深化新时代教育评价改革总体方案〉的通知》(中发〔2020〕19 号)和《财政部教育部人力资源社会保障部退役军人部中央军委国防动员部关于印发〈学生资助资金管理办法〉的通知》(财科教〔2021〕310 号)等文件精神，结合学校实际，修订本办法。

第二条　研究生学业奖学金经费由国家财政专项拨款和学校自筹经费共同承担，用于奖励支持表现良好的研究生更好地完成学业。

第三条　本办法所称研究生是指具有中华人民共和国国籍，纳入全国研究生招生计划的全日制非定向研究生，以及“高层次人才强军计划”和“少数民族高层次骨干人才计划”的定向研究生。

第四条　直博生入学第一年按硕士研究生身份参评学业奖学金，第二年起按博士研究生身份参评。

第二章　奖励比例、标准与条件

第五条　硕士研究生学业奖学金：

(一) 经费与指标划拨。

学校按照研究生培养单位各年级、类别符合参评条件研究生人数，划拨基本经费和补充经费，基本经费为每生每年 3200 元，补充经费每年按实际情况拨付。鼓励各单位依照学校相关经费管理办法，自筹经费提高奖励标准。

(二) 奖励比例与标准。

各单位根据划拨经费和自筹经费情况，立足本单位实际，自行制定硕士研究生学业奖学金等级、奖励比例和奖励标准，奖励标准不得超过硕士研究生国家奖学金标准的 60%。

第六条　博士研究生学业奖学金：

(一) 经费与指标划拨。

学校按照各单位符合参评条件的研究生总人数，根据标准和比例，计算一等奖学金和二等奖学金指标。各单位以此为基础，参照年级、专业、标准、比例等要素，对指标进一步分配。

(二) 奖励比例与标准。

1. 博士学位论文中期考核通过前，一等奖学金奖励标准为每生每年 12 000 元，奖励比例为 20%；二等奖学金奖励标准为每生每年 9000 元，奖励比例原则上不低于 60%。

2. 博士学位论文中期考核通过后，一等奖学金奖励标准为每生每年 18000 元，奖励比例为 20%；二等奖学金奖励标准为每生每年 12000 元，奖励比例原则上不低于 60%。

第七条　申请研究生学业奖学金需满足以下基本条件：

(一) 热爱社会主义祖国，拥护中国共产党的领导。

(二) 遵纪守法，遵守学校规章制度，参评时未受纪律处分。

(三) 诚实守信，品学兼优。

(四) 积极参与科学研究和社会实践。

(五) 参评时无不及格学位课课程。

第八条　各类参评成果、奖项及荣誉的第一署名单位须为西安电子科技大学，申请人应作为主要作者或完成人。

第九条　外出实习的研究生，学业奖学金一般应由实习单位支付。联合培养研究生，学业奖学金按协议规定执行。

第十条　未按时报到注册的研究生，不能参加当年学业奖学金评定。

第十一条　学业奖学金每学年评定一次，奖励年限与学制年限一致，若研究生在学制年限内提前毕业则自动终止学业奖学金参评资格。硕士研究生最高奖励次数不超过 3 次，博士研究生最高奖励次数不超过 4 次，直博生最高奖励次数不超过 5 次。

第十二条　研究生在学制年限内，因出国、休学等原因办理保留学籍手续的，保留学籍期间不参评研究生学业奖学金，其奖励年限在恢复学籍后顺延，但参评次数不得超过最高奖励次数。

第十三条　春季入学的博士研究生新生，可参评当年博士研究生学业奖学金，获得学业奖学金的，需扣除上一学年所获硕士研究生学业奖学金的一半。

第十四条　已获得学业奖学金的研究生，因退学等缘故，在学年中途终止学籍的，自学校批准之日的次月起，按月计退当前学年学业奖学金。

第三章　评审组织与程序

第十五条　学校研究生奖助工作领导小组统筹领导、协调和监督学业奖学金评审工作，负责审定评审标准和名额分配方案，并裁决有关申诉事项。

第十六条　各单位研究生奖助工作管理委员会负责制定本单位学业奖学金评定细则，组织评审工作，确定获奖学生名单，在本单位内公示不少于 5 个工作日。公示无异议后，提交学校研究生奖助工作领导小组审定，审定结果在全校范围内公示不少于 5 个工作日。

第十七条　评审工作于每年十月底前完成，每年十一月底前，学校将学业奖学金一次性发放至获奖研究生银行账户，并将获奖情况记入学籍档案。

第十八条　对评审结果有异议的，可在各单位公示阶段向所在单位研究生奖助工作管理委员会提出申诉，各单位研究生奖助工作管理委员会应及时处理并予以答复。如申诉人对该单位作出的答复仍存在异议，可在学校公示阶段向学校研究生奖助工作领导小组提请裁决。

第十九条　评审工作应坚持公平、公正、公开的原则，严格执行国家和学校有关规定，杜绝弄虚作假。

第四章　附　　则

第二十条　各单位应根据本办法，结合实际，充分考虑不同类型研究生以及各学科间的差异性，坚持以德为先、能力为重、全面发展的原则，制定本单位学业奖学金评定细则，在分配名额时应向基础学科及国家亟需的学科(专业、方向)倾斜，不得简单以毕业院校、推免生身份为标准确定新生学业奖学金等级。

第二十一条　各单位制定评定细则后，应在本单位公示不少于 3 个工作日，公示无异议后报学校研究生奖助工作领导小组审核，审核通过后公布实施。

第二十二条　本办法自 2022 年秋季学期起施行，原《西安电子科技大学研究生学业奖学金管理办法》(西电研〔2018〕47 号)同时废止。

第二十三条　本办法由党委研究生工作部负责解释。

2022 年 6 月 28 日

教育教学——国际教育

西安电子科技大学学生国际交流资助办法(修订)

西电外〔2022〕14 号

第一章 总 则

第一条 为规范我校学生国际交流项目的资助管理，确保项目评审过程公平、公正、公开，更好发挥资助的激励和帮扶作用，提高学生参与国际交流的积极性，拓展学生国际化视野，特制定本办法。

第二条 资助学生国际交流的经费纳入学校年度经费预算，根据资助项目实施实际情况统筹使用。

第三条 学校成立国际交流资助评审组，成员由本科生院、研究生院、国际合作与交流部和具有相关国际交流经验专家组成。

第二章 资助国际交流项目类型

第四条 短期交流项目。

参加由学校组织或认定的不满 90 天国际交流活动，包括：

(一) 课程项目：学生参加专业学习、科学研究、毕业设计等交流活动。

(二) 实习项目：学生参加国际组织实习或其他国际企业实习等交流项目。

(三) 竞赛项目：学生参加各类国际竞赛。

(四) 活动项目：学生参加高水平国际会议、论坛、研讨会、工作坊等其他国际活动。

第五条 长期交流项目。

参加由学校组织或认定的 90 天及以上国际交流活动。

第三章 资助原则与标准

第六条 资助原则。

根据“公平、公正、公开”的原则，优先资助推动学校“双一流”建设并具有持续性、实质性的交流项目。

学生在校期间最多获得一次短期和一次长期项目资助资格。

第七条 资助标准。

(一) 短期交流项目。

本科生资助额度原则上不高于 8000 元/次，研究生资助额度原则上不高于 20 000 元/次。

(二) 长期交流项目。

长期交流项目分为三个等级，具体如下：

一等资助：按照 20 000 元/学期，40 000 元/学年的标准对每位符合资助条件的学生给予资助；

二等资助：按照 16 000 元/学期，32 000 元/学年的标准对每位符合资助条件的学生给予资助；

三等资助：按照 12 000 元/学期，24 000 元/学年的标准对每位符合资助条件的学生给予资助。

具体资助等级由国际交流资助评审组评审议定。

第八条　其他规定。

(一) 参加国际组织实习项目并获得实习方认可，经学校国际交流资助评审组认定，对项目花费(含国际旅费、保险费、项目费)提供最高 20 000 元资助，线上实习按照资助标准的 50%给予资助。

(二) 具有下列情况的，扣减或不予资助：

1. 学生已获得其他渠道资助(受国家、学校其他项目或导师资助等国内渠道资助)的项目不重复资助。

2. 合作办学学生不纳入本办法资助范围。关于合作办学学生资助办法，由各合作办学承办学院与国际合作与交流部另行制定出台办法。

3. 线上授课的国际交流项目原则上按同类型项目资助标准的 50%给予资助。

4. 学生未在规定时间内提交资助申请与相关材料，过期视为自动放弃，不予资助。

5. 学生申请材料存在弄虚作假；违反项目管理有关规定、擅自提前回校、逾期不归、迟归、未按规定完成学习计划等行为；学校将视情况扣减其资助额度或不予资助(如交流期间遇不可抗力因素导致提前回校、逾期不归、迟归、未按规定完成学习计划等，将由国际交流资助评审组议定实际资助额度)。

第四章　申 请 资 格

第九条　申请资助学生应具备以下资格：

(一) 参加项目期间为全日制统招在籍本科生/研究生。

(二) 诚实守信，品学兼优，身心健康。

(三) 按规定履行国际交流项目校内派出审批手续；若参加学分项目，需提前制订学习计划并通过学院审批，完成既定学分数，顺利完成交流学习任务并按期返校。

(四) 在校期间无违反法律法规、校纪校规的情况。

(五) 在交流期间能够遵守所在国家及地区法律，无损害国家利益、危害国家安全等违法违纪行为。

(六) 必修课成绩无不及格科目。

(七) 申请学生无欠费(学费、住宿费)、欠款行为。

第五章　项目资助申请与评审程序

第十条　资助采用申请评审制。经申请人自愿申请、学院审核、学校国际交流资助评审组评审，公示无异议后发放。

第十一条　国际交流资助原则上每学年开展一次评审，具体流程如下：

(一) 国际合作与交流部根据本办法，发布项目资助申请报名通知。学生结束国际交流项目后按照通知要求自愿报名提出申请，向所在学院提交资助申请表，并附相关证明材料。如因不可抗力及其他特殊情况无法提交的，需提供相关材料证明。

(二) 学院审核申请人资质，提交《西安电子科技大学学生国际交流资助审核表》至国际合作与交流部复核。复核无误后报国际交流资助评审组确定资助候选人公示，公示时间不少于 3 个工作日。

(三) 公示无异议后，国际合作与交流部负责下发审定的资助文件，计划财务处按照资助文件标准将资助款项一次性拨付至学生个人账户。

第十二条　申请资助需提交材料：

(一) 短期交流项目需提交：

1.《西安电子科技大学学生国际短期交流资助申请表》；

2.《西安电子科技大学学生国际短期交流访学报告》；

3. 项目邀请或录取函，项目成果证书及相关证明材料复印件(如有需提供)；

4. 相关项目费用(不含在外生活相关费用)支付票据复印件。

(二) 长期交流项目需提交：

1.《西安电子科技大学学生国际长期交流资助申请表》；

2. 交流院校或实习单位录取通知书；

3. 外方学校成绩单、或外方单位对学生实习期间的综合评价；

4. 项目成果证书及相关证明材料复印件(如有需提供)；

5. 相关项目费用(不含在外生活相关费用)支付票据复印件。

第十三条　本科生院、研究生院、国际合作与交流部等相关部门及学生所在学院需为学生申请国际交流项目提供有关证明文件。

第六章　附　　则

第十四条　学生赴港澳台地区交流资助参照本办法执行。

第十五条　本办法由国际合作与交流部、本科生院和研究生院负责解释。

第十六条　本办法自公布之日起实施，适用于自 2021 年秋季学期起参加国际交流项目学生，原西电外〔2020〕11 号《西安电子科技大学学生国际交流资助办法》同时废止。

西安电子科技大学华山优秀国际学生奖学金评定办法(修订)

西电外〔2022〕32 号

第一章　总　则

第一条　为促进学校来华留学事业健康有序发展，进一步提升华山优秀国际学生奖学金使用效益，吸引更多优秀国际学生来校就读，激励在校学生刻苦学习，结合工作实际，特修订本办法。

第二条　本办法用于“西安电子科技大学华山优秀国际学生奖学金”(以下简称为学校奖学金)的评定。

第三条　学校奖学金的奖励对象为西安电子科技大学本科及以上的国际学生。

第四条　学校奖学金的奖励名额根据当年获批的国际化专项经费金额确定。

第二章　奖励标准和申请条件

第五条　奖励标准。

(一) 一等奖学金等额于一学年学费(本科生 17 000 元，硕士研究生 22 000 元，博士研究生 33 000 元)和一学年生活费(本科生 15 000 元，硕士研究生 20 000 元，博士研究生 25 000 元)。

(二) 二等奖学金等额于一学年学费(本科生 17 000 元，硕士研究生 22 000 元，博士研究生 33 000 元)。

(三) 三等奖学金等额于一学年学费的 50%(本科生 8500 元，硕士研究生 11 000 元，博士研究生 16 500 元)。

第六条　申请条件。

(一) 申请人应勤奋好学、成绩优良、品行端正，无违反中国法律法规、校纪校规行为。

(二) 申请人正在享受中国政府奖学金或其他类别奖学金的，不再享受学校奖学金。

(三) 申请人提交的申请材料应真实有效，如发现弄虚作假行为，取消学校奖学金资格。

(四) 申请人处于休学状态的，不得申请学校奖学金。

第三章　组 织 机 构

第七条　学校成立“西安电子科技大学华山优秀国际学生奖学金评定领导小组”(以下简称为领导小组)，负责指导、监督学校奖学金评定工作，审定获奖学生建议名单。领导小组由分管外事工作的校领导担任组长，国际教育学院、本科生院、研究生院为成员单位。

成立“西安电子科技大学华山优秀国际学生奖学金评定工作小组”(以下简称为工作小组)，负责学校奖学金评定工作的组织实施。工作小组由国际学生培养单位、本科生院、研究生院、国际教育学院人员组成。

第四章　申 请 与 评 定

第八条　学校奖学金每学年秋季学期开学初启动申请与评定。

第九条　评定程序。

(一) 学生申请。由学生本人提交《西安电子科技大学国际学生奖学金申请表》及附件材料。

(二) 工作小组评审。工作小组根据评定办法开展评审工作，提出学校奖学金获奖学生建议名单，上报领导小组。

(三) 领导小组审定。领导小组对评定工作的组织实施进行监督，对学校奖学金获奖学生建议名单研究审定。

(四) 结果公示。对学校奖学金获奖学生建议名单进行为期 5 个工作日的公示。

(五) 申诉处理。在公示期内，如对学校奖学金评定结果有异议，可实名向工作小组提出，工作小组应及时处理，必要时向领导小组报告。处理结果应及时向申诉人反馈，评定结果有调整的须重新公示。

第十条　新生评定办法。

新生申请学校奖学金，参考专业学院招生复试成绩排序评定。

第十一条　在读学生评定办法。

在读学生申请学校奖学金，以综合测评形式评定。

(一) 模块介绍。

申请人的综合测评包括 M1、M2、M3 三个模块：

1. M1 模块(专业理论知识)，指申请人上一学年必修课成绩的加权平均值。如申请人上一学年无必修课成绩，则以全部已修必修课加权平均值为准，其中重修课程成绩以最终考试成绩为准。

2. M2 模块(学术水平)，指申请人在学术论文、参加国际会议等学术方面的表现。

3. M3 模块(社会实践活动)，指申请人上一学年在社会活动参与、学生工作、各类竞赛获奖等综合素质方面的表现。

各模块测评计分细则详见附件。

(二) 评定办法。

根据申请人的年级、专业、授课语言进行分类，工作小组依据综合测评排序确定学校奖学金候选人。

1. 本科生。

本科生综合测评按照 M1 × 70% + M3 × 30%的分值进行排序。

2. 硕士研究生。

硕士二年级研究生综合测评按照 M1 × 50% + M2 × 30% + M3 × 20%的分值进行排序；

硕士三年级研究生综合测评按照 M1 × 30% + M2 × 50% + M3 × 20%的分值进行排序。

3. 博士研究生。

博士二年级研究生综合测评按照 M1 × 40% + M2 × 40% + M3 × 20%的分值进行排序；

博士三年级及四年级研究生综合测评按照 M1 × 20% + M2 × 60% + M3 × 20%的分值进行排序。

4. 延期学生。

因学业以外因素延期的学生，在有导师或学院教师(高级职称)推荐信的条件下，可以申请学校奖学金。综合测评参照规定学制内最后一学年学生的评定规则进行。

第五章　管理与监督

第十二条　严格依照相关法规和本办法开展公平、公正、规范的评定工作。对违反程序和纪律，弄虚作假操控评定工作的行为，将追究相关人员责任。

第十三条　加强对获得学校奖学金学生的过程管理，对触犯国家法律法规，严重违反校规校纪，造成严重后果和恶劣影响，或因其他个人原因无法继续学业的学生，及时取消或中止奖学金资格。

第六章　附　　则

第十四条　本办法自下发之日起执行，原《西安电子科技大学华山优秀国际学生奖学金评定办法(试行)》(西电外〔2019〕243 号)废止。

第十五条　本办法由国际教育学院负责解释，其他未尽事宜以西安电子科技大学华山优秀国际学生奖学金评定领导小组说明为准。

附件

综合测评计分细则

一、M2 模块(学术水平)

<table>
<tr><th>一级指标</th><th colspan="2">二级指标</th><th>计分标准</th><th>备　注</th></tr>
<tr><td rowspan="2">论文成果</td><td colspan="2">《西安电子科技大学研究生发表学术论文参考目录》中载明的期刊</td><td>50 分/篇</td><td rowspan="6">① 仅认定第一署名单位为西安电子科技大学的成果；
② 论文成果须学生为第一作者或导师为第一作者、学生为第二作者</td></tr>
<tr><td colspan="2">其他期刊</td><td>20 分/篇</td></tr>
<tr><td rowspan="4">国际学术会议</td><td rowspan="2">《西安电子科技大学研究生发表学术论文参考目录》中所列国际学术会议</td><td>作主题报告或入选会议论文集</td><td>50 分/次(篇)</td></tr>
<tr><td>其他参会形式</td><td>15 分/次</td></tr>
<tr><td rowspan="2">其他学术会议</td><td>作主题报告或入选会议论文集</td><td>20 分/次(篇)</td></tr>
<tr><td>其他参会形式</td><td>5 分/次</td></tr>
<tr><td>其他成果</td><td colspan="4">除上述成果外的其他代表性成果，由工作小组认定具体分值。</td></tr>
</table>

二、M3 模块(社会实践活动)

<table>
<tr><th>一级指标</th><th>二级指标</th><th>计 分 细 则</th><th>备注</th></tr>
<tr><td rowspan="2">社会实践</td><td>参与公益、志愿活动</td><td>需提交相关证明，根据活动级别、规模及影响力酌情计 3～5 分</td><td rowspan="7">在各类获奖中，以团体形式获奖的，主持人计该级别分数，其他参与人计分减半</td></tr>
<tr><td>参与文体活动</td><td>① 需提交相关证明；
② 国家级活动计 10 分，省级活动计 8 分，校院级活动计 3 分</td></tr>
<tr><td rowspan="2">学生干部</td><td>担任社团干部</td><td>按照职务及履职情况计分：社团主席、主席团成员根据履职情况计 12～15 分，部长、副部长根据履职情况计 8～12 分，干事根据履职情况计 4～7 分</td></tr>
<tr><td>校园宣传大使、学生助管等</td><td>担任校园宣传大使、学生助管等，根据情况酌情计 5～10 分</td></tr>
<tr><td rowspan="3">各类获奖</td><td>荣誉称号</td><td rowspan="3">各类竞赛获奖、荣誉称号等，根据级别不同计 5～50 分，可累加：
国际级奖项计 50 分；
国家级奖项计 30 分；
省部级奖项计 20 分；
市级奖项计 10 分；
校院级奖项计 5 分</td></tr>
<tr><td>竞赛获奖</td></tr>
<tr><td>科研、论文获奖</td></tr>
</table>

采 购 招 标

西安电子科技大学采购管理办法

西电采〔2022〕1号

第一章 总 则

第一条 为规范学校采购工作，提高资金使用效益，严格国有资产配置管理，维护国家和学校利益，促进廉政建设，依据《中华人民共和国招标投标法》《中华人民共和国政府采购法》《中华人民共和国招标投标法实施条例》《中华人民共和国政府采购法实施条例》《政府采购货物和服务招标投标管理办法》《政府采购非招标采购方式管理办法》《政府采购需求管理办法》等有关法律法规，结合学校实际，制定本办法。

第二条 凡使用纳入学校预算管理资金进行的采购活动，均适用本办法。

第三条 本办法所称采购，是指以合同方式有偿取得货物、工程和服务的行为，包括购买、租赁、委托、雇用等。其中，工程包括基建工程和维修改造工程，基建工程为建筑物和构筑物的新建、改建、扩建及其相关的装修、拆除、修缮等，维修改造工程为与建筑物和构筑物的新建、改建、扩建无关的单独的装修、拆除、修缮等。

第四条 若采购项目属性界定不清，按有利于采购项目实施的原则执行。

第五条 学校采购活动应当遵循公开、公平、公正和诚实守信原则。

第六条 各单位应加强采购预算管理，科学、准确地编制采购预算。应加强采购工作的计划性，定期集中、汇总采购计划，严格按照批准的预算和计划执行，落实无预算不采购，严禁超预算采购，尽可能压缩采购批次，降低采购成本，保证各项采购工作按规定进行。

第七条 学校依据《中央预算单位政府集中采购目录及标准》中的政府采购分散采购限额标准(以下简称“政府采购限额”)，制定学校各类采购限额标准。学校采购限额是指在一个财政年度内一个预算项目下(包括不同经费卡)的同一品目或者类别的货物/服务/工程的累计金额。

第八条 学校采购分为自行采购和统一采购两种形式。

本办法所称自行采购，是指由归口管理部门或采购用户自行组织实施采购活动的行为；本办法所称统一采购，是指由采购与招标管理办公室(以下简称“采购办”)组织或委托实施采购活动的行为。

第九条 学校采购项目在申请采购前必须落实采购经费来源和经费用途，由经费负责人审批，预算金额在50万元以上的项目还须分管校领导(学院项目按经费类别选择分管校领导)签署审批意见。

第十条 采购办协助计划财务处审核汇总政府采购预算，制订采购实施计划，协助采购用户或归口管理部门修改、补报预算，落实采购安排，确定采购方式。

第二章 组织机构及职责

第十一条 学校设立采购与招标工作领导小组，全面领导学校的采购与招标工作。

领导小组由分管采购与招标工作的校领导任组长，副组长由分管财务校领导、分管后勤校领导、分管基建校领导、分管实验室与设备管理校领导组成，成员由发展规划部、科学研究院、计划财务处、内控体系建设委员会工作办公室、国有资产管理处、采购办、实验室与设备处、基本建设处、后勤保障部、信息化推进办公室、信息网络技术中心、法务办公室等部门负责人组成，审计处列席参加领导小组会议。采购与招标工作领导小组办公室设在采购办。

学校采购与招标工作领导小组主要职责如下：

(一) 全面领导学校的采购工作。

(二) 监督、检查全校采购工作。

(三) 讨论决定学校采购重大事项。

(四) 审定重大采购项目的采购方式。

(五) 审议学校采购规章制度。

(六) 审定采购工作组提交的需要审定的采购相关事项。

(七) 审定处理特殊情况的采购事项。

涉及学校“三重一大”决策的采购项目按照相关决议执行。

领导小组会议召开可根据实际情况采用现场、线上或征求意见等形式。

第十二条　采购与招标工作领导小组下设四个采购工作组，分别为基建采购工作组、后勤采购工作组、设备采购工作组、其他类采购工作组。

(一) 基建采购工作组组长由分管采购与招标的校领导及分管基建的校领导组成，成员由采购办、基本建设处、计划财务处、内控体系建设委员会工作办公室、国有资产管理处、法务办公室等部门负责人组成，审计处列席参加工作组会议。

(二) 后勤采购工作组组长由分管采购与招标的校领导及分管后勤的校领导组成，成员由采购办、后勤保障部、计划财务处、内控体系建设委员会工作办公室、国有资产管理处、法务办公室等部门负责人组成，审计处列席参加工作组会议。

(三) 设备采购工作组组长由分管采购与招标的校领导及分管实验室与设备处的校领导组成，成员由采购办、实验室与设备处、科学研究院、计划财务处、内控体系建设委员会工作办公室、国有资产管理处、法务办公室等部门负责人组成，审计处列席参加工作组会议。

(四) 其他类采购工作组由分管采购与招标工作的校领导任组长，成员由采购办、计划财务处、内控体系建设委员会工作办公室、国有资产管理处、信息化推进办公室、信息网络技术中心、法务办公室等部门负责人组成，审计处列席参加工作组会议，信息化推进办公室和信息网络技术中心根据实际需要参加工作组会议。

四个工作组职责如下：

(一) 审定特殊采购项目的资格审查和采购方式等。

(二) 处理采购过程中出现的特殊情况及问题。

(三) 研究决定特殊情况下需要变更采购方式的事项。

(四) 审定政府采购限额以下采购项目直接签订合同等特殊事宜。

(五) 需要工作组商议决定的其他事项。

四个工作组会议召开可根据实际情况采用现场、线上或征求意见等形式。

第十三条　采购办全面负责学校货物、服务、工程采购等管理服务工作。采购办工作职责如下：

(一) 贯彻落实国家招投标与政府采购的法律法规。

(二) 负责采购与招标工作规范化建设，建立健全学校采购管理规章制度和工作程序。

(三) 负责审核汇总学校政府采购预算，对接预算部门修改、补报采购预算。

(四) 负责全校采购与招标公告发布、采购与招标文件编制、采购与招标过程组织、合同审核、归档等采购全流程组织工作，参与履约验收工作。

(五) 负责全校采购与招标合同管理工作。

(六) 指导、监管除采购办外的全校各单位自行采购工作。

(七) 办理进口货物的报批、报关、免税、商检等手续。

(八) 负责学校评审专家库、采购代理机构和外贸代理机构的管理。

(九) 负责组织学校采购与招标领导小组会议和四个采购工作组会议。

第十四条　采购用户是指采购项目的使用方，包括教学科研机构、党政服务机构、附属机构等。

归口管理部门是指负责采购预算管理、采购技术方案审核、采购需求论证、采购申请提交、采购文件确认、采购合同文本起草、组织采购项目验收等的校内相关部门。各采购项目业务归口管理部门负责管理职能范围内的采购工作。

(一) 归口管理部门管理范围如下：

1. 基本建设处：新建、改建、扩建工程项目的咨询、勘察、设计、监理、施工、材料设备等工程、货物与服务项目。

2. 后勤保障部：房屋、道路、体育设施、绿化、水、电、暖、气等设施的维修改造，后勤常规运行服务管理、能源管理、物业及学生公寓管理等工程、货物与服务项目。

3. 信息化推进办公室/信息网络技术中心：计算机软件开发、信息资源开发、信息技术咨询与设计服务、信息化运维、网络工程等项目的论证和审核。

4. 实验室与设备处：非工程相关实验仪器设备等货物项目的论证和审核。

5. 科学研究院：科研仪器设备及耗材备案、科研仪器设备急需认定、涉密项目备案等。

6. 国有资产管理处：学校行政办公设施等配置情况的必要性审核。

上述未约定的其他货物和服务采购项目，如属部门职责范围之内的，由相应业务归口管理部门负责相关采购工作；如未指定归口管理部门，则按照学校党委常委会、校长办公会和校园规划委员会会议纪要等相关决议决定执行。

(二) 归口管理部门主要职责如下：

1. 负责受理归口管理范围内项目申请和审核。

2. 按照国家及学校相关规定组织论证，负责组织对于重大采购项目采购需求的可行性及倾向性进行论证。

3. 负责指导项目验收，监督合同履约情况。

4. 负责项目执行情况的监督检查，协助处理合同履行中出现的纠纷。

(三) 采购用户主要职责如下：

1. 明确货物、工程或服务等采购与招标项目的主要要求，提出采购与招标相关需求，负责并提供采购项目的立项及相关审批手续、经费落实、市场调研、采购论证报告、采购需求，确定项目的技术标准、其他技术性文件及释疑等采购的前期准备工作。

2. 按要求提交采购申请和采购需求，确认采购方案及采购文件。

3. 选派代表参与采购项目的采购代理机构抽取，在评审会场介绍项目情况、安排用户代表参与评审，协助采购办进行现场踏勘、技术答疑等相关工作。

4. 起草采购合同文本，按学校要求办理采购合同审签手续。

5. 协助采购办处理质疑、投诉。

6. 承担项目履约的主体责任，负责项目执行过程的监控，负责处理合同履行中出现的纠纷。

7. 根据国家法律、法规和采购/招标文件、响应/投标文件的相关规定以及校内验收规定，及时组织项目验收；对供应商履约情况进行评估并及时将评估结果反馈给采购办。

第十五条　采购与招标工作相关部门职责：

(一) 纪委办公室/监察处：依据国家法规和学校制度建立健全采购与招标工作约束机制和监察监督办法；监督检查采购与招标工作相关政策、法规、制度的贯彻执行；督促相关人员在采购与招标工作中正确履行职责，并对发现的问题提出改进以及完善有关制度的建议；调查核实采购与招标工作中的举报线索，并提出处理建议；向学校汇报采购与招标工作监督检查情况。

(二) 审计处：按照学校审计工作有关规定对采购与招标工作进行审计，主要包括采购与招标内部控制审计，采购与招标文件和相关采购合同审计。

(三) 计划财务处：审核上报学校采购预算，明确采购预算要求和内容，监督采购与招标资金计划的执行情况。

(四) 内控体系建设委员会工作办公室：负责组织对采购业务风险进行评估，督促指导采购业务的内控建设，对采购业务内控流程进行监督，负责对重大采购合同的审核以及对一般采购合同的监督。

(五) 国有资产管理处：负责对用户验收后的固定资产进行建账管理，进行年度资产核查；负责指导各类采购项目验收工作；负责学校行政办公设施等配置情况的必要性审核。

以上业务归口范围有调整的，按调整文件执行。

第三章　采 购 限 额

第十六条　校内单位自行采购限额标准：10 万元以下(不含 10 万元)。

第十七条　统一采购限额标准：

(一) 直采平台入围电商的限额：20 万元以下(不含 20 万元)；直采平台入围供应商的限额：50 万元以下(不含 50 万元)。

(二) 入围供应商比选限额标准：60 万元以下(不含 60 万元)的工程项目以及 120 万元以下(不含 120 万元)用于科研活动的工程项目由归口管理部门以入围供应商比选等方式实施采购。50 万元以下(不含 50 万元)的货物和服务项目，按照学校相关规定须由归口管理部门实施的，归口管理部门可采用入围供应商比选等方式实施采购。

(三) 网上竞价限额标准：50 万元以下(不含 50 万元)。

(四) 对于政府采购限额以下，不适用以上采购方式的采购项目，采购办原则上采用快速采购方式采购，具体按《西安电子科技大学快速采购实施细则》执行。

(五) 政府采购限额标准：单项或批量金额 100 万元以上(含 100 万元)的货物和服务项目、120 万元以上(含 120 万元)的工程施工项目应按《中华人民共和国政府采购法》和《中华人民共和国招标投标法》等有关规定执行。

(六) 公开招标限额标准：非工程货物和服务 200 万元以上(含 200 万元)，工程建设相关重要设备、材料等货物单项合同估算价 200 万元以上(含 200 万元)，工程相关服务 100 万元以上(含 100 万元)，工程施工单项合同估算价 400 万元以上(含 400 万元)。同一项目中可以合并进行的勘察、设计、施工、监理以及与工程建设有关的重要设备、材料等的采购，合同估算价合计达到前述规定标准的，必须招标。必须招标的工程项目按照招标投标法的相关规定执行。应采用公开招标方式采购的项目需采用非公开招标方式采购的，须按照相关法律法规要求上报教育部、财政部或地方行政主管部门审批后，按国家相关法律法规实施采购。

第四章　统一采购方式

第十八条　《中央预算单位政府集中采购目录及标准》范围的采购项目(采购的科研仪器设备除外)应当执行政府集中采购，由采购办委托中央国家机关政府采购中心代理采购。

第十九条　其他采购项目由采购办根据具体情况确定采购方式，主要采购方式包括公开招标、邀请招标、竞争性谈判、竞争性磋商、单一来源采购、询价、快速采购、谈判采购、入围供应商比选、网上竞价、直采采购等。

(一) 公开招标。

公开招标是指依法以招标公告的方式邀请不特定的供应商(指提供货物、工程和服务的法人、其他组织或者自然人)参加投标的采购方式。达到公开招标限额的货物、工程和服务，原则上采用公开招标方式采购。若采用非公开招标方式采购，须按照相关法律法规要求上报教育部、财政部或地方行政主管部门审批后，按国家相关法律法规实施采购。

(二) 邀请招标。

邀请招标是指依法从符合相应资格条件的供应商中邀请三家以上供应商，并以投标邀请书的方式邀请其参加投标的采购方式。符合下列条件之一的，可采用邀请招标方式：

1. 具有特殊性，只能从有限范围的供应商处采购的；

2. 采用公开招标方式的费用占政府采购项目总价值的比例过大的。

(三) 竞争性谈判。

竞争性谈判是指谈判小组与符合资格条件的供应商就采购货物、工程和服务事宜进行谈判，供应商按照谈判文件的要求提交响应文件和最后报价，采购人从谈判小组提出的成交候选人中确定成交供应商的采购方式。符合下列条件之一的，可采用竞争性谈判采购方式：

1. 招标后没有供应商投标或没有合格供应商投标，或重新招标未能成立的；

2. 技术复杂或性质特殊，不能确定详细规格或具体要求的；

3. 采用招标所需时间不能满足用户紧急需要的；

4. 不能事先计算出价格总额的；

5. 按照招标投标法及实施条例必须进行招标的工程建设项目以外的工程建设项目。

(四) 竞争性磋商。

竞争性磋商是指通过组建竞争性磋商小组(以下简称“磋商小组”)与符合条件的供应商就采购货物、工程和服务事宜进行磋商，供应商按照磋商文件的要求提交响应文件和报价，采购人从磋商小组评审后提出的候选供应商名单中确定成交供应商的采购方式。符合下列条件之一的，可以采用竞争性磋商方式开展采购：

1. 政府购买服务项目；

2. 技术复杂或者性质特殊，不能确定详细规格或者具体要求的；

3. 因艺术品采购、专利、专有技术或者服务的时间、数量事先不能确定等原因不能事先计算出价格总额的；

4. 市场竞争不充分的科研项目，以及需要扶持的科技成果转化项目；

5. 按照招标投标法及实施条例必须进行招标的工程建设项目以外的工程建设项目。

(五) 单一来源采购。

单一来源采购是指采购人从某一特定供应商处采购货物、工程和服务的采购方式。

符合下列条件之一的货物、服务或工程项目，可采用单一来源采购方式：

1. 只能从唯一供应商处采购的；

2. 发生了不可预见的紧急情况不能从其他供应商处采购的；

3. 必须保证原有采购项目一致性或服务配套的要求，需要继续从原供应商处添购资金总额不超过原合同采购金额的10%的。

(六) 询价。

询价采购是指询价小组向符合资格条件的供应商发出采购货物询价通知书，要求供应商一次报出不得更改的价格，采购人从询价小组提出的成交候选人中确定成交供应商的采购方式。

采购的货物规格、标准统一，现货货源充足且价格变化幅度小的项目，可采用询价采购方式。

(七) 快速采购。

快速采购是指针对政府采购限额以下采购项目，通过信息发布、供应商响应、召开评审会、专家评审评分排序、结果公告等环节，实现公开透明、高效快捷的采购方式。

(八) 谈判采购。

谈判采购是指政府采购限额以下采购项目直接邀请两家及以上合格潜在供应商参与竞争采购活动。采购办或委托用户单位组建的谈判小组(不少于3人)，基于项目谈判采购文件与供应商响应文件，与响应供应商分别依次进行一次或者多次交流及谈判，并依据谈判采购文件、供应商最终响应文件及其供应标的物的技术、经济、商务等方案要素进行评审和比较，采购人根据谈判小组最终谈判和评审比较结果及其推荐意见，综合研究确定成交供应商。

谈判采购通常适用以下情形：

1. 采购项目需求方案不明确。采购人不能自行一次性准确提出项目采购需求及其技术要求，经与供应商交流谈判和比较后，研究确定采购项目需求及其技术方案的；

2. 采购项目的市场资源供应不充裕，事先已知潜在供应商比较少，或者通过公告邀请的响应供应商不足三家的；

3. 经采购办认定的其他特殊情况。

谈判采购根据采购项目需求和技术特性，可以选择综合评价办法或者最低价评价办法。

(九) 入围供应商比选。

入围供应商比选是指针对政府采购限额以下采购项目，采购办以快速采购的方式确定入围供应商及其提供的货物、服务或工程，在入围有效期内，归口管理部门或采购用户直接或通过比选的方式与入围供应商签订合同的采购方式。预算金额在入围供应商比选限额标准以下，且所采购品目属于学校入围供应商所提供的品目范围的，可采用入围供应商比选采购方式采购。

(十) 网上竞价。

网上竞价是指通过网上竞价系统进行采购的方式。

适用于定型、标准统一的，单项或同批预算在竞价限额标准以下的，包括设备、材料、试剂、低值品、易耗品、其他货物等(政府集中采购除外)。

(十一) 直采采购。

直采采购是指预算在直采限额标准以下通过直采平台采购(非政府集中采购)的货物。

(十二) 政府采购监管部门认定的其他采购方式。

第二十条　政府采购项目依据国家相关法律法规及项目金额、性质等情况采用对应的采购方式实施采购，政府采购限额以下采购项目可采用网上竞价、直采采购、入围供应商比选、快速采购、谈判采购、单一来源采购、自行采购等方式实施采购。

第二十一条　科研仪器设备、耗材备件等采购参照《西安电子科技大学科研仪器设备采购实施细则(试行)》执行。

第二十二条　涉密项目采购参照《涉密政府采购管理暂行办法》(财库〔2019〕39号)执行。

第二十三条　任何单位和个人不得将依法必须进行公开招标或政府采购的项目化整为零或者以其他任何方式规避公开招标或政府采购。任何单位和个人不得将同一品目或者类别项目通过不同经费卡等(同一个预算项目的除外)化整为零或者以其他任何方式规避学校统一采购。

第五章　采 购 程 序

第二十四条　学校依法实施的采购需按以下程序执行：

(一) 公开采购意向。政府采购项目采购用户须提前30日向采购办提交采购意向，由采购办受理采购意向申请，审核通过后，统一在财政部指定媒体《中国政府采购网》主网及学校采购与招标网上公开发布。

(二) 提出采购申请。加强采购需求管理工作，明确采购需求内容，确定采购需求调研方式，围绕实现采购需求，合理安排合同订立和合同安排等实施计划，加强采购需求风险控制。

(三) 确定采购方式。

(四) 依法委托符合条件的代理机构组织实施(可选)。

(五) 编制采购文件。

(六) 审核定稿采购文件，采购用户和归口管理部门负责对采购文件进行确认并负责组织对重大采购项目采购需求的可行性及倾向性进行论证，工程类招标文件按照审计处相关办法执行。

(七) 发布采购公告。

(八) 接受供应商报名、投标(响应)。

(九) 组织踏勘答疑(可选)。

(十) 依法依规组建评审委员会，评审专家由采购代理机构或者采购办从省级及以上政府财政部门政府采购专家库、公共资源交易中心专家库或学校评审专家库中抽取，用户代表由学校二级单位分管采购工作的负责人或其委托代理人担任，科研教学项目用户代表应由项目经费负责人或其授权人担任，其他项目用户代表原则上应由部门或学院领导班子成员担任。

(十一) 组织评审委员会评审并推荐中标或者成交候选人。

(十二) 在学校采购与招标网发布中标(成交)结果公告，政府采购限额以上项目还需在中国政府采购网发布。

(十三) 协助处理答疑、质疑和投诉等。

(十四) 发出中标(成交)通知书。

(十五) 采购合同审核、签订。

(十六) 资料归档移交。

第二十五条　采购用户或归口管理部门需按预算管理部门要求，提前申报采购预算。

第二十六条　采购用户或归口部门应对采购标的市场技术或者服务水平、供应、价格等情况进行充分的市场调研。面对市场主体进行调研时，对象一般不少于3家，且应具有代表性。根据调研情况、资产配置标准等科学、合理确定采购需求，并向采购办递交采购申请，采购申请包含：采购预算、采购需求、调研报告、论证报告、技术指标、工程量清单、图纸等相关资料。

第二十七条　采购信息应当及时发布。政府采购项目的采购信息应当在政府采购监督管理部门指定的媒体和学校采购与招标网上同时向社会公开发布；政府采购限额以下采购项目的采购信息在学校采购与招标网上发布，但涉及商业秘密的除外。

第二十八条　学校依法依规组建采购项目评审委员会(包括评审委员会、谈判小组、磋商小组、询价小组、评审小组等形式)。评审委员会由采购用户代表和有关技术、经济等方面的评审专家组成，成员人数为5人及以上单数，其中技术、经济等方面的专家不得少于成员总数的三分之二。

采购项目符合下列情形之一的，评审委员会成员人数应当为7人及以上单数：

(一) 采购预算金额在1000万元以上。

(二) 技术复杂。

(三) 社会影响较大。

评审委员会成员名单在评审结果公告前应当保密。

第二十九条　政府采购项目的采购评审专家按相关法规从政府采购评审专家库以及国家法规要求的专家库中随机抽取。学校采购办负责组织建立西安电子科技大学采购评审专家库，政府采购限额以下采购项目的采购评审专家可在各类省级招标协会专家库、代理机构自建专家库、学校专家库或项目负责人推荐专家中抽取产生。科研仪器设备采购的采购评审专家抽取可执行《关于完善中央单位政府采购预算管理和中央高校、科研院所科研仪器设备采购管理有关事项的通知》(财库〔2016〕194号)等相关文件规定。

第三十条　评审委员会应当按照客观、公正、审慎的原则，根据采购文件规定的评审程序、评审方法和评审标准进行独立评审。评审委员会成员应当在评审报告上签字，推荐中标或者成交候选人名单排序，对自己的评审意见承担法律责任。对评审报告有异议的，应当在评审报告上签署不同意见，并说明理由，否则视为同意评审报告。

第三十一条　评审委员会成员在采购工作中的主要职责为：

(一) 遵纪守法，客观、公正、廉洁地履行评审专家权利、义务和职责，遵守职业道德，维护学校和供应商的合法权益。

(二) 按照采购文件规定的评审办法和标准，客观公正地进行评审，并对个人的评审意见承担法律责任。

(三) 参与评审报告的起草，对评审过程保密，不得向任何人透露涉及评审过程中的评审、比较、推荐等情况。

(四) 配合采购用户、采购办及监督部门答复供应商提出的疑问、问询和质疑。

第三十二条　学校采购评审方法为综合评分法、最低评标价法或其他国家法律法规允许的评审方法。采购文件中没有规定的评审标准和方法不得作为评审的依据。对于政府采购项目按照政府采购法相关规定实施；对于政府采购限额以下采购项目评分规则按照项目实际适度调整实施。

第三十三条　对申请单一来源采购方式采购的项目，采购用户须在提交单一来源采购申请之前进行单一来源采购必要性论证，并提交单一来源采购承诺书。公开招标限额以上的采购项目的单一来源采购可委托采购代理机构组织。公开招标限额以上的采购项目在省级及以上财政部门指定媒体上发布单一来源采购公示无异议，报经主管预算单位批准后组织单一来源采购，公开招标限额以下的采购项目在学校采购与招标网上发布公示无异议后组织单一来源采购。

第三十四条　对政府采购限额以下采购项目，采用公开方式，接受报名期间不足三家或开标时有效供应商不足两家的，且经延期报名有效供应商仍然不足三家的，可直接组织对有效供应商进行快速采购，无须另行提交申请材料报学校审批。其中属于必须审批、核准的工程建设项目，则须报经原审批、核准部门审批、核准后方能执行。

第三十五条　若供应商未实质性响应招标文件或文件格式不符合招标文件要求，评审委员会可以确定其为无效投标。

第三十六条　实施委托代理采购时，由采购办代表学校与被委托机构签订委托代理协议，确定委托代理的事项，约定双方的权利和义务。被委托机构按法律法规履行相关采购程序后，将采购结果及相关资料移交给采购办。

第三十七条　采购项目中所涉及到的进口报关、免税等相关工作由采购办负责办理。进口机电产品按《机电产品国际招标投标实施办法》(商务部令 2014 年第 1 号)执行。

第三十八条　采购工作结束后，采购办负责将采购申请(含申请表、采购需求、论证报告等)、采购公告、采购文件(含工程量清单等)、评委抽取单及代理抽取单、评委/用户代表签到表、供应商报名/签到表、符合性审查表、评审汇总表(含供应商澄清函、评委打分表、评分汇总表等)、评审报告、成交结果公示、成交通知书、响应文件(含未中标单位响应文件等)、采购合同、验收报告(政府采购项目)等资料一并整理成册立卷归档，也可以用电子档案方式保存并归档。自行采购项目相关资料由校内各归口管理部门或采购用户自行存档保管。涉密采购项目所有资料由校内采购用户自行存档保管。

第三十九条　采购办按照《西安电子科技大学采购与招标监督办法》及时将相关内容报送校纪检监察部门。

第六章　履约与验收

第四十条　自中标(成交)通知书发出之日起三十日内，按照采购文件确定的事项，由采购用户或归口管理部门与中标(成交)供应商商定具体合同内容完成合同签订手续，中标(成交)供应商应提供《廉洁承诺书》作为合同附件。

第四十一条　自政府采购合同签订之日起 2 个工作日内，采购办应当将政府采购合同在省级以上人民政府财政部门指定的媒体上公告，合同中涉及国家秘密、商业秘密的内容除外。

第四十二条　各项目必须严格按照采购结果签订书面合同，以明确权利和义务。合同所涉及的相关单位均应依照合同的约定履行合同。采购合同的履行、违约责任和解决争议的方式等适用《中华人民共和国民法典》。

第四十三条　排名第一的中标(成交)候选人放弃中标(成交)、因不可抗力不能履行合同、不按照采购文件要求提交履约保证金，或者被查实存在影响中标(成交)结果的违法行为等情形，不符合中标(成交)条件的，采购人可以按照评审委员会确定的中标(成交)候选人排序依次确定其他中标(成交)候选人为中标(成交)人，也可以申请重新采购。特殊情况需由采购与招标工作领导小组审定。

第四十四条　续签合同是指在合同履行中，需追加与合同标的相同的货物、工程或者服务的，在不改变合同其他条款的前提下，可以与供应商协商签订补充合同，但所有补充合同的采购金额不得超过原合同采购金额的 10%，由归口管理部门或采购用户负责签订。续签金额超过学校“三重一大”决策额度的，按照学校决策程序执行。

第四十五条　采购项目应按国家、地方相关法规和学校相关验收管理规定及合同约定的技术、服务、安全标准对供应商履约情况组织验收，并出具验收书。

第四十六条　合同履约及验收结果作为学校采购诚信评价体系的依据，采购用户、归口管理部门要加强对中标(成交)供应商的履约监管，在监管过程中如有履约不到位的地方应注意留存证明材料并及时以书面形式将履约及验收过程中出现的供应商失信行为反馈给采购办，采购办将上报相关部门并依据相关法律法规追究供应商的责任。

第四十七条　采购合同签订与履行按照学校合同管理的有关规定执行。采购用户单方面不执行合同属违约行为，学校将追究相关部门及人员的责任。

第七章　纪律与监督

第四十八条　所有参与采购工作的人员均应遵守国家相关法律、法规、规章，按规定的权限、程序开展工作，坚持原则，廉洁自律，保守秘密，主动接受监督。预算审批、采购执行、合同签订、验收、付款、保管、监督等人员原则上不能为同一人，确保不相容岗位相互分离。

第四十九条　学校采购工作接受纪检监察部门、审计处、计划财务处、内控体系建设委员会工作办公室等部门的监督，并接受上级政府采购监督管理部门的检查和监督。

第五十条　任何单位和个人均有权对学校采购活动中的违法、违规行为进行检举和投诉，同时不得以任何方式非法干预和影响采购过程和结果。

第五十一条　学校采购工作严格实行回避制度。在采购活动中，采购人员及相关人员与供应商有利害关系的，必须回避。供应商认为采购人员及相关人员与其他供应商有利害关系的，可以申请其回避。

第五十二条　政府采购活动中供应商如有质疑、投诉按相关规定执行，政府采购限额以下采购活动中供应商如有询问、疑问，采购办自收到询问、疑问七个工作日内通过对应的口头或书面等方式予以回复。

第五十三条　供应商不得弄虚作假、互相串通，不得扰乱其他供应商的公平竞争，不得损害学校或者其他供应商的合法权益。

第五十四条　供应商在采购或履约、验收过程中违反相关约定的，学校按采购文件或合同中的约定方式处理并追究其违约责任。

第五十五条　采购办、采购代理机构、校内归口管理部门和用户单位应加强对供应商的资格审查和管理，开展深度、全方位的资格审查，关注其授权情况、商务投标情况、报价规律，依托电子招投标系统和采购预警分析系统，进行围标、串标、挂靠等行为分析，对响应文件 MAC 地址、IP 地址、文件标识码以及其他不应雷同的信息和数据等进行识别、比对和分析。供应商不得弄虚作假、互相串通，不得排挤其他供应商的公平竞争，不得损害学校或者其他供应商的合法权益。

第五十六条　供应商如有《中华人民共和国政府采购法》第七十七条，《中华人民共和国政府采购法实施条例》第七十二条、第七十三条、第七十四条，《中华人民共和国招标投标法》第五十三条、第五十四条，《中华人民共和国招标投标法实施条例》第三十九条、第四十条、第四十一条、第四十二条、第六十七条、第六十八条、第六十九条等情形的，按相关规定处理，采购办将上报有关行政监督部门，由相关部门处以罚款、取消投标资格、吊销营业执照；给他人造成损失的，依法承担赔偿责任；构成犯罪的，由相关部门依法追究刑事责任。

第五十七条　学校对供应商实施记分制管理，建立供应商“黑名单”制度，对存在有第五十六条相关情形的，或者违反合同并存在其他不良行为的供应商及其授权代表、项目经理、项目总监等相关人员予以校内通报，并列入学校不诚信供应商“黑名单”，根据不良行为的程度禁止该公司及其相关人员至少一年以上参与学校政府采购限额以下的采购活动，造成严重后果的，终身不得参加，并根据情况向相关主管部门反映。

供应商记分累计满 6 分或如有以下行为，将被列入供应商“黑名单”：

(一) 因供应商原因导致采购与招标计划变更、流标、废标的；

(二) 因供应商违反合同规定，导致项目执行进度受到较大影响的；

(三) 因供应商原因导致工期(交货期)拖延，影响项目总体进度造成严重后果的；

(四) 中标后因自身原因擅自放弃中标的；

(五) 未经学校同意，不严格按照投标文件履约，擅自更换项目经理、项目总监或项目主要人员的；

(六) 在注册、公开招标报名、资格审查、投标、合同签订及履约等环节提供虚假信息或伪造、变造资质证书及相关材料的；

(七) 在投标过程中存在串通投标行为的，或借助其他供应商单位名称中标，在履约过程中出现“换马甲”现象的，所有参与的供应商均列入黑名单；

(八) 项目实施过程中，造成火灾、人员伤亡等重大安全事故和重大质量事故的；

(九) 存在捏造事实或提供虚假材料进行恶意质疑和投诉的；

(十) 有其他造假、欺诈和不良行为的。

第五十八条　学校各部门及其工作人员在采购活动中如有违规违纪行为或对学校的声誉和实际利益造成严重损害或重大社会影响的，由纪委办公室/监察处根据《中国共产党纪律处分条例》《事业单位工作人员处分暂行规定》等党纪法规和学校纪委相关制度进行严肃处理；涉及触犯法律的，移交司法机关按有关法律法规追究法律责任。

第八章　附　　则

第五十九条　学校全面推动采购工作信息化建设，实现采购工作全方位管理，全流程电子化，全过程监控可追溯，进一步提升采购效率和采购服务水平。

第六十条　以市场委托或竞争方式取得的横向项目合同或上级文件有明确指定承担单位的政府采购限额以下采购项目，可由经费负责人按照委托合同约定或文件要求签订采购合同。

第六十一条　图书馆数据库、图书和期刊(含电子图书和期刊)的政府采购限额以下采购项目，按照高校图书馆数字资源采购联盟(DRAA)、陕西省高等学校图书情报工作委员会和北京高科大学联盟图书馆等联合采购方案执行。校医院药品、耗材采购项目凡是执行平台采购的，按照《国务院办公厅关于推动药品集中带量采购工作常态化制度化开展的意见》(国办发〔2021〕2 号)和陕西省医疗保障局等相关文件规定执行；平台外采购的药品、耗材项目，按照学校采购相关规定执行。教职工福利采购及后勤大宗采购脱贫地区农副产品凡是依托脱贫地区农副产品网络销售平台(“832”平台或教育部 e 帮扶平台)的，按照相关规定或学校统一遴选采购限额执行。

第六十二条　涉及水、电、暖、气的抢修工程及疫情防控等突发应急采购项目，按照上级文件或学校应急方案处理，必要时提请学校采购与招标工作领导小组议决。

第六十三条　本办法的实施细则由采购办根据实际工作需要另行制定。其中本办法和相关实施细则中所称金额均为人民币(元)。

第六十四条　各类政府采购限额以下的限额标准的调整须经采购与招标工作领导小组成员单位审议后报学校批准，政府采购限额及公开招标数额标准的调整须按照国家相关法律法规执行。

第六十五条　法律、法规、规章对本管理办法及相关细则内容另有规定的，从其规定。

第六十六条　本办法自发布之日起施行，由采购办负责解释。原《西安电子科技大学采购管理办法(暂行)》(西电采〔2019〕2 号)同时废止。

2022 年 5 月 30 日

西安电子科技大学采购项目评审专家管理办法

西电采〔2022〕6 号

第一章 总 则

第一条 为规范学校采购工作，加强采购项目评审活动管理，规范采购活动中评审专家评审行为，根据《中华人民共和国政府采购法》《中华人民共和国招标投标法》《政府采购评审专家管理办法》《关于深化高等教育领域简政放权放管结合优化服务改革的若干意见》等法律法规，以及《西安电子科技大学采购管理办法》等相关要求，结合学校实际，制定本办法。

第二条 本办法所称评审专家，是指经采购与招标管理办公室(以下简称“采购办”)筛选，以独立身份参加我校的各类采购与招标评审，纳入评审专家库管理的人员。

第三条 评审专家实行统一标准、随机抽取、动态考核管理原则。评审专家入库、出库、抽取、使用、考核、监督管理适用本办法。

第四条 采购办负责制定学校统一的评审专家专业分类标准和评审专家库建设标准，建设管理学校评审专家库并实行动态管理，及时吸纳省级及以上公共资源交易中心或政府财政部门、其他高校以及代理机构等评审专家库专家，实时互联互通、扩充资源。学校纪检监察部门履行对评审专家库的监督管理职责。

第二章 评审专家入库与出库

第五条 专家入选评审专家库采取公开征集、主动邀请、单位推荐和自我推荐相结合的方式。采取主动邀请和单位推荐方式的，应征得被推荐人和邀请人同意。

第六条 评审专家必须具备以下条件：

(一) 具有良好的职业道德，廉洁自律，遵纪守法，无行贿、受贿、欺诈等不良信用记录。

(二) 具有中级专业技术职称或同等专业水平且从事相关领域工作满 8 年，或具有高级专业技术职称或同等专业水平，精通专业业务。

(三) 熟悉政府采购及招投标的相关政策法规。

(四) 承诺以独立身份参加评审工作，依法履行评审专家工作职责并承担相应法律责任的中国公民。

(五) 不满 70 周岁，身体健康，能够承担评审工作。

(六) 校内评审专家应为西安电子科技大学在职或正式退休的满足以上要求的人员；校外评审专家应为其他高校、采购代理机构或省级及以上公共资源交易中心或政府财政部门专家库中的满足以上要求的人员。

第七条 评审专家申请入库程序如下：

(一) 申请人应当根据本人专业或专长填写申报材料。

(二) 单位推荐的申请人，须经所在单位审核同意后，报采购办。

(三) 采购办对申请人提交的申请资料、申报的评审专业和信用信息进行审核，符合条件的选聘为评审专家，纳入评审专家库管理。

第八条 评审专家工作单位、联系方式、专业技术职称、需要回避的信息等发生变化的，应当及时向采购办申请变更相关信息，采购办负责及时更新。

第九条 评审专家存在以下情形的，将其退出学校评审专家库：

(一) 不符合本办法第六条规定条件；

(二) 本人申请不再担任评审专家；

(三) 存在本办法第二十八条规定的不良行为记录；

(四) 受到刑事处罚；

(五) 学校纪检监察和采购办规定的其他情况。

第三章 评审专家抽取与使用

第十条 政府采购项目评审委员会由采购人代表和评审专家组成，成员人数应当为 5 人及以上单数，若采购项目的预算金额在 1000 万元以上、技术复杂或者社会影响较大，评审委员会成员人数应为 7 人以上单数。评审委员会中政府采购法规定的评审专家不得少于成员总数的三分之二。评审专家原则上由采购代理机构或者学校从省级以上政府财政部门政府采购专家库或公共资源交易中心专家库中随机抽取(科研仪器设备项目学校可自行选择评审专家)。

采购人代表为用户代表、校内评审代表或其他委托人，校内评审代表的担任人选由采购办在学校专家库中随机抽取。用户代表由学校二级单位分管采购工作的负责人或其委托代理人担任，科研教学项目用户代表应由项目经费负责人或其授权人担任，其他项目用户代表原则上应由部门领导班子成员担任。

第十一条 政府采购限额以下采购项目评审委员会由用户代表和评审专家组成，成员人数应当为 5 人及以上单数(谈判小组和询价小组除外)，其中评审专家不得少于成员总数的三分之二。

评审专家由采购办在学校评审专家库中随机抽取。采购办应优先从相应校内专业专家库中抽取，如相应专家库中抽取人数不足，采购办可根据项目的实际情况，从相应校外专业专家库中抽取，直至补足评审专家人数。对于没有相应校内专家库的，采购办从相应校外专业专家库中抽取校外专家。

第十二条 技术复杂、专业性强的科研仪器设备采购项目，在各类专家库中难以确定合适类别的，经采购办同意，项目负责人可以推荐相应专业领域的评审专家，推荐校内和校外的评审专家人数应分别超过所需专家人数的 3 倍，由采购办在推荐专家中抽取。

推荐评审专家的采购项目，推荐的校内专家不应超过评审专家人数的 1/3。

第十三条 采购办在学校评审专家库中抽取专家，采用自动抽取或手动抽取的方式进行。自动抽取由抽取人在西安电子科技大学专家管理系统上从校内或校外相关专业中自动抽取专家；手动抽取由采购办从学校评审专家库中选择合适数量的专家进行抽取，由监督人、抽取人、通知人共同参与。抽取结果须归档保存。

待抽取专家人数应超过评审专家人数的 3 倍。学校评审专家库中相关专家数量不能保证随机抽取需要的，项目负责人或采购办可推荐符合条件的人员，经审核选聘入库满足抽取条件后再抽取使用。

第十四条 对于评审专家库有符合条件的人员，采购办或采购代理机构不得早于项目评审开始前 2 个工作日从专家库内按相关专业类别抽取评审专家。

对于技术复杂、专业性强的教学科研类采购项目，或专家库中存在外地专家的情况下，采购办或采购代理机构可最早于项目评审开始前 5 个工作日从相应专家库内抽取评审专家。

第十五条 评审专家参与项目评审时，须提供本人身份证原件或相关证明材料，配合组织或监督人员进行身份验证。

第十六条　采购办应在评审活动开始前提醒评审专家阅知评审工作纪律。评审专家应在评审活动开始前阅知评审工作纪律,评审委员会所有成员应在开始评审前签订《评审专家/采购用户代表承诺书》,并将记载违反评审工作纪律的书面文件和《评审专家/采购用户代表承诺书》作为采购文件一并存档。

第十七条　评审专家与参加采购活动的供应商存在下列利害关系之一的，应当回避：

(一) 参加采购活动前三年内，与投标(响应)供应商存在劳动关系，或者担任过供应商的董事、监事，或者是投标供应商的控股股东或实际控制人。

(二) 与投标(响应)供应商的法定代表人或者负责人有夫妻、直系血亲、三代以内旁系血亲或者近姻亲关系。

(三) 与投标(响应)供应商曾有工作关系，或有其他社会关系或经济利益关系，可能影响对项目其他投标人公平、公正评审的。

(四) 曾因在采购、评审以及其他与采购有关活动中从事违法行为而受过行政处罚或刑事处罚的。

(五) 项目主管部门或者行政监督部门人员。

(六) 与投标(响应)供应商有其他可能影响采购活动公平、公正进行的关系。

(七) 供应商认为与其他供应商有利害关系的，可以申请其回避。

评审专家发现本人与参加采购活动的投标(响应)供应商有利害关系的，应当主动提出回避。评审专家或者采购办发现评审专家与参加采购活动的供应商有利害关系的，应当要求其回避。

第十八条　出现评审专家缺席、回避等情形导致评审现场专家数量不符合规定的，采购办应当及时补充抽取评审专家，或者经纪检监察部门同意自行选定补足评审专家。无法及时补足评审专家的，采购人或者采购代理机构应当立即停止评审工作，妥善保存采购文件，待评审专家人数补足后，进行评审。

第十九条　评审专家应当严格遵守评审工作纪律，按照客观、公正、审慎的原则，根据采购文件规定的评审程序、评审方法和评审标准进行独立评审。

(一) 评审专家发现采购文件内容违反国家有关强制性规定或者采购文件存在歧义、重大缺陷导致评审工作无法进行时，应当停止评审并向采购人书面说明情况。

(二) 评审专家应当配合答复供应商的询问、质疑和投诉等事项，不得泄露评审文件、评审情况和在评审过程中获悉的商业秘密。

(三) 评审专家发现投标(响应)供应商具有行贿、提供虚假材料或者串通投标(响应)等违法行为的，应当及时向采购办、纪检监察部门报告。

(四) 评审专家在评审过程中受到非法干预的，应当及时向采购办、纪检监察部门等部门举报。

(五) 评审专家有监督其他评审专家的责任，若发现其他评审专家有违法违规行为的，应当及时向采购办或采购代理机构报告。

第二十条　评审专家应当在评审报告上签字，对自己的评审意见承担法律责任。对需要评审委员会共同认定的事项存在争议的，按照少数服从多数的原则作出结论。对评审报告有异议的，应当在评审报告上签署不同意见并说明理由，否则视为同意评审报告。

第二十一条　评审专家名单在评审结果公告前应当保密。评审活动完成后，采购办按照法规相关要求视情况随中标或成交结果一并公告评审专家名单。

中标或成交结果发布前，相关工作人员不得泄露评审专家的个人情况。

第二十二条　学校定期根据评审专家信息变更及职责履行情况，对专家所处类别进行动态调整。

第二十三条　采购办按照学校薪酬管理相关办法和评审专家劳务报酬标准的相关规定支付评审专家劳务报酬，采购用户代表不得领取评审费用。

第二十四条　评审专家异地参加评审的，其往返的城市间交通费、住宿费等实际发生的费用，可参照学校差旅费管理办法的相应标准凭据报销。

第二十五条　评审专家未完成评审工作擅自离开评审现场，或者在评审活动中有违法违规行为的应承担相应责任，不得获取劳务报酬和报销异地评审差旅费。

第四章　评审专家监督管理

第二十六条　评审专家收受采购人、采购代理机构、供应商贿赂或者获取其他不正当利益，构成犯罪的，依法追究刑事责任；尚不构成犯罪的，禁止其参加学校任何采购评审活动并清退出库。

第二十七条　学校确认评审专家有违法违规行为的，其评审意见无效，并由采购办报纪检监察部门或上级相关部门进行处理。

第二十八条　评审专家有下列情形的，列入不良行为记录，向学校纪检监察部门报备，清退出学校评审专家库：

(一) 未按照采购文件规定的评审程序、评审方法和评审标准进行独立评审；

(二) 泄露评审文件、评审人员信息、评审项目情况；

(三) 与供应商存在本办法第二十条所列应当回避的情况且未主动回避；

(四) 开标前与投标(响应)供应商存在私下接触的；

(五) 收受采购人、采购代理机构或供应商贿赂或者获取其他不正当利益；

(六) 提供虚假申请材料；

(七) 拒不履行配合答复供应商询问、质疑、投诉等法定义务；

(八) 以评审专家身份从事有损学校公信力的活动；

(九) 参与评审活动无故迟到三次者；

(十) 发表倾向性言论且经警告后拒不改正者。

第五章　附　　则

第二十九条　本办法自发布之日起施行，由采购办负责解释。原《西安电子科技大学采购项目评审专家管理办法(暂行)》(西电采〔2019〕4 号)同时废止。

2022 年 5 月 30 日

西安电子科技大学采购代理机构库管理办法

西电采〔2022〕7 号

第一章　总　　则

第一条　为进一步加强对学校采购代理机构的管理，规范、完善采购代理工作程序，提高服务质量，维护学校合法权益，根据《中华人民共和国政府采购法》《中华人民共和国招标投标法》《政府采购代理机构管理暂行办法》等有关法律法规，以及《西安电子科技大学采购管理办法》等相关要求，结合学校实际，制定本办法。

第二条　采购与招标管理办公室(以下简称“采购办”)负责学校采购代理委托及其相关管理工作。

第三条　采购代理机构应为依法设立、从事采购代理业务并提供相关服务的社会中介机构。本办法所称采购代理，是指代理人接受学校委托，进行政府采购项目(包括货物、服务、工程等)和招标项目的代理服务的行为。

第四条　凡预算金额在政府采购限额以上的货物、服务和工程项目，可以视情况委托采购代理机构进行采购。

第五条　采购代理工作应当依法遵循公开、公平、公正和诚实信用的原则，不得损害学校利益、社会公共利益和他人合法权益。

第六条　采购代理服务收费标准按采购代理机构参与入库投标活动时所承诺的国家有关标准优惠幅度执行，代理服务费用由所代理项目的中标或成交人承担，收费标准须在采购或招标文件中列明。

第七条　学校将采取动态管理与年终集中评价相结合的办法，对采购代理工作进行严格考核，并视考核结果履行相关管理程序。

第二章　入库办法与程序

第八条　学校根据实际使用需求，通过规范程序，建立学校统一采购代理机构库，不定期开展采购代理机构入库或补库工作。

第九条　申请进入采购代理机构库的代理机构须具备以下条件：

(一) 具有独立法人资格，具备相关法律法规规定的政府采购和采购代理相关资格；

(二) 按照相关规定要求登记备案的须注册确认；

(三) 无违法违纪行为及被有关行政主管部门行政处罚的记录；

(四) 未被纪检监察部门记录不良行为的；

(五) 无其他法律法规规定的不能从事采购代理业务的情形；

(六) 法律、行政法规规定的其他相关条件。

第十条　采购代理机构进入采购代理机构库的程序：

(一) 采购办公开发布征集入库公告；

(二) 采购代理机构向采购办提交报名资料；

(三) 采购办发布采购文件并组织专家评审，由评审专家组按照采购文件要求确定入库单位，经采购办进行试用期考核，考核合格的进行公示；

(四) 公示期内若有异议，可向采购办提出书面质疑，由采购办组织核查；

(五) 入库采购代理机构与学校办理入库相关手续。

第三章　抽取办法与程序

第十一条　学校根据项目特点，结合代理机构日常考核情况，在充分调研基础上，采取线下、线上等方式，经集体研究通过随机等方式确定委托代理机构。

第十二条　学校按程序组织分配的项目，皆需采购办、代理机构委托人及用户三方确认签字，经采购办盖章，形成项目确认单，最终结果资料归档，随即由代理机构启动招标采购程序。

第十三条　采购代理机构接到委托项目后应立即成立针对本项目的工作组，并与采购办对接联系，对接过程若出现与项目实际需求有重大偏离的，学校有权重新选派、委托采购代理机构，并取消该采购代理机构本次代理资格。

第十四条　采购代理机构项目负责人在委托期限内不得擅自更换，如遇其他不可预测等特殊情况，应尽快函告采购办，经采购办同意认可后，按照新入库单位的考核办法进行试用期考核，考核不合格的，自动清退出库。

第四章　采购代理机构的责任与义务

第十五条　采购代理机构应自觉参与招标全过程，接受质疑，答复询问，协助处理法律纠纷，接受学校监督，维护学校的合法权益，依据学校要求提出科学的采购方案。

第十六条　委托代理项目由采购办项目负责人审核通过后，应及时针对项目实际情况在相应指定媒体上发布公告，同时还需在学校采购与招标网上同步发布。

第十七条　采购代理机构应依法依规制定采购文件，完成后及时交由采购办审核，审核确认后 1 个工作日内向投标单位发出。

第十八条　采购环节须严格执行国家和地方相关法律法规的规定，做好服务及记录工作。

第十九条　进口设备采购应参照《机电产品国际招标投标实施办法》执行。

第二十条　委托项目属于政府采购项目的，评审专家必须在省级及以上财政部门等专家库抽取产生(科研仪器设备采购除外)；不属于政府采购项目的或科研仪器设备采购，评审专家可在各类省级招标协会专家库、代理机构自建专家库、学校专家库或项目负责人推荐专家中抽取产生。校方代表由学校委派，人数不超过评审专家总人数的 1/3。

第二十一条　采购代理机构禁止泄露所代理项目涉及保密的任何信息，严格保守采购活动中的商业秘密。

第二十二条　采购代理机构须妥善保存委托代理采购项目的全过程资料原件，在中标或成交公示结束且相关行政主管部门审批通过以后三个工作日内向采购办提交委托项目的采购汇总资料，包括并不限于：

(1) 采购/招标文件(2 份)；

(2) 采购过程原始记录资料；

(3) 响应文件(正本)；

(4) 中标(成交)单位响应文件副本(1 份)；

(5) 开标、评审全过程影音资料(刻录光盘)；

(6) 其他采购办要求或采购代理机构认为重要的相关资料。

第五章 监督管理

第二十三条 学校对采购代理机构综合表现实行适时跟踪考核，动态管理。具体考核内容依据但并不限于：

(一)《采购代理机构绩效考核表》;

(二)《校内委派专家反馈意见表》;

(三)《校内用户反馈意见表》。

对动态考核为优的采购代理机构，可增加一次委托代理项目；对考核分数平均值为中的采购代理机构，暂停其一次委托资格；对考核分数平均值为差的采购代理机构，予以警告且暂停其两次委托资格。

新入围的采购代理机构试用期内考核结果不满足条件，限期整改，整改不到位的自动退出所在类别的入围。采购办可根据采购实际情况需要履行补库程序。

第二十四条 采购代理机构与学校签订书面委托代理协议后，应诚实守信，严格履行协议，严禁转让代理业务。

第二十五条 采购代理机构在代理项目的过程中如出现以下情形，学校将采取以下措施：

(一) 采购代理机构如未按国家、地方规范和学校规定履行所代理项目的采购工作，给予严重警告，在采购办提出整改意见，且无任何改进措施的情况下，采购办有权解除委托代理协议，履约保证金不予退还。

(二) 采购代理机构未按其作出的相应承诺履行代理工作程序或无正当理由拒绝履行委托代理义务者，给予警告，且采购办有权解除该次项目的委托代理。

(三) 所代理项目出现被向上级部门投诉的，暂停委托资格；若被相关单位投诉且行政管理部门认定为违法违规的，采购办有权解除委托代理协议，且履约保证金不予退还。

(四) 因采购代理机构组织等原因，造成流标、废标的，给予警告；给学校造成重大损失的，采购办有权解除委托代理协议。

(五) 在未经采购办同意的情况下擅自更换项目负责人，给予警告，未及时改正的，采购办有权解除委托代理协议。

(六) 做出不利于学校的行为(包括但不限于违反相关法律、法规等相关规定，泄露应当保密的与采购投标活动有关的情况和资料的，或者与被委托项目投标人串通损害国家利益、采购人利益、社会公共利益或者他人合法权益的)，采购办有权无条件解除委托代理协议，且履约保证金不予退还；给采购人造成损失的，由采购代理机构承担全部赔偿责任。

(七) 采购代理机构一年内收到累计3次警告的，采购办有权解除委托代理协议。

(八) 非采购办原因，采购代理机构连续两个月不接受采购任务的，视为不履行入库单位责任，自动清退出库。

(九) 由于采购代理机构原因，造成学校损失的，扣除履约保证金，自动清退出库，学校保留继续追讨损失的权利。

第六章 附则

第二十六条 本办法自发布之日起施行，由采购办负责解释。原《西安电子科技大学采购代理机构库管理办法(暂行)》(西电采〔2019〕5号)同时废止。

2022年5月30日

西安电子科技大学采购供应商管理办法

西电采〔2022〕14号

第一章　总　　则

第一条　为加强对采购供应商(以下简称“供应商”)的管理，规范学校采购工作，维护学校合法权益，依据《中华人民共和国招标投标法》《中华人民共和国政府采购法》等相关法律法规，以及《西安电子科技大学采购管理办法》的相关要求，结合学校实际，制定本办法。

第二条　本办法所称供应商，是指参与学校采购活动的法人、其他组织或者自然人。

第三条　供应商参加学校采购活动，应遵循公平竞争、诚实守信原则。

第四条　采购与招标管理办公室(以下简称“采购办”)负责组织供应商资格审查、质疑投诉受理及信用档案建立等管理工作，协助配合相关单位纠正供应商在采购活动中的违法违规行为或其他不良行为。

第二章　供应商准入与注册

第五条　供应商实施资格准入制度。凡具备下列条件的供应商，均可参加学校各类采购活动：

(一) 具有独立承担民事责任的能力。

(二) 具有良好的商业信誉和健全的财务会计制度。

(三) 具有履行合同所必需的资质和专业技术能力。

(四) 有依法纳税和社会保障资金的良好记录。

(五) 申请注册前三年内，在经营活动中无重大违法记录。

(六) 符合学校采购项目所要求的资质和资格，同意按学校规定完成采购程序。

(七) 法律、行政法规规定的其他条件。

第六条　申请投标的供应商可以通过西安电子科技大学电子招投标系统等进行注册。注册信息包括但不限于以下内容：

(一) 供应商基本情况(公司名称、注册地址、注册金额、经营范围、法人代表、联系电话等)。

(二) 年检合格的企业法人营业执照、国家或地方税务登记证、组织机构代码证(已经三证合一的按相关规定执行)。

(三) 法定代表人身份证。

(四) 学校认为需要提供的其他信息。

第七条　供应商应对其注册登记的信息和所提供资料的合法性、真实性、有效性负责，并承担相应法律责任。供应商应妥善保管登录账号和密码。以供应商账号参与的学校所有采购项目，都将视为供应商的企业行为，供应商应保证其操作的准确性、真实性，并承担平台操作带来相应的责任与义务。

第三章　供应商管理

第八条　学校对供应商各类违规、违约行为和后评价中的不良行为记录实施记分制管理。依据违规行为的严重程度，一次记分的分值分为3分、1分。

供应商有下列行为之一的，记1分：

(一) 供应商获取采购文件后放弃投标，在开标前未告知采购办的。

(二) 中标供应商获取中标通知书后，不及时与采购用户联系沟通的。

(三) 不遵守采购与招标活动纪律，扰乱采购与招标活动现场秩序的。

供应商有下列行为之一的，记 3 分：

(一) 因供应商原因导致中标后未在 30 日内签订合同(协议)的。

(二) 因供应商原因导致项目验收未通过的。

(三) 因供应商原因导致工期(交货期)拖延，但未影响项目总体进度的。

(四) 供应商发生其他违规行为，对采购与招标活动的正常进行造成影响，但未导致招标计划变更、流标或废标的。

第九条　学校建立供应商“黑名单”制度，对违反相关法律法规，或者违反合同并存在其他不良行为的供应商及其授权代表、项目经理、项目总监等相关人员予以校内通报，并列入学校不诚信供应商“黑名单”，根据不良行为的程度，禁止该公司及其相关人员在一至三年内参与学校政府采购限额以下的采购活动，造成严重后果的，终身不得参加，并根据情况向相关主管部门反映。

供应商记分累计满 6 分或如有以下行为，将被列入供应商“黑名单”：

(一) 因供应商原因导致采购与招标计划变更、流标、废标的。

(二) 因供应商违反合同规定，导致项目执行进度受到较大影响的。

(三) 因供应商原因导致工期(交货期)拖延，影响项目总体进度造成严重后果的。

(四) 中标后因自身原因擅自放弃中标的。

(五) 未经学校同意，不严格按照投标文件履约，擅自更换项目经理、项目总监或项目主要人员的。

(六) 在注册、公开招标报名、资格审查、投标、合同签订及履约等环节提供虚假信息或伪造、变造资质证书及相关材料的。

(七) 在投标过程中存在串通投标行为的，或借助其他供应商单位名称中标，在履约过程中出现“换马甲”现象的，所有参与的供应商均列入黑名单。

(八) 项目实施过程中，造成火灾、人员伤亡等重大安全事故和重大质量事故的。

(九) 存在捏造事实或提供虚假材料进行恶意质疑和投诉的。

(十) 有其他造假、欺诈和不良行为的。

第十条　学校建立供应商履约评价制度并开展全程动态管理，采购用户/归口管理部门负责对供应商履约情况进行评价，学校探索建立优质供应商名单，并将存在不良行为的供应商在一定范围内进行公告。

第四章　供应商权利与义务

第十一条　供应商享有以下权利：

(一) 根据法律法规和采购项目具体要求参与学校各类采购活动。

(二) 就学校采购程序或文件中的疑问向采购管理部门质疑。

(三) 对其他供应商在参与学校采购活动中的欺诈行为或营私舞弊行为向学校提出质疑或向上级主管部门投诉、举报。

(四) 法律和法规规定的其他权利。

第十二条　供应商应承担以下义务：

(一) 遵守相关采购活动的法律、法规和规章等。

(二) 为项目执行人提供符合规定质量标准的货物、工程或服务。

(三) 如实、准确提供注册信息和资质文件，有变化时及时提交更新资料。

(四) 接受学校相关管理部门的监督、管理。

(五) 法律和法规规定的其他义务。

第五章　供应商质疑与投诉

第十三条　提出询问、疑问、质疑或投诉的供应商必须是参加相应项目采购的供应商。询问、疑问、质疑或投诉应遵守规定的方式、程序和时限，应有具体事项及事实根据，并配合采购办等部门处理询问、疑问、质疑或投诉。

第十四条　政府采购活动中供应商如有质疑、投诉，按《政府采购质疑和投诉办法》(财政部令第94号)相关规定执行；政府采购限额以下采购活动中供应商如有询问、疑问，按《西安电子科技大学采购管理办法》相关规定执行。

第六章　附　　则

第十五条　供应商如有违反《中华人民共和国政府采购法》《中华人民共和国政府采购法实施条例》《中华人民共和国招标投标法》《中华人民共和国招标投标法实施条例》等相关法律法规的，按上位法相关要求执行。

第十六条　本办法自发布之日起施行，由采购办负责解释。

2022 年 5 月 30 日

实验与设备管理

西安电子科技大学实验室安全事故应急预案

西电实验〔2022〕1号

第一章　总　　则

第一条　为积极应对可能发生的实验室安全事故，快速、高效、有序、精准地组织开展事故抢险、救援和调查处理，预防和减少突发性灾害事故及其造成的损害，保障师生生命财产安全，维护正常教学秩序，制定本预案。

第二条　全面贯彻落实习近平总书记关于安全生产重要论述，根据《中华人民共和国安全生产法》《中华人民共和国突发事件应对法》《中华人民共和国消防法》《危险化学品安全管理条例》等法律法规和《教育部教育系统突发公共事件应急预案》《陕西教育系统安全稳定与突发公共事件应急预案》《西安电子科技大学突发事件总体应急预案》等应急预案，结合《西安电子科技大学实验室安全管理办法》，构建“统一领导、分工负责、行动迅速、应对得当、分类处置、分级响应”的实验室安全应急体系，全面提高学校应对实验室安全事故的能力。

第三条　本预案所称实验室安全事故是指全校范围内各级各类教学、科研实验室或实验场所发生的，造成或者可能造成人员伤亡、财产损失、环境破坏和严重社会危害的事故、事件。

本预案所称实验室安全事故等同于学校突发事件总体应急预案所适用的实验室安全类事故灾难突发事件。本预案等同于学校实验安全类事故灾难突发事件应急预案。

第四条　工作原则。

(一) 以人为本，安全第一。发生实验室安全事故时，要及时采取人员避险措施；实验室安全事故发生后，优先进行人员抢救，同时注意救援人员的自身安全。

(二) 把握先机，快速应对。发生实验室安全事故，各相关部门和有关教学科研单位要第一时间作出反应，有关负责人和工作人员要迅速到位，防止事故扩大，造成二次伤害，最大限度减少人员伤亡。

(三) 统一领导，分工负责。事故发生后，各相关部门和有关教学科研单位应在学校的统一领导下，立即启动应急预案，分工负责，主动补位，高效协同。

(四) 预防为主，综合治理。各部门各单位要坚持事故应急与预防工作相结合，狠抓安全责任体系落实，做好常态下的隐患排查、风险评估、事故预警、风险防范体系建设和预案演练等工作。

第二章　机构与职责

第五条　学校成立实验室安全应急指挥领导小组和实验室安全应急指挥工作组。

学校实验室安全应急指挥领导小组是实验室安全事故应急处理的领导机构，负责审定抢险与救援方案，发布应急救援命令，组织领导应急救援工作；根据抢险救援需要，特别是发生燃烧、爆炸等实验室安全事故时，有权调动学校人、财、物等必要资源。

学校实验室安全应急指挥领导小组人员构成：

组长：党委书记、校长

常务副组长：分管实验室安全的校领导

副组长：分管科研、保卫、本科生教育教学、研究生教育教学的校领导

成员：综合办公室、本科生院、研究生院、科学研究院、党委安全保卫部/保卫处、实验室与设备处、后勤保障部主要负责人

领导小组下设办公室，办公室设在实验室与设备处，办公室主任由实验室与设备处主要负责人兼任。

根据《西安电子科技大学突发事件总体应急预案》有关要求，学校实验室安全应急指挥领导小组行使学校实验室安全类事故灾难突发事故应急处置领导小组职权。

第六条　学校实验室安全应急指挥工作组负责执行和落实学校实验室安全应急指挥领导小组下达的抢险与救援方案、应急救援命令；根据事故发展情况，有权采取紧急处理措施；事故危及周边安全时，组织人员疏散；及时、准确地向上级、社会和媒体通报事故情况信息；组织做好秩序稳定工作、伤亡人员善后和安抚工作；配合相关部门做好事故调查和处理工作。

学校实验室安全应急指挥工作组人员构成：

组长：分管实验室安全的校领导

成员：综合办公室、本科生院、研究生院、科学研究院、党委安全保卫部/保卫处、实验室与设备处、后勤保障部主要负责人及各学院党政负责人

工作组下设联络办公室，办公室设在实验室与设备处，办公室主任由实验室与设备处主要负责人兼任。

根据《西安电子科技大学突发事件总体应急预案》有关要求，学校实验室安全应急指挥工作组行使学校实验室安全类事故灾难突发事故应急处置工作小组职权。

第七条　各教学科研单位应成立实验室安全事故应急处理小组，负责事故现场指挥、协调和应急处置，其主要职责为：

(一) 根据本单位学科特点及实验室类型、主要危险源情况，制定和落实本单位事故应急预案。

(二) 设立应急处置专班，保障应急人员、物资、装备和经费，保证应急功能完备、人员到位、装备齐全、响应及时。

(三) 加强安全教育、应急处置知识学习、应急处理培训和应急演练，保证各项应急预案有效实施。

(四) 安全事故发生后，负责保护现场，并做好现场救援的协调、指挥工作，确保安全事故第一时间得到有效处理。

(五) 及时、准确地向学校实验室安全应急指挥领导小组报告有关情况。

第三章　事故预防、预警

第八条　各部门各单位应做好预防、预警工作，最大限度地防止事故发生：

(一) 对各种可能发生的安全事故，完善预防、预警机制，开展风险评估分析，做到早防范、早发现、早报告、早处置。

(二) 加强应急反应机制的日常管理和实验人员的培训教育，定期经常开展实验室事故演练，完善应急处置预案，提高应对突发事故的实战能力。

(三) 各教学科研单位应对应急预案定期评估，并根据本单位具体情况及时进行完善和修订。

(四) 重视实验人员特别是接触涉生物安全类实验人员的健康检查，发现人员感染或伤害立即处置、报告，同时开展安全自救。

第四章　现场应急处置

第九条　实验室安全事故有火灾、爆炸、中毒、灼伤、割伤、窒息、泄漏、环境污染、失窃、丢失等类型。涉事单位应根据造成事故的危险源种类、危害特性等组织制定现场应急处置办法，确保其切实管用、可行、好记。处置办法的基本思路：

(一) 控制危险源。及时控制造成事故的危险源(灭火、切断毒源电源等)，防止事故继续扩展，确保及时、有效地进行救援。

(二) 撤离现场人员。组织撤离时应指导人员就地取材(毛巾、湿布、口罩等)，采用简易有效的安全措施做好自身防护，并向上风向迅速撤离出危险区或可能受到危害的区域。撤离过程中应组织人员开展自救和互救工作。进入安全区域后，应尽快去除受污染衣物，防止继发性伤害。

(三) 抢救受害人员。及时、有序、有效地实施现场急救，安全转送伤员，以降低伤害率，减少事故危害。

(四) 做好现场消洗。对现场残留的有毒有害物质和可能对人和环境继续造成危害的物质，应及时组织人员予以清除，减轻危害后果，防止对人的继续危害和对环境的二次污染。

学校可能发生的部分安全事故的现场应急处置措施附后，并应根据我校学科拓展和实验开展情况，及时作出相应调整和完善。

第五章　事 故 分 级

第十条　根据对事故现场初步判断，按照事故的性质、紧迫程度、严重程度、可控性、可能造成的危害、影响范围等，从重到轻将事故依次分为特别重大事故(Ⅰ级)、重大事故(Ⅱ级)、较大事故(Ⅲ级)和一般事故(Ⅳ级)四个等级。

(一) 特别重大事故(Ⅰ级)。

1. 危险源引发的致 5 人及以上受伤害或有人员死亡的各类事故；

2. 剧毒化学品、易制毒化学品、易制爆化学品丢失或被盗事故；

3. 可能对校园以外人员生命健康、自然环境造成影响的危险化学品泄漏事故；

4. 危险源引发的大范围火灾事故；

5. 造成价值 100 万元及以上实验设备损失。

(二) 重大事故(Ⅱ级)。

1. 危险源引发的致 3～4 人受伤害的各类事故；

2. 除剧毒化学品、易制毒化学品、易制爆化学品以外的其他危险化学品的丢失或被盗事故；

3. 可能对在校人员生命健康、自然环境造成影响的危险化学品泄漏事故；

4. 危险源引发的局部火灾事故；

5. 造成价值 40～100 万元(含 40 万)实验设备损失。

(三) 较大事故(Ⅲ级)。

1. 危险源引发的致 2 人以下受伤害的各类事故；

2. 限于事发单位内，可能对本单位人员生命健康、自然环境造成影响的危险化学品泄漏事故；

3. 危险源引发的较小范围可控的火险事故。

(四) 一般事故(Ⅳ级)。

1. 限于事发单位内、无扩大趋势，不会对人员健康和周边环境造成影响的危险化学品泄漏事故；

2. 危险源引发的初期或小范围可控的火险事故；

3. 危险源引发的其他各类事故。

第六章　分级响应与工作职责

第十一条　分级响应。

发生实验室安全事故后，对应Ⅰ～Ⅳ级事故，第一时间启动Ⅰ～Ⅳ级响应，Ⅰ级响应(特别紧急状态)、Ⅱ级响应(紧急状态)、Ⅲ级响应(较为紧急状态)、Ⅳ级响应(一般紧急状态)。各有关单位根据各自职责，迅速采取前期应急处置措施，根据需要第一时间救治受伤人员、封锁现场、疏散人员，控制事态发展。

(一) Ⅰ级响应(特别紧急状态)。

发生Ⅰ级事故时启动，学校实验室安全应急指挥领导小组统一领导指挥，全面负责应急处置工作，第一时间向教育部和属地消防、公安、医疗卫生、环保等政府主管部门报告，请求应急救援力量，配合相关政府部门做好事故处置工作，及时前往事发地现场，采取先期应急措施，防止事故继续扩大。

(二) Ⅱ级响应(紧急状态)。

发生Ⅱ级事故时启动，学校实验室安全应急指挥工作组统一领导和指挥该级事故的应急处置工作，第一时间向教育部和属地消防、公安、医疗卫生、环保等政府主管部门报告，视情请求救援。及时前往事发地现场，调度学校医疗卫生、后勤保障等方面力量进行应急处置。

(三) Ⅲ级响应(较为紧急状态)。

发生Ⅲ级事故时启动，由实验室与设备处成立应急处置工作组，统一领导和指挥该级事故的应急处置工作，及时前往事发地现场调度学校医疗卫生、后勤保障等方面力量进行应急处置。

(四) Ⅳ级响应(一般紧急状态)。

发生Ⅳ级事故时启动，由事件涉及单位成立应急处置工作组，统一领导和指挥该级事故的应急处置工作，及时前往事发地现场，组织开展现场封控、保护和救援行动，并向学校实验室安全应急指挥领导小组办公室(实验室与设备处)报告有关情况。

第十二条　工作职责。

(一) 综合办公室：发生Ⅰ级事故时，在学校实验室安全应急指挥领导小组领导下协调各成员单位开展抢险救援工作；接受政府部门的指令和调动，落实上级部门和校领导关于事故抢险救援的指示，及时向校领导和上级有关部门报告事件和抢险救援进展情况；发生Ⅱ、Ⅲ级事故时，协助做好相关工作。在Ⅲ级及以上事故确认后根据有关规定，向上级部门和有关单位报送事件处置情况。

(二) 党委宣传部：发生Ⅲ级及以上事故时，负责向外界及时通报事件情况，开展网络舆情监管、预警，进行正确的舆论引导等。

(三) 党委教师工作部/人力资源部：发生Ⅲ级及以上事故时，会同涉事单位共同做好受伤害教职工善后和安抚工作等，受伤害教职工所属单位配合开展具体工作。

(四) 党委学生工作部/学生工作处、党委研究生工作部、国际教育学院：发生Ⅲ级及以上事故时，会同涉事单位共同做好受伤害学生善后和安抚工作等。

(五) 党委安全保卫部/保卫处：负责布置事故现场的安全警戒、人员疏散、治安巡逻，保持校园内救援通道的畅通；负责在Ⅲ级及以上事故确认后根据有关规定，向公安部门报送事件情况、请求支援；配合事发单位或消防部门进行现场灭火，搜救伤员，控制易燃、易爆、有毒物质泄漏；负责与公安部门联系，协助公安机关做好突发事件的调查取证工作，参与做好事故应急救援总结工作。

(六) 实验室与设备处：负责在Ⅲ级及以上事故确认后，根据有关规定，向环保部门报送事件情况、请求支援，及时向上级转达环保部门的意见；负责组织专家，为现场指挥救援工作提供技术咨询；负责联系有资质的专业单位开展监测、治污、放射性化学废弃物处置等工作；负责或配合政府部门做好事件的调查和应急救援工作的总结，并及时向学校报送相关信息。

(七) 后勤保障部：会同有关部门和单位，做好应急所需的水、电、交通、饮食等后勤保障工作。

(八) 校医院：负责在事发现场附近的安全区域内设立临时医疗救护点，及时调配医务人员、医疗器械和急救药品；负责实施现场救治及统计伤亡人员情况，及时与医院等联系求助，将超出校医院救治能力的病员及时转送至上级医院；负责在Ⅲ级及以上事故确认后根据有关规定向卫生部门报送事件信息、请求支援。

(九) 各教学科研单位：根据本单位涉及的危险源的种类及特性，做好应急救援设施和物资准备工作；配合相关部门做好本单位Ⅰ、Ⅱ、Ⅲ级事故的应急处置工作，负责本单位Ⅳ级事故的应急处置工作和信息报告。

第七章　信 息 报 送

第十三条　信息报送机制。

(一) 发现实验室安全事故或严重隐患时，现场人员是事故信息报送的责任人，事故实验室所在教学科研单位为事故报告的责任单位。

(二) 责任人应在自救、保护现场的同时立即启动事故信息上报机制。发生事故后，发现人应立即向责任单位分管负责人报告，分管负责人应立即向本单位主要负责人报告。单位主要负责人在接到报告后，初步判定事故情况，进行现场紧急处置，必要时启动本单位应急处置预案。同时，将事故信息报告学校实验室安全应急指挥领导小组办公室(实验室与设备处)。各级报告的内容包括但不限于事故发生时间、地点、信息来源、规模、破坏程度、伤亡人数、基本过程、已造成的后果、影响范围、初步性质和可能原因等。同时必须明确信息联络人或参与现场处置的报告人及实时联系方式。

(三) 实验室与设备处按照《西安电子科技大学突发事件总体应急预案》有关规定上报学校实验室安全应急指挥领导小组，负责事故的续报工作。

(四) 学校各单位发现突发事件或严重隐患时，要在第一时间向学校实验室安全应急指挥领导小组办公室(实验室与设备处)报告。如遇突发重要紧急情况，应在10分钟内通过电话、25分钟内通过书面材料完成经本单位主要负责人审定后的首次报送。

(五) 信息报送要坚持迅速、准确、保密的总体要求。事故发生后第一时间报送，同时尽可能全面了解事件的起因、性质等基本情况并及时报告，信息内容要尽可能客观详实。报告时应注意保密，未经批准，严禁在有关公共平台、自媒体平台发布相关信息。对迟报、谎报、瞒报和漏报事故及其重要情况的，根据有关规定追究责任。

第八章　事故调查与处理

第十四条　事故应急响应终止后，在学校实验室安全应急指挥领导小组领导和工作组指导下，成立事故专项调查组，负责组织对事故的调查与处理工作，组织专家调查和分析发生事故的原因，总结反思教训，评估应急处置工作，制订整改措施。

第十五条　事故责任单位应在事故调查结束后3日内通过实验室与设备处向学校实验室安全应急指挥领导小组提交书面报告。报告主要内容包括事故发生的时间、地点、伤亡情况、经济损失、发生事故的原因及相关责任人员情况等。

第十六条　根据调查结果，对人为原因造成实验室安全事故的单位和个人，根据情节轻重和后果依照有关规定严肃处理。违反法律、法规的依法追究有关当事人法律责任。

第十七条　对安全事件反映出的相关问题、存在的安全隐患，实验室与设备处、事故责任单位及涉事实验室等应严格进行总结和整改，加强经常性的宣传教育，加强和改进实验室安全防护软硬件措施，坚决防止事故的再次发生。

第十八条　根据安全事故的性质及相关人员的责任，认真做好或积极协调有关部门做好受害人员的善后工作。

第十九条　事故的新闻发布。由学校实验室安全应急指挥领导小组根据需要，指定相关部门进行信息发布，其他部门或人员不得随意发布事故相关信息。

第九章　附　　则

第二十条　本预案自发布之日起施行。原《西安电子科技大学实验室安全事故应急预案(修订)》(西电实验〔2019〕7 号)同时废止。

第二十一条　本预案由学校实验室与设备处负责解释。

附件：1. 实验室危险化学品事故现场应急处置办法

2. 实验室生物类事故现场应急处置办法

3. 实验室火灾、爆炸事故现场应急处置办法

4. 实验室触电事故现场应急处置办法

5. 实验室仪器设备故障事故现场应急处置办法

2022 年 11 月 2 日

附件 1

实验室危险化学品事故现场应急处置办法

一、危险化学品泄漏事故

1. 若有毒、腐蚀性化学品泼溅在皮肤或衣物上，应迅速解脱衣物，立即用大量自来水冲洗，再根据化学品的性质采取相应的有效处理措施。

2. 若有毒、有害物质泼溅或泄漏在工作台面或地面，应立即穿戴好专用防护服、隔绝式空气面具等进行必要防护。泄漏量小时，在确保人身安全的条件下可用沙子、吸附材料、中和材料等进行处理，联系实验室与设备处将收集的泄漏物运至危险废弃物中转站，残余物用大量水冲洗稀释。

3. 若发生易燃、易爆化学品泄漏，则泄漏区域附近应严禁火种，切断电源。事故严重时，应立即设置隔离线，并通知附近人员撤离。

4.若发生气体泄漏，应该立刻关闭气体钢瓶阀门，疏散实验室无关人员，打开门窗通风，并根据气瓶泄漏部位、泄漏量、泄漏气体性质及影响范围，采取相应应急措施。

二、化学灼伤事故

1. 强酸、强碱及其他一些化学物质，具有强烈的刺激性和腐蚀作用，发生这些化学灼伤时，应用大量流动清水冲洗，再分别用低浓度的(2%～5%)弱碱(强酸引起的)、弱酸(强碱引起的)进行中和。

2. 溅入眼内时，在现场立即就近用大量清水或生理盐水彻底冲洗。冲洗时，眼睛置于水龙头上方，

水流向上冲洗眼睛，时间应不少于 15 分钟，切不可因疼痛而紧闭眼睛。处理后，再送眼科医院治疗。

三、中毒事故

1. 吸入中毒。若发生有毒气体泄漏，应立即启动排气装置将有毒气体排出，同时开窗通风。若吸入毒气造成中毒，应立即抢救，将中毒者移至空气良好处使之能呼吸新鲜空气，同时送入医院就医。

2. 经口中毒。要立即刺激催吐(可视情况采用 0.02%～0.05%高锰酸钾溶液或 5%活性炭溶液等催吐)，反复漱口，立即送入医院就医。

3. 经皮肤中毒。将患者立即从中毒场所转移，脱去污染衣物，迅速用大量清水洗净皮肤(黏稠毒物用大量肥皂水冲洗)后，及时送入医院就医。

四、危险化学品丢失或被盗事故

发现危险化学品丢失或被盗，相关人员应保护、封锁现场，立即报告本单位分管负责人、党委安全保卫部/保卫处和实验室与设备处，并在确定丢失原因和地点后积极查找。

附件 2

实验室生物类事故现场应急处置办法

一、病原微生物污染事故

1. 若病原微生物泼溅在皮肤上，应立即用 75%的酒精或碘伏进行消毒，然后用清水冲洗。

2. 若病原微生物泼溅在眼内，立即用生理盐水或洗眼液冲洗，然后用清水冲洗至少 15 分钟，立即就医。

3. 若病原微生物泼溅在衣物、鞋帽上或实验室桌面、地面，立即选用 75%的酒精、碘伏、0.2%～0.5%的过氧乙酸、500～1000 mg/L 有效氯消毒液等进行消毒。

二、其他事故

若操作过程中被污染的注射器针刺伤、金属锐器损伤，解剖感染动物时操作不慎被锐器损伤或被动物咬伤或被昆虫叮咬等，应用肥皂和清水冲洗伤口，然后挤出伤口的血液，再用消毒液(如 75%酒精、2000 mg/L 次氯酸钠、0.2%～0.5%过氧乙酸、0.5%的碘伏)浸泡或涂抹消毒，并包扎伤口(厌氧微生物感染不包扎伤口)。

附件 3

实验室火灾、爆炸事故现场应急处置办法

一、火灾事故

1. 若发生局部火情，立即使用灭火器、灭火毯、沙箱等灭火。

2. 若发生较大面积火灾，实验人员已无法控制，应立即联系保卫处并配合做好报警工作，通知所有人员沿消防通道紧急疏散，向相关单位负责人报告。有人员受伤时，立即向医疗部门报告，请求支援。

3. 人员撤离到预定地点后，应立即组织清点人数，对未到人员尽快确认所在的位置。

二、爆炸事故

1. 实验室爆炸发生时，实验室人员首先应做好自救，在确保自身安全的情况下，及时切断电源和管道阀门。

2. 所有人员应听从现场指挥，有秩序地通过安全出口或用其他方法迅速撤离爆炸现场。

3. 实验室安全事故应急处理小组负责安排抢救工作和人员安置。

附件 4

实验室触电事故现场应急处置办法

1. 应先切断电源或拔下电源插头，若来不及切断电源，可用绝缘物挑开电线。在未切断电源之前，切不可用手去拉触电者，也不可用金属或潮湿的东西挑电线。

2. 触电者脱离电源后，应就地仰面躺平，禁止摇动伤员头部。

3. 检查触电者的呼吸和心跳情况，呼吸停止或心脏停跳时应立即正确施行人工呼吸或心脏按压，并尽快联系医疗部门救治。

附件 5

实验室仪器设备故障事故现场应急处置办法

1. 若仪器使用中发生设备电路事故，须立即停止实验，切断电源，并向仪器管理人员和实验室汇报。如发生失火，应选用二氧化碳灭火器扑灭，不得用水扑灭。

2. 若仪器使用中的容器破碎及污染物质溢出，立刻戴上防护手套，按照仪器的标准作业程序关机，清理污染物及破碎玻璃，再对仪器进行消毒清洗，同时告知其他人员注意。

3. 若烘箱、马弗炉等高温设备发生线路老化、温控失灵，造成安全事故，实验人员在确保自身安全的情况下切断电源。有人员烫伤时，用大量冷水冲洗或浸泡后，及时送入医院就医。

4. 若发生机械性创伤事故，严禁手动调整运转的设备，实验人员在确保自身安全的情况下切断电源。有人员受伤时，立即将伤者转移至安全地点，轻微创伤按急救要求进行创伤止血、包扎，较大或严重创伤立即送入医院就医，同时按急救要求止血。

5. 若眼睛或皮肤受到激光照射，产生不适，应及时就医。人眼易受激光损害，眼部黄斑区受损会导致视力下降，严重可致盲，不可恢复。进行有关实验，必须特别注意做好防护、规范操作。

后 勤 服 务

西安电子科技大学节能管理办法(暂行)

西电后〔2022〕6号

第一章 总 则

第一条 为进一步推进节约型校园建设，提高学校能源利用效率，降低校园能耗支出，激励各单位及广大师生参与节能，根据《高等学校节约型校园建设管理与技术导则》《教育部关于勤俭节约办教育建设节约型校园的通知》(教发〔2013〕4 号)《西安电子科技大学能源管理规定》《西安电子科技大学全成本核算管理办法(试行)》等有关文件规定，结合学校实际，制定本办法。

第二条 本办法适用于使用学校水、电、气、暖等所有能源资源进行工作、学习、经营的能源消耗活动，以及纳入学校能耗计量、数据统计和能耗管理的所有单位。

第三条 本办法所称节能，是指通过管理节能、技术节能和行为节能等途径，有效、合理利用能源，提高能源利用效率，降低学校能源消耗和污染物排放。

第四条 学校按照“全面计量、指标控制、节约奖励、缺额自补”的原则实行节能管理。

第二章 管理机构及其职责

第五条 学校节能工作实行两级管理体制。西安电子科技大学创建节约型校园(节能工作)领导小组(以下简称校领导小组)为一级管理机构，负责制定学校节能工作的总体规划、年度计划、节能规章制度以及奖惩措施等，领导全校节能工作。各院(处、部)为二级管理机构。

第六条 校领导小组下设节能办公室，节能办公室设在后勤保障部，节能办公室主任由后勤保障部部长兼任，办公室设管理人员若干。

第七条 节能办公室在校领导小组领导下，积极落实完成各项具体工作。主要职责如下：

1. 负责学校节能监管平台的建设、管理和维护工作；

2. 负责对接各级政府部门做好各项节能管理工作；

3. 负责起草学校节能管理的相关制度；

4. 负责学校节能改造项目的考察、评估、论证、立项及检查验收；

5. 负责指导重点用能单位开展节能工作；

6. 按照学校能耗管理指标，拟定各单位年度节能任务，报计划财务处下拨；

7. 负责全校用能情况的统计、分析、评价，对各单位节能减排情况进行监督、检查，并进行年度节能考核。

第八条 各二级单位(院、处、部)成立节能管理小组，由 3 名或 3 名以上人员组成并报校领导小组备案，配合校领导小组开展工作。节能管理小组组长由各院(处、部)1 名负责同志兼任。

第九条 节能管理小组接受校领导小组的统一领导，接受节能工作的指导和监督，配合完成各项具体节能工作任务，主要职责如下：

1. 负责检查、落实所在单位对各项能源管理制度的贯彻执行情况，完成节能目标；

2. 负责本单位节能教育、宣传工作，积极参加学校和上级部门组织的各项节能活动；

3. 及时掌握本单位耗能重点部位、设备、仪器的运行情况，负责本单位各类能源设施运行的日常巡查，及时纠正、报修各类跑冒滴漏问题；

4. 负责本单位能源相关数据上报及指标管理，负责本单位节能工作情况的总结、汇报。

第三章 管 理 节 能

第十条 为全面计量、准确监控和分类管理学校各类能源资源消耗情况，后勤保障部按要求建设、维护、升级覆盖全校的能耗监管平台，逐步建立能耗统计、能效公示制度，促进全校节能降耗工作。

第十一条 逐步确定行政办公、教学科研、公共用能、学生公寓、食堂等各类及各区域的能源资源使用定额，依据用能性质、参照能耗统计数据，制定和完善各单位用能定额标准和考核指标，超出用能定额的部分由用户或各单位自行承担。

第十二条 对使用学校能源且具有经营性质活动的单位，实行水、电、暖全额收费。

第十三条 新建、改扩建、维修项目的学校相关管理单位(以下简称甲方)，负有实施过程中的项目用能管理责任。开工前由甲方通知施工单位，到能源管理科室办理能源使用许可手续，经同意、备案、装表后方可用水用电。因施工、运输等挖断、压断管网的，由施工单位承担能源流失所产生的实际损失和相应的修复费用。项目完工后，由甲方通知能源管理科室抄录数据、监督计量设施的拆除。未办理相关手续直接开工或拆表的，由甲方承担由此产生的一切后果。

第十四条 供水、供电、供暖、供气等运行管理部门，要加强对各类管网设施的巡查检查和维护保养，对出现的故障和问题要及时维修。公共用水、用电、用暖设施的跑、冒、滴、漏要立即抢修，不得拖延。加强司炉人员培训，根据天气变化、供暖区域、供暖时段适时调整供暖系统的运行状态。

第十五条 各单位新增大容量设备，按照《西安电子科技大学能源管理规定》填报用能申请。

第十六条 除抢险救灾和消防演练外，任何单位和个人不准擅自动用消防水源。校园绿化、环境卫生等确需使用消防水源的，报能源管理科室审批。

第十七条 各单位和个人要坚持“勤俭节约”，合理使用水源，未经批准，不得使用自来水冲洗道路、车辆。

第十八条 各单位要提高能源利用效率，加强使用和管理区域内办公、实验、空调、电梯设备及其他耗能设施设备的节能管理，及时上报管道的跑冒滴漏情况以便维修；物业外包单位、餐饮外包单位及时维修各自管理区域的管网渗漏故障，及时关停水源、电源。

第十九条 科研活动节能管理。科研活动应在遵守科研活动有关制度和操作规程的基础上加强节约用能管理，用电设备不得超过允许的电源负载容量，避免长明灯、待机耗能和其他设施设备浪费用能的情况。

第二十条 公寓节能管理。学生公寓是集体生活场所，安全为第一要务。严禁在公寓内使用高耗能取暖电器、电饭煲、电磁炉、热水棒等大功率电器。学生管理、公寓管理单位要经常进行检查，一经发现没收电器并根据情况做相应处理，同时报节能办公室备查。公寓管理单位负责公寓公共区域的节能管理，及时发现、制止浪费能源行为。

第二十一条 教室节能管理。公共教室节能管理工作由物业管理部门负责，专用教室由各管理单位负责。管理人员要合理控制自习室开放数量，引导学生自习时尽量集中就坐，充分利用自然光照，晴天时少开灯，加强教室用能巡视检查，确保人离灯熄，对浪费能源行为及时制止和纠正。

第二十二条　办公室节能管理。各单位应加强办公室节能管理，尽量减少电脑、打印机、复印机、传真机等办公设备的待机时间；饮水机即用即开，长时间不使用时及时关闭；房间无人时关闭空调，使用空调时关闭门窗，夏季空调温度设置不得低于26℃，冬季空调温度设置不得高于20℃。有采暖设施的办公室、会议室等在供暖正常的情况下，禁止使用空调及其他取暖电器，所有大型机房应根据实际适时调整空调开启的数量。

第二十三条　图书馆节能管理。图书馆管理单位要合理开放阅览室数量，在就座率不高的情况下，引导学生相对集中就座，关闭空位上的照明。在光照满足的情况下，适当减少书架照明。闭馆后，除保留必要的照明和安保电源外，其他电源应全部关闭。控制白天开启室内照明灯具的数量，在自然光照满足阅览条件时关闭照明灯具。

第二十四条　体育场馆节能管理。体育场馆管理单位要合理控制照明用电时间，根据实际需要控制照明亮度。运动场地夜间照明视季节和学生锻炼需求情况，制订灵活的照明计划，杜绝用电浪费；各类场馆非开放时间要及时关闭照明、风扇、空调，游泳池要节约用水，淋浴设施选用一位一控的节能型产品。

第二十五条　餐厅节能。餐厅管理单位应根据就餐时间、就餐人数和季节变化等情况，及时调整大厅照明、风扇、电梯、空调的开启时间和数量；严格控制高耗能炊具的使用，鼓励和倡导使用节能产品。

第二十六条　车库、路灯节能管理。室内外停车场、学校各大门及校园内道路等的照明灯、路灯等，视需要进行开启、关闭的控制；各类轮廓景观和装饰灯非重大活动和节日期间，不得开启使用。

第二十七条　园林养护节能管理。尽量采用喷灌、滴灌措施，逐步淘汰漫灌方式；管理单位应合理划分区域，根据湿度、水源情况依序浇灌，科学控制绿化用水。

第二十八条　高性能服务器节能。实验室与设备处、信息网络技术中心和有关教学科研单位，应加强服务器、高性能计算节点资源的集约化管理，统筹优化机房建设，着力提高设备资源利用率、共享率。

第四章　技 术 节 能

第二十九条　鼓励各单位采用新工艺、新技术及新措施实施节能降耗改造。对节能效果显著的，学校将根据情况对节能改造项目在政策和资金上予以支持。

第三十条　在行政办公、教学科研、学生公寓等日常工作、学习场所，推广使用新型节能、环保产品，鼓励使用节水、节电设施和器具，淘汰不符合国家节能标准的产品，购买办公设备优先使用节能产品。

第三十一条　大型高耗能设备、空调的采购，优先考虑符合国家节能标准和相应能效等级的产品，严禁采购列入高耗能淘汰产品目录的设备。

第三十二条　新建、改扩建、维修项目要将节能降耗作为重要的预期目标之一。在节能设备、器件及建筑保温材料等筛选，耗能设施设备的经济运行方式，运行管理的灵活操控，新旧管网、设施的综合利用等方面进行充分调研和论证，最大限度地提高能源利用率。

第三十三条　支持节能技术开发、应用，开展节能信息与技术交流，推广节能示范工程和成熟节能产品。

第三十四条　因地制宜，综合利用，积极开发利用太阳能、空气能、风能等新能源和可再生资源。

第三十五条　加强污水站、供暖、中央空调和分体空调节能改造。

第五章　宣 传 教 育

第三十六条　宣传部门要利用校园网、校报、新媒体、电视台、广播、宣传橱窗等平台，做好节能减排宣传工作，树立先进典型，引导广大师生员工充分认识开展节能减排工作的重要意义，不断增强师生员工的节能减排意识。

第三十七条　校工会要引导教职员工从自身做起，从点滴小事做起，自觉参与节能实践活动。

第三十八条　学工部门和校团委要组织学生开展形式多样的节能减排教育、环保宣传活动。鼓励学生组建节能、环保协会等相关社团组织，带动和引导广大学生参与节能减排和绿色环保实践。支持学生围绕校园节能、绿色环保主题开展宣传教育、科技制作、发明活动。学生的教育、管理工作，必须安排节能减排和绿色环保专题教育，引导学生树立节能环保观念，为节能管理工作作出贡献。

第三十九条　教师应利用课堂等教学活动，积极讲授节能技术和节能知识，将节能环保教育融入教学过程，贯彻立德树人教育理念。

第四十条　全校师生员工要牢固树立节能意识，培育节能行为，养成节能习惯，有效减少和避免长流水、长明灯等浪费能源现象，支持、推进我校节能工作的开展。

第六章　节 能 考 评

第四十一条　实行节能考评制度，各单位要高度重视并纳入工作日程，建立和完善本单位节能管理小组，制订本单位节能管理举措，严格执行和完成学校下达的节能目标和要求。

第四十二条　节能考核主要针对节能目标和节能措施两方面进行评价。

(一) 对各单位年度节能目标完成情况考评。

1. 初始年度能耗定额指标，以上年度实际发生的能耗量为基数，按照“基数 × 节能率 + 预估刚性用能增长”核定；之后年度的能耗定额指标，按照“上年度能耗定额指标 × 节能率 + 预估刚性用能增长”于上年度末动态调整，年中不再调整。每年末将各单位本年度实际能耗量与能耗定额指标进行比较、考核，并进行费用结算；由后勤保障部提供能耗数据，计划财务处负责能源费用结算。

2. 节能率的确定：原则上执行学校要求的年度节能率。

3. 预估刚性用能增长 = 定额分配面积变化 + 用能人数变化 + 预估用能设备变化。

(1) 面积变化——按照各单位上年度单位面积能耗 × 面积变化率 × 面积变化权重确定。

(2) 用能人数变化——按照各单位上年度人均能耗 × 人数变化率 × 人数变化权重确定。

(3) 预估用能设备变化——按照各单位预估的新增设备额定功率 × 预计使用时间确定。

(4) 面积和人数变化权重——初始值分别暂定为 0.4、0.6，根据积累数据逐年修订。

4. 为扎实做好节能管理工作，各单位应及时申报房屋面积、用能设备、用能人数等基本信息，以便动态调整下年度能耗指标；未及时申报的，不予修正。对计量数据有异议的，各单位可向节能办公室申请核查及修正。

(二) 对各单位节能措施进行考评。考评内容包括节能管理组织建设和岗位设置情况、节能管理举措、节能环保宣传教育贯彻情况、节能技术改造等方面。

第七章　奖 惩 制 度

第四十三条　本着“指标从紧、奖励从宽、惩罚适度”的原则，学校对各单位指标范围内的能耗，将节约部分按照一定比例进行奖励，同时对超出用能定额指标的部分实施收费。

第四十四条　由节能办公室牵头，联合校工会、宣传部、计划财务处、考核与评估办公室、国有资产管理处、实验室与设备处等部门及学院代表，组成节能管理工作评议组，对年度节能指标完成率较好、在节能工作方面作出突出成绩和贡献的单位、个人进行评议并表彰。

第四十五条　学校提取年度节能费用的一定比例设立节能奖励基金，分别用于表彰奖励在年度节能工作中作出突出成绩的单位，以及开展节能技术创新、节能宣传活动等。各单位可统筹奖励本单位作出突出节能成绩和贡献的个人。

第四十六条　在年度节能工作中作出以下突出成绩和贡献的单位及个人，学校将分别授予节能管理先进单位、节能管理先进个人称号。

(一) 提出合理化节能建议并经实施取得显著效益的；

(二) 积极反映能源浪费线索、挽回重大能源损失的；

(三) 因节能工作荣获国家、陕西省或高教系统表彰的。

第四十七条　节能管理先进单位数量，按照不超过考核单位总数量的五分之一确定；先进个人数量，按照不超过学校总人数的五十分之一确定。

第四十八条　由各单位推荐本单位节能管理工作中的先进事例、典型措施、积极分子参加评选。推荐材料中须体现具体的管理措施、技术措施、长效机制、宣传教育活动开展情况以及可核查的具体节能数据。

第四十九条　在年度内违反节能相关法律法规及学校能源管理规定，或发生重大安全、环保、质量事故的单位，不得申报节能管理先进单位和先进个人。

第五十条　申报单位或个人有弄虚作假、损坏或更改计量设备等行为的，取消其参评资格；已经获得奖励的，撤销已获奖励，两年内不得再次参加评定，并在当年度节能目标考核中扣减相应分值。

第五十一条　能源使用的超额部分，根据用能性质和能耗数据统计，据实缴费，由各单位从自筹经费或校内预算经费中自行支付或计划财务处代为扣缴。

第五十二条　对连续超指标用能的单位，经核查确属管理不善或浪费能源的，学校将通报批评、责令整改，并对其能源定额指标进行削减、扣减年度考核的相应分值；同时，取消其当年度节能管理先进单位和先进个人申报资格。

第五十三条　校内设举报电话88201000，接受校内师生对浪费能源行为的举报，对检查中发现的违规用能、浪费能源的单位和个人，采取下发提示函、整改单、通报、考核扣分等多种形式进行处罚。

第八章　附　　则

第五十四条　本办法由校创建节约型校园(节能工作)领导小组负责解释。

第五十五条　本办法自发布之日起施行。原《西安电子科技大学节约能源管理办法》(西电后〔2014〕4号)《西安电子科技大学节约能源管理实施细则》(西电后〔2014〕5号)同时废止。

2022年8月1日

西安电子科技大学安全生产管理办法

西电发〔2022〕11号

第一章 总 则

第一条 为进一步加强学校安全生产工作，防止和减少生产安全事故，保障师生员工生命和财产安全，维护学校正常教学、科研等生产和工作秩序，促进学校安全发展，根据《中华人民共和国安全生产法》等相关法律法规和上级文件精神，制定本办法。

第二条 安全生产是指在学校教学、科研、管理和生产经营活动中，为了避免造成人员伤害、财产损失和环境破坏等安全事故，依法依规采取的预防和控制措施，为学校生产安全提供保障。

第三条 安全生产适用于学校党政服务机构、教学科研机构、附属机构等，全校所有二级单位均为安全生产责任的主体单位。

第二章 组织机构与工作职责

第四条 学校按照“党政同责、一岗双责、齐抓共管、失职追责”和“管行业必须管安全、管业务必须管安全、管生产经营必须管安全”的要求，依据“谁使用、谁负责，谁主管、谁负责”的原则，全面落实安全生产责任制。

第五条 学校成立安全生产委员会，统筹学校的安全生产工作。主要职责为贯彻落实安全生产法律法规，执行落实上级决策部署，完善学校安全生产管理责任体系。每年至少召开一次党委常委会或校长办公会专题研究部署学校安全生产工作，保证学校安全生产投入的有效实施。

第六条 校党委书记和校长是学校安全生产第一责任人，担任学校安全生产委员会主任，对学校安全生产工作负总责。

第七条 学校安全生产委员会副主任由分管保卫、医疗卫生、实验室与设备管理、后勤、基建、科研、国有资产管理等工作的校领导担任。副主任主要职责为协助党委书记和校长统筹协调和综合管理安全生产工作，对学校安全生产工作负综合管理领导责任，督促检查成员单位履行安全生产监督管理职责，定期组织会议研究安全生产工作。学校分管后勤工作的校领导协助党委书记和校长主持学校安全生产委员会的日常工作。

第八条 其他校领导对负责工作范围及分管、联系单位的安全生产工作负重要领导责任，督促分管部门履行安全生产专项监管职责和业务管理职责，强化落实所分管二级单位的安全生产主体责任。

第九条 安全生产委员会成员为党政办公室、科学研究院、国有资产管理处、保卫处、实验室与设备处、基本建设处、后勤保障部、校医院、资产经营公司等部门党政主要负责人。主要职责为按照部门职责分工，贯彻落实各自业务范围内的安全生产责任。

第十条 安全生产委员会下设办公室，作为安全生产委员会的日常办事机构，挂靠在党政办公室，负责组织实施和协调落实安全生产委员会决定的事项，对外联络属地政府监管部门，配合上级和地方政府部门执法检查。

第十一条 科学研究院负责科研领域的安全生产，包括科研项目的安全实施等专项监管；国有资产管理处负责公共建筑防自然灾害领域的安全生产，包括防雷电设施专项检测等；保卫处负责安全保卫领域的安全生产，包括校园消防、交通安全以及易燃、易爆、剧毒等管控类危险品专项监管；实验室与设备处负责实验室安全生产，包括公共实验室安全、危险实验品管控以及教学、实验、科研特种设备等专项监管；基本建设处负责基建工程领域的安全生产，包括基建工程安全施工等专项监管；后勤保障部负责后勤保障领域的安全生产，包括水、电、暖和燃气安全，学生食堂食品安全、环境保护及自然灾害防范、电梯安全、锅炉安全、维修修缮工程等专项监管；校医院负责医疗保障领域的安全生产，包括卫生防疫、传染疾病防控、医疗特种设备等专项监管；资产经营公司负责资产经营领域的安全生产，包括生产经营安全、食品安全等方面的专项监管。专项监管单位职责如下：

(一) 贯彻执行学校安全生产委员会的决策部署，依据相关行业或领域安全生产法律法规，履行职责范围内的安全生产专项监管职责。

(二) 对所负责业务涉及的设施设备统一管理，建立台账，定期巡查。

(三) 组织开展安全生产专项工作检查、隐患排查和危险源控制等工作，督促责任单位消除隐患。

(四) 加强相应行业领域安全生产法律法规和安全生产知识宣传贯彻工作，组织开展安全生产教育和培训，保证从业人员具备必要的安全生产知识，熟悉安全生产规章制度和操作规程，掌握本岗位的安全操作技能，了解事故应急处理措施。

(五) 从事特殊工种人员必须接受安全生产监督管理部门认可的安全技术培训，并经考核合格后持证上岗。

(六) 加强与政府监管部门沟通，及时了解相关政策要求，配合学校安全生产委员会办公室做好专项执法检查，监督并组织落实问题整改和隐患排除。

第十二条　学校从事教学、科研、管理和生产经营等活动的所有单位是本单位的安全生产责任主体，其党政主要负责人是本单位安全生产的第一责任人，对本单位的安全生产工作全面负责。各单位要认真学习贯彻安全生产法律法规，落实执行上级和学校有关安全生产工作的决策部署，以师生员工生命健康和财产安全为重，加强安全生产管理，改善安全生产条件，提高安全生产水平，确保安全生产。

第三章　生产安全事故的处置

第十三条　学校制订生产安全事故应急救援预案，学校从事教学、科研、管理和生产经营等活动的所有单位按照职责分工，定期组织专项安全应急演练。

第十四条　发生生产安全事故后，事故现场有关人员应当立即报告本单位负责人，单位负责人应当迅速采取有效措施，组织救援，并按照规定逐级上报事故情况。

第十五条　学校成立事故调查组，按照科学严谨、依法依规、实事求是、注重实效的原则，及时准确查清事故原因，查明事故性质和责任，评估应急处置工作，总结事故教训，提出整改措施，并对事故责任者提出处理意见。

第十六条　学校建立安全生产考核奖惩及问责机制，将安全生产工作纳入单位绩效考核、干部考核和教职工年终考核，并将安全生产考核结果作为部门和个人的评价评比等重要依据，实行安全生产“一票否决制”。

第四章　附　　则

第十七条　本办法未尽事项，以及国家和上级相关法律法规另有规定的，按法律法规执行。

第十八条　本办法自印发之日起施行，由学校安全生产委员会办公室负责解释。

2022 年 4 月 27 日

★ 机构与干部工作 ★

2022年校级党政干部名单

姓　名	性别	党政职务
查显友	男	党委书记
张新亮	男	校长、党委副书记
杨银堂	男	党委副书记
蒋舜浩	男	党委常委、副校长
任小龙	男	党委副书记、副校长
王　泉	男	党委常委、副校长
张进成	男	党委常委、副校长
林松涛	男	党委常委、副校长(援疆挂职)
郭　俊	男	党委副书记、纪委书记

2022年各类组织机构及负责人名单

党政机关及附属单位主要负责人

单　位	姓　名	职　　务
党政办公室	白旭东	校纪委委员，党政办公室主任兼综合办公室主任
	陈张莹	综合办公室副主任
	杨　扬	综合办公室副主任
	李　明	综合办公室副主任、法务办公室主任(兼)、 国家安全人民防线小组办公室主任(兼)
	吴　华	综合办公室副主任
	柳　潇	政策研究室主任
	赵　静	信息化推进办公室主任(副处级)
	张开元	信息化推进办公室副处级干部
	陈　明	信息化推进办公室副处级干部
纪委办公室/监察处 (党委巡察工作办公室)	靳　珠	纪委副书记兼监察处处长
	房　亮	纪委办公室主任兼党委巡察办公室主任
	李泽华	纪委信访案管室主任兼党委巡察办公室副主任(副处级)
	田　雨	纪委监督检查室主任(副处级)
	何　翔	纪委副处级干部， 蒲城县委常委、副县长(挂职)
	王腾飞	纪委审查调查室主任(副处级)
党委组织部/党校	季庆阳	校党委委员，党委组织部常务副部长(正处级)
	史　琳	党校常务副校长(正处级)兼 党委组织部副部长
	杨颖川	党委组织部副部长
党委宣传部 (新闻中心)	李　直	党委宣传部副部长
	刘文博	党委宣传部副部长
党委统战部	吴秀霞	校党委委员，党委统战部常务副部长， 校工会常务副主席(正处级)
机关党委/对外战略合作办公室	强建周	机关党委书记
工会/扶贫工作办公室	崔　超	定点帮扶工作办公室主任、校工会副主席

续表一

单　位	姓　名	职　　务
团委	傅　超	校团委书记(副处级)兼 本科生院拓展中心副主任
审计处	李勇强	审计处处长
	解　萍	审计处副处长
	张　燕	审计处副处长
考核与评估办公室	宋刚锋	考核与评估办公室主任
	沈晓敏	考核与评估办公室副主任
发展规划部/一流建设办公室	邓　成	发展规划部部长兼一流建设办公室主任
	周　静	发展规划部副部长兼一流建设办公室副主任
	高晓莉	发展规划部副部长
本科生院(书院)	林　波	本科生院书院党委书记兼党委学生工作部部长/ 人民武装部部长/学生工作处处长
	苏　涛	本科生院常务副院长(正处级)兼 教务处处长、创新创业学院院长
	张士红	本科生院综合办公室主任(副处级)
	张宇鹏	本科生院招生中心主任兼招生办公室主任、 运行中心主任兼教务处副处长
	李亚汉	本科生院质监中心主任(副处级)兼 教务处副处长
	张国良	本科生院信息资源中心主任(副处级)
	杨　敏	本科生院计划中心主任(副处级)兼 教务处副处长
	杨明磊	本科生院教学发展中心主任兼学校教师教学发展中心 办公室主任(副处级)
	尤吴晶	本科生院英才学院副院长
	李　超	党委学生工作部副部长、本科生院教育中心主任(副处级)兼 本科生院书院党委副书记
	张　博	本科生院就业指导服务中心主任(副处级)兼 学生工作处副处长
	曹新军	人民武装部副部长兼本科生院教育中心副主任
	傅　超	校团委书记(副处级)兼本科生院拓展中心副主任
	尹　鹏	创新创业学院副院长兼本科生院创新创业中心主任
	吴　微	本科生院书院党委副书记兼住宿式书院副院长
	穆宏浪	本科生院书院党委副书记兼住宿式书院副院长
	张小帆	本科生院书院党委副书记兼住宿式书院副院长

续表二

单 位	姓 名	职 务
本科生院(书院)	胡 博	本科生院书院党委副书记兼住宿式书院副院长
	马 慧	本科生院书院党委副书记兼住宿式书院副院长
	尹 瑾	本科生院书院党委副书记兼住宿式书院副院长
	赵岩松	本科生院书院党委副书记兼住宿式书院副院长
	宋宝萍	心理健康教育中心主任(副处级)
党委研究生工作部 研究生院	张君博	党委研究生工作部部长
	霍学浩	党委研究生工作部副部长
	田 聪	研究生院常务副院长(正处级)
	王 爽	研究生院副院长
	付凯元	研究生院副院长
	李亚超	研究生院副院长
科学研究院/ 保密办公室	蔡固顺	科学研究院常务副院长(正处级)兼 基础科研与能力建设部部长
	张 毅	科学研究院副院长(正处级)兼 成果与科技开发管理部部长
	陈 波	科学研究院副院长(正处级)兼 军工科研部部长
	金阳群	科学研究院能力建设处处长(副处级)
	沈 满	科学研究院科技成果管理处处长(副处级)
	朱圣棋	科学研究院军民融合处处长(副处级)
	颜学颖	保密办公室主任(副处级)
党委教师工作部/人力资源部	朱文凯	党委教师工作部部长、人力资源部部长兼人事处处长
	公茂果	校纪委委员，人才工作办公室主任兼 党委组织部副部长
	王蓓金	党委教师工作部副部长
	康志亮	人事处副处长
	陈 丽	人事处副处长
	曹立砥	人事处副处长
	容 岚	人才工作办公室副主任
计划财务处(内控办)	毛立强	计划财务处处长
	谢卫虹	内控体系建设委员会工作办公室主任(副处级)兼 计划财务处副处长
	万静雅	计划财务处副处长
	李晨如	计划财务处副处长

续表三

单 位	姓 名	职 务
国有资产管理处	于海涛	国有资产管理处处长
	高宝铜	国有资产管理处副处长、 经营性资产管理办公室主任(兼)
	杨峻玮	国有资产管理处副处长
采购与招标管理办公室	倪 伟	采购与招标管理办公室主任(副处级)
	樊永辉	采购与招标管理办公室副主任
国际合作与交流部	陈会林	国际合作与交流部副部长(正处级)兼 国际教育处处长/国际教育学院院长
	郭 彤	国际交流处副处长、港澳台事务办公室副主任 (主持国际合作与交流部工作)
	张 阳	国际教育处副处长、国际教育学院副院长
校友事务与对外合作处	肖 刚	校纪委委员，校友事务与对外合作处处长兼 基金管理办公室主任
	蒋昙飞	校友事务与对外合作处校友事务办公室主任
	魏 昊	对外战略合作办公室主任(副处级)
离退休党委/离退休工作处	车 纯	离退休党委书记兼 离退休工作处处长
	王瑞红	离退休工作处副处长
	樊 稳	离退休党委副书记、纪委书记
党委安全保卫部/保卫处	刘 欣	党委安全保卫部部长兼 保卫处处长
	魏 巍	保卫处副处长
	徐 楠	保卫处副处长
图 书 馆	李团结	图书馆馆长
	黄小强	图书馆副馆长
	王 昀	图书馆副馆长
档 案 馆	秦 明	档案馆/校史馆/博物馆馆长
	杨舒丹	档案馆/校史馆/博物馆副馆长
信息网络技术中心	郭 涛	信息网络技术中心主任
	吴 琳	信息网络技术中心副主任
实验室与设备处	韩 卿	实验室与设备处处长
	韩 谨	实验室与设备处副处长

续表四

单　位	姓　名	职　　务
基本建设处	杨　震	基本建设处处长
	吴永昭	基本建设处副处长
	刘立云	基本建设处副处长
后勤保障部	李　波	后勤党委书记
	陈　峰	后勤党委副书记、纪委书记
	曹　辉	后勤保障部部长
	王晓辉	后勤保障部副部长、石河子大学党委教师工作部副部长、人事处副处长(援疆挂职)
	田　斌	后勤保障部副部长
	黄成龙	后勤保障部副部长
	马　诚	后勤保障部副部长
	韩　睿	后勤保障部副部长
国家大学科技园管理办公室	赵成生	国家大学科技园管理办公室主任(副处级)
资产经营有限公司党委	董大威	陕西西安电子科大资产经营有限公司党委书记
	马　莉	陕西西安电子科大资产经营有限公司党委副书记、纪委书记
资产经营有限公司	李　鹏	陕西西安电子科大资产经营有限公司董事长兼国家大学科技园管理办公室主任
	云　霄	陕西西安电子科大资产经营有限公司总经理
附属医院	曹　智	校纪委委员，校医院党总支书记
	田建宁	校医院副院长(主持工作)
	杨　蕾	校医院副院长
	李平平	校医院副院长
基础教育集团	黄大林	基础教育党总支书记
附属中学	周接夏	附属中学校长、基础教育管理办公室主任(兼)
	周　静	附属中学副校长、基础教育管理办公室副主任(兼)
	刘小东	附属中学副校长、基础教育临时党总支副书记(兼)
	吴　恒	附属中学副校长、基础教育管理办公室副主任(兼)

2022 年教学机构主要负责人

单　位	姓　名	职　　务
通信工程学院	李云松	通信工程学院执行院长(正处级)
	李　赞	校党委委员，通信工程学院党委书记兼 综合业务网理论及关键技术国家重点实验室党委书记
	尚　韬	通信工程学院副院长
	顾华玺	通信工程学院副院长
	李长乐	通信工程学院副院长兼 综合业务网理论及关键技术国家重点实验室副主任
	禹得水	通信工程学院副院长
	沈　强	通信工程学院党委副书记、纪委书记
	孙寅林	通信工程学院副处级组织员
电子工程学院	杨光暐	校纪委委员，电子工程学院党委书记
	梁继民	电子工程学院副院长(正处级)
	丁金闪	电子工程学院执行院长(正处级)
	曹　静	电子工程学院副院长
	李　龙	电子工程学院副院长
	刘建锋	电子工程学院党委副书记、纪委书记
	辛　庄	电子工程学院党委副处级组织员
计算机科学与技术学院 (示范性软件学院)	崔江涛	计算机科学与技术学院执行院长(正处级)
	李青山	计算机科学与技术学院党委书记
	沈玉龙	计算机科学与技术学院副院长
	万　波	计算机科学与技术学院副院长
	赵韩强	计算机科学与技术学院副院长
	张莹莹	计算机科学与技术学院党委副书记、纪委书记
	杨　力	计算机科学与技术学院副院长
	李　瑞	计算机科学与技术学院(国家示范性软件学院)副院长
	张莹莹	计算机科学与技术学院党委副书记、纪委书记
	张卫东	计算机科学与技术学院党委正处级组织员
机电工程学院	黄　进	机电工程学院执行院长(正处级)
	梁　玮	校纪委委员，机电工程学院党委书记
	陈晓龙	机电工程学院副院长
	卢　琳	机电工程学院副院长

续表一

单　位	姓　名	职　务
机电工程学院	段学超	机电工程学院副院长
	陈　武	机电工程学院党委副书记、纪委书记
	左愿远	校党委委员，机电工程学院正处级组织员
光电工程学院	邵晓鹏	光电工程学院院长
	独国社	光电工程学院党委书记
	辛　红	光电工程学院副院长
	秦翰林	光电工程学院副院长
	李　洁	光电工程学院党委副书记、纪委书记
	郑晓东	校纪委委员，光电工程学院党委正处级组织员
物理学院	黄军荣	物理学院党委副书记(主持学院党委工作)、纪委书记
	郭立新	物理学院院长
	周慧鑫	物理学院副院长
	魏　兵	物理学院副院长
	张　琳	物理学院副院长
经济与管理学院	柴　建	经济与管理学院执行院长(正处级)
	李耀平	经济与管理学院党委书记
	孙秉珍	经济与管理学院副院长
	谢永平	经济与管理学院副院长
	陈　希	经济与管理学院副院长
	黄梅娟	经济与管理学院副院长
	王卫东	经济与管理学院党委副书记、纪委书记
	程卫锋	经济与管理学院副处级组织员
数学与统计学院	马如云	数学与统计学院院长
	杨生海	数学与统计学院党委书记
	杨有龙	数学与统计学院副院长
	吴事良	数学与统计学院副院长
	王晓华	数学与统计学院副院长
	王　佩	数学与统计学院党委副书记、纪委书记
人文学院	李文兴	人文学院党委书记
	石福祁	人文学院院长
	潘明娟	人文学院副院长
	孙　宁	人文学院副院长
	张斯珉	人文学院副院长
	史耀媛	人文学院党委副书记、纪委书记
	王渝秦	人文学院党委副处级组织员

续表二

单　位	姓　名	职　　务
外国语学院	马　刚	外国语学院执行院长(正处级)
	徐战利	外国语学院党委书记
	李长安	外国语学院副院长
	曹志宏	外国语学院副院长
	张　超	外国语学院副院长
	贺振航	外国语学院党委副书记、纪委书记
	宁　静	外国语学院党委副处级组织员
微电子学院	张玉明	微电子学院院长
	于　磊	微电子学院党委书记
	马晓华	微电子学院副院长
	胡辉勇	微电子学院副院长
	范　重	微电子学院副院长
	郑雪峰	微电子学院副院长
	刘金龙	微电子学院党委副书记、纪委书记
	秦　荣	校纪委委员，微电子学院正处级组织员
生命科学技术学院	田　捷	生命科学技术学院院长
	王丽玲	生命科学技术学院党委书记
	朱守平	生命科学技术学院副院长
	王忠良	生命科学技术学院副院长
	李卫帮	生命科学技术学院副院长
	崔传贞	生命科学技术学院党委副书记、纪委书记
	王敬涛	生命科学技术学院党委副处级组织员
空间科学与技术学院	刘彦明	空间科学与技术学院执行院长(正处级)
	朱　伟	空间科学与技术学院党委书记
	石　磊	空间科学与技术学院副院长
	金　科	空间科学与技术学院副院长
	姜莉莉	空间科学与技术学院副院长
	卢　毅	空间科学与技术学院党委副书记、纪委书记
	张都应	空间科学与技术学院副处级组织员
先进材料与纳米科技学院	卢　硕	校纪委委员，先进材料与纳米科技学院党委书记
	杨如森	先进材料与纳米科技学院副院长
	施建章	先进材料与纳米科技学院副院长
	杨　丽	先进材料与纳米科技学院副院长
	程　远	先进材料与纳米科技学院副院长
	陈　刚	先进材料与纳米科技学院党委副书记、纪委书记
	王庆毅	先进材料与纳米科技学院副处级组织员

续表三

单　位	姓　名	职　　务
网络与信息安全学院	李　晖	网络与信息安全学院执行院长(正处级)
	张美茹	网络与信息安全学院党委书记
	陈晓峰	网络与信息安全学院副院长
	李兴华	网络与信息安全学院副院长
	杨　超	网络与信息安全学院副院长
	豆谊博	网络与信息安全学院副院长
	杨　寒	网络与信息安全学院 党委副书记、纪委书记
	鞠　波	网络与信息安全学院副处级组织员
人工智能学院	侯　彪	人工智能学院执行院长(正处级)
	魏　峻	人工智能学院党委书记
	董伟生	人工智能学院副院长
	马晶晶	人工智能学院副院长
	高　晖	人工智能学院党委副书记、纪委书记
	朱红星	校党委委员，人工智能学院党委正处级组织员
马克思主义学院	李　刚	马克思主义学院院长
	周燕来	校党委委员，马克思主义学院党委书记
	刘建伟	马克思主义学院副院长
	王　晋	马克思主义学院副院长
	张海战	马克思主义学院党委副书记、纪委书记
	邓卓峰	校党委委员，马克思主义学院正处级组织员
体育部	张玉振	体育部党总支书记
	于少勇	体育部部长
	白光斌	体育部副部长
	孔　东	体育部副部长
网络与继续教育学院	苗启广	网络与继续教育学院院长
	张武军	网络与继续教育学院党总支书记
	潘　瑾	网络与继续教育学院副院长
	何燕芝	网络与继续教育学院副院长
前沿交叉研究院	邢孟道	前沿交叉研究院副院长
综合业务网理论及关键技术 国家重点实验室	盛　敏	综合业务网理论及关键技术国家重点实验室主任
	张一凡	综合业务网理论及关键技术国家重点实验室 党委副书记、纪委书记，副主任
	王楠楠	综合业务网理论及关键技术国家重点实验室副主任
雷达信号处理国防科技 重点实验室	徐　青	雷达信号处理国防科技 重点实验室副主任

续表四

<table>
<tr><th>单 位</th><th>姓 名</th><th>职 务</th></tr>
<tr><td>天线与微波技术国防科技重点实验室/天线技术教育部工程研究中心</td><td>张严锋</td><td>天线与微波技术国防科技重点实验室/天线技术教育部工程研究中心副主任</td></tr>
<tr><td rowspan="2">新一代雷达技术集成攻关大平台</td><td>刘宏伟</td><td>新一代雷达技术集成攻关大平台主任</td></tr>
<tr><td>周 峙</td><td>新一代雷达技术集成攻关大平台副主任兼信息感知技术协同创新中心副主任</td></tr>
<tr><td rowspan="6">广州研究院</td><td>刘丰雷</td><td>校党委委员，广州研究院党委书记</td></tr>
<tr><td>王从思</td><td>广州研究院执行院长(正处级)</td></tr>
<tr><td>马 博</td><td>广州研究院副院长</td></tr>
<tr><td>刘 涛</td><td>广州研究院党委副书记、纪委书记</td></tr>
<tr><td>刘 静</td><td>广州研究院副院长</td></tr>
<tr><td>黄 伟</td><td>广州研究院党委正处级组织员</td></tr>
<tr><td rowspan="9">杭州研究院</td><td>廖桂生</td><td>校党委委员，杭州研究院院长</td></tr>
<tr><td>邓 军</td><td>杭州研究院党组织主要负责人(正处级)</td></tr>
<tr><td>胡瑞敏</td><td>杭州研究院执行院长(正处级)</td></tr>
<tr><td>朱樟明</td><td>杭州研究院副院长(正处级)、集成电路研究院院长兼微电子学院副院长</td></tr>
<tr><td>韩 光</td><td>杭州研究院党委副书记、纪委书记，集成电路研究院副院长(兼)</td></tr>
<tr><td>王兴华</td><td>杭州研究院副院长</td></tr>
<tr><td>张海宾</td><td>杭州研究院副院长</td></tr>
<tr><td>田红心</td><td>杭州研究院副处级组织员</td></tr>
<tr><td>集成电路研究院</td><td>刘帘曦</td><td>集成电路研究院副院长</td></tr>
</table>

2022 年人大代表、政协委员名单

第十三届全国人大代表：郝　跃

陕西省第十三届政协委员：张新亮　李赞　马晓华(常委)　李云松　谢永平

西安市第十五届政协委员：李云松、李培咸

商洛市第五届政协委员：程　静

雁塔区第十八届人大代表：白雪茹　吕锡香　戎梦瑶

雁塔区第十二届政协委员：林珍华　毛红兵

长安区第十四届政协委员：谢永平

各级侨联委员名单

陕西省侨联主席：郝　跃

陕西省侨联委员　西安市侨联委员：刘三阳

西安市侨联委员：常晶晶

陕西省侨联青年委员会常委　雁塔区侨联副主席：林珍华

民主党派负责人名单

中国国民党革命委员会：张玉明(陕西省委常委/副主委)/(支部主委)

中国民主促进会：郭立新(陕西省委委员)/(支部主委)

中国民主同盟：杨志勇(西电委员会主委)

九三学社：雷思孝(支社主委)

中国致公党：陈会林(陕西省委委员)/(支部主委)

2022年调整、新设各类委员会、领导小组、工作小组名单

西安电子科技大学关于调整体育部机构及岗位设置的决定

西电党〔2022〕20号

经中共西安电子科技大学第十二届委员会第132次党委常委会研究，决定调整体育部机构及岗位设置，具体如下：

成立体育部党总支；体育部新增党总支书记岗位1个(正处级)，业务副部长岗位1个(副处级)，辅导员1个；体育部行政副部长兼任党总支副书记。

2022年5月25日

西安电子科技大学关于调整国家大学科技园管理办公室机构及岗位设置的决定

西电党〔2022〕22号

经中共西安电子科技大学第十二届委员会第136次党委常委会研究，决定调整国家大学科技园管理办公室机构及岗位设置，具体如下：

国家大学科技园管理办公室与陕西西安电子科大资产经营有限公司合署办公。

国家大学科技园管理办公室设主任岗位1个，由陕西西安电子科大资产经营有限公司董事长兼任；设副主任岗位2个，1个为副处级岗位，1个由陕西西安电子科大资产经营有限公司总经理兼任；设科员岗位1个。调整前后编制类别和总数不变。

2022年6月23日

关于成立西安电子科技大学“学习宣传贯彻党的二十大精神宣讲团”的通知

西电党宣〔2022〕16号

党的二十大是在全党全国各族人民迈上全面建设社会主义现代化国家新征程、向第二个百年奋斗目标进军的关键时刻召开的一次十分重要的大会，是一次高举旗帜、凝聚力量、团结奋进的大会。为学习宣传贯彻落实好党的二十大精神，切实把广大党员干部和师生员工的思想统一到党的二十大精神

上来，学校决定组建“学习宣传贯彻党的二十大精神宣讲团”，面向广大干部师生常态化开展线上线下、多形式全覆盖的专题宣讲。现将有关事项通知如下：

一、宣讲团组成

团　长：查显友　张新亮

副团长：杨银堂

成　员(按姓氏笔画排序)：

于　磊　韦统义　王　泉　王丽玲　车　纯　邓　军　卢　硕　任应坤　任小龙　朱文凯
朱　伟　刘建伟　刘晓红　刘文博　刘丰雷　戎毓春　安　翔　李　刚　李　赞　李青山
李耀平　李文兴　李　波　陈鹏联　陈春晓　杜跃平　吴秀霞　杨选德　杨光暐　杨生海
张进成　张丽珍　张阔海　张斯珉　张君博　张美茹　张武军　张玉振　林松涛　林　波
郑耀群　郑瑞博　周燕来　季庆阳　赵常兴　独国社　徐战利　夏永林　曹　栋　曹　智
梁　玮　黄军荣　黄大林　程　霞　傅　超　蒋舜浩　蒋冬双　强建周　董大威　靳　珠
魏　峻

二、宣讲安排

1. 宣讲时间

2022 年 11 月至 2023 年初。

2. 活动开展

宣讲团要面向基层、面向师生广泛开展对象化、分众化、互动化宣讲。各二级党委(党总支)书记要面向本单位干部师生开展专题宣讲，积极邀请宣讲团成员到本单位开展集中宣讲，在落实新冠疫情防控要求的前提下，以线上线下相结合等多种形式，至少组织 2 场集中宣讲。组织部要面向党支部书记组织集中宣讲。学工部、研工部要面向学生工作干部组织集中宣讲。校团委要面向学生骨干组织集中宣讲。统战部要依托“同心讲堂”等平台，做好面向党外知识分子的宣讲工作。离退休工作处要组织好面向离退休人员的专题宣讲。

3. 宣讲内容

要全面准确深入宣讲党的二十大精神，讲清楚党的二十大的主题，讲清楚过去 5 年的工作和新时代 10 年的伟大变革，讲清楚开辟马克思主义中国化时代化新境界，讲清楚以中国式现代化全面推进中华民族伟大复兴，讲清楚对党和国家事业的新部署新要求，讲清楚加强党的全面领导、坚定不移推进全面从严治党的部署和要求，讲清楚以顽强斗争应对风险挑战的要求，帮助干部师生不断加深对党的二十大精神的理解和把握。要紧密结合新时代 10 年的伟大变革进行深入宣讲，引导干部师生深刻领悟党确立习近平同志党中央的核心、全党的核心地位，确立习近平新时代中国特色社会主义思想的指导地位，对新时代党和国家事业发展、对推进中华民族伟大复兴历史进程具有决定性意义。

4. 集体备课

围绕宣讲内容，邀请相关专家学者与宣讲团成员进行集体备课。学工部、研工部牵头成立的大学生和辅导员宣讲团也应组织集体备课。

三、宣讲要求

1. 提高政治站位。各单位要把党的二十大精神宣讲工作作为一项重要政治任务，及时主动按照有关安排(见附件)邀请宣讲团成员开展专题宣讲，在本学期内实现全覆盖。要以专题宣讲会为契机，组织本单位师生紧密围绕学习贯彻党的二十大精神，开展专题研讨和学习交流。

2. 精心开展宣讲。宣讲团成员要深入学习领会党的二十大精神，旗帜鲜明坚持正确的政治方向、舆论导向、价值取向，围绕师生在学习贯彻党的二十大精神中普遍关注的热点问题和存在的思想困惑，认真学习备课，全面准确宣讲，创新方式方法，切实增强宣讲的针对性和实效性。

3. 营造良好氛围。为全方位营造学习宣传贯彻党的二十大精神的浓厚氛围，各单位要认真做好党的二十大精神宣讲工作相关资料、记录留存，及时将宣讲会通讯稿通过“一网通办”校园融媒体平台报送党委宣传部，学校将以专题专栏等形式予以集中刊发。

联系人：贾　凯　029-81891713

附件：“学习宣传贯彻党的二十大精神宣讲团”宣讲安排表

2022年11月10日

附件

“学习宣传贯彻党的二十大精神宣讲团”宣讲安排表

序号	单　　位	宣讲团成员
1	通信工程学院党委	林松涛、李　赞、李　刚
2	电子工程学院党委	张新亮、杨光暐、张阔海
3	计算机科学与技术学院党委	杨银堂、李青山、刘文博
4	机电工程学院党委	王　泉、梁　玮、赵常兴
5	物理学院党委	张进成、黄军荣、刘晓红
6	光电工程学院党委	任小龙、独国社、陈鹏联
7	经济与管理学院党委	林松涛、李耀平、安　翔
8	数学与统计学院党委	王　泉、杨生海、张丽珍
9	人文学院党委	任应坤、李文兴、陈春晓
10	外国语学院党委	任小龙、徐战利、蒋冬双
11	微电子学院党委	蒋舜浩、于　磊、韦统义
12	生命科学技术学院党委	张进成、王丽玲、程　霞
13	空间科学与技术学院党委	蒋舜浩、朱　伟、郑瑞博
14	先进材料与纳米科技学院党委	张进成、卢　硕、郑耀群
15	网络与信息安全学院党委	查显友、张美茹、张斯珉
16	人工智能学院党委	任应坤、魏　峻、靳　珠
17	马克思主义学院党委	杨银堂、周燕来、杜跃平
18	网络与继续教育学院党委	王　泉、张武军、朱文凯
19	本科生院书院党委	任小龙、林　波、季庆阳
20	机关党委	杨银堂、强建周、杨选德
21	后勤党委	林松涛、李　波、张君博
22	离退休党委	任小龙、车　纯、戎毓春
23	资产经营有限公司党委	林松涛、董大威、刘文博
24	校医院党总支	蒋舜浩、曹　智、傅　超
25	基础教育党总支	蒋舜浩、黄大林、吴秀霞
26	体育部党总支	王　泉、张玉振、曹　栋
27	广州研究院党委	张进成、刘丰雷、夏永林
28	杭州研究院党委	张进成、邓　军、刘建伟

关于成立西安电子科技大学文明校园创建专项工作领导小组的通知

西电党宣〔2022〕2号

为深入贯彻落实习近平新时代中国特色社会主义思想，进一步培育和践行社会主义核心价值观，持续深化文明创建、文明实践、文明培育，着力提高师生素质和校园文明程度，深入推进新一轮“双一流”建设，扎实做好学校文明校园创建工作，经研究决定，成立西安电子科技大学文明校园创建专项工作领导小组。现将有关事项通知如下：

一、成员组成

组　长：杨银堂　党委副书记、党委宣传部部长

成　员：白旭东　党政办公室主任

季庆阳　党委组织部常务副部长

周燕来　党委宣传部常务副部长

吴秀霞　工会常务副主席

林　波　本科生院书院临时党委书记、委员，党委学生工作部部长/书院教育中心主任

苏　涛　本科生院常务副院长兼教务处处长

张君博　党委研究生工作部部长

朱文凯　党委教师工作部部长

刘　欣　党委安全保卫部部长兼保卫处处长

李团结　图书馆馆长

秦　明　档案馆/校史馆/博物馆馆长

曹　辉　后勤保障部部长

李　刚　马克思主义学院院长

傅　超　团委书记

宋宝萍　心理健康教育中心主任

文明校园创建专项工作领导小组为西安电子科技大学精神文明建设领导小组下设工作小组。

文明校园创建专项工作领导小组下设办公室。办公室设在宣传部。

二、主要职责

做好文明校园创建相关领导、组织工作。

1. 对文明校园创建督查检查和协调指导，促进校风、教风和学风建设。

2. 研究制订文明校园创建的年度计划、中长远规划，做好创建任务分解等。

3. 深入研究文明校园工作中的重大问题，创新开展工作，助力推动学校精神文明建设的理论创新、制度创新与实践创新，为学校的建设、改革与发展提供正确的舆论引导和氛围营造。

4. 加强对文明校园创建活动的工作指导，总结、交流和推广创文先进经验，发挥典型引领和示范带头作用。

5. 统筹构建培育和践行社会主义核心价值观长效机制，统筹推进文明校园创建工作。

三、工作规则

领导小组定期或不定期召开全体成员会议，会议由领导小组组长主持。

成员单位按照职责分工，主动研究文明校园创建的有关政策、任务和问题，认真落实领导小组确

定的工作任务，及时向领导小组办公室提出建议。加强与校内其他各单位的沟通，密切配合，相互支持，形成推动文明校园创建工作合力。

2022年3月1日

关于成立中共西安电子科技大学委员会教师工作委员会的通知

西电党〔2022〕40号

为深入贯彻落实习近平总书记关于教育的重要论述，进一步完善学校教师思想政治和师德师风建设工作体制机制，落实《中共教育部党组关于完善高校教师思想政治和师德师风建设工作体制机制的指导意见》要求，构建党委集中统一领导，党政齐抓共管，教师工作部门统筹协调，各部门履职尽责、协同配合，院系具体落实，教师自我约束的大教师工作格局，经研究，决定成立中共西安电子科技大学委员会教师工作委员会(以下简称“教师工作委员会”)，现将有关事宜通知如下：

一、人员组成

主　任：校党委书记、校长

副主任：其他全体校领导班子成员、校长助理

成　员：党委教师工作部/人力资源部、党政办公室、纪委办公室/监察处(党委巡察办公室)、党委组织部/党校、党委宣传部、党委统战部、工会、考核与评估办公室、发展规划部/一流建设办公室、本科生院(书院)、党委研究生工作部、研究生院、科学研究院主要负责人。

教师工作委员会办公室设在党委教师工作部，代表学校党委履行党管教师工作的职能，办公室主任由党委教师工作部主要负责人兼任。

二、委员会职责

(一) 贯彻落实上级关于教师思想政治和师德师风建设工作的决策和部署。

(二) 研究审议学校教师思想政治和师德师风建设工作的重大事项。

(三) 研究审议涉及学校教师思想政治和师德师风建设工作的报告，并向学校党委报告有关工作情况。

(四) 指导相关部门和二级党委(党总支)开展教师思想政治和师德师风建设工作。

(五) 指导学校师德建设委员会开展师德师风建设工作。

(六) 研判学校教师思想政治和师德师风动态。

(七) 研究审议其他需经教师工作委员会研究或决定的重大事项。

三、成员单位职责

(一) 党委教师工作部/人力资源部负责统筹开展教师思想政治和师德师风建设工作，牵头完善教师思想政治和师德师风建设制度体系，制订工作规划；在教师管理中将思想政治素质、师德师风和业务能力考察落到实处，严把选聘考核关。

(二) 党政办公室负责督办学校党委关于教师思想政治和师德师风建设工作的相关要求，督查有关工作落实情况。

(三) 纪委办公室/监察处(党委巡察办公室)负责对涉及党员教师违反党纪和监察对象违反政纪的案件依纪依规进行查处，对履职不力的单位或个人进行问责；将二级党委(党总支)开展教师思想政治和师德师风建设工作情况作为校内巡察的重要观测点，做好巡察督促整改落实工作。

(四) 党委组织部/党校负责发挥教师党支部在教师思想政治和师德师风建设中的作用，加强对优秀

教师的政治引领和政治吸纳。

(五) 党委宣传部负责加强教师意识形态工作和政治理论学习，强化网络舆情监控，加大宣传优秀教师典型力度。

(六) 党委统战部负责加强对党外教师的思想引领和团结教育。

(七) 工会负责健全教师权益保护机制，维护教师合法权益；组织开展教师文体活动，丰富教师文化生活，加强教师人文关怀。

(八) 考核与评估办公室负责将各单位开展教师思想政治和师德师风建设工作情况作为该单位年度工作情况的重要参考，做好评估与监督工作。

(九) 发展规划部/一流建设办公室负责在学校事业发展顶层设计与规划等中贯彻落实国家和教育部对于教师思想政治和师德师风建设的要求。

(十) 本科生院(书院)负责做好教育教学过程中的思想政治和师德师风建设，评价教师教书育人实绩；推动课程思政与思政课程同向同行，提升教师教书育人能力；协同完善教师发展体系，提升教师专业素质能力；指导各单位做好本科生辅导员的思想政治和师德师风建设工作；开展尊师重教活动，构建和谐的师生关系。

(十一) 党委研究生工作部负责指导各单位做好研究生辅导员的思想政治和师德师风建设工作。

(十二) 研究生院负责做好研究生导师的思想政治和师德师风建设工作。

(十三) 科学研究院负责抓好科研诚信教育，加强科研经费管理，做好学术不端问题查处。

(十四) 其他相关部门通力合作，分工负责，共同做好教师思想政治和师德师风建设工作。

四、议事规则

(一) 教师工作委员会通过会议研究、决定有关事项。委员会会议须有半数以上成员到会方能召开。

工作例会原则上每学期召开一次，由委员会主任或委托副主任召集并主持，研究教师工作重要事宜和重大事项，会议决议须经出席人员半数以上同意，方可通过。

专题会议根据工作需要不定期召开，由副主任召集并主持，研究具体工作，根据会议内容确定具体参会人员，可邀请教师代表参加，会议决议须经出席人员半数以上同意，方可通过。

(二) 教师工作委员会会议研究的事项，由委员会办公室协调推进落实。属于党委常委会会议、校长办公会议决策的事项，经审议后按照程序提请决策。

(三) 与会议研究事项涉及人员有夫妻关系、直系血亲关系、可能影响公正决策的其他利害关系等的，应主动进行回避。

2022 年 12 月 18 日

西安电子科技大学关于公布第十一届校学位评定委员会组成人员名单的通知

西电学位〔2022〕23 号

按照《西安电子科技大学学位评定委员会章程(2022 年修订)》的相关规定，第十一届校学位评定委员会组成人员名单经校学位评定委员会主席批准、2022 年第三十一次校长办公会议研究、中共西安电子科技大学第十二届委员会常务委员会第 151 次会议审议通过，现予以公布。具体名单如下(按姓氏笔画排序)：

主　席：张新亮

副主席：张进成　郑晓静　段宝岩　郝　跃

委　员：丁金闪　马　刚　马建峰　马如云　邓　成　王从思　王　泉　王忠良　石福祁
田　聪　刘宏伟　刘彦明　任小龙　朱樟明　李　刚　李　晖　李云松　苗启广
邵晓鹏　苏　涛　杨　丽　杨银堂　张进成　张新亮　张玉明　郑晓静　查显友
段宝岩　郝　跃　侯　彪　柴　建　郭立新　姬红兵　崔江涛　黄　进　焦李成
廖桂生

秘书长：田　聪

秘　书：王　爽(列席)

2022年12月15日

西安电子科技大学

关于公布广州研究院学位评定分委员会调整人员名单的通知

西电学位〔2022〕21号

经2022年9月27日第十届校学位评委员会第十六次会议审议通过，现将你院学位评定分委员会调整人员名单予以公布。具体名单如下(按姓氏笔画排列)：

主　席：石光明

副主席：王从思

委　员：弓小武　于化荣(企业)　邓　成　毛国强　王从思　石光明　刘丰雷　刘　静
刘志宏　沈八中　杨银堂　张进成　周　斌(企业)　盛　敏

2022年10月13日

西安电子科技大学关于公布

杭州研究院学位评定分委员会组成人员名单的通知

西电学位〔2022〕17号

按照《西安电子科技大学学位评定委员会章程(2018年修订)》(西电学位〔2018〕28号)相关规定，经2022年9月27日第十届校学位评委员会第十六次会议审议通过，现将你院学位评定分委员会组成人员名单予以公布。具体名单如下(按姓氏笔画排列)：

主　席：廖桂生

副主席：朱樟明　张海宾

委　员：丁金闪　邓　军　王　滨(企业)　朱樟明　邵晓鹏　张海宾　尚　韬　侯　彪
胡瑞敏　崔江涛　黄　进　楼财义(企业)　廖桂生

2022年9月27日

西安电子科技大学关于公布光电工程学院等 7 个学院(专业学位类别)学位评定分委员会组成人员名单的通知

西电学位〔2022〕5 号

按照《西安电子科技大学学位评定委员会章程(2018 年修订)》(西电学位〔2018〕28 号)的相关规定，经 2022 年 6 月 22 日第十届校学位评委员会第十五次会议审定通过，现将光电工程学院、物理学院、集成电路研究院、微电子学院、先进材料与纳米科技学院、网络与继续教育学院、材料与化工专业学位类别学位评定分委员会组成人员名单予以公布。

附件：学院/专业学位类别学位评定分委员会组成人员名单

2022 年 6 月 22 日

附件

学院/专业学位类别学位评定分委员会组成人员名单

学院/类别	主　席	副主席	委　员
光电工程学院	邵晓鹏	独国社	王晓蕊　刘德连　朱江峰　邵晓鹏　李庆辉 杨　威　张建奇　独国社　秦翰林
物理学院	郭立新	魏　兵 周慧鑫	弓树宏　王军利　白　璐　周慧鑫　部　鹏 郭立新　黄军荣　韩香娥　魏　兵
集成电路研究院	朱樟明	刘帘曦	丁瑞雪　于　磊　邓　军　田　聪　刘帘曦 刘术彬　朱樟明　陈晓龙　李　龙　杨银堂 张玉明　单光宝　顾华玺　韩根全　赖　睿
微电子学院	张玉明、 郝　跃(荣誉)	朱樟明 胡辉勇	马晓华　于　磊　刘术彬　朱樟明　刘帘曦 汤晓燕　李振荣　杨银堂　张进成　张玉明 周　弘　郑雪峰　胡辉勇　郝　跃　韩根全
先进材料与纳米科技学院	杨　丽	杨如森	卢　硕　仲　鹏　李培咸　李智敏　吴巍炜 杨　丽　杨如森　胡　英　施建章　赵振环
网络与继续教育学院	苗启广	苏　涛 何燕芝	万　波　李　龙　苗启广　苏　涛　陈晓龙 杨　超　何燕芝　施建章　顾华玺　谢永平 潘明娟
材料与化工	杨　丽	杨如森	千学著(企业)　王　建(企业)　卢　硕　仲　鹏 李培咸　李智敏　吴巍炜　杨如森　杨　丽 施建章　胡　英　赵振环　贺立龙(企业)

关于成立西安电子科技大学2022年成人高考工作领导小组的函

西电函〔2022〕76号

2022年成人高校招生全国统一考试将于11月5日、6日举行。为做好新冠疫情防控常态化下的考试组织实施，严肃考生考纪，确保考试安全，按照陕西省教育考试院、陕西省招生委员会办公室有关要求，成立2022年西安电子科技大学成人高考工作领导小组。领导小组成员名单如下：

组　长：王　泉

副组长：苗启广　张武军

成　员：何燕芝　潘　瑾　张平平

2022年10月24日

★ 党建与思想政治工作 ★

组织(党校)工作综述

2022 年，党委组织部/党校在学校党委的正确领导下，坚持以习近平新时代中国特色社会主义思想为指导，深入学习贯彻党的二十大精神，紧紧围绕落实立德树人根本任务，全面提升党建质量，强化组织育人功能，为学校一流建设和内涵式发展提供坚强的组织保障。

一、以健全组织体系为重点，着力提升基层党组织政治功能和组织功能，推进党建与业务深度融合，以高质量党建引领高质量发展

1. 坚持不懈抓好党的创新理论学习教育。深入学习贯彻习近平新时代中国特色社会主义思想，全面贯彻习近平总书记关于教育的重要论述，把学习习近平总书记重要讲话以及上级指示要求作为各级党组织会议的“第一议题”。开展迎接二十大、学习贯彻党的二十大精神系列活动。认真做好党的二十大代表、陕西省第十四次党代会代表提名推荐工作。面向中层领导干部、科级干部、党支部书记、支部委员举办十九届六中全会专题培训班与党的二十大精神专题培训班；面向高层次人才举办党的二十大精神专题培训班，开展党的二十大精神党员轮训。发放党的二十大精神学习资料 13 000 余册。

组织开展党组织书记讲党课竞赛、基层党建工作特色案例和党日活动优秀案例评选活动，共收集党建工作典型案例 75 个，展播优秀党课 41 个，校党委书记查显友讲党课连续 3 年入选教育部高校示范微党课；立项的 29 个党建课题进展顺利，均进入结题阶段；评选表彰优秀大学生共产党员 34 名；开展基层党务工作者“每日竞答”活动，共开展 143 期，总计 13 500 余人次参与答题；创办《西电先锋手机报》，累计发布 15 期；部门微信公众号发布推文 671 篇，累计阅读 12 万余人次，获评校级优秀新媒体。

2. 积极筹备学校第十三次党代会。深入调研，精心制订党代会筹备工作方案，在疫情形势十分复杂的情况下，采取有力举措，10 533 名党员参与代表推选，参与率达 96%；确保 28 个二级党委(党总支)成功召开党员大会或党员代表大会，12 月 1 日，各二级党委(党总支)全部顺利选出出席学校第十三次党代会代表。协助教育部人事司开展增补学校班子人选民主推荐等工作，目前正在开展学校第十三次党的委员会和纪律检查委员会委员候选人预备人选酝酿推荐工作。

3. 巩固拓展党史学习教育成果。组织开展处级领导班子 2022 年度调查研究工作，举办调研报告交流培训，各单位报备调研报告 69 份。建立“我为群众办实事”长效机制，各单位报备办实事事项 223 项，师生整体满意率为 97.4%，较 2021 年提升 1.6%。

4. 持续推进党组织“对标争先”计划。学校党委入选第三批陕西高校党建工作示范高校培育创建名单，7 个基层党组织入选全国及全省党建工作标杆院系、样板支部培育创建名单，在全国党建工作标杆院系创建方面实现突破。4 个基层党组织顺利通过全国和陕西高校党建“双创”培育创建验收，1 个党支部书记工作室顺利通过全国“双带头人”教师党支部书记工作室培育创建验收，1 个离退休党支部获全省五星级离退休干部党支部命名。持续开展校内标杆样板培育创建工作，遴选产生 24 个校级党建工作标杆院系、样板支部培育创建名单。大力实施教师党支部书记“双带头人”培育工程，学校教师党支部书记“双带头人”保持 100%全覆盖，87 个教师党支部的书记均为“双带头人”，其中正高级专业技术职称 40 人，占比 48%(比去年增加 7 人)。高层次人才担任教师党支部书记的数量稳步提升。开展“一个党委一品牌、一个支部一特色、一个党员一承诺”活动，把党建品牌建设与推动事业改革发

展结合起来，统筹安排，一体推进，打造富有西电特色的党建品牌，在全校范围内确定 24 个党建品牌创建单位、50 个支部特色创建单位，持续推动党建与业务工作深度融合、高质量发展。

5. 进一步加强党建工作标准化规范化。认真贯彻《中国共产党普通高等学校基层组织工作条例》，抓好学院党委会、党政联席会议、学院党建标准、教师党支部和学生党支部工作标准等制度的落实。不断完善党建工作各项制度，修订《教师党支部工作标准》《学生党支部工作标准》，制定《离退休教职工党支部工作标准(试行)》，编印《组织工作常用制度汇编》和《2023 年党支部工作手册》。规范政治审查工作，全年完成政审 396 人次。加强对基层党务工作者的业务指导，全年回复业务咨询 1000 余次。不断健全组织体系，指导异地办学机构做好党组织建设，实现党组织全覆盖。先后指导 11 个二级党委(党总支)召开党员大会和党员代表大会进行选举，其中新成立进行正式选举的 1 个，进行换届选举的 4 个，增补“两委”委员的 6 个。落实党支部换届要求，定期提醒党支部按期换届。持续优化党支部设置，推进党支部设在科研平台、导学团队上，促进党建与业务工作深度融合；以师生结合党支部 46 个，建在导学团队上的党支部 17 个，建在实验室、科研团队上的党支部 34 个，跨年级整合党支部 91 个，专业联合党支部 39 个。总数较去年增长 34.3%，党建与业务工作更加融合、相互促进。结合党的二十大学习督导工作，同步开展基层党建专项检查，指导督促各级抓好党建工作落实。

6. 持续开展党员“先锋工程”。广泛设置党员先锋岗、责任区，开展承诺践诺、志愿服务等活动，引导党员立足岗位，发挥先锋模范作用。全校党员累计承诺事项 2.5 万余条，其中服务师生事项 1 万余条。在今年疫情防控工作进入常态化复杂化的背景下，全校师生干部党员积极参与核酸检测扫码、学生入学返乡等疫情防控工作，累计上万人次参与，确保了学校师生的健康安全。2023 年研究生招生考试组考期间，牵头组建各类工作专班，累计协调 900 余名党员教职工参与，保障国家大考顺利进行。建立“光荣在党 50 年”纪念章颁发长效机制，全年共 22 名同志获得“光荣在党 50 年”纪念章。全年慰问老党员、困难党员和特困群众 269 人次，慰问战斗在疫情防控一线的医务工作者和基层党员、干部、师生等 425 人。

突出政治标准，加大在优秀大学生和高层次人才、青年学术骨干中发展党员的力度，圆满完成全年发展党员任务，其中发展高知群体党员 13 名，为前 5 年平均数的 3.25 倍。

7. 大力推进智慧党建建设。在“智慧党建”系统中，已搭建党务工作中心、学习教育中心、党员管理中心、党建宣传中心和评估预警中心，已完成党员基础数据库与基础平台建设，党员信息管理、信息推送平台、政治生日贺卡、党费交纳、“西电先锋手机报”等服务模块已广泛应用；开通干部外出申请、中层领导干部兼职申请、党员承诺践诺及民主评议党员等服务。截至 12 月中旬，“智慧党建”系统已处理发送消息 32 万余条，推送政治生日贺卡 4068 份，交纳党费 12.8 万余人次，得到师生党员一致好评。

二、以完善“育选管用”工作体系为重点，聚焦素质和能力建设，着力打造忠诚干净担当的高素质专业化干部队伍

1. 着力加强干部选任工作。2022 年共交流和选拔任用中层干部 44 人(交流 11 人，提拔 33 人)，其中正职干部 12 人，副职干部 32 人。学校共交流和选拔任用科级干部 25 人，其中交流 17 人，提拔 8 人。中层干部队伍结构更加合理，学校中层干部由 259 人增长至 278 人，同比增长 7.3%。其中，80 后正职 17 人(占 18.5%)；女干部由 59 人增长至 66 人，同比增长 11.9%；党外干部占比稳定在 10%左右；硕士以上学历占比达到 91.4%；具有副高级及以上职称的占 78%。印发干部任免职文件 121 份。

2. 多措并举抓好干部素质培养。推荐 29 名干部教师到教育部、财政部、共青团中央、陕西省政府

办公厅等部门借调挂职，抽调 55 名干部参加校内巡察工作；动员干部教师参与疫情防控工作万余次，推进 18 名干部教师校内交叉挂职。会同相关部门聘任 222 名干部兼任辅导员、班主任等学生工作职务。抽调 86 名管理干部参与安全稳定工作专班，校园封闭管理期间，共 154 名管理干部下沉一线入驻校园，维护校园安全稳定运行。全年共组织校内培训 23 个班次，培训干部党员 4200 余人次。举办蒲城县干部专题网络培训班，5000 余名干部参加。选派 60 余人次参加调训 24 个班次，整体培训组织实施满意度高于 96%。教育培训做到全覆盖，中层干部人均 130 余学时，科级干部人均 100 余学时，基层党组织书记人均 60 余学时，党员人均 40 余学时。在抓好理论武装的同时，围绕学校重点工作，开展发展规划和教育数字化、国际化等专题培训，加强业务技能培训，举办 6 期干部成长沙龙。着力提升干部履职能力。

3. 从严从实抓好干部日常监督管理。会同审计处完成 18 名中层领导干部离任经济责任审计，审批 23 名中层领导干部兼职事项 27 项。从严从细做好领导干部个人有关事项报告工作，全年共查核 26 人(其中重点查核 14 人，随机抽查 12 人)，查核一致率为 100%。部门负责同志经常性地与干部谈心谈话，全年共谈话交流 200 余人次。会同人力资源部、档案馆等单位开展补充完善干部档案工作，累计补充自 1992 年至 2020 年的 400 余份档案资料。

4. 科学用好干部考核“指挥棒”。全年共完成 40 名中层干部、30 名科级干部试用期考核工作，强化对选任干部的再考察、再识别。完成 277 名中层干部年度考核，考准考实干部的素质优劣、业绩大小，推动形成干事创业的浓厚氛围。

5. 干部工作满意度不断提升。从学校干部选任工作“一报告两评议”结果反馈来看，干部师生对 2022 年度学校新提拔任用管理干部的认同率为 95.73%，位居教育部直属高校前列。

宣传工作综述

2022 年，党委宣传部紧紧围绕迎接二十大和宣传、贯彻党的二十大精神这条主线，坚持不懈用习近平新时代中国特色社会主义思想铸魂育人，聚焦举旗帜、聚民心、育新人、兴文化、展形象的使命任务，立足学校中心工作，服务改革发展大局，扎实做好学校下达的各项指标和重点工作任务，努力为学校推进特色鲜明一流大学建设提供坚强思想保证和强大的精神力量。

一、深入学习宣传贯彻党的二十大精神

党的二十大召开前，围绕“奋进新征程、建功新时代”主旋律，统筹开展“青春献礼二十大，强国有我新征程”主题宣传教育，开设“喜迎党的二十大”“非凡十年·我的西电故事”等专栏，全方位营造喜迎党的二十大浓厚氛围。党的二十大召开期间，广泛组织干部师生收听收看开幕会盛况，学习热议党的二十大报告。党的二十大胜利闭幕后，制定《关于深入学习宣传贯彻党的二十大精神的实施方案》，召开专题部署会议，高标准高质量抓好统筹工作；举办学校领导班子专题读书班，围绕四个专题开展集中学习研讨，充分发挥示范带动作用；组建“学习宣传贯彻党的二十大精神宣讲团”，持续深入开展“校园巡讲、网络巡礼”活动；在全校范围内集中组织、分层次开展“学习贯彻党的二十大精神，建好新时代西军电”大讨论；上线专题网站，依托融媒体平台集中开展“学习二十大，西电在行动”主题宣传，开设“踔厉奋发向未来”专栏，网上网下立体式营造学习宣传贯彻党的二十大精神的浓厚氛围。

二、坚持不懈用习近平新时代中国特色社会主义思想凝心铸魂

坚持把学习贯彻习近平新时代中国特色社会主义思想作为党委理论学习中心组“第一议题”，全年围绕党的二十大精神、《习近平谈治国理政》第四卷等组织 16 次校党委中心组学习；抓严抓实二级党委理论学习中心组学习工作，严格执行“一学一报”和巡听制度。健全习近平新时代中国特色社会主义思想武装师生头脑、指导实践工作体系，研究制定并推进落实学校出台的《习近平新时代中国特色社会主义思想进教材进课堂进头脑实施方案》《关于推动党史学习教育常态化长效化的实施方案》，以及学习贯彻习近平总书记在中国人民大学考察时、在庆祝中国共产主义青年团成立 100 周年大会上、在省部级主要领导干部专题研讨班上重要讲话精神等实施方案，推动习近平新时代中国特色社会主义思想特别是习近平总书记关于教育的重要论述入脑入心、落地生根。持续深入学习贯彻习近平总书记给“青年红色筑梦之旅”大学生的回信要求，推出教育部高校示范微党课“传承红色基因　科技报国志在四方”。

三、严格落实意识形态工作责任制

健全完善意识形态工作体制机制，成立由校党委书记、校长任组长的学校意识形态工作领导小组，出台《关于落实意识形态工作“三早”要求的实施方案》，实现意识形态风险早发现、事端早处置、信息早报告。加强宣传思想阵地管理，出台《校内宣传阵地管理办法》，明确监管责任，严格内容审核管理；严格执行“一会一报”制度，全年审批备案各类讲座报告 540 余场；严格媒体平台审核，落实新闻网、微博、微信等官方媒体稿件内容“三审三校”制度。维护校园网络意识形态安全，修订《网络舆情应急处置预案》，优化网络舆情监测预警和联合应对处置机制，与微博、知乎等平台加强合作；

持续开展校内网站及新媒体平台涉“固定表述错误信息”的信息自查自纠；组建校园网评员等网络文明建设骨干队伍。

四、着力培养担当民族复兴大任的时代新人

深化红色基因铸魂育人，召开学校赓续红色基因工作推进会；丰富学校红色文化资源库，编印《西电红色校史故事》；开展西电校友系列专访，拓展形成“科学家讲爱国奋斗的故事”“红色电波的时代光影”“红色剧本+”等特色育人载体。推动构建一体化育人体系，持续推动《“三全育人”综合改革实施意见》《“十大育人体系”实施方案》《学校落实〈教育部等八部门关于加快构建高校思想政治工作体系的意见〉工作台账》落地落细落实；依托两批11个试点单位深化“三全育人”综合改革试点工作。培育打造特色育人品牌，加强教育部高校思想政治工作有关培育项目建设，强化“青年红色筑梦”实践育人、研究生“三好三有”文化育人、“FAST”发展型资助育人、“老夏说课”网络育人等项目示范带动作用；开展首批13个“十大育人”示范项目培育建设，获批陕西高校网络思政研究课题与实践项目6项并实现重大研究课题立项突破。

五、全面推进大学文化和精神文明建设

推动实施大学文化建设“十四五”专项规划。加强中华优秀传统文化教育，推动陕西高校中华优秀传统文化传承基地(眉户戏传承基地)建设，依托终南文化书院入选陕西省中华经典诵写讲基地培养建设，持续开展“礼敬中华优秀传统文化”系列活动。深化“一院一品”校园文化建设，开展学校2022年校园文化建设优秀成果评选，遴选出16项优秀成果，凝练文化育人生动实践和特色成效。深化陕西省文明校园创建，在“一站式”学生社区试点建设文明实践工作站，组织命名学校7个学雷锋活动示范点、10名岗位学雷锋标兵，多形式开展文明校园宣传引导，集中宣传“全国高校黄大年式教师团队”宽禁带半导体教师团队、“全国百名研究生党员标兵”秦皓楠等师生先进典型。结合“宪法宣传周”“全民国家安全教育日”，组织开展学宪法讲宪法、全民国家安全教育日普法宣传等系列活动，教育引导师生强化法治意识。

六、持续加强学校新闻传播和品牌形象塑造

加强学校新闻传播和品牌形象建设，持续讲好学校事业发展成绩，做好主题宣传，做亮典型宣传，推出“青年力量”“萤火微光”“最美教师”等专栏，开展“我们这十年”优秀网络文化作品征集展示。创新实施“宣传工作队伍能力提升计划”，举办“新舆工作坊”3期。主动对接中央和地方主流媒体，提升对外宣传质量，全年首发性外宣稿件710篇，人民日报、光明日报、中国科学报、中国教育报、中国青年报等国内重要媒体专题报道学校102次，其中，学校教育信息化工作获中国教育报“教育这十年・以教育信息化推动高等教育高质量发展”新闻发布会专题推介和新华社内参以及光明日报、中国教育报、中国青年报等专题报道。深化校园融媒体建设，学校官方新媒体矩阵全年推送近5000篇次、总阅读量超7700万人次，带动粉丝增长近10万，其中，学校官方微信粉丝量突破20万，获中国青年报2022中国大学官微百强。联合陕西八校策划《共赴一场月圆！限量版陕西八校联名校徽月饼太可了》获超20万阅读量并登上微博热搜、获人民网首页推荐；推文《一箭22星！“西电一号”卫星搭乘长八运二火箭顺利升空》入选高校思政类重点建设公众号“优秀”原创内容十佳。

纪委/监察工作综述

2022年，纪委办公室/监察处(党委巡察办公室)坚持以习近平新时代中国特色社会主义思想为指导，深入学习贯彻落实党的十九届六中全会和党的二十大精神，在学校党委和学校纪委的坚强领导下，深刻领悟“两个确立”的决定性意义，增强“四个意识”、坚定“四个自信”、做到“两个维护”，推动落实学校党委全面从严治党工作部署，忠实履行监督职责，坚定不移正风肃纪反腐，充分发挥监督保障执行、促进完善发展作用，为推动学校事业发展提供坚强保障。

一、提高政治站位，推动落实学校党委全面从严治党工作部署

(一) 深入贯彻落实习近平新时代中国特色社会主义思想，全面准确学习领会党的二十大精神

坚持把学懂弄通做实习近平新时代中国特色社会主义思想作为首要政治任务，督促落实校党委常委会“第一议题”制度，全年围绕党的二十大精神、习近平总书记来陕考察重要讲话、《习近平谈治国理政》第四卷等组织16次校党委理论学习中心组学习。及时跟进学习领悟习近平总书记重要讲话和重要指示批示精神，结合工作实际，研究提出贯彻落实具体措施和要求。协助制定学习宣传贯彻党的二十大精神实施方案，推动营造全校上下学习宣传贯彻党的二十大精神的浓厚氛围，切实做到在思想上、政治上、行动上同以习近平同志为核心的党中央保持高度一致。

(二) 贯彻落实中央全面从严治党重大决策部署，压紧压实全面从严治党主体责任

一是协助学校党委研究部署学校全面从严治党工作，推动“两个责任”贯通落实。认真贯彻落实十九届中央纪委六次全会、十三届省纪委六次全会、教育部全面从严治党视频会精神。研究制定《学校2022年全面从严治党工作任务分解安排表》，组织召开学校2022年全面从严治党工作会议，安排部署具体工作。督促校党委常委会定期听取学校领导班子成员履行“一岗双责”情况汇报，对党风廉政建设做到同部署、同要求、同检查、同考核，推动全面从严治党不断向基层延伸。

二是协助学校党委认真履行管党治党、办学治校主体责任。持续将教育部巡视整改工作推向深入，扎实开展教育部党组巡视整改“回头看”自查工作，按时填报纪委办公室巡视整改情况台账，进一步巩固整改成效，持续落实整改长效机制。扎实推进学校十三次党代会换届选举工作，发布《关于严肃第十三次党代会换届选举纪律的通知》，严肃换届纪律，从严从实加强换届风气监督，营造风清气正的换届环境。

三是推动筑牢意识形态主阵地，确保校园安全稳定。督促各二级党组织坚持把意识形态工作纳入重要议事日程，与中心工作同部署、同落实、同检查、同考核。把二级党组织落实意识形态工作责任制情况纳入单位目标管理考核体系和校内巡察重要内容，进一步压实意识形态工作责任制。督促各单位加强校内宣传阵地管理，严格落实“一会一报”制度，做到意识形态领域安全风险早研判、早发现、早应对、早处置。

(三) 充分发挥巡察监督作用，稳步实现巡察全覆盖

一是坚持把精准发现问题作为巡察工作生命线。紧扣“四个落实”，聚焦被巡察党组织职能职责，着力查找落实立德树人根本任务存在的政治偏差。校党委常委会4次专题审议巡察工作方案并听取巡察情况汇报，分管巡察工作的校领导9次参加巡察动员部署会和巡察进驻会，不断加强对巡察工作的领导。落实巡前会商、巡中调研、组办会商机制，推动巡察组与巡察工作小组成员单位有效衔接，共

享有效信息与监督成果，确保精准发现问题、报告问题。

二是稳步实现本届党委巡察全覆盖。2022年，对6个二级党组织开展常规巡察，实现届内二级党组织巡察全覆盖。巡察谈话494人次，提出意见建议19项，形成专题报告5个，针对巡察发现的典型、突出问题向学校党委提出具体建议，为学校加强基层党组织建设工作提供重要参考和依据。

三是加强巡察整改和成果运用。校领导参加巡察反馈会6次，巡察办列席被巡察党组织领导班子巡察整改专题民主生活会2次，压实巡察整改责任。全过程跟踪督导被巡察党组织开展整改工作，为制订整改工作方案和推动整改任务落实提供指导和帮助。出台《巡察整改和成果运用实施办法(试行)》，从制度层面巩固提升巡察成果。探索建立巡察整改成效评估机制，对2个被巡察党组织整改成效进行现场评估，对2个党组织开展巡察整改“回头看”，分析研判整改履责和成效情况，以巡促改、以巡促建、以巡促治作用不断彰显。

四是抓好巡察干部队伍建设。严把巡察干部入口关，完善巡察组长库、成员库，优化巡察组人员选配机制。2022年，抽调53名干部参加巡察工作，6名参与过巡察的干部得到组织提拔，有效发挥了巡察“熔炉”作用。强化宣传报道，策划推出“熔炉之声”巡察工作宣传专栏，系列报道巡察干部参加巡察工作心得体会，营造良好巡察工作氛围。

二、强化政治担当，切实扛起全面从严治党监督责任

(一) 聚焦“国之大者”，推进政治监督具体化精准化常态化

一是聚焦习近平总书记重要指示批示精神和党中央重大决策部署落实情况开展监督检查。持续推动习近平总书记对我校4次重要指示批示精神落实台账进展情况，协助科研院与“逐日工程”项目研究团队建立党支部联动机制，共促项目研发。加强对各单位学习宣传贯彻党的二十大精神情况的监督。研究制定专项监督工作方案，下发《关于开展学习宣传贯彻党的二十大精神专项督查工作的通知》，联合党委组织部、宣传部共同成立7个督导小组，采取现场巡听等方式全程跟进监督，督促校内各级党组织及时开展学习宣传贯彻工作，推动学校29个二级党组织在全面学习、全面把握、全面落实党的二十大精神上下功夫，形成新气象、展示新作为。

二是聚焦做好校园疫情防控强化监督。针对疫情防控不同阶段面临的复杂形势，纪委办多次召开专题会议安排部署，研究制定监督方案，精准开展监督。校纪委书记3次带队实地走访、督导检查，推动解决疫情防控困难问题5项。下发《关于进一步加强疫情防控监督工作的通知》《关于进一步加强疫情防控监督工作的提示函》2份，成立校院纪委联合监督小组，推动各单位精准防疫政策落实到“最后一公里”。相关工作得到了上级肯定。

三是聚焦“一把手”履职用权、选人用人等工作强化监督。督促学校领导班子成员认真落实学校《加强党的政治建设的若干措施工作台账》，严格执行约法三章，践行“一线规则”，保证将主要精力投入学校管理工作。加强对各单位“一把手”和领导班子的监督。纪委书记主动约谈、集体廉政谈话中层干部29人次，督促廉洁自律、正确履职用权。要求各单位严格执行领导干部插手干预重大事项记录制度，规范党员领导干部用权行为。加强选人用人监督，针对干部推荐调研工作中发现的苗头性问题，第一时间下发《关于严肃选人用人工作纪律的通知》，进一步严明政治纪律和政治规矩，严肃组织工作纪律。严查快结选人用人相关问题线索，严把廉洁意见回复关。2022年，共回复选人用人廉洁意见166人次。

(二) 聚焦重点领域关键环节，做实做细日常监督

一是紧盯权力运行环节，加强重点领域关键环节监督。下发《关于对学校重点领域关键环节开展专项监督检查的通知》，选取人力资源部、计划财务处、采购与招标管理办公室等6个单位，重点就防

范廉政风险体制机制建设、重点事项风险防控2个方面所涉的27项具体事项进行监督，督促加强源头治理，推动健全用制度管人、用制度管权、用制度管事的权力运行制度体系。对招投标、人事招聘、职称评审、研究生招生等重点工作开展现场监督检查20余次，及时发现问题，防范风险。

二是不断完善监督格局，促进各类监督贯通融合。充分发挥监督联席会议制度作用，出台学校《监督工作联席会议制度》，召开首次监督工作联席会议，通过组织、纪监、人事、巡察、审计等部门联动协同，打通各类监督贯通的断点堵点，推动各类监督一体发力、提质增效，推动解决监督过程中存在的困难7项。构建校院纪委联动监督格局。印发《二级纪委工作细则(修订)》，明确职责范围、工作重点，有力提升二级纪委监督工作实效。探索推行“二级纪委季度工作任务提示单”制度，结合二级党组织阶段性工作特点，对涉及各单位的重要工作在推进过程可能存在的薄弱环节或廉政风险，以工作任务提示单的形式，督促二级纪委做实党风廉政建设和反腐败工作基础性、常规性工作。2022年，共下发二级纪委季度工作任务提示单3份，指导二级纪委就疫情防控、稳定安全、考风教风学风等31项重点事项加强监督，推动压实二级党组织全面从严治党主体责任。

三是着力探索“智慧纪监”，赋能提升监督质效。加快纪检监察业务与信息技术深度融合步伐，创建“智慧纪监”平台，把采购招标、基建、后勤等廉政风险易发多发领域作为重点，将学校采购、财务、合同系统等接入“智慧纪监”平台，打通数据壁垒，把监督的触角延伸到项目一线。平台试运行以来，针对系统监测发现的数起问题，及时向2个单位下发《加强风险防控提醒函》，督促整改落实，有效防范内控风险。画好干部个人廉政“画像”。将党员干部基本信息与个人信访、问题线索处置等10余项数据同步录入系统，形成干部电子廉政档案，解决了干部廉政档案信息散落不全、审核实效性不强的难题，目前已实现正处级干部监督全覆盖。

三、一体推进“三不”，积极营造风清气正良好政治生态

(一) 严格执纪审查，持之以恒正风肃纪

一是坚持“严”的主基调不动摇，强化不敢腐的惩治震慑。保持反腐败政治定力，坚持无禁区、全覆盖、零容忍，坚定稳妥、有力有效全面严肃查处各类违规违纪违法问题。

二是落实惩前毖后、治病救人方针，精准运用“四种形态”。注重抓早抓小，对涉及苗头性、倾向性问题和轻微违纪的党员干部教师，注重形态转化，加大谈话提醒、诫勉批评和书面函询力度，让“红脸出汗”成为常态。通过对党员干部教师的问题早发现、早提醒、早纠正，防止小错酿成大错，体现党组织对党员干部教师的严管和厚爱。

三是全力推动“去存量、遏增量”。按照“存量清楚、线索清零、生态清明”的工作要求，加快对历史遗留问题线索的办理力度，提高质效，快查快结。截至目前，2021年之前自办类问题线索已基本办结。坚持纪法情理贯通融合。将思想政治工作贯穿执纪审查调查全过程，着力在转化人、挽救人、教育人上下功夫，努力实现案件查办政治效果、纪法效果和社会效果有机统一。

(二) 持续深化作风建设，着力纠治形式主义、官僚主义

一是扎实开展“象牙塔”内官僚主义自查自纠工作。按照上级部署，对媒体反映的高校存在的4类官僚主义突出现象及其他表现的形式主义、官僚主义问题开展自查自纠，梳理相关单位和处级以上干部、教授自查表676份，回收师生调查问卷458份，召开座谈会3场，认真查摆学校在教学科研、管理服务等方面各层级存在的形式主义、官僚主义问题及其表现，梳理整改任务清单12项，督促各单位对照问题清单，建立整改台账，压实整改责任，切实落实整改。

二是推动作风建设常态化长效化。开展年度办公用房使用专项检查，防止“四风”隐形变异和苗头性、倾向性问题的发生。组织全校党支部召开作风建设专题组织生活会。全体校领导率先垂范、身

体力行，以党员身份参加所在党支部组织生活会，带头开展批评与自我批评，广大干部师生联系自身思想及工作实际，仔细查摆问题，深刻自我剖析，并就存在问题提出整改措施，达到了“红脸出汗”的效果。加大节假日廉洁提醒，持续营造清正廉洁的节日氛围。

(三) 加强廉洁文化建设，构筑拒腐防变思想堤坝

一是打造高质量的“清风西电——廉洁教育进学院”宣教活动品牌。2022 年，纪委办公室负责同志深入学院，为一线师生办廉政讲座，面对面“以案说纪”，教育引导教职工坚守为党育人、为国育才的初心使命，做守纪律、讲规矩的模范。目前，已为 10 个院系党委、2 个全国样板党支部近 500 名教职工作廉洁教育报告，在干部教师中引起积极反响。为新任科级干部和新入职管理干部讲授“入职廉洁教育第一课”，帮助扣好廉洁从政、廉洁从教的“第一粒扣子”。

二是举办 2022 年纪律教育宣传月活动。在全校范围内下发了《关于在全校开展纪律教育学习宣传月活动的通知》，深入开展“四个一”系列学习宣传教育活动，举办纪律教育月党风廉政教育主题展，展板内容包括习近平总书记关于党风廉政建设和反腐败斗争的重要论述、六大纪律、纪律漫画等，将漫画元素融入廉洁文化宣传，以大家喜闻乐见的形式加强党风廉政教育，引导广大党员、干部和教师严守政治纪律和政治规矩，切实推动作风建设取得新成效。

三是深入开展廉洁警示教育。组织重点领域职能部门主要负责人、二级纪委书记(党总支纪检委员)、2021 年以来新任处级干部赴西安市警示教育基地开展警示教育，通过观看秦岭违建事件以及赵正永等严重违纪违法案例，提高党员干部的党性修养和廉洁意识，筑牢拒腐防变精神堤坝。运用新媒体平台助力廉洁文化宣传。加强“清风西电”微信公众号建设，全年共推送党风廉政建设相关文章 211 篇，2022 年度公众号关注量增长 4471 人，点击量高达 40 274 次。

(四) 坚持打铁必须自身硬，加强纪检干部队伍能力建设

一是强化政治建设，锤炼政治品格。坚持把政治建设摆在首位，及时跟进学习习近平总书记关于高等教育、全面从严治党等重要论述，更加自觉地用以武装头脑、指导实践、推动工作。深入学习宣传贯彻党的二十大精神，组织校专职纪检干部、纪委委员、二级纪委书记召开专题学习会，全面领悟党的二十大报告关于全面从严治党重要论述，引导全校纪检干部更好地履职尽责。建立集体学习制度，纪委办公室固定每周一开展理论政策与业务学习研讨，推动干部政治素养和业务水平不断提升。贯彻落实“执纪者必先守纪，律人者必先律己”的要求，自觉锤炼忠诚、干净、担当的政治品格。

二是强化业务能力，加强纪检工作规范化建设。细化纪委书记办公会议事规则，严格落实问题线索分办处置、重要事项重要问题请示报告等制度。严格执行中央纪委印发的《执纪执法日常类文书格式》和陕西省纪监委制定的文书模板，做好案卷整理归档。加强规范化信息化建设，用好纪检监察内部工作网。强化“以干代训”，选派 2 名班子成员参与上级纪检监察机关查办案件工作，提高业务实操能力。

四、下一步工作思路

总体来看，2022 年，学校全面从严治党不断向纵深推进，党风廉政建设和反腐败工作取得良好成效。下一步，纪委办公室/监察处(党委巡察办公室)将深入贯彻落实党的二十大精神和新时代中央关于全面从严治党的新部署新要求，进一步强化职能定位，聚焦监督执纪，落实监督责任。

(一) 加强理论武装，在学懂弄通做实习近平新时代中国特色社会主义思想上下功夫

坚持不懈用习近平新时代中国特色社会主义思想武装头脑，带头增强“四个意识”、坚定“四个自信”、做到“两个维护”。全面领悟党的二十大报告提出的新思想新论断以及作出的新部署新要求，坚

定不移协地助学校党委深化全面从严治党，加强党风廉政建设和反腐败工作，更好地发挥监督保障执行、促进完善发展作用。

(二) 紧紧围绕坚持和捍卫“两个确立”、做到“两个维护”，强化政治监督

围绕习近平总书记关于教育的重要指示批示精神和中央关于教育的重大决策部署，围绕贯彻落实立德树人根本任务推进政治监督具体化、精准化、常态化。强化对“一把手”和领导班子履职用权、“三重一大”决策等情况的监督。督促基层党组织发挥战斗堡垒作用、党员发挥先锋模范作用，推动全面从严治党向基层延伸。

(三) 聚焦重点领域关键环节，着力提升日常监督效能

做实做细监督第一职责。紧盯重点领域和关键环节，推动监督工作提质增效。发挥好监督工作联席会议制度作用，用好“智慧纪监”平台，进一步提高日常监督的精准性和实效性。深入开展廉政风险防控排查，精准发现问题，督促落实整改，堵塞监管漏洞，推动解决问题。用好纪检监察建议有力武器，有效推动建章立制、堵塞漏洞、优化治理。

(四) 巩固拓展中央八项规定精神成果，驰而不息推动作风建设

持续加固中央八项规定堤坝，驰而不息纠“四风”树新风。坚决纠治形式主义、官僚主义问题，严肃查处铺张浪费、公款吃喝、违规收送礼品礼金等享乐主义、奢靡之风问题，持续释放“越往后越严”的鲜明信号。持续整治师生身边的腐败和不正之风，切实让群众感受到全面从严治党就在身边。

(五) 坚定不移深化反腐败斗争，推动“三不腐”同时发力、同向发力、综合发力

坚持严的主基调不动摇，以更加有力的措施遏增量、清存量。运用好监督执纪“四种形态”特别是第一种形态，让“咬耳扯袖”“红脸出汗”成为常态。加强教育培养和监督管理，筑牢年轻干部成长根基。发挥好以案促改、以案促治作用。继续开展“清风西电”宣教活动，营造清正廉洁的校园文化氛围。

(六) 坚守政治巡察定位，推进巡察工作高质量发展

巩固深化政治巡察，持续在精准发现问题、夯实整改责任、提高整改成效、运用巡察成果上下功夫。健全巡察制度体系，提升巡察工作科学化、制度化、规范化水平。完善巡察整改成效评估机制，抓好巡察整改“回头看”，突出以巡促改、以巡促建、以巡促治，做到监督、整改、治理有机贯通，充分彰显巡察利剑作用。

(七) 提高履职能力，锻造忠诚干净担当的纪检监察队伍

以自我革命精神加强自身建设，全面提升工作规范化、法治化、正规化水平。加强对二级纪委的领导和指导，督导二级纪委做实党风廉政建设和反腐败工作基础性、常规性工作，打通全面从严治党“最后一公里”。强化自我约束和监督，锻造政治素质高、忠诚干净担当、专业化能力强、敢于善于斗争的纪检监察铁军。

统战工作综述

2022年，党委统战部认真学习贯彻党的二十大精神和习近平总书记关于做好新时代党的统一战线工作的重要思想，深入学习《中国共产党统一战线工作条例》和中央统战工作会议精神，按照上级和学校党委安排部署，以思想引领为主线，以凝聚人心为根本，坚持“六个注重”，着力提升统战工作科学化、规范化、制度化水平。一年来，统战成员为一流大学建设和经济社会发展作出重要贡献，荣获多项奖励。九三学社郝跃院士获得“全国九三楷模”荣誉称号，民主促进会杨丽教授荣获中国青年科技奖特别奖，各民主党派组织和个人荣获省级表彰10余项。

一、注重统筹规划，强化组织领导

学校党委高度重视统战工作，召开全校统战工作会议安排部署全年工作。发挥统一战线工作领导小组作用，努力构建党委统一领导、统战部门牵头协调、相关单位各负其责的大统战工作格局。校党委书记查显友在陕西省委统战工作会上作交流发言。学校认真落实《中国共产党统一战线工作条例》和《中共中央关于加强新时代统一战线工作的意见》精神，不断完善民主协商机制，修订联谊交友工作制度，为党外人士开展学习教育、考察调研、社会服务提供有利条件和经费保障等，持续推进建言献策制度化。《打造“智慧统战”大数据平台　推动新时代统战工作高质量发展》荣获陕西省统战工作实践创新优秀成果奖，学校荣获2022年“陕西省高校统战工作先进集体”。

二、注重思想引领，筑牢共同奋斗的思想基础

深入开展“喜迎二十大、同心跟党走”主题教育活动，采取线上线下、校内校外、理论学习与主题教育、集中教育与融入日常等多种方式，开展理论培训和专题交流研讨。一是举办同心讲堂，举办“同心讲堂”第七、八讲，分别邀请陕西省考古研究院院长孙周勇和陕西社会主义学院副院长仲伟周来校作报告。二是召开第二届知联论坛，邀请郝跃院士作《微电子科技的若干新进展》报告，提供思想碰撞、交流合作的机会；邀请西安交大一附院心脑血管专家吴岳作心脑血管保健报告，关爱师生健康。三是开展“统一战线学习党的二十大”主题宣传教育活动，邀请陕西省统战智库专家、陕西社会主义学院教研室主任解永强教授作专题辅导，解读党的二十大精神和《中国共产党统一战线工作条例》；邀请中央社会主义学院李勇刚副教授作专题报告；举办第三届“同心杯”乒乓球比赛、“喜迎二十大、奋进新征程”健步走活动、统一战线史知识竞赛等活动；购买《习近平谈治国理政》第四卷，每月编发一期《统一战线学习材料》，营造良好的学习氛围。四是举办线上云展览，克服疫情影响，组织统战成员观看“践行二十大、筑梦新时代”线上“云展览”，通过VR实景，参观各地红色教育基地，感悟革命奋斗精神。

三、注重组织建设，做好民主党派、统战团体工作

一是加强民主党派组织建设。突出发展质量，规范发展程序，2022年度共发展民主党派成员5名，其中致公党2名、九三学社2名、中国国民党革命委员会(民革)1名；民革西电支部召开换届选举大会。二是加强留联会、知联会建设，召开西电归国留学人员联谊会届中调整会议暨“厚植家国情　砥砺报国志”座谈交流会；召开座谈会，学习习近平总书记给南京大学留学归国青年学者回信精神。三是优化无党派人士队伍结构，2022年认定无党派人士45人，其中省级无党派人士2人，省高校无党派代表

人士 19 人，为党外代表人士队伍建设涵养水源。四是加大党外代表人士举荐使用力度，校内积极选拔优秀党外人士担任领导职务，截至 2022 年 11 月底，中层领导干部中党外人士占比为 10%；积极做好党外人士的选拔培养和考察推荐工作，7 人当选民主党派省委委员，15 人次当选各级人大代表、政协委员，比上届增加 50%。

四、注重责任担当，服务地方经济社会发展

引导党外知识分子积极建言献策、服务社会发展。一是搭建党外代表人士建言献策平台，建立党外人士定期沟通机制，全年召开“校情通报会”2 次，统战成员提出有效提案 30 余项，中国民主同盟(民盟)陕西省委委员谢永平教授撰写的关于高端装备制造业的提案被陕西省主要领导批示，全国政协委员刘三阳教授在 2022 年全国政协会议上提出 10 条提案。二是引导党外人才积极服务社会、建功立业，积极参加全省高校党外知识分子“同心·追赶超越　助力乡村振兴”主题活动，机电工程学院党外知识分子前往蒲城县开展帮扶工作，党外归国留学人员牛毅教授及其团队指导的奶山羊智慧养殖项目获得第八届国家“互联网+”创新创业大赛金奖。

五、注重维护团结稳定，做好民族宗教工作

一是抓好民族团结工作。围绕“培根育魂　石榴花开”的活动主题，与学工部、党委教师工作部、国际合作与交流部(国合部)等联合开展铸牢中华民族共同体意识教育系列活动 13 次，1200 余师生参与；指导预科学院少数民族学生成立“青春献礼二十大　民族团结我践行”社会实践队；与国合部共同组织“学习中华文化传承红色精神”研习营，促进各族学生交往交流交融。二是做好防范和抵御宗教渗透工作。做好 2022 年师生宗教信仰情况摸排工作，完善全校师生宗教信仰台账；参加雁塔区委统战部举办的驻区高校统战工作联席会议；依托防范和抵御宗教渗透领导小组，召开稳定安全风险研判会，加强风险隐患排查，全年共向上级部门提交材料 9 份。

六、注重自身建设，提升工作水平

一是建成“智慧统战”系统平台，依托信息化手段，实现对统战成员的精准教育、精细管理、精心服务和精确评价，通过微信端和手机 App 模式学习系统，营造轻松自主学习、实时互动交流的良好氛围。二是加强统战理论研究，完成基本科研业务费统战课题 17 项的结题工作，向陕西省委统战部申报《共同富裕背景下高校统战力量整合机制及路径研究》等 3 项理论研究成果，荣获好评。三是加强统战宣传工作，整合构建包括公众号、网站、App、小程序、微信群等信息宣传矩阵，并通过“三秦统战”等省级媒体宣传报道，全年刊发新闻稿 36 次，被省级以上媒体采纳 12 次，校党委统战部荣获“全省统战宣传工作先进单位”称号。

附表　奖励或表彰事项统计表

序号	名　　称	颁发单位	级别	获奖时间
1	郝跃院士获“九三楷模”荣誉称号	九三学社中央	国家级	2022 年 10 月
2	郝跃院士、马晓华教授获“全国社会服务先进个人”荣誉称号	九三学社中央	国家级	2022 年 11 月
3	陕西省高校统战工作先进集体	中共陕西省委教育工委	省级	2022 年 6 月
4	《“打造智慧统战”大数据平台　推动新时代统战工作高质量发展》获 2021 年度全省统战工作实践创新优秀成果奖	陕西省委统战部	省级	2022 年 2 月

续表

序号	名　　称	颁发单位	级别	获奖时间
5	全省统战宣传工作先进单位	陕西省委统战部	省级	2022 年 1 月
6	民盟西电委员会荣“2017—2022 年度盟务工作先进基层组织”荣誉称号	民盟陕西省委	省级	2022 年 6 月
7	九三学社西电委员会被评为“2021 年度社情民意信息工作先进集体”	九三学社陕西省委	省级	2022 年 2 月
8	民盟西电委员会王建坤、唐茜获得 2021 年度“盟务工作先进个人”称号	民盟陕西省委	省级	2022 年 2 月
9	民盟西电委员会王建坤、罗卓琼获“民盟陕西省委脱贫攻坚先进个人”	民盟陕西省委	省级	2022 年 2 月
10	致公党西电支部获得 2021 年度先进集体	致公党陕西省委	省级	2022 年 3 月
11	致公党西电支部戚文艳获得2021年度工作先进个人	致公党陕西省委	省级	2022 年 3 月
12	致公党西电支部于淼获得 2021 年度工作先进个人	致公党陕西省委	省级	2022 年 3 月

工会工作综述

2022年，西安电子科技大学工会在学校党委和上级工会组织的坚强领导下，坚持以教职工为中心，有效发挥工会的桥梁纽带作用，圆满完成了各项工作任务。

一、立足校园民主协商，强化权益保障

学校顺利召开六届四次教代会，审理提案51件，其中立案11件，转达35件，不立案5件。立案提案比六届三次教代会多2件，满意率达到100%。首次召开提案工作“面对面”交流会，增进提案人和承办单位的沟通交流。《关于加快新能源汽车充电桩建设的提案》荣获2022年度陕西省教科文卫体系统优秀提案。召开教代会代表团团长会议3次，研究和征求事关学校事业发展和教职工切身利益等重要事项的意见建议。

二、立足服务载体建设，强化关心关爱

我校是全省唯一实施大病关爱互助的高校。2022年，学校修订了《教职工重大疾病及慢性病关爱互助金管理办法》，提升补助标准，补助病种从31种扩大至64种，累计56人次申请互助金补助57.2万元。出台《教职工困难补助管理办法(试行)》，困难补助金额从2万元扩大至25万元，为31名困难教职工缓解了生活困难。学校荣获“全省职工互助保障先进工会”称号。

继首次成立教职工法律咨询室后，2022年，学校成立教职工心理咨询室，全年累计为125名教职工开展咨询服务；2000余人次参加《中华人民共和国民法典》等专题讲座、新《中华人民共和国工会法》网络知识竞赛等；111名教职工参加疗休养活动；240名教职工子女参加“西小电”夏令营。2022年，学校首次启动“职工小家”建设工作，七家分会获批立项，通信工程学院、经济与管理学院两家分会荣获陕西省教科文卫体系统“模范职工小家”称号。作为全省首家实施福利“套餐制”的高校，学校将福利由“老三样”升级为“随心配”；坚持开展“送清凉、送温暖”活动，累计慰问教职工2255人次，为历年最多；加强母婴关爱室日常维护，发挥“小空间、大关爱”作用。北校区文化活动中心全年服务保障20次全校性活动，保障核酸检测168次，服务教职工130万人次。

三、立足文化平台构建，强化身心健康

拓展文体活动新平台，开展线上趣味运动会、摄影作品展、羽毛球赛、家庭读书会等活动30余次，各二级分会开展文体活动200余次，累计覆盖2.2万余人次。加强教职工社团建设和管理，指导羽毛球、摄影、篮球等11个教职工社团积极开展各类特色活动，羽毛球赛共有28支队伍425名教职工报名参加，为历年来人数最多、持续时间最长的比赛；舞蹈协会参加西安市“老年大舞台”比赛，荣获三等奖。每月为教职工购买党的创新理论、红色经典读本、生活百科、文学名著等畅销书籍，举办5期“教职工家庭读书会”分享交流活动，380余名教职工参加，受到陕西省总工会的充分肯定。

关心关爱女教职工，全年组织“三八”国际劳动妇女节系列活动、健康知识讲座等，参与人数超过2000人；为全校1330名在编女教职工购买互助保险；举办“联通你我，缘聚西电”等单身联谊活动，近200人次参与。一年来，教职工活动积极性高、参与面广、效果好，学校在陕西省总工会召开的劳动科学研讨会上作典型经验交流。

四、立足劳模示范引领，强化自身建设

弘扬新时代劳模精神，刘志镜教授获评“陕西省先进工作者”。组织开展“劳模进校园”主题活动，持续开展劳模走访慰问工作。“五一”前夕，副校长蒋舜浩逐一向劳模发放“劳模证”和光荣牌，进一步提升劳模的荣誉感和使命感。发挥劳模示范引领作用，首批建设2个劳模创新工作室——杨银堂集成电路创新工作室、焦李成人工智能创新工作室。《弘扬新时代劳模精神，筑牢立德树人基石》荣获校园文化建设优秀成果奖二等奖。

开展评优表彰，激发工会组织活力。全年评选表彰98名先进个人和37个先进集体，多名教职工荣获省级奖励。杜兰、韩香娥、王丽玲、王晓霞荣获“陕西省教科文卫体系统五一巾帼标兵”称号，经济与管理学院工商管理系、校医院疾控科、心理健康教育中心荣获“陕西省教科文卫体系统五一巾帼标兵岗”称号。完成“智慧工会”一期建设，上线多项工作模块，为教职工提供更加便捷、高效的普惠性服务。通过举办新《中华人民共和国工会法》讲座、政策文件解读、赴兄弟高校调研、参观照金革命纪念馆等形式，举办工会干部培训班。立项工运理论研究课题39项，资助经费近20万元。主持并完成陕西省总工会2022年度工会事业劳动科学重点研究课题，形成了一套架构科学、功能完善的智慧工会建设体系。

五、立足乡村“五大振兴”，强化帮扶成效

坚持“四个不摘”，落实“三个转向”，服务“五大振兴”，全面超额完成2022年度中央单位定点帮扶和陕西省“双百工程”工作任务，助力蒲城县和白河县全面推进乡村振兴战略实施。第3年获得中央单位定点帮扶成效考核评价最高等次“好”，连续第5年获得陕西省“双百工程”先进单位。《中国教育报》发表校党委书记查显友的署名文章《为乡村振兴提升“软实力”提供“硬资源”》。教育部门户网站发布《西安电子科技大学定点帮扶十年成果》，教育部简报单篇介绍学校的定点帮扶工作经验《西安电子科技大学发挥优势、接续推进，切实做好定点帮扶工作》。

安全保卫工作综述

一、落实立德树人根本任务情况

(一) 全面开展师生安全教育，“服务育人”细化落地

组织师生进行“119”疏散演练、灭火演练，举办2021级本科生交通安全讲座、2020级军训学生消防安全讲座，协助校内重点单位开展消防培训与灭火实操，累计培训师生25 100余人次。开展校园交通消防安全服务劳动教育，带领学生进行僵尸车清理、毕业季行李托运、消防安全检查等实践活动，引导学生培养劳动精神，增强安全防护意识和遵守校园秩序的责任意识，打通劳动教育“最后一公里”。上好大学生安全法治通识教育课程，增加至16课时，将习近平法治思想有机融入课堂教学，培育学生法治观念，增强法治意识。

(二) 强化校园交通治理，形成师生自觉遵守秩序良好氛围

修订《西安电子科技大学校园道路交通管理规定》《西安电子科技大学校园机动车注册管理办法》，规划南校区学生公寓区域为慢行区域，安装15km/h限速牌，樱花大道设置为机动车禁行区域，安装交通标识和隔离设施；完善南校区道路标线，施划156个停车位，一定程度缓解南校区重点区域高峰期“停车难”“停车乱”问题；坚持网上定期通报交通违规行为，将各单位校内交通违规情况纳入综合治理考核，为相关部门在干部考察、教师评优过程中出具安全管理和违规违章意见书，引导师生自觉遵守校园秩序。

二、目标任务书完成情况

(一) 按时保质完成国拨项目建设

克服疫情管控影响，提前谋划，细致分工，完成北校区12栋学生公寓消防自动报警系统升级改造、南校区B楼、C楼、信远楼视频监控系统建设以及南校区A、F、G教学楼视频监控系统改造，执行进度达标，顺利通过验收。

(二) 防范电信网络诈骗全覆盖，发案率显著下降

针对往年新生报到后电信诈骗案件高发现象，与属地公安机关充分研讨，制订方案，提前为1000余间新生宿舍张贴安全提示卡，联合开展防电诈全覆盖宣传活动。2022年电信诈骗类案件发案共48起，较去年同比减少71.26%，其中2022级新生相关案件仅为3起，为历年最少。

(三) 建设访客预约管理系统，提升安防信息化水平

建设完成访客预约管理系统，试运行电动车管理平台，统筹长短期和临时入校人员及车辆管理，加强校内施工单位、入校电动车摩托车等监管；申报校园消防监督管理平台，推进安消一体化(Ⅱ期)建设。

三、督办事项，校长办公会、常委会决议完成情况

(一) 及时妥善处置突发事件，确保重保期校园安全稳定

严格执行学校要求，配备充足力量，全员在岗值守，全面排查、整治、处理校园安全稳定隐患风险，有力执行针对性应急处突措施，积极协调各级公安机关给予支持，联合属地公安机关开展防暴恐演练，对重点人员实行一人一策，全力保障校园正常教学、科研秩序，圆满完成重保期各项安保维稳

任务。

(二) 严格门禁管理，坚决守好疫情防控“第一关”

不折不扣执行学校疫情防控有关措施和纪律要求，严格执行查证验码测温等工作，严格过滤外来无关人员及车辆入校；做好平战转换，完善管理措施，第一时间响应解决师生诉求，开辟快速通道，设置硬隔离区临时出入口，安排专人负责值守；配合相关单位优化南北校区快递投放点，更换教学区安全防护栏，确保防控保供两不误，增加防护强度，降低安全风险；增加校内巡逻力量，加强门禁管理督查、校园周界巡查，严防翻越围墙、破坏硬隔离等违规事件发生，形成执行—检查—反馈—整改闭环，做到了动态清零政策下的零感染。

(三) 组织开展消防安全大检查，最大限度降低安全隐患风险

主管校领导带队，组织校园燃气消防安全专项检查、教学区高层建筑重大火灾风险专项整治行动、重点单位消防安全大检查隐患大排查、南北校区教学区室外灭火栓测试排查、校园文物建筑消防安全检查、重大节日重点区域消防安全检查风险隐患排查、冬季消防安全隐患检查排查、校园消防安全隐患整改“回头看”等大检查活动 10 余次；针对突出风险问题和“细枝末节”问题再检查、再排查、再督促；开展电动车违规停放充电等专项检查 20 余次，下发隐患整改建议书 10 余份，督促相关单位按时销号整改；协助消防救援机构及时妥善处置校园内外火情 2 次。

(四) 按时完成交办任务，及时报送相关信息

对接各级公安机关、国家安全机关，报送相关信息 100 余条，开展人员调查、案件调查 30 余人次；牵头协调校园加装防护设施工作，向教育部、陕西省委教育工委、陕西省教育厅按月报送信息与工作情况；向陕西省委教育工委、陕西省教育厅报送学校常态化扫黑除恶斗争整治工作实施方案、学校“禁毒宣传月”活动总结等。

四、获得的重要荣誉奖励，经验推广及社会影响力等

(1) 学校获批西安市文明交通主题实践活动唯一试点高校，举办揭牌仪式暨交通安全宣传教育进校园活动。

(2) 学校首次入选 2021 年高校平安校园建设优秀成果，《高等学校 ECOS 流浪动物治理机制探索研究》荣获典型案例三等奖。

(3) 《“双一流”建设背景下的高校智能安防管理的理论构建与应用研究——以西安电子科技大学为例》获中国高等教育学会保卫学专业委员会“高校保卫科学”研究课题重点立项(陕西省高校唯一)。

(4) 《大学生法治教育(第二版)》获批 2021 年度校级教材建设立项，系列教材累计印刷 30 000 余册。

附表　奖励或表彰事项统计表

序号	名　称	颁 发 单 位	级别	获奖时间
1	西安市文明交通主题实践活动试点高校	西安市公安局	市局级	2022 年 7 月
2	2021 年高校平安校园建设优秀成果典型案例三等奖——《高等学校 ECOS 流浪动物治理机制探索研究》	全国高校思想政治工作网、中国高等教育学会保卫学专业委员会、高校思想政治工作队伍培训研修中心(高等教育出版社)		2022 年 3 月

团委工作综述

2022年，在学校党委的领导下，校团委深入学习宣传贯彻党的二十大精神，深入贯彻落实习近平总书记关于青年工作的重要思想和关于教育的重要论述，坚持立德树人根本任务，围绕当好党的助手和后备军政治定位，从迎接二十大和学习党的二十大精神、贯彻落实学校党委工作部署、做好“双一流”建设和一流人才培养等大事出发，全面加强各项工作，团结引领广大团员青年成为有理想、敢担当、能吃苦、肯奋斗的新时代好青年。

一、强化思想政治引领，实施“筑梦实践”坚守意识形态阵地

以迎接二十大和学习宣传贯彻党的二十大精神为主线，围绕广泛开展个人自学、打造生动案例导学、推动团干集中领学、扎实社会实践悟学四个层次，开展主题为“学习二十大、永远跟党走、奋进新征程”系列专题活动，提升新时代高校共青团思想引领工作有效性。

加强团员思想政治引领。着力增强团支部政治教育功能，组织全校团支部开展“喜迎二十大、永远跟党走、奋进新征程”主题团日活动，累计开展系列活动2000余场，做到全校团支部100%全覆盖。组织全校团员青年共上一节主题云团课，通过学者讲述、沉浸场景、互动交流等形式，全方位学习解读党的二十大精神的重要意义和丰富内涵。发挥学生会、研究生会、学生社团功能型团支部作用，开展党的二十大报告、《习近平的七年知青岁月》《论党的青年工作》专题学习，引导各级团学骨干学原文、读原著，相关工作经验被中华全国学联报道。严格落实“三会两制一课”基本制度，开展“青年大学习”行动，持续推进“青年大学习”网上主题团课进支部、进团课、进社团、进网络，平均每期覆盖团员青年人数达1.5万人以上。我校参赛作品获评2021年全国青少年模拟政协提案征集活动“最佳模拟政协提案作品”(全国高校五强)，2019级本科生赵思垚获中国电信奖学金飞Young奖。

增强社会实践育人实效。设置“十大主题实践”和“五大专项行动”，邀请33位学院党政领导带队，425名思政教师、专任教师、辅导员、部门职员参与指导，组织2201支实践团队、10 205名青年奔赴全国各地开展暑期“三下乡”社会实践活动。重点设置“续写人才培养现象，办好新时代西军电”专项实践，开启“红色筑梦”电子信息特色行业之旅，累计对接14家科研院所、联系40家对口企业、拜访266名毕业校友，增设9个“大学生社会实践基地”，聘任29名“本科生成长企业导师”，深化师生爱校荣校之情和建校强校之力。学校荣获2022年“三下乡”社会实践“全国优秀单位”，“续写人才培养现象，办好新时代西军电”社会实践队获评“全国优秀团队”和大学生暑期实践展示活动“全国百强”，3支队伍获评“镜头中的三下乡”全国优秀团队。西电“红色筑梦”实践育人项目作为“高校社会实践项目成果征集”优秀范例发布，西电“红色筑梦”社会实践品牌获得《中国青年报》专题报道。

扩大志愿服务组织覆盖。落实《高校共青团青年志愿服务工作指引》文件要求，新增注册志愿者8824人，志愿服务时长增加15 093小时，指导志愿服务类社团14个；“大创筑梦”项目在中国青年志愿服务项目大赛获银奖，追平历史最好成绩。学校连续11年参与扶贫接力计划研究生支教团，招募2022年西部计划志愿者11人、研究生支教团志愿者9人；举办蒲城县优秀共青团干部、少先队干部培训班暨“青马工程”培训班，研究生支教团对口帮扶的蒲城县尧山中学、翔村九年制学校获2022年世界机器人大赛锦标赛季军、三等奖，袁翔宇获全国大学生西部计划优秀志愿者。申报2022年陕西省青年志愿者协会志愿服务研究课题及2022年度全国大学生志愿服务研究课题。青年志愿者协会入选2022年

全国大学生科技志愿服务示范团队，多支队伍入选团中央志愿服务项目。

打造网络宣传文化高地。以“青年之伴，伴之青春”为新媒体工作理念，主阵地“西电青年”微信公众号平台累计关注人数达 67 680 人，做到全校团员青年全覆盖，本年度推送 190 篇，总阅读量达到 210 万以上。在团中央“学校共青团”微信公众号公布的全国高校团委微信影响力周榜单中排名稳居前列，形成较为稳定的宣传影响，得到团中央“一周团学快讯”“本周推荐公众号”榜单收录；在“2021—2022 寻找高校可视化融媒团队”活动中，“西电青年”融媒体中心获评“2021—2022 年度全国卓越影响力高校可视化融媒团队”(全国十强)。

二、夯实组织建设基础，实施“磐石工程”稳健推进团学改革

推进基层团组织规范建设。严把团员入口关，将思政课考评成绩、团课学习考核评测等级、年度志愿服务时长纳入入团必备条件。全过程监督、管理并推进推优入党规范化建设，推行“信息化推优”，全年共推荐 4066 名优秀共青团员作为入党积极分子人选。微电子学院团委、空间科学与技术学院团委入选“全省高校团建标杆院系”培育单位，光电工程学院 200501101 团支部、人工智能学院 2020011 团支部、马克思主义学院 201612 团支部入选“全省高校团建样板支部”培育单位。微电子学院红色朝阳班团支部入选 2022 年陕西高校“活力团支部”风采展示活动。

着力优化实施“青马工程”。提升青年马克思主义者培养工程建设质量，在校级层面举办包含“新生领导力训练营”“大学生骨干培训班”“学生社团骨干训练营”“研究生支教团专项班”四级架构的青年马克思主义者培养学校，遴选学员 600 余人，贯彻落实新任班级团支部书记，校级学生会、研究生会工作人员，学生社团团支部书记，研究生支教团成员培养全覆盖。4 人入选陕西省“青年马克思主义者培养工程”第十六期高校班；2020 级硕士研究生谢雨航入选 2022 年全国“青马工程”高校班。

加大团干队伍培养力度。落实“团干部上讲台”工作要求，组织各级团干部围绕党的最新理论成果、党的青年运动史、新时代中国特色社会主义的伟大成就、传承红色基因等内容开展主题团课。经济与管理学院团委书记安翔入选团省委第二批青年讲师团。华俊文、李栋获第三届陕西省高校团干部素质能力大赛专职团干部组二等奖，郑瑞博获专职团干部组三等奖，2020 级硕士研究生王冠玉、谢雨航获学生团干部组三等奖，学校获优秀组织单位。

巩固团学组织改革成果。推进《深化学校共青团改革若干措施》落地落实，指导二级团委召开团员代表大会。高质量落实《关于推动高校学生会(研究生会)深化改革的若干意见》《关于落实共青团和学联对高校学生会(研究生会)指导管理责任的若干规定(试行)》文件要求，指导学生会、研究生会云端召开第十一次学生代表大会、第五次研究生代表大会，云端模式在全国范围内发挥标杆引领作用。学生会、研究生会获陕西省标兵学联学生会组织，5 名工作人员获陕西省学联学生会先进工作个人；研究生会成为陕西省学生联合会第十一届委员会委员候选团体及主席团候选团体。

三、切中学生发展需求，实施“繁星计划”服务学生成长成才

开创科技创新人才培养新局面。围绕“点燃激情、培育团队、重点扶持”科技创新体系，开展第 33 届“星火杯”大学生课外学术科技作品竞赛，共有 1590 支项目团队参与，覆盖人数共 4976 人。建设并上线“星火社区”学生科技创新资源对接平台，进一步整合各类科创要素，帮助教师、学生搭建渠道，对接人才和项目资源，引导和激励更多学生积极参与科技创新实践。学校在第十一届“挑战杯”陕汽集团陕西省大学生创业计划竞赛中荣获金奖 6 项、银奖 5 项、铜奖 3 项，再捧省赛“优胜杯”，其中“共赴牧业——乡村智慧养殖开创者”项目负责人 2018 级本科生宋卓琛作为金奖团队代表受邀在闭幕式进行项目展示。AIMIS3D、良畦千渠、纳科聚能共 3 个项目进入本届“挑战杯”国赛决赛。

营造红色文化美育浸润新气象。坚持面向人人、精品引领的校园文化工作理念，以“红色＋科创＋艺术”特色文化育人格局为重点，成功举办了贯穿全年的“2022 大学生文化艺术节”系列活动共 201 场，参与学生 2.3 万人，打造如校园歌手大赛、校园舞蹈大赛、“春之声”演讲比赛等品牌引领活动提质增效。为迎接党的二十大胜利召开，在全省高校率先举办“‘新时代·新征程·新青年’喜迎二十大青春歌会暨迎新生特别节目”，通过“西电青年”视频号、西安市团市委视频号播出，累计观看达 2.9 万人次，总计获得点赞 6.8 万次，回放点击率超过 10 万次。连续第八年登上央视五四青年特别节目，受邀参演央视纪念毛泽东同志延安文艺座谈会 80 周年晚会和 2023 年丝路春晚等国家及省级艺术活动。学生合唱团、交响乐团分别在国际、国内艺术赛事中获金奖(一等奖)9 项，刷新陕西高校艺术类获奖年度纪录。学校美育实践案例《西电：在学习灵魂中植入文化自信》获《中国青年报》报道。

构建社团专业精品提升新模式。打造“社团提升 Z 计划”，通过制度、治理、质量、智享促进学生社团健康发展，修订《西安电子科技大学学生社团建设管理办法》，经学校党委常委会审议通过后印发。成立学生社团团支部，开展新媒体平台备案工作，遴选党员、入党积极分子担任社团负责人，通过多样化的社团组织建设实现青年群体引领。举办“向好而生”社团嘉年华，共有 7 类 60 余个社团参与，以书院摊位、交互体验的方式覆盖本科新生 4000 余人。西电 iRobot 战队获第二十一届全国大学生机器人大赛 RoboMaster2022 机甲大师超级对抗赛全国赛二等奖 4 项、三等奖 3 项；“西电青年”融媒体中心入选 2022 年陕西高校“活力社团”风采展示活动；西安电子科技大学辩论队在 2022 年华语辩论世界杯中获西安赛区冠军。

四、顺应时代潮流，实施“未来行动”推进共青团数智化转型

梳理现有平台，开发模块服务核心功能。开发上线会议投票表决系统，推广至北京大学等高校学生代表大会使用；建设星火社区师生共创媒合平台，开发星火杯、社会实践项目申报管理功能模块等新平台新业务 7 项，梳理整合业务流程 35 项；以推优入党工作为试点，推动“一件事、一次办”改革，完成多跨协同业务综合集成与升级再造。

通过数据中台，抓取学生相关数据描摹成长画像。加快数据引流汇聚，将青少年大数据服务平台、青年大学习、志愿汇等组织建设、思想引领、志愿服务相关数据接入本地，累计接入数据 50 余万条，提供数据接口 20 个。积极推进智能报表工具落地建设，建设集数据采集、数据分析、数据处理和数据展示于一体，具有科学辅助决策能力的分析平台。

下一步，校团委将进一步贯彻落实学校党委工作部署和要求，创新学校共青团工作组织方式、活动方式、工作方式，扎实推进共青团改革，切实增强思想政治引领实效。一是进一步提升引领力、组织力、服务力，因事而化、因时而进、因势而新，抓住机遇有所作为，发挥“大思政”格局中的生力军作用，扩大组织有效覆盖面，提升思想政治教育时效性和实效性，持续提升大局贡献度。二是进一步与学校“双一流”建设和一流人才培养同频共振，将共青团工作特色、工作品牌植根入书院制改革，发挥示范引领作用。三是进一步体现时代特色，优化共青团工作信息化、智能化逻辑，数智赋能，顺势而为，打响数字共青团品牌，提高工作展示度。

离退休工作综述

2022年，离退休工作处坚持以习近平新时代中国特色社会主义思想为指导，贯彻落实党中央决策部署和习近平总书记关于老龄工作重要指示批示精神，以“让党放心、让老干部满意”为目标，更加注重党建引领，更加注重服务管理，更加注重发挥作用，秉持“用心用情精准服务”的理念，守正创新，扎实工作。

一、以政治建设为统领，贯彻落实党委安排

(一) 学习贯彻党的二十大精神，推动学习走深走实

为学习宣传贯彻落实好党的二十大精神，切实把广大离退休人员的思想统一到党的二十大精神上来，离退休工作处积极配合离退休党委工作，制订相关实施方案，举办专题培训班1次，主动邀请宣讲团成员面向离退休党员代表进行宣讲2次，组织中层领导干部讲党课4人次，理论学习中心组学习研讨10次，向45个党支部发放《党的二十大报告辅导读本》等学习材料，向1100余名党员发放《中国共产党章程》和政治生日贺卡。开展线上学习和“学习贯彻党的二十大精神”答题活动，增添政治生活色彩，967人参加。协助党委成功召开离退休第七次党代会，不断巩固党史学习教育成果，引导老同志进一步增强“四个意识”、坚定“四个自信”、做到“两个维护”。

(二) 推进全面从严治党，严管意识形态阵地

深入学习贯彻习近平总书记关于巡视巡察工作的重要论述，协助完成校党委第五轮第二巡察组对离退休党委的巡察及整改工作。坚守重要时间节点，开展纪律教育和专项整治工作，加强党风廉政建设。配合做好民族和宗教工作，防范和抵御宗教邪教向高校渗透。对曾有敏感言论的离退休人员，建立台账，谈话提醒3人，增强党性观念和规矩意识。落实意识形态工作责任制要求，安排专人负责网络意识形态阵地，开展意识形态风险隐患排查，针对网络谣言及时辟谣，未发现不良信息传播。通过微信群及时做好慰问金、南校区离退休人员活动场地等与老同志利益相关的诉求反映和解释工作，妥善化解群内讨论，维护稳定。

(三) 树立人民至上理念，落实疫情防控要求

坚决配合学校疫情防控工作要求，树立人民至上理念，扛起疫情防控政治责任。年初疫情期间，离退休领导班子携校内工作人员奔赴一线，总协调北校区社区核酸检测秩序维护工作；协同有关部门完成住宅楼楼长及联络人的选配及管理；制作线上平台统计离退休人员及家属居住情况；组织老年志愿者领取及分发物资；主动关心困难离退休人员，上门慰问并发放蒲城捐送物资；建立北校区社区药品保障群，主动为独居空巢老同志买药、送校医院治疗等，用心用情精准服务。下半年北校区教学区封闭期间，全体工作人员驻守家属区办公，保证离退休工作正常运转，联合社区、校医院做好老同志核酸检测及疫苗接种工作，强化老同志组织归属。

二、以深化改革为动力，提升离退休工作水平

(一) 聚焦我为师生办实事，增强工作实效性

常态化开展“我为群众办实事”活动，及时解决离退休人员的急难愁盼等问题。出台《西安电子科技大学离退休困难补助管理办法(试行)》，修订《教职工重大疾病及慢性病关爱互助金管理办法》，提

高重特大疾病和多元医疗需求保障水平，本年度共计发放困难补助 74 人 149 000 元，发放医疗补助 13 人 12 万余元。联合学生志愿者举办离退休人员信息服务咨询会，现场一对一帮助老同志解决手机使用、养老认证、医保查询等方面出现的问题，缩减“数字鸿沟”，600 余人参加。结合疫情防控要求，优化春游、祝寿会等活动流程，做好活动预案。

(二) 探索工作机制创新，协同做好关心关爱

积极落实学校工作要点中“探索完善离退休人员两级管理服务机制”要求，同二级党委(党总支)举办座谈会 3 次，申报相关课题，推动学校离退休管理服务机制的创新，形成调研报告 1 篇；各二级党委(党总支)以举办重阳插花、重阳交流分享暨师德师风传承会等活动及看望慰问等方式做好重阳关怀。协同后勤、国资处等相关部门做好南校区教职工住宅楼维修工作、北校区家属区第四批电梯加建工作。加强与社会各界的联系，将受赠坚果和《陕西省老年服务手册》300 余份以重阳慰问品形式分发给老同志。

(三) 把握老同志所思所想，做好服务保障工作

完善为老服务制度体系，保障离退休人员各项权益。主动适应人口老龄化的新形势新要求，进一步修订《离退休人员服务管理办法》和《离退休人员丧事处理办法》，落实上级有关离退休人员的服务管理及丧事改革要求。推动老校区活动场地及设备的修缮工作，安装并学习 AED 设备，保障离退休人员活动安全。推进新校区活动场地和办公场所的申请工作，方便离退休人员出行办事。改革福利发放模式，制作福利发放卡片，增设爱心助老小推车，优化发放流程；提升福利上门服务，从离休干部扩大至 90 岁以上行动不便人员，合计上门 400 余人次。践行一线规则，看望生病住院老人，整理独居空巢人员台账，做到思想底数清晰，个人情况精准化。积极应对突发事件，及时破门将晕倒老同志送院就诊，保障 2 位老同志生命安全。做好近 2000 名名退休人员养老保险认证工作，保障养老金顺利发放。处理 60 人的丧事善后事宜，做好家属的抚恤慰问。首次举办“迎金秋、庆金婚”活动，共计 59 对夫妇参加，增添重阳喜庆氛围。

三、以发挥余热为抓手，补充“三全育人”力量

(一) 立足学校育人工作，涵养青年师生情怀

贯彻落实习近平总书记对关心下一代工作的重要指示精神，组织老同志围绕立德树人根本任务，服务学校育人工作。同住宿式书院第四党支部开展座谈交流会，赠送《光辉历程》等书籍，汲取老一辈西电人爱党为国为民的坚定信念。组织学生采访“五老”8 人，制作“读懂中国”视频 3 个、征文 5 篇，协同制作“红色电波的时代光影”5 篇。组织广研院学生开展金婚采访活动，切身体会老一辈西电人忠于祖国、忠于人民、忠于事业、忠于家庭的家国情怀。

(二) 有效发挥“五老”优势，反哺学校工作中心

发挥老同志的政治优势，推荐退休教师加入“学习宣传贯彻党的二十大精神宣讲团”，开展“建言二十大”“我看中国特色社会主义新时代”“我看教育这十年”专题调研活动。发挥老同志的经验优势，开展新生导学课程 1 人次，向档案馆捐赠实物档案 2 人次，校园开放日老专家咨询 3 人次；按期推进“银龄计划”，根据专业划分筛选符合条件人员，共计向 7 个学院 36 名老师进行宣传。发挥老同志的威望优势，引导参与关工委工作，对接做好 23 名入党积极分子培养工作，指导第五届科技夏令营，85 名儿童参加。采购扶贫产品 15 件次共 1 656 500 元，人均完成 750 元，超额 14%完成消费帮扶任务。

(三) 深化增添正能量活动，传递爱党爱校情感

牢牢把握为党和人民的事业增添正能量的价值取向，将正能量活动作为满足老同志发挥作用真诚

愿望和追求健康生活的最佳载体。疫情期间，组织老同志参与“同心抗疫、共克时艰”网络作品征集活动，老同志们笔耕不辍，老而弥坚，创作作品91份，展现离退休人员万众一心、共抗疫情的信心和决心。组织劲松艺术团积极参演西电春晚、青春歌会暨迎新生特别节目等学生活动，展现老一辈西电人风采。围绕“喜迎二十大、永远跟党走”主题，组织开展主题征文、书画摄影展、文艺汇演、网络展示等四大系列庆祝活动，共计创作作品115件。各支部组织党员以唱红歌、诗朗诵、器乐表演和舞蹈等形式，充分凝聚和释放老同志中蕴含的正能量，进一步激发爱党爱校热情。

四、目标任务书及督办事项完成情况

落实习近平总书记关于老干部工作的重要论述，用心用情用力、精心精细精准搞好老干部服务；发挥老干部在学校立德树人方面的独特优势，为学校事业发展作出新贡献；积极推动南校区教职工住宅楼维修工作。

★ 发展规划与综合管理 ★

发展规划工作综述

2022年是新一轮“双一流”建设启动年，也是推动“十四五”事业发展规划落地见效的关键年。发展规划部/一流建设办公室坚持以习近平新时代中国特色社会主义思想为指导，深入学习贯彻党的二十大精神，守正创新、立破并举、精业笃行、担当作为，全面完成学校下达的年度目标任务并推进各项重点工作取得显著成效，在推动学校内涵式、特色化、高质量发展和一流大学建设中贡献了重要力量。

一、履职整体情况

发展规划部充分发挥规划、监管、评估、服务等四大职能，圆满完成了学校“十四五”规划推进落实、新一轮“双一流”建设方案修订、学校学科画像分析等12项年度目标任务和20余项重要督办任务，亮点工作成效显著，重点工作稳步推进。

二、亮点工作

(一) 开启新一轮“双一流”建设工作

密切关注第二轮“双一流”建设名单，关注国家布局重点和政策变化，对比相关高校情况，形成《新一轮“双一流”建设分析报告》。根据专委会修改意见，高质量组织完成了“双一流”建设方案修改工作。新增电子科学与技术、网络空间安全2个陕西省一流学科，省级一流学科数达4个，位居陕西省高校前列。学校新增省级建设经费1000万元/年。按照“与建设方案保持一致、与上轮数据保持延续”的工作思路，协同相关职能部门、学部、学院，充分挖掘数据、凝练工作成果、讲好西电故事，圆满完成了2021年度“双一流”监测数据集中填报工作。

(二) “十四五”规划推进落实

出台《“十四五”规划落实执行考核评价办法》，推进学科、人才、科研一体化建设，推动考核评价形成闭环。印发学校“十四五”规划纲要、专项规划和学院规划，组织相关负责单位开展“十四五”专项规划、学院规划的宣传与解读工作。建立协同落实规划工作务虚会制度，并召集两次专题会议。

(三) 布局学校基础学科建设

聚焦国家战略需求，结合学校发展实际，协同多部门牵头出台《关于加强基础学科建设和基础学科人才培养的若干举措》，从学科布局、人才培养、高水平科研、师资队伍、评价体系、政策保障等多个方面全面加强基础学科建设。出台《基础学科培育提升计划实施办法》，计划未来五年投入1.4亿元用于支持基础学科和基础研究领域新方向、高水平团队、自由探索课题，建设一批高水平平台，激发教师特别是中青年教师的创新活力，力争通过5年时间完成基础学科主攻方向布局，培育出高水平创新成果持续突破的良性土壤。

(四) 完成学校学科发展分析工作

组织开展教师学科画像数据采集工作，系统梳理全校27个一级学科、22个教学科研机构的基本情况和2507名专任教师的学科信息。在采集数据上，从不同维度对学校学科发展状态进行深入分析，形成《基本科学指标数据库(ESI)分析报告》《2022软科中国大学排名分析报告》《学者影响力排行榜分析专报》《新一轮“双一流”建设名单分析报告》《国内外高校发展战略研究报告》等8份报告，为实现学科高质量可持续发展、加快推进一流大学建设提供对策建议。

三、重点工作

(一) 深入学习贯彻党的二十大精神

坚决贯彻落实党中央关于认真学习贯彻党的二十大精神的决定，组织支部全体党员开展党的二十大精神专题研学、习近平总书记重要讲话领学、组织生活会、党建重要文件学习心得分享等各类活动20次。开展“我为师生办实事”“管理干部进书院”等系列实践活动，引导党员坚定理想信念，将党建与业务工作相结合。强化理论武装，加强政策学习与研究，提升战略思维与全局眼光，建设“服务型、学习型、科研型”部门，为学校事业高质量发展提供坚强政治保障。

(二) 成立新机构新学院

完成物理学院、光电工程学院、集成电路研究院成立前期论证和组织筹备系列工作，顺利举行新学院新机构成立大会暨揭牌仪式，进一步优化学科布局和资源配置，完善学科建设体制机制，加快推进基础研究水平提升和交叉学科建设发展。

稳步推进未来技术学院筹建工作。从运行机制、人才培养模式与目标、重点发展领域等方面开展面向全国已获批建设、自主建设未来技术学院高校的调研，形成了《国内未来技术学院现状调研报告》；按照陕西省教育厅相关要求，组织各单位协同推进未来技术学院申报工作。

(三) 持续深化学术评价机制改革

推进学校高水平期刊目录修订工作。面向物理学院、数学与统计学院、先进材料与纳米科技学院等征集理学相关学科高水平期刊，经校外专家评审形成理学类高水平期刊推荐目录，待校学术委员会审议后正式发布。同时，优化现有高水平期刊目录，对高水平期刊质量进行评价，结合各项指标增补、降级或删除相关会议和期刊目录，进一步优化高水平学术成果评价，完善突出成果奖励机制。

推进学校高质量国际学术会议目录制订工作。以学校一级学科为主初步制订高质量国际学术会议目录，面向各学科建设学院征集目录修改意见，后经校外专家评审形成学校高质量国际学术会议目录，待校学术委员会审议后正式发布。

(四) 推进“双一流”建设经费科学规范管理

根据“十四五”学校建设目标和学校“双一流”建设重点，出台《学校“双一流”建设专项资金管理办法》，按照国家专项经费要求做好学科建设经费的管理。根据国家“双一流”建设指导意见，修订学科建设经费分配因素。做好学校“双一流”建设专项资金的申报、分配、预算、管理和绩效总结等。

(五) 调研并分析学部制改革情况

调研国内大学学部制改革情况，客观分析学校学部建设情况及运行过程中面临的困境，形成《学部建设调研报告》。研究困境与对策，归纳出可以用来指导实践的经验，结合学校实际提出建议，为学校进一步推进学科建设体制机制改革提供参考。

(六) 完成学校各类招生计划上报

根据教育部文件要求，与相关职能部门就学校2023年各类招生计划进行充分沟通论证，全面评估办学条件，完成学校2023年本科生、研究生以及成人高等教育招生等各类招生计划报告编制、上报以及数据填报等工作。

(七) 深入推进信息化建设

完成“双一流”学科动态水平监控服务平台建设，并开通使用。新搭建基于数据驱动的学校事业发展规划支撑平台，对学校“十四五”规划中38项核心指标、100余项专项指标及学院规划的完成情况进行线上收集、整理和展示，按指标归口部门或学院设置预警，实现对学校“十四五”规划指标完成情况的动态监测。

(八) 营造浓郁的学科建设氛围

成立发展规划与学科建设协作组。为汇聚教师才智，常态化开展咨询建议工作，推动学校发展规划与学科建设，助力学校“双一流”建设，组织成立了西安电子科技大学发展规划与学科建设协作组，充分激发了学校教师在学科建设与发展规划中的参与度与积极性。

此外，还开展了卓越青年研究生导师奖励基金遴选推荐工作；征集梳理了学校学科“高精尖”仪器设备需求；开展了学校科研诚信与作风专项整治工作。将学校“双一流”建设和“十四五”规划紧密结合，持续开展了学科建设与发展战略研究分析，持续深化学术评价机制和学科建设体制机制改革，信息化赋能学科建设现代化，形成了浓郁的“以学科建设为龙头、统筹推进各项工作”的学科建设氛围。

四、完成各类督办任务

2022年度共完成22项重要督办任务，包括9项校长办公会、党委常委会决议工作任务和13项年度目标任务，涉及学校“十四五”规划落实、学科评估、“双一流”建设等重点工作，事项办结率基本达到100%。

五、荣誉奖励、经验推广及建设成效

在荣誉奖励方面，部门荣获学校2022年度研究生教育“先进集体”称号，并作为学校唯一代表被推荐为“省级先进集体”。

在经验推广方面，通过校内学院走访调研和运用收集掌握的竞争高校的数据与素材综合分析，完成了《学科布局与建设调研报告》。调研成果和经验在学校二级单位(部门)领导班子调研成果交流会上作为典型案例被分享。

在建设成效方面，第五轮学科评估中，学校5个学科获评A类，其中电子科学与技术、信息与通信工程获评A+(全国并列第一)，计算机科学与技术、网络空间安全获评A，机械工程获评A-，取得历次评估最好成绩，继续保持了电子信息领域国内领先优势地位。物理学于今年3月进入ESI前1%，工程学、计算机科学持续保持在ESI前1‰，地球科学、材料科学、临床医学持续保持在ESI前1%，ESI前1%潜力学科有化学(95.95%)和数学(75.39%)。

六、下一年工作计划

1. 密切关注第五轮学科评估动态，根据公布的评估结果做好第五轮学科评估分析，谋划学校学科布局优化，提出下一步学科发展建议。

2. 开展学校“十四五”规划中期检查工作，根据实际情况调整规划目标，深入推进“十四五”规划落实。

3. 按照教育部工作安排，开展新一轮“双一流”建设中期自评工作。密切关注学校“双一流”建设监测指标，做好动态数据填报工作。

4. 持续加强基础学科建设。按照“有增量、求发展”的思路，完善基础学科培育提升计划，组织好基础学科建设项目的申请、论证、立项、考核管理和服务工作。

5. 分层分类开展学科建设。分层分类定期召开学科建设讨论会，明确目标、形成共识，提出学科发展建议，有序推进学校学科建设。出台学校“2030 创新引领计划”和“人文社科振兴计划”的建设方案。

6. 持续优化学科建设体制机制改革。以“坚持强基拓新、促进学科交叉”为改革思路，形成学部制优化改革方案。成立未来技术学院。面向未来技术，面向国家重大战略，在学校现有优势基础上，成立面向“大信息”领域的未来技术学院，做好党和国家、学校的人才自主培养工作。

7. 加强新兴交叉学科建设。召开战略咨询专家委员会、新兴交叉学科论证会等，论证学校新兴交叉学科、新增博硕点等。

8. 推进潜力学科和基础学科的国际同行评估工作。

9. 持续加强高等教育发展和战略研究。密切关注国内外高等教育动态，开展学校战略研究工作，为学校决策提供参考。

10. 持续推进信息化工作。优化学术论文平台、学科建设关键指标跟踪模块，新建交叉学科信息平台，为科学分析学校学科发展现状、谋划学科实施路径提供准确高效的数据支撑。

综合管理工作综述

2022年，党政办公室以习近平新时代中国特色社会主义思想为指导，全面学习宣传贯彻党的二十大精神，全面贯彻党的教育方针，聚焦立德树人根本任务，围绕学校中心工作，以高度责任感、使命感、紧迫感做好“三服务”工作，高质量推进学校“双一流”建设，以实际行动迎接学校第十三次党代会胜利召开。

一、落实立德树人根本任务，用心用情为师生服务

(一) 主要亮点工作

1. 筑牢校园疫情防控安全屏障，实现动态清零阶段校园“零感染”

2022年，党政办公室认真贯彻落实党中央、陕西省疫情防控要求，在新冠疫情持续反复、形势复杂多变的情况下，牵头精准做好校园疫情防控工作，取得了动态清零阶段校园“零感染”的优异成绩，实现了疫情防控和学校事业发展“双胜利”。一是牵头起草学校疫情防控指导性文件。出台《学校新冠肺炎疫情常态化工作方案(第八版)》《学校应对突发新冠肺炎疫情处置预案(第四版)》《关于做好有序恢复常态化疫情防控管理工作的通知》，出台全域封闭管理、部分静态管理、全域静态管理等条件下学校疫情防控管理工作要求相关文件；根据省教育厅有关要求，撰写各类疫情防控督查情况报告140余份。二是保障好学校疫情防控工作相关会议，及时传达会议精神。2022年度组织召开疫情防控各级各类会议130次，形成会议纪要、通知等相关文件并及时下发各部门。三是负责学校异动人员的信息处理和流调工作，整理发布中高风险区变动及病例轨迹。汇总异动人员信息，及时上报属地及上级教育部门，下发流调处置工单，收集统计学校B类人员145人、C类密接人员178人、重点监测人员400余人信息等，同时协调校医院完成对校内重点监测人员的上门核酸检测工作；整理更新西安市、西安市高新区和雁塔区中高风险区变动及确诊病例(无症状感染者)人数，每日更新《校园内重点监测人员管理规范及确诊病例(无症状感染者)活动轨迹》向校内发布。四是全力做好疫情防控信息统计工作。每日开展新冠疫情信息采集和上报工作。全年连续365天统计、报送各类表格3600余张，数据2万余条，有力支撑了上级部门疫情防控决策部署。五是做好校地联动，紧密沟通协作。不断强化与地方政府联动机制，高度重视与属地教育部门、疫情防控指挥部和街道办等的沟通协作。坚持“防控一盘棋”，大型线下活动均主动向属地防疫部门进行报请，待上级批复后再行举办，切实保障疫情防控各个环节不出纰漏。开学前后积极配合属地常态化做好有中高风险地区旅居史的师生员工信息摸排工作，实施台账管理，落实分级管控措施。第一时间向属地政府和上级部门报告校内新冠肺炎患者密接或核酸检测阳性病例信息。六是协调做好全员核酸检测和疫苗接种工作。认真落实上级关于新冠疫苗接种和全员核酸检测的工作部署，积极与属地疫情防控指挥部、卫生部门持续沟通与联系，全力做好疫苗接种和全员核酸检测的协调和组织工作。2022年度南北校区共计进行全员核酸检测、核酸抽检等420余次，共计采样390万人次，参与标识制作、线路搭建、帐篷搭建、隔离墩布置、人员就餐等全程工作。参加学校南校区的全员核酸检测志愿者工作，配合医务人员进行扫码登记。

2. 打好稳定安全保卫战，确保全年校园安全稳定

2022年是党的二十大召开之年，也是维护校园稳定安全任务艰巨之年。面对严峻的稳定安全形势，党政办公室进一步提高政治站位，牢固树立稳定压倒一切的意识，牵头做好稳定安全工作，实现了校园内无群体性事件发生，切实维护好校园和谐稳定。一是专项部署重要敏感时期工作。严格落实全年

24 小时在岗值班工作制度，学校领导、党政办主任/副主任节假日白天在岗带班，重要敏感时期校领导带头 24 小时驻守南北校区；全年共协调全校 50 个部门、400 余名值班人员轮换值班，确保 24 小时应急处突；在重要时间节点，加强值班值守，确保第一时间妥善处置发生的重大安全事故或突发事件。“两会”召开前，印发《西安电子科技大学“两会”期间维护校园安全稳定专项行动实施方案》；党的二十大召开前，印发《做好党的二十大维护校园稳定安全工作方案》，多次协调召开学校稳定风险研判会议，做好相关材料上报及“日报告”“零报告”，维护学校稳定安全大局。二是统筹安排全年稳定安全工作；印发《关于切实做好稳定风险防范化解工作的通知》，部署安排全年稳定风险防范化解工作；印发《西安电子科技大学安全生产管理办法》，规范安全生产活动；印发《西安电子科技大学 2022 年度“安全生产月”活动暨安全生产专项整治行动方案》，组织全校安全生产专项检查，及时消除隐患。三是认真开展稳定安全风险隐患排查。每季度组织各单位开展稳定安全风险隐患梳理、排查、整改，突出抓好要害部门、重点场所、重点领域稳定安全，密切关注可能引发稳定安全事件的风险隐患，严格落实稳定安全信息收集报送、风险管控、通报预警和应急处置等工作。党的二十大召开前，全面排查安全风险隐患，深入整改问题短板，坚决遏制校园安全事故发生。四是严格落实专项排查工作。组织开展了校外租房情况排查和 278 栋校内楼宇的安全风险隐患排查整治，切实维护全体师生的生命财产安全。五是开展国家安全宣传教育。积极对接西安市国家安全局、中共西安市委机要和保密局来校开展 2022 年“全民国家安全教育日”宣传教育与工作交流活动，西安市国家安全局为学校师生作了“做民族复兴捍卫者，反奸防谍有你有我”专题报告，活动获得西安电视台的主题报道；与各二级党委签署“反奸防谍”责任书，落实各防线组织国家安全人民防线建设责任；按照陕西省安全厅要求，组织各单位落实有关人民防线建设任务。六是着力化解校园矛盾纠纷。修订学校《信访工作办法》，认真做好信访处置工作，依法依规依程序解决师生反映强烈的突出问题；严格按照《西安电子科技大学非正常上访处置规则》处置非正常上访事件，坚决防止因处置不当激化矛盾、引发事端。全年共处置信访事件 74 项，处置书记信箱来信 107 件，校长信箱来信 111 件，接待来访来电来信 56 件次，接待信访人员 77 人。持续做好重要时期处突准备。

3. 深化“我为群众办实事”实践活动，全力解决师生急难愁盼问题

在学校党委深入调研、广泛征求意见建议的基础上，结合学校实际，聚焦为师生办实事解难题，牵头制订 2022 年学校领导班子“我为群众办实事”实践活动清单，于 2022 年 6 月 15 日下发《关于印发〈2022 年度校领导班子“我为群众办实事”实践活动清单〉的通知》(西电办函〔2022〕15 号)，并严格按照一月一报机制按时督办“我为群众办实事”事项进展，推进《2022 年度校领导班子“我为群众办实事”实践活动清单》中 18 项事项落实。根据月报进度督促推进未办结任务事项，确保办结事项落实到位，未办结事项按进度开展。

主要民生亮点工程有：

(1) 南校区会议中心正式启用。自此南北校区会议中心均已建成启用，满足南北校区各单位及广大师生举办会议、学习研讨等各类需求。截至 12 月 14 日，南校区会议中心预约次数达 118 次，日均会议室预订 8 次，10 间会议室几乎满负荷运转。假期期间南、北会议中心正常开放，为假期师生学术交流、工作研讨提供有力保障。

(2) 建成集投诉建议、业务咨询、反馈服务于一体的 1234 师生服务热线平台，并于 11 月底正式上线试运行。平台开设“我有话说、后勤报修、网络报修、1234 客服”4 个模块，实现用户可匿名反馈意见建议，对师生诉求快速对接办理，及时呈现事项办理进展情况，响应教育部“接诉即办”的要求。截至 12 月 15 日，收到师生诉求 3442 件， 93%已办结，7%正在办理；1234 客服共服务 5804 人次。学校疫情封控期间，师生服务热线作为学校疫情专线电话，安排专班对师生疫情相关事项应诉即办，

及时回应师生关切；对评价不满意工单，专人对接，协调解决师生问题；对师生发起的事项在限定时限内未办结的，予以督办。将承办部门承办满意度情况与各单位年底绩效考评挂钩。

(3) 深化“最多跑一次”，师生办理业务更方便快捷。整合“一站式”服务大厅线上线下业务，目前可办理业务共 211 项，全部实现“最多跑一次”，且只有 3 项业务需通过人工方式办理，其中 187 项业务已实现线上办理，67 项业务可通过自助的方式办理，面向师生提供 24 小时服务；调整优化窗口服务时间，满足师生利用课余时间办理业务的需求。全年共服务师生 9.5 万余人次，办理各类事务 22 万余件次。

(4) 升级智能客服系统，打造为师生答疑解惑的“全能智库”。持续更新热线平台知识库信息，通过调用知识库数据，智能客服系统实现了从网络端或热线端直接解答师生业务咨询的功能。调用知识库数据累计 2498 条，服务师生 5804 次，解答问题 14 323 个，人工接待 240 人次，回复复杂问题 1074 个。

4. 高质量起草党代会报告，迎接学校第十三次党代会胜利召开

学校第十三次党代会是在全校奋力建设特色鲜明一流大学的重要时刻召开的一次十分重要的代表大会。高质量的党代会报告，是开好学校第十三次党代会的必要准备。为做好党代会报告起草工作，党政办公室牵头组织召开党代会报告起草工作专题会议，明确党代会报告的总体要求，成立党代会报告起草专班，集中力量、全力以赴起草一份顺应师生期待、凝聚发展共识的高质量党代会报告，以实际行动迎接学校第十三次党代会胜利召开。目前已形成 16 000 余字党代会报告初稿，正在广泛征求师生意见建议。

(二) 日常工作综述

1. 牵头推进巡视整改“回头看”，推动整改取得扎实成效

督促各单位认真自查，统筹推进各项整改任务落实。2022 年 3 月下发《关于深入开展教育部党组第四巡视组巡视反馈意见整改落实情况“回头看”的工作方案》，要求各有关部门认真对照，逐项逐条梳理；2022 年 7 月形成《关于报送〈中共西安电子科技大学委员会关于落实教育部党组第四巡视组巡视反馈意见整改情况的台账〉的报告》并报送教育部党组巡视工作领导小组。在学校党委对照教育部巡视反馈的 6 个方面 16 类问题制订的 24 个专项任务、212 项整改举措中，目前已完成其中的 211 项，占总体任务量的 99.5%。上一轮巡视整改任务已全部完成；本轮巡视整改任务基本完成，目前尚有 1 项整改举措为阶段性完成仍需持续推进；巡视组移交的 10 件问题线索全部办结。巡视整改“回头看”中没有发现反弹回潮问题及其他新问题。学校巡视整改工作取得扎实成效，整改任务基本完成。

2. 文秘工作系统提质增效，以文辅政作用不断彰显

起草学校工作会议、教代会等各类文稿 100 余篇，超过 200 万字。做好工作调度会、校党委常委会、校长办公会等重要会务工作 50 余次。做好文件流转工作，共计受理解决 261 件签报请示事项；全年收文 3521 份，同比减少 11.5%；全年审核发文 906 份，同比减少 1.95%。编印发放《西安电子科技大学年鉴(2021 卷)》。以文辅政、服务决策的水平和能力进一步提升。

3. 增强督查督办力度，切实提升行政执行力

始终紧扣学校中心工作、重点任务和上级重大部署开展督查督办，要求各单位按时反馈、定期汇报。2022 年先后纳入学校“两会”(校党委常委会、校长办公会)重要决定和决议、各职能部门年度目标任务书中各项工作、秋季开学检查发现的问题以及年度工作目标任务补充等 4 个部分 814 项任务，共涉及 48 个单位。根据校领导班子工作调度会上提出的每周重点工作，与各单位联系反馈各事项进展情况，2022 年共督办 558 项，涉及单位 49 个，形成 30 期《工作调度会事项进展情况摘要》。工作思路不断创新，信息督办工作质量不断提高。

4. 信息工作稳步推进，信息化水平全面提升

信息报送工作成绩突出。2022 年度共向上级部门报送信息稿件 320 余篇，其中 2 篇被教育部简报单篇采用，3 篇被教育部网站“一线采风”栏目刊载，《西安电子科技大学积极探索推进基础学科建设》等稿件被教育部教育要情采用。陕西省教育厅网站共采用学校信息 81 篇，其中 15 篇被列入教育厅官网头条和教育要闻，21 篇被列入“热点聚焦”，35 篇被列入“高等学校”，10 篇被列入视频信息，年度信息积分以 357 分位居陕西高校第 3 名。《西安电子科技大学：“四个聚焦”推动新时代大学生劳动教育走深走实》被陕西省委教育工委《教育工作情况》采用。在向陕西省委办公厅报送信息方面，2022 年持续加大决策参考类信息稿件报送力度，6 篇信息稿件获省委办公厅采用，实现 2019 年以来决策参考类信息采用方面较大突破。

规范教育事业统计工作。紧抓统计法治宣传不放松，进一步推动各单位对高基报表各项法规开展深入学习，圆满完成本年度高基报表填报工作。编印发放《教育部关于深入学习贯彻〈关于更加有效发挥统计监督职能作用的意见〉的相关情况》(以下简称《监督意见》)等文件，提升各单位依法统计的政治要求和职业素养，切实保障校内各项统计工作有法可依、有据可循；召开专题培训会，持续深入学习相关法律法规及制度。提高统计数据质量，把好统计工作流程规范关。严格要求统计人员认真研读、精准吃透报表指标内涵，要求按照流程上报数据，要求整理并留存原始数据、台账和记录，做到有据可查、有据可依、逻辑一致，从源头上保证统计数据的真实可信。

巩固提高信息公开水平。加强学校信息公开网站建设，优化栏目设置，每半月以《西安电子科技大学信息公开清单》为参照，对信息公开网发布的内容逐项逐条进行补充完善。全年共发布新增信息 580 余条，月均访问量 8000 余人次。持续做好党务公开网、学校内网等门户网站的日常运维工作，确保学校各项工作成果及时传递给关心学校发展的师生和各界人士，进一步保障了广大师生对学校发展的知情权和监督权。

牵头部署校级党务公开网日常维护工作。将党务公开责任和网站维护工作责任逐一落实到各单位及二级党委(党总支)；督促各单位审核人、信息员认真做好网站日常维护和内容审核监督工作。全年公开学校党建信息 200 余条，有效推进了学校党务公开制度化、规范化、常态化开展。

丰富线上视频会议保障方式。全年共保障教育部、教育厅视频会议 94 次，同比增长 45%，其中包括郝跃院士向怀进鹏部长进行专题汇报在内的 9 次主会场发言任务。全年保障工作调度会、“两会”、校领导重要线上会议等重要校内视频会议 83 次。做到会议保障工作零失误、零故障、零投诉，以优异成绩丰富了视频会议保障工作经验，为各类线上会议的召开奠定了坚实的工作基础。

逐步完善线上办公功能。按照“简化环节、优化流程、细化分工、高效协同”的原则，逐步完善 OA 系统功能升级。对“办文、办事、办会”流程再造，配合机关党委开发用印后文件上传功能，配合党委组织部升级处级领导干部请假等使用频度高的业务流程，明确业务开展的关键环节，对部分业务进行信息化到智能化的探索，有效利用数据传输代替人工跑路，进一步提高了办公效率。

5. 综合协调服务到位，有力保障学校工作运转有序

认真做好接待服务工作。在会议通知、人员协调、会场布置、车辆调度等环节加强组织协调，组织班子碰头会 24 次，接待来访共计 11 次；配合计划财务处完成教育部经责审计组抵离、用餐等日常保障工作，同时顺利完成新任两位校领导的各项服务保障工作。严格实行会议签报制，通过从严审批、统筹合并、压缩时长等方式着力加强全校会议统筹、精减会议数量。2022 年共承办或协办各类全校性会议 32 次。严格用印管理。学校层面用印 335 252 次，服务 10 610 人次，用印材料 158 805 份，其中北校区用印以科研材料为主，南校区用印以综合行政类材料为主。完善制度建设。出台《西安电子科技大学授权委托书管理办法》(西电办〔2022〕4 号)，规范学校授权管理工作。规范用印管理，多渠道

加强印章业务办理的宣传推广。发布《关于进一步规范学校印章管理的通知》《关于党委、纪委、群团组织印章管理工作的通知》，进一步规范学校印章管理工作，提高各级管理人员印章使用意识；推出学校公章使用的宣传推文，将师生日常办理业务的困惑点梳理为问答形式，借助学校1234客服平台完善知识库内容，让师生办理业务时少跑路。

6. “一站式”办理高效快捷，民生服务能力进一步提升

理清办事痛点难点，梳理优化业务流程。在全校范围内发布问卷调查，了解师生切实所需，保证服务精准定位；建立与各业务部门的沟通机制，及时了解业务推进过程中遇到的困难，提高协调解决问题的效率。梳理“一站式”服务大厅现有线下业务25项(含2022年新增8项)，其中可以线上办理的事项，通过引入智能投递柜，实现特殊时期人员无接触，不受时间限制收发文件材料，为广大师生和入驻单位提供便利。南北校区“一站式”服务大厅全年共服务师生9.5万余人次，办理各类事务22万余件次，其中自助打印服务使用8万余次。随着“一站式”服务大厅线下业务线上化工作的不断推进，南校区“一站式”服务大厅窗口由原来的23个调整为10个，释放的空间拟交学校国有资产管理处统筹使用。

7. 提升法务工作专业化能力，推动依法治校迈向高水平

深化法治管理，妥善处置各类涉法事务。一是深化法治管理工作。通过依法评估学校各类重大决策、重要合作事项、重要规章制度，推动各项制度和决策法治化、规范化、科学化建设；持续优化线下法律事务办理流程，协调法律顾问参与重要会议，提供合法性建议，辅助部门决策；对人事处、科学研究院等重点单位定期提供“送法律服务”上门，回应法务需求。二是规范涉法事务管理。明确诉讼/仲裁案件办理和法律咨询两项流程；协调审核重大文件/合同并提供修改意见，初步形成审查机制；及时更新学校重要采购模板等工作。三是加强法律风险防控。开展《教育行业法律法规与政策专项汇编》《普通高校治理法律法规汇编》编纂工作；开设毕业生求职、毕业生就业常见法律问题分析、知识产权保护等系列讲座，提升校园法治文化建设。四是丰富法律服务职能。全面开展校名类知识产权维护、学校各类型人员离职管理等专项工作，提升法律服务的针对性与专业性。五是强化法治力量，持续保障法律服务。持续优化法律顾问团队建设，通过公开招标优选出两所高水平律师事务所(首次引入陕西省外的高水平事务所)，针对科技成果转化、人事监管、校名类知识产权保护等专项任务优选相关专业领域的法律顾问团队提供服务；线上线下法律服务不断线，根据疫情防控政策切换线上、线下工作模式，采用召开线上会议、启动线上讲座、协同办公等方式，保障法律服务不断线。

二、聚焦2022年目标任务，高质量完成各项工作

1. 规划方面

全面推进依法治校。深入学习贯彻习近平法治思想和习近平总书记关于教育的重要论述，坚持把依法治校作为基本目标，认真贯彻学校和办公室各项工作部署，统筹协调全校重大事务法律咨询、文件/合同审核、诉讼仲裁案件处理、校名/校徽类知识产权保护专项、法治能力提升培训等事务，继续优化制度建设，完善《西安电子科技大学依法治校实施方案》(讨论稿)，草拟《西安电子科技大学法律事务管理办法》(讨论稿)，通过强化制度设计，健全依法治校保障体系，提高学校法治化治理水平，以法治思维和法治方式引领、推动、保障学校改革与发展。

2. 监管方面

(1) 贯彻党的教育方针。坚持把学习贯彻习近平总书记重要指示批示精神作为校党委常委会“第一议题”。2022年，常委会共传达学习习近平总书记重要讲话精神、学习贯彻习近平总书记重要指示批示精神8次。2022年2月、7月，两次向陕西省委上报了《中共西安电子科技大学委员会关于贯彻落

实习近平总书记重要指示批示精神情况的报告》。严格推进落实《关于开展党的教育方针贯彻落实专项行动的工作台账》《加强党的政治建设的若干措施工作台账》。

(2) 完善党的全面领导体制机制。不断加强党对学校工作的全面领导，着力提升管党治党、办学治校能力，坚决落实党委领导下的校长负责制。完善决策制度建设及制度落地，推动决策科学化、规范化。进一步落实规范化、制度化的会议工作及管理运行机制。严格执行《西安电子科技大学贯彻落实“三重一大”决策制度实施细则》《西安电子科技大学党委常务委员会会议和校长办公会议议事规则》，严格执行党委常委会议事规则。2022 年上半年进一步规范了党委常委会、校长办公会议题征集、汇报、签报和存档程序，进一步建立健全了规范化、制度化的会议工作及管理运行机制，提高了议事效率和决策水平。严格做好党委常委会重要决议决定督办，有效推动了学校各项工作制度的建立健全和措施落实落地。

(3) 完成稳定安全相关工作。一是高度重视，系统谋划，点面结合做好稳定安全工作。强化组织领导，成立安全生产委员会；高度重视，专项部署重要敏感时期工作；系统谋划，统筹安排全年稳定安全工作。二是深挖细查，对账销号，切实消除稳定安全风险。认真开展稳定安全风险隐患排查；严格落实专项排查工作。三是校地协作，多措并举，开展国家安全宣传教育。积极对接西安市国家安全局、中共西安市委机要和保密局来校开展 2022 年“全民国家安全教育日”宣传教育；与各二级党委签署“反奸防谍”责任书，落实各防线组织国家安全人民防线建设责任。按照陕西省国家安全厅要求，组织各单位落实有关人民防线建设任务。四是依法依规，妥善处置，着力化解校园矛盾纠纷。逐条对照《信访工作条例》有关规定，修订学校《信访工作办法》；认真做好信访处置工作，倾听师生意见，依法依规依程序解决师生反映强烈的突出问题。当出现非正常上访时，严格按照《西安电子科技大学非正常上访处置规则》的要求处置，坚决防止因处置不当激化矛盾、引发事端。五是细化预案，双校区值守，持续做好重要时期处突准备。协调安排总值班值守工作，严格落实全年 24 小时在岗值班工作制度。全年共协调全校 50 个部门、400 余名值班人员在值班室轮换值班，确保 24 小时能够进行突发事件应急处置。

3. 评估方面

形成年度质量报告。根据《关于做好 2022 年度工作总结和质量评估工作的函》，对标党政综合管理工作观测点体系涵盖的 16 个三级观测点，依据评价标准分析业务工作的优势劣势、存在问题及改进措施，综合评估后形成《党政办公室 2022 年度质量报告》，以质量报告为抓手不断推动党政综合管理和服务保障提质增效。

4. 服务方面

(1) 抓好疫情常态化防控。一是起草学校疫情防控指导性文件。出台《学校新冠肺炎疫情常态化工作方案(第八版)》《学校应对突发新冠肺炎疫情处置预案(第四版)》《关于做好有序恢复常态化疫情防控管理工作的通知》，出台全域封闭管理、部分静态管理、全域静态管理等条件下学校疫情防控管理工作要求相关文件；根据陕西省教育厅有关要求，撰写各类疫情防控督查情况报告 140 余份。二是保障好学校疫情防控工作相关会议，及时传达会议精神。组织学校疫情防控相关会议，形成会议纪要、通知等相关文件并及时下发各部门。三是负责学校异动人员的信息处理和流调工作，整理发布中高风险区变动及病例轨迹，汇总异动人员信息，下发流调处置工单，收集统计学校 B 类、C 类密接人员、重点监测人员信息等，同时协调校医院完成对校内重点监测人员的上门核酸检测工作。整理更新西安市、西安市高新区和雁塔区中高风险区变动及确诊病例(无症状感染者)人数，每日更新《校园内重点监测人员管理规范及确诊病例(无症状感染者)活动轨迹》向校内发布。四是全力做好疫情防控信息统计工作。每日开展新冠疫情信息采集和上报工作。全年连续 365 天统计、报送各类表格 3600 余张，有力支撑了上级部门疫情防控决策部署。五是做好校地联动，紧密沟通协作。不断强化与地方政府联动机制，高度重视与属地教育部门、疫情防控指挥部和街道办等的沟通协作。坚持“防控一盘棋”，大型线下活动均主动向属地防疫部门进行报请，待上级批复后再行举办，切实保障疫情防控各个环节不出纰漏。开学前后积极配合属地常态化做好有中高风险地区旅居史的师生员工信息摸排工作，实施台账管理，落实分级管控措施。第一时间向属地政府和上级部门报告校内新冠肺炎患者密接或核酸检测阳性病例信息。六是协调做好全员核酸检测和疫苗接种工作。认真落实上级关于新冠疫苗接种和全员核酸检测的工作部署，积极与属地疫情防控指挥部、卫生部门持续沟通与联系，全力做好疫苗接种和全员核酸检测的协调和组织工作。参与全员核酸检测、全员疫苗接种的协调工作，参与标识制作、线路搭建、帐篷搭建、隔离墩布置、人员就餐等全程工作。参加学校南校区的全员核酸检测志愿者工作，配合医务人员进行扫码登记。

(2) 提高师生满意度。理清“一站式”服务大厅办事痛点难点，梳理优化业务流程。在全校范围内发布问卷调查，了解师生切实所需，保证服务精准定位；建立与各业务部门的沟通机制，及时了解业务推进过程中遇到的困难，提高协调解决问题的效率。梳理“一站式”服务大厅现有线下业务25项(含2022年新增8项)，引入智能投递柜，不受时间限制收发文件材料，为广大师生和入驻单位提供便利；整合南校区“一站式”服务大厅窗口，将原来的23个窗口调整为10个窗口。

5. 其他

(1) 按质按量完成党建、督办、整改、审计、帮扶、信息化建设、开学检查、保密和预算等学校安排的其他任务，并由相关职能部门制订负面责任清单或按专项考核奖励。

(2) 配合党委组织部做好学校第十三次党代会筹备工作。各位校领导到基层宣讲党的二十大精神，同步就学校未来5年发展征求学院意见建议，为起草出一份凝聚师生共识、顺应师生期待、对学校发展具有指导意义的党代会报告做好准备。

(3) 完成“我为群众办实事”实践活动。在学校党委深入调研、广泛征求意见建议的基础上，结合学校实际，聚焦为师生办实事解难题，牵头制定《2022年度校领导班子“我为群众办实事”实践活动清单》，于2022年6月15日下发《关于印发〈2022年度校领导班子“我为群众办实事”实践活动清单〉的通知》(西电办函〔2022〕15号)，并严格按照一月一报机制按时督办“我为群众办实事”事项进展，推进《2022年度校领导班子“我为群众办实事”实践活动清单》中18项事项落实。根据月报进度督促推进未办结任务事项，确保办结事项落实到位，未办结事项按进度开展。

(4) 启用师生服务热线综合服务平台。建成集投诉建议、业务咨询、反馈服务于一体的1234师生服务热线平台，并于11月底正式上线试运行。

三、强化督查督办实效，推动工作高效落实

落实“两会”重要决议，有效推进学校各项事业快速发展。全年共召开党委常委会、校长办公会60余次，共督办“两会”议题369项，其中党政办公室涉及的9项任务已全部办结；落实各类督办事项共20项，其中两会督字9项，年度目标任务书7项，年度工作目标任务补充4项。

四、获得多项荣誉奖励，提振士气，凝聚奋进合力

2022年，1名同志获2021—2022学年“先进女职工”称号，1名同志获2021—2022年度“先进工作者”称号，1名同志获2021—2022学年“优秀工会干部”称号。

西安电子科技大学 2021—2022 学年信息公开工作年度报告

本报告严格按照《高等学校信息公开办法》(教育部令 29 号，以下简称《办法》)、《教育部关于公布〈高等学校信息公开事项清单〉的通知》(教办函〔2014〕23 号)和《教育部办公厅关于做好 2022 年高校信息公开年度报告工作的通知》文件要求，结合 2021—2022 学年信息公开实际情况，由西安电子科技大学信息公开办公室编制。报告中所列数据的统计时间自 2021 年 9 月 1 日起至 2022 年 8 月 31 日止。经学校审核批准，本报告电子版在学校信息公开网站(http://xxgk. xidian.edu.cn)对全校和社会公开。如对报告有任何疑问，请联系西安电子科技大学信息公开办公室(电话：029-81891827；邮箱：xxgk@xidian.edu.cn)。

一、2021—2022 学年信息公开工作总结

(一) 概述

2021—2022 学年，学校坚持以习近平新时代中国特色社会主义思想为指导，全面贯彻党的十九大和十九届历次全会精神，贯彻落实习近平总书记关于教育的重要论述和全国教育大会、研究生教育会议精神，认真落实党中央、国务院关于政务公开工作的决策部署和教育部全面推进教育公开的总体安排；坚持“以公开为常态、不公开为例外”的原则，严格贯彻落实《高等学校信息公开办法》《西安电子科技大学信息公开实施细则》，以《高等学校信息公开事项清单》(以下简称《清单》)为根本，围绕学校各项事业的建设发展，加强信息公开制度建设，主动完善信息公开内容，积极拓宽信息公开渠道，进一步提升学校信息公开工作水平。信息公开不仅为全校师生参与学校各项事务管理、了解校情校况、监督学校各项工作提供了重要的渠道和平台，而且切实保障了广大师生以及社会公众对学校事务的知情权、参与权与监督权。

1. 加强组织领导，完善信息公开制度建设

学校高度重视信息公开工作，在研究部署学校年度工作、校党委常委会和校长办公会审议信息公开落实情况中，均作出了明确的要求和部署。学校将教育部《清单》作为全面深化信息公开工作的重要指引，逐项对标对表公开要求。按照《清单》要求，形成《西安电子科技大学信息公开清单》，明确了 10 大类 50 条具体事项的信息类别、事项内容、公开路径，逐级夯实各级公开信息维护的主体责任，要求各单位确定信息公开专员，做到“权责到岗，职责到人”。

在此基础上，信息公开办公室每半月以《清单》为参照，对信息公开网发布的内容逐项逐条进行监督检查，对未按时进行公开或信息公开内容未达到要求的单位及时督办。

2. 持续优化站群，拓宽信息公开渠道

以师生需求为导向，在学校官网设置信息公开网和综合信息网等信息服务平台的跳转连接，使官网成为社会各界人士了解学校发展的窗口。此外，学校还根据《清单》要求，优化信息公开网，使整个信息公开目录条理分明、脉络清晰，更方便用户查询。

学校全力构建一网多级的信息公开平台，进一步利用校报、橱窗、专刊等传统媒体通报学校重要工作、重大事项和决策情况。同时，通过融媒体矩阵赋能信息公开工作，通过校领导面对面、学生教师座谈会、书记校长信箱等载体完善交流渠道，确保广大师生能够参与到学校各项事务的发展中，消除信息孤岛。

(二) 主动公开情况

1. 主动公开信息形式及数量

按照《清单》要求，根据《西安电子科技大学信息公开指南》，通过多种方式公开学校相关信息。除学校信息公开网站以外，学校信息公开方式和途径还有：学校官方网站、西电新闻网、各职能部门及学院网站，西电科大报、校电视台、宣传橱窗、电子显示屏，学校官方微博、微信公众号、公共邮件，各类年鉴、会议纪要、手册、报表、画册等纸质资料，学校工作会、专题情况通报会、教代会、学代会、师生沟通座谈会、后勤与学生见面会等。

信息公开网站：按照《清单》要求，重点对10类50条信息进行主动公开，同时增设党史学习教育专题、“十四五”规划专题、学校重要会议专题，并在学校官方网站醒目位置设置链接，及时更新信息。全年共发布新增信息572条，月均访问量9000余人次。

学校网站群：为满足宣传和信息公开的需要，学校网站群作适应性改版，积极拓展信息化模块和新媒体渠道，通过主站和各分站实现矩阵分发；内容方面，学校主页发布各类通知公告类信息160余条，新闻网全年发布公开信息2500余条，平均日访问量9000人次。

新媒体平台：学校新媒体平台随着社会的发展而不断增加，积极拓展受年轻人喜爱的抖音、快手和哔哩哔哩等新平台，目前拥有校级平台25个，各平台之间优势互补、错位发展，年均阅读量过亿，粉丝数持续增长。官方微信篇均阅读量近万，年均累计点击量超300万次，点击量过万推文近200篇。

各类信息通报媒介：利用学校年鉴、校报、广播、电视、报纸、校园橱窗、信息公开查阅点等平台主动公开学校综合办学信息。全年发布《西电科大报》22期92个版面，约600万字，对外纸质和网络媒体发布新闻660余条，更新校园橱窗内容12期。

各类专题报告：按时按要求完成事业单位年度报告、本科教学质量年度报告、就业质量年度报告、财务年度预决算报告、艺术教育年度发展报告等专项报告的发布。

各级各类会议平台：通过主动公开学校党委常委会、校长办公会纪要，学生代表列席校长办公会等形式，进一步加大信息公开力度。利用校院二级教职工代表大会、校院季度例会、学生“相约校长”、各类教职工、离退休、校友座谈会等，及时通报学校改革发展的重要进展和相关信息。

2. 《清单》落实情况

2021—2022学年，学校进一步落实《清单》要求，逐项对表《清单》事项进行梳理，全面、及时、准确地公开《清单》所有内容，使相关信息得以汇总展示、一目了然，方便社会公众查询。《清单》所列的信息公开情况、逐条说明详见文末附表。

3. 重点领域信息公开情况

(1) 招生信息公开情况。

招生信息公开是学校信息公开的重点领域和关键内容，受到社会公众的广泛关注。按照教育“阳光工程”的要求，学校认真做到招生方案公开、选拔方法公平、录取结果公示，落实招生信息全过程透明、公正。以招生信息网为主要媒介，结合教育部阳光高考平台、微博、微信、电邮、电话等其他渠道，辅以招生宣传片、报考指南等媒介，将高考学生家长最关注的我校本年度最新的政策和信息，及时准确地向社会公布。

完善规章制度建设，招生工作不断走向制度化和规范化。2022 年学校招生工作领导小组为了进一步促进招生工作的组织工作领导作用，根据学校有关要求，制定和完善相关制度，先后印发并向社会公布了《西安电子科技大学 2022 年本科招生章程》《西安电子科技大学 2022 年外语类、竞赛类保送生招生简章》《西安电子科技大学 2022 年保送录取优秀运动员招生简章》《西安电子科技大学 2022 年高校专项计划招生简章》《西安电子科技大学 2022 年高水平运动队招生简章》《西安电子科技大学 2022 年运动训练专业招生简章》《西安电子科技大学 2022 年艺术类专业招生简章》等各类招生指导性文件。

推进招生信息化建设，用实时性强的大数据库支撑社会对学校的志愿填报信息需求。通过教育部“阳光招生”网站、学校官方微信、各省咨询 QQ 群、学校本科招生信息网等媒介，及时准确地发布学校 2021 年分省分类别各类招生计划，公开西安电子科技大学历年来分省分专业录取分数信息，并在高考录取期间，每日定时向社会公布各省各批次录取进度及录取分数情况，为考生提供录取结果查询。

充分发挥传统媒体和新兴技术的力量，实现人工、自助、自动、关系型“四位一体”功能。通过陕西高考信息发布权威平台如华商报、陕西广播电视台等结合微信、今日头条等自媒体平台，打造高效准确的新型信息发布中心。

“阳光高考”网：将学校本科生招生简章、招生计划等信息上传至“阳光高考”网；学校每年预录取的保送生、高校专项计划及高水平运动员等在正式录取前实名公示。2021—2022 学年学校在“阳光高考”网上共计公示考生 1760 人。

学校本科招生网：全面建设并准时投入全新的本科招生信息网，内容丰富、布局合理、使用便捷、数据齐全；及时发布学校高考统招、高水平运动队、各类保送生、专项计划招生等各招生项目的政策、简章、计划及动态；对高水平运动队预录取名单及最终录取名单等进行公示，接受社会监督；新生入学复查期间有关举报、调查及处理结果待复查结果核实后及时公开，为考生提供招生咨询及申诉渠道。2021—2022 学年招生录取期间，发布招生政策、动态及相关信息共计 200 余条，点击阅读超过 100 万次。

同时，学校在招生信息发布平台有以下特色亮点工程：

呼叫中心：利用学校在现代通信和计算机技术领域的新工科优势，中国电信公司与计算机科学与技术学院联合开发设计基于自动呼叫分配和应答的热线业务处理中心，通过公布式技术和数据挖掘技术的应用，自由灵活地在线处理大量的电话呼入咨询和呼出服务业务。2021—2022 学年招生录取期间，20 余个终端每日接入超过 10 000 条语音信息，并且在处理社会对我校招生录取工作的查询、问答和咨询的同时还开展了对优质生源基地的特色性电话回访、重点生源的针对性志愿填报指导。该系统的智能呼叫分配、计算机电话集成和自动应答系统与人工座机接听的融合，极大地提高了信息公开质量，满足了高考学生家长对学校咨询服务的需求。

持续运维新兴交互服务平台：以信息技术为核心，建立了包括线上直播、头条、微信、微博、电子函件、智能问答机器人等多渠道的信息发布和咨询方式，积极利用各类网络新媒体与考生建立直接沟通，实现学校与考生的良性互动。利用《人民日报》客户端、央广网、百度、新浪、腾讯、今日头条、哔哩哔哩等 11 大互联网平台，上线“西电招生办”微信小程序，线上线下推进“航天校友科普讲堂”“王牌学院展播”“‘院’梦西电”“录取通知书直送到校”等精品栏目和“青春西电　和你一起向未来”校园宣传日活动、2022 校园开放日活动(西安、广州、杭州、青岛四地联办)；招生办公室积极利用报刊、电台、电视台等，共同组织线上线下招生宣传活动 500 余场，累计服务考生达千余万人次，积极传递学校声音，及时服务考生与家长。

为了更好地做好宣传服务工作，帮助广大考生及时掌握招考资讯，2021—2022 学年本科招生办公室通过招办和学校官方微信、官网以及头条号累计推送消息 800 余条，发布微信视频号短视频 30 余条。2022 年招生宣传视频《破浪》发布后，反响热烈。珍藏版录取通知书“3D 立体西电苏式主楼”、烫金呈现成电路板线路概念图等一经发布，各大媒体纷纷予以转载和报道。西电阳光招生的举措与成效也频频登上今日头条、百度、微博热搜等各大社会媒体平台。

拓展多渠道的传统媒体平台：精心制作、发放招生指南、海报以及宣传展板达 4 万份；参加 1018 陕广新闻、106.1 广播等广播电台招生直播节目，安排学院专业巡礼，邀请学校通信工程、电子工程、计算机科学与技术、人工智能等学院专家领导，到广播电台进行直播，介绍学院培养平台和专业优势，吸引考生报考；积极运营和建设新媒体宣传平台，改版招生信息网站，并与国内多家知名网站、期刊、报纸等建立长期合作关系，多方位宣传。

中国研究生招生信息网：根据教育部要求，学校在中国研究生招生信息网(简称“中国研招网”)相应模块公布硕士研究生招生简章、招生专业目录、报考公告、复试录取办法、咨询投诉渠道等招生信息，发布学校/院系介绍、导师科研情况、招生计划等招生资讯。考生通过中国研招网进行自主报考，学校通过中国研招网系统进行录取和公示。博士研究生招生、面向港澳台地区研究生招生的报名、录取同样使用中国研招网进行，公示信息按照中国研招网流程(参照硕士研究生)进行发布。研究生招生考试报名费用按照陕西省物价部门制定标准，通过中国研招网网报平台统一收取，结算后统一拨付至学校账户。

学校研究生院网站：作为学校发布研究生招生信息的官方网站，所有的研究生招生信息和通知均在学校研究生院网站上进行发布，包括研究生招生简章、招生专业目录、复试录取办法、进入复试考生名单、各院(系、所)或学科/专业招收研究生人数、专项计划招生政策等，招生信息总点击量超过 180 万次。并且按照教育部要求对进入复试考生、拟录取考生相关信息进行公示，不少于 10 个工作日，同时公开研究生招生咨询及申诉渠道，公布研究生院和校纪检监察部门的监督举报电话。为丰富考生获取信息渠道，开通“西电研招”微信公众号，主要发布招生资讯及学校研究生教育动态，2022 年度发表文章 79 篇，总阅读量超过 85 万次。

(2) 财务信息公开情况。

除按要求公开预决算信息外，通过教代会向全体教职工公开年度财务运行情况，包括具体分类收入情况、分项支出情况、经费监管情况、经费支出效益等。对于违反廉洁从业纪律、违规领取津补贴的处理情况，在办公自动化平台上对全校通报。

此外，设立财务小助手微信公众号和财务交流服务群，及时公布学校相关财务政策，面向师生解答财务相关疑问。

① 预决算信息公开情况。坚持在校领导班子述职大会以及教职工代表大会公开学校年度预决算情况。同时向教代会汇报学校财务预决算及收支情况。此外，在学校信息公开网公示 2022 年度部门预算(包括收支预算总表、收入预算表、支出预算表、财政拨款支出预算表)和 2021 年度部门决算信息(包括

收支决算总表、收入决算表、支出决算表、财政拨款支出决算表)，并进行详细的数据分析和专业名称解释。

② 教育收费信息公开情况。学校严格执行学费、住宿费等教育收费项目公示制度。在新生入学通知书中注明收费项目和收费标准；在校内公示栏内，将收费项目、收费标准、投诉电话等内容进行公示；对于部分代办项目，也通过多种方式，将项目内容、规格、价格等进行公示，以便学生或家长及时知晓。

③ 财务管理制度公开情况。通过信息公开网站中的学校规章制度栏目和学校财务部门、国资部门二级网站“规章制度”栏目公开。

(3) 人事信息公开情况。

全方位公开国家、地方和学校人事管理办法，人才支持政策，人才项目支持信息，岗位设置与聘用信息，薪酬管理信息，人才招聘信息等。为推进管理重心下移后二级单位管理的规范化、科学化和公开工作，2021 年年底各二级单位对照目标任务和部门职责对一年来的工作进行整体综述和概括，并在学校办公自动化平台发布各单位年度质量评估报告。以“民主、公开、竞争、择优”为工作原则，在学校门户网站及时公开学校管理干部招聘、考察和任命信息。

(三) 依申请公开和不予公开学校信息情况

学校在信息公开网首页显著位置公布信息公开受理申请的专用邮箱(xxgk@xidian.edu.cn)、电话(029-81891827)、传真(029-81891819)等服务信息，同时设置“信息公开申请”和“信息公开意见箱”专栏，公开依申请公开信息的流程。

(四) 信息公开的评议情况

学校信息公开工作领导小组对学校信息公开的实施情况定期进行考核评议，纪委办公室/监察处负责组织对信息公开工作实施监督检查。学校通过多种渠道、多种方式的信息服务网络及时、有效地将学校应公开信息向社会公众和全校师生员工发布，得到了校内师生和社会公众的普遍肯定。

(五) 因学校信息公开工作受到举报的情况

2021—2022 学年，学校未产生因信息公开工作受到相关投诉、举报、复议和诉讼的情况。

二、信息公开工作总结

自教育部 2010 年出台《高等学校信息公开办法》以及《高等学校信息公开事项清单》以来，学校一直将信息公开作为提高学校治理水平和完善学校治理体系的重要抓手，积极贯彻落实党中央、国务院以及上级部门对于信息公开工作的各项重大决策部署。2021 年 7 月，教育部办公厅委托中国教育科学研究院牵头对各部属高校 2020 年度的信息公开工作进行了评估，我校为信息公开工作落实情况较好的 15 所部属高校之一。现将学校信息公开方面所进行的主要工作总结如下。

(一) 信息公开内容方面

积极扩大公开范围，变被动为主动，提高公开水平。学校信息公开工作在内容的深度和广度上逐年显著提升。近年来，在进行信息公开工作中，学校进一步加大信息公开力度，主动公开学校党委常委会、校长办公会纪要，对部分可以公开的重大事项积极公开，逐步提升学校各项事业运行的透明度。与此同时，学校在严格遵守相关法律法规的基础上，进一步扩大公开事项的范围。在《清单》所要求的事项之外，还增设如教代会、党务公开网等专题板块，进一步丰富了学校信息公开的内容。内容的进一步丰富与深化，不仅为关心学校发展的各界人士提供了全面翔实的资源，还让学校各项事业的发展得到有效的监督。

(二) 信息公开方式和渠道方面

积极拓展多种信息公开方式，由单一变多元，探索多种信息公开渠道。在过去的十年里，学校从仅仅依托信息公开网进行校内事项公开的局面，逐步构建了如今多平台、多渠道、多样式的信息公开网络。目前，学校的信息公开事项不局限于信息公开网，而是依托学校官网、学校微信平台、学校官方微博等多个平台对学校的各类事项进行公开，其中包括在校师生和社会公众关注的事项，如招生信息和录取通知、干部任免、财务采购等多个方面的信息。在信息公开渠道上，学校充分利用传统媒体与新媒体的各自优势，进一步构建全方位覆盖的信息公开平台体系，主要以网站公开为主，线下各类信息公开材料为辅，相辅相成地推进信息公开工作的发展。在信息发布方式上，学校以文字公开为核心，以图表、视频等其他方式为补充，多种方式相互结合，进一步形成了多元化的公开方式。

(三) 信息公开时效性方面

确保信息公开的时效性，由滞后变实时，完善信息公开更新机制。对于学校信息公开的窗口和重要平台，学校高度重视信息公开网站的建设与维护。近年来，学校信息公开领导小组派专人进行信息公开网的建设与日常维护，确保信息公开及时、有效，并在开展信息公开工作的过程中，逐步消除信息公开内容滞后、事项发布时效性不强的缺陷。

(四) 信息公开工作机制方面

完善信息公开工作机制，由粗放变精细，细化信息公开责任分工。学校信息公开领导小组持续加强信息公开队伍建设和业务培训，不断强化校内各二级单位信息公开工作人员的责任意识，目前初步建设形成信息公开的长效工作机制。

未来学校将结合《清单》中所规定各类公开事项的评估标准，坚持问题导向，找准目前在信息公开工作中所存在的问题短板，并针对短板研究相应的解决思路和对策措施，为下一步修订信息公开相关制度夯实基础。

三、下一步措施

下一阶段，学校将根据国家新出台的《政府信息公开条例》以及新的信息公开办法和清单，全面梳理、开拓创新，扎实推进学校信息公开工作，不断提升信息公开工作水平。主要举措如下：

(1) 加强宣传教育，进一步提高认识。以信息公开办公室为主，广泛开展信息公开工作宣传，针对《政府信息公开条例》、新的信息公开办法和清单、教育部文件精神、保密审查相关制度等内容，编印宣传材料，组织开展相关业务培训，不断增强信息公开队伍的综合素质和业务能力。

(2) 建立健全信息公开制度机制。根据教育部文件精神，适时修订学校信息公开管理制度，进一步优化信息公开流程，强化信息公开责任制，明晰二级单位信息员岗位职责，明确信息公开日常监督管理机制，持续推进校内各平台之间的信息共享机制的建设，提升校内各单位之间信息公开工作的协同性。

(3) 以信息化手段为牵引，创新信息公开方式。研究并学习兄弟高校信息公开工作优秀案例，进一步完善学校信息公开平台建设；探索建立信息获取和共享机制，促进校内多平台的联动建设。不断拓展微博、微信、手机客户端等新媒体发布渠道，丰富信息公开方式，加强与社会公众的互动交流。

(4) 加快建设信息公开监督机制。研究设计合理的考评机制，将《清单》各项要求纳入考核指标内，同时以评估结果为参考，加强信息公开工作监督力度；针对信息公开工作进行专项督办；落实考核问责机制，明确主体责任，定期开展自查和民主评议工作，进一步完善信息公开的监督机制。

附表 信息公开清单链接情况

序号	类别	公开事项	备注
1	基本信息（6项）	(1) 办学规模，校级领导班子简介及分工，学校机构设置，学科情况，专业情况，各类在校生情况、教师和专业技术人员数量等办学基本情况	① 办学规模：https://www.xidian.edu.cn/xxgk/xxjj.htm； ② 校级领导班子简介及分工：http://xxgk.xidian.edu.cn/info/1559/8125.htm； ③ 学校机构设置：http://xxgk.xidian.edu.cn/tjnr/xxjbqk/jgsz.htm； ④ 学科情况：http://xxgk.xidian.edu.cn/info/1559/7881.htm； ⑤ 专业情况：http://xxgk.xidian.edu.cn/info/1559/7884.htm； ⑥ 办学基本情况：http://xxgk.xidian.edu.cn/info/1031/3904.htm
		(2) 学校章程及学校制定的各项规章制度	① 学校章程：http://xxgk.xidian.edu.cn/info/1559/7885.htm； ② 学校制定的各项规章制度：http://xxgk.xidian.edu.cn/jbxx/xxzdxm.htm
		(3) 教职工代表大会相关制度及工作报告	① 教职工代表大会相关制度：http://xxgk.xidian.edu.cn/tjnr/xxjbqk/jzgdbdh.htm； ② 教职工代表大会工作报告：http://xxgk.xidian.edu.cn/tjnr/xxjbqk/jdhgzbg.htm
		(4) 学术委员会相关制度及年度报告	http://xxgk.xidian.edu.cn/jbxx/xswy.htm
		(5) 学校发展规划、年度工作计划及重点工作安排	① 学校发展规划：http://xxgk.xidian.edu.cn/tjnr/xxjbqk/xxgh.htm； ② 年度工作计划及重点工作安排：http://xxgk.xidian.edu.cn/jbxx/ndgzjh.htm
		(6) 信息公开年度报告	http://xxgk.xidian.edu.cn/jbxx/xxgk.htm
2	招生考试信息（8项）	(7) 招生章程及特殊类型招生办法，分批次、分科类招生计划	① 招生章程：http://xxgk.xidian.edu.cn/tjnr/zszc/bkszsxx.htm； ② 保送生选拔实施办法：http://xxgk.xidian.edu.cn/tjnr/zszc/bsszsxg.htm； ③ 高水平运动员选拔实施办法：http://xxgk.xidian.edu.cn/tjnr/zszc/gspydyzsxg.htm； ④ 艺术类专业招生实施办法：http://xxgk.xidian.edu.cn/tjnr/zszc/ystzszsxg.htm； ⑤ 自主选拔录取实施办法：http://xxgk.xidian.edu.cn/tjnr/zszc/zzzsxg.htm； ⑥ 农村学生单独招生简章：http://xxgk.xidian.edu.cn/tjnr/zszc/nczzzxzsxg.htm； ⑦ 分批次、分科类招生计划：http://xxgk.xidian.edu.cn/tjnr/zszc/fpfklzsjh.htm
		(8) 保送、自主选拔录取、高水平运动员和艺术特长生招生等特殊类型招生入选考生资格及测试结果	① 入选考生资格：http://xxgk.xidian.edu.cn/tjnr/zszc/tslxzsrxkszg.htm； ② 高水平运动员预录取名单：http://xxgk.xidian.edu.cn/tjnr/zszc/gspydycsjg1.htm； ③ 自主选拔录取合格名单：http://xxgk.xidian.edu.cn/tjnr/zszc/zzzscsjg1.htm； ④ 农村自主选拔录取合格名单：http://xxgk.xidian.edu.cn/tjnr/zszc/nczzcsjg1.htm
		(9) 考生个人录取信息查询渠道和办法，分批次、分科类录取人数和录取最低分	① 考生个人录取信息查询渠道和办法：http://xxgk.xidian.edu.cn/tjnr/zszc/ksgrlqxxcxqdhbf.htm； ② 分批次、分科类录取人数和录取最低分：http://xxgk.xidian.edu.cn/tjnr/ szc/fpc_fkllqrshlqzdf.htm

续表一

序号	类别	公开事项	备　注
2	招生考试信息(8 项)	(10) 招生咨询及考生申诉渠道，新生复查期间有关举报、调查及处理结果	① 招生咨询及考生申诉渠道：http://xxgk.xidian.edu.cn/info/1549/8076.htm； ② 新生复查期间有关举报、调查及处理结果：http://xxgk.xidian.edu.cn/tjnr/zszc/xsfc.htm
		(11) 研究生招生简章、招生专业目录、复试录取办法，各院(系、所)或学科、专业招收研究生人数	① 研究生招生简章、招生专业目录、各院(系、所)或学科、专业招收研究生人数：http://xxgk.xidian.edu.cn/tjnr/xsglfwxx/yjszsjz_zszyml.htm； ② 复试录取办法：http://xxgk.xidian.edu.cn/tjnr/zszc/yjsfsfa.htm
		(12) 参加研究生复试的考生成绩	① 硕士：http://xxgk.xidian.edu.cn/info/1549/9280.htm； ② 博士：http://xxgk.xidian.edu.cn/info/1549/8393.htm
		(13) 拟录取研究生名单	http://xxgk.xidian.edu.cn/tjnr/zszc/yjsnlqmd.htm
		(14) 研究生招生咨询及申诉渠道	http://xxgk.xidian.edu.cn/info/1549/7965.htm
3	财务、资产及收费信息(7 项)	(15) 财务及资产管理制度	① 财务管理制度：http://xxgk.xidian.edu.cn/tjnr/cw_zcj_sfxx/cwgzzd.htm； ② 资产管理制度：http://xxgk.xidian.edu.cn/tjnr/cw_zcj_sfxx/zcgl.htm
		(16) 受捐赠财产的使用与管理情况	① 工作报告：http://xxgk.xidian.edu.cn/tjnr/cw_zcj_sfxx/sjzccdsyygl_gzbg_.htm； ② 审计报告：http://xxgk.xidian.edu.cn/tjnr/cw_zcj_sfxx/sjzccdsyygl_sjbg_.htm
		(17) 校办企业资产、负债、国有资产保值增值等信息	http://xxgk.xidian.edu.cn/info/1560/7886.htm
		(18) 仪器设备、图书、药品等物资设备采购和重大基建工程的招投标	① 仪器设备、图书招标：http://xxgk.xidian.edu.cn/tjnr/cw_zcj_sfxx/yqsbzb.htm； ② 后勤维修改造工程招标：http://xxgk.xidian.edu.cn/tjnr/cw_zcj_sfxx/fwlzb.htm； ③ 基建工程项目招标：http://xxgk.xidian.edu.cn/tjnr/cw_zcj_sfxx/jjxmzb.htm； ④ 药品采购情况：http://xxgk.xidian.edu.cn/cwzc/ypcgqk.htm
		(19) 收支预算总表、收入预算表、支出预算表、财政拨款支出预算表	http://xxgk.xidian.edu.cn/cwzc/szyszb.htm
		(20) 收支决算总表、收入决算表、支出决算表、财政拨款支出决算表	http://xxgk.xidian.edu.cn/cwzc/szjszb.htm
		(21) 收费项目、收费依据、收费标准及投诉方式	http://xxgk.xidian.edu.cn/cwzc/sfxm.htm

续表二

序号	类别	公开事项	备　注
4	人事师资信息（5 项）	(22) 校级领导干部社会兼职情况	http://xxgk.xidian.edu.cn/info/1540/9379.htm
		(23) 校级领导干部因公出国(境)情况	http://xxgk.xidian.edu.cn/rssz/xjldg.htm
		(24) 岗位设置管理与聘用办法	http://xxgk.xidian.edu.cn/rssz/gwszgl.htm
		(25) 校内中层干部任免、人员招聘信息	① 校内中层干部任免：http://xxgk.xidian.edu.cn/tjnr/zcgbrm.htm； ② 人员招聘信息：http://xxgk.xidian.edu.cn/info/1621/8120.htm
		(26) 教职工争议解决办法	http://xxgk.xidian.edu.cn/rssz/jzgz.htm
5	教学质量信息（9 项）	(27) 本科生占全日制在校生总数的比例、教师数量及结构	https://xxgk.xidian.edu.cn/fujian/zxsjss.pdf
		(28) 专业设置、当年新增专业、停招专业名单	https://xxgk.xidian.edu.cn/fujian/zymd.pdf
		(29) 全校开设课程总门数、实践教学学分占总学分比例、选修课学分占总学分比例	https://xxgk.xidian.edu.cn/fujian/dsa.pdf
		(30) 主讲本科课程的教授占教授总数的比例、教授授本科课程占课程总门次数的比例	https://xxgk.xidian.edu.cn/fujian/zjkc.pdf
		(31) 促进毕业生就业的政策措施和指导服务	① 政策措施：https://job.xidian.edu.cn/News/2007/Index/100032； ② 指导服务：http://job.xidian.edu.cn/
		(32) 毕业生的规模、结构、就业率、就业流向	https://xxgk.xidian.edu.cn/fujian/bysgm.pdf
		(33) 高校毕业生就业质量年度报告	http://xxgk.xidian.edu.cn/tjnr/xfjsxx/bysjyzlndbg.htm
		(34) 艺术教育发展年度报告	http://xxgk.xidian.edu.cn/jxzlxx/ysjyfz.htm
		(35) 本科教学质量报告	http://xxgk.xidian.edu.cn/tjnr/xfjsxx/jxzlbg.htm
6	学生管理服务（4 项）	(36) 学籍管理办法	① 本科生：http://xxgk.xidian.edu.cn/info/1563/7926.htm； ② 研究生：http://xxgk.xidian.edu.cn/tjnr/xsglfwxx/yjsgl.htm
		(37) 学生奖学金、助学金、学费减免、助学贷款、勤工俭学的申请与管理规定	① 本科生：http://xxgk.xidian.edu.cn/tjnr/xfjsxx/bksjxjddsqyglgd.htm； ② 研究生：http://xxgk.xidian.edu.cn/info/1563/7948.htm
		(38) 学生奖励处罚办法	① 本科生：http://xxgk.xidian.edu.cn/info/1563/7948.htm； ② 研究生：http://xxgk.xidian.edu.cn/info/1563/7949.htm
		(39) 学生申诉办法	http://xxgk.xidian.edu.cn/info/1563/8088.htm

续表三

序号	类别	公开事项	备　注
7	学风建设信息(3 项)	(40) 学风建设机构	http://xxgk.xidian.edu.cn/info/1564/7888.htm
		(41) 学术规范制度	http://xxgk.xidian.edu.cn/info/1564/7889.htm
		(42) 学术不端行为查处机制	http://xxgk.xidian.edu.cn/info/1564/7889.htm
8	学位、学科信息(4 项)	(43) 授予博士、硕士、学士学位的基本要求	https://xxgk.xidian.edu.cn/tjnr/sybs_ss_xsxwdjbyq.htm
		(44) 拟授予硕士、博士学位同等学力人员资格审查和学力水平认定	http://xxgk.xidian.edu.cn/tjnr/xsglfwxx/tdxl.htm
		(45) 新增硕士、博士学位授权学科或专业学位授权点审核办法	http://xxgk.xidian.edu.cn/info/1565/7922.htm
		(46) 拟新增学位授权学科或专业学位授权点的申报及论证材料	http://xxgk.xidian.edu.cn/xwxkxx/nxzxw.htm
9	对外交流与合作信息(2 项)	(47) 中外合作办学情况	http://xxgk.xidian.edu.cn/info/1566/7925.htm
		(48) 来华留学生管理相关规定	http://xxgk.xidian.edu.cn/info/1566/7958.htm
10	其他(2 项)	(49) 巡视组反馈意见，落实反馈意见整改情况	http://xxgk.xidian.edu.cn/qt/xszf.htm
		(50) 自然灾害等突发事件的应急处理预案、预警信息和处置情况，涉及学校的重大事件的调查和处理情况	http://xxgk.xidian.edu.cn/tjnr/xxjbqk/tfsjyjya.htm

★人才培养★

学生总体情况

2022 年在校学生人数总览

(2021/2022 学年初数)单位：人

类别		毕业生数	招生数	在校学生数
合计		**39 934**	**28 851**	**113 120**
研究生和本科生	小计	**8978**	**10 874**	**38 844**
	博士生	288	659	2776
	硕士生	3348	4656	13 621
	本科生	5342	5559	22 447
成人本专科	小计	**1419**	**1490**	**4615**
	函授	1419	1490	4615
	业余	0	0	0
	脱产	0	0	0
其他	小计	**29 537**	**16 487**	**69 661**
	网络本科生	13 790	11 366	44 189
	网络专科生	15 747	5121	25 472

2022 年各类学生统计图

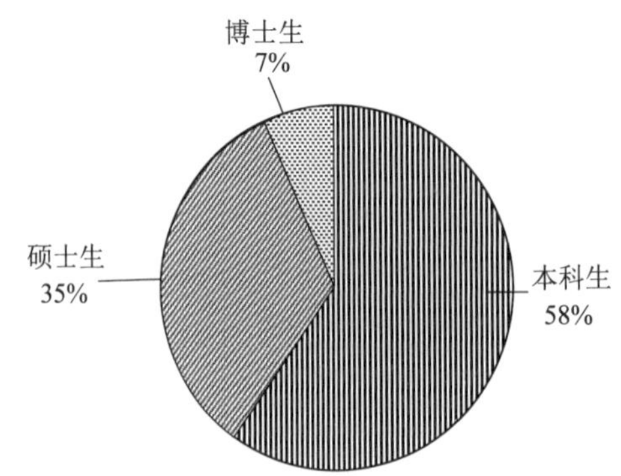

本科教育

本科教育综述

2022 年，本科生院(书院)坚持以习近平新时代中国特色社会主义思想为指导，全面落实立德树人根本任务，立足学校红色文化资源和电子信息学科优势，按照德育为先、能力为重、知识为基、素质为要的育人理念，聚焦专业、课程、课堂教学、实践体系等人才培养核心环节，持续深化本科教育教学改革，聚力推进一流创新人才培养；坚持以学生发展为中心，深化“一站式”学生社区综合改革，构建“全师育人、全程培养、全校协同”的育人格局，推进“五育”并举，完善精准便捷、有温度、高质量的一流服务保障体系，努力培养德智体美劳全面发展的社会主义建设者和接班人。

一、落实立德树人根本任务情况

本科生院(书院)坚持把立德树人成效作为检验一切工作的根本标准，以思政课建设、课程思政和日常思政教育为抓手全面落实立德树人根本任务，成效显著。

1. 一体化推动思政课和课程思政建设，夯实课程育人主阵地。完善思政课程体系，将“党史”“新中国史”“改革开放史”“社会主义发展史”作为限选课纳入各专业培养方案，将“习近平新时代中国特色社会主义思想”列为必修课纳入培养方案。配合马克思主义学院落实思政课学时学分，确定“习近平新时代中国特色社会主义思想概论”课程实施总体方案，推动思政课程授课方式改革。推进课程思政研究中心建设，打造“课程思政”示范课程和典型案例，遴选 10 项典型课程思政教学案例在新华思政、学习强国、学校公众号等校内外平台进行推广；2022 年认定校级课程思政示范课程 35 门，推荐申报省级课程思政示范课程 10 门。

2. 体系化推进红色育人，涵育学生家国情怀。构建以“红色文化资源池建设与载体创新”为双核心的“红色文化+”学生日常思政教育体系。建设“雕塑会说话”音视频、校史故事微视频、“我和我的西电”VR 展、党史校史文化公开课等红色文化育人资源 45 项。创作首部原创校史“红色剧本+”《永不消逝的电波》，开展“红色校歌传唱+红色剧本”沉浸式校史学习；建设 AR+VR 网络思政育人基地，开展“虚拟现实交互式”宣讲；依托新生导师制推动红色文化育人，新生参观校史馆全覆盖。

3. 专题化开展“启航新征程”，强化学生使命担当。开展“青春献礼二十大，强国有我新征程”主题教育活动，出台《关于组织本科生学习宣传贯彻党的二十大精神的实施方案》，一体化落实个人自学、集体联学、专家导学、以赛促学等十大任务。开展“做新时代西军电人的责任使命”大讨论 50 余场，形成“做新时代西军电人的责任使命”调研报告。强化课间微思政、思政微课堂、校园微宣讲“三微课堂”建设，形成以“解读思政热点、讲述西电故事、规范日常行为”为主题的标签化思政教育资源 400 个。依托 24 个校院两级辅导员讲师团和大学生党史校史宣讲团开展常态化校园巡讲、网络巡展，开设党史校史文化公开课 6 期和党史校史宣讲通识课程 18 期。

4. 深化“一站式”社区综合改革，打造立体化育人格局。进一步细化“双院”育人方案，按照“一大类一策”的思路，优化学院与书院的职责分工及协同路径，完善“双院”协同、“五育”并举、学科专业交融的学生“一站式”社区建设模式。建成党建平台“社区党建之家”，高年级创新依据学生兴趣和网格化管理设置特设党支部，实现书院全覆盖。依托新生研讨课和学科导论课落实落细新生导师制，选配 203 名教师、管理干部兼任学生工作干部，完善新生年级“辅导员—新生兼职班主任—新生导师”教育管理协同机制和二～四年级书院“专职学工干部—兼职班主任—学生党员—全体学生”四位一体社区辐射体系，做实做细学生社区网格化管理。学生自我管理队伍覆盖学生比例超过 30%，以跟岗实习、劳动实践等形式发挥学生自我管理组织主体作用。

5. 推进“互补联动”五育课程建设。引进通识教育选修课 121 门，建成常态化开展的“互补型”五育课程 52 门，依托“活动有你”平台发布五育活动 680 余次。“大学生劳动教育”理论必修课通过“线下 8 学时+线上 8 学时”的授课方式，实现 21 级 82 个行政班 5500 名学生理论教学全覆盖。开设“劳动实践”必修课，通过生活、生产、服务三大劳动计划，为学生提供 6 大类 136000 学时的劳动实践岗位，满足学生“8+24”学时劳动实践需求。建立“1+6+N”省校院三级劳动教育实践基地。推动美育教育，在 2021 级培养方案中将美育课程纳入通识教育课程体系，落实 2 学分要求；召开美育教育研讨会，引进线上美育课程 67 门，征集线下美育课程 45 门，推进美育实践类课程和教材建设。

6. 线上线下教学平稳有序转换，高效保障教学效果和学习成效。面对持续多变的疫情防控形势，坚持以学生发展为中心、以师生生命健康安全至上的原则，每遇关键节点迅速动态调整教育教学，按年级精准分类施策，科学合理保障线下教学和线上教学的常态转换，圆满完成全年各类教学任务。同时，统筹考虑学生的实验、实习与实践、考试与教学、升学与就业等各环节，科学联动安排教育教学工作，加强线上教学的培训、监管，完善线上教学质量的监督保障机制，确保线上线下教学实质等效。

7. 坚持践行一线规则，为学生办实事解难题。实施书院开放日制度，组织“校情面对面”等座谈 20 余场，开展本科生生活学习习惯、思想动态、学习与发展等调研，把握学生思想行为特点，了解学生需求。建立“学工部—学院、书院辅导员—学生干部”三级舆情信息收集体系，坚持舆情日报告 312 天，收集学生反馈 2931 条。分年级面向全校学生征集建议，开展“校园安全隐患随手拍”活动，为学生解决实际问题 974 个，形成征集—反馈—回访的师生问题反馈闭环。

8. 做实做细管理服务，提升学生获得感。编织横到边、纵到底的学生管理安全稳定防护网，根据疫情形势动态优化调整防控方案，本科生整体健康安全稳定。制定《2022 级新生教育管理方案》，以新生训练营、国防训练营等强化学生适应养成教育。出台《关于进一步加强学风建设的实施方案》，构建“教育+管理+指导”三位一体的学风建设体系，设立学风监督岗，开展考风考纪专项整治行动。修订完善 5 项资助政策，持续开展精准资助、隐形资助。制定辅导员理论学习标准，建设理论学习 MOOC，举办“鱼渔兼授”辅导员工作沙龙 11 期，以“两大中心+十个工作室”有组织推动辅导员队伍建设，夯实育人力量。

9. 创新 AI+思政教育，以大数据助力学生全面发展。持续完善“学在西电”平台功能，建立点对点通知系统，确保信息一键直达。建设运行“活动有你”五育活动记录平台，打通劳动教育信息平台“学在西电”“活动有你”“勤工助学”“综合测评”等平台，实现数据共享，实施学院书院活动参与相互认定制度，形成“学生年度能力报告”“学生成长趣味报告”“社区思政报告”。

二、目标任务书完成情况

2022 年本科生院共承担学校年度工作目标任务(含补充部分)23 项，重点任务完成情况如下：

1. 加强统筹协同，体系化培养拔尖创新人才。举办一流专业建设与拔尖创新人才培养研修班；拟定《西安电子科技大学实验班管理办法》《2022 年实验班评估实施方案》；完善 17 个实验班培养方案，

2022 年第一批学生进入新体系培养；构建“一轴四轨”的拔尖创新人才培养整体规划，实施分类分层培养；投入 167 万元用于拔尖创新人才培养改革项目；承办拔尖计划 2.0 全国线上书院主题活动周。畅通渠道、多维融合，科学选才鉴才，实施“高考录取＋入学遴选”的双通道选拔模式，构建“基础能力+核心能力+综合评价”三位一体的综合评价体系，完成 2022 年选拔和分流工作，遴选 535 名优秀学生进入 17 个实验班学习。

2. 强化基础厚实、实践创新能力强、产教融合的育人特色。推进基础课程建设，在实验班试点实施基础课程提升计划，首批覆盖 4 门数理和学科基础课程；构建分层分类的基础课程体系，拓展课程内容、革新课堂组织模式、配备高质素教师团队，修订课程大纲，构建师生互助、生生互助的教学共同体。持续优化工程训练环节和实践课程体系，完成智能制造虚拟仿真教学体系、数字孪生智能制造教学系统等的建设工作；与企业共建联合实验室、实训基地共计 6 个，引入特色专业教学团队 3 个，成立创新工作坊 9 个。入选首批国家级创新创业学院建设单位(陕西省仅 5 所高校)。建设慕课西部行地图，开展教育部新时代高校教师融合式教学公益进修项目，承办 2022 年世界慕课与在线教育大会的分论坛——“数字革命与大学教学变革”。

3. 巩固本科教学基础优先地位，做好新一轮本科教育教学审核评估工作，落实新时代本科质量工程。全面推进新一轮审核评估，完成自评报告初稿，制订审核评估实施方案，成立审核评估办公室，召开评估评建工作启动会、推进会和培训会。举办教学成果奖申报系列专题培训会和打磨会，15 个项目获批省级教学成果奖，推荐 7 个项目参评国家级教学成果奖。成功举办国际双创实践周，立项 81 门海外专家课程和 60 门企业课程，开设“跨文化交际口语训练营”“创新大学英语”课程，协同国际合作与交流部完成本科生留学访学工作。完成第二届本科教学创新奖评选，组织开展 2022 年度优质教学奖评选，引导更多的教师投入本科教学。创新改革新生研讨课，出台《西安电子科技大学本科生新生研讨课、学科导论实施方案》，选配国家级和省级领军人才、青年人才、教学名师、华山学者领军教授、特聘教授等 332 人担任新生导师，引导激励各类高层次人才走进新生课堂。

4. 全面加强本科教育教学质量体系建设。严格本科毕业设计过程和质量管理，修订《西安电子科技大学本科生毕业设计(论文)工作条例》，择期上会印发。印发《领导干部听课制度》，完成第十届本科教学督导工作委员会聘任。2 个专业通过 2021 年工程教育专业认证，4 个专业通过 2021 年工程教育认证中期审核，发布《专业自评实施方案》，开展专业自评。拟发布 2022 年招生质量白皮书。生源质量持续提升，4 个省份最低录取位次提升至少 500 名，有 24 个省份理工类(或物理组)录取位次超越 2021 年，再创新高。完成 2022 年国家高等教育质量监测数据填报，拟发布学校 2022 年本科教育教学质量报告。完成 5 轮针对教材意识形态的专项审查，建设教材建设管理系统，规范教材选用、审核程序，立项建设 45 门校级教材，推荐 5 门教材参加省级优秀教材评审。

5. 深化信息技术与教育教学融合创新，推动教育数字化转型和智能升级。出台《混合式课程标准》，促进课堂教学模式和学生评价方式改革。建成移动教务服务系统并入驻学校企业号。推进西电智课平台与教务系统、教室录播系统的互联互通，推动双空间融合的教学改革。建成集展示、资源建设和导转播于一体的学生党史宣讲团演播室。构建学生学业“红绿灯”体系，建设和完善选课结果核查、学生选课提醒、学业预警、毕业预审核等应用功能。推进国家高等教育智慧教育平台试点工作，组织 3 场陕西本科高校 2022 年秋季学期混合式教学系列培训交流会，召开第二届云端教学发展大会，成立 eMOOC 联盟。入选陕西省首批高等教育数字化转型试点高校，查显友书记代表学校在国家智慧教育平台试点工作推进会上作交流发言。

6. 完善核心课程建设机制，打造高质量品牌课程体系。出台《公共课程组设置管理规定》，将 27 门公共课设为二级岗；印发《关于加强公共课程组建设通知》，依托智课平台建设校内虚拟教研室，以虚拟教研室建设落实公共课负责人、团队岗位职责，强化公共课程团队在学校人才培养中的核心作用；制定《核心课程建设指导意见》，明确各学院核心课程建设内容，形成核心课程建设实施方案及建设计划。

7. 实施心理育人质量提升工程。配齐建强心理健康教育工作队伍，引进 3 名专职教师，师生比达到 1∶3901，符合教育部示范中心要求(不低于 1∶4000)，修订心理健康教育教材，举办心理健康节和“相约星期二”团体辅导活动，全年完成心理咨询 2000 余人次、团体辅导 82 次，师生未发生严重心理危机事件。

8. 实现更加充分更高质量就业，坚持“党建引领就业”，与国防军工、行业重点单位开展支部共建活动；选树百余项毕业生就业典型案例，成立就业宣讲团，引导毕业生到国防军工单位、部队和基层就业；深化“访企拓岗”专项行动，制定《西安电子科技大学访企拓岗促就业行动实施方案》，2022 届本科毕业生就业率为 94.28%，研究生就业率达 98.29%。毕业去向落实率位列陕西省和全国高校前列，本科生、研究生到军工单位就业人数占比分别为 10%以上、20%以上，80%以上本科生到信息技术产业、科学研究与高端装备制造业就业。印发《西安电子科技大学关于进一步做好就业工作的实施办法》《西安电子科技大学就业质量综合评价实施办法》(试行)，建立就业质量综合评价机制。

9. 统筹做好 2020 级、2021 级本科生军训工作。在疫情防控要求下，创新以“线上军事理论教育＋线下军事训练＋培训演练”模式完成 2020 级军训。2021 级本科生军训工作分为两阶段开展。其中，第一阶段以线上军事理论教育为主，第二阶段以线下军事训练＋培训演练为主。目前第一阶段已完成，第二阶段在 2023 年 6 月实施。以军训、升旗仪式、“征兵工作站”建设等为抓手，加强爱国主义教育，引导学生献身国防，2022 年，为全军各军兵种输送义务兵 13 人，直招军官 24 人，直招军士 1 人，为强军兴军贡献西电力量。

三、督办事项和校长办公会、党委常委会决议完成情况

以下内容包括目标任务书之外承担的工作，上级来文来函要求落实的工作等。

2022 年，本科生院校内外收文 1598 件，其中上级部门及校外来文 1172 件，同比增幅 65.5%，承办率达 100%，办文数量全校第一；承办调度会事项 98 项，占比 17.56%，各部门排名第一；承办学校各类督办事项 62 项，占全校督办事项的 7.6%，所有事项全部办结，办结率为 100%。碰头会事项分布统计图见图 1。

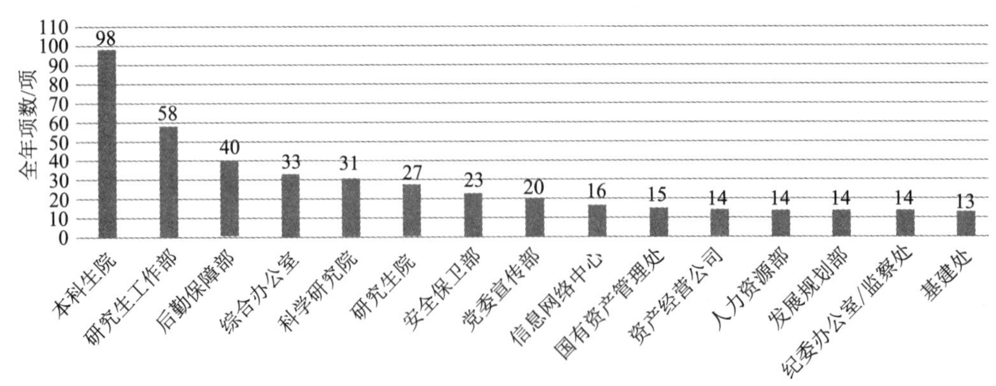

图 1　碰头会事项分布统计图(部分)

2022 年，面对常态化的疫情防控和政治大年的安全稳定要求，本科生院(书院)坚守“为党育人、为国育才”的初心，坚持以学生发展为中心，坚定以巡察整改为着力点，直面改革问题，直面师生需求，直面时代挑战，在疫情防控、毕业、迎新、党的二十大等重要节点，全院全员上一线、担重担，凝心聚力、攻坚克难，化解了一个又一个热点高、难度大、燃点低、爆点高的棘手问题，线上线下频

繁转换，圆满完成各类教育教学任务，学生状态整体健康稳定。同时，主动担当作为，高质量完成各类计划外任务：一是成功承办第57届中国高等教育博览会分论坛——第二届云端教学发展大会和“四新”背景下的一流创新创业学院建设论坛；二是承办2022年高等学校教学信息化与教学方法创新指导委员会年会；三是顺利完成巡察整改工作，制订巡察反馈意见整改方案，建立巡察整改任务清单、时间表和路线图，完成4个方面14条问题的巡察整改工作，开展巡察整改“质效评估”，巩固整改成果，实现以改促建目标。

四、获得的重要荣誉奖励、经验推广及社会影响力情况

2022年，本科教育教学成果丰硕、亮点频现，20余个项目获省部级奖励，10余项工作获国家、陕西省等主流媒体报道，多次受邀在教育部、陕西省等召开的高规格会议上作经验交流。现将部分工作成效罗列如下：

1. 入选首批国家级创新创业学院建设单位。

2. 第八届“互联网+”大赛全国总决赛金奖1项，连续8年获国赛金奖。

3. 9个专业获批国家级一流专业，5个专业获批省级一流专业。

4. 《基于“资助+五育”模式的“FAST”发展型资助育人工作体系的探索与实践》获评2022年度高校思想政治工作精品项目。

5. 入选教育部“一站式”学生社区综合管理模式建设自主试点单位，“一站式”学生社区建设工作多次获教育部、高校思想政治网、陕西省教育厅报道。入选高校“一站式”学生社区风采展示活动优秀案例。

6. 成功举办第57届中国高等教育博览会分论坛，获第57届中国高等教育博览会优秀组织奖。

7. 15个项目获批陕西省高等学校教育教学成果奖，推荐7个项目参评国家级教学成果奖。

8. 获批陕西高校思政课省级名师工作室1个、国家级教学名师1人。

9. 《西安电子科技大学党史校史文化系列公开课》入选“高校庆祝中国共产党成立100周年原创精品推广行动”，被《百年珍贵记忆——全国高校庆祝中国共产党成立100周年原创精品档案》收录。

10. 学校金银花采摘劳动教育实践基地入选首批“陕西省大中小学劳动教育实践基地”。学校劳育经验材料《“四个聚焦”推动新时代大学生劳动教育走深走实》入选陕西教育工作情况专版专报。学校劳育工作获陕西省教育厅网站、《中国青年报》等宣传报道。

11. 《“红色文化+”学生日常思政教育体系的构建》获评2022年陕西省高校学生工作精品项目。

12. 人民日报、光明日报、陕西广播电视台等多家媒体专题报道学校就业工作，学校多次作为高校代表在全省就业工作会议上作交流发言。

13. 在TI杯全国电赛模拟电子系统设计专题邀请赛中荣获国家一等奖2项(全国仅9项)，获一等奖数位列全国第一，是历史最好成绩。

14. 在第十五届全国大学生信息安全竞赛作品赛中荣获国家一等奖3项、三等奖5项，获国家奖总数在全国并列第一。

15. 在陕西高校思政课教师“大练兵”展示中，3人获得“思政课程教学标兵”称号，1人获得“思政课程教学能手”称号，获奖质量和数量均居陕西省高校前列。

16. 第四届全国混合式教学设计创新大赛，1人获得全国三等奖。

17. 第七届西浦全国大学教学创新大赛，1人获得全国一等奖，是学校教师首次在该项赛事上荣获全国一等奖。

18. 本科生李奕扬入选全国高校党的二十大精神师生巡讲团(陕西唯一)。

19. 大学生党史校史宣讲团担任陕西高校青年爱国奋斗宣讲联盟轮值主席，在全国高校宣讲联赛中获西北赛区一等奖1项、二等奖2项、全国决赛优秀奖1项。

20. 本科生赵思尧获评“陕西好网民”称号。

21. 获中国科协批复成立4个学风涵养工作室。

22. 辅导员荣获陕西省辅导员素质能力大赛一等奖、三等奖、优秀组织奖，全国高校辅导员优秀工作案例三等奖等奖项。

23. 心理健康教育中心获2022年“陕西省教科文卫体系统五一巾帼标兵岗”荣誉称号。

24. 《西安电子科技大学以党史校史文化网络公开课建设推进红色资源育人提质增效》获评陕西高校网络思想政治工作案例三等奖。

25. 《学在西电——跨越时空的传承》获评中国科协“风启学林”优秀传播作品

26. 资助工作获教育部网站报道。

27. 就业工作获人民日报、光明日报、陕西广播电视台等多家媒体专题报道，学校多次作为高校代表在全省就业工作会议上作主题发言。

附表　校外奖励/标志性项目统计表

序号	奖励/项目名称	获奖者/单位	批准单位	级别	获批时间
1	入选教育部“一站式”学生社区综合管理模式建设自主试点单位	—	教育部思政司	国家级	2022年1月
2	高校思政网以《西安电子科技大学：“四个强化”推进“一站式”学生社区建设》为题报道西电“一站式”社区建设经验做法	—	全国高校思想政治工作网	国家级	2022年7月
3	教育部简报以《西安电子科技大学强化改革驱动构筑“一站式”学生社区“双院”育人共同体》为题，全文刊发西电“一站式”社区建设成果	—	教育部	国家级	2022年7月
4	9个专业获批国家级一流专业(材料科学与工程、电子商务、金融学、英语、工业设计、电气工程及其自动化、应用物理学、信息与计算科学、电波传播与天线)	—	教育部	国家级	2022年6月
5	入选高校“一站式”学生社区风采展示活动优秀案例	—	教育部	国家级	2022年12月
6	第57届中国高等教育博览会优秀组织奖	—	中国高等教育学会	国家级	2022年8月
7	全国高校思想政治工作优秀案例三等奖两项、优秀奖两项	—	高教学会辅导员研究分会	国家级	2022年4月
8	中国科协“风启学林”优秀传播作品	—	中国科协	国家级	2022年1月
9	高校思想政治工作精品项目	—	教育部	国家级	2022年1月
10	党史校史文化公开课入选“高校庆祝中国共产党成立100周年原创精品推广行动”，被《百年珍贵记忆——全国高校庆祝中国共产党成立100周年原创精品档案》收录	—	全国高校思想政治工作网	国家级	2022年1月
11	《西安电子科技大学积极做好学生资助工作》获教育部网站报道	—	教育部	国家级	2022年4月

续表一

序号	奖励/项目名称	获奖者/单位	批准单位	级别	获批时间
12	3 个项目获陕西省高等教育教学成果奖特等奖	—	陕西省人民政府	省级	2022 年 5 月
13	5 个项目获陕西省高等教育教学成果奖一等奖	—	陕西省人民政府	省级	2022 年 5 月
14	7 个项目获陕西省高等教育教学成果奖二等奖	—	陕西省人民政府	省级	2022 年 5 月
15	第二批陕西高校网络思想政治工作研究课题与实践项目获批一般课题 3 项	—	陕西省委教育工委、教育厅	省级	2022 年 8 月
16	陕西高校学生工作精品项目	—	陕西省委教育工委	省级	2022 年 6 月
17	陕西高校青年爱国奋斗宣讲联盟轮值主席	—	陕西省委教育工委	省级	2022 年 4 月
18	陕西省教育厅以《西安电子科技大学创新推进“一站式”学生社区综合管理改革》为题，报道西电一站式社区管理改革特色做法	—	陕西省教育厅	省级	2022 年 7 月
19	2022 陕西省教科文卫体系统五一巾帼标兵岗	—	陕西省教科文卫体工会委员会	省级	2022 年 7 月
20	5 个省级一流专业(数据科学与大数据技术、人力资源管理、工程管理、哲学、生物技术)	—	陕西省教育厅	省级	2022 年 6 月
21	省教学成果一等奖 /《大学生心理素质“三个五”培养模式的创建与实践》	宋宝萍 武成莉	陕西省人民政府	省级	2022 年 5 月
22	陕西省高校第六届百家心理微课特等奖 /《成为更好的自己》	丁兰艳	陕西省高校心理素质教育研究会	省级	2022 年 1 月
23	陕西省高校第六届百家慕课心理微课特等奖 /《打不死必将更强大》	武成莉	陕西省高校心理素质教育研究会	省级	2022 年 1 月
24	陕西省高校第六届心理剧大赛特等奖/《倒霉的严一拓》	丁兰艳 穆宏浪 王　纲	陕西省高校心理素质教育研究会	省级	2022 年 1 月
25	2021 年度陕西省高校育德育心年度人物	宋宝萍	陕西省高校心理素质教育研究会	省级	2022 年 1 月
26	2021 年度陕西省高校最美心灵卫士	武成莉	陕西省高校心理素质教育研究会	省级	2022 年 1 月
27	2021 年度陕西省高校十佳心理师	王博韬	陕西省高校心理素质教育研究会	省级	2022 年 1 月
28	2021 年度陕西省高校育心先进个人	丁兰艳	陕西省高校心理素质教育研究会	省级	2022 年 1 月
29	2021 年度陕西省高校百佳心理委员	田丰昱 张倖玺 (指导老师：丁兰艳)	陕西省高校心理素质教育研究会	省级	2022 年 1 月
30	陕西省高校“星级心理援助师”	宋宝萍	陕西省高校心理素质教育研究会	省级	2022 年 11 月
31	陕西省高校“星级心理援助师”	武成莉	陕西省高校心理素质教育研究会	省级	2022 年 11 月
32	陕西省高校“最美爱心使者”	丁兰艳	陕西省高校心理素质教育研究会	省级	2022 年 11 月

续表二

序号	奖励/项目名称	获奖者/单位	批准单位	级别	获批时间
33	陕西省高校“最美育心指导师”	宋宝萍	陕西省高校心理素质教育研究会	省级	2022 年 11 月
34	陕西省高校“最美博主咨询师”	武成莉	陕西省高校心理素质教育研究会	省级	2022 年 11 月
35	陕西省高校“最美博主咨询师”	丁兰艳	陕西省高校心理素质教育研究会	省级	2022 年 11 月
36	2022 年山东省高校心理健康月“携手同行”优秀心理辅导案例二等奖 /《一把钥匙打开多把锁——应用焦点解决技术解决大学生多重问题叠套的工作方法探讨》	张宁	山东省高等学校思想政治教育研讨会、大学生心理健康教育专业委员会	省级	2022 年 10 月
37	第八届陕西高校心理健康教育优秀咨询案例一等奖 /《我要一目十行——一例由学业引发心理困扰的大学生咨询案例报告》	王博韬	陕西省委教育工委	省级	2022 年 7 月
38	第八届陕西高校心理健康教育优秀咨询案例二等奖 /《走出阴霾　正向赋能——焦点解决短期治疗对大学生失恋的干预个案咨询报告》	王雪微	陕西省委教育工委	省级	2022 年 7 月
39	第八届陕西高校心理健康教育优秀教案评选二等奖 /《驾驭情绪　笑对人生》	丁兰艳	陕西省委教育工委	省级	2022 年 7 月
40	第二届陕西高校“心相遇　爱同行——心理健康教育伴我成长”主题征文活动二等奖 /《跨越风浪　沐浴阳光》	(指导老师：丁兰艳)	陕西省委教育工委	省级	2022 年 7 月
41	第二届陕西高校学生心理健康教育课程教学大赛个人奖三等奖	王雪微	陕西省委教育工委	省级	2022 年 6 月
42	第二届陕西高校学生心理健康教育课程教学大赛优秀组织奖	西安电子科技大学	陕西省委教育工委	省级	2022 年 6 月
43	第八届陕西高校心理健康教育教案二等奖 /《心理健康第一课——美好生活从“心”开始》	王博韬	陕西省委教育工委	省级	2022 年 7 月
44	陕西高校网络思想政治工作案例三等奖	—	陕西省网络思想政治工作中心	省级	2022 年 6 月
45	陕西省辅导员素质能力大赛优秀组织奖	—	陕西省委教育工委	省级	2021 年 12 月
46	《西安电子科技大学：“四个聚焦”推动新时代大学生劳动教育走深走实》获“陕西教育工作情况”〔2022〕第 3 期专版报道	—	陕西省委教育工委	省级	2022 年 2 月
47	金银花采摘劳动教育实践基地获批首批“陕西省大中小学劳动教育实践基地”	—	陕西省委教育工委	省级	2022 年 5 月
48	《西安电子科技大学扎实做好毕业生就业工作》获陕西省教育厅报道	—	陕西省教育厅	省级	2022 年 6 月
49	网络面试间　助我昀求职	—	光明日报	国家级	2022 年 9 月

学院及专业设置

学　院	本科专业名称
通信工程学院	通信工程、空间信息与数字技术、信息工程
电子工程学院	电子信息工程、信息对抗技术、电磁场与无线技术、遥感科学与技术
计算机科学与技术学院(示范性软件学院)	计算机科学与技术、物联网工程、软件工程、数字媒体技术*、数据科学与大数据技术
机电工程学院	机械设计制造及其自动化、工业设计、自动化、电气工程及其自动化、测控技术与仪器、电子封装技术、机器人工程
光电工程学院	电子科学与技术、光电信息科学与工程
物理学院	应用物理学、电子信息科学与技术、电波传播与天线
经济与管理学院	信息管理与信息系统、工商管理(理工/文史类)、工业工程、金融学、电子商务、市场营销、人力资源管理、行政管理*、大数据管理与应用、工程管理、财务管理
数学与统计学院	数学与应用数学、信息与计算科学、统计学
人文学院	录音艺术、哲学、汉语言文学
外国语学院	英语、日语、翻译、汉语国际教育
微电子学院	微电子科学与工程、集成电路设计与集成系统
生命科学技术学院	生物医学工程、生物技术、医学影像技术*、护理学*、智能医学工程
空间科学与技术学院	探测制导与控制技术、空间科学与技术、飞行器设计与工程、飞行器控制与信息工程*
先进材料与纳米科技学院	材料科学与工程、纳米材料与技术、应用化学
网络与信息安全学院	信息安全、网络工程、网络空间安全、密码科学与技术
人工智能学院	智能科学与技术、人工智能
体育部	运动训练
合　计	66

注：专业名称加有“*”者为本年度未招生专业。

2022年西安电子科技大学本科招生专业(类)录取人数

<table>
<tr><th>序号</th><th>专业(类)名称</th><th>学　院</th><th>类中所含专业</th><th>2022年
招生人数</th></tr>
<tr><td rowspan="3">1</td><td rowspan="3">电子信息类
(新工科一流人才引领计划创新实验班)</td><td rowspan="3">通信工程学院、电子工程学院、微电子学院</td><td>通信工程(教学改革班)</td><td rowspan="3">80</td></tr>
<tr><td>电子信息工程(教学改革班)</td></tr>
<tr><td>微电子科学与工程(教学改革班)</td></tr>
<tr><td rowspan="3">2</td><td rowspan="3">计算机类
(新工科一流人才引领计划创新实验班)</td><td rowspan="3">计算机科学与技术学院、人工智能学院</td><td>计算机科学与技术(卓越班)</td><td rowspan="3">70</td></tr>
<tr><td>人工智能(图灵AI科学实验班)</td></tr>
<tr><td>计算机科学与技术
(国家一流基础拔尖基地)</td></tr>
<tr><td rowspan="16">3</td><td rowspan="16">电子信息类</td><td rowspan="3">通信工程学院</td><td>通信工程</td><td rowspan="16">2296</td></tr>
<tr><td>信息工程</td></tr>
<tr><td>空间信息与数字技术</td></tr>
<tr><td rowspan="4">电子工程学院</td><td>电子信息工程</td></tr>
<tr><td>信息对抗技术</td></tr>
<tr><td>遥感科学与技术</td></tr>
<tr><td>电磁场与无线技术</td></tr>
<tr><td rowspan="2">微电子学院</td><td>微电子科学与工程</td></tr>
<tr><td>集成电路设计与集成系统</td></tr>
<tr><td rowspan="2">光电工程学院</td><td>电子科学与技术</td></tr>
<tr><td>光电信息科学与工程</td></tr>
<tr><td rowspan="2">物理学院</td><td>电子信息科学与技术</td></tr>
<tr><td>电波传播与天线</td></tr>
<tr><td rowspan="3">空间科学与技术学院</td><td>空间科学与技术</td></tr>
<tr><td>探测制导与控制技术</td></tr>
<tr><td>飞行器设计与工程</td></tr>
<tr><td rowspan="10">4</td><td rowspan="10">计算机类</td><td rowspan="4">计算机科学与技术学院</td><td>计算机科学与技术</td><td rowspan="10">1418</td></tr>
<tr><td>物联网工程</td></tr>
<tr><td>软件工程</td></tr>
<tr><td>数据科学与大数据技术</td></tr>
<tr><td rowspan="2">人工智能学院</td><td>智能科学与技术</td></tr>
<tr><td>人工智能</td></tr>
<tr><td rowspan="4">网络与信息安全学院</td><td>信息安全</td></tr>
<tr><td>网络工程</td></tr>
<tr><td>网络空间安全</td></tr>
<tr><td>密码科学与技术</td></tr>
</table>

续表

序号	专业(类)名称	学　院	类中所含专业	2022 年招生人数
5	自动化类 (智能制造及智能测控)	机电工程学院	机械设计制造及其自动化	583
			工业设计	
			电子封装技术	
			电气工程及其自动化	
			自动化	
			测控技术与仪器	
			机器人工程	
6	管理科学与工程类 (信息化、智能商务与卓越领导力融合培养)	经济与管理学院	信息管理与信息系统	243
			工程管理	
			工业工程	
			电子商务	
			金融学	
			工商管理	
			市场营销	
			人力资源管理	
			大数据管理与应用	
			财务管理	
7	数学类(数学、统计与信息、计算机科学深度融合人才培养)	数学与统计学院	数学与应用数学	111
			信息与计算科学	
			统计学	
8	生物医学工程类(电子信息交叉融合班)	生命科学技术学院	生物医学工程	80
			生物技术	
			智能医学工程	
9	材料类 (电子信息材料与微纳器件)	先进材料与纳米科技学院	材料科学与工程	125
			应用化学	
			纳米材料与技术	
10	中国语言文学类(新人文学科与电子信息融合培养)	人文学院	汉语言文学	54
			哲学	
11	外国语言文学类 (新文科国际语言与电子信息交叉融合培养)	外国语学院	英语	90
			日语	
			翻译	
12	特殊专业	人文学院	录音艺术(艺术类)	35
		电子工程学院	通信工程(中外合作办学)	100
		通信工程学院	电子信息工程(中外合作办学)	100
		经济与管理学院	大数据管理与应用(中外合作办学)	100
		体育部	运动训练	26

2022年本科分专业学生数

单位：人

学　院	专　业	2022年	2021年	2020年	2019年
通信工程学院	通信工程	73	493	519	547
	空间信息与数字技术	0	32	30	29
	信息工程	0	139	131	111
	电子信息类(中英合作办学)	99	98	95	104
	小　　计	172	762	775	791
电子工程学院	电子信息工程	71	457	471	553
	信息对抗技术	2	99	107	96
	电磁场与无线技术	0	70	72	35
	遥感科学与技术	0	36	37	33
	电子信息类(中法合作办学)	99	103	93	99
	小　　计	172	765	780	816
计算机科学与技术学院	计算机科学与技术	74	506	512	536
	物联网工程	0	50	28	41
	软件工程	42	416	353	407
	数字媒体技术	0	2	30	25
	数据科学与大数据技术	0	45	31	28
	小　　计	116	1019	954	1037
机电工程学院	机械设计制造及其自动化	1	156	134	148
	工业设计	2	27	25	12
	自动化	0	86	84	118
	电气工程及其自动化	0	57	73	74
	测控技术与仪器	0	115	121	109
	机器人工程	26	58	56	0
	电子封装技术	0	40	31	29
	自动化类	506	0	0	0
	小　　计	535	539	524	490
物理与光电工程学院	电子科学与技术	53	255	241	296
	光电信息科学与工程	4	96	57	62
	应用物理学	6	14	25	16
	电子信息科学与技术	0	174	156	129
	电波传播与天线	7	30	28	23
	小　　计	70	569	507	526

续表一

学　院	专　业	2022 年	2021 年	2020 年	2019 年
经济与管理学院	信息管理与信息系统	0	0	34	33
	工商管理(理工类)	0	0	30	20
	工业工程	0	0	21	22
	金融学	0	1	32	32
	电子商务	0	1	20	32
	市场营销	0	2	18	16
	人力资源管理	0	1	19	22
	行政管理	0	0	0	2
	工程管理	0	0	20	22
	大数据管理与应用	98	1	32	0
	管理科学与工程类	232	235	0	0
	小　　计	330	241	226	201
数学与统计学院	数学与应用数学	31	21	55	62
	信息与计算科学	0	1	27	12
	数学类	85	90	0	0
	统计学	0	1	20	24
	小　　计	116	113	102	98
人文学院	录音艺术	35	35	34	35
	哲学	0	25	19	28
	汉语言文学	1	30	34	27
	中国语言文学类	53	0	0	0
	小　　计	89	90	87	90
外国语学院	英语	0	0	36	36
	日语	0	0	19	25
	翻译	1	1	26	30
	外国语言文学类	86	88	0	0
	小　　计	87	89	81	91
微电子学院	微电子科学与工程	30	239	263	266
	集成电路设计与集成系统	31	242	242	231
	小　　计	61	481	505	497
生命科学技术学院	生物医学工程	0	30	36	19
	生物技术	0	12	16	7
	智能医学工程	0	28	26	38
	生物医学工程类	76	0	0	0
	小　　计	76	70	78	64

续表二

学 院	专 业	2022年	2021年	2020年	2019年
空间科学与技术学院	探测制导与控制技术	1	60	42	32
	飞行器设计与工程	10	31	20	0
	空间科学与技术	0	82	71	94
	小 计	11	173	133	126
先进材料与纳米科技学院	材料科学与工程	0	61	49	71
	纳米材料与技术	0	25	23	0
	应用化学	3	27	18	17
	材料类	122	0	0	0
	小 计	125	113	90	88
网络与信息安全学院	信息安全	2	134	141	145
	网络工程	3	67	56	49
	密码科学与技术	20	37	0	0
	网络空间安全	0	102	101	103
	小 计	25	340	298	297
人工智能学院	智能科学与技术	4	170	163	199
	人工智能	40	192	167	196
	小 计	44	362	330	395
电子信息类		2139	0	0	0
计算机类		1369	0	0	0
运动训练类		26	0	0	0
合 计		5563	5726	5470	5607

国家级专业建设

一流本科专业建设点名单

序号	专业代码	专业名称	学　院	专业负责人	专业类	批准年份及级别
1	080703	通信工程	通信工程学院	盛　敏	电子信息类	2019 年国家级
2	080701	电子信息工程	电子工程学院	廖桂生	电子信息类	2019 年国家级
3	080902	软件工程	计算机科学与技术学院	王　泉	计算机类	2019 年国家级
4	080202	机械设计制造及其自动化	机电工程学院	黄　进	机械类	2019 年国家级
5	080301	测控技术与仪器	机电工程学院	白丽娜	仪器类	2019 年国家级
6	080714T	电子信息科学与技术	物理学院	郭立新	电子信息类	2019 年国家级
7	120102	信息管理与信息系统	经济与管理学院	赵捧未	管理科学与工程类	2019 年国家级
8	070101	数学与应用数学	数学与统计学院	刘三阳	数学类	2019 年国家级
9	080704	微电子科学与工程	微电子学院	张玉明	电子信息类	2019 年国家级
10	080710T	集成电路设计与集成系统	微电子学院	庄奕琪	电子信息类	2019 年国家级
11	082103	探测制导与控制技术	空间科学与技术学院	许录平	兵器类	2019 年国家级
12	080903	网络工程	网络与信息安全学院	马建峰	计算机类	2019 年国家级
13	080904K	信息安全	网络与信息安全学院	李　晖	计算机类	2019 年国家级
14	080907T	智能科学与技术	人工智能学院	焦李成	计算机类	2019 年国家级
15	080709T	电子封装技术	机电工程学院	田文超	电子信息类	2020 年国家级
16	080705	光电信息科学与工程	光电工程学院	朱江峰	电子信息类	2020 年国家级
17	0809011TK	网络空间安全	网络与信息安全学院	陈晓峰	计算机类	2020 年国家级
18	080717T	人工智能	人工智能学院	石光明	电子信息类	2020 年国家级
19	080706	信息工程	通信工程学院	李兵兵	电子信息类	2019 年省级 2020 年国家级
20	080712T	电磁场与无线技术	电子工程学院	李　龙	电子信息类	2019 年省级 2020 年国家级
21	082107	信息对抗技术	电子工程学院	董春曦	兵器类	2019 年省级 2020 年国家级
22	080901	计算机科学与技术	计算机科学与技术学院	崔江涛	计算机类	2019 年省级 2020 年国家级
23	080801	自动化	机电工程学院	张　强	自动化类	2019 年省级 2020 年国家级

续表

序号	专业代码	专业名称	学　院	专业负责人	专业类	批准年份及级别
24	080702	电子科学与技术	光电工程学院	曾晓东	电子信息类	2019年省级 2020年国家级
25	120201K	工商管理	经济与管理学院	谢永平	工商管理类	2019年省级 2020年国家级
26	082601	生物医学工程	生命科学技术学院	黄力宇	生物医学工程类	2019年省级 2020年国家级
27	050201	英语	外国语学院	马　刚	外国语言文学类	2019年省级 2021年国家级
28	070202	应用物理学	物理学院	韩一平	物理学类	2020年省级 2021年国家级
29	080713T	电波传播与天线	物理学院	张　民	电子信息类	2020年省级 2021年国家级
30	020301K	金融学	经济与管理学院	尚　娟	金融学类	2020年省级 2021年国家级
31	070102	信息与计算科学	数学与统计学院	冯象初	数学类	2020年省级 2021年国家级
32	080401	材料科学与工程	先进材料与纳米科技学院	杨　丽	材料类	2020年省级 2021年国家级
33	080205	工业设计	机电工程学院	邵晓东	机械类	2021年国家级
34	080601	电气工程及其自动化	机电工程学院	明正峰	电气类	2021年国家级
35	120801	电子商务	经济与管理学院	柴　建	电子商务类	2021年国家级
36	080908T	空间信息与数字技术	通信工程学院	田　斌	计算机类	2019年省级
37	081202	遥感科学与技术	电子工程学院	全英汇	测绘类	2019年省级
38	071201	统计学	数学与统计学院	杨有龙	统计学类	2019年省级
39	080905	物联网工程	计算机科学与技术学院	王　泉	计算机类	2020年省级
40	120701	工业工程	经济与管理学院	陈　希	工业工程类	2020年省级
41	070802	空间科学与技术	空间科学与技术学院	谢　楷	地球物理学类	2020年省级
42	070302	应用化学	先进材料与纳米科技学院	梁燕萍	化学类	2020年省级
43	080910T	数据科学与大数据技术	计算机科学与技术学院	苗启广	计算机类	2021年省级
44	120206	人力资源管理	经济与管理学院	王林雪	工商管理类	2021年省级
45	120103	工程管理	经济与管理学院	李　华	管理科学与工程类	2021年省级
46	010101	哲学	人文学院	张斯珉	人文社科类	2021年省级
47	071002	生物技术	生命科学技术学院	王　福	生物科学类	2021年省级

省级以上专业综合改革试点专业

序号	专业名称	级别	批准年份	负责人	学 院
1	通信工程	国家级	2012	李 晖	通信工程学院
2	电子信息工程	国家级	2012	石光明	电子工程学院
3	网络工程	国家级	2012	王 泉	网络与信息安全学院
4	信息安全	省级	2012	李 晖	网络与信息安全学院
5	计算机科学与技术	国家备案/省级	国家级 2014/ 省级 2012	王 泉	计算机科学与技术学院
6	电子科学与技术	国家备案/省级	国家级 2014/ 省级 2012	曾晓东	物理与光电工程学院
7	软件工程	国家备案	2014	武 波	计算机科学与技术学院
8	集成电路设计与集成系统	国家备案	2014	庄奕琪	微电子学院
9	电子信息科学与技术	省级	2012	郭立新	物理与光电工程学院
10	信息管理与信息系统	省级	2013	赵捧未	经济与管理学院
11	微电子科学与工程	省级	2013	庄奕琪	微电子学院
12	生物医学工程	省级	2013	梁继民	生命科学技术学院
13	电磁场与无线技术	省级	2014	路宏敏	电子工程学院
14	探测制导与控制技术	省级	2014	许录平	空间科学与技术学院
15	机械设计及其自动化	省级	2014	李团结	机电工程学院
16	数学与应用数学	省级	2014	刘三阳	数学与统计学院

省级以上特色专业建设点

序号	专业名称	级别	批准年份	负责人	学 院
1	通信工程	国家二类	2007	张海林	通信工程学院
2	信息安全	国家二类	2007	李 晖	网络与信息安全学院
3	网络工程	国家二类	2007	马建峰	网络与信息安全学院
4	软件工程(嵌入式系统方向、Web 工程与信息系统方向)	国家二类	2007	陈 平	计算机科学与技术学院
5	集成电路设计与集成系统	国家二类	2007	庄奕琪	微电子学院
6	电子信息工程	国家一类	2007	石光明	电子工程学院
7	微电子学	国家一类	2007	庄奕琪	微电子学院
8	计算机科学与技术	国家一类	2008	马建峰	计算机科学与技术学院
9	智能科学与技术	国家一类 (经费自筹)	2008	焦李成	人工智能学院
10	机械设计制造及其自动化	国家一类	国家级 2009/ 省级 2007	黄 进	机电工程学院

续表

序号	专业名称	级别	批准年份	负责人	学　院
11	电子科学与技术	国家一类	国家级 2010/省级 2007	曹全喜	物理与光电工程学院
12	电子信息科学与技术	国家一类	国家级 2010/省级 2007	吴振森	物理与光电工程学院
13	电子封装技术	国家级	2011	贾建援	机电工程学院
14	电磁场与无线技术	国家级	2011	路宏敏	电子工程学院
15	信息对抗技术	省级	2007	赵国庆	电子工程学院
16	测控技术与仪器	省级	2008	赵　建	机电工程学院
17	光信息科学与技术	省级	2008	曹全喜	物理与光电工程学院
18	数学与应用数学	省级	2008	刘三阳	数学与统计学院
19	信息管理与信息系统	省级	2009	赵捧未	经济与管理学院
20	信息工程	省级	2009	李兵兵	通信工程学院
21	应用物理学	省级	2010	郭立新	物理与光电工程学院
22	工商管理	省级	2010	刘东苏	经济与管理学院
23	自动化	省级	2010	马伯渊	机电工程学院
24	生物医学工程	省级	2011	梁继民	生命科学技术学院
25	探测制导与控制技术	省级	2011	许录平	空间科学与技术学院

注：国家级特色专业(15 个建设点)同时也是省级特色专业(25 个建设点)。

2022 年新增设专业

序号	学科门类	专业类别	专业名称	专业代码	修业年限	学位授予门类	专业所在学院
1	工学	航空航天类	飞行器控制与信息工程	082008T	四年	工学	空间科学与技术学院
2		测绘类	遥感科学与技术(二学位)	081202	二年	工学	电子工程学院

拔尖创新人才培养实验班

序号	实验班类型	级别	招生年份	学　院
1	“基础学科拔尖学生培养计划 2.0”实验班	国家级/省级	2020	计算机科学与技术学院为国家级；数学与统计学院为省级

人才培养模式创新实验区

序号	项目名称	级别	批准年份	负责人	学　院
1	电子信息类人才培养模式创新实验区	国家级/省级	2007	焦李成	人工智能学院/通信工程学院
2	面向产业需求的软件工程专业人才培养模式创新实验区	国家级	2008	陈　平	计算机科学与技术学院
3	电子信息类大学生创业人才培养模式创新实验区	国家级	2008	龙建成	全校有关单位

国家级教学团队

序号	项目名称	负责人	级别	单　位	批准年份
1	微波教学团队	梁昌洪	国家级/省级	电子工程学院	2007
2	国家电工电子教学基地教学团队	孙肖子	国家级/省级	电工电子基地	2007
3	通信电路与系统课程教学团队	傅丰林	国家级/省级	通信工程学院	2008
4	软件工程专业核心课程教学团队	陈　平	国家级 2009/省级 2008	计算机科学与技术学院	2009
5	大学数学课程教学团队	刘三阳	国家级/省级	数学与统计学院	2009
6	信息安全专业教学团队	李　晖	国家级/省级	网络与信息安全学院	2010

国家级实验教学示范中心

序号	名　称	负责人	单　位	批准年份及级别
1	电工电子实验教学中心	周佳社	电工电子教学基地	2006 年国家级 2005 年省级
2	综合性工程训练中心	黄　进	机电工程学院/工程训练中心	2006 年国家级 2006 年省级
3	通信与信息工程实验教学中心	刘乃安	通信工程学院	2008 年国家级 2007 年省级
4	集成电路实验教学中心	马晓华	微电子学院	2009 年国家级 2008 年省级
5	电子信息与通信工程学科专业实验教学中心	陈彦辉	电子工程学院/通信工程学院/计算机科学与技术学院/生命科学技术学院	2012 年国家级
6	计算机网络与信息安全实验教学中心	杨　力	计算机科学与技术学院	2016 年国家级

国家级虚拟仿真实验中心

序号	名　称	负责人	单　位	批准年份及级别
1	电子信息与通信虚拟仿真实验教学中心	石光明	电工电子教学基地	2014年国家级
2	网络与信息安全虚拟仿真实验教学中心	刘乃安	通信工程学院	2015年国家级 2014年校级
3	集成电路设计与制造虚拟仿真实验教学中心	张玉明	微电子学院	2016年国家级 2014年校级

国家级虚拟仿真实验教学项目

序号	名　称	负责人	单　位	批准年份及级别
1	氮化镓发光二极管工艺制造与光电特性虚拟仿真实验	张玉明	微电子学院	2018年国家级 2017年省级
2	典型天线复杂机电装备结构设计、制造及测试一体化虚拟仿真综合实验	仇原鹰	机电工程学院	2019年国家级 2018年省级
3	含能材料燃烧热的测定研究虚拟仿真实验	梁燕萍	先进材料与纳米科技学院	2019年国家级 2018年省级 2018年校级
4	现代授时虚拟仿真实验	白丽娜	机电工程学院	2020年国家级 2019年省级 2019年校级

国家级课程建设

一流本科课程(2019—2021 年)

序号	课程名称	课程类别	课程负责人	学　院	批准年份及课程等级
1	电路分析基础	线上	李小平	空间科学与技术学院	2020 年国家级 2019 年省级
2	科技英语语法	线上	马　刚	外国语学院	2020 年国家级 2019 年省级
3	线性代数学习指导与应用案例	线上	高淑萍	数学与统计学院	2020 年国家级 2019 年省级
4	工程制图与计算机绘图	线上	杜淑幸	机电工程学院	2020 年国家级 2019 年省级
5	随机信号分析	线上	李兵兵	通信工程学院	2020 年国家级 2019 年省级
6	数字信号处理	线上线下混合	田春娜	电子工程学院	2020 年国家级
7	数字电路与系统设计	线上线下混合	任爱锋	电子工程学院	2020 年国家级
8	现代工科微生物学	线上线下混合	谢　晖	生命科学技术学院	2020 年国家级
9	“红色筑梦”社会实践理论基础	社会实践	杨银堂	校团委	2020 年国家级
10	高频电子线路	线下	刘乃安	通信工程学院	2020 年国家级
11	通信原理	线下	任光亮	通信工程学院	2020 年国家级
12	泛函分析	线下	杨有龙	数学与统计学院	2020 年国家级

在线开放课程(MOOC)

序号	课程名称	课程负责人	学　院	批准年份及课程等级
1	实用大众线性代数 (MATLAB 版)	杨　威 陈怀琛	物理与光电工程学院 数学与统计学院	2017 年国家精品在线开放课程 2016 年中国大学 MOOC 平台上线
2	工程信号与系统	郭宝龙	空间科学与技术学院	2017 年国家精品在线开放课程 2016 年中国大学 MOOC 平台上线
3	科学的精神与方法	梁昌洪	电子工程学院	2017 年国家精品在线开放课程 2016 年智慧树平台上线
4	信号与系统	郭宝龙	空间科学与技术学院	2018 年国家精品在线开放课程 2016 年中国大学 MOOC 平台上线 2016 年省级 2015 年校级

续表

序号	课程名称	课程负责人	学　院	批准年份及课程等级
5	模拟电子电路与技术基础	孙肖子	电子工程学院	2018年国家精品在线开放课程 2017年中国大学MOOC平台上线
6	高频电子电路分析基础	赵建勋	电子工程学院	2018年国家精品在线开放课程 2017年中国大学MOOC平台上线 2015年校级
7	数字电路与系统	孙万蓉	电子工程学院	2018年国家精品在线开放课程 2017年中国大学MOOC平台上线 2015年校级
8	通信网络基础	盛　敏	通信工程学院	2018年国家精品在线开放课程 2017年中国大学MOOC平台上线 2015年校级
9	数字信号处理	田春娜	电子工程学院	2018年国家精品在线开放课程 2017年中国大学MOOC平台上线

精品视频公开课

序号	课程名称	课程负责人	学　院	课程等级	批准年份
1	科学的精神与方法	梁昌洪	电子工程学院	国家级	2013
2	微波五讲	梁昌洪	电子工程学院	国家级	2014
3	医学成像揭示我们身体的奥秘	黄力宇 Karen	生命科学技术学院	国家级	2014

精品资源共享课

序号	课程名称	课程负责人	学　院	课程等级	批准年份
1	微波技术基础	梁昌洪	电子工程学院	国家级/省级	2013
2	数字电路及系统设计	孙万蓉	电子工程学院/通信工程学院/计算机科学与技术学院	国家级/省级	2013
3	信号与系统	郭宝龙	空间科学与技术学院	国家级/省级	2013
4	模拟电子线路基础	傅丰林	通信工程学院	国家级/省级	2013
5	信息论与编码理论	李　晖	网络与信息安全学院	国家级/省级	2013
6	高频电子线路	曾兴雯	通信工程学院	国家级/省级	2013
7	高等数学	杨有龙	数学与统计学院	国家级/省级	2013
8	通信原理	曹丽娜	通信工程学院	国家级/省级	2013
9	线性代数	刘三阳	数学与统计学院/物理与光电工程学院/电子工程学院	国家级/省级	2013
10	预测与决策(网络教育)	李　华	经济与管理学院	国家级/省级	2013
11	计算机网络(网络教育)	丁振国	网络与继续教育学院	国家级/省级	2013

精 品 课 程

序号	课程名称	课程负责人	单　位	课程等级和批准年份
1	微波技术基础	梁昌洪	电子工程学院	国家级 2003/省级 2003/校级 2003
2	数字电路及系统设计	孙万蓉 孙肖子	电子工程学院/通信工程学院/计算机科学与技术学院	国家级 2004/省级 2004/校级 2004
3	信号与系统	郭宝龙	空间科学与技术学院	国家级 2004/省级 2003/校级 2003
4	高等数学(高职)	王金金	数学与统计学院	国家级 2004/省级 2004/校级 2003
5	模拟电子线路基础	傅丰林	通信工程学院/电子工程学院/计算机科学与技术学院/机电工程学院	国家级 2004/省级 2003/校级 2003
6	通信原理	李建东 樊昌信 张　辉	通信工程学院	国家级 2006/省级 2003/校级 2003
7	微处理器类新技术实验	石光明	电工电子教学基地	国家级 2007/省级 2007/校级 2007
8	信息论与编码理论	王育民	通信工程学院	国家级 2008/省级 2005/校级 2004
9	线性代数	刘三阳	数学与统计学院	国家级 2009/省级 2009/校级 2005
10	高频电子线路	曾兴雯	通信工程学院	国家级 2009/省级 2005/校级 2004
11	计算机网络(网络教育)	丁振国 周利华	网络学院/计算机科学与技术学院	国家级 2009/省级 2009/校级 2004
12	网络安全理论与技术	李　晖	网络与信息安全学院	国家级 2010/省级 2008/校级 2008
13	预测与决策(网络教育)	李　华	经济与管理学院	国家级 2010/省级 2009/校级 2008

双语教学示范课程

序号	课程名称	课程负责人	学院	课程等级	批准年份
1	数字信号处理(Digital Signal Processing)	高新波	电子工程学院	国家级	2007
2	无线通信(Wireless communications)	田　斌	通信工程学院	国家级/省级	2010 国家级 2008 省级

教 材 建 设

全国优秀教材

序号	教材名称	所有编著者姓名	入选年份	教材入选情况	第一作者单位
1	信号与线性系统分析(第 3 版)	吴大正　杨林耀　张永瑞	2001	“中国高校科学技术奖”自然科学奖教材类二等奖	机电工程学院
2	微型计算机原理与应用	王永山　杨宏五　杨婵娟	2001	国家级教学成果(教材类)二等奖	济南大学电子工程学院
3	通信网的安全——理论与技术	王育民　刘建伟	2002	全国普通高等学校优秀教材一等奖	通信工程学院
4	通信原理	樊昌信　曹丽娜	2021	首届全国优秀教材奖一等奖	通信工程学院
5	微电子概论(第 2 版)	郝　跃　贾新章　董　刚　史江义	2021	首届全国优秀教材奖二等奖	微电子学院

全国教材建设先进个人

所有编著者姓名	入 选 年 份	入 选 情 况
樊昌信	2021	首届全国教材建设先进个人

省级优秀教材

序号	教材名称	所有编著者姓名	入选年份	教材入选情况	第一作者单位
1	通信原理(第 5 版)	樊昌信　张甫翊　徐炳祥　吴成柯	2005	陕西省普通高等学校优秀教材一等奖	通信工程学院
2	数字信号处理(第 2 版)	丁玉美　高西全	2005	陕西省普通高等学校优秀教材一等奖	电子工程学院
3	模拟电子技术基础	孙肖子　张企民	2005	陕西省普通高等学校优秀教材二等奖	电子工程学院
4	编译原理基础	刘　坚　郭　强　胡圣明	2005	陕西省普通高等学校优秀教材二等奖	软件学院
5	高频电子线路	曾兴雯　刘乃安　陈　健	2007	陕西省普通高等学校优秀教材一等奖	通信工程学院
6	低频电子线路	傅丰林　陈　健	2007	陕西省普通高等学校优秀教材一等奖	通信工程学院
7	通信网络基础	李建东　盛　敏	2007	陕西省普通高等学校优秀教材二等奖	通信工程学院

续表一

序号	教材名称	所有编著者姓名	入选年份	教材入选情况	第一作者单位
8	现代电子线路和技术实验简明教程	孙肖子 田根登 徐少莹 李要伟	2007	陕西省普通高等学校优秀教材二等奖	电子工程学院
9	信息论与编码理论	王育民 李 晖 梁传甲	2009	陕西省普通高等学校优秀教材一等奖	通信工程学院
10	信号与线性系统分析(第4版)	吴大正 杨林耀 张永瑞 王松林 郭宝龙	2009	陕西省普通高等学校优秀教材二等奖	机电工程学院
11	通信原理(第6版)/及学习辅导与考研指导	樊昌信 曹丽娜	2009	陕西省普通高等学校优秀教材二等奖	通信工程学院
12	简明微波	梁昌洪 谢拥军 官伯然	2011	陕西省普通高等学校优秀教材一等奖	电子工程学院
13	模拟电子电路及技术基础(第2版)	孙肖子 张企民 赵建勋 朱天桥 顾伟舟	2011	陕西省普通高等学校优秀教材一等奖	电子工程学院
14	电路基础(第3版)	王松林 吴大正 李小平 王 辉	2011	陕西省普通高等学校优秀教材二等奖	空间科学与技术学院
15	线性代数(第2版)	刘三阳 马建荣 杨国平	2011	陕西省普通高等学校优秀教材二等奖	数学与统计学院
16	光电子技术	安毓英 刘继芳 李庆辉 冯喆珺	2013	陕西省普通高等学校优秀教材一等奖	物理与光电工程学院
17	数字图像处理系统工程导论	郭宝龙 孙 伟	2013	陕西省普通高等学校优秀教材二等奖	空间科学与技术学院
18	电磁场与电磁波基础(第2版)	路宏敏 赵永久 朱满座	2013	陕西省普通高等学校优秀教材二等奖	电子工程学院
19	数字信号处理器技术原理与开发应用(第二版)	王军宁 何 迪 田 阗 杨元挺 党 英	2013	陕西省普通高等学校优秀教材二等奖	通信工程学院
20	微电子概论	郝 跃 贾新章 董 刚 史江义	2015	陕西省普通高等学校优秀教材一等奖	微电子学院
21	数学分析十讲	刘三阳 李广民	2015	陕西省普通高等学校优秀教材一等奖	数学与统计学院
22	微波技术与天线(第3版)/《微波技术与天线》学习辅导与习题详解	王新稳 李延平 李 萍	2015	陕西省普通高等学校优秀教材二等奖	电子工程学院
23	通信原理(第7版)系列教材	樊昌信 曹丽娜	2016	陕西省普通高等学校省级一等奖	通信工程学院
24	自动控制原理(第2版)	千 博 杨庚辰 过润秋	2016	陕西省普通高等学校省级二等奖	机电工程学院
25	Verilog HDL 数字集成电路设计原理与应用	蔡觉平 何小川 李逍楠	2016	陕西省普通高等学校省级二等奖	微电子学院
26	大学体育	于少勇 白光斌 黄 海 徐国富 刘建锋	2016	陕西省普通高等学校省级二等奖	体育部

续表二

序号	教材名称	所有编著者姓名	入选年份	教材入选情况	第一作者单位
27	基于FPGA的嵌入式系统设计——Altera SOC FPGA(第2版)	任爱锋 罗 丰 宋士权 董怡斌 殷勤业	2018	陕西省普通高等学校优秀教材一等奖	电子工程学院
28	数字电路与系统设计	孙万蓉 任爱锋 周 端 初秀琴 董瑞军	2018	陕西省普通高等学校优秀教材二等奖	电子工程学院
29	工程信号与系统	郭宝龙 闫允一 朱娟娟 吴宪祥	2018	陕西省普通高等学校优秀教材二等奖	空间科学与技术学院
30	大学英语阅读教程(3)	杨 跃 陈万庆 马 琪 弥晓华 张 莹 樊 凡	2018	陕西省普通高等学校优秀教材二等奖	外国语学院
31	信号与线性系统分析(第五版)	原著：吴大正 杨林耀 张永瑞 王松林 郭宝龙 修订：李小平 方海燕 王松林 朱娟娟	2020	陕西省普通高等学校本科优秀教材一等奖	空间科学与技术学院
32	微型计算机原理及接口技术(第三版)	裘雪红 车向泉 刘 凯 刘 博 张剑贤	2020	陕西省普通高等学校本科优秀教材一等奖	计算机科学与技术学院
33	Verilog HDL数字集成电路设计原理与应用(第二版)	蔡觉平 李振荣 何小川 李逍楠 翁静纯	2020	陕西省普通高等学校本科优秀教材二等奖	微电子学院
34	新通用大学英语综合教程(3)	杨 跃 陈万庆 任 静 张玉洁 赵小溪 常 田	2020	陕西省普通高等学校本科优秀教材二等奖	外国语学院
35	量子计算、优化与学习	焦李成 李阳阳 刘 芳 马文萍 尚荣华	2020	陕西省普通高等学校研究生优秀教材一等奖	人工智能学院
36	LTE移动通信系统	李晓辉 付卫红 黑永强	2020	陕西省普通高等学校研究生优秀教材二等奖	通信工程学院
37	现代通信原理与技术(第四版)	张 辉 曹丽娜	2022	陕西省普通高等学校本科优秀教材特等奖	通信工程学院
38	模拟电子电路及技术基础(第三版)	孙肖子 赵建勋 王新怀 朱天桥 顾伟舟	2022	陕西省普通高等学校本科优秀教材一等奖	电子工程学院
39	工程电磁兼容(第三版)	路宏敏 赵晓凡 谭康伯 余志勇 李万玉	2022	陕西省普通高等学校本科优秀教材二等奖	电子工程学院
40	电子封装结构设计	田文超 刘焕玲 张大兴	2022	陕西省普通高等学校本科优秀教材二等奖	机电工程学院
41	C语言程序设计——程序思维与代码调试	周幸妮 冯 磊 任智源 孙德春	2022	陕西省普通高等学校本科继续教育类优秀教材二等奖	通信工程学院
42	有机太阳能电池材料与器件	张春福 习 鹤 陈大正	2022	陕西省普通高等学校研究生优秀教材一等奖	微电子学院
43	射频/微波电路导论(第二版)	雷振亚 王 青 刘家州 刘保元	2022	陕西省普通高等学校研究生优秀教材二等奖	电子工程学院

2022 年我校教师出版教材统计表

序号	教材名称	编/著者(全部作者)	出版社	出版时间	第一作者单位
1	全光接入网架构与技术	顾华玺　罗　勇	清华大学出版社	2022 年 4 月	通信工程学院
2	无线通信基础与应用	秦　浩　马　卓　张艳玲	西安电子科技大学出版社	2022 年 4 月	通信工程学院
3	移动通信系统	李晓辉　刘晋东　吕思婷	清华大学出版社	2022 年 5 月	通信工程学院
4	电磁场与电磁波基础(第 3 版)	路宏敏　任获荣　王　楠　谭康伯	科学出版社	2022 年 3 月	电子工程学院
5	微波测量理论与实践	马　超　李要伟　陈　蕾　吴　边　王　青	西安电子科技大学出版社	2022 年 11 月	电子工程学院
6	Python 程序设计	李光夏	西安电子科技大学出版社	2022 年 3 月	计算机科学与技术学院
7	单片机原理及工程应用	雷思孝　付少锋　冯育长	西安电子科技大学出版社	2022 年 12 月	计算机科学与技术学院
8	结构有限元教程	郭空明　徐亚兰　师　阳　崔明涛	西安电子科技大学出版社	2022 年 8 月	机电工程学院
9	工业互联网技术及应用	孔宪光　殷　磊　马洪波　常建涛	华中科技大学出版社	2022 年 4 月	机电工程学院
10	《物理光学与应用光学(第四版)》学习指导	石顺祥　马　琳　王学恩	西安电子科技大学出版社	2022 年 8 月	光电工程学院
11	大学物理实验	吴兴林　武颖丽	西安电子科技大学出版社	2022 年 9 月	物理学院
12	大学物理学习指导(上册)	李艳辉　白　璐　张艳艳　周彩霞　李存志　韩一平	西安电子科技大学出版社	2022 年 9 月	物理学院
13	大学物理学习指导(下册)	李艳辉　白　璐　张艳艳　周彩霞　李存志　韩一平	西安电子科技大学出版社	2022 年 9 月	物理学院
14	电波传播概论	李仁先　郭立新　魏　兵　弓树宏　李海英　周彩霞　张　民	西安电子科技大学出版社	2022 年 11 月	物理学院
15	数字货币的理论与实践	申尊焕　杨蓬勃	西安电子科技大学出版社	2022 年 11 月	经济与管理学院
16	高等数学(上册)(第四版)	张卓奎　陈慧婵　叶　峰　李菊娥　王金金	北京邮电大学出版社	2022 年 8 月	数学与统计学院
17	高等数学(下册)(第四版)	张卓奎　陈慧婵　叶　峰　李菊娥　王金金	北京邮电大学出版社	2022 年 8 月	数学与统计学院

续表

序号	教材名称	编/著者(全部作者)	出版社	出版时间	第一作者单位
18	数值分析学习指导与题解	尚晓清　冯象初　冯晓莉　宋宜美　施德才	西安电子科技大学出版社	2022 年 8 月	数学与统计学院
19	高等数学(上册)	杨有龙　张　丽　陈慧婵　吴　艳　李菊娥　柴华岳　田　阓	西安电子科技大学出版社	2022 年 6 月	数学与统计学院
20	全局优化问题的分支定界算法	刘三阳　焦红伟　汪春峰	科学出版社	2022 年 9 月	数学与统计学院
21	通用学术视听说	郎　曼　侯　霞　郭晓华　任利华　张　放　张　明　王丽莉　谢宇晖	西安交通大学出版社	2022 年 6 月	外国语学院
22	学术会议交流	任利华　郎　曼　张　明　李　璐　邹甜甜　仝文宁　陈　韵　刘美岩　尤利娅·库兹缅科娃	西安交通大学出版社	2022 年 12 月	外国语学院
23	现代工科实验室安全	谢　晖　陈雪利　李卫帮　韩　卿　王忠良　崔传贞　董明皓　王　琳	西安交通大学出版社	2022 年 4 月	生命科学技术学院
24	智能制造的信息安全	李　晖　朱　辉　张跃宇　赵兴文	清华大学出版社	2022 年 7 月	网络与信息安全学院
25	现代机器学习	王佳宁　焦李成　毛莎莎　李玲玲　陈璞花　古　晶　刘　芳	西安电子科技大学出版社	2022 年 4 月	人工智能学院
26	大数据智能挖掘与影像解译	缑水平　焦李成　刘芳　杨淑媛　焦昶哲　李睿敏　毛莎莎	西安电子科技大学出版社	2022 年 4 月	人工智能学院
27	大学体育课程思政教程	雷鹏飞　赵彤璐　严石峰	吉林大学出版社	2022 年 6 月	体育部
28	大学生积极心理健康教育——理论与实践(第三版)	宋宝萍　武成莉　张文娟　王博韬　丁兰艳　王雪微	西安电子科技大学出版社	2022 年 8 月	心理健康中心

教育教学改革与成果

2022 年校级教育教学改革研究专项项目

序号	项目申报单位	数量	序号	项目申报单位	数量
1	通信工程学院	1	10	先进材料与纳米科技学院	1
2	电子工程学院	1	11	马克思主义学院	1
3	机电工程学院	1	12	本科生院	1
4	经济与管理学院	7	13	大学生科技园	1
5	人文学院	1	14	实验室与设备处	1
6	外国语学院	1	15	前沿交叉研究院	1
7	微电子学院	1	16	广州研究院	1
8	生命科学技术学院	1	合　计		22
9	空间科学与技术学院	1			

注：详情查阅《西安电子科技大学关于 2022 年校级教育教学改革研究专项项目认定的通知》(本字〔2022〕214 号)。

2022 年新实验开发与新实验设备研制立项项目

项目申报单位	数量	项目申报单位	数量
电工电子实验中心	22	生命科学技术实验教学中心	4
综合性工程训练中心/机械电子工程实验教学中心	12	应用化学实验教学中心	5
通信与信息工程实验教学中心	8	嵌入式系统实验教学中心	8
集成电路实验教学中心	7	电磁场与微波实验教学中心/电子工程学院	12
电子信息与通信工程学科专业实验教学中心	4	导航、探测与制导实验教学中心	6
计算机网络与信息安全实验教学中心/软件工程实验教学中心	10	智能感知与计算实验教学中心	2
物理实验教学中心	14	材料科学与工程实验教学中心	12
光信息与功能元器件实验教学中心	15	网络空间安全实验教学示范中心	10
经济管理实验教学中心	8	空间科学与技术学院	1
计算机科学与技术学院	1	合　计	161

注：详情查阅《西安电子科技大学关于批准 2022 年新实验开发与新实验设备研制立项的通知》(本字〔2022〕131 号)。

2022年校级招生培养综合改革研究项目

序号	项目申报单位	数量	序号	项目申报单位	数量
1	通信工程学院	3	11	空间科学与技术学院	2
2	电子工程学院	0	12	先进材料与纳米科技学院	1
3	计算机科学与技术学院	3	13	网络与信息安全学院	2
4	机电工程学院	3	14	人工智能学院	3
5	物理学院	2	15	马克思主义学院	2
6	光电工程学院	1	16	体育部	1
7	经济与管理学院	4	17	信息化推进办公室	7
8	外国语学院	1	18	本科生院(书院)	1
9	微电子学院	2	19	信息网络技术中心	1
10	生命科学技术学院	1	合　计		40

注：详情查阅《关于批准西安电子科技大学2022年招生培养综合改革研究项目的通知》(本字〔2022〕85 号)。

2022年各学院及相关单位发表教学研究论文统计表

第一作者单位	发表论文数	第一作者单位	发表论文数
通信工程学院	13	微电子学院	4
电子工程学院	10	生命科学技术学院	6
计算机科学与技术学院	8	空间科学与技术学院	4
机电工程学院	15	先进材料与纳米科技学院	16
光电工程学院	1	人工智能学院	2
物理学院	4	马克思主义学院	11
经济与管理学院	10	体育部	6
数学与统计学院	24	本科生院	1
人文学院	5	合　计	145
外国语学院	5		

创新创业训练计划立项项目

2022年陕西省大学生创新创业训练计划项目名单

序号	学院	项目编号	项目名称	项目类型	项目负责人	项目其他成员信息	指导教师及职称
1	通信工程学院	S202210701001	“智疗”之手——局部复健外骨骼	创新训练项目	刘展旭	王昊宇 唐心城	郭　洁 (副教授)
2	通信工程学院	S202210701022	智能照明与广告投放系统	创新训练项目	陈劲豪	—	何先灯 (副教授)
3	通信工程学院	S202210701044X	保卫机器人	创业训练项目	岳炳昊	—	潘伟涛 (副教授)
4	通信工程学院	S202210701066	基于STM32的智能雨伞干燥器	创新训练项目	马浩然	谈　峥 黄琦轩	刘焕峰 (讲师)
5	通信工程学院	S202210701085	老年人跌倒监测设备	创新训练项目	刘轩博	—	韩宝彬 (高级工程师) 张君博 (高级工程师)
6	通信工程学院	S202210701106X	数字化医疗设备管理系统	创业训练项目	朱澄宇	—	刘公绪 (讲师)
7	通信工程学院	S202210701126	基于SRAM PUF对嵌入式系统软件的加密	创新训练项目	刘奕彬	梁恩辉 吴一楷	董洛兵 (副教授)
8	通信工程学院	S202210701146	校园非机动车停放检测设备	创新训练项目	王彬成	张　晗 魏　宁	张　静 (副教授)
9	通信工程学院	S202210701165X	“新冠卫士”智能听诊器	创业训练项目	华瑞哲	苏　成 王　江 秦春霞 马　俊	韦　娟 (副教授)
10	通信工程学院	S202210701182	意图驱动多跳自组织网络协议控制	创新训练项目	杨　涛	万海航 谢源龙	黄　云 (助教)
11	通信工程学院	S202210701200	基于深度强化学习的自动驾驶网络	创新训练项目	刘同和	赖佳欣 张　乐	杨春刚 (教授)
12*	电子工程学院	S202210701002	“ADRM”——自动化戒毒康复机	创新训练项目	闫纬林	李晨佳 程伊婷	袁晓光 (副教授) 肖国尧 (副研究员)
13	电子工程学院	S202210701023	基于电磁效应的可发电腕力球装置	创新训练项目	郑雨婷	文茂吉 田沁源	张鹏飞 (副教授)
14	电子工程学院	S202210701045	面向校园安全的聚集人群计数与告警技术研究	创新训练项目	陈胜钦	江家庆 吴佩虹	王　磊 (副教授)
15	电子工程学院	S202210701067	H-Picker——基于视觉深度学习的果蔬采摘系统	创新训练项目	李晨佳	吴心宁 贾志强	任爱锋 (教授)

续表一

序号	学院	项目编号	项目名称	项目类型	项目负责人	项目其他成员信息	指导教师及职称
16	电子工程学院	S202210701086X	“宗师”——智能散打辅助训练系统	创业训练项目	刘海霖	郑恺填 卢春辉 周锦程	王　楠 (副教授)
17	电子工程学院	S202210701107	威震九天——智能陆空安防无人机	创新训练项目	康家齐	尹　颉 侯朋序	邓　军 (副教授) 刘　怡 (讲师)
18	电子工程学院	S202210701127	“重触缤纷”——基于表面肌电信号和视觉共享控制的助残机械假手	创新训练项目	隋心雨	王天琦 解思吕	邓　军 (副教授)
19	电子工程学院	S202210701147	基于人脸识别的校园智能信息查询系统	创新训练项目	张玲宁	芮鹏凯 张艺馨	李隐峰 (副教授)
20	电子工程学院	S202210701166X	基于 OpenCV 的智能钢材技术器	创业训练项目	李欣悦	殷雅如 任芷妍 李子一 孙竟博	陈　曦 (副教授)
21	电子工程学院	S202210701183X	高动态夜视辅助驾驶系统	创业训练项目	黄丹桂	李洁如 罗　颖 王国苗 付振昊	刘　怡 (讲师)
22	电子工程学院	S202210701201	拆机运放指标检测评估仪	创新训练项目	刘云帆	许洺溪 王瑞清	米月琴 (高级工程师)
23	计算机科学与技术学院	S202210701003	“Visible AD”——阿尔茨海默症辅助诊断及纵向预测系统	创新训练项目	朱文婧	雷振鑫 刘嘉乐	张　亮 (教授)
24	计算机科学与技术学院	S202210701024	ICFE——后疫情时代智能交互式医疗废物垃圾桶终端	创新训练项目	董诗睿	杨文康 张运泽	李　栋 (讲师)
25	计算机科学与技术学院	S202210701046	“玃如”大众化桌面机械臂	创新训练项目	郭培璐	吴谨汝 邹培源	付少锋 (副教授)
26	计算机科学与技术学院	S202210701047	财源滚滚——基于图像处理技术和智能化数据分析的账目管理软件	创新训练项目	陈浩宇	常一茹 曲子瑶	谢　琨 (副教授)
27	计算机科学与技术学院	S202210701087X	智能机器人的国产化开源操作系统	创业训练项目	刘逸康	王之韵 牛志康 王梦祥 尚丹彤	于　斌 (讲师)
28	计算机科学与技术学院	S202210701108X	“天眼”——基于小人脸识别的摄像头系统	创业训练项目	张舒俞	周柏林 张惠泉 郑晗昕 DJIOFACK TELEDJIEU IDRISS	刘向增 (副教授)
29	计算机科学与技术学院	S202210701109	3D 虚拟主持人和语音迁移系统	创新训练项目	靳东明	韩世天 王家航	王　牌 (助教)

续表二

序号	学院	项目编号	项目名称	项目类型	项目负责人	项目其他成员信息	指导教师及职称
30	计算机科学与技术学院	S202210701148	基于自动模型获取的量体裁衣设备	创新训练项目	杨泽玮	—	马 卓(教授)
31	计算机科学与技术学院	S202210701167	忆心——基于AR的痴呆症预防诊断康复一体化iOS平台	创新训练项目	顾芃骐	陈聪奕 顾文凯	霍秋艳(副教授)
32	计算机科学与技术学院	S202210701184	基于Ansys计算机模拟的空气伞	创新训练项目	李启俊	—	林正喆(副教授)
33	计算机科学与技术学院	S202210701185X	信息息壤——灾害信息战先行者	创业训练项目	韦卓纯	霍盛延 谷卓亚 张惠泉	于 斌(讲师)
34*	机电工程学院	S202210701004	灭火导弹车	创新训练项目	吾拉孜别克·塔斯肯	加合斯力克·阿尼瓦尔 岳炳昊	张逸群(教授)
35	机电工程学院	S202210701025X	基于多连杆机构的仿生水母实验平台	创业训练项目	张 赫	徐晨耀 王芊骥 孙钦浩 吴炳楷	段清娟(副教授)
36	机电工程学院	S202210701048	面向复杂结构管道检测的履带式移动机器人系统设计	创新训练项目	徐晨耀	吴炳楷 孙钦浩	赵鹏兵(副教授)
37	机电工程学院	S202210701068	双轮双足机器人	创新训练项目	加合斯力克·阿尼瓦尔	吾拉孜别克·塔斯肯	白小平(讲师)
38	机电工程学院	S202210701088	基于仿生微点阵填充的高强度轻量化小型无人机制作	创新训练项目	李子浩	袁 瑜 王荣宇	王明智(讲师)
39	机电工程学院	S202210701110	柔星智感——一种智慧全柔性可延展健康监测系统	创新训练项目	曹涵慧	周 楠 董欣雨	高立波(副教授)
40	机电工程学院	S202210701128	基于数字孪生的双Dobot机器人高精度运动控制	创新训练项目	张 鑫	王芊骥 郭 毅	刘永奎(副教授)
41	机电工程学院	S202210701149	基于虚拟现实技术的心理疗愈系统设计与开发	创新训练项目	唐添睿	张冠捷 高树松	贾俊秀(副教授)
42	机电工程学院	S202210701168	扫描隧道显微镜实验装备	创新训练项目	宋国鹏	袁华阳	王建军(讲师)
43	机电工程学院	S202210701186	智能跟随式购物车	创新训练项目	刘 杰	吕育权 侯钧宇	秦红波(讲师)
44	机电工程学院	S202210701202	基于贝叶斯推断及压入实验的材料力学参数测量	创新训练项目	黄 想	黄 哲 胡景琦	王明智(讲师)
45	光电工程学院	S202210701005	机械能子母锅炉	创新训练项目	孟庆楷	董逸飞 卢德维	曾晓东(教授)
46	光电工程学院	S202210701026	基于深度学习的智能烟火预警系统	创新训练项目	余继尧	邵晓同 徐少东	曹志诚(讲师)
47	光电工程学院	S202210701049	手腕佩戴式手语手势翻译系统	创新训练项目	王艺桦	王顺新 魏苏阳	秦翰林(教授)
48	光电工程学院	S202210701069	基于深度学习的化验单自动分析系统	创新训练项目	单天奇	—	黄 曦(副教授)

续表三

序号	学院	项目编号	项目名称	项目类型	项目负责人	项目其他成员信息	指导教师及职称
49	光电工程学院	S202210701089	基于三角测量原理的水下激光扫描成像系统	创新训练项目	王欣禾	黄哲朋 夏雨晴	韩 彪(讲师)
50	光电工程学院	S202210701111	企业数字化管理系统	创新训练项目	赵家铭	段 彧 盛溶清	马 琳(副教授)
51*	物理学院	S202210701006X	基于阿里云及 Arduino 的 IoT 多功能智能门锁	创业训练项目	马海阳	蒋晓天 张秉颜 郑雨婷	郭立新(教授) 王 纲(助教)
52	物理学院	S202210701027	电磁空间数字超表面设计	创新训练项目	武 彤	张雅雯 李佳惠	尹应增(教授)
53	物理学院	S202210701028X	银色子弹——基于 Roguelike 模式生成关卡的横版射击游戏的开发	创业训练项目	侯赛金	赵 见 李瑞杰 姚路明 李德璞	宋江鲁奇(讲师)
54	物理学院	S202210701050	基于卷积神经网络的眼底疾病综合辅助诊断平台	创新训练项目	马韩琨	—	段庆威(讲师)
55	物理学院	S202210701070	基于人工智能的舰船尾迹识别、特征增强与信息反演技术	创新训练项目	龚辰赫	—	李金星(讲师)
56	物理学院	S202210701090	基于 RISC-V 的超低成本口袋实验室	创新训练项目	王洲行	魏仕荣 马航宇	武颖丽(副教授) 武福平(讲师)
57	物理学院	S202210701112	宙斯家居	创新训练项目	李敬城	赖勇求 杨洪赫	周慧鑫(教授)
58	物理学院	S202210701129	基于物联网的植被多维信息监测—养护一体系统	创新训练项目	肖圣松	林子睿 陈胜钦	张元元(讲师)
59	物理学院	S202210701150	空气中悬浮微粒的捕获与操控理论及技术研究	创新训练项目	朱耀辉	陈同旺	汪加洁(副教授)
60	物理学院	S202210701151	结构波束入射下颗粒场的数字全息测量技术研究	创新训练项目	丰佳伟	周子晗 韩梦媛	汪加洁(副教授)
61	物理学院	S202210701169	闻香问谁寄千里——智能化气味识别与远程传输虚拟现实系统	创新训练项目	钟培煊	王 祥 徐梓铭	陈 鑫(副教授) 王 蕊(副教授)
62	物理学院	S202210701187	航天器部件介质表面脱附气体特性研究	创新训练项目	曹祥鑫	—	赵朋程(讲师)
63*	经济与管理学院	S202210701007X	基于区块链的文创设计策展社区和版权确权流通平台	创业训练项目	洪铭锋	刘睿康 刘博涵 王立文 王渝普	崔江涛(教授)
64	经济与管理学院	S202210701029X	北斗思维——大学生思维训练平台	创业训练项目	邹培源	孙青云 王心怡 王西兰 张 雨	董 明(副教授)

续表四

序号	学院	项目编号	项目名称	项目类型	项目负责人	项目其他成员信息	指导教师及职称
65	经济与管理学院	S202210701051X	区块链可信涉农金融增信与农业经营交易平台	创业训练项目	王西兰	洪铭锋 刘睿康 张馨仪 蔡子瑞	宗 威 (副教授)
66	经济与管理学院	S202210701071	智联万清——后疫情时代城市垃圾分类系统	创新训练项目	刘艺林	张起航 封辰阳	刘江龙 (讲师)
67	经济与管理学院	S202210701091	乡村振兴趋势下陕西省农户对农村电商政策感知研究	创新训练项目	孙欣怡	武欢欢 陈 晨	黄丽娟 (副教授)
68	经济与管理学院	S202210701113X	智联万清	创业训练项目	秦佳明	渠成溪 姜牧含 马浩毓 王 洋	黄丽娟 (副教授)
69	经济与管理学院	S202210701130	研究型大学教师学术创业的影响因素	创新训练项目	任奂宇	鲁 倩 李 娜	王林雪 (教授)
70	经济与管理学院	S202210701152	情感分析系统	创新训练项目	余佳杰	李 想 陶科达	安 翔 (讲师)
71	经济与管理学院	S202210701170	全国统一碳排放权交易市场对我国经济转型影响的研究	创新训练项目	刘鹏波	李心愿 马 班	赵 江 (副教授)
72	数学与统计学院	S202210701008	高阶带状稀疏矩阵相关数值特性研究	创新训练项目	谢 蓉	许笑言 倪 朔	贾纪腾 (讲师)
73	数学与统计学院	S202210701030	基于 SSM 框架的辅导员管理系统开发	创新训练项目	李能卓	金科元 徐 翔	靳志伟 (讲师)
74	数学与统计学院	S202210701052X	文化桥——公益文化生态服务建设者	创业训练项目	葛瀚元	惠 倩 屈 越 徐乾晋 王智瑞	唐厚俭 (副教授)
75	数学与统计学院	S202210701072	基于机器学习的可再生能源发电功率短期预测研究	创新训练项目	梁哲淳	施柯煊 李 武	王卫卫 (教授)
76	数学与统计学院	S202210701092	基于稀疏表示与深度学习的真实场景下的图像超分辨重建	创新训练项目	赵 璇	陶禹成 罗清允	魏德运 (副教授)
77	数学与统计学院	S202210701114	基于强化学习的无人机路径规划算法优化	创新训练项目	伍冬晨	章星宇 徐 麟	高卫峰 (教授)
78	数学与统计学院	S202210701131X	基于点云的监测软件与设备	创业训练项目	祖 勇	耿鹏程 范政博 肖佳升 赵宏涛	唐厚俭 (副教授)
79	数学与统计学院	S202210701153	自然数集上的矩阵半群的相关数论问题研究	创新训练项目	郑树芳	顾叶群 耿 韬	杨丹丹 (教授)
80	数学与统计学院	S202210701171	基于多智能体强化学习的无人机对抗	创新训练项目	董晓影	柯 杰	高卫峰 (教授)
81	数学与统计学院	S202210701188	社交网络动态社区 SOTA 划分可视化平台	创新训练项目	吕明远	张成昱 汪文轩	白艺光 (讲师)
82	数学与统计学院	S202210701203	炎症性疾病的模型研究及其统计方法分析	创新训练项目	惠 倩	梁 旭 冯子轩	李 伟 (副教授)

续表五

序号	学院	项目编号	项目名称	项目类型	项目负责人	项目其他成员信息	指导教师及职称
83	人文学院	S202210701009	思政教育调研——关于双院育人模式下的劳育	创新训练项目	张宏雁	吕思坤	郭晓红(助教)
84	人文学院	S202210701031X	艺想空间工作室	创业训练项目	范　雷	李玥汝 曹思怡 王依桐 闫同宇	陈春晓(讲师)
85	人文学院	S202210701053	百年征程——音乐筑梦之旅	创新训练项目	李歆萌	李详详 程馨怡	李　歆(讲师)
86	人文学院	S202210701073	“练唱 house”——一种新的练歌 App 设计	创新训练项目	刘易林	宗　申 刘泽熙	刘　刚(教授)
87	人文学院	S202210701093	承载高校精神文明建设的文化创意产品设计研究——以西安电子科技大学为例	创新训练项目	王艺乔	王　柯	陈春晓(讲师)
88	人文学院	S202210701115X	基于新媒体模式下的文学经典通俗化推广	创业训练项目	傅嘉明	—	孙　雯(讲师)
89	人文学院	S202210701132X	依托互联网平台与地域特色的乡村振兴——以安康为例	创业训练项目	周若男	—	张美珍(副教授)
90	人文学院	S202210701154	试论《诗经》中的“篇”	创新训练项目	彭怡乐	—	许勇强(副教授)
91	人文学院	S202210701172	垃圾分类综合管理平台	创新训练项目	董佳琳	张绍尉 马恺怡	舒　斌(副教授)
92	外国语学院	S202210701010X	青藤设计工作室	创业训练项目	邹玮洁	李可心 刘伯航 周丽爽 柳梦寒	尹　鹏(工程师)
93	外国语学院	S202210701032	关于电影《哪吒》的外宣翻译及国家形象关联性的研究	创新训练项目	郭欣怡	刘湉奕 张嘉悦	张　莹(讲师)
94	外国语学院	S202210701054	中国大学生英语词汇语义网络心理表征与文化表现的差异性研究	创新训练项目	陈润琪	杜佳睿 张梓琦	燕　浩(教授)
95	外国语学院	S202210701074	关于我校英语类专业学生职业能力缺口问题的质性调查	创新训练项目	李　瑶	吕培嘉 韩晨昕	任利华(副教授)
96	外国语学院	S202210701094	基于中华文化“走出去”战略视角的文化成果对外翻译研究	创新训练项目	刘婉晴	董一诺 张亦佳	李长安(副教授)
97	外国语学院	S202210701095	“一带一路”背景下中国与中亚国家文化感知研究——以土库曼斯坦为例	创新训练项目	王静娴	弓亚杉 李志轩	邹甜甜(副教授)
98	外国语学院	S202210701133	学习者视角下基于多源数据的外语类慕课评价研究	创新训练项目	袁　媛	杨铠烁 杨子为	李世华(讲师) 乔卉娴(副教授)
99	外国语学院	S202210701134	陕西老字号非物质文化遗产对外宣传中的英语翻译研究	创新训练项目	杨新宇	徐诗月 杨璐宇	刘一鸣(讲师)

续表六

序号	学院	项目编号	项目名称	项目类型	项目负责人	项目其他成员信息	指导教师及职称
100	外国语学院	S202210701135X	讲好中国故事：中土学生跨文化叙事的自媒体运营	创业训练项目	范　欣	刘萱 路佳铭 KURBANOV DOVLETGELDI DURDYYEVA ABADAN	郎　曼 (副教授)
101	外国语学院	S202210701189	大学生英语演讲普及化策略——讲好中国故事传播中国文化	创新训练项目	洪志多	—	朱琳菲 (讲师)
102	外国语学院	S202210701204	跨文化交际中国内外自媒体的现象研究	创新训练项目	郭子涵	刘茹宁 杨秀枫	薛　楠 (讲师)
103	微电子学院	S202210701011	近战防卫装甲车的模拟实现	创新训练项目	陈延科	—	张　骥 (讲师)
104	微电子学院	S202210701033X	5G 智能数字天空系统	创业训练项目	陈培林	马俊飞 郑桂勇 贾云天	张文博 (讲师)
105	微电子学院	S202210701055	基于 YOLO 视觉的野外探测无人机	创新训练项目	王天泽	周欣楠 黄璐阳	宋建军 (教授)
106	微电子学院	S202210701075X	智慧课堂——远程电子线路实验箱	创业训练项目	贾云天	任秦鲁 王君绮 周家伟 王奕博	张　弘 (副教授)
107	微电子学院	S202210701096	基于 3D 扫描的智能健身实时校正分析系统	创新训练项目	刘天浩	刘海霖 李兴华	王利明 (副教授)
108	微电子学院	S202210701116X	水源卫士——基于树莓派的自动水源监测装置	创业训练项目	杨家琪	冯源诺 梁忠鑫 唐俊峰	张维强 (讲师)
109	微电子学院	S202210701136	基于 AR 的听障辅助系统	创新训练项目	王玉言	张　圻 胡超杰	张　亮 (教授)
110	微电子学院	S202210701155	基于机器学习的贫困生隐形鉴定与资助	创新训练项目	李芊桦	—	韩邦合 (副教授)
111	微电子学院	S202210701173	流量瓶颈突破新模式——立足校园的多功能区域化便民 App	创新训练项目	欧颜磊	曾定涛 张培榑	赵胜雷 (副教授)
112	微电子学院	S202210701190	基于氮化镓功率器件的电源管理系统	创新训练项目	张朝洋	吴凯华 杨　东	祝杰杰 (副教授)
113	微电子学院	S202210701205	触手可得——投影触屏化改装系统	创新训练项目	白鹏涛	陈培林 曲芝璇	张　骥 (讲师)
114	生命科学技术学院	S202210701012	智慧牙医：基于深度学习的牙齿辅助诊断研究	创新训练项目	张子涵	李姗姗 崔力文	曹志诚 (讲师)
115	生命科学技术学院	S202210701034	基于人工智能的 PSG 睡眠数据分析平台	创新训练项目	贾宇豪	王宇州 马宇硕	袁　凯 (教授)
116	生命科学技术学院	S202210701056	听诊器检测体征预警	创新训练项目	许　鹏	刘伯冰 林渝璇	朱守平 (教授)
117	生命科学技术学院	S202210701076	“魅力科学”——糖尿病知识分享网站	创新训练项目	张琳琳	张　畅 魏少翔	赵　磊 (副教授)

续表七

序号	学院	项目编号	项目名称	项目类型	项目负责人	项目其他成员信息	指导教师及职称
118	生命科学技术学院	S202210701097	一种生物抬举水泥的制备及应用	创新训练项目	杨晓宇	王子旭	詹勇华(教授)
119	生命科学技术学院	S202210701117	基于单点探测器和空间编码策略的高灵敏度荧光成像系统	创新训练项目	何　颖	赵　广 李乐诚	徐欣怡(副教授) 陈雪利(教授)
120	生命科学技术学院	S202210701137	基于 FPGA 的光声成像芯片	创新训练项目	雷　昊	林若歌 石嘉韫	王艺涵(讲师)
121	生命科学技术学院	S202210701156	基于脑电实现不同外周电刺激治疗功能性腹痛的适应人群智能筛选	创新训练项目	王淑彬	王曙君	刘继欣(教授)
122	生命科学技术学院	S202210701174	固若金汤——新冠疫苗的“守护者”	创新训练项目	邱子川	周天行 张艺轩	杨　鹏(讲师)
123	生命科学技术学院	S202210701191	自动化数字病理分析仪	创新训练项目	安家良	马宏宇 史文纬	陈多芳(副教授) 陈雪利(教授)
124	空间科学与技术学院	S202210701013	清芯科技——碳中和时代大气监测行业领军者	创新训练项目	韩卓名	—	程鹏飞(副教授) 卢　毅(副教授)
125	空间科学与技术学院	S202210701035	基于智能控制与双目视觉的六足机器人	创新训练项目	吴恩帅	王士博 常欣尔	吴宪祥(副教授)
126	空间科学与技术学院	S202210701057	天体物理教学演示软件	创新训练项目	李明昆	高茁豪 麦　潇	程春霞(讲师)
127	空间科学与技术学院	S202210701077X	天幕影科	创业训练项目	孙泽宇	赵一方 徐　焱 李可心 贾云天	尹沛琛(助教)
128	空间科学与技术学院	S202210701098X	城市之心——基于多目标雷达的智慧交通指挥系统	创业训练项目	米　青	彭泽华 李小军	张　华(教授)
129	空间科学与技术学院	S202210701118	基于北斗导航和 LoRa 技术的野外自报警系统	创新训练项目	王昱扬	张泽鑫 赵　琨	孙景荣(副教授)
130	空间科学与技术学院	S202210701138X	多传感器商业垃圾桶	创业训练项目	王晓琪	靳钰婷 范家琪	高悦欣(讲师)
131	空间科学与技术学院	S202210701157	“多模态导航与智能协同”无人机智能软件	创新训练项目	南艺璇	张皓然 李卓桐	孙　伟(教授)
132	空间科学与技术学院	S202210701175	基于 TENG 的能量收集与生物传感特征分析	创新训练项目	胡蛟城	—	张维强(讲师)
133	空间科学与技术学院	S202210701192	RobertMasterAI 挑战赛机器人精确导航核心算法研究	创新训练项目	涂志鹏	刘　勇	贺顺(副教授)
134	先进材料与纳米科技学院	S202210701014X	紫光先驱——大功率深紫外消杀电源驱动系统	创业训练项目	武新明	—	李培咸(教授)
135	先进材料与纳米科技学院	S202210701036	高温航空发动机可磨耗封严涂层磨损机制研究	创新训练项目	王恬恬	—	杨　丽(教授)

续表八

序号	学院	项目编号	项目名称	项目类型	项目负责人	项目其他成员信息	指导教师及职称
136	先进材料与纳米科技学院	S202210701058	基于 DFT 深度学习的铁电晶体管存储器的质子单粒子辐射—化学—力耦合效应	创新训练项目	樊邵桦	—	周益春(教授)
137	先进材料与纳米科技学院	S202210701078	二维 Cr5Te8 各向异性光学、电学性能的探究	创新训练项目	伍寓铭	—	王浩林(讲师)
138	先进材料与纳米科技学院	S202210701099	氧化铪薄膜铁电和反铁特性的调控	创新训练项目	王　磊	—	廖　敏(教授)
139	先进材料与纳米科技学院	S202210701119	基于新型纳米光热滤膜的太阳能驱动海水淡化装置研制	创新训练项目	左桢莉	—	仲　鹏(副教授)
140	先进材料与纳米科技学院	S202210701139	隐形材料——3D MXene 气凝胶吸波性能的研究	创新训练项目	张志鹏	—	周雪皎(讲师)
141	先进材料与纳米科技学院	S202210701158	高活性与高稳定性的 Co 基电催化析氧催化剂的构建及性能的研究	创新训练项目	刘永旺	—	王　媛(副教授)
142	先进材料与纳米科技学院	S202210701176	用于医疗细菌识别的电子鼻的气敏传感器阵列的研究	创新训练项目	李昊泽	—	吴巍炜(副教授)
143	先进材料与纳米科技学院	S202210701193	基于 Lonic 液体/金属的印刷电容传感器用于挥发性有机物的有机骨架复合材料化合物的检测	创新训练项目	吴世哲	杨丕权 赵立辉	李沛沛(讲师)
144	网络与信息安全学院	S202210701021	锋安——针对 IoT 设备的集群认证方案	创新训练项目	王栗政	王浩宇 龚　晨	李兴华(教授)
145	网络与信息安全学院	S202210701043	弱口令检测工具设计与开发	创新训练项目	王喻博	刘韦豪 冉家萱	刘　樵(讲师)
146	网络与信息安全学院	S202210701065	“安瞳”——基于模糊测试和机器学习的输入验证漏洞检测预防系统	创新训练项目	肖丹蕾	李超凡 王腾宇	杨　超(教授)
147	网络与信息安全学院	S202210701084	基于机器学习的钓鱼网站识别	创新训练项目	雷雨轩	杨　轩 高嘉坤	尤　伟(讲师)
148	网络与信息安全学院	S202210701105	面向校园疫情防控的人群智能仿真管理系统	创新训练项目	黄　博	陈佳瑶 李　佳	罗林波(教授)
149	网络与信息安全学院	S202210701125	视频多目标行为安全分析平台	创新训练项目	樊　博	李梓萌 谢拓融	彭春蕾(副教授)
150	网络与信息安全学院	S202210701145	真实场景下 TLS 协议漏洞检测关键技术与平台	创新训练项目	梁梦轩	—	苏锐丹(副教授)
151	网络与信息安全学院	S202210701164	基于联邦学习的校际隐私保护人脸识别系统	创新训练项目	周　昌	陈克凡 王子涵	郑　昱(讲师)
152	网络与信息安全学院	S202210701181	靶场|基于 Docker 的持续集成无线攻击平台	创新训练项目	邢增晖	杨　浩 张　骋	梁琳琳(讲师)
153	网络与信息安全学院	S202210701199	智能网联车内网络安全通信系统	创新训练项目	李奇珍	李昕泽 王赫雨	曹　进(教授)
154	人工智能学院	S202210701015	心韵愈灵——脑电生成音乐的情绪反馈调控系统	创新训练项目	蒋之铭	韩香云 张嘉伟	李　甫(教授)
155	人工智能学院	S202210701037	基于图神经网络的药物生成算法设计及平台开发	创新训练项目	周星宇	章楷豪 袁嘉辉	李朋勇(华山准聘副教授)

续表九

序号	学院	项目编号	项目名称	项目类型	项目负责人	项目其他成员信息	指导教师及职称
156	人工智能学院	S202210701059	课堂无感知考勤嵌入式系统	创新训练项目	付凯文	肖伊乘 向天琪	王蓉芳 (讲师)
157	人工智能学院	S202210701079X	穿云破雾——一体化智能安防监控系统	创业训练项目	张佳凡	樊志诚 文俊凯 李函钰 阮朋辉	侯 彪 (教授)
158	人工智能学院	S202210701100X	智能导盲杖计划书	创业训练项目	后胜涛	石 稳 张晓东 樊肇星	李阳阳 (教授)
159	人工智能学院	S202210701120	绿色天使——基于人工智能技术的新型农业植保无人机	创新训练项目	陈克凡	周柏林 张舒俞	田小林 (教授)
160	人工智能学院	S202210701140	寻踪问迹——土壤中试剂追踪与土质测量系统	创新训练项目	张子晗	安 晨 康家齐	古 晶 (副教授)
161	人工智能学院	S202210701159	基于深度学习的助农智慧采摘系统	创新训练项目	闫家浩	陈学斌 朱 丽 李冰妮	侯 彪 (教授)
162	人工智能学院	S202210701177	“她护”——Femtech女性健康实时监测系统	创新训练项目	卜天音	杨欣茹 黄泺洁	曹 震 (讲师)
163	人工智能学院	S202210701194	跨工况条件下故障智能诊断技术研究	创新训练项目	蒋天健	—	冯志玺 (副教授)
164	创新创业学院	S202210701016S	“图闻病貌”——基于深度学习的肺癌亚型诊断平台	创业实践项目	蒋曦亭	郑浩瀚 赵明宇 齐相然 张伊哲	吕锐婵 (教授)
165	创新创业学院	S202210701017S	火眼自动激光雷达测绘小车	创业实践项目	马圣智	王知非 徐锦伟 覃祝杰 刘丹阳 陆世烽	孙 伟 (教授)
166	创新创业学院	S202210701038S	基于数字孪生的盾构机掘进姿态智能控制平台	创业实践项目	黄智霖	邹玮洁 李心愿 李可心 孟鑫耀 田旭阳	王 佩 (高级实验师)
167	创新创业学院	S202210701039S	创新型肿瘤基因治疗新药的研制	创业实践项目	乔平彪	孟喜乐 田佳乐 李稼轩 李林峰	宁蓬勃 (副教授)
168	创新创业学院	S202210701060S	毕方科技——智慧食堂引领者	创业实践项目	夏钰清	刘润楷 许洺溪 尚采薇 何书豪	易运晖 (副教授)
169	创新创业学院	S202210701061S	聚合登录：支持多种社会化登录组件的通用登录平台	创业实践项目	王淑靳	何贯中 于心悦 王威昌	全光吉 (教授)

续表十

序号	学院	项目编号	项目名称	项目类型	项目负责人	项目其他成员信息	指导教师及职称
170	创新创业学院	S202210701062S	百年红魂	创业实践项目	郭泽昊	党奇伟 宫怡然 张馨予 高若萌 刘　清	朱　伟 (高级工程师)
171	创新创业学院	S202210701080S	视频帧质量分析与精彩集锦浓缩	创业实践项目	牛志康	张嘉怡 孙心怡 魏子捷 王浩宇	吴家骥 (教授)
172	创新创业学院	S202210701081S	基于 SD-WAN 的远程办公安全环境解决方案	创业实践项目	陈锦力	曹　硕 季康烨 马晨熙 王灏哲 宋宇诚	屈　檀 (讲师)
173	创新创业学院	S202210701101S	万模模型自动部署平台	创业实践项目	王威昌	王宏宇 褚安阳 赵霖楠 刘子琦	王　颖 (副教授)
174	创新创业学院	S202210701102S	ARClip：从现实中复制图像、自动建模并放置于元宇宙中	创业实践项目	方　洲	蔡雅琪 陈依玲 汪运泽 孙　栋	赵至夫 (讲师)
175	创新创业学院	S202210701121S	Safety AI——深度学习模型鲁棒性及强化评估系统	创业实践项目	吕一忱	阮受炜 刘　乐	沈玉龙 (教授)
176	创新创业学院	S202210701122S	企业内部工具及身份认证统一管理系统	创业实践项目	刘睿扬	王淑靳 韩翔宇	李隐峰 (副教授)
177	创新创业学院	S202210701141S	“有渔”——轻龄化的学习经验交流分享平台	创业实践项目	雷雨诺	李佳朋 庄　涛 张海岩 王梓赫 赵鑫蓉	赵　亮 (副教授)
178	创新创业学院	S202210701142S	基于拉曼光谱定量金银花提取物的无醇免洗洗手液的研发	创业实践项目	王骁腾	毛志波 文　创	陈雪利 (教授) 曾　琦 (副教授)
179	创新创业学院	S202210701160S	本科生双创实践培训——未来企业家计划	创业实践项目	张丰源	齐相然 张丁艺 师浩然 顾黎明 赵中华	吴家骥 (教授)
180	创新创业学院	S202210701161S	余香	创业实践项目	高向贺	许铭宸 陈家龙 尚采薇 张嘉怡 雷飞帆	康　槿 (高级实验师)

续表十一

序号	学院	项目编号	项目名称	项目类型	项目负责人	项目其他成员信息	指导教师及职称
181	创新创业学院	S202210701178S	轮足式机器人全自主研发	创业实践项目	肖　浪	刘点点 黄　哲 李泽远	梁锦涛(讲师)
182	创新创业学院	S202210701195S	B612 小行星宿舍花店	创业实践项目	沈嘉蕙	李晶晶 王子烨	白　洁(讲师)
183	创新创业学院	S202210701196S	基于“十四五”规划的生态文明示范县环境建设规划研究	创业实践项目	董一诺	薛宇佳 徐梓铭 胥嘉睿 赵思垚 秦培杰	孙金菊(讲师)
184	海棠 1 号书院	S202210701018	智慧竹缘——书院制改革云引擎大学生思想政治教育模式创新者	创新训练项目	闫瑞松	刘鹏波 张富尧	穆宏浪(副教授) 华俊文(工程师) 王　禛(讲师)
185	海棠 1 号书院	S202210701040X	基于手势识别控制的智能家居系统	创业训练项目	宋宇诚	牛　琛 祁　灵 杨春晨	杜永志(讲师)
186	海棠 1 号书院	S202210701063	基于 Arduino 和物联网平台的模块式老人危机监控预警装置	创新训练项目	周思屹	王嘉洋	汤华莲(副教授)
187	海棠 1 号书院	S202210701082	基于人工智能的社区垃圾处理系统	创新训练项目	马迅驰	郝益萱 杨泽同	李浩然(讲师)
188	海棠 1 号书院	S202210701103	空气卫士——三维立体远程污染源锁定无人机	创新训练项目	伍冰波	孙志宏 方艺洁	赵建勋(教授)
189	海棠 1 号书院	S202210701123	六足蜘蛛机器人	创新训练项目	马金臣	陈佳科 王知非	王同达(助教)
190	海棠 1 号书院	S202210701143	自我提升与时间管理的小程序	创新训练项目	杨逸坤	赵政州	王思阳(讲师)
191	海棠 1 号书院	S202210701162	燃料电池非铂金阴极催化剂制备及性能研究	创新训练项目	许启航	熊　涛 白建斌	胡　英(教授)
192	海棠 1 号书院	S202210701179	大渔翁——水下多功能无人机	创新训练项目	王晨悦	郭彦序 康家齐	刘德刚(工程师)
193	海棠 1 号书院	S202210701197	基于 NFC 技术的物联网智能型酒店门禁系统	创新训练项目	吴佳怡	魏仕荣 冯烁璇	谢　飞(研究员)
194	海棠 2 号书院	S202210701019	振翅 • 知行——混合式与启发式教学在乡村支教中的探索与实践	创新训练项目	涂凯旋	黄竣杰 王一茹	罗　久(副教授)
195	海棠 2 号书院	S202210701041	“一电智联”——基于人体电流耦合效应的新型设备认证机制	创新训练项目	胥赵文博	刘　阳	王　尧(讲师)
196	海棠 2 号书院	S202210701064X	拾遗——运用 AR 等技术推动非遗传承与弘扬 App	创业训练项目	姜欣悦	程雅婷 马玮彤 张一栋	董伟生(教授) 高思莉(讲师)

续表十二

序号	学院	项目编号	项目名称	项目类型	项目负责人	项目其他成员信息	指导教师及职称
197	海棠 2 号书院	S202210701083	校园无人驾驶物流车	创新训练项目	游霄童	宋柏杨 李昱晔	侯　彪 (教授)
198	海棠 2 号书院	S202210701104	智能物流车用户端管理追溯软件系统	创新训练项目	李　苗	陈　曦 陶科达	吕　雁 (讲师)
199	海棠 2 号书院	S202210701124X	“TrumpGo”创购平台	创业训练项目	刘　波	赵婧玮 柯　磊 齐家豪 周新宇	李　贺 (副教授)
200	海棠 2 号书院	S202210701144	大学生线上即时交友互助平台	创新训练项目	高泓宇	张晓东 汪页川	黄彩红 (讲师)
201	海棠 2 号书院	S202210701163	“防疫助手”——基于 STM32 单片机的防疫用品智能配送小车	创新训练项目	裴　玉	王乙舒 木智慧	王云超 (讲师)
202	海棠 2 号书院	S202210701180	“就这儿”App——校园电商	创新训练项目	张家和	王可儿 谭梓昂	王云超 (讲师)
203	海棠 2 号书院	S202210701198X	森林智联服务平台	创业训练项目	郝宇来	刘义祥 黄冠茗 姜欣悦 李　颖	司栋森 (讲师)
204	国际教育学院	S202210701020	乡村振兴背景下青少年国际理解教育研究	创新训练项目	MAMMEDOVA GURBANTACH	JORAYEV MANSUR MERDAN SHIROV	陈大明 (讲师) 李　锋 (助教)
205	国际教育学院	S202210701042X	“留学在西安”咨询服务平台	创业训练项目	HASANBAYEV AGABEK	EZIZOV MEKAN JORAYEVA NAZIK AGAMYRADOVA SHIRIN SANDRINE MBEMBA DIALA	李　锋 (助教)
206	通信工程学院	S202210701215	基于 GIS 的陕西省红色旅游规划系统	创新训练项目	高坤霖	—	韦　娟 (副教授)
207	通信工程学院	S202210701230X	医窗——特殊慢病管理创新平台	创业训练项目	刘思秋	—	杨　刚 (教授)
208	通信工程学院	S202210701240	基于 FPGA 加速的 GNN 抗生素筛选平台	创新训练项目	朱恒希	李　越 张倖玺	王　领 (副教授)
209	通信工程学院	S202210701253	面向 6G 全球互联互通应用的水下水上跨介质高速通信技术	创新训练项目	唐心城	—	岳　鹏 (副教授)
210	通信工程学院	S202210701262	突发事件应急响应信息平台	创新训练项目	高永凯	—	李云松 (教授)
211	通信工程学院	S202210701269X	内嵌式智能窗户系统	创业训练项目	谢永鹏	—	汪加洁 (副教授)
212	通信工程学院	S202210701278	Skider：双轮足式全地形机器人	创新训练项目	兰清宇	—	郑雪峰 (教　授)

续表十三

序号	学院	项目编号	项目名称	项目类型	项目负责人	项目其他成员信息	指导教师及职称
213	通信工程学院	S202210701286	低延时具有一定自动能力的机械手	创新训练项目	何旭阳	—	孙立锐(讲师)
214	通信工程学院	S202210701295	智能发电健身系统	创新训练项目	郭智元	—	郑瑞博
215	通信工程学院	S202210701302	基于树莓派的多功能导航手杖	创新训练项目	姚雨欣	—	郭　杰(讲师)
216	通信工程学院	S202210701310X	校园烟火	创业训练项目	杨　超	—	姜　光(副教授)
217	通信工程学院	S202210701318X	独居老人健康体征检测社区方案	创业训练项目	吕　滔	—	许卫东(讲师)
218	通信工程学院	S202210701328X	基于微信小程序开发平台实现信息交流的社交平台	创业训练项目	沙晓满	—	付卫红(副教授)
219	通信工程学院	S202210701335	P2H	创新训练项目	马沛怡	刘　安 王利帆	郑春红(副教授)
220	通信工程学院	S202210701336	分布式 AI 网络专家	创新训练项目	孔祥志	吴　斌 王熙成	顾华玺(教授)
221	通信工程学院	S202210701342	基于深度学习的森林火点检测系统——Mobilenet-YOLO	创新训练项目	何佳龙	计宇清 孙晓龙	李娇娇(副教授)
222	通信工程学院	S202210701347	面向智能交互的软件实景获取及分析处理	创新训练项目	邓梓彬	裴宇涵 郭培璐	荣　政(副教授)
223	通信工程学院	S202210701352	“谢公屐”——智能升降式运输机器人	创新训练项目	李　颖	—	苗　苗(讲师)
224	通信工程学院	S202210701358	无人机物流	创新训练项目	狄凡瑞	—	刘小院(讲师)
225	通信工程学院	S202210701363	基于 PSO 的室内可见光定位算法研究	创新训练项目	冯鑫怡	—	王　平(教授)
226	通信工程学院	S202210701368X	基于麦克风传声器阵列测量技术的设备状况噪声诊断项目	创业训练项目	刘卉杰	—	顾华玺(教授) 刘　刚(教授)
227	通信工程学院	S202210701374	基于蓝牙通信的密接筛查系统	创新训练项目	霍云云	韩相宇 谢　政	李丹萍(讲师)
228	通信工程学院	S202210701378	手语识别翻译机	创新训练项目	沈世镇	—	李　想(讲师)
229	通信工程学院	S202210701383X	小城大做	创业训练项目	侯福源	—	车书玲(副教授)
230	通信工程学院	S202210701388	基于 OpenCV 机器视觉的智能菜谱	创新训练项目	李明睿	—	易运晖(副教授)
231	通信工程学院	S202210701392	放青松——基于机器学习的大学生校园家政平台	创新训练项目	陈奕韬	—	王明君(讲师)
232	通信工程学院	S202210701396	三维立体视频会议室	创新训练项目	吕鑫慧	—	李　静(副教授)
233	通信工程学院	S202210701401	基于机器学习的多模态寻址与路由技术	创新训练项目	刘润楷	颜鸿宇 夏钰清	魏雯婷(讲师)

续表十四

序号	学院	项目编号	项目名称	项目类型	项目负责人	项目其他成员信息	指导教师及职称
234	通信工程学院	S202210701404	针对 Xilinx FPGA 的国产深度学习框架适配	创新训练项目	阳舒羽	武 彤 蔡子瑞	陈 健(博导)
235	通信工程学院	S202210701408X	智医——无线智能监护系统	创业训练项目	杨 晓	—	李丹萍(讲师)
236	通信工程学院	S202210701412	毫米波智能生命监测仪	创新训练项目	潘睿垚	—	马建鹏(副教授)
237	通信工程学院	S202210701415	物流机器人	创新训练项目	丁凯悦	—	薛 瑄(讲师)
238	通信工程学院	S202210701418	门禁检测助手——基于 ART-Pi 的非接触式口罩体温监测系统	创新训练项目	王永康	—	胡 云(实验师)
239	通信工程学院	S202210701421X	“智熵”灌溉系统	创业训练项目	张曦元	—	贺王鹏(副教授)
240	通信工程学院	S202210701424	CodeToPPT：自动化 PPT 生成器	创新训练项目	于心悦	翟鹏程 刘睿扬	许京伟(副教授)
241	通信工程学院	S202210701427	基于区块链的隐私数据溯源系统	创新训练项目	王渝普	—	裴庆祺(教授)
242	通信工程学院	S202210701430	AI 深度学习伙伴	创新训练项目	李超凡	—	沈沛意(教授)
243	通信工程学院	S202210701433	基于 LoRa 的低功耗&远距离等通信功能实现项目	创新训练项目	冯浩哲	—	顾华玺(教授) 陈彦辉(教授) 郭 漪(副教授)
244	通信工程学院	S202210701435	基于人工智能的边缘计算应用设计	创新训练项目	王贞紫	—	赵力强(教授)
245	通信工程学院	S202210701437	旅途·迹忆	创新训练项目	李柏佚	卢静怡 何宗竹	孙立锐(讲师)
246	通信工程学院	S202210701439	电子墨水屏 NFC 卡片	创新训练项目	高 雅	—	郑贱平(副教授)
247	通信工程学院	S202210701441	“X-SPORTS”——IoT 可穿戴式极限运动监测搜救系统	创新训练项目	吴心宁	毕 晴 袁 磊	任智源(教授)
248	通信工程学院	S202210701443	读心智镜	创新训练项目	赵云霄	徐 迁 薛宝睿	杨 熙(讲师)
249	通信工程学院	S202210701445	睡眠精灵——智能多功能眼罩	创新训练项目	彭泽刚	龙增平 郑杰文	王炳健(教授)
250	通信工程学院	S202210701447	智农卫士——物联网农业管理平台	创新训练项目	陈 驰	—	冯 磊(讲师)
251	通信工程学院	S202210701449	智慧城市——智能家居环境监测系统	创新训练项目	邓亦晨	程允杰 周伯渝	康 槿(讲师)
252	通信工程学院	S202210701451	基于 STM32 的自主导航送餐小车	创新训练项目	张云儿	程允杰 范龄予	郭 杰(副教授)
253	通信工程学院	S202210701453	水下无人机	创新训练项目	郭韩星	齐熠康 王宏宙	韩宝彬(高级工程师) 张君博(高级工程师)

续表十五

序号	学院	项目编号	项目名称	项目类型	项目负责人	项目其他成员信息	指导教师及职称
254	通信工程学院	S202210701455	基于GAN的视频压缩模型及其优化	创新训练项目	周子琨	周宏扬	张铭津(副教授)
255	通信工程学院	S202210701457X	水上垃圾智能清扫机器人	创业训练项目	张杰文	尚宇翔 胡冰月	郑　洋(讲师)
256	通信工程学院	S202210701459	安卓hook与反hook的研究与应用	创新训练项目	张嘉颖	—	赵　克(教授) 荣　政(副教授)
257	通信工程学院	S202210701461	灵境——基于虚拟现实技术的焦虑抑郁障碍辅愈系统	创新训练项目	吴思天	—	梁　凯(讲师)
258	通信工程学院	S202210701463	无人驾驶小车通信资源调度平台开发	创新训练项目	马云龙	李敬一 曲栎茹	承　楠(教授)
259	通信工程学院	S202210701465X	超表面辅助通信智能信道外推技术	创业训练项目	闫欣怡	孙鹏程 呼斯乐 李丞正旭	张　顺(教授)
260	通信工程学院	S202210701467	面向异构无线资源交易的智能合约设计	创新训练项目	尹　蕾	郑文珊 王一龙	冯　杰(讲师)
261	通信工程学院	S202210701469	基于STM32的高铁大件行李智能安全锁系统	创新训练项目	何佳蓓	尚宇翔 顾绍博	董庆宽(副教授)
262	通信工程学院	S202210701470X	婴幼儿用品租赁	创业训练项目	江梓萌	刘富宁 李沛颖 杨志伟 鲁　周	刘　航(讲师)
263	通信工程学院	S202210701471	基于深度学习的高光谱图像超分辨率重建算法研究	创新训练项目	伍相旭	高　飞 周子琨	杜永志
264	通信工程学院	S202210701472	新型快速光交换系统	创新训练项目	白浩禹	李子瑞 刘永旭	余晓杉(讲师)
265	通信工程学院	S202210701473	基于偏微分方程数值解的红外目标检测系统研究	创新训练项目	杨辰尧	赵家盼 禹佳乐	张铭津(副教授)
266	通信工程学院	S202210701474X	天承翼安——无人机智能联防系统	创业训练项目	杨文康	张运泽 李子一 卢静怡 张之晟	黄　云(讲师)
267	电子工程学院	S202210701216	面向新冠疫情密切接触者的行人重识别研究	创新训练项目	邢书诚	林子睿 肖圣松	王　磊(副教授)
268	电子工程学院	S202210701231	无声疾行——等离子飘升机	创新训练项目	张俊豪	陈俊杰 龚建峰	周佳社(教授)
269	电子工程学院	S202210701241	面向久坐人群的智能矫姿与专注度检测助手	创新训练项目	李宇哲	陈星宇 王国苗	王鹏辉(教授)
270	电子工程学院	S202210701254	基于RISC-V的一键代码生成平台	创新训练项目	赵梁森	—	赵文娟(副教授) 武福平(讲师)
271	电子工程学院	S202210701263	基于视觉感知脑电信号的智能控制系统	创新训练项目	郑皓天	马子豪 陈　乐	何立火(副教授)

续表十六

序号	学院	项目编号	项目名称	项目类型	项目负责人	项目其他成员信息	指导教师及职称
272	电子工程学院	S202210701270	面向地外星表自动导航的AGV 路径规划研究	创新训练项目	马铭泽	慕晨宇 张志远	宗　汝(工程师)
273	电子工程学院	S202210701279	火星车立体视觉与视觉导航方法研究	创新训练项目	何　超	黄丹桂 王金阁	宗　汝(工程师)
274	电子工程学院	S202210701287	基于 RFID 的室内寻物 App	创新训练项目	孙佳鑫	吕鑫慧 夏雨晴	郑春红(副教授)
275	电子工程学院	S202210701296	“林中密探”——基于深度学习与图像处理的野生动物监测系统	创新训练项目	袁　磊	王楚杰 潘宇豪	王鹏辉(副教授)
276	电子工程学院	S202210701303	校园监控中的异常事件监测和预警	创新训练项目	田沁源	苏逸飞 王泽语	路　文(教授)
277	电子工程学院	S202210701311	智能链接检测助手——基于网络爬虫和深度学习的网站链接安全检测系统	创新训练项目	王逸彬	彭致远 李昊程	李隐峰(副教授) 李翠芸(副教授)
278	电子工程学院	S202210701319X	超高清显示 SoC 芯片中视频画质提升算法 IP 核研究	创业训练项目	曹培洲	张晶晶 刘静遥	路　文(教授)
279	电子工程学院	S202210701329	球形管道探测机器人	创新训练项目	郭家豪	邓骏飞 杨礼睿	周佳社(教授)
280	电子工程学院	S202210701337	基于 BP 神经网络与 FPGA 的谐波失真测试仪	创新训练项目	杨礼睿	李政隆 白兆曦	徐　茵(高级实验师)
281	电子工程学院	S202210701343X	基于智能识别的流浪动物信息流通平台	创业训练项目	康　劢	李易陈 邹俊智 刘朝阳	杨　坤(讲师)
282	电子工程学院	S202210701348X	空中电波卫士——空中电磁频谱感知系统	创业训练项目	薛宇佳	徐梓铭 于添叶 赵思垚 李林谕	臧　博(副教授)
283	电子工程学院	S202210701353	车载毫米波雷达辅助预警系统	创新训练项目	张圣来	阙友彬 陈佳科	徐　茵(高级实验师)
284	电子工程学院	S202210701359	面向地外探测的星表地图重建研究	创新训练项目	刘奉明	张　硕 林逸垒	何立火(副教授)
285	电子工程学院	S202210701364	智能循迹平面绘画机器人	创新训练项目	杜宇飞	米峰良 高　雅	冉　磊(讲师)
286	电子工程学院	S202210701369	Li-Fi 阅读灯	创新训练项目	冯　宇	王吴语卿 金　涛	龙璐岚(中级工程师)
287	电子工程学院	S202210701375X	“听记点”小程序	创业训练项目	柯江涛	黄　婷 刘少阳 冯欣欣 王家堃	张永权(副教授)
288	电子工程学院	S202210701379	基于 MIMO 雷达成像的安检系统	创新训练项目	刘永贤	刘世龙 归佳瑶	张　帅(副教授)

续表十七

序号	学院	项目编号	项目名称	项目类型	项目负责人	项目其他成员信息	指导教师及职称
289	电子工程学院	S202210701384	基于 CAS Protocol 的企业内网认证与授权方案	创新训练项目	蔡子瑞	樊肇星 乔学敏	刘　毅
290	电子工程学院	S202210701389	基于神经卷积网络的垃圾检测系统	创新训练项目	吴宇轩	罗喆忻 赖宇凡	刘公绪 (讲师)
291	电子工程学院	S202210701393	自动驾驶智能车	创新训练项目	刘宇晨	谢史峰 曹达然	郑春红 (副教授)
292	电子工程学院	S202210701397	基于毫米波雷达的远程监测呼吸心跳	创新训练项目	南静怡	—	何立火 (副教授)
293	电子工程学院	S202210701402	水陆两栖球形探测机器人	创新训练项目	赵兴健	任宇航 丁弋桐	米月琴 (高级工程师)
294	电子工程学院	S202210701405	面向深度神经网络的多目标架构搜索理论与方法	创新训练项目	李涵琦	靖思雨 徐思雨	李　豪 (副教授)
295	电子工程学院	S202210701409X	“智汇天河”——基于数字孪生技术的河道检测系统	创业训练项目	赵思垚	薛宇佳 徐梓铭 于添叶 秦培杰	李　林 (副教授)
296	电子工程学院	S202210701413	雷达目标点迹态势模拟及其 Python 实现	创新训练项目	王柯睿	孙佳楠 赵云霄	许京伟 (副教授)
297	电子工程学院	S202210701416	边界感知分割网络	创新训练项目	翟鹏程	江家庆 张玉婷	令狐龙翔 (讲师)
298	电子工程学院	S202210701419	竞赛小助手	创新训练项目	胡升晖	张玲宁 普雪鸥	李翠芸 (副教授)
299	电子工程学院	S202210701422	球形微型侦察机器人	创新训练项目	郭飞翔	樊尚龙 白思涵	周佳社 (教授)
300	电子工程学院	S202210701425	城市环境基于导航诱骗的无人机防御系统	创新训练项目	袁　铭	卢　琦 李　想	贾永涛 (副教授)
301	电子工程学院	S202210701428	基于 Unity 的时间梯度解密游戏	创新训练项目	吴涵宇	叶羽丰 汤子晋	杨　熙 (讲师)
302	电子工程学院	S202210701431	机器人关节电机	创新训练项目	王若菲	段林彬 浦仕特	韩家奇 (讲师)
303	电子工程学院	S202210701434	雷达脉内调制类型开集识别	创新训练项目	任雪梅	张贵洋 张　超	董阳阳 (讲师)
304	电子工程学院	S202210701436	智能便捷医用心电图 48h 测试仪	创新训练项目	朱锦彤	刘锦涛 韩　硕	肖国尧 (副研究员)
305	电子工程学院	S202210701438	拍特梦(protemal)——基于深度学习的宠物安全预警	创新训练项目	段世尧	张子旭 朱恒希	姚明昨 (副教授)
306	电子工程学院	S202210701440	医图智简——基于深度学习的近无损医学图像压缩	创新训练项目	曾祥建	张秉颜 龚建峰	王新怀 (教授) 王　纲 (辅导员)
307	电子工程学院	S202210701442	基于高压等离子发生技术的吸入空气式磁等离子推进器	创新训练项目	白兆曦	郝宇来 秦孟鑫	王新怀 (教授)
308	电子工程学院	S202210701444	攀研者	创新训练项目	马　龙	万家洋 齐宇兴	金　艳 (副教授)

续表十八

序号	学院	项目编号	项目名称	项目类型	项目负责人	项目其他成员信息	指导教师及职称
309	电子工程学院	S202210701446	多目标危险行为监控与预警系统研究及开发	创新训练项目	朱可盈	蒋之铭 张嘉伟	刘洁怡 (讲师)
310	电子工程学院	S202210701448	多模态学生实验行为识别研究	创新训练项目	史卓一	吴　洁 曹培洲	刘洁怡 (讲师)
311	电子工程学院	S202210701450	基于计算机视觉及数理统计的人/物动作识别系统定制服务	创新训练项目	谭斐然	苏靖翔 牛志康	朱明哲 (副教授)
312	电子工程学院	S202210701452	基于无服务器架构的 AI 部署与调度服务	创新训练项目	曾祥翼	梁梦垚 徐智姚	尚　昆 (讲师)
313	电子工程学院	S202210701454	顶上生花——太阳帽自动旋转控制及物联系统	创新训练项目	葛步峰	吴茂壮	李翠芸 (副教授)
314	电子工程学院	S202210701456	基于机器学习的相控阵天线方向研究图	创新训练项目	刘东霞	岳知润 刘华玥	任　健 (副教授)
315	电子工程学院	S202210701458	基于演化多任务优化的计算机网络可靠性研究	创新训练项目	王圣宁	陈永航 谭斐然	李　豪 (副教授)
316	电子工程学院	S202210701460	光学陈绝缘体中体孤子的研究	创新训练项目	杭栋恺	李国依 胡宏宇	李汝江 (副教授)
317	电子工程学院	S202210701462	面向视障人士的智能识别系统研究	创新训练项目	雷贵岚	卜舜尧 王　璐	刘洁怡 (讲师)
318	电子工程学院	S202210701464	基于计算机视觉的无人巡检车	创新训练项目	范家琪	蔡俊杰 陈智博	陈建忠 (副教授)
319	电子工程学院	S202210701466	“网络流行语百科”微信小程序	创新训练项目	叶会彬	林资松 毛续晨	李　琦 (讲师)
320	电子工程学院	S202210701468	基于 ZYNQ 疫情防护检测装置	创新训练项目	许洺溪	顾文杰 朱俊奥	袁晓光 (副教授)
321	计算机科学与技术学院	S202210701217	“传语 Wgoose”——校园百事通小程序	创新训练项目	赵如玉	谢晨颖	杨毅民 (教授)
322	计算机科学与技术学院	S202210701218	HNSW 图的删除算法完善	创新训练项目	左子辰	仇驰骋 赵筠奇	刘英帆 (讲师)
323	计算机科学与技术学院	S202210701242	基于大数据和区块链技术的全国大学生评教系统	创新训练项目	安　琪	—	赵　辉 (副教授)
324	计算机科学与技术学院	S202210701243X	智能攀爬粉刷机器人	创业训练项目	孙蓝羽	顾　晨 牛荣凯 赵传博 陈永康	张　涛 (讲师)
325	计算机科学与技术学院	S202210701244X	觅忆——阿尔茨海默症陪伴型记忆恢复训练系统	创业训练项目	刘美含	—	杜军朝 (教授) 王炳波 (副教授)
326	计算机科学与技术学院	S202210701271	基于视频的行为识别算法研究	创新训练项目	洪家乐	蔡建峰	卢子祥 (讲师)
327	计算机科学与技术学院	S202210701280	基于用户生物特征、状态信息及预置安全信息的自适应多因素认证方案	创新训练项目	乔学敏	王泽宇	万　波 (副教授)

续表十九

序号	学院	项目编号	项目名称	项目类型	项目负责人	项目其他成员信息	指导教师及职称
328	计算机科学与技术学院	S202210701288	基于视觉特征的屏幕内容安全保护方法研究	创新训练项目	刘博涵	丁泽华	张志为(副教授)
329	计算机科学与技术学院	S202210701289	面对基层扶贫干部的软件项目社区的数据挖掘系统	创新训练项目	刘沛宇	诸怿腾 冯骋宇	徐悦甡(副教授)
330	计算机科学与技术学院	S202210701304	卡通图像自动建模	创新训练项目	张　莹	翟鹏程 徐智姚	袁　权(助教)
331	计算机科学与技术学院	S202210701312	异维视界——面对 AR 应用的实时影像风格迁移技术	创新训练项目	杨　帆	韩一铭 孙建彭	王义峰(副教授)
332	计算机科学与技术学院	S202210701320X	创智飞翔——STEAM 教育平台	创业训练项目	仵　靓	—	孟大伟(副教授)
333	计算机科学与技术学院	S202210701321	轻团——新时代下轻量级创新组团平台	创新训练项目	裴宇涵	—	王炳波(副教授)
334	计算机科学与技术学院	S202210701322	基于视觉检测的汽车前侧方碰撞预警系统	创新训练项目	李唐蔚	李欣泽 周子晗	董伟生(教授)
335	计算机科学与技术学院	S202210701330	基于自监督学习的图像去雾霾算法研究	创新训练项目	宋志元	陈　伟 李新航	李宇楠(讲师)
336	计算机科学与技术学院	S202210701331	无人机室内巡检系统研发	创新训练项目	余雯婧	侯朋序 曾祥翼	盛立杰(副教授)
337	计算机科学与技术学院	S202210701354	基于多模态情感分析的大学生心理健康自动评测系统	创新训练项目	冯宇航	王昱涵 李文杰	王　笛(副教授)
338	计算机科学与技术学院	S202210701360X	文旅融合赋能非遗传承的数字化产品设计——“凤凰城下研盐人家”小程序	创业训练项目	樊天惠	许笑颜 张璐瑶 楚映知 张　莹	徐雅卿(讲师)
339	计算机科学与技术学院	S202210701365X	家庭卫士——智能联控门锁	创业训练项目	陈俊杰	—	张志为(副教授)
340	计算机科学与技术学院	S202210701370X	语路通——“一带一路”上的汉语学习与中华文化传播平台	创业训练项目	张一栋	王一铭 何贯中 李希倩	张会新(副教授) 王　牌(助教)
341	计算机科学与技术学院	S202210701371X	学习交流小程序	创业训练项目	卢凤苓	解凯华 车润露 彭楚云 叶乐天	刘　旭(副教授)
342	计算机科学与技术学院	S202210701380	基于影像分析的肿瘤微环境与癌症进展评估	创新训练项目	张贺然	—	郝红侠(讲师)
343	计算机科学与技术学院	S202210701385X	u 报名	创业训练项目	赖沐曦	—	刘英帆(讲师)
344	计算机科学与技术学院	S202210701390	月旦——纸质书籍阅读分享平台	创新训练项目	惠安琪	—	慕彩红(教授)
345	计算机科学与技术学院	S202210701394	深度学习在医学图像处理上的应用	创新训练项目	锁瑞琦	—	覃桂敏(副教授)

续表二十

序号	学院	项目编号	项目名称	项目类型	项目负责人	项目其他成员信息	指导教师及职称
346	计算机科学与技术学院	S202210701398	我给文物照张相——文物数字拓片建模	创新训练项目	李昕宇	—	王　璐（副教授）
347	计算机科学与技术学院	S202210701399	乖乖椅	创新训练项目	张景纯	刘艳青 张钰哲	王　琨（讲师）
348	计算机科学与技术学院	S202210701406X	校园通	创业训练项目	徐子轩	—	丁舒娜（讲师）
349	计算机科学与技术学院	S202210701410	小型深度学习加速器	创新训练项目	周春艳	赵诗颖	谢　涌（副教授）
350	机电工程学院	S202210701219	摩灵——基于深度学习的摩尔纹识别系统	创新训练项目	何贯中	曾祥翼 余佳怡	陈璞花（副教授）
351	机电工程学院	S202210701232	智能农业生产监测及自动化系统	创新训练项目	闻明超	宋元彪 康　硕	康　乐（讲师）
352	机电工程学院	S202210701245	无线信号能量采集控制系统设计	创新训练项目	张凤羽	—	张剑贤（副教授）
353	机电工程学院	S202210701255	基于边缘智能化的火电厂机组煤耗特性监测实验平台设计	创新训练项目	姚明希	—	诸文智（讲师）
354	机电工程学院	S202210701264	智巢——现代化鸡舍环境监测系统	创新训练项目	吕育权	张忠铭 任曦琳	谢永强（讲师）
355	机电工程学院	S202210701272	基于 FPGA/ZYNQ 的车载双目测距系统	创新训练项目	张冠捷	刘新宇	胡　为（讲师）
356	机电工程学院	S202210701281	基于 LabVIEW 的虚拟传感器量测和控制系统设计	创新训练项目	钱俊鑫	周陈杰 杨义文	平续斌（讲师）
357	机电工程学院	S202210701290	安康 mini——基于 STM32 的无线充电配送车	创新训练项目	周汉栋	梁梦垚 赵明宇	米月琴（高级工程师）
358	机电工程学院	S202210701297	基于互联网金融的农业脱贫路径探索——e 脱贫	创新训练项目	廖嘉敏	—	杨西惠（副教授）
359	机电工程学院	S202210701305	基于微波无线供电的无人机关键技术研究	创新训练项目	葛睿禹	赵梓宇 涂志鹏	李　勋（讲师）
360	机电工程学院	S202210701313	基于状态树结构监督控制理论的最低松弛度实时调度算法及优化	创新训练项目	徐晓龙	冯嘉伟 孔绍然	王　玺（副教授）
361	机电工程学院	S202210701323	基于 STM32 的智能空气质量检测系统	创新训练项目	董晓源	—	宫　睿（副教授）
362	机电工程学院	S202210701332	用于大型天线三维变形检测的无人机摄影测量成像系统	创新训练项目	刘秉辉	—	史宝全（副教授）
363	机电工程学院	S202210701338	压力传感器无线标定系统	创新训练项目	韦翰林	朱　坤 张　彪	董春云（讲师） 陈晓龙（教授）
364	机电工程学院	S202210701344	基于 Unity3D 的半导体设备智能排产系统的数字孪生系统搭建及物理运行仿真	创新训练项目	王瑞欣	赵自通 玉韦妮	刘　鼎（副教授）

续表二十一

序号	学院	项目编号	项目名称	项目类型	项目负责人	项目其他成员信息	指导教师及职称
365	机电工程学院	S202210701349	智能急救医疗家居基站	创新训练项目	王艺瑶	黄思琦 刘嘉欣	张爱梅(副教授)
366	机电工程学院	S202210701355	基于边缘计算和图像识别技术的实时数据采集应用研究	创新训练项目	池　琛	秦配添 刘佳丹	李　兵(讲师)
367	机电工程学院	S202210701361	基于状态树结构监督控制理论的供应链建模及控制	创新训练项目	杨　超	梁梦垚 朱永怡	王　玺(副教授)
368	机电工程学院	S202210701366	基于Petri网的半导体晶圆制造系统建模分析	创新训练项目	仇雨暄	吴凯华	刘改云(副教授)
369	机电工程学院	S202210701372	基于物联网技术的实验室仪器智能管理系统	创新训练项目	朱宇成	杜姝昕 王怡丹	李　兵(讲师)
370	机电工程学院	S202210701376	基于NI ELVIS实验平台的课程实验开发与设计	创新训练项目	纪晓慧	杜钰珑	张秀艳(讲师) 平续斌(讲师)
371	机电工程学院	S202210701381	微信小程序的智能分类	创新训练项目	曾钰婷	—	杨　兰(讲师)
372	机电工程学院	S202210701386	基于数字孪生的双机械臂智能协同控制	创新训练项目	王芊骥	张　鑫	刘永奎(副教授)
373	机电工程学院	S202210701391	基于生物特征识别的无密码身份认证方案研究	创新训练项目	江家庆	翟鹏程 吴佩虹	郭　兴(讲师)
374	机电工程学院	S202210701395	基于分布式监测模型的大气PM2.5颗粒物浓度信息感知与评价系统	创新训练项目	王欣宇	—	汶　涛(讲师)
375	机电工程学院	S202210701400	特种仓库中的智能物流机器人系统	创新训练项目	侯钧宇	刘　杰 吴邦丽	刘　鼎(副教授)
376	机电工程学院	S202210701403	球形保护框搜查无人机	创新训练项目	杨惠麟	—	陈　晨(讲师)
377	机电工程学院	S202210701407	基于智能手机的红外传感器测温方法设计	创新训练项目	康绍域	贾昊熇 于海鹏	张秀艳(讲师)
378	机电工程学院	S202210701411	自动导引小车的自动规划研究	创新训练项目	靳钰婷	宋　阳 杨英豪	郭金维(副教授)
379	机电工程学院	S202210701414	个人知识管理系统	创新训练项目	王先豪	包鑫宇 秦千然	尹　鹏(工程师)
380	机电工程学院	S202210701417	机械臂操作技能训练和控制方法研究	创新训练项目	门子涵	程无恙 贾　楠	平续斌(讲师)
381	机电工程学院	S202210701420	手写数字识别	创新训练项目	杨景淇	王先豪 赵亚雯	卢子祥(讲师)
382	机电工程学院	S202210701423	基于雷达传感器的智能导盲机器人	创新训练项目	高展铭	霍建兴 宋　阳	刘永奎(副教授)
383	机电工程学院	S202210701426	基于Arduino的自动核酸采样机械臂	创新训练项目	郭华昊	王尚斌 李骏浩	杜淑幸(教授)

续表二十二

序号	学院	项目编号	项目名称	项目类型	项目负责人	项目其他成员信息	指导教师及职称
384	机电工程学院	S202210701429	“灵犀”——一种人机交互的可穿戴远程可控机械手系统	创新训练项目	周　楠	董欣雨	高立波(副教授)
385	机电工程学院	S202210701432	基于物联网技术的智能晾衣杆	创新训练项目	杨欣睿	王佩雯 赵雪玟	马　昆(讲师)
386	数学与统计学院	S202210701220	基于个体决策的冲突分析问题研究	创新训练项目	夏可凡	朱方羽 黄田田	李小南(教授)
387	外国语学院	S202210701221	英语语言学习中的数学思维	创新训练项目	吴怡宽	—	周正履(副教授)
388	外国语学院	S202210701233	“一带一路”沿线国家陕西文学译介现状调查与传播研究	创新训练项目	杨夏润	闫　岩 葛佳璇	罗　铮(讲师)
389	外国语学院	S202210701246	人机交互大背景下机器新闻写作和翻译的有效性研究	创新训练项目	刘钰莹	王欣怡 李梦婵	乔卉娴(副教授)
390	外国语学院	S202210701256	后疫情时代中外高校线上教育对比分析	创新训练项目	张晨琛	陈萌萌 刘　颖	李　璐(副教授)
391	微电子学院	S202210701222	基于 EG4S20 SparkRoad 的“魔法相册”	创新训练项目	郑杰文	王　宠 许　江	张　弘(副教授)
392	微电子学院	S202210701234	炬眼——基于 FPGA 的镜头畸变矫正	创新训练项目	章　宏	刘　杰 秦苏瑾婷	冯立琛(讲师)
393	微电子学院	S202210701247	仿生机器人	创新训练项目	涂中乐	—	娄永乐(高级实验师)
394	微电子学院	S202210701257	基于深度神经网络干扰鉴别方法研究	创新训练项目	刘静遥	冯科华 颜于博	武　越(副教授)
395	微电子学院	S202210701273X	基于奕斯伟 ECR6600Wi-Fi 芯片云端物联公共资源预约管理系统	创业训练项目	王昌轩	朱　伟 赵　博 张子航 辛贝伦	康海燕(讲师)
396	微电子学院	S202210701274X	智能电声乐器	创业训练项目	朱俊奥	刘奉明 余雯婧	杨　刚(教授)
397	微电子学院	S202210701282	相干多普勒激光测风雷达的数字信号处理与传输	创新训练项目	牛泽宁	第五博文 刘　亮	史江义(副教授)
398	微电子学院	S202210701291X	基于单目深度估计网络的全息投影终端在无人驾驶技术的应用	创业训练项目	陈泓锦	胡超杰 陈培林 王紫琼 姚　尧	康海燕(讲师)
399	微电子学院	S202210701298	基于 Unity 的工程教育游戏	创新训练项目	周洪锋	李芊桦 崔一烜月	罗　楠(讲师)
400	微电子学院	S202210701306X	综合滑雪训练评测系统	创业训练项目	康鑫睿	韩浩楠 刘怡暄 孙嘉辰 袁　梅	贺冰涛(讲师)
401	微电子学院	S202210701314	光导开关的热仿真及其封装	创新训练项目	黄浩博	蒙　晓	王雨田(讲师)

续表二十三

序号	学院	项目编号	项目名称	项目类型	项目负责人	项目其他成员信息	指导教师及职称
402	微电子学院	S202210701324	基于深度学习算法的智能环卫机器人系统设计	创新训练项目	陈南迪	张锦文 张一诺	杨力宏 (副教授)
403	微电子学院	S202210701339X	“BigMa”大妈农场——让每一位农户安居乐业	创业训练项目	李世昂	宫晶磊	侯其锋 (工程师)
404	微电子学院	S202210701345	基于联邦系统的图像识别	创新训练项目	李　想	郑昊纶	彭　琪 (讲师)
405	微电子学院	S202210701350	面向5G基站的氮化镓微波功率放大器	创新训练项目	刘　帅	郭家豪 吴艾文	卢　阳 (副教授)
406	微电子学院	S202210701356	基于深度神经网络压缩的路况辅助老年智能眼镜	创新训练项目	胡超杰	林　昊 潘睿垚	李　豪 (副教授)
407	微电子学院	S202210701362X	智慧安防——3D立体感知围栏	创业训练项目	唐世林	安　晨 张诗雯 肖仁孝 白鹏涛	朱虎明 (副教授)
408	微电子学院	S202210701367	物件管理信息系统	创新训练项目	杨嘉懿	赵诗颖 崔一烜月	费　菲 (讲师)
409	微电子学院	S202210701373	小精灵	创新训练项目	杨富雅	—	谌东东 (准聘副教授)
410	微电子学院	S202210701377	建筑一体化光伏外窗电池	创新训练项目	夏　阳	胥　凯	陈大正 (副教授)
411	微电子学院	S202210701382	基于PYNQ的“一码通”及口罩佩戴识别门禁系统	创新训练项目	许牧原	郝树政 张耀心	杜永志 (辅导员)
412	微电子学院	S202210701387	基于边缘计算的物联网轨道运输系统	创新训练项目	孔扬森	—	孙立锐 (讲师)
413	生命科学技术学院	S202210701206X	节能发光植物的设计和研制	创业训练项目	秦　浩	张浩然 刘明宇 张婉晴 周天行	张象涵 (副教授) 夏玉琼 (副教授)
414	生命科学技术学院	S202210701223	家用便携式抑郁症治疗仪	创新训练项目	白婷婷	赵　广 冯越童	曹　旭 (副教授)
415	生命科学技术学院	S202210701235	基于呼吸道益生菌工程化改造的SARS-CoV-2生物捕捉器用于新冠防治	创新训练项目	张浩宇	田益豪 蔡绍飞	王忠良 (教授)
416	生命科学技术学院	S202210701248	非洲猪瘟病毒四重PCR检测方法的建立	创新训练项目	窦治强	卞海洋 孙良博	宁蓬勃 (副教授)
417	生命科学技术学院	S202210701258	基于稀土纳米上转换发光材料的温度传感系统	创新训练项目	赵　晟	马　兰	吕锐婵 (教授)
418	生命科学技术学院	S202210701265	基于深度神经网络的肺癌转移预测	创新训练项目	张　腾	周　楠	刘　鹏 (教授)
419	空间科学与技术学院	S202210701207	“飞速救援”——新型救援无人机	创新训练项目	王开旺	周子君 陈俊宇	张　华 (教授)
420	先进材料与纳米科技学院	S202210701208	真空等离子喷涂Ta-Hf-C固溶体涂层微结构控制与抗烧蚀行为研究	创新训练项目	杨　晨	—	李桂芳 (副教授)

续表二十四

序号	学院	项目编号	项目名称	项目类型	项目负责人	项目其他成员信息	指导教师及职称
421	先进材料与纳米科技学院	S202210701224	ZnO 纳米线阵列协同表面 PANI 纳米颗粒修饰对其气敏特性提升研究	创新训练项目	刘　乐	叶晨光 肖　倩	刘金妹 (讲师)
422	先进材料与纳米科技学院	S202210701236	航空发动机用 Hf6Ta2O17 热障涂层微结构的调控	创新训练项目	张　鹏	李　兰 李金龙	孙　宇 (讲师)
423	先进材料与纳米科技学院	S202210701249	航空发动机可磨耗封严涂层热循环失效性能研究	创新训练项目	陈　芳	—	李　聪 (讲师)
424	先进材料与纳米科技学院	S202210701259	核壳金属有机框架化合物(MOFs)衍生的金属间纳米催化剂用于高效析氢反应	创新训练项目	陈亮强	—	哈　媛 (讲师)
425	先进材料与纳米科技学院	S202210701266	二维 α-MnSe 光电探测机理的探究	创新训练项目	孙书远	—	周　楠 (讲师)
426	先进材料与纳米科技学院	S202210701275	用于水环境 Cr 离子检测的 Ln@MOF 荧光探针材料的制备与表征	创新训练项目	卫晨龙	—	周利君 (副教授)
427	先进材料与纳米科技学院	S202210701283	基于二维材料的湿度驱动的多功能柔性传感器	创新训练项目	杨茂盛	—	苏　晨 (讲师)
428	先进材料与纳米科技学院	S202210701292	基于单一手性大管径半导体型碳纳米管的高效能场效应管	创新训练项目	邱嘉俊	—	雷毅敏 (讲师)
429	先进材料与纳米科技学院	S202210701299	氧化铪铁电薄膜氧空位的表征及其作用机理	创新训练项目	姜向乐	—	贾巧英 (副教授)
430	先进材料与纳米科技学院	S202210701307	微盘电极和微环盘电极的制备及性能研究	创新训练项目	杨开选	—	刘　菲 (讲师)
431	先进材料与纳米科技学院	S202210701315	基于周期性单元的隐身微结构设计及隐身机理研究	创新训练项目	余　快	樊骏翔 孟可涵	邢林庄 (讲师)
432	先进材料与纳米科技学院	S202210701325	基于深度学习的跨尺度氧化铪铁电相应变稳定性研究	创新训练项目	黄子凡	李沁阳 陈　超	廖佳佳 (讲师)
433	网络与信息安全学院	S202210701214	基于国密算法的可追踪行程信息保护	创新训练项目	王儒仕	文语欣	尤　伟 (讲师)
434	网络与信息安全学院	S202210701229	基于图像匹配的无人机 GPS 欺骗检测	创新训练项目	吴飞宇	解鹏博 张司楠	魏晓敏 (讲师)
435	网络与信息安全学院	S202210701239	基于国密算法的北斗短报文安全通信系统	创新训练项目	高雨萌	刘睿涵 盛　荣	曹　进 (教授)
436	网络与信息安全学院	S202210701252	无人机日志分析	创新训练项目	张柏迪	李长青 高依然	张俊伟 (教授)
437	网络与信息安全学院	S202210701261	扶摇——集中式轻量级无人机控制局域网密钥管理体系	创新训练项目	王浩宇	陈淑婷 王子涵	李　腾 (副教授)
438	网络与信息安全学院	S202210701268	基于渗透测试和模糊测试的 5G 安全测评框架	创新训练项目	宋金宁	周　昌 李玺韵	曹　进 (教授)
439	网络与信息安全学院	S202210701277	基于物理层防克隆功能 PUF 的无人机新型通信安全认证协议	创新训练项目	王佳欣	周　昌 黄　倩	李　腾 (副教授)
440	网络与信息安全学院	S202210701285	基于同态加密的密文检索系统设计与实现	创新训练项目	佘宏宇	高佳运 姬嘉婕	苗银宾 (副教授)
441	网络与信息安全学院	S202210701294	结果模式隐藏的新型动态对称可搜索加密方案研究	创新训练项目	范仲昊	张君瑞 王志伟	王剑锋 (副教授)

续表二十五

序号	学院	项目编号	项目名称	项目类型	项目负责人	项目其他成员信息	指导教师及职称
442	网络与信息安全学院	S202210701301	基于软件指纹的补丁存在性智能识别	创新训练项目	刘辰昊	王棕祺 张文雅	付玉龙 (副教授)
443	网络与信息安全学院	S202210701309	深度学习模型后门修复与模型加固系统	创新训练项目	韩腾博	王雪飞 裘嘉琪	吕锡香 (教授)
444	网络与信息安全学院	S202210701317	基于机器学习的恶意加密流量检测及分类	创新训练项目	肖　畅	张文彬 耿佃昆	曾　勇 (副教授)
445	网络与信息安全学院	S202210701327	基于异常因子检测算法的联邦投毒攻击检测	创新训练项目	王新明	汪晓月 曹瑀晗	王子龙 (教授)
446	网络与信息安全学院	S202210701334	基于深度学习的红外小目标检测	创新训练项目	张思卿	赵宇盛 江家庆	张铭津 (副教授)
447	网络与信息安全学院	S202210701341	关键软件的质量及安全性度量系统	创新训练项目	龚　晨	赵仲海 赵　赫	付玉龙 (副教授)
448	人工智能学院	S202210701209X	智能医疗服务系统	创业训练项目	谢竞成	蔡雅琪 渠成溪 李政隆 吕子璇	杨淑媛 (教授)
449	人工智能学院	S202210701225X	智能小型无人机快递系统	创业训练项目	文　创	岳浩东 毛志波 吕有辉 冯裔麟	古　晶 (副教授)
450	人工智能学院	S202210701237	基于 open ID connect 协议的联合身份认证系统	创新训练项目	陈鸣洋	陈永航 谭斐然	王　爽 (教授)
451	人工智能学院	S202210701250	视频动作识别	创新训练项目	蔡雅琪	李雪尔 曲龙升	王佳宁 (副教授)
452	创新创业学院	S202210701210S	新能源与节能环保宣传漫画	创业实践项目	赵祥彬	周舒阳 张奕衡 张博宁 陈国宇 许怡翾	张万强 (讲师)
453	创新创业学院	S202210701211S	智慧校园	创业实践项目	张斯博	欧宇恒 刘　源 吴亚郜 张凌榛	张宁祥 (讲师)
454	创新创业学院	S202210701226S	“学校＋企业＋市场＋政府”四位一体乡村振兴模式	创业实践项目	刘峻峰	李傲松 林星宇 韦俊彪	冯志玺 (副教授)
455	创新创业学院	S202210701227S	启航港——乡村科普教育实践基地	创业实践项目	张晶晶	陈　闯 李雨键 杜培铭 乔平彪 武子卓	胡波 (教授)
456	海棠 1 号书院	S202210701212	手性金属有机框架材料的铁电性能调控研究	创新训练项目	冉　勇	—	杨如森 (教授)

续表二十六

序号	学院	项目编号	项目名称	项目类型	项目负责人	项目其他成员信息	指导教师及职称
457	海棠 1 号书院	S202210701228	超市智能购物车	创新训练项目	佘浩天	王　植 杨楮涵	朱虎明 (副教授)
458	海棠 1 号书院	S202210701238	智能垃圾桶	创新训练项目	孙承礼	任泽新 刘顺鑫	陈　欢 (讲师)
459	海棠 1 号书院	S202210701251	基于深度学习的 YY1 介导染色质环识别算法	创新训练项目	张　凯	谢浩澜 张时峰	张胜利 (副教授)
460	海棠 1 号书院	S202210701260X	智能垃圾分类处理系统	创业训练项目	马　扬	李　鑫 韩　旭 阮恒宇 牛一帆	李　一 (讲师) 赵　宇 (讲师)
461	海棠 1 号书院	S202210701267	由物联网技术支持的外卖存放柜	创新训练项目	孙少秋	成泽涛 孙梓豪	王　猛 (讲师)
462	海棠 1 号书院	S202210701276	基于深度学习的多模态智能垃圾分类装置	创新训练项目	袁华阳	赵奇立 段林彬	张　洁 (副教授)
463	海棠 1 号书院	S202210701284	即可游小程序	创新训练项目	邢　蕾	朱博健 赖沐曦	王同达 (助教)
464	海棠 1 号书院	S202210701293	水下巡检机器人	创新训练项目	张雨晴	宋国鹏 周欣楠	王建军 (讲师)
465	海棠 1 号书院	S202210701300	摩擦材料界面电荷的动力学研究	创新训练项目	李博润	侯　雷	张　璐 (讲师)
466	海棠 1 号书院	S202210701308X	桑榆绿	创业训练项目	信纪格	范天阳 韩铄铃 陈佳一 倪嘉烨	宋　悦 (讲师)
467	海棠 1 号书院	S202210701316	志遇平台——基于大数据的校园移动社交 App	创新训练项目	孙　维	马家悦	钱德年 (副教授)
468	海棠 1 号书院	S202210701326	AI 智能守护系统——中国老龄化空巢问题的最优解决方案	创新训练项目	商迪凯	李庆和 何彭扬	任　博 (讲师)
469	海棠 1 号书院	S202210701333	基于 3D 语义理解的多级 LOD 模型生成方案	创新训练项目	施楠楠	郭佳欣 杨　开	卫佳敏 (讲师)
470	海棠 1 号书院	S202210701340X	基于人脸识别的自动开关智能门——颠覆传统 解放双手	创业训练项目	龚春航	张瑀轩	王奇伟 (副教授)
471	海棠 1 号书院	S202210701346	基于 STM32 的爬管机器人	创新训练项目	李佳哲	马金臣 徐　徽	王思阳 (讲师)
472	海棠 1 号书院	S202210701351	“安心”医疗手环	创新训练项目	唐忠濠	孙沁雪 高翰钰	汤华莲 (副教授)
473	海棠 1 号书院	S202210701357X	基于联邦算法的智能推荐	创业训练项目	贠子晗	房小可 张峻铭 王宇轩 胡若阳	冯　杰 (副教授)
474	海棠 2 号书院	S202210701213X	打通导航的最后 50 米	创业训练项目	刘义祥	张仕浩 孟宪泽 李昊天 赵　愉	罗　楠 (讲师)

注：* 为重点支持领域项目，其他为一般项目。

2021、2022 年度国家级大学生创新创业训练计划项目结题验收结果

序号	项目编号	学院	项目名称	指导教师	第一完成人	第二完成人	第三完成人	其他完成人	验收结果
1	S202210701007X	经济与管理学院	基于区块链的文创设计策展社区和版权确权流通平台	崔江涛	洪铭锋	刘睿康	王渝普	刘博涵 王立文	优秀
2	S202210701202	机电工程学院	基于贝叶斯推断及压入实验的材料力学参数测量	王明智	黄　想	黄　哲	胡景崎	—	优秀
3	S202210701016S	创新创业学院	“图闻病貌”——基于深度学习的肺癌亚型诊断平台	吕锐婵	蒋曦亭	郑浩瀚	赵明宇	齐相然 张伊哲	优秀
4	S202210701102S	创新创业学院	ARClip：从现实中复制图像、自动建模并放置于元宇宙中	赵至夫	方　洲	蔡雅琪	陈依玲	汪运泽 孙　栋	优秀
5	S202210701079X	人工智能学院	穿云破雾——一体化智能安防监控系统	侯　彪	张佳凡	樊志诚	文俊凯	李函钰 阮朋辉	优秀
6	S202210701165X	通信工程学院	“新冠卫士”智能听诊器	韦　娟	华瑞哲	苏　成	王　江	秦春霞 马　俊	优秀
7	S202210701056	生命科学技术学院	听诊器检测体征预警	朱守平	许　鹏	刘伯冰	林渝璇	—	优秀
8	S202210701176	先进材料与纳米科技学院	用于医疗细菌识别的电子鼻的气敏传感器阵列的研究	吴巍炜	李昊泽	苗致豪	马晓慧	—	优秀
9	S202210701018	海棠 1 号书院	智慧竹缘——书院制改革云引擎，大学生思想政治教育模式创新者	穆宏浪 华俊文 王　禛	闫瑞松	刘鹏波	张富尧	—	优秀
10	S202210701001	通信工程学院	“智疗”之手——局部复健外骨骼	郭　洁	刘展旭	王昊宇	唐心城	—	优秀
11	S202210701166	电子工程学院	基于 OpenCV 的智能钢材技术器	陈　曦	李欣悦	殷雅如	任芷妍	李子一 孙竟博	优秀
12	S202210701002	电子工程学院	“ADRM”——自动化戒毒康复机	袁晓光 肖国尧	闫纬林	李晨佳	程伊婷	—	优秀
13	S202210701024	计算机科学与技术学院	ICFE——后疫情时代智能交互式医疗废物垃圾桶终端	李　栋	董诗睿	杨文康	张运泽	—	优秀
14	S202210701185X	计算机科学与技术学院	信息息壤——灾害信息战先行者	于　斌	韦卓纯	张惠泉	霍盛延	—	优秀
15	S202210701048	机电工程学院	面向复杂结构管道检测的履带式移动机器人系统设计	赵鹏兵	徐晨耀	孙钦浩	吴炳楷	—	优秀
16	S202210701005	光电工程学院	机械能子母锅炉	曾晓东	孟庆楷	董逸飞	卢德维	—	优秀
17	S202210701112	物理学院	宙斯家居	周慧鑫	李敬城	赖勇求	杨洪赫	—	优秀
18	S202210701050	物理学院	基于卷积神经网络的眼底疾病综合辅助诊断平台	段庆威	马韩琨	—	—	—	优秀
19	S202210701008	数学与统计学院	高阶带状稀疏矩阵相关数值特性研究	贾纪腾	谢　蓉	许笑言	倪　朔	—	优秀
20	S202210701030	数学与统计学院	基于 SSM 框架的辅导员管理系统开发	靳志伟	李能卓	金科元	徐　翔	—	优秀
21	S202210701053	人文学院	百年征程——音乐筑梦之旅	李　歆	李歆萌	程馨怡	李详详	—	优秀

续表一

序号	项目编号	学院	项目名称	指导教师	第一完成人	第二完成人	第三完成人	其他完成人	验收结果
22	S202210701010X	外国语学院	青藤设计工作室	尹　鹏	邹玮洁	李可心	刘伯航	周丽爽 柳梦寒	优秀
23	S202210701095	外国语学院	“一带一路”背景下中国与中亚国家文化感知研究——以土库曼斯坦为例	邹甜甜	王静娴	弓亚杉	李志轩	—	优秀
24	S202210701011	微电子学院	近战防卫装甲车的模拟实现	张　骥	陈延科	吾拉孜别克·塔斯肯	杨绪康	—	优秀
25	S202210701136	微电子学院	基于 AR 的听障辅助系统	张　亮	王玉言	张　圻	胡超杰	—	优秀
26	S202210701117	生命科学技术学院	基于单点探测器和空间编码策略的高灵敏度荧光成像系统	徐欣怡 陈雪利	何　颖	赵　广	李乐诚	—	优秀
27	S202210701175	空间科学与技术学院	基于 TENG 的能量收集与生物传感特征分析	张维强	胡蛟城	陈　哲	丰佳伟	—	优秀
28	S202210701077X	空间科学与技术学院	天幕影科	尹沛琛	孙泽宇	贾云天	赵一方	徐　焱 李可心	优秀
29	S202210701058	先进材料与纳米科技学院	基于 DFT 深度学习的铁电晶体管存储器的质子单粒子辐射-化学-力耦合效应	周益春	樊邵桦	袁李奥卿	王泽华	—	优秀
30	S202210701043	网络与信息安全学院	弱口令检测工具设计与开发	刘　樵	王喻博	刘韦豪	冉家萱	—	优秀
31	S202210701181	网络与信息安全学院	靶场|基于 Docker 的持续集成无线攻击平台	梁琳琳	邢增晖	杨　浩	张　骋	—	优秀
32	S202210701120	人工智能学院	绿色天使——基于人工智能技术的新型农业植保无人机	田小林	陈克凡	周柏林	张舒俞	—	优秀
33	S202210701064X	海棠 2 号书院	拾遗——运用 AR 等技术推动非遗传承与弘扬 App	董伟生	姜欣悦	程雅婷	马玮彤	张一栋	优秀
34	S202210701106X	通信工程学院	数字化医疗设备管理系统	刘公绪	朱澄宇	马　鑫	于　铭	姚　帅 卢雪玉	合格
35	S202210701085	通信工程学院	老年人跌倒监测	韩宝彬	刘轩博	解田欣	米峰良	—	合格
36	S202210701126	通信工程学院	基于 SRAM PUF 对嵌入式系统软件加密	董洛兵	刘奕彬	梁恩辉	吴一楷	—	合格
37	S202210701044X	通信工程学院	保卫机器人	潘伟涛	岳炳昊	王宇豪	王子轩	—	合格
38	S202210701182	通信工程学院	意图驱动多跳自组织网络协议控制	黄　云	杨　涛	万海航	谢源龙	—	合格
39	S202210701146	通信工程学院	校园非机动车停放检测设备	张　静	王彬成	张　晗	魏　宁	—	合格
40	S202210701127	电子工程学院	“重触缤纷”——基于表面肌电信号和视觉共享控制的助残机械假手	邓　军	隋心雨	王天琦	解思滔	—	合格
41	S202210701086 X	电子工程学院	“宗师”——智能散打辅助训练系统	王　楠	刘海霖	郑恺填	卢春辉	周锦程	合格
42	S202210701023	电子工程学院	基于电磁效应的可发电腕力球装置	张鹏飞	郑雨婷	文茂吉	田沁源	—	合格

续表二

序号	项目编号	学院	项目名称	指导教师	第一完成人	第二完成人	第三完成人	其他完成人	验收结果
43	S202210701045	电子工程学院	面向校园安全的聚集人群计数与告警技术研究	王　磊	陈胜钦	江家庆	吴佩虹	—	合格
44	S202210701067	电子工程学院	H-Picker——基于视觉深度学习的果蔬采摘系统	任爱锋	李晨佳	吴心宁	贾志强	—	合格
45	S202210701107	电子工程学院	威震九天——智能陆空安防无人机	邓　军 刘　怡	康家齐	尹　頔	侯朋序	—	合格
46	S202210701147	电子工程学院	基于人脸识别的校园智能信息查询系统	李隐峰	张玲宁	芮鹏凯	张艺馨	—	合格
47	S202210701183 X	电子工程学院	高动态夜视辅助驾驶系统	刘　怡	黄丹桂	李洁如	罗　颖	王国苗 付振昊	合格
48	S202210701201	电子工程学院	拆机运放指标检测评估仪	米月琴	刘云帆	许洺溪	王瑞清	—	合格
49	S202210701003	计算机科学与技术学院	“Visible AD”——阿尔茨海默症辅助诊断及纵向预测系统	张　亮	朱文婧	雷振鑫	刘嘉乐	—	合格
50	S202210701047	计算机科学与技术学院	财源滚滚——基于图像处理技术和智能化数据分析的账目管理软件	谢　琨	陈浩宇	曲子瑶	常一茹	—	合格
51	S202210701167	计算机科学与技术学院	忆心——基于 AR 的痴呆症预防诊断康复一体化 iOS 平台	霍秋艳	顾芃骐	陈聪奕	顾文凯	—	合格
52	S202210701184	计算机科学与技术学院	基于 Ansys 计算机模拟的空气伞	林正喆	李启俊	王天澍	刘鹏宇	—	合格
53	S202210701068	机电工程学院	双轮双足机器人	白小平	加合斯力克·阿尼瓦尔	韩旭东	吾拉孜别克·塔斯肯	—	合格
54	S202210701168	机电工程学院	扫描隧道显微镜实验装备	王建军	宋国鹏	袁华阳		—	合格
55	S202210701128	机电工程学院	基于数字孪生的双 Dobot 机器人高精度运动控制	刘永奎	张　鑫	王芊骥	郭　毅	—	合格
56	S202210701110	机电工程学院	柔星智感——一种智慧全柔性可延展健康监测系统	高立波	曹涵慧	周　楠	董欣雨	—	合格
57	S202210701088	机电工程学院	基于仿生微点阵填充的高强轻量化小型无人机制作	王明智	李子浩	袁　瑜	王荣宇	—	合格
58	S202210701186	机电工程学院	智能跟随购物车	秦红波	刘杰	吕育权	侯钧宇	—	合格
59	S202210701149	机电工程学院	基于虚拟现实技术的心理疗愈系统设计与开发	贾俊秀	唐添睿	张冠捷	高树松	—	合格
60	S202210701025X	机电工程学院	基于多连杆机构的仿生水母实验平台	段清娟	张　赫	徐晨耀	王芊骥	孙钦浩 吴炳楷	合格
61	S202210701004	机电工程学院	灭火导弹车	张逸群	吾拉孜别克·塔斯肯	加合斯力克·阿尼瓦尔	岳炳昊	—	合格
62	S202210701089	光电工程学院	基于三角测量原理的水下激光扫描成像系统	韩　彪	王欣禾	黄哲朋	夏雨晴	—	合格
63	S202210701069	光电工程学院	基于深度学习的化验单自动分析系统	黄　曦	单天奇	高　飞	吴佳玲	—	合格

续表三

序号	项目编号	学院	项目名称	指导教师	第一完成人	第二完成人	第三完成人	其他完成人	验收结果
64	S202210701049	光电工程学院	手腕佩戴式手语手势翻译系统	秦翰林	王艺桦	王顺新	魏苏阳	—	合格
65	S202210701026	光电工程学院	基于深度学习的智能烟火预警系统	曹志诚	余继尧	邵晓同	徐少东	—	合格
66	S202210701070	物理学院	基于人工智能的舰船尾迹识别、特征增强与信息反演技术	李金星	龚辰赫	严圣杰	万得培	—	合格
67	S202210701090	物理学院	基于 RISC-V 的超低成本口袋实验室	武颖丽 武福平	王洲行	魏仕荣	马航宇	—	合格
68	S202210701027	物理学院	电磁空间数字超表面设计	尹应增	武　彤	李佳惠	张雅雯	—	合格
69	S202210701187	物理学院	航天器部件介质表面脱附气体特性研究	赵朋程	曹祥鑫	邵昕晨	李　腾	—	合格
70	S202210701129	物理学院	基于物联网的植被多维信息检测—养护一体系统	张元元	肖圣松	陈胜钦	林子睿	—	合格
71	S202210701150	物理学院	空气中悬浮微粒的捕获与操纵理论及技术研究	汪加洁	朱耀辉	陈同旺	—	—	合格
72	S202210701006X	物理学院	基于阿里云及 Arduino 的 IoT 多功能智能门锁	郭立新 王　纲	马海阳	蒋晓天	张秉颜	郑雨婷	合格
73	S202210701151	物理学院	结构波束入射下颗粒场的数字全息测量技术研究	汪加洁	丰佳伟	周子晗	韩梦媛	—	合格
74	S202210701169	物理学院	闻香问谁寄千里——智能化气味识别与远程传输虚拟现实系统	陈　鑫 王　蕊	钟培煊	徐梓铭	王　祥	—	合格
75	S202210701051X	经济与管理学院	区块链可信涉农金融增信与农业经营交易平台	宗　威 曹　栋	王西兰	洪铭锋	刘睿康	张馨仪 蔡子瑞	合格
76	S202210701113X	经济与管理学院	智联万清	黄丽娟	秦佳明	渠成溪	马浩毓	姜牧含 王　洋	合格
77	S202210701071	经济与管理学院	智联万清——后疫情时代城市垃圾分类系统	刘江龙	刘艺林	封辰阳	张起航	—	合格
78	S202210701130	经济与管理学院	研究型大学教师学术创业的影响因素	王林雪	任奂宇	鲁　倩	李　娜	—	合格
79	S202210701152	经济与管理学院	情感分析系统	安　翔	余佳杰	李　想	陶科达	—	合格
80	S202210701052X	数学与统计学院	文化桥——公益文化生态服务建设者	唐厚俭	葛瀚元	惠　倩	屈　越	徐乾晋 王智瑞	合格
81	S202210701072	数学与统计学院	基于机器学习的可再生能源发电功率短期预测研究	王卫卫	梁哲淳	施柯煊	李　武	—	合格
82	S202210701092	数学与统计学院	基于稀疏表示与深度学习的真实场景下的图像超分辨重建	魏德运	赵　璇	陶禹成	罗清允	—	合格
83	S202210701114	数学与统计学院	基于强化学习的无人机路径规划算法优化	高卫峰	伍冬晨	章星宇	徐　麟	—	合格
84	S202210701131X	数学与统计学院	基于点云的监测软件与设备	唐厚俭	祖　勇	耿鹏程	范政博	肖佳升 赵宏涛	合格
85	S202210701153	数学与统计学院	自然数集上的矩阵半群的相关数论问题研究	杨丹丹	郑树芳	顾叶群	耿　韬	—	合格

续表四

序号	项目编号	学院	项目名称	指导教师	第一完成人	第二完成人	第三完成人	其他完成人	验收结果
86	S202210701188	数学与统计学院	社交网络动态社区 SOTA 划分可视化平台	白艺光	吕明远	张成昱	汪文轩	—	合格
87	S202110701246	人文学院	河北滦平“抡花”产业化研究	曹印双	王　柯	王艺乔	—	—	合格
88	S202210701093	人文学院	承载高校精神文明建设的文化创意产品设计研究——以西安电子科技大学为例	陈春晓	王艺乔	王　柯	—	—	合格
89	S202210701031X	人文学院	艺想空间工作室	陈春晓	范　雷	李玥汝	曹思怡	王依桐 闫同宇	合格
90	S202210701009	人文学院	思政教育调研——关于双院育人模式下的劳育	郭晓红	张宏雁	吕思坤			合格
91	S202210701115X	人文学院	基于新媒体模式下的文学经典通俗化推广	孙　雯	傅嘉明	席艺攀	石少薇	刘甜甜	合格
92	S202210701154	人文学院	试论《诗经》中的“篇”	许勇强	彭怡乐	—	—	—	合格
93	S202210701132X	人文学院	依托互联网平台与地域特色的乡村振兴——以安康为例	张美珍	周若男	陈姝坷	刘　颖	—	合格
94	S202210701032	外国语学院	关于电影《哪吒》的外宣翻译以及国家形象关联性的研究	张　莹	郭欣怡	刘湉奕	张嘉悦	—	合格
95	S202210701135X	外国语学院	讲好中国故事：中土学生跨文化叙事的自媒体运营	郎　曼	范　欣	路佳铭	刘　萱	KURBANOV DOVLETGELDI	合格
96	S202210701133	外国语学院	学习者视角下基于多源数据的外语类慕课评价研究	李世华	袁　媛	杨铠烁	杨子为	—	合格
97	S202210701054	外国语学院	中国大学生英语词汇语义网络心理表征与文化表现的差异性研究	燕　浩	陈润琪	杜佳睿	张梓琦	—	合格
98	S202210701094	外国语学院	基于中华文化“走出去”战略视角的文化成果对外翻译研究	李长安	刘婉晴	张亦佳	董一诺	—	合格
99	S202210701134	外国语学院	陕西老字号非物质文化遗产对外宣传中的英语翻译研究	刘一鸣	杨新宇	徐诗月	杨璐宇	—	合格
100	S202210701074	外国语学院	关于我校英语类专业学生职业能力缺口问题的质性调查	任利华	李　瑶	吕培嘉	韩晨昕	—	合格
101	S202210701189	外国语学院	大学生演讲普及化策略——讲好中国故事，传播中国文化	朱琳菲	洪志多	白浩楠	王小龙	—	合格
102	S202210701204	外国语学院	跨文化交际中国内外自媒体现象研究	薛　楠	郭子涵	刘茹宁	杨秀枫	—	合格
103	S202210701055	微电子学院	基于 YOLO 视觉的野外探测无人机	宋建军	王天泽	周欣楠	黄璐阳	—	合格
104	S202210701075X	微电子学院	智慧课堂——远程电子线路实验箱	张　弘	贾云天	任秦鲁	王君绮	周家伟 王奕博	合格
105	S202210701096	微电子学院	基于 3D 扫描的智能健身实时校正分析系统	王利明	刘天浩	刘海霖	李兴华	—	合格
106	S202210701116X	微电子学院	水源卫士——基于树莓派的自动水源监测装置	张维强	杨家琪	唐俊峰	王润峤	冯源诺 梁忠鑫	合格

续表五

序号	项目编号	学院	项目名称	指导教师	第一完成人	第二完成人	第三完成人	其他完成人	验收结果
107	S202210701155	微电子学院	基于机器学习的贫困生隐形鉴定与资助	韩邦合	李芊桦	刘子骏	赵　博	—	合格
108	S202210701173	微电子学院	流量瓶颈突破新模式——立足校园的多功能区域化便民 App	赵胜雷	张培榑	欧颜磊	曾定涛	—	合格
109	S202210701190	微电子学院	基于氮化镓功率器件的电源管理系统	祝杰杰	张朝洋	吴凯华	杨　东	—	合格
110	S202210701191	生命科学技术学院	自动化数字病理分析仪	陈多芳 陈雪利	安家良	马宏宇	史文纬	—	合格
111	S202210701097	生命科学技术学院	一种生物抬举水泥的制备及应用	詹勇华	杨晓宇	王子旭	—	—	合格
112	S202210701012	生命科学技术学院	智慧牙医：基于深度学习的牙齿辅助诊断研究	曹志诚	张子涵	李姗姗	崔力文	—	合格
113	S202210701076	生命科学技术学院	“魅力科学”——糖尿病知识分享网站	赵　磊	张琳琳	张　畅	魏少翔	—	合格
114	S202210701174	生命科学技术学院	固若金汤——新冠疫苗的“守护者”	杨　鹏	邱子川	周天行	张艺轩	—	合格
115	S202210701098X	空间科学与技术学院	城市之心——基于多目标雷达的智慧交通指挥系统	张　华	米　青	邓继儒	彭泽华	—	合格
116	S202210701035	空间科学与技术学院	基于智能控制与双目视觉的六足机器人	吴宪祥	吴恩帅	王士博	常欣尔	—	合格
117	S202210701138X	空间科学与技术学院	多传感器商业垃圾桶	高悦欣	王晓琪	靳钰婷	范家琪	—	合格
118	S202210701057	空间科学与技术学院	天体物理教学演示软件	程春霞	李明昆	高茁豪	麦　潇	—	合格
119	S202210701157	空间科学与技术学院	“多模态导航与智能协同”无人机智能软件	孙　伟	南艺璇	张皓然	李卓桐	—	合格
120	S202210701192	空间科学与技术学院	RobertMasterAI 挑战赛机器人精确导航核心算法研究	贺　顺	涂志鹏	刘　勇	—	—	合格
121	S202210701118	空间科学与技术学院	基于北斗导航和 LoRa 技术的野外自报警系统	孙景荣	王昱扬	赵　琨	张泽鑫	—	合格
122	S202210701014X	先进材料与纳米科技学院	紫光先驱——大功率深紫外消杀电源驱动系统	李培咸	武新明	李青洋	陈　超	张俊男 刘睿轩	合格
123	S202210701036	先进材料与纳米科技学院	高温航空发动机可磨耗封严涂层磨损机制研究	杨　丽	王恬恬	王绍嘉	—	—	合格
124	S202210701078	先进材料与纳米科技学院	二维 Cr5Te8 各向异性光学、电学性能的探究	王浩林	伍寓铭	何　洵	钟以恒	—	合格
125	S202210701099	先进材料与纳米科技学院	氧化铪薄膜铁电和反铁特性的调控	廖　敏	王　磊	牛泽宁	康礼倩	—	合格
126	S202210701119	先进材料与纳米科技学院	基于新型纳米光热滤膜的太阳能驱动海水淡化装置研制	仲　鹏	左桢莉	潘昌源	王鑫彬	—	合格

续表六

序号	项目编号	学院	项目名称	指导教师	第一完成人	第二完成人	第三完成人	其他完成人	验收结果
127	S202210701139	先进材料与纳米科技学院	隐形材料——3D MXene气凝胶吸波性能的研究	周雪皎	张志鹏	刘宁娜	秦一铭	—	合格
128	S202210701158	先进材料与纳米科技学院	高活性与高稳定性的 Co 基电催化析氧催化剂的构建及性能的研究	王　媛	刘永旺	杨孟然	刘　骏	—	合格
129	S202210701193	先进材料与纳米科技学院	基于 lonic 液体/金属的印刷电容传感器用于挥发性有机物的有机骨架复合材料化合物的检测	李沛沛	吴世哲	赵立辉	杨丕权	—	合格
130	S202210701021	网络与信息安全学院	锋安——针对 IoT 设备的集群认证方案	李兴华	王栗政	龚　晨	王浩宇	—	合格
131	S202210701065	网络与信息安全学院	“安瞳”——基于模糊测试和机器学习的输入验证漏洞检测预防系统	杨　超	肖丹蕾	李超凡	王腾宇	—	合格
132	S202210701084	网络与信息安全学院	基于机器学习的钓鱼网站识别	尤　伟	雷雨轩	杨　轩	高嘉坤	—	合格
133	S202210701125	网络与信息安全学院	视频多目标行为安全分析平台	彭春蕾	樊　博	李梓萌	谢拓融	—	合格
134	S202210701145	网络与信息安全学院	真实场景下 TLS 协议漏洞检测关键技术与平台	苏锐丹	梁梦轩	—	—	—	合格
135	S202210701164	网络与信息安全学院	基于联邦学习的校际隐私保护人脸识别系统	郑　昱	周　昌	陈克凡	王子涵	—	合格
136	S202210701199	网络与信息安全学院	智能网联车内网络安全通信系统	曹　进	李奇珍	李昕泽	王赫雨	—	合格
137	S202210701159	人工智能学院	基于深度学习的助农智慧采摘系统	侯　彪	闫家浩	陈学斌	朱　丽	李冰妮	合格
138	S202210701140	人工智能学院	寻踪问迹——土壤中试剂追踪与土质测量系统	古　晶	张子晗	安　晨	康家齐	—	合格
139	S202210701194	人工智能学院	跨工况条件下故障智能诊断技术研究	冯志玺	蒋天健	—	—	—	合格
140	S202210701039S	创新创业学院	创新型肿瘤基因治疗新药的研制	宁蓬勃	乔平彪	孟喜乐	田佳乐	李稼轩 李林峰	合格
141	S202210701080S	创新创业学院	视频帧质量分析与精彩集锦浓缩	吴家骥	牛志康	张嘉怡	孙心怡	魏子捷 王浩宇	合格
142	S202210701038S	创新创业学院	基于数字孪生的盾构机掘进姿态智能控制平台	王　佩	黄智霖	邹玮洁	李心愿	李可心 孟鑫耀 田旭阳	合格
143	S202210701017S	创新创业学院	火眼自动激光雷达测绘小车	孙　伟	马圣智	王知非	徐锦伟	覃祝杰 刘丹阳 陆世烽	合格
144	S202210701061S	创新创业学院	聚合登录：支持多种社会化登录组件的通用登录平台	全光吉	王淑靳	何贯中	于心悦	王威昌	合格

续表七

序号	项目编号	学院	项目名称	指导教师	第一完成人	第二完成人	第三完成人	其他完成人	验收结果
145	S202210701141S	创新创业学院	“有渔”——轻龄化的学习经验交流分享平台	赵　亮	雷雨诺	李佳朋	庄　涛	张海岩 王梓赫 赵鑫蓉	合格
146	S202210701101S	创新创业学院	万模模型自动部署平台	王　颖	王威昌	王宏宇	褚安阳	赵霖楠 刘子琦	合格
147	S202210701196S	创新创业学院	基于“十四五”规划的生态文明示范县环境建设规划研究	孙金菊	董一诺	薛宇佳	徐梓铭	王子烨 胥嘉睿 赵思垚 秦培杰	合格
148	S202210701195S	创新创业学院	B612 小行星宿舍花店	白　洁	沈嘉蕙	李晶晶	—	—	合格
149	S202210701060S	创新创业学院	毕方科技——智慧食堂引领者	易运晖	夏钰清	刘润楷	许洺溪	尚采薇 何书豪	合格
150	S202210701160S	创新创业学院	本科生双创实践培训——未来企业家计划	吴家骥	张丰源	齐相然	张丁艺	师浩然 顾黎明 赵中华	合格
151	S202210701081S	创新创业学院	基于 SD-WAN 的远程办公安全环境解决方案	屈　檀	陈锦力	曹　硕	季康烨	马晨熙 王灏哲 宋宇诚	合格
152	S202210701063	海棠 1 号书院	基于 Arduino 和物联网平台的模块式老人危机监控预警装置	汤华莲	周思屹	王嘉洋	—	—	合格
153	S202210701040X	海棠 1 号书院	基于手势识别控制的智能家居系统	杜永志	宋宇诚	牛　琛	祁　灵	杨春晨	合格
154	S202210701082	海棠 1 号书院	基于人工智能的社区垃圾处理系统	李浩然	马迅驰	郝益萱	杨泽同	—	合格
155	S202210701103	海棠 1 号书院	空气卫士——三维立体远程污染源锁定无人机	赵建勋	伍冰波	孙志宏	方艺洁	—	合格
156	S202210701123	海棠 1 号书院	六足蜘蛛机器人	王同达	马金臣	陈佳科	王知非	—	合格
157	S202210701162	海棠 1 号书院	燃料电池非铂金阴极催化剂制备及性能研究	胡　英	许启航	熊　涛	白建斌	—	合格
158	S202210701179	海棠 1 号书院	大渔翁——水下多功能无人机	刘德刚	王晨悦	郭彦序	康家齐	—	合格
159	S202210701197	海棠 1 号书院	基于 NFC 技术的物联网智能型酒店门禁系统	谢　飞	吴佳怡	魏仕荣	冯烁璇	—	合格
160	S202210701180	海棠 2 号书院	“就这儿”App——校园电商	王云超	张家和	王可儿	谭梓昂	—	合格
161	S202210701019	海棠 2 号书院	振翅·知行——混合式与启发式教学在乡村支教中的探索与实践	罗　久	涂凯旋	黄竣杰	王一茹	—	合格
162	S202210701083	海棠 2 号书院	校园无人驾驶物流车	侯　彪	游霄童	宋柏杨	李昱晔	—	合格
163	S202210701163	海棠 2 号书院	“防疫助手”——基于 STM32 单片机的防疫用品智能配送小车	王云超	裴玉	王乙舒	木智慧	—	合格
164	S202210701041	海棠 2 号书院	“一电智联”——基于人体电流耦合效应的新型设备认证机制	王　尧	胥赵文博	刘　阳		—	合格

注：附件 1 中优秀项目排名前九区分先后顺序；其他项目的排名顺序不分先后；各项目组成员排名区分先后顺序。

2021、2022 年度省级大学生创新创业训练计划项目结题验收结果

序号	项目编号	学院	项目名称	指导教师(职称)	项目负责人	项目组成员	验收结果
1	S202210701401	通信工程学院	基于机器学习的多模态寻址与路由技术	魏雯婷	刘润楷	夏钰清 颜鸿宇	优秀
2	S202210701392	通信工程学院	放青松——基于机器学习的大学生校内家政平台	王明君(讲师)	陈奕韬	刘心语 徐瑞琛	优秀
3	S202210701469	通信工程学院	基于 STM32 的高铁大件行李智能安全锁系统	董庆宽(副教授)	何佳蓓	尚宇翔 顾绍博	优秀
4	S202210701421X	通信工程学院	“智熵”灌溉系统	贺王鹏(副教授)	张曦元	郭智元 高　雅 杨文康 李政昊	优秀
5	S202210701424	通信工程学院	CodeToPPT：自动化 PPT 生成器	许京伟(副教授)	于心悦	翟鹏程 刘睿扬	优秀
6	S202210701412	通信工程学院	毫米波智能生命体征监测仪	马建鹏(副教授)	潘睿垚	王彬成 刘浩滨	优秀
7	S202210701445	通信工程学院	睡眠精灵——智能多功能眼罩	王炳健(教授)	彭泽刚	郑杰文 龙增平	优秀
8	S202210701374	通信工程学院	基于蓝牙通信的密接筛查系统	李丹萍(讲师)	霍云云	韩相宇 谢　政	优秀
9	S202010701177	通信工程学院	水上垃圾智能清扫机器人	郑　洋(讲师)	张杰文	尚宇翔 胡冰月	优秀
10	S202210701442	电子工程学院	基于高压等离子发生技术的吸入空气式磁等离子推进器	王新怀(教授)	白兆曦	郝宇来 秦孟鑫	优秀
11	S202210701379	电子工程学院	基于 MIMO 雷达成像的安检系统	张　帅(副教授)	刘永贤	刘世龙 归佳瑶	优秀
12	S202210701413	电子工程学院	雷达目标点迹态势模拟及其 Python 实现	许京伟(副教授)	王柯睿	孙佳楠 赵云霄	优秀
13	S202210701419	电子工程学院	竞赛小助手	李翠芸(副教授)	胡升晖	张玲宁 普雪鸥	优秀
14	S202210701241	电子工程学院	面向久坐人群的智能矫姿与专注度检测助手	王鹏辉(教授)	李宇哲	陈星宇 王国苗	优秀
15	S202210701393	电子工程学院	自动驾驶智能车	郑春红(副教授)	刘宇晨	谢史峰 曹达然	优秀
16	S202210701231	电子工程学院	无声疾行——等离子飘升机	周佳社(教授)	张俊豪	陈俊杰 龚建峰	优秀
17	S202210701454	电子工程学院	顶上生花——太阳帽自动旋转控制及物联系统	李翠芸(副教授)	葛步峰	吴茂壮	优秀
18	S202210701280	计算机科学与技术学院	基于用户生物特征、状态信息及预置安全信息的自适应多因素认证方案	万　波(教授)	乔学敏	樊肇星	优秀
19	S202210701304	计算机科学与技术学院	卡通图像自动建模	袁　权(助教)	张　莹	翟鹏程 徐智桃	优秀

续表一

序号	项目编号	学院	项目名称	指导教师(职称)	项目负责人	项目组成员	验收结果
20	S202210701322	计算机科学与技术学院	基于视觉检测的汽车前侧方碰撞预警系统	董伟生(教授)	李唐蔚	周子晗 李欣泽	优秀
21	S202210701385X	计算机科学与技术学院	u 报名	刘英帆(讲师)	赖沐曦	朱博健 杜卓宸 于文晴 王铭康	优秀
22	S202210701411	机电工程学院	自动导引小车的路径规划研究	郭金维(副教授)	靳钰婷	杨英豪 宋 阳	优秀
23	S202210701386	机电工程学院	基于数字孪生的双机械臂智能协同控制	刘永奎	王芊骥	张 鑫	优秀
24	S202210701323	机电工程学院	基于 STM32 的智能空气质量检测系统	宫 睿(副教授)	董晓源	张凤羽 刘嘉璐	优秀
25	S202210701233	外国语学院	“一带一路”沿线国家陕西文学译介现状调查与传播研究	罗 铮(讲师)	杨夏润	闫 岩 葛佳璇	优秀
26	S202210701222	微电子学院	基于 EG4S20 SparkRoad 的“魔法相册”	张 弘(副教授)	郑杰文	王 宠 许 江	优秀
27	S202210701257	微电子学院	基于深度神经网络干扰鉴别方法研究	武 越(副教授)	刘静遥	冯科华 颜于博	优秀
28	S202210701224	先进材料与纳米科技学院	ZnO 纳米线阵列协同表面 PANI 纳米颗粒修饰对其气敏特性提升研究	刘金妹(讲师)	刘 乐	叶晨光 肖 倩	优秀
29	S202210701259	先进材料与纳米科技学院	核壳金属有机框架化合物(MOFs)衍生的金属间纳米催化剂用于高效析氢反应	哈 媛(讲师)	陈亮强	安子骐	优秀
30	S202210701261	网络与信息安全学院	扶摇——集中式轻量级无人机控制局域网密钥管理体系	李 腾	王浩宇	陈淑婷 王子涵	优秀
31	S202210701268	网络与信息安全学院	基于渗透测试和模糊测试的 5G 安全测评框架	曹 进	宋金宁	周 昌 李玺韵	优秀
32	S202210701225X	人工智能学院	智能小型无人机快递系统	古 晶(副教授)	文 创	岳浩东 毛志波 吕有辉 冯裔麟	优秀
33	S202210701227S	创新创业学院	启航港——乡村科普教育实践基地	—	张晶晶	陈 闯 李雨键 杜培铭 乔平彪 武子卓	优秀
34	S202210701228	海棠 1 号书院	超市智能导购车	朱虎明	佘浩天	王植 杨楮涵	优秀
35	S202210701212	海棠 1 号书院	手性金属有机框架材料的铁电性能调控研究	杨如森(教授)	冉 勇	许元胜 孙浩然	优秀
36	S202210701351	海棠 1 号书院	“安心”医疗手环	汤华莲(副教授)	唐忠濠	高翰钰 孙沁雪	优秀
37	S202210701441	通信工程学院	“X-SPORTS”——IoT 可穿戴式极限运动监测搜救系统	任智源(教授)	吴心宁	毕 晴 袁 磊	合格
38	S202210701465X	通信工程学院	超表面辅助通信智能信道外推技术	张 顺(教授)	孙鹏程	呼斯乐 闫欣怡 李丞正旭	合格

续表二

序号	项目编号	学院	项目名称	指导教师(职称)	项目负责人	项目组成员	验收结果
39	S202210701253	通信工程学院	面向6G全球互联互通应用的水下水上跨介质高速通信技术	岳　鹏(副教授)	唐心城	刘展旭 王昊宇	合格
40	S202210701474X	通信工程学院	天承翼安——无人机智能联防系统	黄　云(讲师)	杨文康	张运泽 李子一 卢静怡 张之晟	合格
41	S202210701455	通信工程学院	基于GAN的视频压缩模型及其优化	张铭津(副教授)	周子琨	周宏扬	合格
42	S202210701437	通信工程学院	旅途·迹忆	孙立锐(副教授)	李柏佚	卢静怡 何宗竹	合格
43	S202210701451	通信工程学院	基于STM32的自主导航送餐小车	郭　杰(副教授)	张云儿	程允杰 范龄予	合格
44	S202210701418	通信工程学院	门禁检测助手——基于ART-Pi的非接触式口罩体温监测系统	胡　云(讲师)	王永康	张云儿 李心涛	合格
45	S202210701439	通信工程学院	电子水墨屏NFC卡片	郑贱平	高　雅	郭智元 朱澄宇	合格
46	S202210701363	通信工程学院	基于PSO的室内可见光定位算法研究	王　平(教授)	冯鑫怡	王凯乐 郑吉利	合格
47	S202210701383X	通信工程学院	小城大做	车书玲(副教授)	侯福源	陈永航 刘轩博 何佳蓓 倪慧欣	合格
48	S202210701473	通信工程学院	基于偏微分方程数值解的红外目标检测系统研究	张铭津(副教授)	杨辰尧	赵家盼 禹佳乐	合格
49	S202210701302	通信工程学院	基于树莓派的多功能导航手杖	郭　杰(副教授)	姚雨欣	王　静 王紫怡	合格
50	S202210701286	通信工程学院	低延时具有一定自动能力的机械手	孙立锐(副教授)	何旭阳	王一星 祝晓蓉	合格
51	S202210701449	通信工程学院	智慧城市——智慧家居环境监测系统	康　槿(讲师)	邓亦晨	程允杰 周伯渝	合格
52	S202210701408X	通信工程学院	智医——无线智能监护系统	李丹萍(讲师)	杨　晓	林子隆 谌杨洁 姜瑞霖 付振昊	合格
53	S202210701459	通信工程学院	安卓hook与反hook的研究与应用	荣　政(副教授) 赵　克(教授)	张嘉颖	盛长江 许馨方	合格
54	S202210701415	通信工程学院	物流机器人	薛　瑄(副教授)	丁凯悦	尹逸鑫 武　彤	合格
55	S202210701404	通信工程学院	针对Xilinx FPGA的国产深度学习框架适配	陈　健(教授)	阳舒羽	武　彤 蔡子瑞	合格

续表三

序号	项目编号	学院	项目名称	指导教师(职称)	项目负责人	项目组成员	验收结果
56	S202210701470X	通信工程学院	婴幼儿用品租赁	刘　航(讲师)	江梓萌	刘富宁 李沛颖 杨志伟 鲁　周	合格
57	S202010701177	通信工程学院	分布式 AI 网络专家	顾华玺(教授)	孔祥志	吴　斌 王熙成	合格
58	S202210701262	通信工程学院	突发事件应急响应信息平台	李云松(教授) 沈　强	高永凯	于心悦 薛　楠	合格
59	S202210701263	电子工程学院	基于视觉感知脑电信号的智能控制系统	何立火(副教授)	郑皓天	马子豪 陈　乐	合格
60	S202210701389	电子工程学院	基于神经卷积网络的垃圾检测系统	刘公绪(副教授)	吴宇轩	罗喆忻 赖宇凡	合格
61	S202210701422	电子工程学院	球形微型侦察机器人	周佳社(教授)	郭飞翔	樊尚龙 白思涵	合格
62	S202210701428	电子工程学院	基于 Unity 的时间梯度解密游戏	杨　熙(讲师)	吴涵宇	叶羽丰 汤子晋	合格
63	S202210701311	电子工程学院	智能链接检测助手——基于网络爬虫和深度学习的网站链接安全检测系统	李隐峰(副教授) 李翠芸(副教授)	王逸彬	彭致远 李昊程	合格
64	S202210701296	电子工程学院	“林中密探”——基于深度学习与图像处理的野生动物监测系统	王鹏辉(副教授)	袁　磊	王楚杰 潘宇豪	合格
65	S202210701270	电子工程学院	面向地外星表自动导航的 AGV 路径规划研究	宗　汝(工程师)	马铭泽	慕晨宇 张志远	合格
66	S202210701303	电子工程学院	校园监控中的异常事件监测和预警	路　文(教授)	田沁源	苏逸飞 王泽语	合格
67	S202210701434	电子工程学院	雷达脉内调制类型开集识别	董阳阳(讲师)	任雪梅	张贵洋 张　超	合格
68	S202210701448	电子工程学院	多模态学生实验行为识别研究	刘洁怡(讲师)	史卓一	吴　洁 曹培洲	合格
69	S202210701440	电子工程学院	医图智简——基于深度学习的近无损医学图像压缩	王新怀(教授) 王　纲(辅导员)	曾祥建	张秉颜 龚建峰	合格
70	S202210701343X	电子工程学院	基于智能识别的流浪动物信息流通平台	杨　坤(讲师)	康　劢	李易陈 邹俊智 刘朝阳	合格
71	S202210701450	电子工程学院	基于计算机视觉及数理统计的人/物动作识别系统定制服务	朱明哲(副教授)	谭斐然	苏靖翔 牛志康	合格
72	S202210701466	电子工程学院	“网络流行语百科”微信小程序	李　琦(讲师)	叶会彬	林资松 毛续晨	合格
73	S202210701456	电子工程学院	基于机器学习的相控阵天线方向研究图	任　建(副教授)	刘东霞	岳知润 刘华玥	合格

续表四

序号	项目编号	学院	项目名称	指导教师(职称)	项目负责人	项目组成员	验收结果
74	S202210701216	电子工程学院	面向新冠疫情密切接触者的行人重识别研究	王　磊(副教授)	邢书诚	林子睿 肖圣松	合格
75	S202210701353	电子工程学院	车载毫米波雷达辅助预警系统	徐　茵(高级实验师)	张圣来	阙友彬 陈佳科	合格
76	S202210701402	电子工程学院	水陆两栖球形探测机器人	米月琴(高级工程师)	赵兴健	任宇航 丁弋桐	合格
77	S202210701460	电子工程学院	光学陈绝缘体中体孤子的研究	李汝江(副教授)	杭栋恺	李国依 胡宏宇	合格
78	S202210701409X	电子工程学院	“智汇天河”——基于数字孪生技术的河道检测系统	李　林(副教授)	赵思垚	薛宇佳 徐梓铭 于添叶 秦培杰	合格
79	S202210701425	电子工程学院	城市环境基于导航诱骗的无人机防御系统	贾永涛(副教授)	袁　铭	卢　琦 李　想	合格
80	S202210701348X	电子工程学院	空中电波卫士——空中电磁频谱感知系统	臧　博(副教授)	薛宇佳	徐梓铭 于添叶 赵思垚 李林谕	合格
81	S202210701462	电子工程学院	面向视障人士的智能识别系统研究	刘洁怡(讲师)	雷贵岚	卜舜尧 王　璐	合格
82	S202210701464	电子工程学院	基于计算机视觉的无人巡检车	陈建忠(副教授)	范家琪	蔡俊杰 陈智博	合格
83	S202210701468	电子工程学院	基于 ZYNQ 疫情防护检测装置	袁晓光(副教授，硕导)	许洺溪	顾文杰 朱俊奥	合格
84	S202110701311	电子工程学院	“安全卫士”——智能家庭安防无人车	王　磊(副教授)	赵宣普	王一枭 钟先锐	合格
85	S202210701369	电子工程学院	Li-Fi 阅读灯	龙璐岚(中级工程师)	冯　宇	王吴语卿 金　涛	合格
86	S202210701416	电子工程学院	边界感知分割网络	令狐龙翔(讲师)	翟鹏程	江家庆 张玉婷	合格
87	S202210701438	电子工程学院	拍特梦(protemal)——基于深度学习的宠物安全预警	姚明昨(副教授)	段世尧	张子旭 朱恒希	合格
88	S202210701217	计算机科学与技术学院	“传语 Wgoose”——校园百事通小程序	杨毅民(教授)	赵如玉	谢晨颖	合格
89	S202210701244X	计算机科学与技术学院	觅忆——阿尔茨海默症陪伴型记忆恢复训练系统	杜军朝(教授) 王炳波(副教授)	刘美含	周馨怡 李欣悦 陈思远 米国良	合格
90	S202210701354	计算机科学与技术学院	基于多模态情感分析的大学生心理健康自动评测系统	王　笛(副教授)	冯宇航	王昱涵 李文杰	合格

续表五

序号	项目编号	学院	项目名称	指导教师(职称)	项目负责人	项目组成员	验收结果
91	S202210701360X	计算机科学与技术学院	文旅融合赋能非遗传承的数字化产品设计——“凤凰城下研盐人家”小程序	徐雅卿(讲师)	樊天惠	楚映知 张璐瑶 许笑颜 张　莹	合格
92	S202210701371X	计算机科学与技术学院	学习交流小程序	刘　旭(副教授)	卢凤岑	解凯华 叶乐天 彭楚云 车润露	合格
93	S202210701390	计算机科学与技术学院	月旦——纸质书籍阅读分享平台	慕彩红(教授)	惠安琪	殷　娟	合格
94	S202210701399	计算机科学与技术学院	乖乖椅	王　琨(讲师)	张景纯	刘艳青 张钰哲	合格
95	S202210701406X	计算机科学与技术学院	校园通	丁舒娜(讲师)	徐子轩	何菱硕 尹　威	合格
96	S202210701232	机电工程学院	智能农业生产监测及自动化系统	康　乐(副教授)	闻明超	宋元彪 康　硕	合格
97	S202210701349	机电工程学院	智能急救医疗家居基站	张爱梅(副教授)	王艺瑶	刘嘉欣 黄思琦	合格
98	S202210701355	机电工程学院	基于边缘计算和图像识别技术的实时数据采集应用研究	李　兵(讲师)	池　琛	秦珮添 刘佳丹	合格
99	S202210701381	机电工程学院	微信小程序的智能分类	杨　兰(讲师)	曾钰婷	吴邦丽	合格
100	S202210701395	机电工程学院	基于分布式监测模型的大气 PM2.5 颗粒物浓度信息感知与评价系统	汶　涛(讲师)	王欣宇	肖　雨 张　涵	合格
101	S202210701423	机电工程学院	基于雷达传感器的智能导盲机器人	刘永奎(副教授)	高展铭	霍建兴 宋　阳	合格
102	S202210701429	机电工程学院	“灵犀”——一种人机交互的可穿戴远程可控机械手系统	高立波(副教授)	周　楠	曹涵慧 董欣雨	合格
103	S202210701264	机电工程学院	鸡舍环境参数自动采集系统	谢永强(副教授)	吕育权	张忠铭 任曦琳	合格
104	S202210701338	机电工程学院	压力传感器无线标定系统	董春云(副教授)	韦翰林	朱　坤 张　彪	合格
105	S202210701255	机电工程学院	基于 Jetson Nano 平台边缘智系统的软硬件测试	诸文智(讲师)	姚明希	裴青琦 徐瑞遥	合格
106	S202210701407	机电工程学院	基于智能手机的红外传感器测温方法设计	张秀艳	康绍域	贾昊燏 于海鹏	合格
107	S202210701366	机电工程学院	基于 Petri 网的半导体晶圆制造系统调度建模分析	刘改云(副教授)	仇雨暄	吴凯华	合格
108	S202210701344	机电工程学院	基于 Unity3D 的半导体设备智能排产系统的数字孪生系统搭建及物理运行仿真	刘　鼎(副教授)	王瑞欣	玉韦妮 赵自通	合格
109	S202210701361	机电工程学院	基于状态树结构监督控制理论的供应链建模及控制	王　玺(讲师)	杨　超	梁梦垚 朱永怡	合格
110	S202210701400	机电工程学院	特种仓库中的智能物流机器人系统	刘　鼎(副教授)	侯钧宇	刘　杰 吴邦丽	合格

续表六

序号	项目编号	学院	项目名称	指导教师(职称)	项目负责人	项目组成员	验收结果
111	S202210701281	机电工程学院	基于LabVIEW的虚拟传感器量测和控制系统设计	平续斌(副教授)	钱俊鑫	周陈杰 杨义文	合格
112	S202210701290	机电工程学院	安康mini——基于STM32的无线充电配送车	米月琴(高级工程师)	周汉栋	梁梦垚 赵明宇	合格
113	S202210701332	机电工程学院	用于大型天线三维变形检测的无人机摄影测量成像系统	史宝全(副教授)	刘秉辉	代文静 何梓寒	合格
114	S202210701420	机电工程学院	手写表格识别系统	卢子祥(讲师)	杨景淇	王先豪 赵亚雯	合格
115	S202210701391	机电工程学院	基于生物特征识别的无密码身份认证方案研究	郭　兴(讲师)	江家庆	翟鹏程 吴佩虹	合格
116	S202210701417	机电工程学院	机械臂操作技能训练和控制方法研究	平续斌(讲师)	门子涵	贾　楠 程无恙	合格
117	S202210701245	机电工程学院	无线信号能量采集控制系统设计	张剑贤(副教授)	张凤羽	刘嘉璐 董晓源	合格
118	S202210701372	机电工程学院	基于物联网技术的实验室仪器智能管理系统	李　兵(讲师)	朱宇成	王怡丹 杜姝昕	合格
119	S202210701414	机电工程学院	个人知识管理系统	尹　鹏(工程师)	王先豪	包鑫宇 秦千然	合格
120	S202210701313	机电工程学院	基于状态树结构监督控制理论的最低松弛度实时调度算法及优化	王　玺(副教授)	徐晓龙	冯嘉伟 孔绍然	合格
121	S202210701220	数学与统计学院	基于个体决策的冲突分析问题研究	李小南(教授)	夏可凡	朱方羽 黄田田	合格
122	S202210701256	外国语学院	后疫情时代中外高校线上教育对比分析	李　璐(副教授)	张晨琛	刘　颖 陈　萌	合格
123	S202210701246	外国语学院	人机交互大背景下机器新闻写作和翻译的有效性研究	乔卉娴(副教授)	刘钰莹	王欣怡 李梦婵	合格
124	S202210701221	外国语学院	英语语言学习中的数学思维研究	周正履(副教授)	吴怡宽	尹怡皓 程安祺	合格
125	S202210701247	微电子学院	仿生机器人	娄永乐(高级实验师)	涂中乐	—	合格
126	S202210701298	微电子学院	基于Unity的工程教育游戏	罗　楠(讲师)	周洪锋	李芊桦 崔一烜月	合格
127	S202210701324	微电子学院	基于深度学习算法的智能环卫机器人系统设计	杨力宏(副教授)	陈南迪	张锦文 张一诺	合格
128	S202210701339X	微电子学院	“BigMa”大妈农场——让每一位农户安居乐业	侯其锋(讲师)	李世昂	宫晶磊	合格
129	S202210701350	微电子学院	面向5G基站的氮化镓微波功率放大器	卢　阳(副教授)	刘　帅	郭家豪 吴艾文	合格
130	S202210701356	微电子学院	基于深度神经网络压缩的路况辅助老年智能眼镜	李　豪(副教授)	胡超杰	林　昊 潘睿垚	合格
131	S202210701367	微电子学院	物件管理信息系统	费　菲(讲师)	杨嘉懿	赵诗颖 崔一烜月	合格

续表七

序号	项目编号	学院	项目名称	指导教师(职称)	项目负责人	项目组成员	验收结果
132	S202210701382	微电子学院	基于 PYNQ 的“一码通”及口罩佩戴识别门禁系统	杜永志(讲师)	许牧原	郝树政 张耀心	合格
133	S202210701387	微电子学院	基于边缘计算的物联网轨道运输系统	孙立锐(副教授)	孔扬森	—	合格
134	S202210701206X	生命科学技术学院	节能发光植物的设计和研制	张象涵(副教授) 夏玉琼(副教授)	秦 浩	张浩然 刘明宇 张婉晴 周天行	合格
135	S202210701235	生命科学技术学院	基于呼吸道益生菌工程化改造的 SARS-CoV-2 生物捕捉器用于新冠防治	王忠良(教授)	张浩宇	田益豪 蔡绍飞	合格
136	S202210701236	先进材料与纳米科技学院	航空发动机用 Hf6Ta2O17 热障涂层微结构的调控	孙 宇(讲师)	张 鹏	李 兰 李金龙	合格
137	S202210701249	先进材料与纳米科技学院	航空发动机可磨耗封严涂层热循环失效性能研究	李 聪(副教授)	陈 芳	杨 帆	合格
138	S202210701266	先进材料与纳米科技学院	二维 α-MnSe 光电探测机理的探究	周 楠(讲师)	孙书远	弥旭珂 唐茂川	合格
139	S202210701275	先进材料与纳米科技学院	用于水环境 Cr 离子检测的 Ln@MOF 荧光探针材料的制备与表征	周利君(副教授)	卫晨龙	王 尊 王 杰	合格
140	S202210701283	先进材料与纳米科技学院	基于二维材料的湿度驱动的多功能柔性传感器	苏 晨(讲师)	杨茂盛	关 良	合格
141	S202210701292	先进材料与纳米科技学院	基于单一手性大管径半导体型碳纳米管的高效能场效应管	雷毅敏(副教授)	邱嘉俊	王 磊	合格
142	S202210701299	先进材料与纳米科技学院	氧化铪铁电薄膜氧空位的表征及其作用机理	贾巧英(副教授)	姜向乐	高建峰	合格
143	S202210701307	先进材料与纳米科技学院	微盘电极和微环盘电极的制备及性能研究	刘 菲(讲师)	杨开选	张晓萌 李昊典	合格
144	S202210701315	先进材料与纳米科技学院	基于周期性单元的隐身微结构设计及隐身机理研究	邢林庄(讲师)	余 快	孟可涵 樊骏翔	合格
145	S202210701325	先进材料与纳米科技学院	基于深度学习的跨尺度氧化铪铁电相应变稳定性研究	廖佳佳(讲师)	黄子凡	李沁阳	合格
146	S202210701214	网络与信息安全学院	基于国密算法的可追踪行程信息保护	尤 伟	王儒仕	文语欣	合格
147	S202210701239	网络与信息安全学院	基于国密算法的北斗短报文安全通信系统	曹 进	高雨萌	刘睿涵 盛 荣	合格
148	S202210701252	网络与信息安全学院	无人机日志分析	张俊伟	张柏迪	李长青 高依然	合格
149	S202210701277	网络与信息安全学院	基于物理层防克隆功能 PUF 的无人机新型通信安全认证协议	李 腾	王佳欣	周 昌 黄 倩	合格
150	S202210701285	网络与信息安全学院	基于同态加密的密文检索系统设计与实现	苗银宾	佘宏宇	高佳运 姬嘉婕	合格
151	S202210701294	网络与信息安全学院	结果模式隐藏的新型动态对称可搜索加密方案研究	王剑锋	范仲昊	张君瑞 王志伟	合格
152	S202210701301	网络与信息安全学院	基于软件指纹的补丁存在性智能识别	付玉龙	刘辰昊	王棕祺 张文雅	合格

续表八

序号	项目编号	学院	项目名称	指导教师(职称)	项目负责人	项目组成员	验收结果
153	S202210701309	网络与信息安全学院	深度学习模型后门修复与模型加固系统	吕锡香	韩腾博	王雪飞 裘嘉琪	合格
154	S202210701327	网络与信息安全学院	基于异常因子检测算法的联邦投毒攻击检测	王子龙	王新明	汪晓月 曹瑀晗	合格
155	S202210701334	网络与信息安全学院	基于深度学习的红外小目标检测	张铭津	张思卿	赵宇盛 江家庆	合格
156	S202210701210S	创新创业学院	新能源与节能环保宣传漫画	张万强	赵祥彬	周舒阳 张奕衡 张博宁 陈国宇 许怡翾	合格
157	S202210701226S	创新创业学院	“学校＋企业＋市场＋政府”四位一体乡村振兴模式	冯志玺	刘峻峰	李傲松 林星宇 韦俊彪	合格
158	S202210701251	海棠1号书院	基于深度学习的YY1介导染色质环识别算法	张胜利(副教授)	张　凯	谢浩澜 张时峰	合格
159	S202210701333	海棠1号书院	基于3D语义理解的多级LOD模型生成方案	卫佳敏	施楠楠	郭佳欣 杨　开	合格
160	S202210701293	海棠1号书院	水下巡检机器人	王建军(讲师)	张雨晴	宋国鹏 周欣楠	合格
161	S202210701340X	海棠1号书院	基于人脸识别的自动开关智能门——颠覆传统解放双手	王奇伟(副教授)	龚春航	龚春航 张瑀轩	合格
162	S202210701260X	海棠1号书院	智能垃圾分类系统	李　一(讲师) 赵　宇(讲师)	马　扬	李　鑫 韩　旭 阮恒宇 牛一帆	合格
163	S202210701276	海棠1号书院	基于深度学习的多模态智能垃圾分类装置	张　洁(副教授)	袁华阳	赵奇立 段林彬	合格
164	S202210701213X	海棠2号书院	打通导航的最后50米	罗　楠(讲师)	刘义祥	张仕浩 孟宪泽 李昊天 赵　愉	合格

西安电子科技大学2021—2022学年本科教学质量报告

1．学校简介

西安电子科技大学是以电子与信息学科为特色，工、理、管、文、经等多学科协调发展的全国重点大学，直属教育部。

学校延续着中国高校最长红色根脉，始终得到党和国家的高度重视。学校前身是1931年诞生于江西瑞金的中央革命军事委员会无线电学校，是毛泽东等老一辈革命家亲手创建的我党我军第一所工程技术学校。1959年被中央确定为全国20所重点大学之一；20世纪60年代以“西军电”之称蜚声海内外；1998年被列为国家“211工程”重点建设高校，2017年、2022年连续两轮入选国家“双一流”建设高校名单。毛泽东曾3次为学校题词：“你们是科学的千里眼顺风耳”“全心全意为人民服务”“艰苦朴素”。

学校锻造了一支政治素质过硬、业务能力精湛、育人水平高超、勇担国家使命的一流教师队伍，现有专任教师2600余人，其中博士生导师700余人、硕士生导师1500余人。学校大力培养使用战略科学家队伍，现有两院院士3人，欧洲科学院外籍院士、俄罗斯自然科学院外籍院士1人，双聘院士17人。学校汇聚了一大批一流科技领军人才、青年科技人才和创新团队，其中国家级人才152人次、国家级青年人才69人次，青年托举人才64人次，国家级创新团队18个。学校坚持立德树人根本任务，不断提高人才培养水平，现有国家级教学名师6人、国家级教学团队6个、省级教学名师27人。近5年来，学校获全国教书育人楷模、全国高校黄大年式教师团队、国家科技奖励等国家级表彰奖励近200人次，承担国家重大项目350余人次。

学校电子与信息特色鲜明，在领域内形成了一批一流学科专业，产出了一批服务国家重大战略的一流创新成果。学校开创了我国电子与信息学科专业先河，是国内最早建立信息论、信息系统工程、雷达、微波天线、电子机械、电子对抗等专业的高校之一。学校现有信息与通信工程、计算机科学与技术2个国家“双一流”重点建设学科，5个全国一级学科评估A类学科，15个博士学位授权一级学科，27个硕士学位授权一级学科；已开设本科专业65个，其中35个入选国家级一流本科专业(覆盖全校88%的学生)。在通信、雷达、计算机、微电子、网络安全、人工智能等国家急需领域和学校优势领域，产出了一批重大标志性成果。

学校坚持立德树人，以学生发展为中心构建一流人才培养体系，基础条件到位、平台实力强劲、培养成效显著。现建有南北两个校区，总占地面积约270公顷，校舍建筑面积140余万平方米。近年来，学校新增国防领域唯一集成攻关大平台、我国半导体领域唯一国家工程中心、西北高校首个国家双创示范基地、西北首个国家集成电路产教融合创新平台，全国首批一流网络安全学院、首批特色化示范性软件学院、首批示范性微电子学院等。学校本科生和研究生就业率多年分别保持在95%、99%左右，位居全国高校前列，多次入选全国高校“就业最佳典范奖”“年度就业最受欢迎奖”。学校先后为国家输送了32万余名优秀人才，毕业生到国家急需重点行业领域就业人数超过70%，形成了以“院士校友多、将军校友多、航天总师多、所长总工多、创业英雄多”著称的人才培养“西电现象”，以行业领军人才、管理骨干、技术骨干、创业先锋为代表的一大批优秀校友，为国家经济社会发展作出了重要贡献。

在全面建设社会主义现代化国家新征程中，学校将坚持以人才培养为立校之本、以特色发展为兴校之基、以实力贡献为强校之路，致力于成为特色鲜明的世界一流大学。

2. 本科教育基本情况

学校牢记为党育人、为国育才的初心使命，把立德树人成效作为检验学校一切工作的根本标准，把以学生发展为中心的人才培养、卓越教学作为学校的第一任务，突出本科教育在学校工作的中心地位，深化教育教学综合改革，全面提高人才自主培养质量，着力培养拔尖创新人才；坚持以习近平新时代中国特色社会主义思想铸魂育人，健全立德树人体制机制，完善住宿式书院和学院“双院”共同育人机制，构建了西电“三全育人”特色体系，形成了“五育”并举的多部门协同育人新格局；利用新一代信息技术，构建智能化、个性化教育教学环境，运用“双空间”融合的教育教学平台、数据决策分析平台、智能化服务平台，驱动教学方式、教学内容、教学评价变革，构建以学生为中心、连接、开放、共享、个性化的人才培养新模式。

2.1 人才培养目标及服务面向

学校落实立德树人根本任务，致力于培养德智体美劳全面发展的社会主义建设者和接班人；以价值引领强化家国情怀与使命担当，夯实数理和电子信息专业基础，注重工程实践能力培养，致力于为国家输送一大批爱国进取、基础厚实、术业精湛、求是创新、身心健康，具有国际视野的优秀骨干人才；坚持分类培养和因材施教，致力于选拔培养一批拔尖创新人才，为国家输送更多能够引领未来的领军人才。

2.2 本科专业设置情况

学校立足一流人才培养，优化专业布局。现有63个在招本科专业，覆盖工、理、文、哲、管理、经济、艺术、教育等8个学科门类(见表2-1)。

表2-1 西安电子科技大学本科专业结构与布局统计表(按学位授予门类)

学科门类	工学	理学	管理学	文学	经济学	艺术学	哲学	教育学	合计
专业数量	38	6	10	5	1	1	1	1	63
占比	60.32%	9.52%	15.87%	7.94%	1.59%	1.59%	1.59%	1.59%	100%

2.3 学生规模及生源质量

学校现有在读全日制本科生2.24万人，研究生1.62万人。学校着力推进招生工作机制改革，形成了“以学院为重点、教师为主体、信息化为载体”的工作格局，2022年新增大数据管理与应用(中外合作办学)和运动训练专业，确立了“9+5+2”的大类招生格局。建立线上线下融合的西电特色招生宣传矩阵，强化“校—院—组—学+plus(校友+家长)”多位一体全方位招生宣传模式，探索招生“百千万”工程(构建百支队伍，提升“千量指数”，服务万名考生)，共建招生宣传精准化创新体系，持续提升学校的社会影响力和关注度。

一批理工类或选科物理的招考位次在 2021 年大幅上升的基础上持续上涨。24 个省份录取最低位次超越 2021 年，再创新高；20 个省份录取最低位次均有明显提升(位次提升 100 名以上)；4 个省份录取最低位次提升至少 500 名；录取考生最低位次在本省 7000 名以内的有 26 个省份。在陕招考位次及生源质量再获突破，刷新了有位次信息统计以来的最好成绩。图 2-1 为西安电子科技大学 2018—2022 年在陕录取最低位次变化情况(理工)。

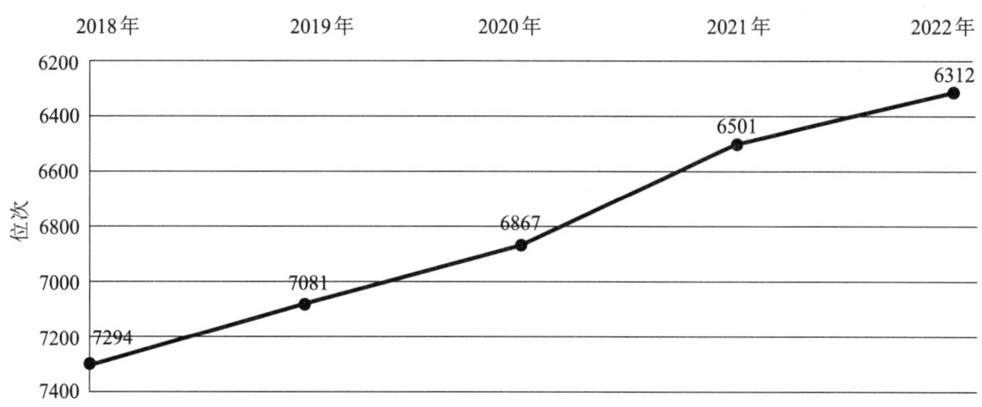

图 2-1　西安电子科技大学 2018—2022 年在陕录取最低位次变化情况(理工)

3. 师资与教学条件

学校把教学质量作为教师发展的基础要素，持续推进以岗位聘任和绩效评价改革为抓手的综合改革，设立教学、实验岗位系列，设置一流专业负责人、平台课程负责人、拔尖人才试点班等教学负责人特设岗，完善教师入职、发展和晋升的教学培训体系，引导和激励教师教书育人，努力提高教育教学水平。同时，学校始终把教学条件保障作为学校建设的第一要务，持续加大投入，建成“AI＋教育”中心，推出“西电智课”平台，成立 e-MOOC 联盟，实现录播教室全覆盖，不断夯实教育教学基础，助力教师追求卓越教学。

3.1　师资队伍数量及结构

学校持续推进一流师资汇聚战略，不断优化师资队伍结构，提升师资队伍整体水平，汇聚高层次人才，建设一支有力支撑一流大学建设的高水平师资队伍。截至 2022 年 9 月，共有教职工 3578 人，生师比为 17.88∶1。具体结构如下：

职称结构：专职教师中具有高级职称的人员共 1589 人，占比为 63.41%。

学历结构：专职教师中具有研究生及以上学历的教师共 2443 人，占比为 97.49%。

年龄结构：专职教师中年龄在 35 岁及以下有 817 人，在 36 岁至 45 岁之间的有 1051 人，46 岁及以上的有 638 人。

学校现有全国教书育人楷模 1 人，两院院士 3 人，国家级教学名师 6 人，省级教学名师 27 人，全国高校黄大年式教师团队 1 个，教育部课程思政教学团队 2 个、省级课程思政教学团队 5 个，国家级教学团队 6 个，省级教学团队 31 个；21 名教师入选教育部高等学校教学指导委员会委员。

3.2 教授承担本科课程情况

学校以学生发展为中心，落实“三全育人”理念，建立教授全员给本科生上课制度。出台《教授承担本科教育教学任务基本要求》，规定各类教授学年最低教学工作量，建立学科领域的杰出、知名教授讲授基础课、前沿科技的制度，遴选知名教授面向本科新生开设新生研讨课与学科导论的小班研讨课。学校定期通报教授上课情况。在教师岗位聘任考核中明确规定，连续3年不承担本科课程教学任务的教授、副教授转出教师系列。2021—2022学年，主讲本科生课程的专职教授上课率达89.67%，专职副教授上课率达93.28%。

3.3 本科教学条件

学校教育资源配置向本科教育倾斜，致力于提高本科教学质量，加强资源统筹和资产管理，优化经费使用方向，持续加大教学资源投入，改善实验实践教学条件，注重文献资源建设，提升教学保障水平。

3.3.1 教学经费投入情况

学校始终坚持把本科教学作为经常性中心工作，把本科教育教学作为经费投入的重点，形成了较为完善的教育教学经费投入及保障机制，实现了本科教育教学经费的优先保障、优化配置，强化了绩效管理。2021年度学校本科教育教学经费投入持续增长，达到60 546.39万元，较2020年增长1.67%。本科教学日常运行支出为29 849.38万元，生均教学日常运行支出为5307.51元；教学改革经费为1986.10万元；专业建设经费为400.67万元；本科生实践教学经费为2359.4万元，生均实验经费为1909.86元，生均实习经费为449.54元。

3.3.2 基础设施情况

学校目前校舍建筑总面积为140余万平方米，生均教学行政用房面积为13.45平方米，生均实验室面积为1.86平方米，满足教学工作正常运行的需求。

(1) 课堂教学设施。学校现有公共教学楼8栋(南校区6栋、北校区2栋)，教室443间，其中南校区有多媒体教室340间、语音实验室53间。全校所有教室均实现录播直播、异地同步课堂功能，建成3D全息教室、沉浸式互动教室、远程互动教室等37间智慧教室，建设“西电智课”线上教育平台，构筑“双空间”教育教学新环境。

(2) 实验教学设施。学校统筹建设面向本科教育的公共实验教学中心，用于公共基础实验和专业基础实验。目前，学校教学科研仪器设备总值约19.37亿元，当年新增1.92亿元，本科教学实验仪器设备28 523台(套)，价值约28 140.97万元，教学实验室、实习场所总面积约98 627.95平方米。

(3) 体育设施。学校运动场地总面积为191 165平方米，包括田径场、球类场、游泳池等。在承担体育教学活动的基础上，所有体育设施分时段开放。同时，场地均建设有标准的照明设施，能够保障学生晚间运动。

(4) 图书资料。学校有南北校区两座图书馆，建筑面积(自用)总计5.98万平方米，座位5719个。目前图书馆馆藏文献约1874万册，其中纸质文献约324万册，电子文献约1550万册；拥有105种平台的中外文数字资源，数据库204个，覆盖了学校各学科和专业。购置支持教学数字资源30种，建设国内外学术资源一站式检索平台(包括中文发现系统、百链外文获取系统、Primo国外发现系统等)，可检索或获取国内1000多家图书馆收藏的资料信息。

3.3.3 数字化教学资源建设情况

学校强力推进信息化与教育教学的深度融合，持续加强教学基础设施保障，实现数据互通共享。截至目前，全部公共教室实现了基础多媒体教学、直录播授课、远程互动教学。学校建成常态化录播教室 350 间，常态化云存储平台容量 934T，每天课程约存储 4T，可支撑两年课程存储；建成智慧教室 37 间，集成互动教学、小组讨论、智慧班牌、集中控制、常态录播、视频监控、资源共享等功能，改变了传统课堂的单向灌输模式，建成了基于物联网技术及智慧教学应用的新型现代化教学系统。

推动数据融合共享，实现学生选课、教学考勤、线上教学的数据互通，及时更新选课数据，保障教育教学业务系统正常运行。本年度累计数据交换量 2 815 278 条，数据交换 1740 次，产生 4 423 406 条考勤数据，调用次数超过 10 000 次；定期进行统一身份认证功能巡检，确保师生正常登录智课平台等线上教学系统，统一认证登录累计达 443 702 人次。

建成“西电智课”平台，利用信息技术变革教育模式。该平台具有“三端四侧”(三端指移动端、实验端、教师端，四侧指教师侧、学生侧、管理侧、家长侧)的特点，可实现多语言翻译、智能问答、论文智能检测等功能，形成“线上综合学习空间”。现已对接智慧教育平台 18 个，课程实验 20 个，服务学生超过 15 万人次。建设课程云端资源池，形成知识图谱、知识星空，积累 3.55 万门次课程资源，建成 20.63 万道题量的教学题库。加强特色资源建设，打造“信息强国”课程思政案例库、电子信息类专业慕课。成立电子信息领域高校 MOOC 联盟，建成电子信息领域 eMOOC 平台，上线校外 11 门精品课程。

4. 教学建设与改革

学校聚焦人才培养，以学生发展为中心，以“价值、能力、知识”三位一体培养为理念，坚持教育和育人相统一，加强大学生思想政治教育，深化课程体系、教学内容、实践教学和教育评价的改革，促进科教融合，深化产教融合，实施拔尖创新人才培养计划，全面提高人才培养能力。

4.1 培养模式改革

4.1.1 凝聚共识，深化人才培养体制机制改革

持续优化“大类招生、大类培养”模式。发挥“电子信息+”学科特色，主动服务国家战略、区域经济发展和产业需求，确立了“9 + 3 + 2”的大类招生格局，其中电子信息大类涵盖 16 个优势专业，学生比例超过招生总数的 47%。持续推进书院建设，推动教育教学深度融合，落实班主任的导学责任，做好“一站式”社区教育管理服务。持续完善培养方案，将教育改革成果固化到培养方案中。按照国家标准控制总学分，加强通识教育，全面推进课程思政、落实劳育美育相关课程学分，全面重构培养方案，强调夯实核心基础课程及专业核心课程。

学校连续 5 年举办本科教育教学节，通过系列“本科教育教学改革主题论坛”活动，巩固“人才培养为本，本科教育是根”的理念，形成“思想政治教育贯穿教育教学全过程”“通识教育对人才培养具有基础性作用”“课堂是教学改革的主阵地”“人才培养基本规律融通学科专业特殊性”“优秀教师和优质课程具有示范引领作用”“学生是教育教学改革的出发点和落脚点” 等基本共识。校院协同设计，以项目为抓手，深化专业建设、课程教学、实践教学、创新创业、教师教学能力、质量监控体系等教育教学改革，推动共识落实处，促进教育教学高质量、内涵式发展。

学校完善教学激励机制，引导教师把主要精力投入到教学工作和人才培养中，激发教师热爱教育、

热爱教学、热爱学生，在教育教学中追求卓越。学校年投入2000万元以上用于奖励教师本科教育教学业绩。设立本科优质教学奖，年投入350万元，奖励300名从事本科教学的一线优秀教师；设立本科教学创新奖，年投入70万元，鼓励教师在教学实践中进行改革创新。在2021年陕西省教学成果奖评选中，学校获奖15项，其中特等奖3项、一等奖5项、二等奖7项(见表4-1)，获奖数量为学校历史新高。同时，2021年获批省级教改项目15项，其中重点攻关项目2项、重点项目7项，获批本科项目数量和质量在全省名列前茅。

表4-1　2021年陕西省高等学校教学成果奖获奖情况

序号	成 果 名 称	等 级
1	服务国家战略，产教研一体化协同发展的微电子一流本科人才培养模式探索与实践	特等奖
2	服务航天强国战略的空间信息拔尖创新人才培养体系构建与实践	特等奖
3	四维聚焦、六位一体、五措并举，面向国家重大需求的电子机械人才培养实践	特等奖
4	双向驱动，人技协同，AI赋能的一流本科教育教学路径探索与实践	一等奖
5	产教融合，需求导向，工程类专业学位研究生培养模式探索与实践	一等奖
6	服务国家需求，双创教育驱动，电子信息科学与技术专业人才培养体系创新与实践	一等奖
7	“铸魂·赋能·聚力”工科高校创新创业人才培养体系探索与实践	一等奖
8	基于提能强基、优课育人的一流数学教学体系的构建与实践	一等奖
9	通信行业“一引领、三融通”一流人才培养模式的创新与实践	二等奖
10	聚焦三个面向，构建两院一地，层次化递进式计算机创新人才培养体系探索与实践	二等奖
11	行业特色型高校优质生源聚力工程的探索与实践	二等奖
12	双向多空间融合下的离散数学一流课程创新与实践	二等奖
13	电子信息类研究生高层次人才培养改革与实践	二等奖
14	以培养家国情怀和红色基因为核心的理工科大学生美育素养提升路径探索与实践	二等奖
15	终南文化书院——中华优秀传统文化育人的实践与探索	二等奖

4.1.2　建设一流专业，深化人才培养模式改革

学校以学科发展引领专业建设，形成了一批优势突出、特色鲜明的专业。目前，学校拥有国家级一流本科专业建设点35个、省级一流本科专业建设点26个，通过工程教育专业认证的专业12个，教育部“卓越工程师教育培养计划”专业7个，教育部“基础学科拔尖学生培养计划2.0基地”1个；拥有“通信工程”等国家级特色专业建设点15个、省级特色专业建设点25个，陕西省名牌专业16个；“通信工程”等3个专业获批国家级专业综合改革试点，“电子科学与技术”等11个专业获批陕西省专业综合改革试点。

4.1.3　完善一流人才培养体系，促进学生全面发展

学校以“促进学生全面发展”为目标，把德智体美劳全面纳入培养方案，在培养方案中明确专业思政教育相关要求。将思想政治教育贯穿教育教学全过程，大力推动以“课程思政”为目标的课程教学改革；对标工程教育认证标准，重构课程体系，着力加强能力素质培养；通专结合，建设西电特色的通识教育课程体系；加强课程内涵建设，强化课内导学和多种形式助学；改革学生评价和考核方式，强化学习过程评价与管理；强化实践教学，将双创教育贯穿人才培养全过程；深度融合“智能＋信息

技术”和教育教学，通过应用人工智能、大数据等信息化手段，达到结构重构、流程再造、生态重构；实行一生一课表，赋予学生更多选择权，促进个性化培养。

2021—2022 学年，面向全校征集美育及校史通识教育课程，全面梳理通识教育课程体系，筹备建设通识教育专家库。学校课程教学改革研究专项经费支持“写作与沟通”等课程，人文学院牵头进一步完善了系列课程的实施方案。目前学校共开设 474 门通识教育选修课，其中包含美育课程 36 门、人文社科类课程 213 门。

4.1.4 推进“三全育人”综合改革

学校坚守为党育人、为国育才使命，全面贯彻党的教育方针，深入学习贯彻习近平总书记关于教育的重要论述，积极实施时代新人铸魂工程，纵深推进“三全育人”，深化“又红又专”育人模式，着力培养担当民族复兴大任的时代新人，不断续写人才培养“西电现象”。

推动习近平新时代中国特色社会主义思想和党的二十大精神入脑入心。将党的二十大精神作为学校思想政治教育和课堂教学的重要内容，组织开展“青春献礼二十大，强国有我新征程”主题宣传教育活动，深入开展党的二十大精神校园巡讲、网络巡礼活动，引导青年学生自觉以党的二十大精神为引领，争做有理想、敢担当、能吃苦、肯奋斗的新时代好青年。坚定不移地用习近平新时代中国特色社会主义思想凝心铸魂。落实《习近平新时代中国特色社会主义思想进教材进课堂进头脑实施方案》，学习贯彻习近平总书记在清华大学考察、在中国人民大学考察、在庆祝中国共产主义青年团成立 100 周年大会上的重要讲话精神，以及给中国冰雪健儿的重要回信精神等，推动习近平总书记关于教育的重要论述在学校形成生动实践。持续加强青年学生理想信念教育，推动党史学习教育常态化、长效化，深化“四史”宣传教育。组织开展“小我融入大我，青春献给祖国”主题社会实践活动，充分发挥典礼育人功能，引导青年学生把青春奋斗融入党和人民事业中。

推动构建一体化育人体系。以制度建设激发育人效能，持续推动《“三全育人”综合改革实施意见》《“十大育人体系”实施方案》《教育评价改革工作方案》落地落细落实，坚持将“三全育人”工作纳入二级单位目标管理考核及校内巡察范畴。深化“三全育人”综合改革试点工作，依托两批 11 个试点单位，积极探索可转化、可推广的育人实践和经验。持续深化德智体美劳“五育融合”，着力提升学生综合素质，促进学生全面成长成才。学校先后入选首批“陕西省高校中华优秀传统文化传承基地”“陕西省大中小学劳动教育实践基地”等。坚持大数据技术赋能，构建“智慧思政 + 精准思政”相融互促体系。

深化红色基因铸魂育人。深入挖掘学校红色文化资源，出版《信仰的光芒——毛泽东与西安电子科技大学》，编印《西电红色校史故事》，开设“西电博物馆里的中国第一”“开辟电子信息学科先河·档案中的西电经典教材”等专栏，推出“做好新时代的千里眼顺风耳”等教育部示范微党课。将学校红色资源优势创造性地转化为育人优势，依托课堂、实践、文化等多元载体打造红色育人全方位格局，系统推进“校庆、校史、校友”育人工作，拓展形成“科学家讲爱国奋斗的故事”“大学生党史校史宣讲团”“红色电波的时代光影”“手绘校史——毛泽东与西电的故事”“红色剧本+”等一系列创新路径和有效载体，巩固深化钱学森班、毕德显班、红色朝阳班等特色班集体，3 项作品入选全国“高校庆祝中国共产党成立 100 周年原创精品推广行动”。

培育打造特色育人品牌。加强教育部高校思想政治工作有关培育项目建设，强化“青年红色筑梦”实践育人、研究生“三好三有”文化育人、“FAST”发展型资助育人、“老夏说课”网络育人等示范项目带动作用，推动形成航天思政、“共述西电通信史”、“网络安全万里行”、科学家精神教育基地等一批特色育人载体。以示范项目为抓手推动“十大育人”体系落细落实，开展首批“十大育人”示范项目培育建设，遴选出《“行走的思政课”教学模式》《“红色筑梦+”实践育人共同体计划》等 13 个示范项目。持续深化“一院一品”校园文化建设，组织开展校园文化建设优秀成果评选，组织开展“我们这十年”优秀网络文化作品征集展示活动。

4.2 课程建设

学校实施“金课建设计划”，以混合式“金课”建设为重点，推动课堂革命和学习革命，实现以学为中心的转变。优化课程体系，多渠道加强通识课程建设，推动课程供给侧改革，满足学生多样化需求。

4.2.1 扎实推进习近平新时代中国特色社会主义思想进课堂

构建以习近平新时代中国特色社会主义思想为核心内容的思政课课程体系，开设“习近平新时代中国特色社会主义思想概论”必修课、“四史”选修课，开列马克思主义经典著作、当代中国马克思主义理论著作、中华优秀传统文化典籍书单。校党委常委会专题讨论“习近平新时代中国特色社会主义思想概论”必修课实施方案，设立校级公共课程组，组织集体备课会，就课程总体设计、教学安排做统一部署和精心设计。按照教学计划安排，2022 年秋季学期课程实施顺利。

4.2.2 强化“课程育人”，夯实“课堂育人”主阵地

常态化推进思政课程和课程思政建设，配齐建强思政课教师队伍，落实思政课教师集体备课制度，全面提升思想政治理论课水平。积极推进思想政治理论课改革创新，“马克思主义基本原理概论”课程实施“五位一体”(即“首席教授 + 线上大课 + 线下研学 + 翻转课堂 + 实践教学”)思政课教学模式，学生认可度高。建设思政课网络教学资源库，将优质资源数字化。依托学校红色文化优势，重点支持“创客思政实验室”建设工程(含“青年红色筑梦之旅”成果及展览室和 VR 党建室等)，实现沉浸式学习，让“红色教育”深入人心。

出台《深化“课程思政”建设实施方案》，制订专业思政、课程思政建设方案，重点建设“课程思政”示范课程，以点带面，全面提高课程育人水平。设立专项资金支持课程思政示范课程和优秀案例共享资源建设，并纳入教学目标考核。目前，共聘任 60 名教师担任学校首届专业课程思政首席教授，建设“课程思政”示范课程 122 门；评选 101 个课程思政优秀案例投放到课程思政案例库，从中精选出 10 项典型课程思政教学案例在新华思政、学习强国、学校公众号等校内外平台进行推广。2021 年获批国家级课程思政示范课程 1 门、省级课程思政示范课程 5 门(见表 4-2)，建设“红色西电”省级课程思政教学研究示范中心。

表 4-2 国家级、省级课程思政示范课程

序号	课程名称	课程负责人	级别
1	计算机与网络安全	马建峰	国家级、省级
2	计算物理	郭立新	省级
3	信号与系统	朱娟娟	省级
4	现代工科微生物学	谢晖	省级
5	数字信号处理	李勇朝	省级

4.2.3 成立公共课程组，强化基层教学组织建设

学校出台《西安电子科技大学本科公共课程组设置及管理办法》(西电教〔2022〕119 号)，成立公

共课程教学团队，贯彻落实“以学生发展为本位”的质量保障理念，完善学校教学管理体制，加强与改进教育教学工作，强化公共课程对不同专业毕业要求的支撑，发挥基层教学组织在人才培养中的核心作用；积极推进虚拟教研室试点建设，获批 5 项国家级虚拟教研室建设试点项目(见表 4-3)；系统化推进课程建设工作，全面梳理知识图谱，融合学校专业优势与课程特色，加强建设优质课程资源，不断提高教育教学水平和人才培养质量。

表 4-3　国家级虚拟教研室建设试点项目

序号	名　　称	负责人	级别
1	数字逻辑与微处理器课程群虚拟教研室	邓成	2021 国家级
2	国产数据库课程群虚拟教研室	崔江涛	2021 国家级
3	集成电路设计与集成系统专业虚拟教研室	郝跃	2021 国家级
4	教师教学发展和教学研究虚拟教研室	刘三阳	2021 国家级
5	通信原理虚拟教研室	任光亮	2022 国家级

4.2.4　建设线上课程资源，推动混合式教学改革

将一流课程建设纳入学校“十四五”规划和年度工作计划，基于学校专业和课程特色，支持教师开展各类课程建设，在校内形成示范推广效果。现有国家级一流课程 25 门、省级一流课程 51 门，覆盖了线上、线下、线上线下混合、虚拟仿真、社会实践 5 个门类。

以混合式“金课”建设为重点，每年投入专项经费支持全校教师开展混合课程教学改革。出台《西安电子科技大学线上线下混合式课程建设标准》(本字〔2022〕46 号)，强调以学为中心的教学改革和创新，实现传统教学和线上教学的优势互补；打造在线虚拟课程与线下实体课堂教学相融合的混合式一流课程，突出课程学科特点，以解决课堂教学问题为目标，提升课程内涵，特色化教学资源，改革创新课程考核，解决典型教学问题，引导教师参与线上、混合一流课程建设；组织专题培训，助力教师开展课堂教学改革。

4.2.5　举办国际双创实践周，提升学生国际胜任力

针对学生国际化学习与发展和创新创业教育实践需求学校举办了国际双创实践周活动，集中聘请了海外专家学者、企事业代表来校为本科生授课、作报告等，可有效提高本科生的专业知识能力、英语听说读写能力及创新能力。同时，学校充分利用国内外优质教学资源，对本科生专业知识和创新创业能力的培养进行探索，得出了更加合理和高效的教学方式，可充分提升学生的综合素质。

学校通过专项经费支持、政策保障，制订年度引课目标任务，引导各学院积极引进海外课程。每门课程 16 学时/1 学分，认定引进课程教师工作业绩，调动了教师的积极性；引入优质课程，提供充足的课程供学生选择。

海外专家所讲授的课程面向学校相关专业的全体本科生，深度和广度有利于学生掌握坚实宽广的基础理论知识，或了解学科专业发展前沿。企业专家讲授的课程结合企业前沿课题，有助于学生提升实践创新能力。2022 年第四届国际双创实践周为期两周，开设国际课程(英文)82 门、企业课程(中文)64 门，主讲教师 138 人，辅导教师 95 人，选课学生达 14 026 人。

4.2.6　深化美育课程建设

坚持面向全体学生，扎实落实教会、常练、常赛的要求，深入推进美育实践课程建设。《中国青年报》以《西电，在学子灵魂中植入文化自信》为题报道了学校美育实践与校园文化工作，学校艺术节目连续 8 年登上央视“五四青年节特别节目”(央视 1 套播出)，学生合唱团受邀参加“纪念毛泽东同志

延安文艺座谈会讲话80周年特别节目”(央视3套播出)，学校成功举办了贯穿全年的2022大学生文化艺术节系列活动以及第三十六届校园舞蹈大赛、第三十八届“春之声”演讲比赛。学生合唱团首获文化和旅游部主办的第十六届中国国际合唱节青年学生组、民谣组2项金奖(陕西高校历史最好成绩)，学生交响乐团和合唱团获2022“维也纳之夏”国际艺术节混声合唱组、民族特色组、成人组3项金奖(陕西高校唯一)，学生合唱团获“第十九届南湖合唱节”成人组金奖、优秀指挥奖、优秀伴奏奖、优秀合唱新作品奖，获奖数量和排名位列参赛合唱团第一。

4.2.7 构建劳育新模式

按照“活动项目化，项目课程化，课程体系化”思路，构建劳动教育课程体系、综合评价体系和保障支撑体系，开展理论讲授、实景教学及劳动实践，全方位提升学生的劳动精神面貌、价值取向和知识技能。

健全劳动教育课程新体系。发挥“课程劳育”主渠道作用，建立“大学生劳动教育”“劳动实践”必修课“理论1学分＋实践1学分”“第一课堂＋第二课堂”有机衔接、互为补充的劳育课程体系。开设“大学生劳动教育”必修课，通过“线下8学时＋线上8学时”的授课方式，实现新生理论教学全覆盖。开设“劳动实践”必修课，通过生活、生产、服务三大劳动计划，为学生提供6大类136 000学时的劳动实践岗位，满足学生“8＋24”学时劳动实践需求。

探索劳动教育评价新路径。搭建全流程记录劳动教育信息平台，汇聚“学在西电”“活动有你”“宿舍卫生检查”“勤工助学”“综合测评”等平台中的劳动实践信息，记录学生理论课程学习、参与实践活动以及日常宿舍卫生检查情况，并依托大学生能力证书智能信息化系统，对学生的劳动素养开展测评。

铸牢劳动教育保障新支撑。建立“1＋6＋N”省校院三级劳动教育实践基地，组织学生定期赴基地参加劳动，升华学生对劳动的体验感受和认知理解。凝聚“动手实践＋科技创新＋思政教育＋志愿服务”的育人合力，让学生在出校园、进企业、下农田的过程中实现劳有所为、劳有所获、劳有所乐。金银花采摘劳动教育实践基地入选首批“陕西省大中小学劳动教育实践基地”，《“四个聚焦”推动新时代大学生劳动教育走深走实》入选陕西教育工作情况专版专报。

4.2.8 构建体育教育体系

深入落实《关于全面加强和改进新时代学校体育工作的意见》部署要求，牢固树立 “以生为本、健康第一”的教育理念，以改革创新为动力，以学科建设为抓手，以提高教学质量为核心，以运动竞赛为亮点，以新时代学校体育工作“四位一体”(即享受乐趣、增强体质、完善人格、锤炼意志)为目标，依托体育俱乐部(选修课)，将教学、训练和竞赛融为一体，让信息化赋能，构建具有西电特色的体育教育体系，实现体育教育个性化发展。

遵循“多数和少数并重、普及和提高并重、技能和体能并重、育体和育人并重”原则，围绕体育健康知识、运动技能掌握、日常锻炼参与、全员体育竞赛四方面教学内容，将“大学体育”课由传统每周1次体育教学扩展为体育教学、日常锻炼、体育竞赛三部分，全部纳入学生体育课评价体系，实现“教会、勤练、常赛”在内容上的衔接融合。

通过“1334”(即1个平台、3个课堂、3个维度评价、4个支撑)模式展开体育教学。1个平台指体育俱乐部教学平台，含24个运动项目；3个课堂为体育教学课堂、日常锻炼、全员参赛；3个维度评价为“过程、结果、增值”“技能、体能、习惯”“教师、学生、智能”评价；4个支撑分别是学校强有力的政策支持，逐渐补充扩容的教师队伍，完备、充足的场馆设施保障，丰富的线上资源。自2020级学生开始，实施4年8学期的体育必修课。全体学生掌握了1或2项运动技能，体测合格率提升至97%

以上。

4.2.9 推出优质示范课观摩班，实现优质课程资源辐射共享

为实现全国范围内优质课程资源辐射、共享，学校面向全国高校教师推出了优质示范课观摩班公益进修项目。通过直播克隆将课程对外开放，同时定期组织授课教师进行线上线下虚实结合的教学研讨与交流，实现跨专业、跨学校、跨地域的教师教研新模式。2021—2022 学年累计开放优质示范课 14 门(见表 4-4)，辐射全国 150 余所院校的 600 余名教师，累计互动 3000 余次，获得观摩学员一致好评，被陕西省教育厅官网、陕西高等教育 MOOC 中心报道。

表 4-4 西安电子科技大学 2021—2022 学年优质示范课

序号	授课教师	课程名称	开放时间
1	田　阗	数字信号处理	2021 年秋季学期
2	董春曦	雷达原理与系统	
3	谢　琨	离散数学	
4	万　波	计算机导论与程序设计	
5	谢　晖	现代工科微生物学	
6	王　辉	电路分析基础	
7	刘　刚	信息论基础	2022 年春季学期
8	李　洁	现代图像分析	
9	蔺一帅	软件体系结构	
10	杨　威	线性代数	
11	赵文娟	大学物理Ⅰ	
12	张　丽	高等数学	
13	朱娟娟	信号与系统	
14	黄云霞	固体物理基础	

4.3 特色化教材建设

通过专项基金、岗位任务、职称条件、绩效奖励等综合措施，加强教材顶层设计规划，扩大教材建设范围，加大资助额度，培育和产出一批优质品牌教材。

4.3.1 完善教材工作体制机制，健全校内教材管理制度

建立三级教材管理和审核机构。学校党委书记和校长任“教材建设领导委员会”主任，负责把握教材工作方向和全局；学校主管意识形态的副书记和主管本科教育教学的副校长任“教材工作委员会”主任，负责教材规划、立项、审核、选用和评优等；学院书记和院长任“学院教材工作组”组长，负责学院教材工作。出台《教材管理办法》《教材建设实施方案》，规范教材立项、评优、选用工作。

4.3.2 完善教材质量监控与评价机制，加强教材检查监督

教材选用“凡立必审”“凡编必审”“凡评必审”“凡选必审”。定期开展教材选用审查，规范核查对象和范围、核查标准和方式、聘请核查专家、核查教材清单、备案、学院党委把关等关键环节。在常规审查基础上，2022 年完成 5 轮针对教材意识形态的专项审查，对教材的编著者和审核教材的专家

把好政治关，对审核出来的问题教材进行“回头看”整改。2022年建设部署教材管理系统，进一步规范教材管理手段，提升教材管理质量。

实施名师名课名教材计划。2022年立项重点教材15项、一般教材30项，同时做好历届规划教材、省级以上优秀教材的梳理工作。评选校级优秀教材奖(一等奖6项、二等奖12项)，出版教材32种。

4.3.3 切实推进“马工程”教材选用和建设

全面组织、推进、督查“马工程”重点教材统一使用。调整相关专业人才培养方案，把“马工程”重点教材对应课程列为必修课或选修课。截至2022年9月，涉及课程100%使用了“马工程”教材。

4.4 创新创业教育

2022年学校成功入选教育部首批国家级创新创业学院建设单位。持续统筹推进国家双创示范基地和国家级创新创业学院建设，构建“铸魂、赋能、聚力”工科高校创新创业人才培养体系；深入开展“青年红色筑梦之旅”活动，发挥“互联网+”大赛引领作用，构建“住宿书院—专业学院—双创学院”三院联创的复合型人才培养机制；持续完善创新创业教育和成果转化政策，强化校内创新创业载体建设和校外产学研合作平台建设，构建需求导向的育人共同体。

4.4.1 思创融合，明确立德树人的创新创业人才培养方向

坚持立德树人的创新创业人才培养方向，将思想政治教育与创新创业教育相融合，引导学生树立正确的创业观和价值观。学校发起的“青年红色筑梦之旅”活动获习近平总书记回信勉励，已经成为全国青年学生最有温度的“国情思政大课”。

4.4.2 专创融合，构建学生中心的创新创业人才培养途径

构建通专结合的创新创业课程体系。一是加强通识教育，注重培养学生综合素质，促进学生全面发展，打造具有西电特色的通识教育课程体系。二是在专业课中培养学生创新思维和创业意识，增开体现创新创业方法的专业课程。现已开设专创融合课程197门，连续4年在国际双创实践周开设国际课程和企业课程437门，“‘红色筑梦’社会实践理论基础”获批国家级一流本科课程，“创业基础”获批省级一流本科课程，“思维训练：创新与创业”等9门课程获批陕西省创新创业示范课程。

信息化手段助推个性化培养。建立基于大数据的学生综合素质与能力评价体系，采集分析学生创新创业数据库，充分反映学生的课外创新实践成果，为学生的因材施教和个人成长提供有力的数据支持。

完善制度体系，激励学生创新创业。实施创新创业学分认定和转换制度、转专业制度，完善休学创业弹性学习年限制度；将本科生实验实践水平达标测试纳入学生毕业及授位最低标准；建立创新创业教育成绩优异学生的激励制度，给予表彰奖励、推免研究生、扶持其成果孵化。

4.4.3 科创融合，建立师生共创的创新创业人才培养机制

以高水平科研反哺创新人才培养。科创融合，以高水平科学研究支撑高质量创新人才培养，建立以科研项目为核心的跨学科、跨专业、跨年级培养模式，鼓励教师发布科研课题，将教师科研成果与学生创新创业相结合，推动创新链与人才培养链有机衔接。年立项大学生创新创业训练计划项目 600余项，参与学生2000余人，其中80%的创新训练项目和创新实践项目来源于教师的科研课题。

建立“师生共创”人才培养机制。以“互联网+”大赛为牵引，鼓励教师与学生将高校科研成果转化为产业项目。教师负责科研创作，学生负责市场转化，各司其职，形成师生共创、协同创新的创新创业人才培养新机制。近3年，学校共有师生共创团队100余支，其中20余支团队成立公司，开启市场化运营。此外，印发《西安电子科技大学关于推动落实〈秦创原创新驱动平台建设三年行动计划(2021—2023年)〉工作方案》(西电发〔2022〕7号)，允许学生免费使用发明专利2年，支持学生创新创业。

双创基地建设成效显著。学校先后获批国家双创示范基地、国家级创新创业学院、全国实践育人创新创业基地、全国深化创新创业教育改革示范高校、教育部高等学校科技成果转化和技术转移基地、科技部众创空间等，入选全国双创示范基地创新创业百佳案例。2021 年双创示范基地重点建设项目“教学 3.0 双创教育平台”顺利通过验收。

创新创业团队不断涌现。先后孵化出蒜泥科技、小满良仓、鲲鹏易飞无人机等 150 余支学生创业团队，累计获得风险投资超过 5 亿元，其中由蒜泥科技研发的“人体 3D 体型追踪仪”入选新中国成立 70 周年成就展(高校唯一)。

创新创业竞赛成绩突出。近 3 年，学校本科生在各类学科竞赛中获国际级奖项 445 项、国家级奖项 543 项、省级奖项 3292 项。在前八届“互联网+”创新创业大赛中共获 18 金、21 银、13 铜的好成绩，连续 8 年获大赛国赛金奖，其中“共赴牧业——奶山羊智慧养殖开创者”项目获第八届中国国际“互联网+”大赛“青年红色筑梦之旅”赛道金奖。连续 5 年获中国研究生创“芯”大赛最高奖——创“芯”之星(全国高校排名第一)；22 个项目登上央视《创业英雄汇》栏目，连续 2 年获 CCTV 中国十大创业榜样(高校唯一)；连续 3 年“红旅”项目获教育部直属高校精准帮扶十大典型案例。

4.5 以信息技术为支撑，探索人工智能 + 教育

以信息技术为支撑，充分发挥网络教育和人工智能优势，创新教育和学习方式，构建以学生发展为中心，连接、开放、共享和个性化、智能化的教育新模式。

大力推进信息技术与教育教学的深度融合，强化线上线下相结合的立体综合教学场。构建智能时代“双师”“双院”“双创”“双空间”育人新体系，发挥学校提前布局的智能教育建设成果：构建“往年录播 + 线上直播 + 线上交互”的一体化线上教学体系，全面开展线上教学。

探索“人工智能 + 思政”，创新思政教育模式。利用现代信息技术，从“学理论”“新方法”“勤实践”三个方面对思政教育进行变革，开展“首席教授 + 线上大课 + 线下研学 + 翻转课堂 + 实践教学”的五位一体教学改革，提升思政课教学的思想性、针对性和引领性。

深化智能教育试点，发挥引领示范作用。提前布局智能教育及“双空间”育人模式，试点实施 17 门智能教育示范课程。融合人工智能技术开展虚实结合的“双师”协同教学模式，充分激发学生的学习兴趣和自主性，改善学习效果，现双师课堂、探究式课堂已覆盖至全部新生；利用行为识别和智能检测技术建设“虚实同行、分工合作”的自助实验，面向校内完成 16 000 余学时的实验教学，面向校外服务 120 余所高校、38 万余人次。

5. 专业培养能力

5.1 动态调整，优化专业布局

学校立足一流人才培养，科学合理设置学科专业，形成特色鲜明、布局合理、多学科协调共生、相互支撑发展的学科专业生态体系。面向世界科技前沿和国家重大需求，积极设置相关学科及交叉学科专业；做强做优电子信息类、计算机类、自动化类主干专业和特色优势专业；加强数学、物理、化学、生命科学、信息论等基础学科专业。面向新工科发展，统筹规划，开展专业预警和动态调整，强化专业内涵建设。

学校强调专业培养目标要与学校的办学定位、人才培养总目标相符合，突出学科特色与行业企业的人才需求。基于工程教育专业认证要求，将学生毕业时应达到的知识、能力、素质等要求落实到课

程体系中；调整部分专业的培养目标、课程设置，整合课程内容和主干课程知识体系，编写新教材；选聘高水平专业带头人，明确工作职责和相应待遇。

2021年新增密码科学与技术、运动训练2个本科专业，撤销劳动与社会保障专业；2022年新增财务管理专业。2021年获批国家级新文科项目4项、省级新文科项目1项。

5.2 加强过程性培养，注重学习成效

学校严格本科课堂教学规范，明确课堂教学是人才培养的主渠道和主阵地，是落实立德树人根本任务的关键环节。学校教改项目重点支持专业及课程体系的规划，对有国家级一流本科专业建设点的学院增设1项重点项目，设立专项对公共课程建设及课程思政建设给予资助，鼓励教师积极参与教育教学改革研究。学校强调教师课堂教学管理和教学质量的主体责任，坚持知识、能力、素质有机融合，精心组织和设计课堂教学内容，培养学生解决复杂问题的综合能力和高级思维，促进学生学习从“要我学”到“我要学”转变。

学校制定本科课程过程性考核实施细则，加强对学生学习过程的考核，要求过程性考核成绩占比不低于30%。考核的内容和方式体现对能力素质培养要求的显性达成。转变“重记忆、轻能力”的课程考核模式和内容，强调对学生知识应用能力、实践能力、发现和解决问题能力、创新能力、团队合作能力等方面的考核。

教师根据各专业人才培养方案和课程教学大纲开展教学活动，教学内容的设计须支持人才培养目标的实现，教学大纲中要体现培养学生能力和素质的贡献点。如加大通识教育课程建设，注重学生思想道德素质和能力培养、个性发展、身体健康和心理健康教育，拓宽学生的视野，提高学生的知识水平，帮助学生养成与提升成为行业骨干和引领者的气质；在专业教育、新生研讨课、思想政治理论和实践课中，通过对国家、社会和行业的了解和认识，在潜移默化中培养家国情怀；在课程设计、综合实验等实验实践类以及创新创业类课程中，融入工程实践经验以及项目实施经验，提升学生的创新实践能力。

5.3 改革实践教学，全面提升学生能力

学校深化实验、实习、实践三维教学改革，加强以社会实践、基础层、专业基础层、专业层为主体的实践教学体系建设，进一步提高实践教学比重，加强综合设计实验。人才培养方案中，实践教学环节占总学分的比例，工科专业达30%以上，理科、经管类专业达25%以上，文科专业达20%以上。

学校优化实验教学示范中心运行模式，构建功能集约、资源共享、开放充分、运作高效的实验教学平台。大力推动互联网、大数据、人工智能、虚拟现实等现代技术在实践教学中的应用，着力推进MOOC课程和虚拟仿真实验课程建设。加强工程基础训练和科研实践锻炼，探索优秀本科生参与科研项目的工作机制。以产学合作项目为依托，提升产教融合联合培养基地建设的水平和层次。建立生产实习岗位对接平台，拓展校外实习基地，切实加强实习过程管理，强化实习效果。优化学科竞赛体系，以赛促学，引导学生实践创新。

鼓励学生自主实验，激励教师开展新实验开发与新实验设备研制项目。全面实施“大学生实验实践能力达标测试”，形成“以学生培养为核心，以成效检验为手段，以实验课程优化为重心，以提升学生工程实践创新能力为目标”的实验实践能力提升体系。每年有3.4万人次参加能力达标测试、毕业设计、大学生创新创业项目、课外科技活动、学科竞赛以及科研项目等各类活动。

学校建立“思考为先、保障为基、过程为主、协同为辅、氛围为导”的毕业设计(论文)综合管理新模式。严肃学术规范，2022届毕业设计查重全覆盖，系统按不低于10%的比例随机抽取论文进行盲审；规范毕业论文管理过程，指导老师、学院、学校层层把关；建立论文数据库，永久留存学生论文，形

成学术规范追溯制度。

6. 质量保障体系建设

学校将新发展理念贯穿学校改革发展全过程，坚持一流办学标准，强化系统思维，突出改革创新，从人才培养模式、体制机制、评价方式、保障措施等方面对标检视，做到目标导向与问题导向相统一，高质量推进学校改革发展。推进“理念认知—贯彻实施—文化自觉”的文化蜕变，营造追求卓越的“质量文化”。

6.1 学校内部质量保障体系

学校聚焦立德树人根本任务，巩固人才培养在各项工作中的中心地位，以本为本提升人才培养整体质量。学校党委和领导班子把主要精力投入到人才培养工作中，坚持把本科教育教学工作作为校党委常委会、校长办公会重要议题。全年围绕“双一流”建设、基础学科人才培养、学生奖助等议题共组织常委会、办公会研究本科教育教学工作 17 次。

学校坚持“以学生发展为中心”质保理念，健全质量监控与评价机构，形成以立德树人成效为指引的工作标准和评价指标，建立全链条质量跟踪与监控工作机制。完善学校业务质量观测点模型及 400 余个观测点，网状搭建学校内部质量保障体系，持续开展内部质量评估，通过教学检查、督导/干部听课、学生教师评价、课程效果调查等教学过程监控机制，以及以学生学习成效为依据的课程评价、专业自评、院系考核评价机制，以评促建、以评促改，形成质量管理闭环；建立涵盖教学、人事、科研、财务、资源、干部、学生管理等 7 大板块的决策分析平台，辅助学校事业动态评估和科学决策。在外部保障方面，建立主管部门评估、第三方评估、毕业生跟踪调查相结合的监控与评价机制，初步形成了内外结合、相互补充、相互支持的质量保障机制。图 6-1 所示为学校教学质量保障运行体系。

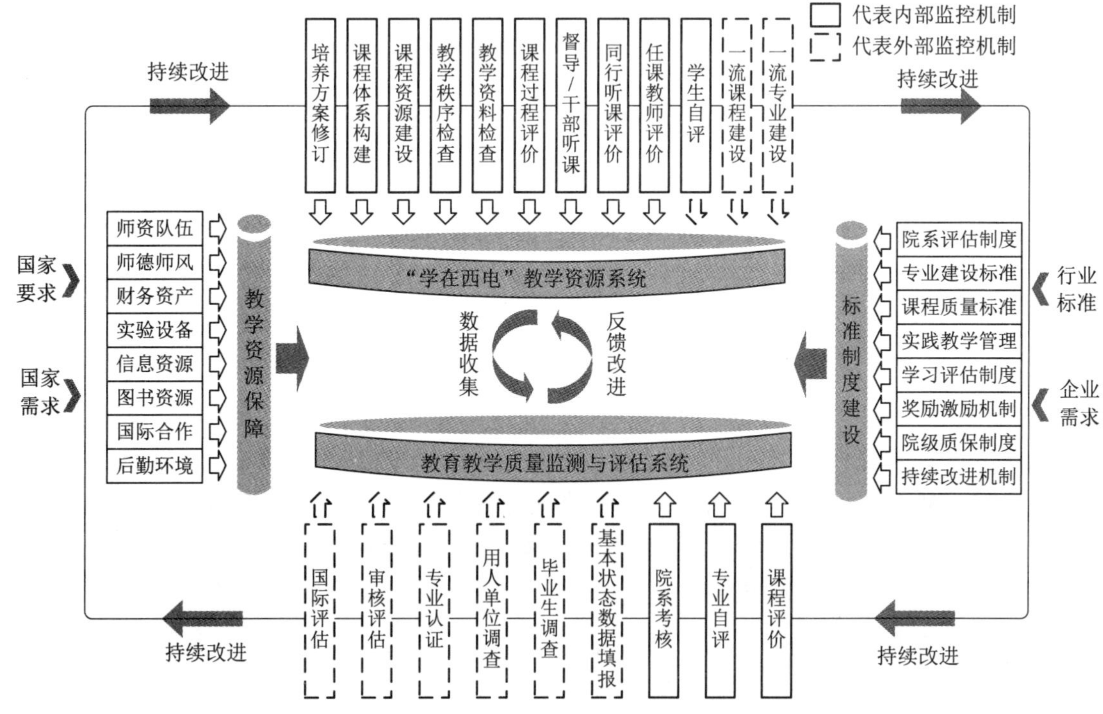

图 6-1 学校教学质量保障运行体系

6.2 教学质量标准

加强教学质量标准体系建设，完善培养方案、资源保障、教学管理、质量监控、评估评价、反馈改进等工作流程和标准，形成闭环持续改进机制。

6.2.1 明确以学生发展为本位的质量保障(标准)理念

学校把学生的成长与发展作为一切工作的出发点和落脚点，全面提高本科人才培养质量，明确了以学生发展为本位的质量保障理念，深入推动教育教学一体化改革，加快推进学校人才培养内涵式发展。

达成了“学生中心”的教育教学共识。全面实施本科教育教学改革，按照“学生为本，德育为先，创新为重，全面发展”的理念，围绕学生、关照学生、服务学生，形成了三个转变，即从“以教为中心”向“以学为中心”转变，从“关心学习结果”向“关心学习过程”转变，从“评价学习成绩”向“评价综合能力”转变。

探索了“产出导向”的人才培养模式。秉持OBE理念，开展专业培养方案修订。围绕学校的人才培养目标和国家、社会对学校人才培养的需求，根据学生认知规律，突出学习成果产出导向，重新梳理各专业的毕业要求、课程体系和课程内容，同时以学生能力达成为出发点，理顺课堂教学、课程实验、课程设计、实践环节和第二课堂之间的关系，建立了以学生发展为核心的“人才培养框架”。

构建了持续改进的质量提升机制。学校以学生发展为本位，以提高学生学习成效为目标，形成了以“教育增值”为核心的全流程质量标准和措施。在质量保障实施中，充分利用信息设施和技术对教育教学过程进行实时监控，及时了解教和学各环节存在的问题，并对学生学习成效进行评价，将存在问题和评价结果反馈到教育教学的顶层设计和具体实施中，促进教育教学质量的持续改进和提升。

6.2.2 完善学生评价综合指标体系，突出价值、能力和素质导向

面向德智体美劳全面发展，开展基于数据的规模化测评，融合第一、第二和第三课堂，破“智育唯一”“分数标签”，立“能力为重”“全面发展”。研制学生特征模型，以批判性思考能力等41项能力点及110个能力因子，对学生的道德实践与家国情怀等12项核心能力素养进行画像，形成学生综合素质能力“电子证书”，实现从单一结果导向到多维过程导向的转变，引导学生全面发展。

6.2.3 多级联动，构建覆盖全流程全方位的教学质量标准

以党的二十大报告“加快建设高质量教育体系，发展素质教育”“完善学校管理和教育评价体系”为指导，依据学校办学特色及人才培养目标，结合自身办学经验，形成了一套全方位、全流程的教学质量标准。

在育人方面，围绕“三全育人”和“十大育人体系”制定了工作标准、流程和举措；在教学方面，形成了从招生录取到培养、毕业就业的人才培养全过程质量保障体系；在专业方面，以《普通高等学校本科专业类教学质量国家标准》、相关行业标准、专业认证、一流专业建设标准为要求，围绕学生毕业要求能力达成，制定了“专业自评指标体系”；在课程方面，以目标达成为导向，出台了课程教学质量评价方案；在理论教学方面，制定了教学大纲、教材选用和建设、试点班选拔、课堂教学、多媒体辅助教学、考试与成绩评定等管理规范；在实践教学方面，制定了实验教学、生产实习、课程设计、创新实践、毕业设计等环节的质量要求；在本科教学监控方面，以国家办学标准和审核评估指标为基础，修订听评课指标，制定年度本科教育教学质量观测体系等。图6-2所示为学校教学质量标准体系。

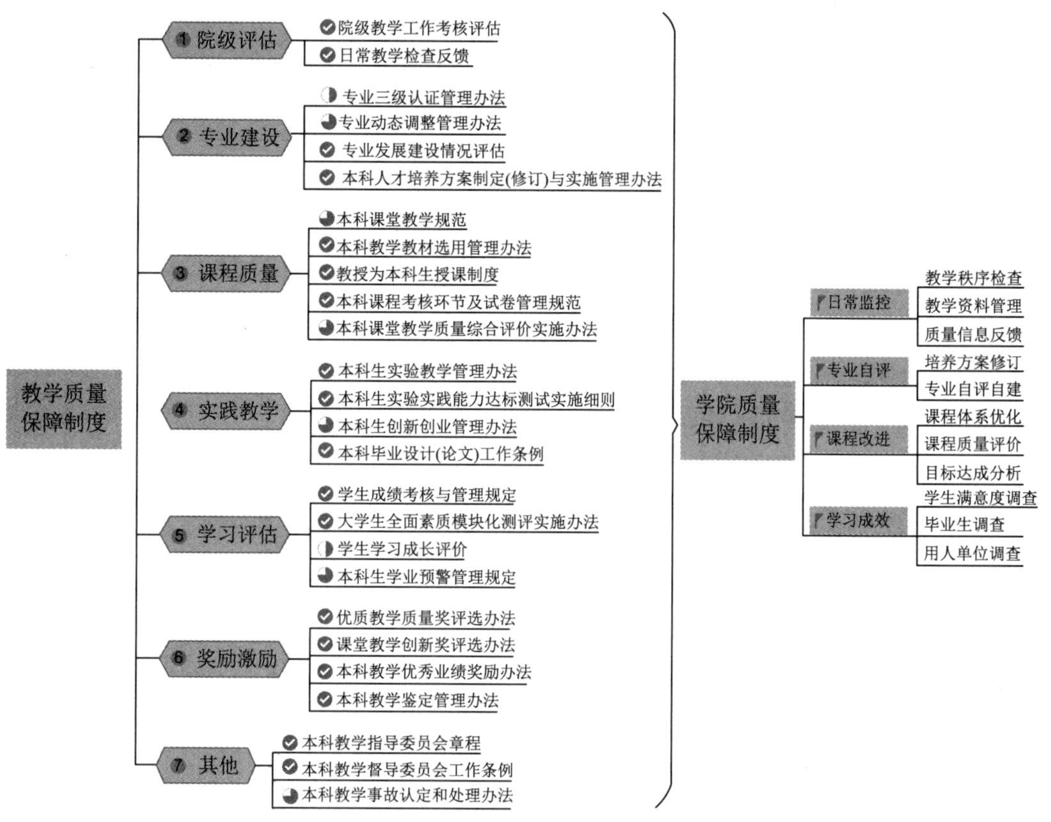

图 6-2 学校教学质量标准体系

6.3 教学质量保障体系

6.3.1 质量监控队伍保障有力

学校构建了完善的教育教学保障与监控体系组织机构。学校党委常委会和校长办公会作为教育教学顶层设计和决策机构，负责全面领导学校教育教学工作，处理教育教学过程中的重大问题。其下设有考核与评估工作领导小组、本科教学指导委员会和教学督导委员会，协同实施质量保障工作。图 6-3 所示为学校教育教学质量保障组织架构。

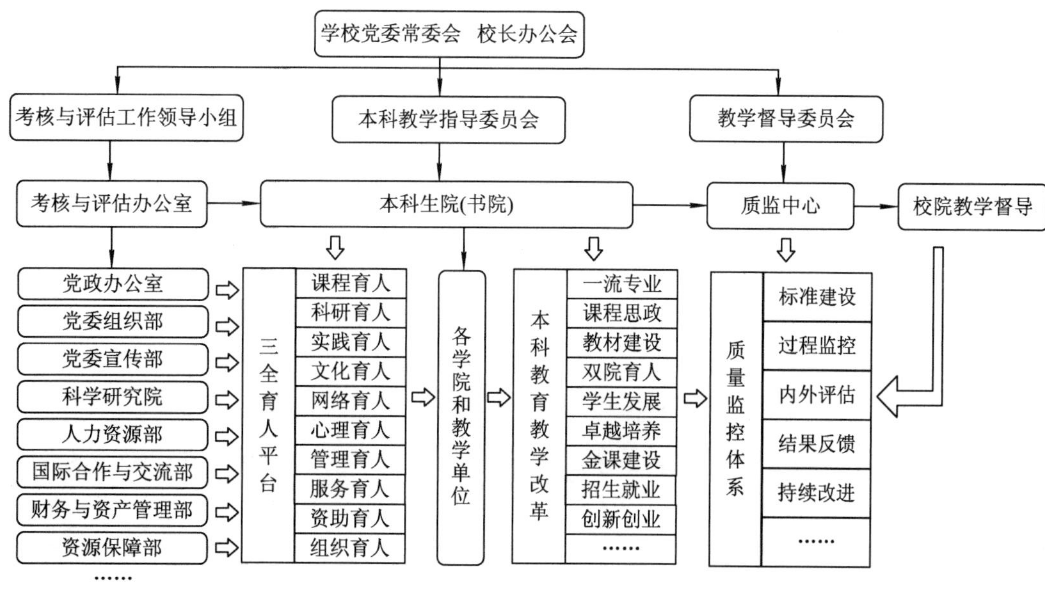

图 6-3 学校教育教学质量保障组织架构

考核与评估工作领导小组负责对全校各职能部门进行任务考核，秘书单位设在考核与评估办公室。开展全校质量监控与评估工作，督促各部门形成以立德树人成效为指引的工作标准和评价指标，发布年度事业发展绩效质量评估报告，形成“三全育人”职能部门“管”、院系“办”、考核与评估办公室“评”的“三位一体”质量保障格局。

本科教学指导委员会主要负责研究、审议本科教育教学过程中的重大问题，包括对本科人才培养工作的中长期与整体的规划、学校人才培养目标的研究与设定、人才培养质量的跟踪与监控等工作，秘书单位设在本科生院计划中心。一方面，深度融合教育教学，开展招生、培养、就业全链条的教学工作指导与调控、质量监控与跟踪；另一方面，以学生学习成效提升为核心，开展本科教育教学综合改革，包括一流专业、课程思政、教材建设、双院育人、学生发展、卓越培养等方面工作，全面提高教育教学质量。

教学督导委员会主要负责对学校教学工作的各个环节进行检查督办、研究分析、评估指导等，秘书单位设在本科生院质监中心。强化本科教育教学过程监督，建立校院两级督导制度。现有本科教学督导人员89人，其中校级督导29人，院级督导60人。教学督导在听评课、教学检查抽查、教育教学等方面积极开展调研工作，保障了教学活动的有效运行，推动了教风和学风建设。

6.3.2　构建以信息技术为支撑的质量保障体系

学校始终把教育教学质量保障与监控体系的建设作为人才培养过程中的一项重要工作，建设“学在西电”教学资源系统和教育教学监测与评估系统，利用信息化平台进行教育教学数据收集和反馈改进，逐渐形成了符合学校人才培养目标和办学特色的教学质量保障与监控体系。

一是构建了教育教学数据监测与收集平台。学校以国家、行业标准与需求为导向，围绕人才培养目标和定位，在“学在西电”平台上修订本科人才培养方案，保留修订过程中的相关记录，并在此基础上开展课程体系合理性评价和构建，建设相关课程教学大纲、教材、教案、在线资源等。教学督导可随时在平台开展教学检查、课程资料检查、随堂听课等。学生在“学在西电”平台完成日常测试、章节考核、问卷调查等，平台记录学生日常学习数据和课程过程评价；学期末，学生和教师在平台完成评教和评学，平台记录学生课程目标达成、教师课程教学质量与问题反馈等信息。

二是构建了教育教学质量反馈与评估平台。依托“学在西电”平台收集的教学过程与评价数据，并按照一流专业建设标准要求和一流课程建设标准要求，开展课程评价。在课程评价的基础上，以教学观测点为基础，开展专业自评和院系考核。同时，收集学校教育教学各方面数据，形成基本状态数据库，对办学条件、师资建设、经费保障和教学运行四个方面的数据开展监测，并开展毕业生和用人单位调查，收集专业培养目标与社会需求的适应度及用人单位和学生的满意度。

三是建立了教育教学质量管理制度标准。学校出台了院系评估制度、专业建设标准、课程质量标准、学习评估制度、奖励激励机制、校院质保制度等教学全链条的质量管理制度、质量标准及评价办法，为人才培养顶层设计、教育教学运行、教育质量监控、反馈与持续改进提供了科学导向。

四是形成了教育教学质量持续提升机制。依托平台采集学生教育教学数据，结合教学资源保障采集师资队伍、师德师风、财务资产、实验设备等信息，构建内部和外部监控机制，发现并反馈教育教学运行和教学资源保障存在的问题和短板，促进人才培养质量的持续提升。

6.3.3　构建以信息技术为支撑的学生评价与发展引导体系

学校积极落实《深化新时代教育评价改革总体方案》要求，建立过程性、立体化、多维度的学生综合能力评价模型。为学生打造了反映德智体美劳综合素质发展情况的“能力证书”，推动形成适应学生发展的过程性评价和定制化成长，推动教育评价从“指挥棒”升级为“推动器”，从“检测站”转型为“加油站”。

在评价手段方面，开展伴随式数据采集。通过智慧校园环境建设，打造物联感知的教育教学场景。通过手机端小程序对学生活动全流程数据进行记录，贯穿学生学业、素质活动等环节。结合主观、客观评价数据，为学生提供诊断性分析，服务学生综合能力发展。

在评价技术方面，建立基于区块链的教育诚信体系。建成西电“教链平台”，推进学生个人成长电子档案和能力证书数据在链上进行记录和共识，确保数据可信、使用可管、范围可控。

在评价内容方面，支持学生各学段全过程纵向评价和德智体美劳全要素横向评价。本科生培养中，形成了 76 个大类 137 个子类，以“飞环”评价模型生成了 12 项核心能力素养的学生能力证书。研究生培养中，从理想信念与道德伦理、学术专业能力、可迁移能力 3 个层面、10 项核心能力出发，构建了涵盖 619 项行为考察点、1475 个评价点的研究生职业发展能力评价模型。

6.4 教学基本状态数据平台建设情况

学校根据教育部数据采集工作思路，建设校内教学质量数据平台。平台总体包括教育质量监测数据池、数据采集、教育质量监测数据库、教育教学审核评估、教学文档管理等子系统。充分发挥数据效能，根据学校教学质量监控及保障工作需要，先后对教学各维度进行数据细化扩充，通过常态化的数据采集，形成了包括学校基本信息、基本条件、教师信息、学科专业、人才培养、学生信息、教学管理与质量监控等 8 个大类、130 余个表格的基本状态数据库，涵盖了办学条件、师资建设、经费保障、教学运行、专业培养目标与社会需求的适应度、用人单位和学生的满意度等涉及学校人才培养和专业建设的监测调研数据。

平台对各观测点达成情况、历年数据发展趋势进行可视化的实时展示，构建内部和外部监控机制，及时发现教育教学中存在的问题和短板，促进人才培养质量的持续提升。在此基础上，开展专业自评、院系考核、课程评价等内部评估和专业认证、审核评估、国际评估等外部评估。同时基于大数据量化过程的分析、评价、反馈、优化，建立基于数据驱动的评价体系，并形成教学质量报告，为学校发展规划及校领导决策提供辅助依据。

平台将量化的数据提升到质量状态进行考查分析，改变了高校管理的传统思维模式，从感性到理性，从碎片化到系统化，从独立化到协同化，极大地提高了教学质量管理的科学化、系统化和信息化水平。

7. 学生学习效果

学校按照“德育为先、知识为基、能力为重、素质为要、全面发展”的理念，激励和引导学生走上自我发展之路，弘扬“学在西电”的优良传统，加强学风建设，引导学生厚基强实，追求卓越。

7.1 学生学习满意度

学生的学习与发展和教育质量密切相关。为监测人才培养成效，学校与专业调查机构合作，开展毕业生学习满意度调查，审视学校本科教育教学促进学生学习与发展各项指标的契合度，为学校教育教学改革提供切实科学的改进依据。

7.1.1 毕业生对学校整体满意度高，认同感强

2022 届毕业生对学校的满意度较高，96.5%的毕业生愿意向他人推荐母校，毕业生普遍对学校产生了强烈的认同感。与 2021 年调查相比，2022 届毕业生对学校在学习支持、活动支持、校园服务支持、公共设施支持等方面的满意度均有一定提升。

7.1.2 毕业生对学校学习支持感到满意

从学习支持的满意度得分来看，毕业生对学校专业与课程建设(指标均值为 3.59)、教师教学(指标均值为 3.66)、科研平台(指标均值为 3.60)以及学习资源(指标均值为 3.65)的满意度较高。

专业与课程建设方面，毕业生普遍认为选课课程种类(分值为 3.59)丰富、课程内容设置和课程考核方式(分值为 3.59)合理。在思政课程(指标均值为 3.57 分)方面，97.4%的毕业生认为思政课程较好地体现了西电特色，96.3%的毕业生认为思政课程具有一定的理论深度，思政课程的吸引力(分值为 3.54)较 2021 年(分值为 3.45)有一定提升。

教师教学方面，与 2021 年相比，2022 届毕业生对教师教学能力(分值为 3.70)、教学热情(分值为 3.68)、思政育人力度(分值为 3.61)方面满意度持续提升，约 99%的毕业生表示教师具有较高的教学热情和教学水平，能在专业课程教学中融入家国情怀、人文精神等课程思政内容。66.9%的毕业生对参与课堂互动的机会感到非常满意，较 2021 年增长了 10.9 个百分点。

科研平台方面，2022 届毕业生对学校提供的平台及团队支持(分值为 3.61)、资金场地设备(分值为 3.60)和专业教师指导(分值为 3.60)等满意度较 2021 年(分值均为 3.5)持续提升。超 96%的毕业生对学校科研氛围评价较高，2022 届毕业生对获取科研活动相关信息便利性的满意度(分值为 3.57)较 2021 年(分值为 3.46)有所提升。

学习资源方面，2022 届毕业生普遍对学校提供的各类学习资源和平台表示满意(指标均值为 3.65)。2021 年有 10%的学生表示不了解学校的各类国际合作与交流项目，2022 年该比例已下降至 4.5%。

7.1.3 学校给予学生活动支持度较高

调查显示，2022 届毕业生对学校给予社会实践活动(指标均值为 3.62，2021 年为 3.56)、校园学生活动(指标均值为 3.62，2021 年为 3.55)、创新创业活动(指标均值为 3.63，2021 年为 3.49)、专业实习活动(指标均值为 3.60，2021 年为 3.52)、校园文化活动(指标均值为 3.63，2021 年为 3.55)的支持满意度较高，与 2021 年相比均有一定提升。

社会实践活动方面，96.1%的毕业生对学校开展的各项社会实践活动表示满意。“勤工助学”(分值 3.64)和“志愿服务”(分值为 3.63)这两项社会实践活动的学生满意度较高。与 2021 年相比，2022 届毕业生对实践活动的宣传力度(分值为 3.62，2021 年为 3.53)感到更加满意。

校园学生活动方面，2022 届毕业生对党日活动、团学活动、班级活动感到满意的人数占比均在 94%以上。校园学生活动的场地资金支持力度(分值为 3.60)较 2021 年(分值为 3.52)有所提升；92.2%的毕业生对社团组织的评优制度表示满意，较 2021 年提升 2.4 个百分点。

创新创业活动方面，毕业生对创新创业活动整体满意度较高(指标均值为 3.63)，“学校为创新创业提供的资金和平台支持”“专业老师指导”和“创新创业活动奖励机制”这三项的学生满意度高。

专业实习活动方面，90%以上的毕业生对专业实习活动的综合评价较高，对专业实习教师指导的满意度高。

就业指导活动方面，93%以上的毕业生对就业指导活动的综合评价较满意，“学校开设的课程、讲座等就业辅导”和“就业指导活动资源支持”这两项的学生满意度高。

校园文化活动方面，与 2021 年相比，2022 届毕业生对各项校园文化活动的满意度(指标均值为 3.63，2021 年为 3.57)持续提升，革命文化教育活动、社会主义先进文化教育活动和西电红色文化教育活动在毕业生中满意度较高，表明学校在用好红色资源、推进文化育人方面取得一定成效。

7.2 学生毕业、就业及发展情况

学校完善职业生涯和就业指导教育体系，突出价值引领，引导学生到国家战略重点单位就业。加

强对毕业生和毕业 5 年内校友创业的支持力度，加强对创业带动就业重点项目的支持。构建线上与线下结合的就业工作体系，建立西电特色智慧就业系统，实现就业供需精准对接，促进毕业生更加充分更高质量就业。加强毕业生跟踪调查，密切学校与用人单位联动，持续提高就业创业指导服务质量。

7.2.1 就业基本情况

学校 2022 届本科毕业生人数为 5418 人，毕业生就业的地域和单位性质分布合理，就业结构优化。截至 2022 年 11 月中旬，2022 届本科毕业生就业率为 94.25%，有就业意愿的毕业生全部就业。其中八成以上到信息技术产业、科学研究与高端装备制造业就业；超六成研究生在行业领军及专业优势单位就业；国防军工单位就业人数超过千人，居教育部直属高校第一、国防特色高校前列；扎根西部的就业人数占比达到 46.29%，近 5 年增长了 13.89 个百分点。

7.2.2 就业发展好

毕业生职业发展情况：学校 2021 届毕业生中，有 5.24%的人在试用期 3 个月内已有薪资或职位上的提升，其中本科生、研究生有过提升的比例分别为 4.93%、5.48%(见图 7-1)，这表明毕业生在相应岗位上发展较好。

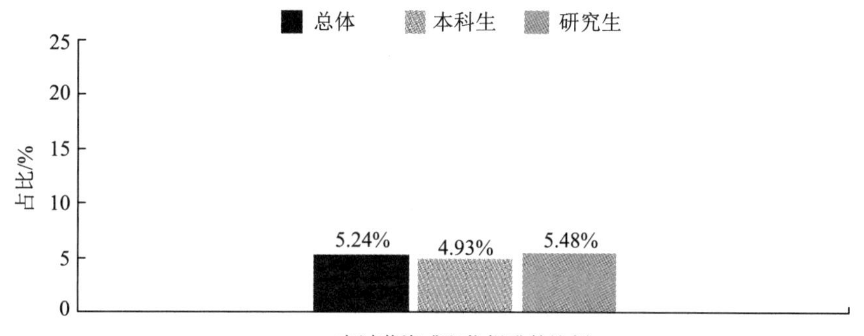

图 7-1 毕业生有过薪资或职位提升的比例

(数据来源：麦可思-西安电子科技大学 2021 届毕业生培养目标达成与职业发展评价报告)

毕业生职位变化情况：学校 2021 届毕业生入职 3 个月内，有 94.48%的人未有职位变化，其中本科生、研究生未有职位变化的比例分别为 93.51%、95.21%(见图 7-2)，这表明毕业生职场适应能力较强。

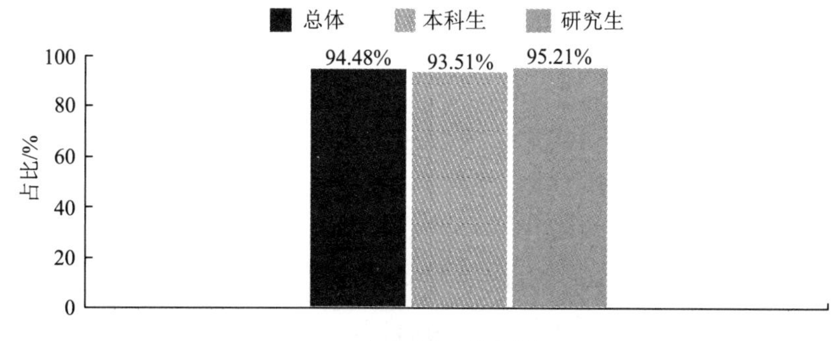

图 7-2 毕业生未有职位变化的比例

(数据来源：麦可思-西安电子科技大学 2021 届毕业生培养目标达成与职业发展评价报告)

7.2.3 就业评价高

2022 年，实现有就业意愿毕业生全部就业，国防军工单位就业人数位列部属高校第一，基层公共部门就业创历史新高。学校深化访企拓岗专项行动，积极做好毕业生就业服务。学校访企拓岗专项工作和网络面试间工作分别获《人民日报》和《光明日报》报道。根据第三方机构连续 5 年调研数据显示，学校毕业生就业满意度高达 99%，对就业指导服务工作满意度达 95%以上，学校连续获优秀人才输送奖、卓越人才合作伙伴、最佳合作交流高校等荣誉。

7.2.4 工作措施及成效

坚持政治导向，着力加强组织领导。学校坚持把促进毕业生就业作为重要政治任务，摆在工作突出位置，切实扛牢就业工作政治责任。落实就业“一把手”工程，成立就业工作领导小组，制订工作推进计划，明确任务目标，落实就业机构、人员、场地、经费“四到位”的要求。校党委常委会、校长办公会定期进行专题研究，实行就业工作月调度、攻坚期周调度制度；实施学院书记、院长约谈制度，层层压实责任。建立党政领导、学工干部、行政干部、专业教师、校友全员参与的协同工作机制，形成党委统一领导、党政齐抓共管、院系落实推进共促就业的强大合力。

坚持问题导向，着力破解就业难题。一是积极应对疫情冲击，强化“双空间”就业市场拓展及服务。二是面向毕业生多元化选择，持续深化就业教育改革。实施党建引领工程，与国防军工单位、行业重点合作单位开展支部共建活动；选树百余项毕业生就业典型案例，建立就业典型人才库，成立就业宣讲团；出台《引导毕业生到国家重点单位、基层就业和参军入伍的实施办法》，举办选调生、西部就业、基层就业等出征仪式；抓实“大学生就业指导”和“大学生职业生涯规划”两门课程建设，推行“MOOC + 线下”的混合式教学，实施模块化课程组制并融入优秀校友案例；设立职业发展中心及 20 个特点鲜明的职业生涯咨询工作室，精准开展就业指导。三是落实“四清两建”制度，做好困难群体就业帮扶工作，包干到人，对特殊群体毕业生实行点对点重点推荐。建立就业困难群体动态信息库及帮扶工作台账，通过多方联动和信息共享，动态掌握未就业毕业生的就业意愿和求职进展，实行“一人一档”“一生一策”动态帮扶，确保困难群体毕业生“底数清”“需求清”“意愿清”“去向清”。2022 届困难毕业生去向落实率为 96.08%，其中“零就业家庭”、残疾学生去向落实率达 100%。

坚持效果导向，着力完善长效机制。深化访企拓岗专项行动，拓展优质就业资源，加强校企联动，推动企业资源优势向人才培养优势转化；完善科研助理制度，加强校内岗位供给；建立就业—招生联动机制，将就业情况与专业设置及调整、博士招生指标挂钩，强化就业导向作用；构建就业工作综合评价与反馈体系，双向促进学校人才培养及多元化人才供给；发挥学院专业优势，开展多项校企联合培养计划，以全面开展科教融合、产教融合、军民融合，驱动高质量人才培养及输送。

8. 特色发展

8.1 新生研讨课为新生开启大学之门

十年树木，百年树人。习近平总书记强调“要把立德树人成效作为检验学校一切工作的根本标准”。2022 年，学校出台《西安电子科技大学本科生新生研讨课、学科导论实施方案》，按照 1∶20 的师生比组建新生研讨课程团队，首次将新生导师制与新生研讨课、学科导论融合开展。332 名国家级和省级领军人才、教学名师、华山学者、特聘教授等高端人才踊跃担任新生导师，主动走向育人一线。针对新生对学习生活、学科专业、未来发展的迷茫，新生导师充分发挥“时间自主安排、地点自主选择、载体自主丰富、形式自主创新”的自主权，以小班化专题研讨、项目制实践研习等方式开展导学，引领学生认识学校、认识专业、认识自我(见图 8-1)。

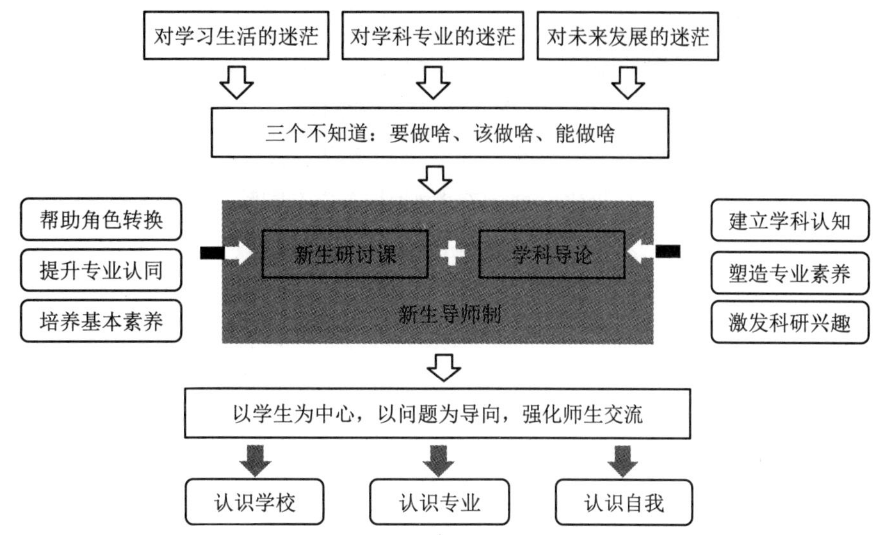

图 8-1　新生研讨课基本架构

以新生研讨课程为抓手，帮助完成角色转换。新生导师依托新生研讨课引导和启发学生更好地掌握大学学习方法，体验大学学习氛围，帮助学生尽快了解和适应大学生活，完成角色转换，明确大学目标。新生刚入校，新生导师以新生研讨课的形式与新生开展首次见面活动，以课堂交流的方式引导和启发学生更好地感受大学环境，掌握大学学习方法，在互动中进行思想、专业、学术和生活上的引导帮助。

以红色教育基地为载体，铸牢科技报国信念。新生研讨课帮助学生了解学校、学科及专业相关情况，促进学生对学校和专业的认同。学习西电校史、熟悉西电校情、融入西电文化，是新生入学教育的重要一课。新生导师先后组织学生前往学校博物馆、校史馆、图书馆等校史教育场馆，以及科研实验室、国家教学实验中心、双创基地等科创基地，帮助学生了解学校发展历程，在重温红色校史中厚植家国情怀，坚定理想信念，传承西电精神。多形式多样态的导学活动锻炼了学生的沟通表达能力和探究能力，培养了学生自主发现问题、分析问题的基本素养，为学生今后从事科学研究和工程实践埋下启蒙的种子。

以线上“云研讨”为支撑，关怀学生成长发展。新生研讨课覆盖新生学习发展的各个环节，新生导师对学生进行全方位全过程指导和帮助。疫情防控形势下，面对线下集中授课暂时中断的情况，新生导师坚持以学生发展为中心，时刻牵挂学生，坚持人文关怀与学术指导不停歇，为学生学习、生活保驾护航。校园封闭管理期间，新生导师围绕生活情况关怀、专业学习方法、学业生涯规划等相关主题，组织开展了内容丰富的交流活动，引导学生保持平和心态、积极参与线上学习、合理规划学业。在导学交流中加强了师生互动，形成了“乐教好学、教学相长”的新型师生关系。

新生研讨课开课以来，新生导师以小班化专题研讨、项目制实践研习、主题式交流分享等形式组织开展课堂交流、校史参观、线上研讨、实践探索、科研体验等各类导学活动 1500 余次。2022 级本科生学习生活初认知调查显示，在面对学习困难时，98%的大一新生选择向导师请教。本科生学习与发展调查显示，97.5%的学生对导师指导感到满意。

8.2　多措并举，促进教师教学能力持续发展

鼓励教师潜心教学，加大教师教学奖励力度。启动第二届本科教学创新奖评选工作，在全校广泛宣传动员，经个人/团队申请、学院推荐、培训指导、学校初审、校级评选等环节，最终评选一等奖 3 项(10 万元/项)、二等奖 6 项(5 万元/项)、优秀奖 9 项(1 万元/项)，评选过程注重改革创新、评建结合，

评价公开透明，充分发挥西电智课平台优势，线上线下相结合，学生教师共参与，营造了尊师重教的浓厚氛围，打造了一批一流课程教师团队。开展本科优质教学奖评选，设一等奖50人(2万元/人)、二等奖250人(1万元/人)，引导教师深入一线课堂、积极参与教育教学改革、踊跃参与教学竞赛，凝聚了一支以学生为中心、潜心教学、致力课程改革、教学业绩突出、教学质量优良的骨干教师团队。

加强教学能力培养，助力教师专业化发展。在教师成长的不同阶段，有针对性、有侧重点地开展教学能力培养、培训项目。充分汇聚调动多方资源，面向教师搭建教学能力发展平台，加强院系教研室学习共同体建设，发挥优秀教师传帮带作用。2022年组织各类培训活动100余场次，培训教师6500余人次。通过教学准入和教学鉴定两个层次，建立教学认证制度，合理评价教师课堂教学能力，助力新时代高校教师教学能力健康持续提升。2022年核准260余人次准入证，对110余人进行教学鉴定。

8.3 强化改革驱动，构筑“一站式”学生社区“双院”育人共同体

学校深入学习贯彻习近平总书记关于教育的重要论述，牢记为党育人、为国育才使命，积极探索富有西电特色的“一站式”学生社区综合管理模式改革，以推动学院、书院协同育人为着力点，构建“全师育人、全程培养、全校协同”一流人才培养体系。

流程再造，推进社区育人模式重构。深化本科生书院体制机制改革，依托“一站式”学生社区完成学科交叉融合、跨界培养的教育形态转变。成立住宿式书院，实施学生大类培养，培养学生的家国情怀、社会责任感、创新精神和实践能力。完善学院与书院联络沟通、协同保障机制，实施书院联席会议制度及学院领导列席书院院务会制度。学院、书院在学生社区联合共建AI实验室、联合实验中心、朋辈加油站等研学空间30余间，联合实施“德显”“雏鹰”“雪球”等学生发展计划，学院推动导师、科研课题组以及行业名企等入驻学生社区，书院输送跨学院学生团队投身研究工作，“学科+社区”有效融合、良性联动，双院共同发力为学生搭建更为完善的发展平台。

机制创新，实现社区育人资源融通。探索实行书院4年通识教育、学院3年专业教育的“双院协同4+3”机制，建立“行政班、专业班双轨并行”机制。学院立足“第一课堂”，发挥专业优势，组建专业班，突出专业纵向贯通，开展专业教育，利用师资队伍、科研平台、校企合作、校友等优势资源，策划组织实施相关的讲座报告、实习实践、现场教学等专业教育实践活动。书院立足“第二课堂”，发挥社区优势，组建行政班，突出文理横向交融，开展通识教育，对标学生全面发展需求建设涵盖德智体美劳的5类536门通识教育精品课程群，引导、推动各类育人资源注入社区。选聘“国字号”人才担任书院院长，打造“院士进书院”“教授午餐会”等品牌活动，每月定期举办教学名师、专家学者等名师导航报告，形成“转身就是大师、身边就是专家”的良好育人氛围。

信息赋能，驱动社区育人服务升级。推进信息技术与教育教学、管理服务深度融合，打造学习生活智慧化、一体化学生社区，搭建数据驱动信息平台，以多维评价推动学生全面发展。完善“学生电子信息系统”，助力困难生精准识别“隐形资助”，相关工作被人民网等10余家媒体报道。建成“线上+线下”学生事务“一站式”服务中心，有效集成260余项服务项目，实现“一网受理、零次跑路、一次办成”，年均服务17万人次。打造多模块集成的“大数据+学生社区党建”系统，全链条记录学生党员“推优入党—培养发展—作用发挥”不同阶段数据，形成学院书院互认机制，防止把学习成绩作为党员发展、评优唯一条件。围绕五育并举，构建“4种关键能力+12项核心能力素养+1000余个能力评价点”的学生能力成长飞环模型，生成学生个人能力画像，基于学生画像开展综合素质评价、评奖评优、研究生推免等；生成群体数字画像，从专业、学院、个人不同维度反向推动教育教学改革。

西安电子科技大学2022年度毕业生就业质量报告①

第一章　毕业生就业概况

毕业生就业概况主要包括毕业生的毕业去向落实率、就业流向、升学情况等内容。本章从这几个方面分析毕业生在不同行业、岗位、用人单位及就业地区的流向特点，重点呈现毕业生在世界500强、中国500强、中国电子信息百强企业等重点单位的就业情况，并展示毕业生境内升学以及出国、出境留学的情况。

1.1　毕业生规模和结构

1. 毕业生总人数

我校2022届毕业生总人数为9205人。其中，本科毕业生为5418人，占毕业生总人数的58.86%；硕士毕业生为3499人，占毕业生总人数的38.01%；博士毕业生为288人，占毕业生总人数的3.13%。从性别结构来看，男生占比71.68%，女生占比28.32%。

我校2022届本科毕业生分布在15个学院、53个专业，其中规模较大的学院包括计算机科学与技术学院、电子工程学院、通信工程学院等；硕士毕业生分布在16个学院、56个专业，其中规模较大的学院包括电子工程学院、通信工程学院、计算机科学与技术学院、微电子学院等；博士毕业生分布在13个学院、57个专业，其中规模较大的学院包括电子工程学院、微电子学院、通信工程学院等。

2. 毕业生的性别结构

我校2022届本科毕业生中，男生占比75.67%，女生占比24.33%；毕业硕士生中，男生占比65.42%，女生占比34.58%；博士毕业生中，男生占比72.57%，女生占比27.43%(见图1-1)。

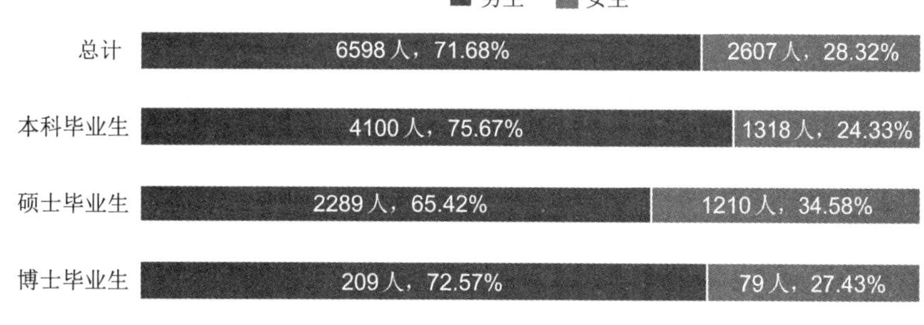

图1-1　2022届毕业生的性别结构

3. 毕业生的生源结构

我校2022届本科、硕士、博士毕业生中，省内生源分别占比22.65%、29.24%、22.57%(见表1-1)；外地生源人数较多的省份包括河南、山西、河北等。

① 本报告中，带*号标注的图表中的数据均来自麦可思-西安电子科技大学2021届毕业生就业质量报告调研数据。

表 1-1　2022 届毕业生的生源结构

生源地	本科毕业生		硕士毕业生		博士毕业生	
	人数/人	比例/%	人数/人	比例/%	人数/人	比例/%
陕西	1227	22.65	1023	29.24	65	22.57
河南	398	7.35	439	12.55	47	16.32
河北	367	6.77	188	5.37	14	4.86
山东	292	5.39	218	6.23	35	12.15
安徽	286	5.28	130	3.72	15	5.21
山西	263	4.85	388	11.09	26	9.03
江苏	187	3.45	77	2.20	11	3.82
湖北	175	3.23	108	3.09	4	1.39
新疆	174	3.21	22	0.63	2	0.69
浙江	157	2.90	64	1.83	5	1.74
甘肃	154	2.84	121	3.46	4	1.39
广西	127	2.34	40	1.14	7	2.43
贵州	127	2.34	31	0.89	2	0.69
广东	126	2.33	43	1.23	2	0.69
江西	124	2.29	78	2.23	2	0.69
湖南	121	2.23	54	1.54	5	1.74
福建	120	2.21	36	1.03	6	2.08
云南	115	2.12	35	1.00	1	0.35
四川	114	2.10	111	3.17	7	2.43
辽宁	112	2.07	32	0.91	4	1.39
内蒙古	107	1.97	57	1.63	6	2.08
黑龙江	90	1.66	45	1.29	3	1.04
重庆	86	1.59	37	1.06	3	1.04
吉林	82	1.51	35	1.00	—	—
宁夏	69	1.27	42	1.20	3	1.04
天津	69	1.27	21	0.60	3	1.04
北京	61	1.13	10	0.29	5	1.74
青海	35	0.65	6	0.17	—	—
西藏	21	0.39	—	—	—	—
海南	19	0.35	6	0.17	—	—
上海	10	0.18	2	0.06	1	0.35
香港	2	0.04	—	—	—	—
台湾	1	0.02	—	—	—	—

注：表中“比例”数据均保留两位小数，由于四舍五入，相加可能不等于 100%。

4. 各学院及专业毕业生人数

我校 2022 届本科毕业生分布在 15 个学院、53 个专业，其中规模较大的学院包括计算机科学与技术学院、电子工程学院、通信工程学院等(见表 1-2)。

表 1-2　各学院及专业 2022 届毕业生人数(本科)

学院名称	专业名称	专业人数/人	学院人数/人
通信工程学院	通信工程	592	770
	信息工程	148	
	空间信息与数字技术	30	
电子工程学院	电子信息工程	621	779
	信息对抗技术	97	
	电磁场与无线技术	31	
	遥感科学与技术	30	
计算机科学与技术学院	计算机科学与技术	467	934
	软件工程	411	
	物联网工程	46	
	数据科学与大数据技术	10	
机电工程学院	机械设计制造及其自动化	175	544
	测控技术与仪器	131	
	自动化	98	
	电气工程及其自动化	62	
	电子封装技术	53	
	工业设计	25	
物理与光电工程学院	电子科学与技术	242	496
	电子信息科学与技术	136	
	光电信息科学与工程	61	
	电波传播与天线	37	
	应用物理学	20	
经济与管理学院	电子商务	43	241
	信息管理与信息系统	40	
	金融学	36	
	工业工程	34	
	工商管理	20	
	工程管理	19	
	人力资源管理	19	
	行政管理	17	
	市场营销	13	
数学与统计学院	数学与应用数学	66	110
	统计学	25	
	信息与计算科学	19	

续表

学院名称	专业名称	专业人数/人	学院人数/人
人文学院	录音艺术	35	79
	汉语言文学	27	
	哲学	17	
外国语学院	英语	39	86
	翻译	27	
	日语	20	
微电子学院	微电子科学与工程	269	515
	集成电路设计与集成系统	246	
生命科学技术学院	生物医学工程	33	44
	生物技术	11	
空间科学与技术学院	空间科学与技术	87	126
	探测制导与控制技术	39	
先进材料与纳米科技学院	材料科学与工程	68	94
	应用化学	26	
网络与信息安全学院	信息安全	150	307
	网络空间安全	95	
	网络工程	62	
人工智能学院	智能科学与技术	279	293
	人工智能	14	
合　计	53 个专业，5418 人		

我校 2022 届硕士毕业生分布在 16 个学院、56 个专业，其中规模较大的学院包括电子工程学院、通信工程学院、计算机科学与技术学院、微电子学院等(见表 1-3)。

表 1-3　各学院及专业 2022 届毕业生人数(硕士)

学院名称	专业名称	专业人数/人	学院人数/人
通信工程学院	信息与通信工程	285	557
	电子与通信工程	247	
	军队指挥学	17	
	交通运输工程	8	
电子工程学院	电子与通信工程	301	625
	电子科学与技术	188	
	信息与通信工程	112	
	控制科学与工程	23	
	生物医学工程	1	
计算机科学与技术学院	计算机技术	165	445
	计算机科学与技术	146	
	软件工程	134	

续表一

学院名称	专业名称	专业人数/人	学院人数/人
机电工程学院	机械工程	132	302
	控制工程	64	
	控制科学与工程	35	
	仪器仪表工程	31	
	仪器科学与技术	24	
	力学	11	
	电气工程	5	
物理与光电工程学院	光学工程	73	166
	物理学	67	
	电子与通信工程	26	
经济与管理学院	工商管理	59	190
	物流工程	42	
	公共管理	31	
	管理科学与工程	29	
	应用经济学	18	
	图书情报与档案管理	11	
数学与统计学院	数学	61	81
	应用统计	16	
	统计学	4	
人文学院	美学	14	22
	体育学	6	
	体育教育训练学	1	
	宗教学	1	
外国语学院	英语笔译	23	39
	外国语言文学	16	
微电子学院	软件工程	206	409
	电子科学与技术	127	
	集成电路工程	73	
	电气工程	3	
生命科学技术学院	生物医学工程	70	70
空间科学与技术学院	航天工程	52	93
	仪器科学与技术	24	
	控制科学与工程	17	
先进材料与纳米科技学院	材料科学与工程	32	63
	材料工程	31	

续表二

学院名称	专业名称	专业人数/人	学院人数/人
网络与信息安全学院	网络空间安全	122	232
	计算机技术	109	
	软件工程	1	
人工智能学院	计算机科学与技术	74	176
	电子与通信工程	68	
	计算机技术	18	
	控制科学与工程	13	
	电子科学与技术	3	
马克思主义学院	马克思主义理论	29	29
合　计	56个专业，3499人		

我校2022届博士毕业生分布在13个学院、57个专业，其中规模较大的学院包括电子工程学院、微电子学院、通信工程学院等(见表1-4)。

表1-4　各学院及专业2022届毕业生人数(博士)

学院名称	专业名称	专业人数/人	学院人数/人
通信工程学院	通信与信息系统	19	41
	信息与通信工程	10	
	军队指挥学	8	
	光通信	3	
	信息安全	1	
电子工程学院	信号与信息处理	29	75
	信息与通信工程	15	
	电磁场与微波技术	11	
	电子科学与技术	9	
	模式识别与智能系统	7	
	电路与系统	1	
	控制科学与工程	1	
	信息对抗技术	1	
	智能信息处理	1	
计算机科学与技术学院	计算机系统结构	5	18
	计算机科学与技术	4	
	计算机软件与理论	4	
	软件工程	3	
	电子与信息	1	
	计算机应用技术	1	
机电工程学院	机械电子工程	8	18
	控制理论与控制工程	7	
	机械制造及其自动化	3	

续表

学院名称	专业名称	专业人数/人	学院人数/人
物理与光电工程学院	光学工程	11	30
	无线电物理	11	
	物理电子学	3	
	物理学	3	
	电子科学与技术	1	
	光学	1	
经济与管理学院	管理科学与工程	2	3
	管理哲学	1	
数学与统计学院	数学	2	5
	概率论与数理统计	1	
	应用数学	1	
	运筹学与控制论	1	
微电子学院	电子科学与技术	25	42
	微电子学与固体电子学	16	
	集成电路系统设计	1	
生命科学技术学院	信息与通信工程	4	6
	生物信息科学与技术	2	
空间科学与技术学院	空间科学与技术	4	10
	控制科学与工程	3	
	仪器科学与技术	2	
	导航、制导与控制	1	
先进材料与纳米科技学院	材料物理与化学	3	4
	材料科学与工程	1	
网络与信息安全学院	网络空间安全	9	13
	信息安全	2	
	信息与通信工程	2	
人工智能学院	电路与系统	10	23
	电子科学与技术	3	
	计算机科学与技术	3	
	导航、制导与控制	2	
	模式识别与智能系统	2	
	计算机应用技术	1	
	控制科学与工程	1	
	智能信息处理	1	
合　计	57 个专业，288 人		

1.2 毕业去向

毕业去向落实率反映了毕业生毕业的落实情况。教育部公布的高校毕业生毕业去向落实率的计算公式为

$$毕业去向落实率=\frac{已就业毕业生人数}{毕业生总人数}\times 100\%$$

已就业毕业生包括协议或劳动合同就业、升学、灵活就业、自主创业。

1.2.1 毕业去向落实率

截至2022年12月20日，我校2022届毕业生的总体毕业去向落实率为96.50%，其中本科生、硕士生、博士生的毕业去向落实率分别为94.83%、98.86%、99.31%(见图1-2)。

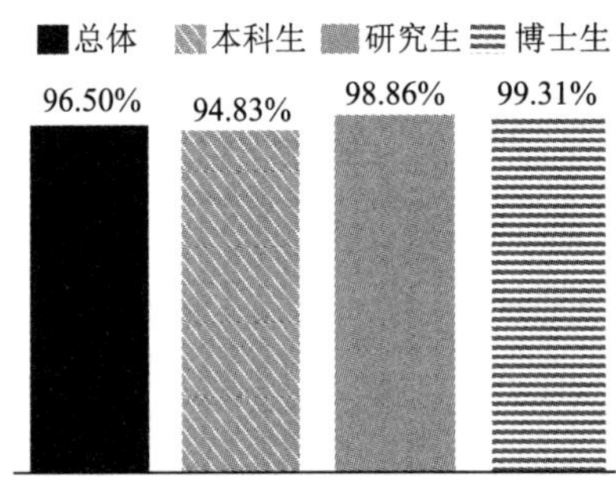

图1-2 2022届毕业生的毕业去向落实率

我校2022届本科毕业生共1325人有家庭经济困难，毕业去向落实率总计96.60%，高于总体水平0.10%，困难生群体中，脱贫家庭、低保家庭、零就业家庭和残疾学生有就业意愿的100%就业。表1-5为部分困难生群体的毕业去向落实率。

表1-5 部分困难生群体的毕业去向落实率

困难类别	总人数/人	毕业去向落实人数/人	毕业去向落实率/%
零就业家庭	5	5	100.00
残疾	10	10	100.00
低保家庭	156	151	96.79
脱贫家庭	351	346	98.58
总计	522	512	98.08

1.2.2 毕业去向分布

我校2022届本科毕业生以升学为主(53.30%)，其次是协议和合同就业(40.18%)；硕士、博士毕业生均以协议和合同就业为主(分别为96.57%、92.71%)。具体见表1-6。

表1-6 2022届毕业生毕业去向分布

毕业去向	本科生/%	硕士生/%	博士生/%
协议和合同就业	40.18	96.57	92.71
升学	53.30	2.14	6.25
灵活就业	1.20	0.14	0.35
自主创业	0.15	0.00	0.00
暂不就业	5.17	1.14	0.69

注：表中数据均保留两位小数，由于四舍五入，相加可能不等于100%。

1.2.3 暂不就业情况分析

我校 2022 届尚未就业的毕业生去向主要为不就业拟升学和拟参加公招考试(见表 1-7)。

表 1-7 2022 届暂不就业毕业生的去向分布

未就业类型	本科生		研究生	
	人数/人	比例/%	人数/人	比例/%
不就业拟升学	215	76.79	5	11.90
拟参加公招考试	40	14.29	21	50.00
暂不就业	21	7.50	15	35.71
拟出国出境	4	1.43	1	2.38

1.3 行业职业达成

1.3.1 行业达成

学校具有较为鲜明的电子与信息学科特色及优势，毕业生的行业流向较好地体现了这一点。我校 2022 届本科生、研究生就业人数较多的行业均为电子电气设备制造业(分别为 45.09%、48.27%)以及信息传输、软件和信息技术服务业(分别为 22.38%、23.92%)。具体见表 1-8。

表 1-8 2022 届毕业生就业的主要行业类*

行业类名称	本科生/%	研究生/%
电子电气设备制造业	45.09	48.27
信息传输、软件和信息技术服务业	22.38	23.92
教育业	—	7.51
交通运输设备制造业	5.31	—
金融业	3.86	4.92
政府及公共管理	3.70	2.76
其他制造业	3.38	3.54

1.3.2 职业达成

毕业生的职业流向也较好地体现了学校的电子与信息学科特色及优势。我校 2022 届本科生、研究生从业比例较高的前 3 类职业均为计算机与数据处理(分别为 25.64%、28.85%)、电气/电子(不包括计算机，分别为 24.84%、28.51%)、互联网开发及应用(分别为 17.52%、20.26%)，详见表 1-9。

表 1-9 2022 届毕业生从事的主要职业类*

职业类名称	本科生/%	研究生/%
计算机与数据处理	25.64	28.85
电气/电子(不包括计算机)	24.84	28.51
互联网开发及应用	17.52	20.26

1.3.3 用人单位贡献度

如图 1-3 和图 1-4 所示，我校 2022 届本科生、研究生的就业单位均以民营企业为主，在民营企业就业的人数比例均超过半数，分别为 52.27%、52.96%；就业单位规模以 1000 人以上的大型用人单位为主，分别为 69.44%、85.28%。

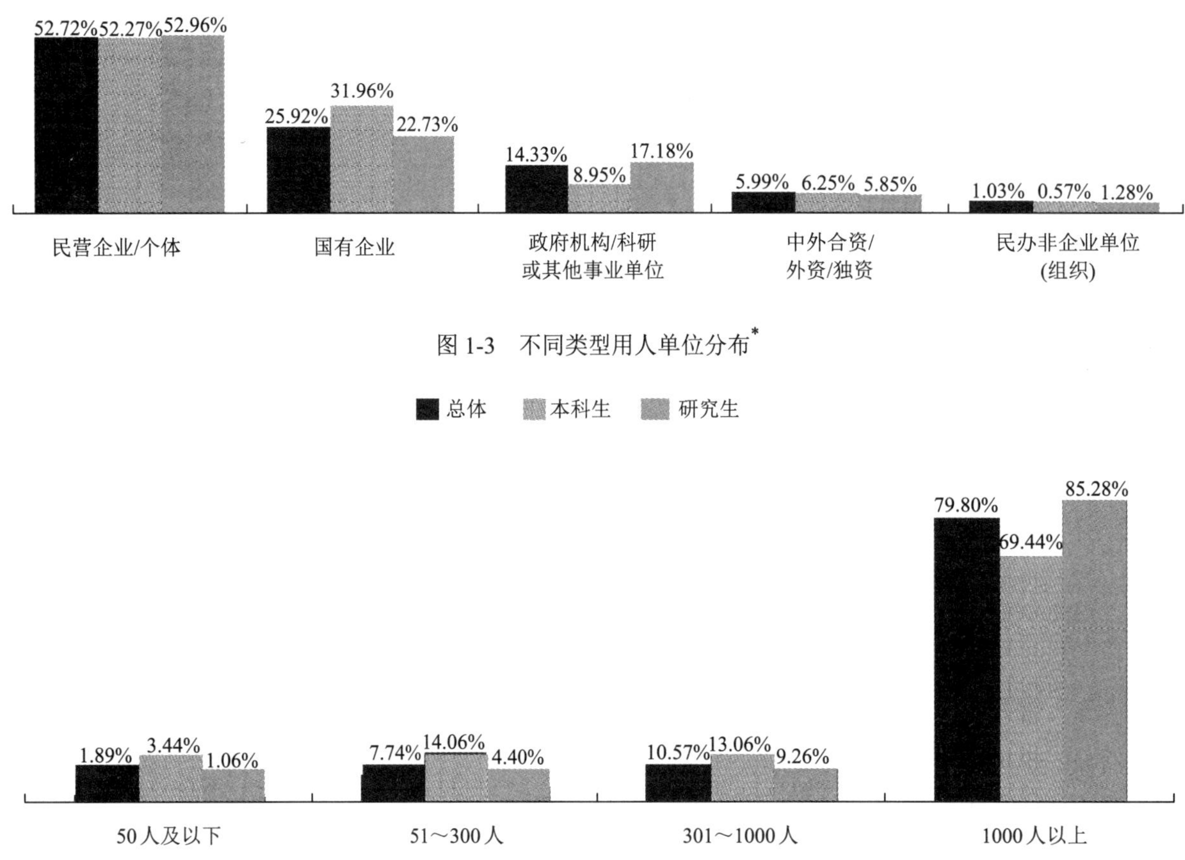

图 1-3　不同类型用人单位分布*

图 1-4　不同规模用人单位分布*

1.3.4　地区贡献度

我校2022届本科毕业生的就业地区较为广泛，毕业研究生的就业地区相对集中。已就业的本科毕业生中，有25.87%的人留在陕西，有22.11%的人前往广东(见表1-10)；毕业生就业人数较多的城市为西安(23.55%)、深圳(16.62%)、北京(6.07%)等(见表1-11)。

表 1-10　2022届毕业生就业省份分布(本科)*

就业省份或直辖市	就业人数比例/%	就业省份或直辖市	就业人数比例/%	就业省份或直辖市	就业人数比例/%	就业省份或直辖市	就业人数比例/%
陕西	25.87	贵州	1.30	上海	3.18	重庆	0.72
广东	22.11	河北	1.16	湖北	2.75	河南	0.58
浙江	6.94	天津	1.16	云南	1.88	西藏	0.43
江苏	6.65	安徽	1.16	广西	1.88	内蒙古	0.29
北京	6.07	甘肃	0.72	湖南	1.59	辽宁	0.29
四川	4.48	宁夏	0.72	福建	1.59	山西	0.14
山东	4.05	青海	0.72	新疆	1.45	吉林	0.14

注：表中数据均保留两位小数，由于四舍五入，相加可能不等于100%。

表 1-11　2022 届毕业生主要就业城市(本科)*

就业城市	就业人数比例/%	就业城市	就业人数比例/%	就业城市	就业人数比例/%	就业城市	就业人数比例/%
西安	23.55	广州	2.17	成都	4.19	苏州	1.30
深圳	16.62	青岛	1.73	上海	3.18	天津	1.16
北京	6.07	济南	1.59	南京	3.03	长沙	1.16
杭州	5.92	东莞	1.30	武汉	2.46	无锡	1.16

已就业的毕业研究生中，留在陕西的人数比例为 45.83%(见表 1-12)，就业人数最多的城市为西安(44.23%，见表 1-13)。

表 1-12　2022 届毕业生就业省份分布(研究生)*

就业省份或直辖市	就业人数比例/%	就业省份或直辖市	就业人数比例/%	就业省份或直辖市	就业人数比例/%	就业省份或直辖市	就业人数比例/%
陕西	45.83	重庆	0.76	山东	1.75	甘肃	0.23
北京	11.61	天津	0.68	河南	1.44	福建	0.23
广东	8.04	贵州	0.61	安徽	1.44	辽宁	0.15
上海	6.83	宁夏	0.53	山西	1.37	吉林	0.08
浙江	6.15	广西	0.46	湖北	1.37	湖南	0.08
江苏	4.93	江西	0.46	河北	1.06	海南	0.08
四川	3.49	云南	0.38				

注：表中数据均保留两位小数，由于四舍五入，相加可能不等于 100%。

表 1-13　2022 届毕业生主要就业城市(研究生)*

就业城市	就业人数比例/%	就业城市	就业人数比例/%	就业城市	就业人数比例/%	就业城市	就业人数比例/%
西安	44.23	东莞	1.29	深圳	5.39	济南	0.91
北京	11.61	合肥	1.06	南京	3.57	石家庄	0.91
上海	6.83	广州	0.99	成都	3.11	咸阳	0.83
杭州	5.54	苏州	0.91	武汉	1.37	重庆	0.76

1.4　重点单位就业情况

1. 重点单位就业比例

2022 届毕业生积极服务国家战略单位和行业领军企业，共有 1196 名毕业生到国家战略单位就业(其中本科生 367 人、研究生 829 人)，3366 名毕业生在行业领军企业就业(其中本科生 990 人、研究生 2376 人)，见表 1-14。

表 1-14　2022 届毕业生在重点单位就业人数比例

类型	本科生人数/人	研究生人数/人
国家战略单位	367	829
行业领军企业	990	2376

注：国家战略单位包括军工集团、军工装备制造单位、科研院所、党政机关、国家政策导向单位、艰苦边远地区单位、部队等；行业领军企业包括世界 500 强、中国 500 强、电子信息百强、科技创新企业、专精特新“小巨人”企业(工信部每年发布榜单)等。

2. 世界500强、中国500强企业签约情况

世界500强、中国500强企业的签约人数是毕业生高质量就业的重要体现。我校2022届本科毕业生中，有501人签约世界500强企业(见表1-15)，484人签约中国500强企业(见表1-16)；毕业研究生中，有1791人签约世界500强企业(见表1-17)，1027人签约中国500强企业(见表1-18)。

表1-15　2022届毕业生签约世界500强企业的情况(本科生)

排名	企业名称	签约人数/人	排名	企业名称	签约人数/人
3	国家电网有限公司	9	145	英特尔公司	1
4	中国石油天然气集团有限公司	9	151	中国华润有限公司	1
5	中国石油化工集团有限公司	1	152	招商银行股份有限公司	6
8	大众公司	1	155	交通银行股份有限公司	14
9	中国建筑集团有限公司	6	171	联想集团有限公司	1
16	三星电子	5	208	兴业银行股份有限公司	1
22	中国工商银行股份有限公司	5	221	中国核能电力股份有限公司	1
24	中国建设银行股份有限公司	4	224	中国机械工业集团有限公司	1
28	中国农业银行股份有限公司	6	233	中国电子科技集团有限公司	32
34	中国铁路工程集团有限公司	16	243	中国船舶集团有限公司	4
42	中国银行股份有限公司	5	266	小米集团	2
46	京东集团股份有限公司	5	267	中国联合网络通信集团有限公司	18
55	阿里巴巴集团控股有限公司	18	268	埃森哲	1
57	中国移动通信集团有限公司	23	315	中国兵器装备集团有限公司	2
58	中国五矿集团有限公司	1	322	中国航天科技集团有限公司	11
65	中国海洋石油集团有限公司	3	324	中国电子信息产业集团有限公司	31
68	上海汽车集团股份有限公司	4	339	金川集团股份有限公司	3
70	中国华润有限公司	6	341	中国航天科工集团有限公司	8
79	中国第一汽车集团有限公司	2	364	中国核工业集团有限公司	2
81	中国邮政集团有限公司	2	385	中国中车集团有限公司	4
89	中国南方电网有限责任公司	4	405	海尔智家股份有限公司	2
96	华为投资控股有限公司	76	411	中国大唐集团有限公司	8
100	中国电力建设集团有限公司	2	433	SAP公司	2
121	腾讯控股有限公司	12	436	比亚迪股份有限公司	36
122	东风汽车公司集团有限公司	5	452	潍柴动力股份有限公司	6
131	中国电信集团有限公司	37	487	珠海格力电器股份有限公司	1
136	中国兵器工业集团有限公司	3	合　计		501
144	中国航空工业集团有限公司	32			

表 1-16　2022 届毕业生签约中国 500 强企业的情况(本科生)

排名	企业名称	签约人数/人	排名	企业名称	签约人数/人
1	中国石油化工集团有限公司	1	88	陕西建工控股集团有限公司	1
2	中国石油天然气集团有限公司	9	100	长城汽车股份有限公司	1
3	中国建筑集团有限公司	6	110	百度集团股份有限公司	6
5	中国中铁股份有限公司	2	117	中兴通讯股份有限公司	102
7	京东集团股份有限公司	5	121	东风汽车集团有限公司	5
8	中国工商银行股份有限公司	5	123	山东钢铁集团有限公司	1
10	中国移动通信集团有限公司	23	134	中国大唐集团有限公司	8
11	阿里巴巴集团控股有限公司	18	136	中国南方航空集团有限公司	1
12	中国建设银行股份有限公司	4	142	中国第一汽车集团有限公司	2
13	上海汽车集团股份有限公司	4	155	网易	4
14	中国农业银行股份有限公司	6	157	中国铁塔股份有限公司	1
17	中国银行股份有限公司	5	163	中国核工业集团有限公司	2
21	腾讯控股有限公司	12	168	隆基绿能科技股份有限公司	4
26	联想集团有限公司	1	170	中国广东核电集团有限公司	2
30	中国电力建设集团有限公司	2	174	牧原食品股份有限公司	5
33	中国电信集团有限公司	37	176	歌尔集团有限公司	4
35	美的控股有限公司	1	181	广州汽车集团股份有限公司	1
38	招商银行股份有限公司	6	199	海信集团控股股份有限公司	6
39	小米集团	2	202	浪潮集团有限公司	12
40	中国联合网络通信集团有限公司	18	213	温氏食品集团股份有限公司	1
42	中国邮政集团有限公司	2	223	中国核能电力股份有限公司	1
47	交通银行股份有限公司	14	227	新疆特变电工集团有限公司	2
49	中国海洋石油集团有限公司	3	228	中国航空工业集团有限公司	32
51	海尔智家股份有限公司	2	229	中国船舶工业集团	1
52	中国中车集团有限公司	4	247	闻泰科技股份有限公司	2
56	兴业银行股份有限公司	1	260	康佳	3
57	京东方科技集团股份有限公司	1	304	亨通集团有限公司	1
58	比亚迪股份有限公司	36	308	南京银行股份有限公司	1
62	中国华能集团有限公司	3	360	中国万向控股、上海国际集团、用友软件等	2
63	潍柴动力股份有限公司	6	372	中航工业集团	2
67	珠海格力电器股份有限公司	1	421	中国船舶集团有限公司	4
68	北京三快在线科技有限公司(美团)	7	427	重庆理想汽车有限公司	1
77	湖南华菱钢铁集团有限责任公司	3	合　计		484
85	TCL 科技集团股份有限公司	13			

表 1-17 2022 届毕业生签约世界 500 强企业的情况(研究生)

排名	企业名称	签约人数/人	排名	企业名称	签约人数/人
3	国家电网有限公司	14	138	碧桂园地产集团有限公司	1
4	中国石油天然气集团有限公司	2	144	中国航空工业集团有限公司	80
5	中国石油化工集团有限公司	2	145	英特尔公司	5
9	中国建筑股份有限公司	2	155	交通银行股份有限公司	8
16	三星电子	7	168	IBM	2
22	中国工商银行股份有限公司	20	171	联想集团有限公司	6
24	中国建设银行股份有限公司	6	174	招商银行股份有限公司	8
25	中国平安保险(集团)股份有限公司	1	208	兴业银行股份有限公司	6
28	中国农业银行股份有限公司	45	215	华能国际电力股份有限公司	2
33	微软	1	226	上海浦东发展银行股份有限公司	9
39	中国银行股份有限公司	27	233	中国电子科技集团有限公司	242
40	中国人寿保险(集团)公司	2	243	中国船舶集团有限公司	8
46	京东集团股份有限公司	26	266	小米集团	47
55	阿里巴巴集团控股有限公司	144	267	中国联合网络通信集团有限公司	10
57	中国移动通信集团有限公司	18	269	国家能源投资集团有限责任公司	1
70	中国华润有限公司	2	273	中国民生银行股份有限公司	5
79	中国第一汽车集团有限公司	2	297	中国中煤能源集团有限公司	1
80	中国医药集团有限公司	1	315	中国兵器装备集团有限公司	1
81	中国邮政集团有限公司	19	322	中国航天科技集团有限公司	65
85	国家能源投资集团有限责任公司	2	324	中国电子信息产业集团有限公司	12
89	中国南方电网有限责任公司	1	341	中国航天科工集团有限公司	70
96	华为投资控股有限公司	707	364	中国核工业集团有限公司	1
102	中国中信控股股份有限责任公司	11	385	中国中车集团有限公司	1
121	腾讯控股有限公司	54	436	比亚迪股份有限公司	13
131	中国电信集团有限公司	19	452	潍柴动力股份有限公司	2
136	中国兵器工业集团有限公司	50	合 计		1791

表 1-18　2022 届毕业生签约中国 500 强企业的情况(研究生)

排名	企业名称	签约人数/人	排名	企业名称	签约人数/人
1	中国石油化工集团有限公司	2	75	滴滴	1
2	中国石油天然气集团有限公司	2	79	民生银行股份有限公司	5
3	中国建筑股份有限公司	1	85	TCL(集团)	2
4	中国平安保险(集团)股份有限公司	1	109	中国核工业集团有限公司	1
7	京东集团股份有限公司	26	110	百度集团股份有限公司	69
8	中国工商银行股份有限公司	20	117	中兴通讯股份有限公司	224
9	中国人寿保险(集团)公司	2	142	中国第一汽车集团有限公司	2
10	中国移动通信集团有限公司	18	148	拼多多	1
11	阿里巴巴集团控股有限公司	144	155	网易公司	15
12	中国建设银行股份有限公司	6	163	快手	12
14	中国农业银行股份有限公司	45	168	隆基绿能科技股份有限公司	1
17	中国银行股份有限公司	27	174	牧原食品股份有限公司	1
19	中国中信股份有限公司	11	176	歌尔股份有限公司	2
21	腾讯控股有限公司	54	198	紫光集团	42
23	碧桂园地产集团有限公司	1	199	海信集团控股股份有限公司	2
24	中国医药集团有限公司	1	202	浪潮电子信息产业股份有限公司	22
26	联想集团有限公司	6	206	北京银行股份有限公司	1
33	中国电信集团有限公司	19	229	中国船舶集团有限公司	8
38	招商银行股份有限公司	8	246	宁波银行股份有限公司	1
39	小米集团	47	260	康佳集团股份有限公司	1
40	中国联合网络通信集团有限公司	10	308	南京银行股份有限公司	1
42	中国邮政集团有限公司	19	344	蔚来控股有限公司	5
47	交通银行股份有限公司	8	371	浙江大华技术股份有限公司	27
56	兴业银行股份有限公司	6	393	爱奇艺	1
58	比亚迪股份有限公司	13	406	杭州银行股份有限公司	1
60	中国华润有限公司	2	408	郑州煤矿机械集团股份有限公司	1
62	华能国际电力股份有限公司	2	411	渤海银行股份有限公司	2
63	潍柴动力股份有限公司	2	430	中建交通建设集团有限公司	1
66	上海浦东银行发展有限公司	9	454	深圳迈瑞生物医疗电子股份有限公司	16
68	美团	47	合　计		1027

3. 重点导向单位签约情况

学校主动对接国家重大战略规划，积极引导和鼓励学生投身相关领域。2022 届本科毕业生、毕业研究生中，分别有 312 人、606 人签约国资委下属央企(见表 1-19 和表 1-20)。

表 1-19　2022 届毕业生签约央企的情况(本科生)

排名	企业名称	签约人数/人	排名	企业名称	签约人数/人
1	中国核工业集团有限公司	2	25	中国移动通信集团有限公司	23
2	中国航天科技集团有限公司	11	27	中国电子信息产业集团有限公司	31
3	中国航天科工集团有限公司	8	28	中国第一汽车集团有限公司	2
4	中国航空工业集团有限公司	32	29	东风汽车集团有限公司	5
5	中国船舶集团有限公司	5	31	中国机械工业集团有限公司	1
6	中国兵器工业集团有限公司	3	33	中国东方电气集团有限公司	1
7	中国兵器装备集团有限公司	2	40	中国南方航空集团有限公司	1
8	中国电子科技集团有限公司	32	41	中国中化控股有限责任公司	1
11	中国石油天然气集团有限公司	9	45	中国建筑集团有限公司	6
13	中国海洋石油集团有限公司	3	46	中国储备粮管理集团有限公司	1
15	国家电网有限公司	9	47	国家开发投资集团有限公司	1
16	中国南方电网有限责任公司	4	49	华润(集团)有限公司	6
17	中国华能集团有限公司	3	51	中国商用飞机有限责任公司	2
18	中国大唐集团有限公司	8	67	中国国际技术智力合作集团有限公司	1
20	国家电力投资集团有限公司	3	69	中国中车集团有限公司	4
21	中国长江三峡集团有限公司	1	71	中国铁路工程集团有限公司	16
22	国家能源投资集团有限责任公司	1	74	中国信息通信科技集团有限公司	17
23	中国电信集团有限公司	37	86	中国电力建设集团有限公司	2
24	中国联合网络通信集团有限公司	18	合　计		312

表 1-20　2022 届毕业生签约央企的情况(研究生)

排名	企业名称	签约人数/人	排名	企业名称	签约人数/人
1	中国核工业集团有限公司	1	22	国家能源投资集团有限责任公司	1
2	中国航天科技集团有限公司	65	23	中国电信集团有限公司	19
3	中国航天科工集团有限公司	70	24	中国联合网络通信集团有限公司	10
4	中国航空工业集团有限公司	80	25	中国移动通信集团有限公司	18
5	中国船舶集团有限公司	8	27	中国电子信息产业集团有限公司	12
6	中国兵器工业集团有限公司	50	28	中国第一汽车集团有限公司	2
8	中国电子科技集团有限公司	242	45	中国建筑股份有限公司	2
11	中国石油天然气集团有限公司	2	49	中国华润有限公司	2
12	中国石油化工集团有限公司	2	74	中国信息通信科技集团有限公司	4
15	国家电网有限公司	14	77	中国医药集团有限公司	1
16	中国南方电网有限责任公司	1	合　计		606

4. 中国电子信息百强企业签约情况

作为以信息与电子学科为特色的学校，我样毕业生签约中国电子信息百强企业的人数较多。2022 届本科毕业生、毕业研究生中，分别有 397 人、1404 人签约中国电子信息百强企业(见表 1-21 和表 1-22)。

表 1-21　2022 届毕业生签约中国电子信息百强企业的情况(本科生)

排名	企业名称	签约人数/人	排名	企业名称	签约人数/人
1	华为投资控股有限公司	76	19	中国信息通信科技集团有限公司	17
2	联想集团有限公司	1	20	闻泰科技股份有限公司	2
3	海尔集团公司	2	22	福建省电子信息(集团)有限责任公司	3
4	小米集团	2	24	康佳集团股份有限公司	3
5	TCL(集团)	13	32	新华三集团有限公司	10
6	京东方科技集团有限公司	1	37	浙江大华技术股份有限公司	2
7	比亚迪股份有限公司	36	38	天马微电子股份有限公司	1
8	海信集团控股股份有限公司	6	42	中国航天科技集团有限公司	11
9	中兴通讯股份有限公司	102	44	深圳市大疆创新科技有限公司	1
11	四川长虹电子控股集团有限公司	1	57	普联技术有限公司	94
12	亨通集团有限公司	1	合　计		397
15	浪潮集团有限公司	12			

表 1-22　2022 届毕业生签约中国电子信息百强企业的情况(研究生)

排名	企业名称	签约人数/人	排名	企业名称	签约人数/人
1	华为投资控股有限公司	707	18	歌尔股份有限公司	2
2	联想集团有限公司	6	19	中国信息通信科技集团有限公司	4
4	小米集团	47	37	浙江大华技术股份有限公司	26
5	TCL(集团)	2	44	深圳市大疆创新科技有限公司	38
6	京东集团股份有限公司	26	55	陕西电子信息集团有限公司	4
7	比亚迪股份有限公司	13	57	普联技术有限公司	21
8	海信集团控股股份有限公司	2	59	广州无线电集团有限公司	1
9	中兴通讯股份有限公司	224	68	国家电网有限公司	14
14	中国电子科技集团有限公司	242	84	北京华创科技集团股份有限公司	2
15	浪潮电子信息产业股份有限公司	22	合　计		1404
16	上海奥勤通讯技术有限公司	1			

5. 中国互联网百强企业签约情况

互联网企业也是毕业生签约量较大的单位。我校 2022 届本科毕业生、毕业研究生中，分别有 77 人、526 人签约中国互联网百强企业(见表 1-23 和表 1-24)。

表 1-23　2022 届毕业生签约中国互联网百强企业的情况(本科生)

排名	企业名称	签约人数/人	排名	企业名称	签约人数/人
1	阿里巴巴集团控股有限公司	18	10	北京三快在线科技有限公司(美团)	7
2	腾讯控股有限公司	12	11	网易	4
4	百度集团股份有限公司	6	13	携程投资(上海)有限公司	1
5	北京抖音信息服务有限公司	19	19	快手	2
6	京东集团股份有限公司	5	76	东软集团股份有限公司	1
8	小米集团	2	合　计		77

表 1-24　2022 届毕业生签约中国互联网百强企业的情况(研究生)

排名	企业名称	签约人数/人	排名	企业名称	签约人数/人
1	阿里巴巴集团控股有限公司	144	12	拼多多	1
2	腾讯控股有限公司	54	13	携程集团	4
4	百度集团股份有限公司	69	19	快手	12
5	北京抖音信息服务有限公司	97	23	爱奇艺	1
6	京东集团股份有限公司	26	35	蔚来控股有限公司	5
7	滴滴	1	36	陌陌科技香港有限公司	1
8	小米集团	47	53	同花顺	1
10	美团	47	68	广东小鹏汽车科技有限公司	1
11	网易集团	15	合　计		526

6. 签约集中单位统计

我校 2022 届本科毕业生中，有 102 人签约中兴，94 人签约普联技术，76 人签约华为(见表 1-25)；毕业研究生中，有 707 人签约华为，242 人签约中国电子科技集团有限公司，224 人签约中兴(见表 1-26)。

表 1-25　2022 届毕业生签约集中单位统计(本科生)

排名	企业名称	签约人数/人	排名	企业名称	签约人数/人
1	中兴通讯股份有限公司	102	6	中国电子科技集团有限公司	32
2	普联技术有限公司	94	7	中国航空工业集团有限公司	32
3	华为投资控股有限公司	76	8	中国电子信息产业集团有限公司	31
4	中国电信集团有限公司	37	9	陕西电子信息集团有限公司	30
5	比亚迪股份有限公司	36	10	中国移动通信集团有限公司	23

表 1-26　2022 届毕业生签约集中单位统计(研究生)

排名	企业名称	签约人数/人	排名	企业名称	签约人数/人
1	华为投资控股有限公司	707	6	北京抖音信息服务有限公司	97
2	中国电子科技集团有限公司	242	7	中国航空工业集团有限公司	80
3	中兴通讯股份有限公司	224	8	中国航天科工集团有限公司	70
4	阿里巴巴集团控股有限公司	144	9	百度集团股份有限公司	69
5	荣耀终端有限公司	121	10	中国航天科技集团有限公司	65

1.5 毕业生升学情况

1.5.1 境内升学情况

1. 本科毕业生境内升学比例

我校 2022 届本科毕业生境内升学的比例(46.69%)较高，其中以读研究生为主，共 2432 人，占本科毕业生总人数的 44.89%(见图 1-5)。

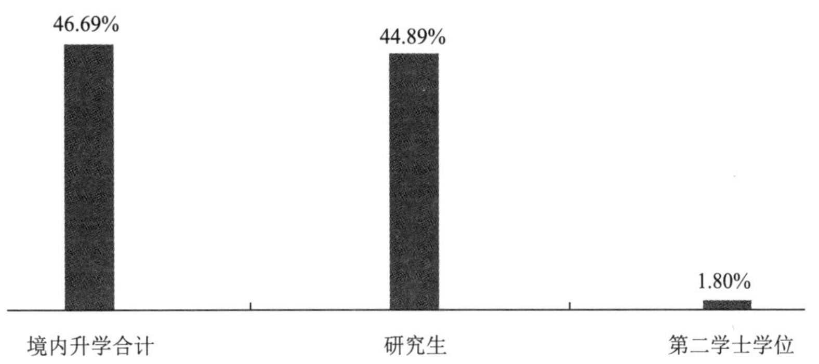

图 1-5 2022 届本科毕业生境内升学比例

2. 本科毕业生读研院校分布

我校 2022 届读研的本科毕业生中，有 1536 人留在本校深造，占读研本科毕业生总人数的 63.18%；有 287 人前往 C9 高校深造，占读研本科毕业生总人数的 11.81%(见图 1-6)。毕业生在外校读研人数较多的学校包括东南大学(86 人)、中国科学院大学(77 人)、西安交通大学(70 人)等(见表 1-27)。

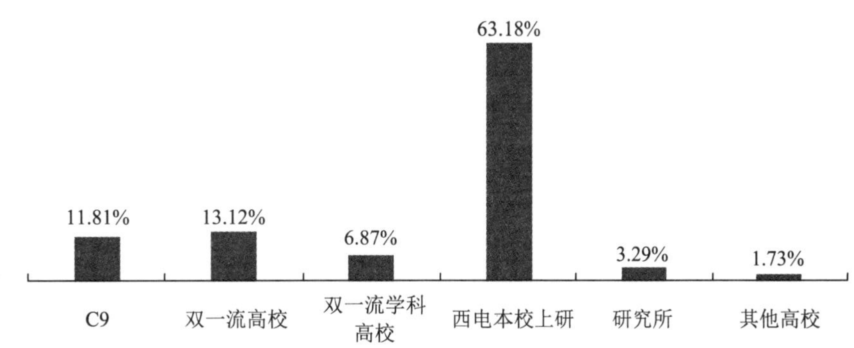

图 1-6 2022 届本科毕业生读研院校分布

表 1-27 本科毕业生进入外校读研人数较多的学校统计

学校名称	考取人数/人	学校名称	考取人数/人
东南大学	86	上海交通大学	32
中国科学院大学	77	北京理工大学	31
西安交通大学	70	华中科技大学	27
中国科学技术大学	47	北京航空航天大学	24
浙江大学	45	复旦大学	22
电子科技大学	37	清华大学	21
北京邮电大学	36	—	—

1.5.2　出国、出境情况

我校 2022 届本科毕业生中，有 359 人选择出国、出境留学，占本科毕业生总人数的 6.63%(见图 1-7)，留学人数较多的学校有爱丁堡大学、南洋理工大学、新加坡国立大学、谢菲尔德大学、香港大学等。

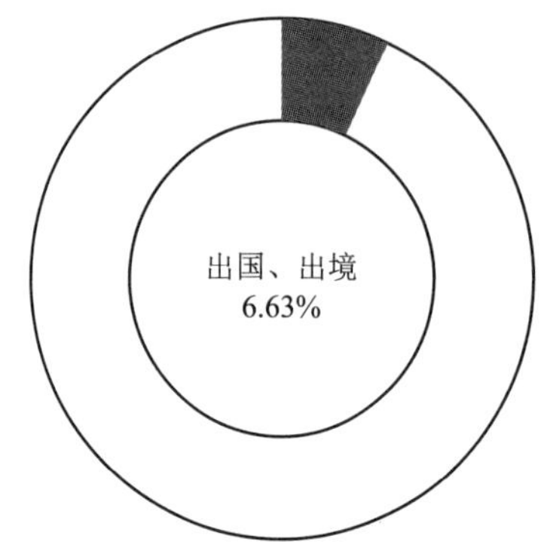

图 1-7　2022 届本科毕业生出国、出境比例

第二章　就业质量分析

2.1　就业质量综合分析

毕业生就业质量是对其就业现状进行的综合评价。本章主要通过工作与专业相关度、就业满意度、职业期待吻合度和离职率这几项指标分析呈现毕业生的就业质量。就业质量主要指标含义如表 2-1 所示。

表 2-1　就业质量主要指标含义表

指标名称	含　义
工作与专业相关度	反映了人才培养目标的达成效果
就业满意度	反映了毕业生的从业幸福感
职业期待吻合度	反映了毕业生个人职业期待的实现程度
离职率	反映了毕业生的就业稳定性

本科生、研究生就业呈现出不一样的特点，详细如下：

1. 本科生就业质量综合分析

我校 2022 届本科毕业生从事专业相关工作的比例为 81.00%，对就业现状表示满意的比例为 82.94%，认为工作符合自身职业期待的比例为 62.05%，有过离职经历的比例为 6.26%。综合来看，本科毕业生的就业质量稳步提升，在职场的竞争力不断增强。与研究生相比，本科生在企业就业的比例更高，就业选择更为多元化，就业的流动性相对较强。

2. 研究生就业质量综合分析

我校 2022 届毕业研究生从事专业相关工作的比例为 86.44%，对就业现状表示满意的比例达到 94.40%，认为工作符合自身职业期待的比例为 78.97%，有过离职经历的比例为 4.04%。综合来看，毕业研究生从业领域较为集中，对口就业程度较高，个人就业感受较好，工作的稳定性较强。

2.2 专业相关度

1. 毕业生的工作与专业相关度

从事工作与所学专业相关的比例是反映就业质量与专业培养目标达成效果的重要指标。我校 2022 届毕业生的工作与专业相关度为 84.44%，其中本科生、研究生的工作与专业相关度分别为 81.00%、86.44%(见图 2-1)。

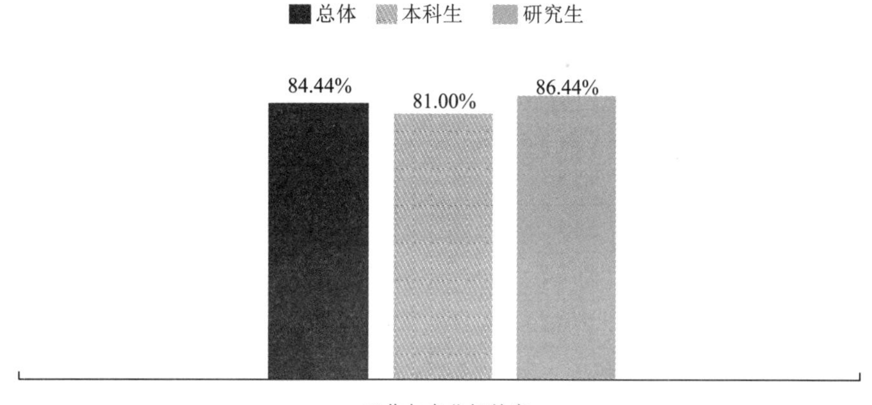

图 2-1 2022 届毕业生的工作与专业相关度*

2. 毕业生选择专业无关工作的原因

我校 2022 届本科毕业生未选择专业相关工作主要是为了调整未来职业发展方向(见图 2-2)。

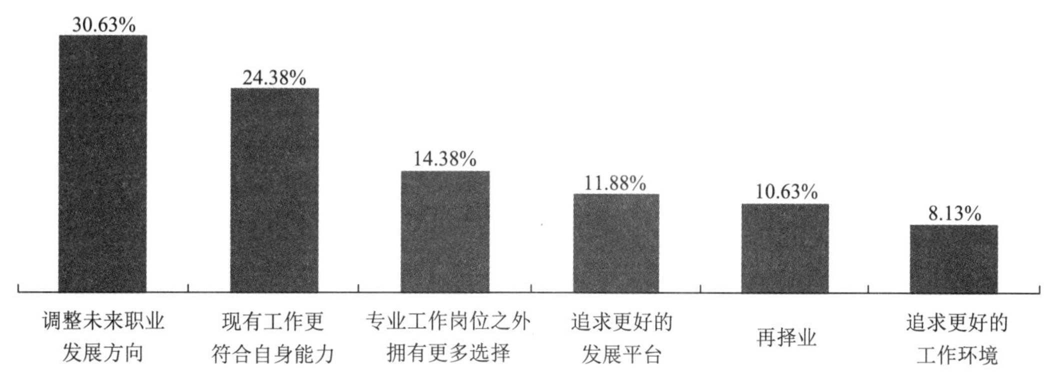

图 2-2 2022 届本科毕业生选择专业无关工作的原因*

3. 各学院毕业生的工作与专业相关度

我校 2022 届本科毕业生工作与专业相关度较高的学院是计算机科学与技术学院(94.27%)、电子工程学院(89.74%)、通信工程学院(88.89%)、微电子学院(88.24%)；毕业研究生工作与专业相关度较高的学院是微电子学院(97.18%)、网络与信息安全学院(96.84%)、计算机科学与技术学院(96.59%)。各学院 2022 届毕业生的工作与专业相关度见表 2-2。

我校 2022 届本科毕业生工作与专业相关度较高的专业是软件工程(96.30%)、电气工程及其自动化(93.75%)、电子信息工程(93.48%)等；毕业研究生工作与专业相关度较高的专业是集成电路工程(100.00%)、信号与信息处理(100.00%)、软件工程(96.99%)、计算机技术(96.48%)等。各专业 2022 届毕业生的工作与专业相关度见表 2-3。

表 2-2　各学院 2022 届毕业生的工作与专业相关度*

学历	学院名称	工作与专业相关度/%	学历	学院名称	工作与专业相关度/%
本科	本科平均	81.00	硕士研究生	网络与信息安全学院	96.84
	计算机科学与技术学院	94.27		计算机科学与技术学院	96.59
	电子工程学院	89.74		空间科学与技术学院	88.37
	通信工程学院	88.89		电子工程学院	87.96
	微电子学院	88.24		通信工程学院	86.75
	网络与信息安全学院	82.86		人工智能学院	83.54
	机电工程学院	73.55		经济与管理学院	80.23
	经济与管理学院	72.22		物理与光电工程学院	75.64
	物理与光电工程学院	67.50		数学与统计学院	74.00
	人工智能学院	54.35		机电工程学院	73.89
硕士研究生	研究生平均	86.44		生命科学技术学院	70.37
	微电子学院	97.18		先进材料与纳米科技学院	53.85

注：个别学院因样本较少没有包括在内。

表 2-3　各专业 2022 届毕业生的工作与专业相关度*

学历	专业名称	工作与专业相关度/%	学历	专业名称	工作与专业相关度/%
本科	本科平均	81.00	硕士研究生	计算机技术	96.48
	软件工程	96.30		网络空间安全	95.74
	电气工程及其自动化	93.75		电子科学与技术	93.43
	电子信息工程	93.48		计算机科学与技术	93.14
	计算机科学与技术	91.51		仪器仪表工程	87.50
	信息工程	90.91		航天工程	86.36
	集成电路设计与集成系统	90.63		信息与通信工程	86.05
	通信工程	88.75		电子与通信工程	84.87
	信息安全	86.36		光学工程	84.85
	微电子科学与工程	86.11		工商管理	84.21
	自动化	80.95		公共管理	81.82
	电子信息科学与技术	73.68		仪器科学与技术	80.00
	信息对抗技术	73.33		管理科学与工程	80.00
	电子科学与技术	72.50		控制科学与工程	75.00
	机械设计制造及其自动化	71.05		数学	75.00
	测控技术与仪器	67.74		机械工程	74.65
	智能科学与技术	50.00		物流工程	71.43
硕士研究生	研究生平均	86.44		控制工程	66.67
	集成电路工程	100.00		生物医学工程	65.22
	信号与信息处理	100.00		物理学	57.14
	软件工程	96.99		材料工程	52.94

注：个别专业因样本较少没有包括在内。

2.3 就业满意度

1. 毕业生的就业满意度

就业满意度是毕业生对自己就业现状的直接感受，能从侧面反映其就业质量。我校 2022 届毕业生的就业满意度为 90.60%，其中本科生、研究生的就业满意度分别为 82.94%、94.40%(见图 2-3)，相比 2021 届(分别为 80.97%、92.34%)分别上升了 1.97、2.06 个百分点，另外相比“双一流”院校平均水平[①](76%)呈现优势，这也体现出我校毕业生就业质量较高，从业幸福感较强。

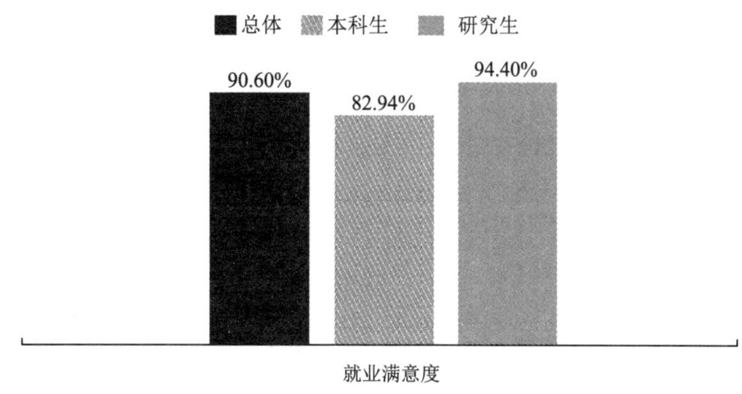

图 2-3 2022 届毕业生的就业满意度*

2. 各学院及专业毕业生的就业满意度

我校 2022 届本科毕业生就业满意度较高的学院是通信工程学院(91.30%)、计算机科学与技术学院(88.19%)、网络与信息安全学院(85.71%)、电子工程学院(85.29%)；毕业研究生就业满意度较高的学院是计算机科学与技术学院(97.99%)、微电子学院(97.30%)、通信工程学院(96.91%)、人工智能学院(96.43%)。各学院 2022 届毕业生的就业满意度见表 2-4。

表 2-4 各学院 2022 届毕业生的就业满意度*

学历	学院名称	就业满意度/%	学历	学院名称	就业满意度/%
本科	本科平均	82.94	硕士研究生	计算机科学与技术学院	97.99
	通信工程学院	91.30		微电子学院	97.30
	计算机科学与技术学院	88.19		通信工程学院	96.91
	网络与信息安全学院	85.71		人工智能学院	96.43
	电子工程学院	85.29		网络与信息安全学院	95.16
	机电工程学院	83.10		空间科学与技术学院	94.29
	微电子学院	79.55		电子工程学院	94.06
	物理与光电工程学院	78.72		机电工程学院	92.78
	经济与管理学院	67.57		物理与光电工程学院	89.29
	人工智能学院	63.33		经济与管理学院	87.67
硕士研究生	研究生平均	94.40		数学与统计学院	87.50

注：个别学院因样本较少没有包括在内。

① “双一流”院校平均水平数据来源于麦可思发布的“就业蓝皮书”，为 2021 届数据。

我校 2022 届本科毕业生就业满意度较高的专业是信息工程(95.45%)、计算机科学与技术(89.71%)、通信工程(88.64%)、微电子科学与工程(87.50%)等；毕业研究生就业满意度较高的专业是集成电路工程(100.00%)、物流工程(100.00%)、信息与通信工程(98.32%)、电子科学与技术(97.65%)等。各专业 2022 届毕业生的就业满意度见表 2-5。

表 2-5 各专业 2022 届毕业生的就业满意度*

学历	专业名称	就业满意度/%	学历	专业名称	就业满意度/%
本科	本科平均	82.94	硕士研究生	信息与通信工程	98.32
	信息工程	95.45		电子科学与技术	97.65
	计算机科学与技术	89.71		计算机科学与技术	97.33
	通信工程	88.64		计算机技术	97.03
	微电子科学与工程	87.50		网络空间安全	96.30
	软件工程	84.62		光学工程	95.83
	测控技术与仪器	82.35		软件工程	95.18
	电子信息工程	82.14		机械工程	94.87
	信息安全	81.25		航天工程	93.75
	电子信息科学与技术	80.00		电子与通信工程	93.48
	机械设计制造及其自动化	76.19		生物医学工程	93.33
	电子科学与技术	73.91		数学	92.31
	集成电路设计与集成系统	70.00		控制工程	90.48
	智能科学与技术	64.29		控制科学与工程	87.10
硕士研究生	研究生平均	94.40		物理学	84.21
	集成电路工程	100.00		工商管理	81.25
	物流工程	100.00		公共管理	75.00

注：个别专业因样本较少没有包括在内。

2.4 职业期待吻合度

1. 毕业生的职业期待吻合度

职业期待吻合度反映了学生求职预期与职场实际情况之间的匹配程度。我校 2022 届毕业生的职业期待吻合度为 73.19%，其中本科生、研究生的职业期待吻合度分别为 62.05%、78.97%(见图 2-4)。

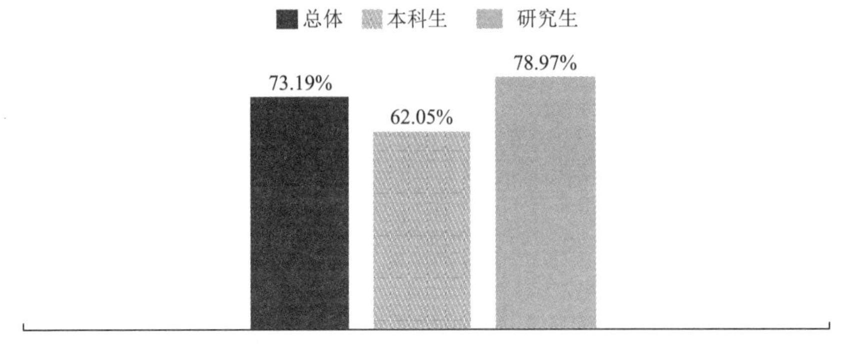

图 2-4 2022 届毕业生的职业期待吻合度*

2. 毕业生工作不符合职业期待的原因

我校 2022 届本科毕业生认为工作不符合职业期待的最主要原因是与个人发展规划有差距(见图 2-5)。

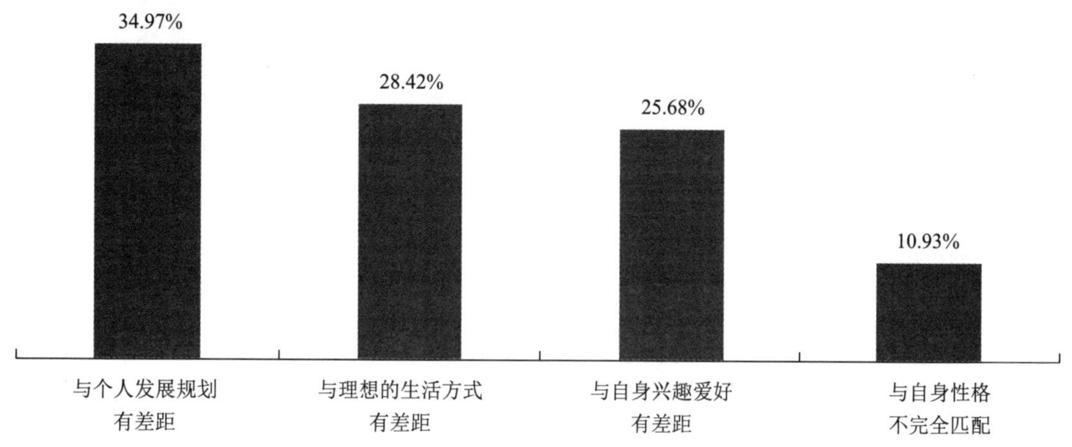

图 2-5　本科毕业生工作不符合职业期待的原因*

3. 各学院及专业毕业生的职业期待吻合度

我校 2022 届本科毕业生职业期待吻合度较高的学院是通信工程学院(71.64%)；毕业研究生职业期待吻合度较高的学院是空间科学与技术学院(87.88%)。各学院 2022 届毕业生的职业期待吻合度见表 2-6。

表 2-6　各学院 2022 届毕业生的职业期待吻合度*

学历	学院名称	职业期待吻合度/%	学历	学院名称	职业期待吻合度/%
本科	本科平均	62.05	硕士研究生	生命科学技术学院	85.71
	通信工程学院	71.64		计算机科学与技术学院	85.43
	计算机科学与技术学院	69.40		通信工程学院	84.05
	人工智能学院	66.67		人工智能学院	83.05
	网络与信息安全学院	60.87		微电子学院	82.46
	微电子学院	60.00		电子工程学院	80.09
	电子工程学院	57.50		物理与光电工程学院	76.36
	物理与光电工程学院	57.45		网络与信息安全学院	74.63
	机电工程学院	54.43		机电工程学院	73.96
	经济与管理学院	51.22		经济与管理学院	63.38
硕士研究生	研究生平均	78.97		数学与统计学院	59.38
	空间科学与技术学院	87.88		—	—

注：个别学院因样本较少没有包括在内。

我校 2022 届本科毕业生职业期待吻合度较高的专业是信息工程(80.95%)、计算机科学与技术(71.23%)；毕业研究生职业期待吻合度较高的专业是信息与通信工程(88.98%)、航天工程(86.67%)、计算机科学与技术(86.25%)。各专业 2022 届毕业生的职业期待吻合度见表 2-7。

表 2-7　各专业 2022 届毕业生的职业期待吻合度*

学历	专业名称	职业期待吻合度/%	学历	专业名称	职业期待吻合度/%
本科	本科平均	62.05	硕士研究生	电子科学与技术	84.44
	信息工程	80.95		计算机技术	83.50
	计算机科学与技术	71.23		生物医学工程	82.35
	通信工程	69.77		软件工程	82.14
	微电子科学与工程	68.00		控制科学与工程	80.65
	软件工程	65.45		物理学	78.95
	智能科学与技术	64.29		集成电路工程	77.78
	电子信息工程	57.14		机械工程	77.50
	信息安全	56.25		光学工程	73.91
	电子科学与技术	50.00		电子与通信工程	72.63
	测控技术与仪器	50.00		网络空间安全	70.00
	集成电路设计与集成系统	50.00		公共管理	68.42
	机械设计制造及其自动化	33.33		数学	65.38
硕士研究生	研究生平均	78.97		物流工程	62.50
	信息与通信工程	88.98		控制工程	57.89
	航天工程	86.67		工商管理	40.00
	计算机科学与技术	86.25		—	—

注：个别专业因样本较少没有包括在内。

2.5　就业稳定性

1. 毕业生的离职率

我校毕业生的整体离职率较低，就业稳定性较强。入职 3 个月内，2022 届毕业生的离职率为 4.79%，其中本科生、研究生的离职率分别为 6.26%、4.04%(见图 2-6)。

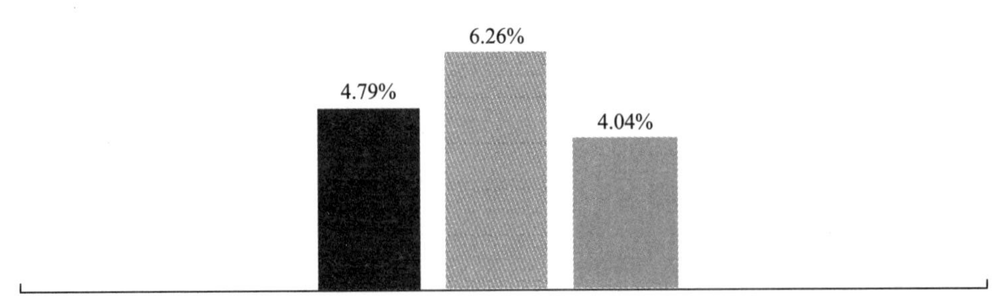

图 2-6　2022 届毕业生的离职率*

2. 各学院及专业毕业生的离职率

我校 2022 届本科毕业生中，网络与信息安全学院无人离职；毕业研究生中，生命科学技术学院无人离职。各学院 2022 届毕业生的离职率见表 2-8。

表 2-8　各学院 2022 届毕业生的离职率*

学历	学院名称	离职率/%	学历	学院名称	离职率/%
本科	本科平均	6.26	硕士研究生	数学与统计学院	11.76
	人工智能学院	20.59		网络与信息安全学院	7.04
	通信工程学院	8.57		微电子学院	5.93
	物理与光电工程学院	8.51		物理与光电工程学院	3.57
	电子工程学院	7.32		人工智能学院	3.23
	经济与管理学院	5.00		空间科学与技术学院	2.94
	机电工程学院	3.80		计算机科学与技术学院	1.95
	微电子学院	2.27		通信工程学院	1.81
	计算机科学与技术学院	1.53		电子工程学院	1.30
	网络与信息安全学院	0.00		机电工程学院	1.01
硕士研究生	研究生平均	4.04		生命科学技术学院	0.00
	经济与管理学院	18.92		—	—

注：个别学院因样本较少没有包括在内。

我校 2022 届本科毕业生中，机械设计制造及其自动化、信息安全、微电子科学与工程、软件工程专业毕业生离职率为 0.00%；毕业研究生中，物流工程、管理科学与工程、生物医学工程、物理学、控制科学与工程、机械工程专业毕业生离职率为 0.00%。上述专业的就业稳定性较为突出。各专业 2022 届毕业生的离职率见表 2-9。

表 2-9　各专业 2022 届毕业生的离职率*

学历	专业名称	离职率/%	学历	专业名称	离职率/%
本科	本科平均	6.26	硕士研究生	数学	11.11
	智能科学与技术	18.75		光学工程	8.70
	电子科学与技术	14.29		航天工程	6.25
	通信工程	10.87		集成电路工程	5.56
	测控技术与仪器	10.00		控制工程	5.00
	电子信息工程	7.69		电子科学与技术	4.30
	自动化	6.67		计算机科学与技术	3.66
	集成电路设计与集成系统	5.00		计算机技术	2.83
	信息工程	4.76		软件工程	2.38
	计算机科学与技术	2.74		电子与通信工程	1.55
	软件工程	0.00		信息与通信工程	0.82
	微电子科学与工程	0.00		机械工程	0.00
	信息安全	0.00		控制科学与工程	0.00
	机械设计制造及其自动化	0.00		物理学	0.00
硕士研究生	研究生平均	4.04		生物医学工程	0.00
	工商管理	53.33		管理科学与工程	0.00
	公共管理	33.33		物流工程	0.00
	网络空间安全	12.50		—	—

注：个别专业因样本较少没有包括在内。

2.6 职业发展和变化

1. 毕业生职业发展情况

我校 2022 届毕业生中，有 4.62%的人在入职 3 个月内已有薪资或职位上的提升，其中本科生、研究生有过提升的比例分别为 3.68%、5.10%(见图 2-7)，这表明毕业生在相应岗位上的整体发展较好。

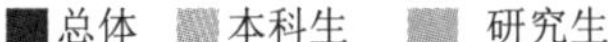

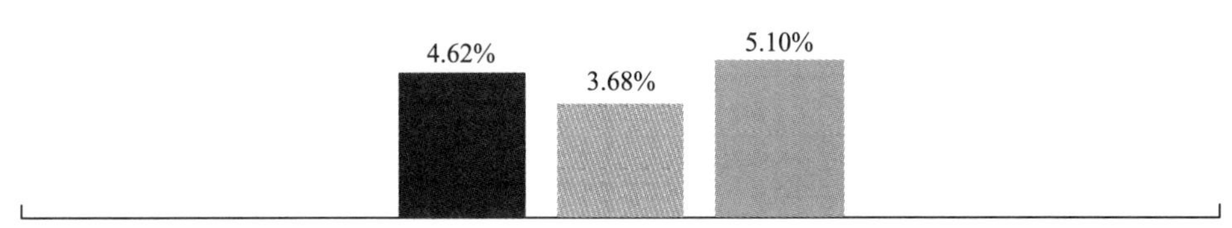

图 2-7 2022 届毕业生有过薪资或职位提升的比例*

2. 毕业生职位变化情况

我校 2022 届毕业生入职 3 个月内，有 95.02%的人未有职位变化，其中本科生、研究生未有职位变化的比例分别为 95.96%、94.54%(见图 2-8)，这表明毕业生职场适应能力较强。

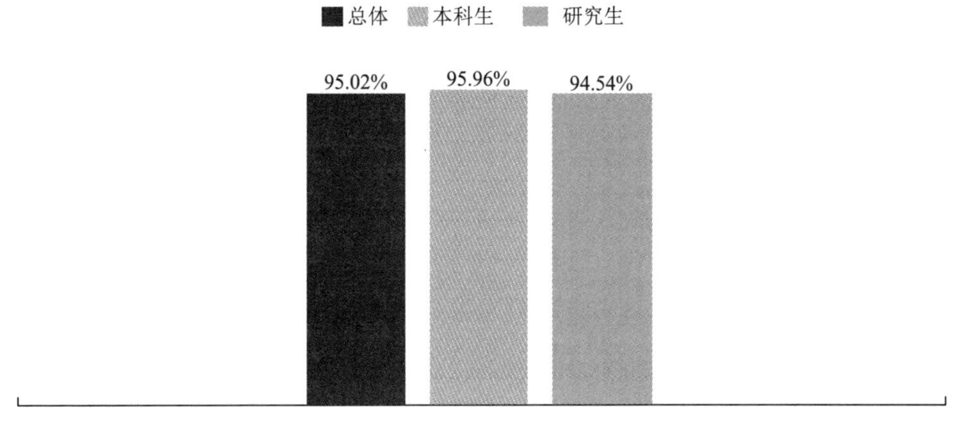

图 2-8 2022 届毕业生未有职位变化的比例*

第三章 就业变化趋势分析

3.1 就业流向变化趋势

3.1.1 行业变化趋势

近三年，我校毕业生就业领域主要集中在电子电气设备制造业以及信息传输、软件和信息技术服务业，其中本科生在电子电气设备制造领域就业的比例有较大幅度提升，从 2020 届的 39.01%上升到了 2022 届的 45.09%(见图 3-1)，另外，毕业研究生在该领域就业的比例逐年提升，由 2020 届的 39.95%上升到了 2022 届的 48.27%(见图 3-2)。

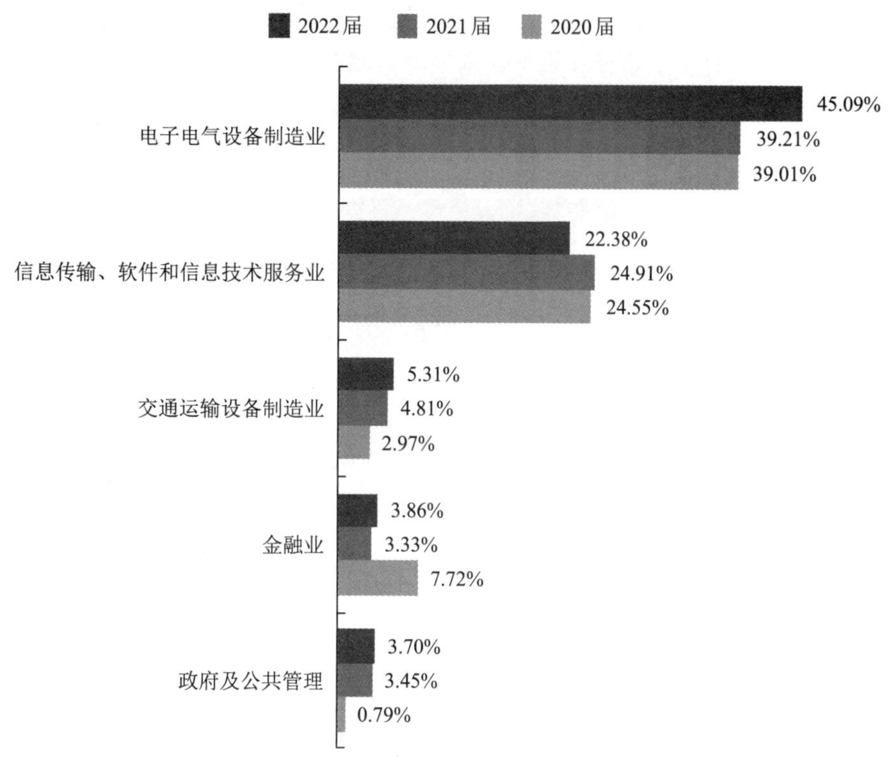

图 3-1　本科毕业生主要就业行业变化趋势*

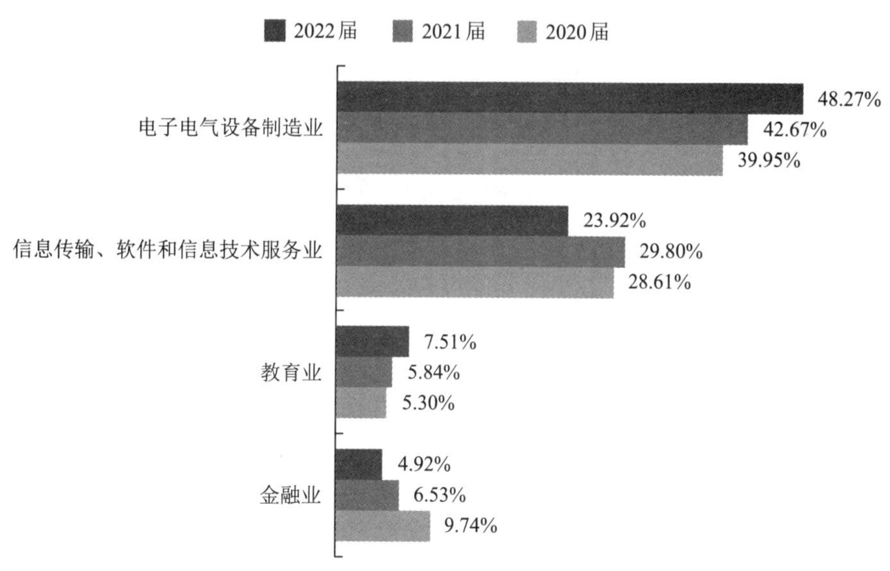

图 3-2　毕业研究生主要就业行业变化趋势*

在我国制造业稳步迈向高端的背景下，以电子电气设备制造(包括通信设备、半导体和集成电路领域)为代表的高技术制造业增速不断加快。“十四五”时期，先进制造业集群将得到进一步的培育和发展，其中在新一代人工智能、量子信息、集成电路等事关国家安全和发展全局的基础核心领域将进行重点攻关，毕业生在相关领域的就业也将拥有更多机遇和选择。

3.1.2　职业变化趋势

近三年，我校毕业生就业职位以计算机与数据处理、电气/电子(不包括计算机)、互联网开发及应用为主，与电子设备制造等高技术制造业旺盛的人才需求相匹配。伴随着数字技术的不断发展、与传统产业的深度融合以及各产业数字化、智能化程度的持续提升，相关岗位的用人需求相应扩大，我校 2022 届本科毕业生、毕业研究生从事计算机与数据处理类职业的比例分别为 25.64%、28.85%(见图 3-3 和图 3-4)，相比 2021 届(分别为 22.33%、26.36%)均有所回升。

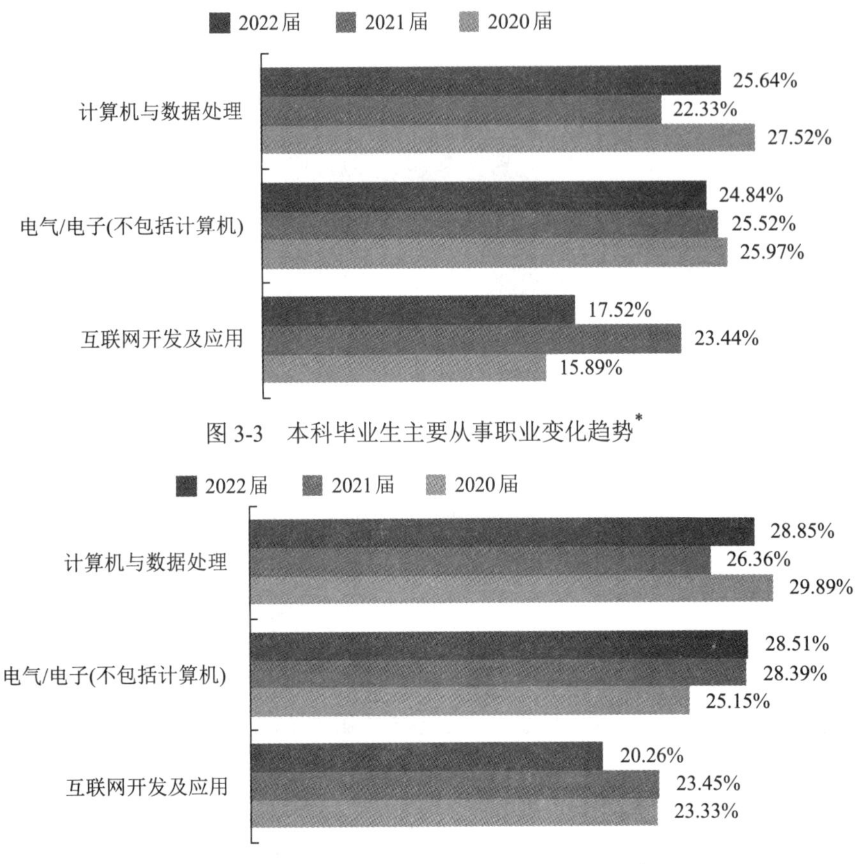

图 3-3　本科毕业生主要从事职业变化趋势*

图 3-4　毕业研究生主要从事职业变化趋势*

3.1.3　用人单位变化趋势

毕业生就业单位类型以企业为主，2020—2022 届本科毕业生在民营企业就业的比例均在 50%以上(见图 3-5)，毕业研究生在民营企业就业的比例逐年上升(见图 3-6)，2022 届已超过 50%；与此同时，本科毕业生在政府机构/科研或其他事业单位就业的比例也呈上升趋势，从 2020 届的 6.12%上升到了 2022 届的 8.95%。

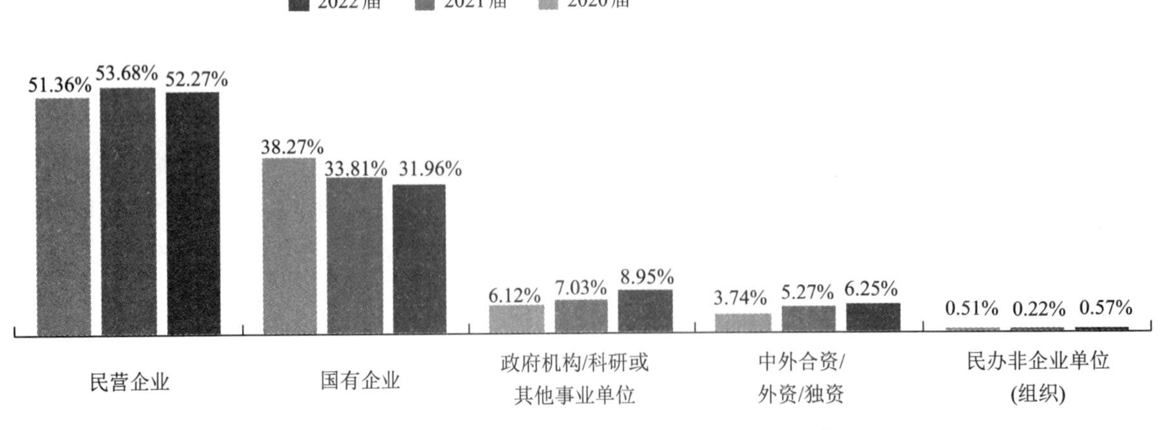

图 3-5　不同类型用人单位需求变化趋势(本科生)*

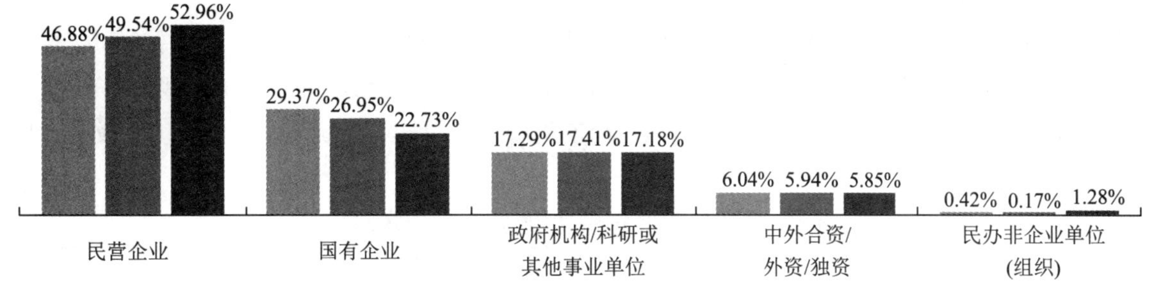

图 3-6　不同类型用人单位需求变化趋势(研究生)*

单位规模方面，我校毕业生主要就业于 1000 人以上的大型用人单位，且就业比例整体呈上升趋势，本科毕业生、毕业研究生在大型用人单位就业的比例分别从 2020 届的 66.90%、79.09%上升到了 2022 届的 69.44%、85.28%(见图 3-7 和图 3-8)。

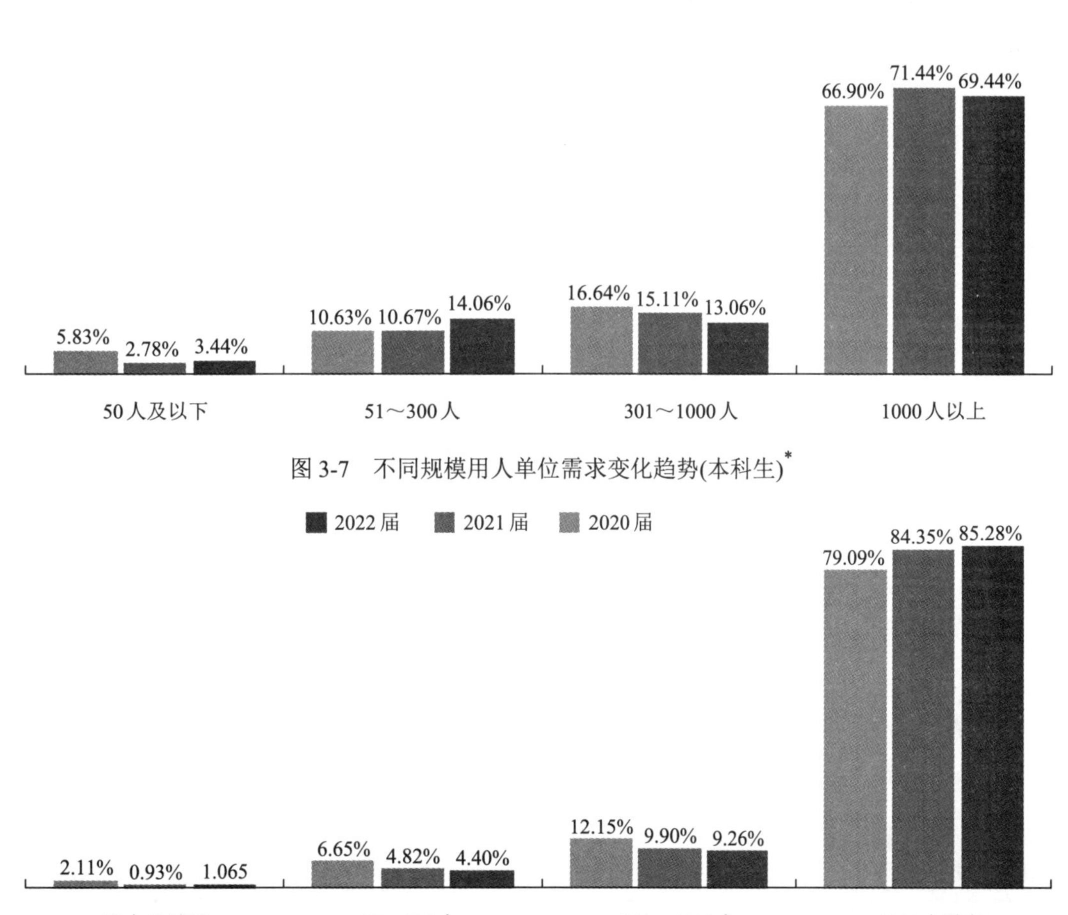

图 3-7　不同规模用人单位需求变化趋势(本科生)*

图 3-8　不同规模用人单位需求变化趋势(研究生)*

3.1.4　就业地区变化趋势

我校毕业生主要在陕西、广东等省份就业，其中 2022 届本科毕业生在陕西就业的比例(25.87%)相比于 2021 届(20.54%)有所回升(见表 3-1)；毕业研究生就业更加集中在陕西，从 2020 届的 41.98%上升到了 2022 届的 45.83%(见表 3-2)。主要就业城市中，近三届本科毕业生在西安就业的比例基本在 20%左右，在深圳就业的比例基本在 15%左右(见表 3-3)；毕业研究生在西安就业的比例逐年上升，从 2020 届的 39.00%上升到了 2022 届的 44.23%(见表 3-4)。

在“十四五”时期，粤港澳大湾区建设将稳步推进，伴随着大湾区国际科技创新中心和综合性国家科学中心建设，广东省依然将凭借科技创新能力与电子信息产业优势而较大程度地吸纳毕业生。与此同时，伴随着创新驱动发展战略的深入实施与西部创新高地的打造，陕西省对毕业生的吸引力也将不断增强，从而促使更多毕业生留在省内发展。

表 3-1　毕业生就业省份比例变化趋势(本科生)*

就业省份	2020 届/%	2021 届/%	2022 届/%
陕西	26.29	20.54	25.87
广东	21.99	24.44	22.11
浙江	6.53	5.36	6.94
江苏	6.70	5.92	6.65
北京	7.04	8.71	6.07

表 3-2　毕业生就业省份比例变化趋势(研究生)*

就业省份	2020 届/%	2021 届/%	2022 届/%
陕西	41.98	41.95	45.83
北京	11.69	15.45	11.61
广东	10.52	7.14	8.04
上海	8.08	8.32	6.83
浙江	4.68	6.55	6.15

表 3-3　毕业生主要就业城市的变化趋势(本科生)*

就业城市	2020 届/%	2021 届/%	2022 届/%
西安	21.99	17.08	23.55
深圳	12.37	15.18	16.62
北京	7.04	8.71	6.07
杭州	4.12	4.02	5.92
成都	2.58	3.13	4.19

表 3-4　毕业生主要就业城市的变化趋势(研究生)*

就业城市	2020 届/%	2021 届/%	2022 届/%
西安	39.00	40.75	44.23
北京	11.69	15.45	11.61
上海	8.08	8.32	6.83
杭州	4.68	5.60	5.54
深圳	7.55	4.84	5.39

3.2 就业质量变化趋势

3.2.1 专业相关度变化趋势

我校毕业生对口就业程度整体呈现上升趋势，本科生、研究生的专业相关度分别从 2019 届的 72.93%、81.87%上升到了 2022 届的 81.00%、86.44%(见图 3-9)，这说明专业培养与行业需求之间的契合度不断增强。

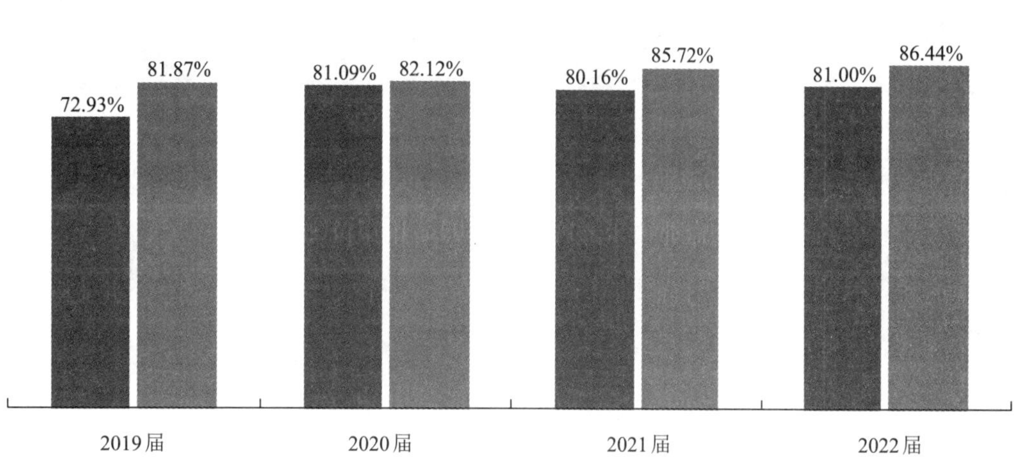

图 3-9 毕业生专业相关度变化趋势*

3.2.2 就业满意度变化趋势

我校毕业生对就业的满意程度逐年提升，本科、研究生的就业满意度分别从 2019 届的 77.08%、85.12%上升到了 2022 届的 82.94%、94.40%(见图 3-10)，这说明毕业生从业幸福感进一步增强。

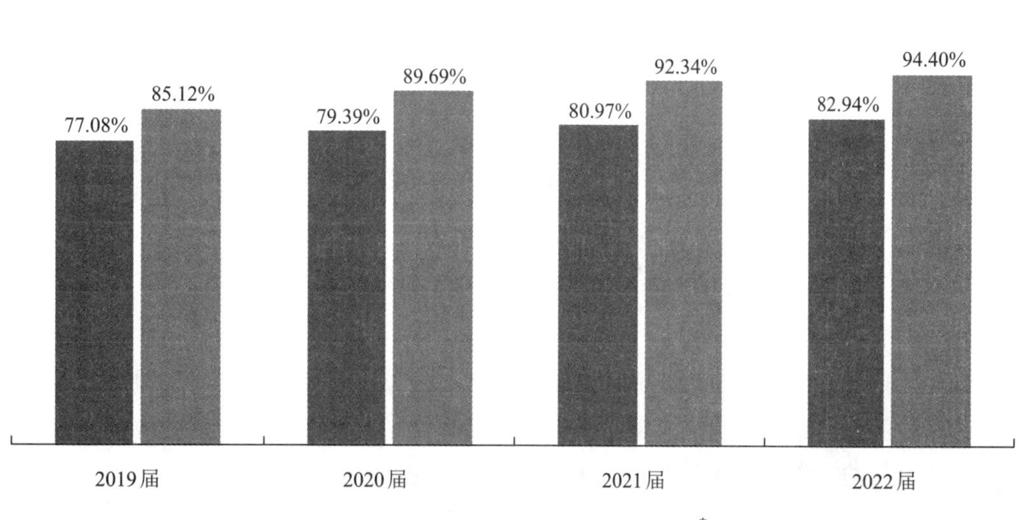

图 3-10 毕业生就业满意度变化趋势*

3.2.3 职业期待吻合度变化趋势

我校毕业生的职业期待吻合度基本呈现逐年上升的趋势，本科生、研究生的职业期待吻合度分别从 2019 届的 59.20%、70.33%上升到了 2022 届的 62.05%、78.97%(见图 3-11)，这说明毕业生的求职预期不断趋于合理，个人期待与职场实际情况存在偏差的现象不断减少。

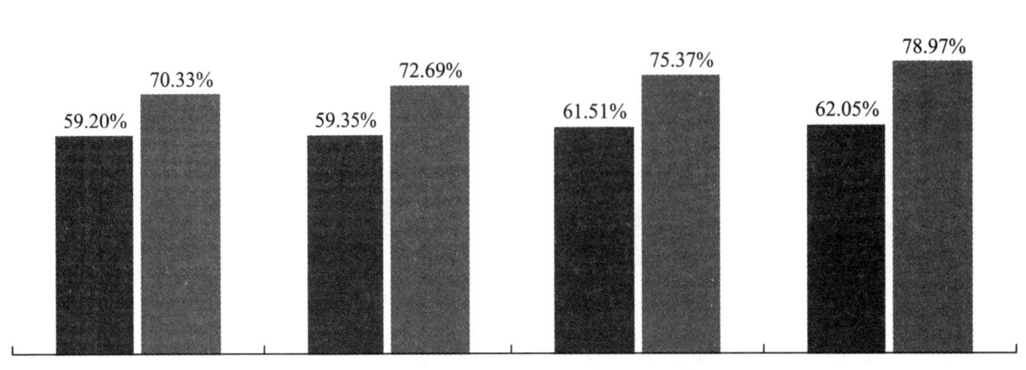

图 3-11　职业期待吻合度变化趋势*

3.2.4　离职率变化趋势

我校近三届本科毕业生的离职率持续下降，从 2020 届的 8.70%下降到了 2022 届的 6.26%(见图 3-12)；近三届毕业研究生的离职率持续较低，保持在 4.00%左右。整体来看，我校毕业生的就业稳定性不断增强。

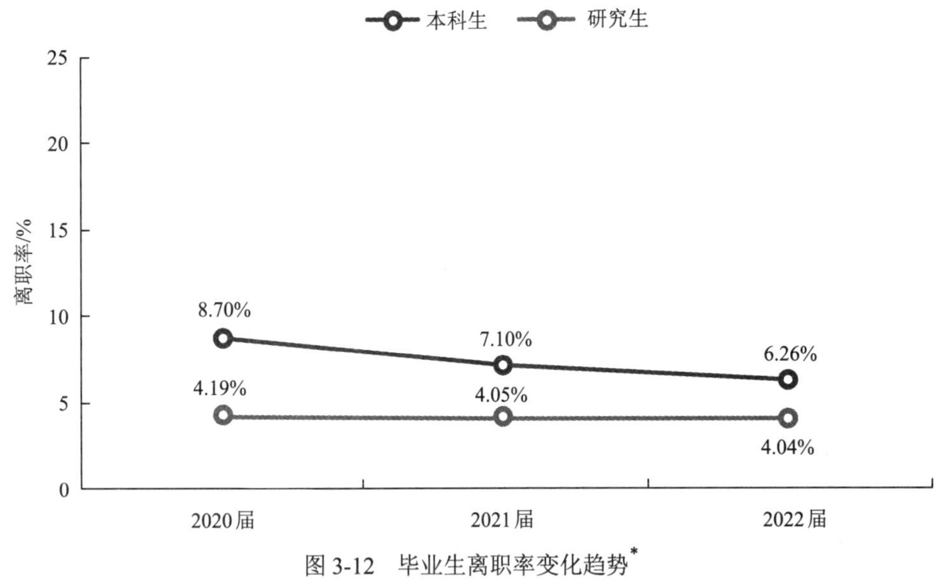

图 3-12　毕业生离职率变化趋势*

第四章　对人才培养的反馈

毕业生对人才培养的反馈情况主要通过对教育教学的反馈、对就业工作的反馈两方面呈现。本章通过毕业生对学校的总体推荐度与满意度、教学满意度以及通用能力培养效果呈现教育教学反馈，通过毕业生对就业服务的满意度、就业指导开展效果呈现就业工作反馈。

4.1　对教育教学的反馈

4.1.1　对学校的总体推荐度

1. 对学校的推荐度

我校毕业生对学校的整体认可程度较高，2022 届有 88.08%的毕业生表示愿意推荐学校给他人就读，其中本科生、研究生表示愿意推荐学校的比例分别为 82.89%、94.98%(见图 4-1)。

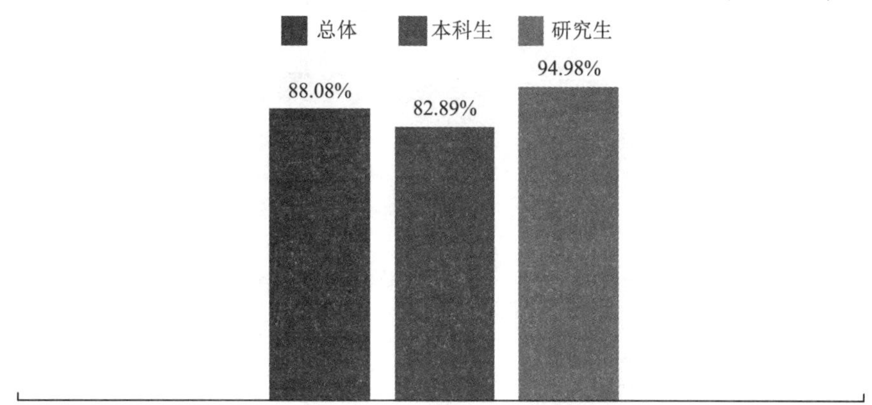

图 4-1　2022 届毕业生对学校的推荐度*

2. 各学院毕业生对学校的推荐度

我校 2022 届本科毕业生对学校推荐度较高的学院是人文学院(86.96%)、人工智能学院(86.08%)；毕业研究生对学校推荐度较高的学院是生命科学技术学院、先进材料与纳米科技学院(均为 100.00%)。各学院 2022 届毕业生对学校的推荐度见表 4-1。

表 4-1　各学院 2022 届毕业生对学校的推荐度*

学历	学院名称	对学校的推荐度/%	学历	学院名称	对学校的推荐度/%
本科	本科平均	82.89	硕士研究生	研究生平均	94.98
	人文学院	86.96		生命科学技术学院	100.00
	人工智能学院	86.08		先进材料与纳米科技学院	100.00
	物理与光电工程学院	85.03		人工智能学院	98.25
	空间科学与技术学院	85.00		网络与信息安全学院	97.14
	微电子学院	84.62		空间科学与技术学院	97.14
	机电工程学院	84.24		数学与统计学院	97.14
	计算机科学与技术学院	84.07		物理与光电工程学院	96.36
	先进材料与纳米科技学院	84.00		计算机科学与技术学院	96.08
	电子工程学院	83.40		通信工程学院	95.71
	网络与信息安全学院	83.33		机电工程学院	94.74
	通信工程学院	79.80		经济与管理学院	94.52
	数学与统计学院	76.67		电子工程学院	92.66
	外国语学院	76.19		微电子学院	91.30
	经济与管理学院	73.61		—	—

注：个别学院由于样本较少没有包括在内。

4.1.2　对学校的总体满意度

1. 总体满意度

毕业生在校期间学习、生活等各个方面的体验较好，整体满意程度较高，2022 届毕业生对学校的总体满意度为 97.19%，其中本科生、研究生对学校的总体满意度分别为 96.21%、98.48%(见图 4-2)。

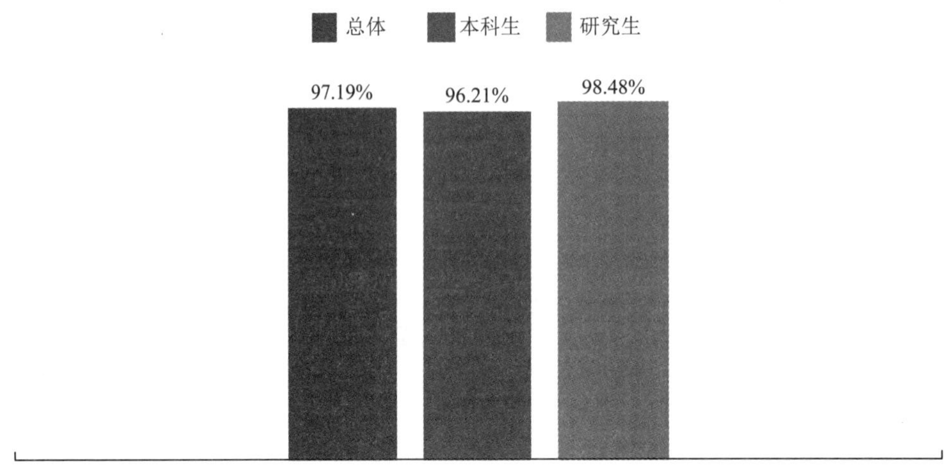

图 4-2　2022 届毕业生对学校的总体满意度*

(2) 各学院毕业生对学校的总体满意度。

我校 2022 届本科毕业生对学校总体满意度较高的学院是机电工程学院(98.33%)、微电子学院(98.28%)；毕业研究生中，经济与管理学院、人工智能学院、生命科学技术学院、先进材料与纳米科技学院毕业生对学校的总体满意度均达到 100.00%。各学院 2022 届毕业生对学校的总体满意度见表 4-2。

表 4-2　各学院 2022 届毕业生对学校的总体满意度*

学历	学院名称	对学校的总体满意度/%	学历	学院名称	对学校的总体满意度/%
本科	本科平均	96.21	硕士研究生	研究生平均	98.48
	机电工程学院	98.33		经济与管理学院	100.00
	微电子学院	98.28		人工智能学院	100.00
	电子工程学院	97.53		生命科学技术学院	100.00
	人工智能学院	97.44		先进材料与纳米科技学院	100.00
	空间科学与技术学院	97.37		计算机科学与技术学院	99.34
	物理与光电工程学院	96.93		通信工程学院	98.77
	先进材料与纳米科技学院	95.83		电子工程学院	98.60
	通信工程学院	95.79		微电子学院	98.18
	外国语学院	95.24		物理与光电工程学院	98.18
	计算机科学与技术学院	94.20		网络与信息安全学院	97.14
	网络与信息安全学院	93.85		空间科学与技术学院	97.14
	数学与统计学院	93.33		数学与统计学院	97.14
	经济与管理学院	91.55		机电工程学院	96.84
	人文学院	90.91		—	—

注：个别学院由于样本较少没有包括在内。

4.1.3　对教育教学的满意度

1. 教育教学满意度

学校教学工作整体开展效果较好，为人才培养目标达成奠定了坚实基础。2022 届毕业生对教学的满意度为 95.12%，其中本科生、研究生对教学的满意度分别为 93.78%、96.96%(见图 4-3)。

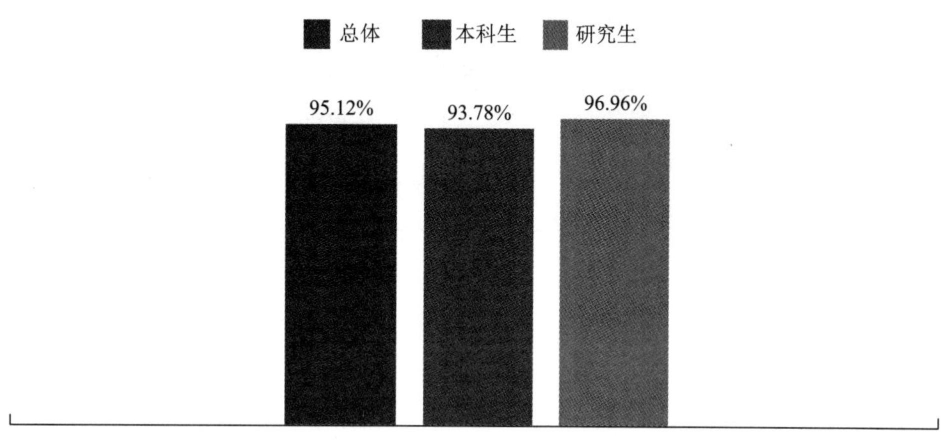

图 4-3　2022 届毕业生对教育教学的满意度*

2. 各学院毕业生对教育教学的满意度

我校 2022 届本科毕业生对教育教学满意度较高的学院是数学与统计学院(96.30%)、电子工程学院(95.51%)、外国语学院(95.45%)等；毕业研究生中，经济与管理学院、数学与统计学院、生命科学技术学院毕业生对教育教学满意度均达到 100.00%。各学院 2022 届毕业生对教育教学的满意度见表 4-3。

表 4-3　各学院 2022 届毕业生对教育教学的满意度*

学历	学院名称	对教育教学的满意度/%	学历	学院名称	对教育教学的满意度/%
本科	本科平均	93.78	硕士研究生	研究生平均	96.96
	数学与统计学院	96.30		经济与管理学院	100.00
	电子工程学院	95.51		数学与统计学院	100.00
	外国语学院	95.45		生命科学技术学院	100.00
	物理与光电工程学院	95.06		计算机科学与技术学院	97.93
	空间科学与技术学院	95.00		通信工程学院	97.47
	通信工程学院	94.62		网络与信息安全学院	97.06
	微电子学院	94.40		微电子学院	96.26
	经济与管理学院	94.37		人工智能学院	96.23
	机电工程学院	93.89		电子工程学院	96.21
	人工智能学院	93.59		机电工程学院	94.44
	计算机科学与技术学院	91.74		物理与光电工程学院	94.44
	先进材料与纳米科技学院	89.66		空间科学与技术学院	94.12
	网络与信息安全学院	89.39		—	—
	人文学院	82.61			

注：个别学院因样本较少没有包括在内。

4.1.4　通用能力培养效果

学生的通用能力对于促进学生高质量就业以及在职场的可持续发展具有不可代替的作用。我校 2022 届本科生、研究生均认为工作中较为重要的通用能力包括团队合作、沟通交流、终身学习、解决问题(见表 4-4)。

在校学习经历对信息搜索与处理能力提升的影响最为明显，2022 届本科生、研究生表示该能力得到明显提升的比例分别为90.13%、93.81%(见表4-5)。

表4-4 工作中最重要的通用能力(多选)*

通用能力	本科生/%	研究生/%
团队合作	84.67	85.86
沟通交流	80.00	83.15
终身学习	76.00	70.00
解决问题	67.78	71.35
信息搜索与处理	65.78	52.16
环境适应	56.44	60.18
阅读能力	39.56	34.14
创新能力	38.89	40.36
组织领导	35.78	37.12
批判性思维	36.00	32.43

表4-5 在校学习经历对各项通用能力的影响*

通用能力	本科生/%	研究生/%
信息搜索与处理	90.13	93.81
环境适应	88.76	92.34
解决问题	88.37	93.80
阅读能力	81.80	91.22
沟通交流	81.35	89.64
终身学习	80.72	92.31
团队合作	80.09	85.39
批判性思维	75.68	82.45
创新能力	64.94	83.35
组织领导	64.86	67.61

4.2 对就业工作的反馈

4.2.1 求职情况

我校2022届毕业生平均收到面试机会11.89次，平均收到录用通知4.71份(见图4-4)。

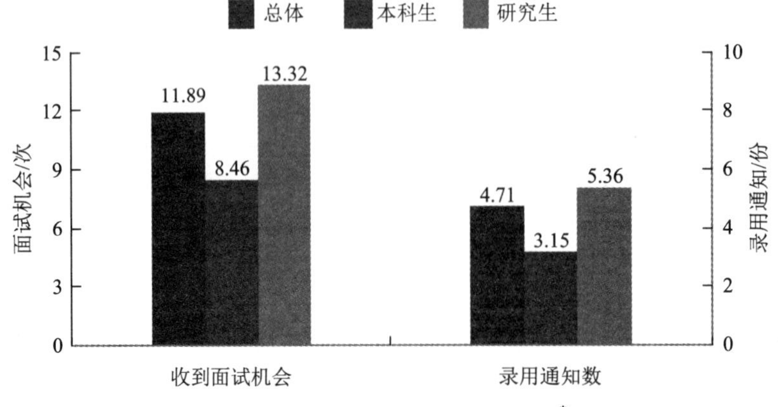

图4-4 2022届毕业生的求职情况*

4.2.2 就业服务满意度

1. 总体就业服务满意度

学校就业服务工作整体开展效果较好，为毕业生的去向落实提供了有力支撑。2022 届毕业生对就业服务工作的总体满意度为 94.33%，其中本科生、研究生对就业服务工作的满意度分别为 92.10%、97.00%(见图 4-5)。

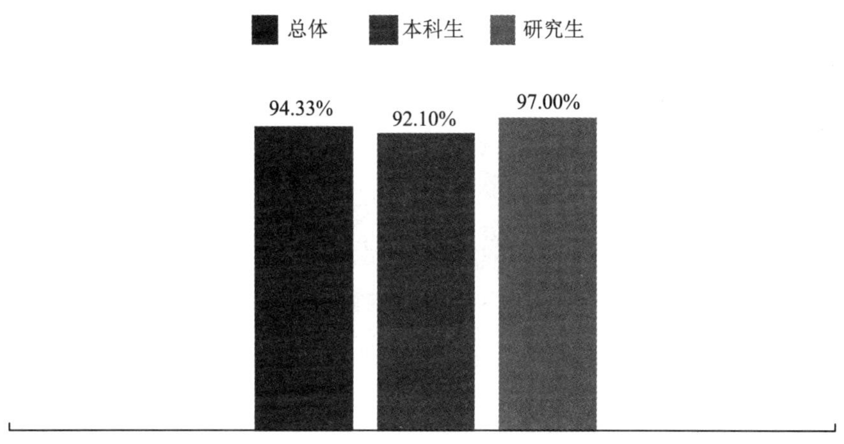

图 4-5 2022 届毕业生对就业服务的满意度*

2. 各学院毕业生对就业服务的满意度

我校 2022 届本科毕业生对就业服务工作总体满意度较高的学院是电子工程学院(95.81%)、人工智能学院(94.03%)、机电工程学院(93.29%)；毕业研究生中，经济与管理学院、生命科学技术学院毕业生对就业服务的满意度均达到 100.00%。各学院 2022 届毕业生对就业服务的满意度见表 4-6。

表 4-6 各学院 2022 届毕业生对就业服务的满意度*

学历	学院名称	就业服务满意度/%	学历	学院名称	就业服务满意度/%
本科	本科平均	92.10	硕士研究生	研究生平均	97.00
	电子工程学院	95.81		经济与管理学院	100.00
	人工智能学院	94.03		生命科学技术学院	100.00
	机电工程学院	93.29		微电子学院	98.20
	微电子学院	92.23		通信工程学院	97.47
	计算机科学与技术学院	92.12		计算机科学与技术学院	97.22
	经济与管理学院	92.06		数学与统计学院	97.14
	物理与光电工程学院	92.05		网络与信息安全学院	97.06
	通信工程学院	90.53		电子工程学院	96.70
	人文学院	90.48		物理与光电工程学院	96.30
	网络与信息安全学院	89.29		人工智能学院	96.30
	数学与统计学院	86.96		机电工程学院	95.74
	空间科学与技术学院	85.29		空间科学与技术学院	94.29
	—	—		先进材料与纳米科技学院	90.48

注：个别学院因样本较少没有包括在内。

4.2.3 就业指导服务开展效果

我校 2022 届本科毕业生中，有 82.81%的人接受过学校提供的各类就业指导服务，其中覆盖面最大的就业指导服务是学校组织的各类线下、线上招聘会，本科生参与比例分别达到了 49.93%、49.48%(见图 4-6)，其有效性(分别为 92.28%、91.29%)均超过 90%(见图 4-7)。可见线上线下相结合的校园招聘模式整体效果较好，为毕业生求职提供了良好的平台。

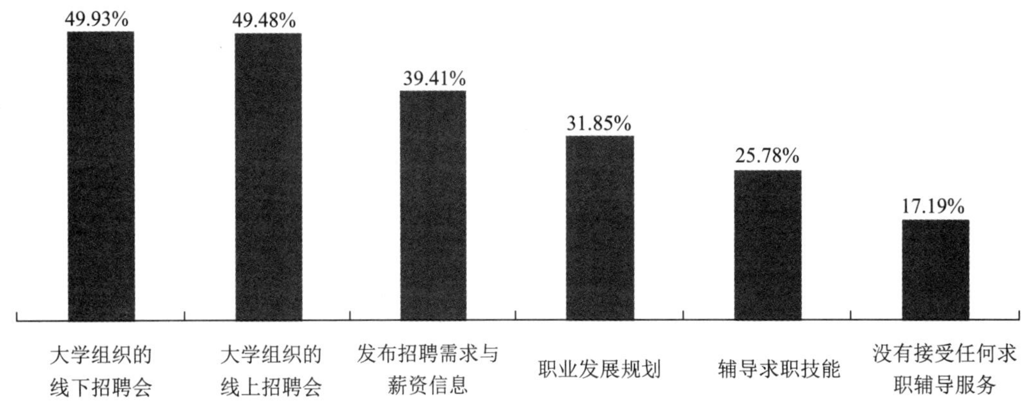

图 4-6 2022 届本科毕业生接受就业服务的比例(多选)*

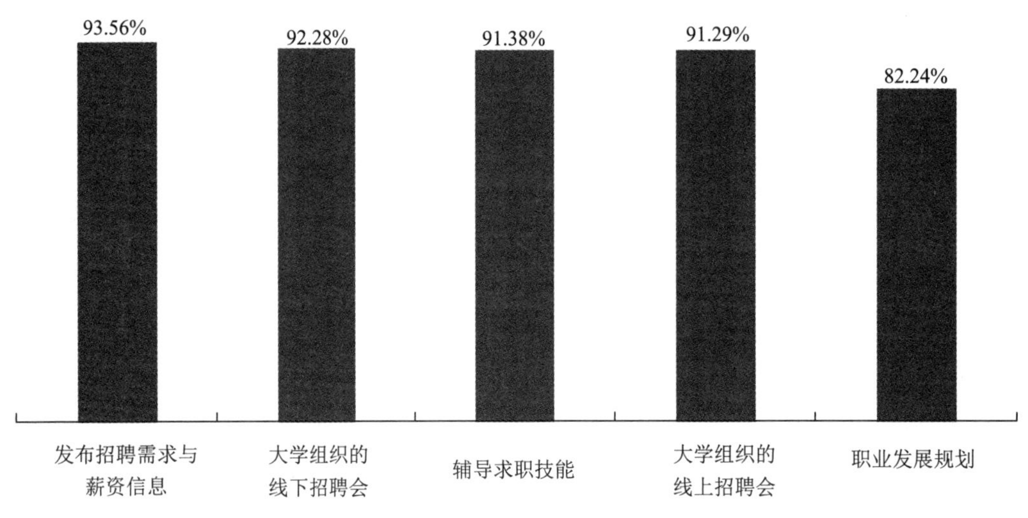

图 4-7 2022 届本科毕业生对就业服务的有效性评价*

第五章 用人单位评价

用人单位评价信息可反映学校培养与实际市场需求的适应情况，可帮助高校优化调整培养内容和方式，提高毕业生的就业能力。本章从用人单位对本校毕业生的使用评价来展现用人单位评价信息。

5.1 聘用渠道

用人单位聘用我校毕业生的首要渠道是校园招聘会或通过学校发布招聘信息(见图 5-1)。

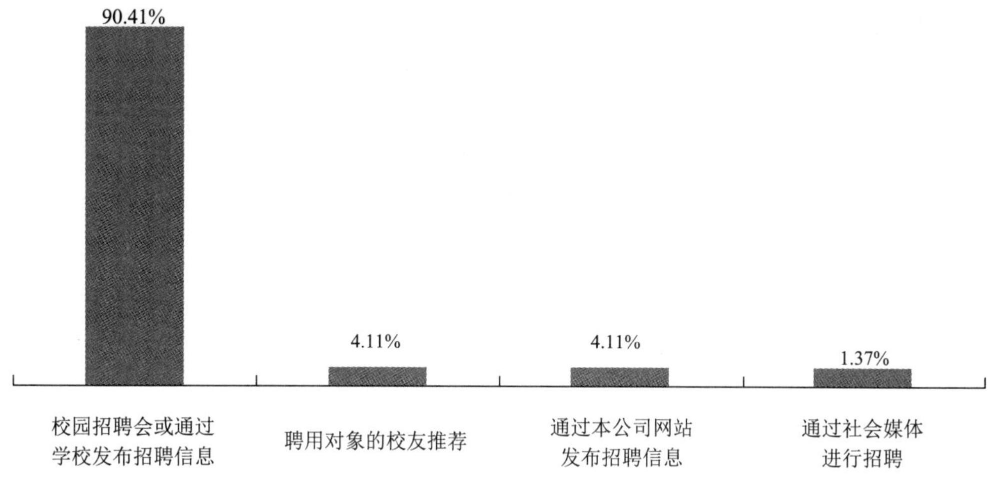

图 5-1　用人单位聘用我校毕业生的渠道*

5.2　使用评价

用人单位对我校毕业生的总体满意度为 98.61%，其中很满意的比例为 58.33%(见图 5-2)。另外，聘用过我校应届毕业生的用人单位绝大多数(98.61%)表示未来愿意继续招聘我校毕业生(见图 5-3)。

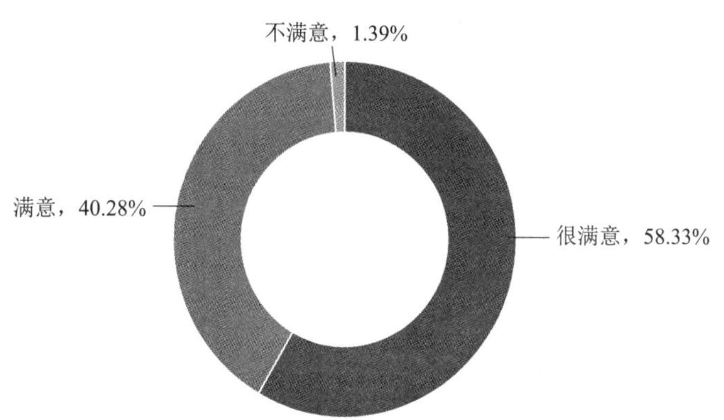

图 5-2　用人单位对本校应届毕业生的总体满意度*

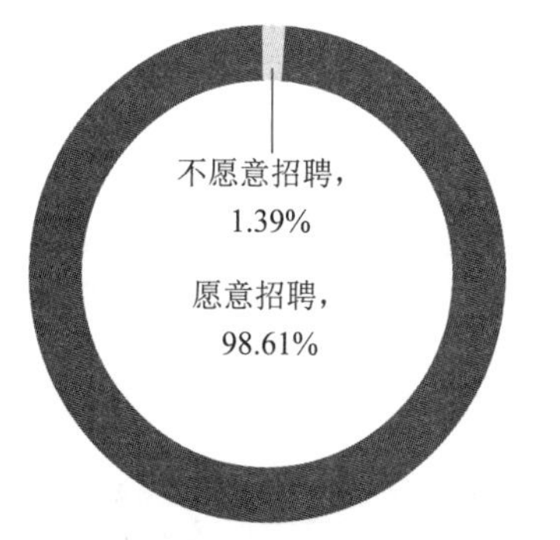

图 5-3　用人单位继续招聘我校毕业生的意愿*

5.3　能力、素质需求

1. 用人单位对毕业生工作能力的需求程度及满意度

招聘过我校应届毕业生的用人单位对毕业生“解决问题能力”的需求程度最高(4.72 分)，且满意度也较高(98.53%，见图 5-4)。

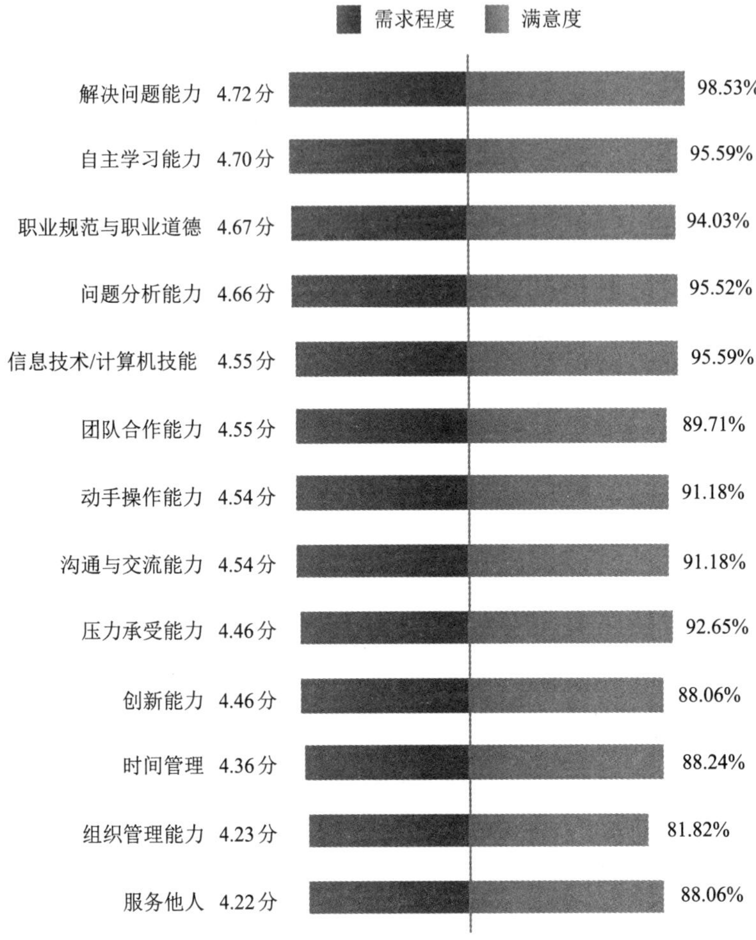

图 5-4 用人单位对毕业生工作能力的需求程度及满意度*

2. 用人单位对毕业生个人素质的需求程度及满意度

招聘过我校应届毕业生的用人单位对毕业生“学习的意愿”“积极的工作态度”的需求程度相对较高(分别为 4.67 分、4.64 分)，其满意度均为 97.10%(见图 5-5)。

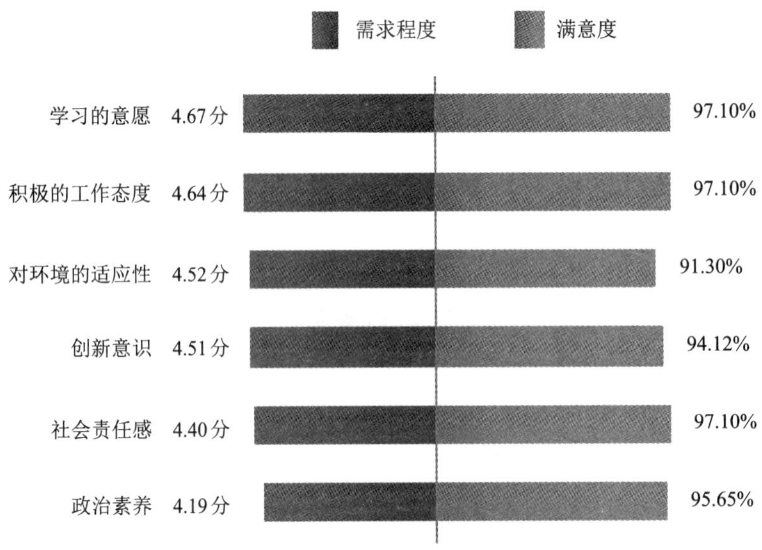

图 5-5 用人单位对毕业生个人素质的需求程度及满意度*

5.4　对学校就业工作评价

用人单位对我校就业工作的满意度为98.72%，其中很满意的比例为50.00%(见图5-6)。

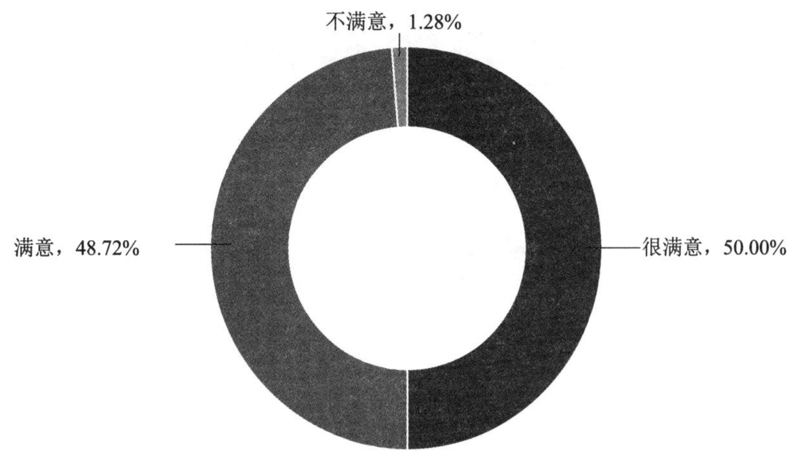

图5-6　用人单位对我校就业工作的满意度

研究生教育

研究生教育综述

2022年以来，研究生院以习近平总书记对研究生教育的重要指示精神为指导，坚持立德树人，聚焦改革创新，持续推进研究生教育内涵式发展，着力培养服务国家战略需求、德才兼备的高层次领军人才。

一、落实立德树人根本任务情况

1. 深入推进研究生课程思政教学改革。以研究生思政公共课“中国马克思主义与当代”为试点，开展“首席教授讲座＋线上教学＋小班研讨＋活动教学＋实践环节”五位一体的教学模式改革，探索实现启发式和探究式思政课一体化建设目标。持续推进研究生课程思政建设，与思政课程双向发力，同向同行，2022年建设覆盖13个学院的研究生课程思政示范课26门，较2020年增长160%，建设力度逐年加大，不断完善“三全育人”格局。

2. 试点实施工程博士研究生交叉融合培养项目招生工作。以交叉融合培养项目招生为牵引，以产业实际问题为导向，以产学研深度融合为基础，试点工程博士研究生交叉融合培养项目招生工作，与5家科研单位依托21个工程项目开展招生培养，首批录取22名考生进入交叉融合培养项目。通过交叉融合培养项目，把工程实践有机嵌入学生培养全过程，构筑有组织的科研和人才培养共同体，打造工程博士研究生培养的“西电特色”。

3. 牵头制定工程博士研究生培养相关文件。依托教育部、全国工程教指委重大课题，紧密结合工程博士人才培养特点，牵头起草《工程博士研究生培养指导意见》《工程博士学位论文基本要求》，并依托全国工程教指委下发全国各培养单位征求意见，培养定位上强调要紧密结合相关工程领域国家重大战略需求，学位评价上突出工程创新能力考核，工程博士研究生培养相关理念全国领先。

二、目标任务书完成情况

1. 出台《合格性质量标准体系》。发布《研究生院2022年质量报告观测点体系》，重点考核全校招生质量、综合改革、培养质量和专业学位研究生培养等工作成效。

2. 深化研究生教育综合改革。出台《科研支撑培养经费配置使用说明》，进一步优化研究生教育综合改革专项经费使用，已在本年度博士研究生招生中执行。

3. 深化产教融合研究生联合培养，提升异地研究生培养质量。加强学校160余个研究生联合培养基地的日常管理与制度建设，对学校异地研究生培养机构全面梳理自查，强化日常监督考核，保障人才培养质量。

4. 完成学位授权点相关评估工作。组织参评的21个学位授权点在国家学位授权点基本状态信息填报系统完成 2020—2021 年度数据填报工作，2022 年年底前完成校内自评估工作并提交《学位授权点自我评估总结报告》《学位授权点建设年度报告》。

5. 形成年度质量报告。全面梳理 2022 年度研究生教育工作成效，组织各科室对照研究生教育质量观测体系、目标任务对各单位完成情况逐项进行打分并分析评估，形成 2022 年度质量报告。

6. 研究生优质生源与培养质量。出台《学生科研硬成果认定办法》，已针对广州研究院专业学位硕士研究生试用，进一步修订完善后全校推广。2022 年录取优质生源 3023 人，较 2021 年增加 38 人，优质生源录取率为 67.92%。2022 年获评陕西省优秀博士学位论文 8 篇(公示中)、中国图象图形学会优秀博士学位论文提名奖 1 篇。推荐 10 篇论文参评中国电子学会优秀博士学位论文，9 篇论文参评中国通信学会优秀博士学位论文，4 篇论文参评中国电子学会优秀博士学位论文。

7. 师生服务事项信息化率。持续推进数据赋能新时期研究生教育管理体系建设，不断完善优化系统业务流程，采购系统保障和运维服务，切实提升师生的系统使用体验和服务保障。2022 年度 17.6 万人次使用系统。

8. 持续打造研究生特色教育品牌。构建以目标为导向的项目制管理模式，支持学院围绕拔尖人才培养、课程与教材建设、导学思政育人、专业学位培养模式改革开展研究生教育综合改革专项行动 21 项，推荐 8 项参评省级研究生教育综合改革研究与实践项目。

9. 深入实施工程硕博士培养改革专项。试点实施工程硕博士培养改革专项，与 9 家合作企业积极对接，高质量完成培养方案制订和企业导师匹配。着力谋划卓越工程师学院建设，形成《卓越工程师学院建设方案》。

10. 推动本硕博贯通培养模式改革。依托中国研究生院院长联席会重大课题，在电子工程学院、计算机科学与技术学院、微电子学院、人工智能学院、空间科学与技术学院启动高层次人才本硕博贯通培养试点工作，依托各类拔尖班和特色班选拔人才，建设多门特色贯通培养课程。

11. 启动新一轮博硕士学位授权点申报工作。发布《关于开展新一轮博士硕士学位授权点申报论证工作的通知》，组织拟申报新增学位点全面梳理本学院/本学科师资队伍、人才培养、科研成果、学科特色等情况，完成同行专家评审论证工作。

12. 加强研究生论文质量管理。完成《研究生学位论文质量分析报告》，从学校近五年国家、省、学校三级研究生学位论文抽检结果入手，总结研究生学位论文抽检质量问题，识别影响研究生学位论文质量的主要原因，有针对性地提出加强研究生学位论文质量监控的策略，助力夯实培养质量。

三、督办事项，校长办公会、党委常委会决议完成情况

1. 2022 年度新增“新一代信息通信技术”“网络空间安全”“人工智能”3 个教育部国家急需高层次人才培养专项，与相关行业头部企业签署联合培养协议 25 个。

2. 进一步规范学校学位评定委员会职责，修订印发《西安电子科技大学学位评定委员会章程(2022 年修订)》，规范和明确各级学位评定委员会组成、产生方式、职责和议事规则等，为学位评定委员会换届及工作的开展提供制度依据，构建法治化的管理模式。

3. 承担的全国工程专业学位研究生教育指导委员会深化工程类专业学位研究生教育综合改革重大项目《国家产教融合研究生联合培养基地建设机制研究》顺利结题，为相关培养单位及管理部门提供了较为有效的对策建议。

四、获得的重要荣誉奖励，经验推广及社会影响力等

1. 研究生院牵头的《产教融合，需求导向，工程类专业学位研究生培养模式探索与实践》获陕西

省教学成果奖一等奖。

2. 受邀在中国研究生院院长联席会年会上就基础学科和关键领域核心技术高层次人才本硕博贯通培养模式探索作经验分享。

3. 受中国学位与研究生教育学会邀请在“中国研究生导师论坛”作《传承红色基因，建好导师队伍，培养德才新人》主题报告。

4. 受邀在陕西省学位与研究生教育学会第八届会员大会暨第十九届学术交流研讨会作导师队伍建设经验分享报告。

5. 应全国工程专业学位研究生教育指导委员会邀请，在西北区域协作组会议上对工程类专业学位研究生培养经验进行总结分享。

附表　奖励或表彰事项统计表

序号	名　称	颁发单位	级别	获奖时间
1	陕西省教学成果奖一等奖	陕西省人民政府	省部级	2022年5月

研究生规模统计情况

硕士研究生分专业(领域)学生数

表号：教基 3331　　统计时点：2022 学年　　单位：人

指标名称	毕业生数	授予学位数	招生数	合计	在校生数					预计毕业生数
					一年级	二年级	三年级	四年级	五年级以上	
总计	3348	3541	4656	13621	4656	4611	4354	0	0	4621
其中：女	1186	1245	1316	4012	1316	1283	1413	0	0	1413
全日制硕士研究生	3179	3271	4438	12 806	4438	4202	4166	0	0	4166
学术学位	1664	1707	2094	5877	2094	1942	1841	0	0	1841
专业学位	1515	1564	2344	6929	2344	2260	2325	0	0	2325
非全日制硕士研究生	169	270	218	815	218	409	188	0	0	455
学术学位	0	0	0	0	0	0	0	0	0	0
专业学位	169	270	218	815	218	409	188	0	0	455

博士研究生分专业(领域)学生数

表号：教基 3332　　统计时点：2022 学年　　单位：人

指标名称	毕业生数	授予学位数	招生数	合计	在校生数					预计毕业生数
					一年级	二年级	三年级	四年级	五年级以上	
总计	288	345	659	2776	659	593	540	984	0	984
其中：女	81	94	159	782	159	124	162	337	0	337
全日制博士研究生	288	345	659	2776	659	593	540	984	0	984
学术学位	287	344	528	2401	528	495	463	915	0	915
专业学位	1	1	131	375	131	98	77	69	0	69
非全日制博士研究生	0	0	0	0	0	0	0	0	0	0
学术学位	0	0	0	0	0	0	0	0	0	0
专业学位	0	0	0	0	0	0	0	0	0	0

2022年博士研究生指导教师资格认定名单

专任博士研究生指导教师

学位授权点	姓　名	所在学院
数学	白振国	数学与统计学院
物理学	李檀平　崔志伟　李仁先　陈世国	物理学院
机械工程	常建涛　章　云　赵　萌	机电工程学院
仪器科学与技术	白博文　闫允一　方海燕	空间科学与技术学院
材料科学与工程	白晓霞　Ajit Khosla	先进材料与纳米科技学院
电子科学与技术	秦国栋　徐云学	电子工程学院
	祝杰杰	微电子学院
	欧阳辉	信息感知集成攻关研究院
	游淑珍　刘先河	广州研究院
信息与通信工程	秦　浩　孙　蓉　李文刚　李娇娇	通信工程学院
	郭　杰　俱　莹	
	邓宏章　董明皓　赵　恒　宁蓬勃	生命科学技术学院
	张学攀	杭州研究院
控制科学与工程	戴志勇　关永强　刘永奎	机电工程学院
计算机科学与技术	王　笛	计算机科学与技术学院
	曹向海　杨毅民	人工智能学院
	谢　飞	前沿交叉研究院
	刘晓涛	广州研究院
软件工程	董洛兵　牛振兴	计算机科学与技术学院
网络空间安全	刘雪峰　习　宁　张凤荣	网络与信息安全学院
军队指挥学	高军涛　关　磊	通信工程学院
管理科学与工程	郑耀群　张　晓	经济与管理学院
集成电路科学与工程	费春龙	微电子学院
	钱利波	杭州研究院

转学位授权点博士研究生指导教师

原学位授权点	转入学位授权点	姓　名	所在学院
网络空间安全	计算机科学与技术	李　辉	计算机科学与技术学院
软件工程		鲍　亮	
光学工程	物理学	王炳健　周慧鑫 邰　鹏　王军利	物理学院
电子科学与技术	集成电路科学与工程	蔡觉平　单光宝　丁瑞雪 董　刚　赖　睿　李　聪 李娅妮　李振荣　刘帘曦 刘马良　刘术彬　刘　毅 游海龙　朱樟明　吴龙胜	微电子学院

交叉学科兼学位授权点博士研究生指导教师

学位授权点	姓　名	所在学院
集成电路科学与工程	韩根全　胡辉勇　刘红侠　刘　艳　吕红亮	微电子学院
	杨银堂　张艺蒙　张玉明	

兼职博士研究生指导教师

学位授权点	姓　名	所在学院
信息与通信工程	黎　湘	电子工程学院
	吴伟仁　吴剑旗	杭州研究院
计算机科学与技术	贾　颖	人工智能学院
管理科学与工程	汪寿阳	经济与管理学院

2021年博士研究生指导教师资格认定名单

专任博士研究生指导教师

学位授权点	姓　名	所在学院
数学	张乐友	数学与统计学院
物理学	徐　强　汪加洁	物理与光电工程学院
机械工程	刘焕玲　宋立伟　张国渊	机电工程学院
光学工程	黄　曦	物理与光电工程学院
材料科学与工程	彭彪林　张　显　周益春　杨　丽	先进材料与纳米科技学院
	廖　敏	

续表

学位授权点	姓　名	所在学院
仪器科学与技术	杨　敏　程鹏飞	空间科学与技术学院
	李智奇	机电工程学院
电子科学与技术	陈建忠　李　林　罗勇江　任　仪	电子工程学院
	汤建龙　翁子彬　杨　林　袁　冰	
	张　立　张天龄　邢立宁	
	游海龙　M.Jamal Deen　吴龙胜	微电子学院
	盛　凯	前沿交叉研究院
信息与通信工程	刘明骞　刘俊宇　朱丽娜	通信工程学院
	王鹏辉	电子工程学院
	袁伟明	信息感知集成攻关研究院
计算机科学与技术	刘　刚　王炳波　武　越　李建新	计算机科学与技术学院
软件工程	朱光明	
网络空间安全	王剑锋　蒋忠元　苗银宾　李　钊	网络与信息安全学院
	付玉龙	
管理科学与工程	宋　妍　张建军　曹　栋	经济与管理学院

兼职博士研究生指导教师

学位授权点	姓　名	所在学院
电子科学与技术	唐晓斌　程　强　王　密　黄文江	电子工程学院
	崔铁军	
网络空间安全	张宗华　王　皓　马建华　刘　哲	网络与信息安全学院
	孔一男　Willy Susilo	
计算机科学与技术	何晓飞	计算机科学与技术学院
光学工程	谢小平　喻松林　陶　禹　王小勇	物理与光电工程学院
	于　洵	

转学位授权点博士研究生指导教师

原学位授权点	转入学位授权点	姓　名	所在学院
材料科学与工程	电子科学与技术	杨　凌	微电子学院
		王　宏	
计算机科学与技术	网络空间安全	戚玉涛	网络与信息安全学院

2020年博士研究生指导教师资格认定名单

专任博士研究生指导教师

学位授权点	姓　名	所在学院
数学	刘振华	数学与统计学院
物理学	李海英　曹运华　杨瑞科　李艳辉	物理与光电工程学院
	刘松华　王　蕊　李　娟　刘忠玉	
机械工程	张树新	机电工程学院
光学工程	赵小明　田文龙　张大成　刘　飞	物理与光电工程学院
材料科学与工程	张茂林　赵振环	先进材料与纳米科技学院
电子科学与技术	鲍　丹　蔡晶晶　何立火　胡　伟	电子工程学院
	栗　曦　林中朝　刘聪锋　任爱锋	
	王新怀　徐　乐　张欢欢　张鹏飞	
	张伟涛	
信息与通信工程	张　冰　岳　鹏　霍俊彦　杜建超	通信工程学院
	张　静　王云江　王杰令　赵　楠	
	马　涛　刘向丽　郝本建　郭网媚	
	文　娟　杨　龙　张慧星　任　鹏	
	谢卫莹　褚晓理	
	刘　楠　唐世阳　张　鹏	电子工程学院
控制科学与工程	刘改云	机电工程学院
	冯冬竹	空间科学与技术学院
计算机科学与技术	万　波　鱼　滨　董学文　孙鹏岗	计算机科学与技术学院
	高大化　刘红英　慕彩红　齐　飞	人工智能学院
	唐　旭　朱虎明　李卫斌	
软件工程	李　瑞	计算机科学与技术学院

兼职博士研究生指导教师

学位授权点	姓　名	所在学院
仪器科学与技术	薛晨阳	机电工程学院
	张金刚　尘　军	空间科学与技术学院
电子科学与技术	王友顺　周　凯　郭英杰　袁巧微	电子工程学院
	焦文华	
信息与通信工程	郑　淦	通信工程学院
网络空间安全	李　进	网络与信息安全学院

转学位授权点博士研究生指导教师

原学位授权点	转入学位授权点	姓　名	所在学院
信息与通信工程	电子科学与技术	全英汇	电子工程学院
软件工程	计算机科学与技术	高海昌	计算机科学与技术学院
计算机科学与技术	网络空间安全	郑　宇	网络与信息安全学院

2019 年博士研究生指导教师资格认定名单

专任博士研究生指导教师

学位授权点	姓　名	所在学院
数学	李小南　杨丹丹　李　靖	数学与统计学院
物理学	王兰美　魏　群　刘　伟	物理与光电工程学院
机械工程	杨东武　张　丹	机电工程学院
光学工程	刘德连　秦翰林　郭　亮　郜　鹏	物理与光电工程学院
仪器科学与技术	肖建康　陆　洋	机电工程学院
	吕晓洲　石　磊　周绥平	空间科学与技术学院
材料科学与工程	仲　鹏	先进材料与纳米科技学院
电子科学与技术	陈　曦　初秀琴　高永婵　洪　涛　刘能武	电子工程学院
	王　兴　王秀美　张　帅　赵鲁豫	
	刘志宏　张鼎张　弓小武　周　弘　刘马良	微电子学院
	刘术彬　林珍华　刘　艳　李　聪　单光宝	
	陈　中	
信息与通信工程	耿艳林　王柯俨　吴　炜　刘景伟　张　顺	通信工程学院
	张沉思　杨　曦　石　嘉	
	许京伟　曾　操　张　娟　郑纪彬　周　宇	电子工程学院
	刘　鹏　袁　凯　詹勇华	生命科学技术学院
控制科学与工程	张鼎文　郑　峰　Christoforos Hadjicostis	机电工程学院
	张　华	空间科学与技术学院
计算机科学与技术	王文野　王书振　袁细国　赵　伟	计算机科学与技术学院
	李雷达　冯　婕　牛　毅　张小华　王晗丁	人工智能学院
软件工程	纪　建　刘　惠	计算机科学与技术学院
网络空间安全	马　卓　张俊伟　罗林波　曹　进　谷大武	网络与信息安全学院
	孙　文　胡瑞敏	
军队指挥学	齐佩汉	通信工程学院
管理科学与工程	申尊焕　秦春秀　余钟夫　刘爱军	经济与管理学院

兼职博士研究生指导教师

学位授权点	姓　名	所在学院
光学工程	胡炳樑　韩申生　魏　凯	物理与光电工程学院
仪器科学与技术	高　杨　刘祖深　年夫顺	机电工程学院
电子科学与技术	杨美红　于　明　刘春恒	电子工程学院
	赵元富　张　婕　王欣然	微电子学院
信息与通信工程	张　伟　承　楠	通信工程学院
网络空间安全	郑建华　高　飞　黄欣沂　王　标	网络与信息安全学院
	蒋文保　马懋德	
材料科学与工程	张文华　何　军　阙郁伦　Hossam Haick	先进材料与纳米科技学院

转学位授权点博士研究生指导教师

原学位授权点	转入学位授权点	姓　名	所在学院
材料科学与工程	电子科学与技术	马晓华	微电子学院

2018年博士研究生指导教师资格认定名单

专任博士研究生指导教师(103名)

学位授权点	姓　名	所在学院
数学	高卫峰	数学与统计学院
物理学	李江挺　郭宏福	物理与光电工程学院
机械工程	段学超　孔宪光　李　娜　李　鹏　王　伟	机电工程学院
	杨　勇　张逸群　周金柱	
光学工程	曹长庆　王军利　李建郎	物理与光电工程学院
仪器科学与技术	陈晓龙　樊康旗	机电工程学院
	周绥平　金　科	空间科学与技术学院
材料科学与工程	杨　凌　吴巍炜　杨如森	先进材料与纳米科技学院
电子科学与技术	姜　文　王　斌　王　颖　魏　峰　杨晓东	电子工程学院
	张志亚　赵勋旺　傅　光　李　鹏　洪思忠	
	丁瑞雪　贾护军　赖　睿　李振荣　张金凤	微电子学院
	张艺蒙　李娅妮　宋庆文	
	李小俚	人工智能学院

续表

<table>
<tr><th>学位授权点</th><th>姓 名</th><th>所在学院</th></tr>
<tr><td rowspan="7">信息与通信工程</td><td>王俊平 王楠楠 吴宪云 雷 杰 姜 光</td><td rowspan="4">通信工程学院</td></tr>
<tr><td>李 静 卢小峰 姚明旿 程文驰 张 阳</td></tr>
<tr><td>任智源 衣建甲 黑永强 司江勃 张 琰</td></tr>
<tr><td>陈 睿 朱晓妍 张 伟</td></tr>
<tr><td>戴奉周 梁 毅 全英汇 孙光才 唐 禹</td><td rowspan="2">电子工程学院</td></tr>
<tr><td>许述文 严俊坤 左 磊 周生华</td></tr>
<tr><td>陈雪利 刘继欣</td><td>生命科学技术学院</td></tr>
<tr><td>控制科学与工程</td><td>郑元世 韩军功</td><td>机电工程学院</td></tr>
<tr><td rowspan="4">计算机科学与技术</td><td>戚玉涛 马小科 王小兵 安玲玲 焦晓鹏</td><td rowspan="2">计算机学院</td></tr>
<tr><td>张 南 张志强 管子玉</td></tr>
<tr><td>白 静 李 甫 马文萍 吴金建 刘园园</td><td rowspan="2">人工智能学院</td></tr>
<tr><td>尚凡华 梁雪峰</td></tr>
<tr><td>软件工程</td><td>刘西洋 鲍 亮 宋胜利 张 亮</td><td>计算机学院</td></tr>
<tr><td rowspan="2">网络空间安全</td><td>樊 凯 姜 奇 李金库 张海宾 孙 聪</td><td rowspan="2">网络与信息安全学院</td></tr>
<tr><td>栾 浩</td></tr>
<tr><td rowspan="2">管理科学与工程</td><td>刘东苏 洪宪培 杨朝君 周晓阳 于少勇</td><td rowspan="2">经济与管理学院</td></tr>
<tr><td>赵卫国 李 刚</td></tr>
</table>

兼职博士研究生指导教师(27 名)

<table>
<tr><th>学位授权点</th><th>姓 名</th><th>所在学院</th></tr>
<tr><td rowspan="2">计算机科学与技术</td><td>杨孟飞 郭得科 高 勇 李晓东 王晓刚 苏 中</td><td rowspan="2">计算机学院</td></tr>
<tr><td>沈晓卫 李海洲 Hojjat Adeli</td></tr>
<tr><td>仪器科学与技术</td><td>陈景标</td><td rowspan="3">机电工程学院</td></tr>
<tr><td>控制科学与工程</td><td>张 霖</td></tr>
<tr><td>机械工程</td><td>周宇戈</td></tr>
<tr><td rowspan="2">电子科学与技术</td><td>Tsu-Jae King Liu</td><td>微电子学院</td></tr>
<tr><td>田 奇 张荣桥</td><td>电子工程学院</td></tr>
<tr><td>仪器科学与技术</td><td>刘乃金 肖 林 姚 伟 郑 伟 陈伟芳</td><td>空间科学与技术学院</td></tr>
<tr><td>材料科学与工程</td><td>王中林</td><td>先进材料与纳米科技学院</td></tr>
<tr><td>网络空间安全</td><td>吴 烨 项 阳 Nei Kato Miroslaw Kutylowski</td><td>网络与信息安全学院</td></tr>
<tr><td>软件工程</td><td>吴奇石 梅 林</td><td>软件学院</td></tr>
</table>

2017年新增博士研究生指导教师名单

专任博士研究生指导教师(38名)

学位授权点	姓　名	所在学院
物理学	郑敬亚	物理与光电工程学院
机械工程	叶俊杰	机电工程学院
光学工程	王炳健	物理与光电工程学院
仪器科学与技术	任获荣	机电工程学院
材料物理与化学	秦　勇　王　宏	先进材料与纳米科技学院
电子科学与技术	田小林	电子工程学院
	陆小力　毛　维　王　冲　许晟瑞	微电子学院
信息与通信工程	李晓辉　史　琰　宋　锐　项水英	通信工程学院
	郑贱平　朱畅华	
	韩　冰　路　文　索志勇　张　磊	电子工程学院
	王　敏　王英华　杨明磊	
	胡　波　吕锐婵　朱守平	生命科学技术学院
控制科学与工程	陈玉峰	机电工程学院
	孙　伟	空间科学与技术学院
计算机科学与技术	贾　广　鱼　亮　杨　力	计算机学院
网络空间安全	李　辉　杨　超	网络与信息安全学院
管理科学与工程	柴　建　孙秉珍　王益锋　谢永平	经济与管理学院

兼职博士研究生指导教师(9名)

学位授权点	姓　名	所在学院
光学工程	黄长强	物理与光电工程学院
仪器科学与技术	黄新波	机电工程学院
	高会军　闵昌万	空间科学与技术学院
信息与通信工程	王文野　毛国强	通信工程学院
计算机科学与技术	李哲涛	计算机学院
网络空间安全	范淑琴	网络与信息安全学院
管理科学与工程	李忠民	经济与管理学院

2016年以前博士研究生指导教师名单

学 院	学科名称	指 导 教 师
通信工程学院	光通信	曾晓东 韩香娥 韩一平 文爱军 尚 韬 王 平 李云松
	通信与信息系统	李建东 葛建华 卢朝阳 张海林 邱智亮 白宝明 李兵兵 杨克虎 盛 敏 林基明 李云松 宋 彬 赵力强 任光亮 李 颖 杨清海 李勇朝 肖 嵩 沈八中 杨 鲲 李长乐 杨付正 王勇超 刘彦明 宫丰奎 顾华玺 高全学 王 勇 李 卓 刘 伟 徐展琦 侯蓉晖 史 罡 刘 毅 李 靖 陈 晨 沈 中 杨春刚 孙 玉(兼) 杨小牛(兼) 左群声(兼) 仇洪冰(兼) 杨 宏(兼) 潘建伟(兼) 方玉光(兼) 杨伟豪(兼) 王小谟(兼) 唐 晖(兼) 李葆春(兼)
	信息安全	胡予濮 闫 峥 李 晖 裴庆祺 吕锡香 张玉清(兼) 冯登国(兼)
	军事通信学	李建东 张海林 李 赞 李红艳 相 征 陈 健 马文平 刘祖军 于 全(兼)
	密码学	马建峰 胡予濮 葛建华 马文平 李 晖 陈晓峰 张卫国 王保仓 李凤华(兼)
电子工程学院	电路与系统	焦李成 郭宝龙 许录平 赵国庆 石光明 来新泉 谢雪梅 武筱林 侯 彪 李 洁 刘 静 王 爽 吴家骥 屈 嵘 张向荣 史凌峰 吴建设 邓 成 尚荣华 缑水平 董伟生 刘若辰 刘 波 董春曦 赵光辉 张锡祥(兼) 潘 进(兼) 张青富(兼) 戴琼海(兼) 梅 涛(兼)
	电磁场与微波技术	焦永昌 龚书喜 张福顺 史小卫 尹应增 鄢泽洪 李 龙 刘 英 史 琰 孙保华 张 玉 褚庆昕 谢拥军 路宏敏 苏 涛 吴 边 黄丘林 杨 锐 翟会清 官伯然(兼) 李思敏(兼) 陈 强(兼)
	信号与信息处理	廖桂生 冯大政 水鹏朗 张林让 陈伯孝 邢孟道 王 俊 刘宏伟 李 明 苏 涛 张子敬 王 彤 李真芳 苏洪涛 陶海红 杜 兰 周 峰 陈 渤 杨志伟 赵永波 纠 博 李亚超 白雪茹 朱圣棋 张玉洪 曹运合 罗 丰 李 军 丁金闪 吴建新 田春娜 刘 军 黄 恒 全光吉 吴仁彪(兼) 张光义(兼) 张冠杰(兼) 徐 雷(兼) 欧阳缮(兼) 金 林(兼) 王 玫(兼) 罗智泉(兼) 陶大程(兼) 王小谟(兼) 李世东(兼) 马 林(兼) 张庆君(兼) 张 良(兼) 王永良(兼)
	信息对抗技术	赵国庆 许录平 张锡祥(兼) 王小谟(兼)
	智能信息处理	焦李成 姬红兵 高新波 石光明 焦永昌 杨淑媛 郑喆坤 薛安克(兼) 吴 枫(兼)
	模式识别与智能系统	焦李成 姬红兵 高新波 赵亦工 楼顺天 卢朝阳 刘 峥 田 捷 梁继民 公茂果 郑喆坤 李 智 吴 艳 侯 彪 钟 桦 李阳阳 韩 红 王力波(兼) 范九伦(兼) 王国胤(兼) 王 革(兼)
	遥感信息科学与技术(交叉学科)	周 峰

续表一

学院	学科名称	指导教师
计算机学院	计算机系统结构	马建峰 崔江涛 刘 凯 王 泉 李兴华 刘家佳 沈玉龙 曾 平(兼) 沈绪榜(兼) 杨 林(兼) 牛文生(兼) 姜晓鸿(兼) 陈性元(兼) 徐启建(兼) 孙利民(兼) 施巍松(兼) 刘海涛(兼) 郑 宇(兼)
	计算机应用技术	陈 平 刘志镜 冯大政 张军英 刘 芳 刘三阳 高 琳 方 敏 苗启广 郑 宁(兼) 古天龙(兼) 韩 炜(兼)
	计算机软件与理论	霍红卫 王宇平 慕建君 田 聪
	软件工程	方 敏 高 琳 霍红卫 苗启广 慕建君 王宇平 张军英 陈 平 李青山 杜军朝 黄健斌 高海昌
	计算机科学与技术	李雁妮
机电工程学院	机械制造及其自动化	段宝岩 仇原鹰 李团结 苏玉鑫 郑 飞 周德俭(兼) 马 娟 李中权(兼)
	机械电子工程	段宝岩 仇原鹰 李志武 王 龙 周孟初 邵晓东 黄 进 王从思 陈贵敏 邱 扬 田文超 郑晓静 Alessandro GiuaWitoldPedrycz 杜敬利 周又和 周德俭(兼) 平丽浩(兼)
	测试计量技术及仪器	庄奕琪 刘贵喜 李小平 王 海 王卫东 李 智(兼) 莫 玮(兼) 白丽娜
	控制理论与控制工程	李志武 李 智 王 龙 周孟初 Alessandro Giua 刘贵喜 明正峰 胡核算 WitoldPedrycz 张 强
	电子机械科学与技术	李团结 邵晓东 郑 飞 保 宏
	机械设计及理论	薛向东
物理与光电工程学院	光学工程	曾晓东 张建奇 魏志义 王晓蕊 邵晓鹏 相里斌(兼) 赵 卫(兼) 朱江峰
	光学	韩香娥 韩一平 白 璐 任宽芳(兼)
	无线电物理	郭立新 史小卫 张 民 魏 兵 张明高(兼) 刘劲松(兼) 吴 健(兼) 弓树宏
	物理电子学	王石语 周慧鑫 周寿桓(兼) 杨廷梧(兼) 薛海中(兼) 蒋军彪(兼)
经济与管理学院	管理科学与工程	赵捧未 李 华 杜 荣 杜跃平 龙建成 温小霓 刘延平 贾俊秀 刘怀亮 尚 娟 王安民 窦永香 陈 希
	管理哲学	陈治亚 漆 思 白 刚 韩 伟 史少博 常 新 曹胜高(兼) 黎友焕(兼)
数学与统计学院	应用数学	冯象初 刘三阳 刘红卫 王宇平 胡予濮 王卫卫 吴事良
	概率论与数理统计	冶继民 杨有龙 薄立军 袁成桂(兼)
	运筹学与控制论	李俊民 周水生 齐小刚
微电子学院	微电子学与固体电子学	郝 跃 张玉明 杨银堂 庄奕琪 刘红侠 柴常春 杨林安 朱樟明 张进成 吕红亮 段宝兴 胡辉勇 蔡觉平 汤晓燕 董 刚 戴显英 刘 毅 张春福 贾仁需 刘帘曦 冯 倩 韩根全 于宗光(兼) 沈绪榜(兼) 刘卫国(兼) 郑雪峰 郭 辉 周岐发 敖金平 常晶晶 李清庭(兼) 欧阳晓平(兼)
	集成电路系统设计	郝 跃 杨银堂 庄奕琪 张玉明 刘红侠 沈绪榜(兼)

续表二

学　院	学科名称	指 导 教 师
生命科学技术学院	生物信息科学与技术	梁继民　秦　伟　黄力宇　田　捷　庞辽军　王忠良　张　毅　王　福
空间科学与技术学院	空间科学与技术	吕跃广　包为民　李小平　刘彦明　郭宝龙　谢　楷　黄柏铭　贺峥光(兼)
	导航、制导与控制	包为民　石光明　许录平　陈为胜
先进材料与纳米科技学院	材料物理与化学	杨银堂　马晓华　张进成　雷天民　周怀营(兼)　李智敏　李培咸
网络与信息安全学院	网络空间安全	朱　辉　王子龙　封化民(兼)

优秀博士学位论文获奖、提名情况

优秀博士学位论文获奖人员情况

序号	论 文 题 目	作者	指导教师	时间(年)	获奖类型
1	频谱理论及其在通信保密技术中的应用	冯登国	肖国镇	1999	全国优博获奖
2	广义内插小波和递归内插小波理论及应用的研究	水鹏朗	保 铮	2001	全国优博获奖
3	主分量和次分量神经网络学习算法及应用	欧阳缮	保 铮	2002	全国优博获奖
4	大射电望远镜精调 Stewart 平台的优化、分析与控制	苏玉鑫	段宝岩	2005	全国优博获奖
5	雷达高分辨距离像目标识别方法研究	杜 兰	保 铮	2009	全国优博获奖
6	大规模核机器学习研究	薄列峰	焦李成	2010	全国优博获奖
7	空天目标逆合成孔径雷达成像新方法研究	白雪茹	保 铮	2013	全国优博获奖
8	流密码及其复杂度分析	魏仕民	肖国镇	2003	全国优博提名奖
9	大射电望远镜馈源支撑与指向跟踪系统的力学模型分析及实验研究	仇原鹰	段宝岩	2004	全国优博提名奖
10	基于实测数据的雷达成像方法研究	邢孟道	保 铮	2004	全国优博提名奖
11	反馈神经网络的动态行为研究	张 强	许 珊	2005	全国优博提名奖
12	广义电磁谐振与 EBG 电磁局域谐振研究及应用	李 龙	梁昌洪	2007	全国优博提名奖
13	分布式小卫星 SAR-InSAR-GMTI 的处理方法	李真芳	保 铮	2008	全国优博提名奖
14	脊波双框架系统与自然图像的多变量统计模型	谭 山	焦李成	2009	全国优博提名奖
15	基于核方法的雷达高分辨距离像目标识别技术研究	陈 渤	保 铮	2010	全国优博提名奖
16	自动制造系统的 Petri 网控制器设计及优化	胡核算	李志武	2012	全国优博提名奖
17	高速电路电源分配网络设计与电源完整性分析	张木水	李玉山	2012	全国优博提名奖
18	高速运动平台雷达 GMTI 关键技术研究	朱圣棋	廖桂生	2012	全国优博提名奖
19	主分量和次分量神经网络学习算法及应用	欧阳缮	保 铮	2002	陕西省优博获奖
20	集成电路缺陷分布模型和容错技术研究	赵天绪	郝 跃	2002	陕西省优博获奖
21	椭球粒子对高斯波束的散射	韩一平	吴振森	2002	陕西省优博获奖
22	流密码及其复杂度分析	魏仕民	肖国镇	2003	陕西省优博获奖
23	SiC 材料和器件特性及其辐照效应的研究	尚也淳	张义门	2003	陕西省优博获奖
24	大射电望远镜馈源支撑与指向跟踪系统的力学模型分析及实验研究	仇原鹰	段宝岩	2004	陕西省优博获奖
25	超薄栅氧化层经时击穿效应与可靠性仿真技术研究	刘红侠	郝 跃	2004	陕西省优博获奖
26	集成电路电离辐射效应数值模拟及 X 射线剂量增强效应的研究	郭红霞	张义门	2004	陕西省优博获奖
27	蜂窝移动通信系统中越区切换算法的研究	李 波	吴成柯	2004	陕西省优博获奖
28	基于实测数据的雷达成像方法研究	邢孟道	保 铮	2004	陕西省优博获奖
29	超椭圆曲线密码体制的研究	张方国	王育民	2004	陕西省优博获奖

续表一

序号	论 文 题 目	作者	指导教师	时间(年)	获奖类型
30	大射电望远镜精调 Stewart 平台的优化、分析与控制	苏玉鑫	段宝岩	2005	陕西省优博获奖
31	反馈神经网络的动态行为研究	张　强	许　珽	2005	陕西省优博获奖
32	由非定标图像序列重建和测量三维物体	陈泽志	吴成柯	2005	陕西省优博获奖
33	支撑矢量机与核方法研究	张　莉	焦李成	2005	陕西省优博获奖
34	随机、智能结构随机振动分析与主动控制研究	高　伟	陈建军	2006	陕西省优博获奖
35	4H 碳化硅射频功率金属半导体场效应晶体管的模型及工艺研究	杨林安	张义门	2006	陕西省优博获奖
36	FDTD 与矩量法的关键技术及并行电磁计算应用研究	张　玉	梁昌洪	2006	陕西省优博获奖
37	基于二次曲线的单轴旋转运动分析和三维重建	姜　光	刘上乾	2006	陕西省优博获奖
38	电离层对卫星信号传播及其性能影响的研究	许正文	吴振森	2007	陕西省优博获奖
39	人工目标识别与跟踪算法研究	刘　静	焦李成	2007	陕西省优博获奖
40	广义电磁谐振与 EBG 电磁局域谐振研究及应用	李　龙	梁昌洪	2007	陕西省优博获奖
41	串行级联空时码的研究与设计	李　颖	王新梅	2007	陕西省优博获奖
42	时隙 CDMA 移动通信中的联合检测	王映民	易克初	2007	陕西省优博获奖
43	红外焦平面成像系统建模及 TOD 性能表征方法研究	王晓蕊	张建奇	2008	陕西省优博获奖
44	OFDM 传输系统关键技术研究	任光亮	常义林	2008	陕西省优博获奖
45	分布式小卫星 SAR-InSAR-GMTI 的处理方法	李真芳	保　铮	2008	陕西省优博获奖
46	快速子空间估计方法研究及其在阵列信号处理中的应用	黄　磊	吴顺君	2008	陕西省优博获奖
47	计算的脑视——神经元群体模型及主视觉皮层上下文调制研究	黄文涛	焦李成	2011	陕西省优博获奖
48	高速电路电源分配网络设计与电源完整性分析	张木水	李玉山	2011	陕西省优博获奖
49	无线通信中微波滤波器的比较设计法与应用研究	吴　边	梁昌洪	2011	陕西省优博获奖
50	机载多通道 SAR-GMTI 处理方法的研究	吕孝雷	张守宏	2011	陕西省优博获奖
51	模糊、模糊随机结构的随机振动分析与广义可靠性研究	马　娟	陈建军	2009	陕西省优博获奖
52	雷达高分辨距离像目标识别方法研究	杜　兰	保　铮	2009	陕西省优博获奖
53	脊波双框架系统与自然图像的多变量统计模型	谭　山	焦李成	2009	陕西省优博获奖
54	非均匀粒子电磁散射 Debye 级数展开及应用	李仁先	韩香娥	2010	陕西省优博获奖
55	大规模核机器学习研究	薄列峰	焦李成	2010	陕西省优博获奖
56	量子纠错码理论若干问题研究	李　卓	王新梅	2010	陕西省优博获奖
57	基于核方法的雷达高分辨距离像目标识别技术研究	陈　渤	保　铮	2010	陕西省优博获奖
58	非局部时滞反应扩散方程的行波解和渐近传播速度	吴事良	刘三阳	2012	陕西省优博获奖
59	粗糙面及其与目标复合电磁散射的 FDTD 方法研究	李　娟	郭立新	2012	陕西省优博获奖
60	自动制造系统的 Petri 网控制器设计及优化	胡核算	李志武	2012	陕西省优博获奖
61	高速运动平台雷达 GMTI 关键技术研究	朱圣棋	廖桂生	2012	陕西省优博获奖

续表二

序号	论 文 题 目	作者	指导教师	时间(年)	获奖类型
62	基于磁共振成像的海洛因依赖患者大脑静息状态异常模式研究	袁　凯	田　捷	2013	陕西省优博获奖
63	蛋白质网络模块结构识别算法研究	鱼　亮	高　琳	2013	陕西省优博获奖
64	粗糙面及其与目标复合电磁散射建模及快速计算研究	梁　玉	郭立新	2013	陕西省优博获奖
65	基于上下文的自适应图像建模及其在图像恢复中的应用	董伟生	石光明	2013	陕西省优博获奖
66	非极性和半极性 GaN 的生长及特性研究	许晟瑞	郝　跃	2013	陕西省优博获奖
67	超宽带天线设计及共形阵列综合研究	李文涛	史小卫	2013	陕西省优博获奖
68	高阶矩量法及其快速算法的研究与应用	赖　奔	梁昌洪	2013	陕西省优博获奖
69	SAR 解多普勒模糊与双基 SAR 成像算法研究	刘保昌	保　铮	2013	陕西省优博获奖
70	空天目标逆合成孔径雷达成像新方法研究	白雪茹	保　铮	2013	陕西省优博获奖
71	非线性算子不动点及相关问题解的迭代逼近	贺慧敏	刘三阳	2014	陕西省优博获奖
72	复杂粒子对任意入射高斯波束散射的数值方法研究	崔志伟	韩一平	2014	陕西省优博获奖
73	基于人工免疫系统的多目标优化与 SAR 图像分割	杨咚咚	焦李成	2014	陕西省优博获奖
74	可重构天线的研究及其在 MIMO 系统中的应用	秦培元	梁昌洪	2014	陕西省优博获奖
75	无线传感器网络中定位与跟踪算法的研究	王　刚	杨克虎	2014	陕西省优博获奖
76	高分辨 SAR/ISAR 成像及误差补偿技术研究	张　磊	保　铮	2014	陕西省优博获奖
77	自适应检测算法的性能分析及应用	刘　军	张子敬	2014	陕西省优博获奖
78	新型氮化物 InAlN 半导体异质结构与HEMT 器件研究	薛军帅	郝　跃	2015	陕西省优博获奖
79	基于低秩结构的数据表示学习	尚凡华	焦李成	2015	陕西省优博获奖
80	基于统计模型的 SAR 图像降斑和分割方法研究	张　鹏	李　明	2015	陕西省优博获奖
81	多通道波束指向高分辨 SAR 和动目标成像技术	孙光才	邢孟道	2015	陕西省优博获奖
82	变分和非凸正则在图像处理中的应用研究	韩　雨	冯象初	2015	陕西省优博获奖
83	高性能、低复杂度协作分集策略研究	丁海洋	葛建华	2015	陕西省优博获奖
84	基于网络模型的基因相关预测问题算法研究	郭杏莉	高　琳	2015	陕西省优博获奖
85	波导缝隙阵列天线与印刷缝隙单元天线研究	胡　伟	尹应增	2015	陕西省优博获奖
86	基于边界模型的主观视觉图像压缩及处理技术	牛　毅	石光明	2015	陕西省优博获奖
87	粗糙目标激光散斑统计特性及微运动特征分析	张　耿	吴振森	2016	陕西省优博获奖
88	基于人类视觉系统的图像信息感知和图像质量评价	吴金建	石光明	2016	陕西省优博获奖
89	基于图像结构特性的图像视频压缩	兰翠玲	吴　枫	2016	陕西省优博获奖
90	无线中继网络中的协作传输技术研究	杨　烨	葛建华	2016	陕西省优博获奖
91	快速低秩矩阵与张量恢复的算法研究	刘园园	焦李成	2016	陕西省优博获奖
92	基于磁共振成像的针灸师大脑可塑性研究	董明皓	田　捷	2016	陕西省优博获奖
93	复杂网络社团结构模型与算法及其在生物网络中的应用	马小科	高　琳	2016	陕西省优博获奖

续表三

序号	论 文 题 目	作者	指导教师	时间(年)	获奖类型
94	关于云端群组数据完整性验证的研究	王博洋	李 晖	2016	陕西省优博获奖
95	多智能体系统一致性学习协议的设计与分析	李金沙	李俊民	2017	陕西省优博获奖
96	复杂问题的多目标进化优化算法研究	王晗丁	焦李成	2017	陕西省优博获奖
97	近场聚焦综合技术与宽带非色散反射相位调节器以及大口径CTS天线研究	高 飞	张福顺	2017	陕西省优博获奖
98	高效无线网络中面向服务质量保障的资源优化策略研究	程文驰	张海林	2017	陕西省优博获奖
99	高分辨宽测绘带多通道SAR和动目标成像理论与方法	张双喜	保 铮	2017	陕西省优博获奖
100	高分辨雷达成像稀疏信号处理技术研究	徐 刚	邢孟道	2017	陕西省优博获奖
101	基于运动参数非搜索估计的ISAR成像技术研究	郑纪彬	苏 涛	2017	陕西省优博获奖
102	异质人脸图像合成及其应用研究	王楠楠	高新波	2017	陕西省优博获奖
103	基于紫外遥感图像的极光卵分割与亚暴检测方法研究	杨 曦	高新波	2017	陕西省优博获奖
104	手征介质球/圆柱粒子对平面波与高斯波束的散射	尚庆超	白 璐	2018	陕西省优博获奖
105	新型可见光——近红外超快光源研究	田文龙	魏志义	2018	陕西省优博获奖
106	氮化物MIS-HEMT器件界面工程研究	祝杰杰	马晓华	2018	陕西省优博获奖
107	宽带平面反射阵和多层频率选择表面研究及其应用	李永久	李 龙	2018	陕西省优博获奖
108	反转有机太阳能电池器件优化与稳定性研究	陈大正	郝 跃	2018	陕西省优博获奖
109	绿色无线通信网络关键性能指标的相互制约机理研究	李渝舟	盛 敏	2018	陕西省优博获奖
110	极化SAR射频干扰抑制与地物分类方法研究	陶明亮	张子敬	2018	陕西省优博获奖
111	频率分集阵列雷达运动目标检测方法研究	许京伟	廖桂生	2018	陕西省优博获奖
112	基于稀疏贪婪搜索的人脸画像合成	张声传	高新波	2018	陕西省优博获奖
113	基于启发式进化计算的网络结构与行为分析	马里佳	公茂果	2018	陕西省优博获奖
114	基于过完备字典的非凸压缩感知理论与方法研究	林乐平	刘 芳	2018	陕西省优博获奖
115	海面与舰船目标电磁散射的建模方法研究	赵 晔	张 民	2019	陕西省优博获奖
116	基于压缩感知的图像/视频信号压缩域处理方法研究	郭 洁	宋 彬	2019	陕西省优博获奖
117	无线蜂窝网络的高效节能资源管控技术研究	翟道森	盛 敏	2019	陕西省优博获奖
118	基于稀疏码多址接入的无线网络容量研究	刘俊宇	盛 敏	2019	陕西省优博获奖
119	复杂运动目标长时间相参积累方法研究	黄鹏辉	夏香根	2019	陕西省优博获奖
120	基于表观遗传数据的功能模式挖掘与分析	杨晓飞	高 琳	2019	陕西省优博获奖
121	可验证密文检索技术若干问题研究	苗银宾	马建峰	2019	陕西省优博获奖
122	绿色无线通信网络关键性能指标的相互制约机理研究	李渝舟	盛 敏	2016	中国电子学会优博提名奖
123	高分辨雷达成像稀疏信号处理技术研究	徐 刚	邢孟道	2016	中国电子学会优博提名奖

续表四

序号	论 文 题 目	作者	指导教师	时间(年)	获奖类型
124	异质人脸图像合成及其应用研究	王楠楠	高新波	2016	中国人工智能学会优博获奖
125	高效无线网络中面向服务质量保障的资源优化策略研究	程文驰	张海林	2016	中国通信学会优博获奖
126	频率分集阵列雷达运动目标检测方法研究	许京伟	廖桂生	2017	中国电子学会优博获奖
127	反射面天线机电集成优化设计关键技术研究	张树新	段宝岩	2017	中国电子学会优博提名奖
128	复杂运动目标长时间相参积累方法研究	黄鹏辉	夏香根	2017	中国电子教育学会优博获奖
129	极化 SAR 射频干扰抑制与地物分类方法研究	陶明亮	张子敬	2017	中国电子教育学会优博获奖
130	高分辨宽测绘带多通道 SAR 和动目标成像理论与方法	张双喜	保 铮	2017	中国电子教育学会优博获奖
131	复杂场景下多通道阵列自适应目标检测算法研究	高永婵	廖桂生	2017	中国电子教育学会优博提名奖
132	基于联合分布的雷达目标检测与分类方法研究	左 磊	李 明	2017	中国电子教育学会优博提名奖
133	基于重构的自底向上视觉注意模型研究	夏 辰	石光明	2017	中国电子教育学会优博提名奖
134	微波光子混频技术研究	高永胜	文爱军	2017	中国电子教育学会优博提名奖
135	云环境下外包数据的高效检索及安全审计技术研究	王剑锋	陈晓峰	2017	中国密码学会优博获奖
136	基于稀疏码多址接入的无线网络容量研究	刘俊宇	盛 敏	2017	中国通信学会优博获奖
137	基于概率图模型的异质人脸图像合成与识别	彭春蕾	高新波	2018	中国图象图形学学会优博获奖
138	面向多媒体内容最近邻搜索的哈希学习方法	王 笛	高新波	2018	中国图象图形学学会优博获奖
139	人工电磁表面的理论设计及涡旋电磁波调控应用研究	余世星	李 龙	2018	中国电子教育学会优博获奖
140	基于压缩感知理论的双相机光谱成像系统	王立志	石光明	2018	中国电子学会优博获奖
141	基于铁电材料的负电容场效应晶体管研究	周久人	郝 跃	2019	中国电子学会优博获奖
142	面向任务的空间信息网络资源管理方法研究	周 笛	盛 敏	2019	中国电子学会优博获奖
143	毫米波大规模混合阵列中波达角的低复杂度估计	吴 凯	苏 涛	2019	中国电子学会优博获奖
144	人脸画像快速合成和风格分类算法研究	张铭津	李 洁	2019	中国图象图形学学会优博获奖
145	基于光谱先验与协同学习的高光谱图像解混算法研究	亓 林	李 洁	2020	中国电子教育学会优博获奖
146	面向交通安全应用的预警及决策算法研究	付宇钏	李长乐	2020	中国电子教育学会获奖
147	基于压缩表示学习与深度认知推理的 SAR 图像分类与目标识别	文载道	侯 彪	2020	陕西省优博获奖
148	具有同步整流的动态谷底导通模式高精度恒流原边反馈电源控制器集成方案研究	吴 强	朱樟明	2020	陕西省优博获奖
149	III 族氮化物高质量外延材料及其新型功率器件研究	肖 明	张进成	2020	陕西省优博获奖
150	机/星载 SAR 非线性轨迹信号建模与成像方法研究	陈溅来	邢孟道	2020	陕西省优博获奖
151	基于概率图模型的异质人脸图像合成与识别与统计建模研究	彭春蕾	高新波	2020	陕西省优博获奖
152	基于特征点的 SAR 图像配准算法研究	樊建伟	吴 艳	2020	陕西省优博获奖
153	弹载前侧视 SAR 成像及运动补偿技术研究	冉 磊	刘 峥	2020	陕西省优博获奖

续表五

序号	论 文 题 目	作者	指导教师	时间(年)	获奖类型
154	移动感知推荐系统中隐私保护研究	马鑫迪	马建峰	2020	陕西省优博获奖
155	5G 无线通信系统中非正交多址接入技术研究	吕 璐	陈 健	2020	陕西省优博获奖
156	复杂电磁环境下合成孔径雷达动目标检测与识别方法研究	黄 岩	廖桂生	2020	中国电子学会优博获奖
157	机器学习中的稀疏算法和非凸优化问题研究	陈 丽	周水生	2021	陕西省优博获奖
158	面向多媒体最近邻检索的深度紧致编码学习	杨二昆	邓 成	2021	陕西省优博获奖
159	基于深度融合网络学习的多源遥感图像分类	刘 旭	焦李成	2021	陕西省优博获奖
160	基于铁电材料的负电容场效应晶体管研究	周久人	郝 跃	2021	陕西省优博获奖
161	鲁棒主成分分析关键技术研究及应用	王前前	高全学	2021	陕西省优博获奖
162	面向任务的空间信息网络资源管理方法研究	周 笛	盛 敏	2021	陕西省优博获奖
163	多目标演化深度神经网络模型与应用	刘 嘉	钟 桦	2021	陕西省优博获奖
164	多目标学习与优化理论及应用	李 豪	李阳阳	2021	陕西省优博获奖
165	基于多智能体并行搜索的软件自适应机制	王 璐	李青山	2021	陕西省优博获奖
166	基于两阶段预编码的大规模 MIMO 系统关键技术研究	马建鹏	李红艳	2021	陕西省优博获奖
167	车联网边缘计算中资源调度策略研究	罗渠元	李长乐	2021	中国电子教育学会优博获奖
168	基于数据压缩及融合的高效网络安全分析	靖旭阳	闫 峥	2021	中国电子教育学会优博提名奖
169	多模态数据的图表示学习	杨 旭	邓 成	2021	中国人工智能学会吴文俊优博论文获奖
170	基于物理特性的图像去霾算法研究	李宇楠	苗启广	2021	中国电子学会优博获奖
171	基于流形正则化的分布式半监督学习算法	谢 晋	刘三阳	2022	陕西省优博获奖
172	高性能压电电子学器件	刘书海	秦 勇	2022	陕西省优博获奖
173	基于知识表示与迁移的跨域人脸图像重建	朱明瑞	李 洁	2022	陕西省优博获奖
174	复杂系统智能建模算法及其应用研究	吴 凯	刘 静	2022	陕西省优博获奖
175	基于概率统计模型的雷达高分辨距离像目标识别方法研究	陈 健	杜 兰	2022	陕西省优博获奖
176	基于演化多目标优化的高光谱图像解混	蒋祥明	公茂果	2022	陕西省优博获奖
177	基于深度神经网络的图表示学习方法研究	解 宇	公茂果	2022	陕西省优博获奖
178	三维基因组拓扑结构识别及表观调控建模	叶育森	高 琳	2022	陕西省优博获奖
179	电子商务平台信息反馈机制的有效性研究	王洪鹏	杜 荣	2022	管理科学与工程学会“优秀博士学位论文奖励计划”获奖
180	图像分割中的模糊聚类算法研究	王聪	周孟初	2022	中国图象图形学学会优博提名奖
181	外包数据安全检索关键技术研究	王祥宇	马建峰	2022	中国通信学会优博获奖
182	高效稳定的钙钛矿太阳能电池界面调控与性能研究	周 龙	郝 跃	2022	中国电子教育学会优博优秀奖
183	动态概率深层特征学习与应用研究	陈文超	陈 渤	2022	中国电子教育学会优博提名奖
184	大规模轨迹数据的分布式管理与分析	李瑞远	郑 宇	2022	中国电子学会优博获奖
185	基于钙钛矿材料的太阳能电池的优化设计与理论研究	赵 鹏	欧阳晓平	2022	中国电子学会优博获奖

体　　育

体育工作综述

2022 年在学校各部门、各院系的大力支持下，在体育部党政领导团结协作下，在全体教职员工的共同努力下，体育部圆满完成了 2022 年本科和研究生的教学任务，无教学事故，同时取得一系列教学工作方面的成绩。

一、教师基本情况

2022 年体育部有教职员工 65 人，其中专任教师 59 人，管理人员 6 人。2022 年，本科生大一到大三同时开设公共体育课，面对陡然增大的教学压力和局面，本年度体育部引进 13 名外聘教师共同承担本科公共体育课教学任务。

近年来，体育部加大工作力度，努力创造条件，改善职称结构。表 1 为体育教师学历情况，表 2 为体育教师职称情况。

表 1　体育教师学历情况

学历	博士	硕士	本科
人数	6(2)	38	15
占教师比例(%)	10	65	25

表 2　体育教师职称情况

职称	教授	副教授	讲师	助教
人数	4	36	15	4
占教师比例(%)	7	61	25	7

二、课程建设

(一) 课程建设与教学研究

制订了运动训练专业本科生的培养方案，包括培养目标、课程和学分设置等；完成了“大学体育”公共课程组建设任务(师资队伍建设、课程改革、教学模式改革、在线课程建设等)；2022 年“网球”和“篮球”获校级一流课程立项；新增“篮球”和“网球”2 门在线课程；中国大学 MOOC“运动损伤与急救”，并进行了六轮教学；新增赛艇和体态训练 2 门专项俱乐部；出版教材 2 部，即《大学体育课程思政教程》和《大学体育(第二版)》；校立项教材 1 部，即《网球》；发表教改论文 6 篇。

(二) 编制《西安电子科技大学全学段体育教学改革实施方案》

2022 年度编制并发布了《西安电子科技大学全学段体育教学改革实施方案》。该方案涵盖目前实施的公共体育课程教学总体方案的实施背景、指导思想、教学目标、教学设置、考核评价、选课方法、毕业要求等。同时将学校印发的《西安电子科技大学〈落实关于全面加强和改进新时代学校体育工作的意见〉体育教育改革实施方案》(西电发〔2021〕28 号)以及在授的所有本科专项教学进度与考核方法等内容也附在总体实施方案中，形成了一套对学校现行的公共体育教学全面、完备的指导方案。

(三) 探索课外日常锻炼的其他可行性组织形式

2022 年秋季学期选取了约 14 个班级(涉及 7 名教师、近 700 名学生)作为试点班，以“跑步”代替“刷脸打卡”，使用“悦动圈”App 记录学生跑步信息，探索体育课外锻炼其他的可行性组织方式。数据显示，完成度约 74.6%，实施过程中也收到不同声音，有支持也有反对。体育部将根据本学期具体实施情况、后期数据录入等实际情况综合师生意见研判是否继续推行该课外锻炼形式。

三、俱乐部学生选课情况

2022 年俱乐部本科生选课人数统计见表 3。

表 3　2022 年俱乐部本科生选课人数统计表

序号	俱乐部	上学期			下学期			全年合计		
		班级/个	人数/人	百分比	班级/个	人数/人	百分比	班级/个	人数/人	百分比
1	篮球	65	2195	19.6%	93	3171	19.5%	158	5366	19.5%
2	羽毛球	47	1698	15.1%	56	2031	12.5%	103	3729	13.5%
3	乒乓球	36	1300	11.6%	50	1770	10.9%	86	3070	11.2%
4	网球	27	956	8.5%	26	886	5.5%	53	1842	6.7%
5	足球	25	828	7.3%	37	1248	7.7%	62	2076	7.5%
6	健美操	13	478	4.3%	27	881	5.4%	40	1359	4.9%
7	武术	35	1265	11.3%	22	760	4.7%	57	2025	7.3%
8	排球	13	447	4.0%	13	450	2.8%	26	897	3.2%
9	跆拳道	12	439	3.9%	25	819	5.0%	37	1258	4.5%
10	健身健美	12	449	4.0%	18	647	4.0%	30	1096	3.9%
11	体育舞蹈	1	36	0.3%	1	32	0.2%	2	68	0.2%
12	体态训练	6	208	1.9%	5	184	1.1%	11	392	1.4%
13	基本体能	8	341	3.0%	59	1814	11.2%	67	2155	7.8%
14	橄榄球	7	235	2.1%	6	189	1.2%	13	424	1.5%
15	瑜伽	6	170	1.5%	22	758	4.7%	28	928	3.3%
16	赛艇	—	—	—	9	319	1.9%	9	319	1.1%
17	重修班	2	93	0.8%	6	188	1.2%	8	281	1.0%
18	免修	1	78	0.6%	1	108	0.7%	2	186	6.7%
合　计		316	11216	—	476	16255	—	792	27471	—

四、学生体质测试成绩分布情况

2021 年本科生体质健康测试随堂展开，因疫情等原因测试未能覆盖全体学生，待来年春季学期及时进行补测同时上报教育部。表 4 为学生体质测试成绩(已有成绩)统计表。

表 4　学生体质测试成绩统计表

年级	2019 级	2020 级	2021 级
实测人数	5035	4930	5125
优秀 (90～120)	34	52	110
良好 (80～89.9)	319	481	678
及格 (60～79.9)	3152	3461	3612
合格(50～59.9)	1208	665	518
不合格 (0～49.9)	322	271	207
未测	470	1091	881
免测	74	98	59
合格率	93.6%	94.5%	95.65%

五、学生课外锻炼打卡情况

为了提高学生的身体素质，强化学生的课外体育锻炼，将学生课外体育锻炼出勤纳入体育课成绩，占体育课成绩的 30%。因疫情等不可抗力因素，对 2022 年度秋季学期课外锻炼刷脸标准进行调整，将原“本学期课外锻炼不少于 50 次(课外)，达不到者体育课无成绩”调整为“本学期打卡成绩按照实际打卡次数计算，2.5 分/次，打卡 40 次计满分 100 分”。截至 12 月 21 日，全年累计学生课外锻炼打卡总计 2 804 960 人次(见表 5)。

表 5　2022 年学生课外体育锻炼出勤统计表

学期	打卡次数	平均人次
上学期	1 198 080	108
下学期	1 606 880	97

六、师资队伍建设

(一) 专家讲座情况

(1) 3 月 11 日，体育部邀请北京师范大学体育与运动学院教授、博士生导师、国家级教学名师毛振明教授在远望谷体育馆举办以“研判中国 3～5 年学校体育改革与发展形势的 12 个关键词”为主题的学术讲座。讲座以线上线下相结合的方式展开，由体育部部长于少勇主持，体育部教师以线上视频会议的方式参加了此次讲座。

(2) 4月22日下午，体育部刘琦老师在远望谷体育馆A101会议室举办以“篮球新规则及疑难问题解析”为题的专题课程培训，体育部全体教师及体育学研究生参加。

(3) 6月10日下午，体育部在南校区游泳池举办游泳技能实操培训，体育部侯鹏老师以蛙泳、仰泳动作技术讲解及纠正为题对参培师生进行培训，全体教师及体育学研究生参加了培训。

(4) 6月17日下午，体育部在南校区游泳池举办游泳技能实操培训，体育部侯鹏老师以各项泳姿转身滚翻及自由泳、蝶泳技术讲解为题对参培师生进行培训，全体教师及体育学研究生参加了培训。

(5) 9月13日上午，在南校区五人制足球场，体育部邀请田径和体能训练方向的乔小杉副教授进行了“不同运动项目准备活动的程序优化设计”的讲座。

(6) 9月15日上午，在南校区五人制小足球场，体育部乔小杉副教授为大家进行了一场“人体在体育活动中身体机能与运动素质的培优实践”专场培训。

(7) 9月21日上午，在南校区游泳池二楼会议室由体育部教学副部长白光斌为新入职教师进行了培训，体育部教学督导于长菊、王静两位老师进行教案指导工作，体育部新入职教师及部分教师参加了培训。

(8) 9月30日下午，在南校区教学区E楼203教室，体育部教学副部长白光斌为全体教师开展了“基于智课平台的体育课混合式教学”经验交流培训，体育部全体教师参加培训。

(9) 11月23日上午，体育部在南校区游泳池会议室举行了线上线下混合式教学案例分享会。曹峰、罗卓琼、江茹莉三位老师先后从不同角度分析了线上线下混合式教学模式、设计、实践及心得体会。培训会由体育部教学副部长白光斌主持。体育部教师通过线上或线下方式参加了培训。

(二) 教师教学获奖情况

2022年7月，第四届全国高校混合式教学设计创新大赛校内选拔赛，罗卓琼荣获三等奖，曹峰荣获优秀奖。

(三) 教师教学研究

中央教改专项课题1项，建设内容为大学体育(“篮球”“运动营养与健康”2门课程)MOOC建设、3门在线课程(“羽毛球”“网球”“健身健美”)建设。项目于2022年9月开始。

★ 科 研 产 业 ★

科 研 工 作

科研工作综述

2022年，学校科研工作坚持“四个面向”，聚焦科技自立自强，强化体制创新与科技创新双轮驱动，进一步围绕学校五大战略，持续推进“科技创新5134计划”，着力打造国家战略科技力量国家队，全面提升科技创新体系化能力。

一、重点目标任务完成情况

2022年，学校科研工作主要目标任务均已高质量完成，核心科研指标数据在高位基础上持续提升，科研经费首次突破19亿元。学校通过加快推动科研组织模式变革、持续深化人才评价机制改革，充分激发学校科研力量创新创业的激情与活力，以更高质量、更大贡献服务国家战略需求。

国家战略科技力量建设取得新进展，学校牵头建设的空天地一体化综合业务网全国重点实验室、高性能电子装备机电集成制造全国重点实验室，参与建设的宽禁带半导体器件与集成技术全国重点实验室(郝跃院士为主任)，经过重组、推荐和评议，获科技部批复建设；雷达信号处理全国重点实验室完成评议。承担国家重大科研任务的能力稳定提升，2022年新增牵头承担国家千万级重大科研项目20项，高质量完成由学校牵头的元器件和工业软件领域5项“卡脖子”工程项目验收工作，学校刘宏伟教授和雷达信号处理国家级重点实验室分别获首次火星探测任务先进个人和先进集体表彰，宋锐教授获探月工程嫦娥五号任务先进个人表彰。科技成果转移转化工作亮点频现，主动融入秦创原创新驱动平台建设，推动落实“三项改革”，在知识产权管理、成果落地转化、专职转化队伍建设等方面进行了积极探索和大胆尝试，学校在2022年度陕西高校秦创原建设工作及科技成果转移转化绩效评估工作中获评A+档，被认定为国家知识产权信息服务中心、陕西省首批专利导航服务基地，相关工作被教育部科技司高度肯定，被中国知识产权报及中国科学网相继报道。科技奖励再有斩获，学校牵头获批陕西省科学技术奖一等奖4项、二等奖4项，教育部奖一等奖1项、二等奖1项、青年科学奖1项，陕西省专利一等奖2项(满额获批)。此外1项国防科技创新团队奖通过会评；获批第十七届中国青年科技奖2项，其中特别奖1项(全国10项)，该奖项陕西省共获批4项；获批第十七届中国青年女科学家奖1项(全国共20项)、团队奖1项(全国5项)。

二、部门职能职责履行情况

(一) 全面加强制度体系建设，着力提升管理效能

根据上级部门政策导向与学校实际情况，开展科研管理制度废改立工作，推动制度管理体系化、规范化、标准化，强化项目管理与服务保障体系。目前完成了《西安电子科技大学异地研究院管理办

法(修订)》(西电科〔2022〕18号)、《西安电子科技大学基本科研业务费管理办法(修订)》(西电科〔2022〕20号)、《西安电子科技大学“包干制”科技计划项目经费管理办法(试行)》(西电科〔2022〕31号)等制度的制定、修订工作,《西安电子科技大学科技创新基地建设与运行管理办法》《西安电子科技大学科技成果类知识产权管理规定》《西安电子科技大学自然科学类科研项目资金管理办法》《西安电子科技大学国家重点研发计划及科技创新2030重大项目资金管理办法》《西安电子科技大学人文社科类科研项目资金管理办法》等制度均已经过院务会议讨论研究,正按规定程序加快推进出台进度。

(二) 优化科技创新平台布局,着力完善创新体系

以国家级重点科技创新基地重组优化为契机,强化创新治理,完善体制机制,系统布局、突出重点,培育建设了一批高能级科技创新基地。学校牵头的2个全国重点实验室建设,参与的1个全国重点实验室建设均获科技部批复;雷达信号处理全国重点实验室已顺利完成评议工作。融入国家实验室体系工作稳步推进,与鹏程实验室签署网点建设协议,与苏州实验室签署战略合作协议。此外学校新增省部级科研平台8个(教育部基地1个,陕西省基地7个),与vivo、华为、荣耀等行业龙头企业共建了13个校企共建科研机构。

(三) 强化科研人才团队建设,着力提升创新能力

协同校内相关部门推进科技人才评价机制改革,为高水平科技人才队伍建设提供政策支持,学校科研人才团队稳健发展,创新创业活力竞相迸发。新增科技部科技创新领军人才1人,陕西省中青年科技创新领军人才2人;国家级科技人才项目5项。微电子学院教授入选首批国家基础研究人才专项(全国共60位)。新体制阵列雷达探测与成像创新团队等7个团队获批陕西省科技创新团队,1个团队入选广东省卓越青年团队项目,1人获广东省杰青项目。科研人员申报项目的积极性与成效都更加显著,学校2022年获批国家自然科学基金项目207项,立项数首次突破200,同比去年增长18.3%,其中获批重点重大类项目24项,同比去年增长71.4%,创历史新高。

(四) 积极探索成果转化机制,着力提升转化质效

从“八类平台、八大产业、四支队伍、三大体系”等方面出发,持续完善学校“8843”科技成果转化体系,修订科技成果转化相关管理办法,完善制度体系,赋予广大科研人员更多自主权;建立科技成果和知识产权数据库,通过路演、展会等多种形式,宣传推介学校高质量成果;邀请行业专家为科研人员开展成果转化政策宣传与成果转化能力提升等培训活动。一系列工作的持续开展,提高了科研人员成果转化的积极性,2022年度横向项目到校经费5亿元,成果转化经费到款3047万元。此外,学校技术转移中心在陕西省科技厅、西安市科技局的年度考核中均被评为优秀等级。

(五) 特色智库持续发挥作用,提升社会服务能力

聚焦于服务经济社会发展大局,人文社科持续加强智库建设水平,产出优秀智库研究成果,积极为陕西省委办公厅、陕西省决策委员会、西安市科技局等政府机关和企业提供咨政服务。2022年呈报各类咨政报告19篇,在主流媒体报刊发表文章34篇,有效服务地方经济文化。科学谋划,以有组织科研推动社科繁荣发展,2022年斩获1项国社科重点项目,获批教育部人文社科项目11项,创历史新高。

(六) 持续完善保障体系建设,助力国防科技创新

不断完善资质体系建设,加强日常质量监督检查和服务保障力度,继续修订和完善《质量手册》和《程序文件》。聚焦学校优势科研领域,完成两个扩项项目的申请,推动学校装备承制科研范围不断扩大。高质量通过2022年质量管理体系年度监督审核,不符合项较上一轮审核大幅下降。进一步督促

落实保密制度，强化保密管理，组织开展了校内专项保密检查；开展红五月保密宣传月系列教育活动，组织全校师生职工开展形式多样的线上线下保密工作形势任务、保密规章、保密意识和常识教育，积极营造人人关心保密、重视保密的良好氛围。

(七) 推进科研信息化建设，着力提升服务水平

按照学校信息化建设统一部署，持续推进科研管理流程再造，构建“数字化、信息化、智能化”科研管理模式，推进科研活动精准管理、个性服务、智能决策。2022年完成了科研信息管理服务系统整体建设，网上“一站式”服务大厅、移动科研建设及功能拓展等工程如期完成，主要科研业务基本实现“线上化”办理，科研业务办理更加高效快捷。

2022年各类科技创新基地名单

国家级科技创新基地

序号	名　称	序号	名　称
1	智能感知与计算国际联合研究中心	6	信息感知集成攻关研究院
2	信息感知技术协同创新中心	7	空天地一体化综合业务网全国重点实验室
3	综合电子信息系统国际科技合作基地	8	高性能电子装备机电集成制造全国重点实验室
4	宽禁带半导体国家工程研究中心	9	宽禁带半导体器件与集成技术全国重点实验室
5	民用雷达国家地方联合工程研究中心	—	—

国防科工局科技创新基地

序号	名　称
1	宽带隙半导体技术重点学科实验室

教育部级科技创新平台

序号	名　称	序号	名　称
1	宽禁带半导体材料教育部重点实验室	7	极端环境下装备效能教育部重点实验室
2	电子装备结构设计教育部重点实验室	8	分子与神经影像教育部工程研究中心
3	智能感知与图像理解教育部重点实验室	9	大数据安全教育部工程研究中心
4	电子信息对抗与仿真技术教育部重点实验室	10	区块链技术应用与评测教育部工程研究中心
5	超高速电路设计与电磁兼容教育部重点实验室	11	智能感知与计算国际合作联合实验室
6	天线教育部工程研究中心	—	—

陕西省级科技创新基地

序号	名　称
1	陕西省网络与系统安全重点实验室
2	陕西省集成电路与系统集成重点实验室
3	陕西省超大规模电磁计算重点实验室
4	陕西省石墨烯联合实验室
5	陕西省区块链与安全计算重点实验室
6	陕西省空间太阳能电站系统重点实验室
7	陕西省空间超限探测重点实验室
8	陕西省智能人机交互与可穿戴技术重点实验室

续表

序号	名　　称
9	陕西省大功率半导体照明工程技术研究中心
10	陕西省遥感大数据应用工程技术研究中心
11	复杂系统国际联合研究中心
12	智能感知与计算国际联合研究中心
13	综合电子信息系统国际科技合作基地
14	新一代数字媒体技术国际联合研究中心
15	集成电路技术及应用国际联合研究中心
16	信息网络国际联合研究中心
17	陕西烽火-西电通信技术研究院
18	陕西半导体先导技术中心
19	陕西省“四主体一联合”卫星导航工程技术研究中心
20	陕西省“四主体一联合”雷达探测与智能感知校企联合研究中心
21	陕西省“四主体一联合”智慧建筑物联网系统校企联合研究中心
22	陕西省“四主体一联合”电子制造 SMT 产线质量大数据校企联合研究中心
23	陕西省“四主体一联合”先进探测制导与对抗试验评估校企联合研究中心
24	陕西省“四主体一联合”射频数据转换器校企联合研究中心
25	陕西省“四主体一联合”复杂环境电磁频谱感知与多传感器信息融合校企联合研究中心
26	陕西省现代无线通信创新技术研发与支撑公共服务平台
27	陕西高性能 CAE 软件创新中心
28	陕西电磁频谱感知与控制创新中心
29	西安电子科技大学创新工业设计研究中心
30	陕西省物联网实验研究中心
31	陕西省民用雷达工程研究中心
32	大数据智能感知与计算协同创新中心
33	高功率半导体器件和固态照明协同创新中心
34	陕西集成电路与微纳器件协同创新中心
35	网络空间安全协同创新中心
36	量子信息协同创新中心
37	可信数字经济陕西省高校工程研究中心
38	先进卫星通信与应用陕西省高校工程研究中心
39	陕西省密码应用与创新实验室
40	陕西省信息资源研究中心
41	陕西省绿色发展与生态文明建设研究中心
42	陕西智慧社会发展战略研究中心
43	陕西信息化与数字经济软科学研究基地
44	文化与价值研究科普基地
45	学校体育信息化研究基地
46	陕西省公众科学素质与文化创新研究中心
47	关爱老年人安全研究中心
48	陕西省专利导航(西安电子科技大学)服务基地

学校科研情况

教学与科研人员情况表(理工类)

单位：人

类别		合计	其中：女	教师技术职务系列人员						其他技术职务系列人员						辅助人员
				小计	教授	副教授	讲师	助教	其他	小计	正高级	副高级	中级	初级	其他	
合计		3026	1044	2261	528	917	621	24	171	755	18	196	333	129	79	10
按学科	自然科学	373	139	338	59	145	108	4	22	35	0	10	14	5	6	0
	工程与技术	2631	891	1923	469	772	513	20	149	698	17	172	315	123	71	10
	其他	22	14	0	0	0	0	0	0	22	1	14	4	1	2	0
按学历	博士研究生	2019	622	1990	507	811	527	0	145	29	6	7	13	0	3	0
	硕士研究生	824	336	225	19	80	77	23	26	599	7	141	290	107	54	0
	大学本科	159	79	45	2	25	17	1	0	114	5	44	22	21	22	0
	大学专科	12	7	1	0	1	0	0	0	11	0	3	7	1	0	0
	中专及以下	12	0	0	0	0	0	0	0	2	0	1	1	0	0	10
按年龄	29岁及以下	348	140	151	0	13	78	9	51	197	0	0	38	95	64	0
	30~34岁	679	217	489	7	168	235	8	71	190	0	6	157	25	2	0
	35~39岁	587	194	457	68	212	147	5	25	130	0	55	72	0	3	0
	40~44岁	578	213	498	160	233	87	2	16	80	4	37	32	2	5	0
	45~49岁	354	128	314	104	154	51	0	5	38	3	20	12	1	2	2
	50~54岁	223	79	158	61	80	15	0	2	60	3	37	14	4	2	5
	55~59岁	212	67	152	91	52	8	0	1	57	6	30	15	2	1	3
	60岁及以上	45	6	42	37	5	0	0	0	3	2	1	0	0	0	0

教学与科研人员情况表(人文、社科类)

单位：人

类别	合计	其中：女	按职称划分						按最后学历划分			其他
			小计	教授	副教授	讲师	助教	初级	研究生	本科生	其他	
合　计	547	313	547	62	217	253	33	0	467	80	0	0
管理学	103	50	103	16	40	41	6	0	98	5	0	0
马克思主义	71	36	71	7	22	42	0	0	64	7	0	0
哲学	47	19	47	4	12	24	7	0	46	1	0	0
逻辑学	0	0	0	0	0	0	0	0	0	0	0	0
宗教学	1	0	1	0	0	1	0	0	1	0	0	0
语言学	121	103	121	6	53	50	12	0	89	32	0	0
中国文学	16	10	16	3	5	8	0	0	16	0	0	0
外国文学	4	2	4	0	0	4	0	0	4	0	0	0
艺术学	10	8	10	0	4	4	2	0	7	3	0	0
历史学	14	6	14	2	8	4	0	0	13	1	0	0
考古学	0	0	0	0	0	0	0	0	0	0	0	0
经济学	45	27	45	7	19	17	2	0	41	4	0	0
政治学	6	5	6	1	2	3	0	0	5	1	0	0
法学	2	2	2	0	0	2	0	0	1	1	0	0
社会学	14	3	14	3	7	3	1	0	9	5	0	0
民族学与文化学	1	1	1	0	1	0	0	0	1	0	0	0
新闻学与传播学	1	0	1	0	0	1	0	0	1	0	0	0
图书馆、情报与文献学	20	13	20	5	6	9	0	0	17	3	0	0
教育学	5	4	5	1	2	1	1	0	5	0	0	0
统计学	0	0	0	0	0	0	0	0	0	0	0	0
心理学	12	8	12	2	7	3	0	0	12	0	0	0
体育科学	53	15	53	5	29	17	2	0	36	17	0	0
其他学科	1	1	1	0	0	1	0	0	1	0	0	0

科技活动机构情况表(理工类)

类　别	从业人员/人	其中：博士毕业/人	其中：硕士毕业/人	科技活动人员*	其中：高级职称*	其中：中级职称*	培养研究生/人	内部支出经费/千元	其中：R&D支出/千元	承担课题数/项	固定资产原值/千元	其中：仪器设备/千元	其中：进口/千元
合　计	1693	1383	310	436	305	83	5086	931 579	876 389	2953	1 428 778	1 341 222	2 45 426
R&D 机构	1693	1383	310	436	305	83	5086	931 579	876 389	2953	1 428 778	1 341 222	245 426
其他机构	0	0	0	0	0	0	0	0	0	0	0	0	0
国家级机构	429	350	79	103	77	15	1170	450 901	429 893	1065	439 251	433 180	100 919
省部级机构	1264	1033	231	333	228	68	3916	480 678	446 496	1888	989 527	908 042	144 507
其他主管部门机构	0	0	0	0	0	0	0	0	0	0	0	0	0
单位独办	1495	1209	286	390	274	74	4587	824 383	769 193	2565	1 306 694	1 220 003	229 836
与境内高校合办	0	0	0	0	0	0	0	0	0	0	0	0	0
与境内独立研究机构合办	92	86	6	30	20	6	257	78 196	78 196	231	62 084	61 219	15 590
与境外机构合办	0	0	0	0	0	0	0	0	0	0	0	0	0
与境内注册外商独资企业合办	0	0	0	0	0	0	0	0	0	0	0	0	0
与境内注册其他企业合办	106	88	18	16	11	3	242	29 000	29 000	157	60 000	60 000	0
其他	0	0	0	0	0	0	0	0	0	0	0	0	0

注：* 号项目的单位为“人·年”(特定复合计量单位)，它是衡量工作量和时间投入的单位，指一定时间内该职称的产出。

科技项目情况表(一)理工类

类　别	课题数/项	当年投入经费/千元	当年支出经费/千元	当年投入人员*	其中：女*	其中：高级职务*	其中：中级职务*	其中：初级职务*	其中：其他*	博士*	参与项目的研究生人数/人	其中：博士/人	其中：硕士/人
合　计	4038	1 600 381	1 200 388	1318.3	373.4	793.5	436.2	87.3	1.3	2185.6	7566	2732	4834
基础研究	1650	550 056	413 671	480.1	123.2	280.3	174.9	23.7	1.2	700.0	2888	875	2013
应用研究	1331	564 241	423 595	461.0	132.5	279.2	145.7	36.1	0.0	777.6	2643	972	1671
试验与发展	886	430 174	321 622	321.6	98.5	200.6	97.7	23.2	0.1	612.8	1716	766	950
R&D 成果应用	82	23 672	17 790	26.5	9.8	16.4	8.3	1.8	0.0	47.2	162	59	103
其他科技服务	89	32 238	23 710	29.1	9.4	17.0	9.6	2.5	0.0	48.0	157	60	97
自然科学	408	100 253	74 576	122.9	34.9	73.5	42.2	7.1	0.1	230.4	955	288	667
工程与技术	3630	1 500 128	1 125 812	1195.4	338.5	720.0	394.0	80.2	1.2	1955.2	6611	2444	4167

注：*号项目的单位为“人•年”。

科技项目情况表(二)理工类

类别	课题数/项	当年投入经费/千元	当年支出经费/千元	当年投入人员*	其中：女*	其中：高级职务*	其中：中级职务*	其中：初级职务*	其中：其他*	博士*	参与项目的研究生人数/人	其中：博士/人	其中：硕士/人
合　计	4038	1 600 381	1 200 388	1318.3	373.4	793.5	436.2	87.3	1.3	2185.6	7566	2732	4834
国家科技重大专项	5	2811	2087	2.1	0.5	1.4	0.6	0.1	0.0	4.0	15	5	10
国家重点研发计划	120	182 495	136 997	62.6	11.9	38.0	17.4	7.1	0.1	86.4	309	108	201

续表

类 别	课题数/项	当年投入经费/千元	当年支出经费/千元	当年投入人员*	其中：女*	其中：高级职务*	其中：中级职务*	其中：初级职务*	其中：其他*	博士*	参与项目的研究生人数/人	其中：博士/人	其中：硕士/人
国家科技部项目	73	46 426	35 202	24.5	6.6	13.1	8.8	2.5	0.1	27.2	115	34	81
国家自然科学基金项目	556	155 602	116 606	182.3	55.5	119.6	58.6	4.1	0.0	349.6	1167	437	730
教育部科技项目	8	3964	2955	3.2	0.8	2.1	0.9	0.2	0.0	5.6	21	7	14
国家部委其他科技项目	522	527 641	395 716	234.5	52.6	145.7	64.6	23.3	0.9	460.0	1404	575	829
省、市、自治区科技项目	211	67 392	50 208	71.1	21.0	46.5	21.6	2.9	0.1	84.0	375	105	270
地市厅局(含县)项目	75	14 998	11 218	19.3	5.5	8.6	7.9	2.8	0.0	22.4	94	28	66
企业单位委托科技项目	891	280 238	210 033	297.1	85.9	185.7	93.5	17.9	0.0	508.8	1619	636	983
事业单位委托科技项目	863	239 757	179 976	284.1	113.4	174.2	89.5	20.4	0.0	561.6	1680	702	978
国际合作项目	11	3695	2802	3.9	1.1	2.5	1.2	0.2	0.0	5.6	20	7	13
自选课题	703	75 362	56 588	133.6	18.6	56.1	71.6	5.8	0.1	70.4	747	88	659
其他课题	0	0	0	0	0	0	0	0	0	0	0	0	0

注：*号项目的单位为“人•年”。

技术转让与知识产权情况表

受让方类型	合同数/项	合同金额/千元	当年实际收入/千元	知识产权类别	申请数/项	授权数/项	专利拥有数/项
合计	149	34 253	19 925	合计	2100	1685	7074
其中：专利所有权转让及许可	145	34 128	19 810	其中：国外	(11)	(11)	(32)
其他知识产权转让及许可	4	125	115	发明专利	2078	1657	6910
国有企业	4	920	920	实用新型	21	26	151
外资企业				外观设计	1	2	13
民营企业	145	33 333	19 005	其他知识产权	0	190	1772
其他				其中：集成电路布图	0	0	0

科技成果情况表(理工类)

学科门类	发表学术论文/篇		三大检索收录论文/篇			科技著作						编著	
	合计	国外学术刊物发表	SCIE	EI	CPCI-S	部	千字	境外出版		大专院校教科书		部	千字
								部	千字	部	千字		
合计	6020	3562	2184	2249	253	27	7686	2	626	13	3832	2	362
自然科学	1084	641	256	206	46	4	1367	1	290	5	1397	0	0
工程与技术	4936	2921	1864	2020	207	23	6319	1	336	8	2435	2	362
医药科学	0	0	64	23	0	0	0	0	0	0	0	0	0
农业科学	0	0	0	0	0	0	0	0	0	0	0	0	0

产 业 工 作

产业工作综述

一、党组织建设

1. 学习贯彻党的十九大及二十大精神

资产经营有限公司(以下简称“公司”)党委坚持学习贯彻党的十九大及十九届历次全会精神，以实际行动迎接党的二十大胜利召开，把学习宣传贯彻党的二十大精神作为贯穿全年的重大政治任务。

公司党委将学习宣传贯彻党的二十大精神作为当前和今后一个时期的首要政治任务。2022 年下半年开始，为迎接党的二十大胜利召开，公司党委组织了一系列迎接党的二十大相关活动，为学习党的二十大精神预热。组织全体党员及职工代表观看庆祝中国共产主义青年团成立 100 周年大会直播，在公司公众号开设“喜迎二十大”专栏，充分发挥“互联网＋党建”平台，宣传保密知识、网络安全重要知识，进行党规党纪教育、群团组织建设等，共推送 70 余篇学习内容，其中原创文章 20 篇，重点报道公司党委学习情况及党支部活动开展情况，传递公司党委声音和力量。

邀请马克思主义学院韦统义副教授作题为“党的十九届六中全会精神”的宣讲，同步在线直播，超 60 人次在线学习；充分利用好党员活动室这一学习交流阵地，平均每月开展 2 次党员与业务骨干培训会议，促进党员学习最新党政知识，增加党员与群众之间沟通交流；优化“党务公开栏”布局，与公司网站一起，形成线上线下协同化信息公开机制，使职工和群众及时了解公司党建大事，有效保障党员及职工的知情权和监督权，确保权力在阳光下运行。

党的二十大召开之际，公司党委第一时间组织公司及所属企业全体职工同步收看党的二十大开幕会直播，教育引导全体职工听党话、跟党走；认真筹备分会场，组织党员和职工聆听校党委书记查显友、副校长林松涛等同志的党课，及时了解学校发展和规划；积极动员党员代表参加学校组织的“统一战线学习党的二十大主题宣传教育”活动，聆听专家学者对党的二十大报告的精准解读；组织全体职工参与“喜迎二十大”摄影作品展，展现职工们的精神风貌和家国情怀。

为持续做好党的二十大精神学习，公司党委认真制定了《关于学习贯彻党的二十大精神的实施方案》及学习活动推进表，指明了公司党委领导班子、各支部及企业、全体党员的学习方向，搭建了学习贯彻党的二十大精神的总体框架；各支部及所属企业纷纷响应公司党委号召，力求以更加充实的内容、更加鲜明的亮点、更具有实践性的企业活动来认真学习贯彻党的二十大精神，坚定不移地在思想上、政治上、行动上同以习近平同志为核心的党中央保持高度一致，把党的创新理论转化为履职尽责、干事创业的自觉行动。

2. 出台《公司党支部工作标准》，促进党支部规范化、标准化建设

结合公司及各所属企业实际，2022 年公司党委着力提升各支部规范化建设。机关支部、出版社支

部严格遵照学校及公司党委要求组织开展“三会一课”、专题组织生活会及民主评议党员等工作，在疫情的影响下，克服重重困难，充分利用网络技术和电子设备，对基层党员进行思想政治教育，有效解决了传统工作中教育不到位的问题；自线上党费交纳系统运行以来，各支部党员均能按月、足额交纳党费，部分未申请工号的社聘职工党员采取线下缴费模式，公司党委将继续优化工作模式，确保社聘职工党员有效行使权利和义务；各支部高度重视发展党员工作，机关支部已发展 1 名入党积极分子，现按照组织程序对其进行考察；3 名职工向机关支部递交入党申请书，待支部重新调整后择优发展。各支部充分发挥党员及群众民主权利，完成校第十三次党代会代表候选人推荐工作及雁塔区人大代表选举工作。公司党委开展了 2022 年党支部书记抓党建述职评议考核，明确将落实党建工作重点任务及党支部开展“三会一课”情况作为重要考核内容。

3. 加强党风廉政建设，强化约束管理机制

为了持续完善公司纪委监督体系，明确公司领导班子、经营班子在党风廉政建设中的责任，公司纪委出台了《党风廉政建设责任制》；与公司总经理、副总经理分别签订了《廉政建设责任书》，将廉政要求纳入经营班子目标管理，与公司经营工作紧密结合，确保公司党风廉政建设和反腐败工作各项要求落实到位。

4. 召开党员大会，完成党委、支部换届工作

按照学校党委《关于 2021 年度党组织书记抓基层党建述职评议考核情况的反馈》要求，公司党委自觉把换届作为一项重大政治责任，有序推进公司党委领导班子换届工作，着力选拔一批政治素养硬、业务能力强的领导干部。根据学校党委对公司党委、纪委换届改选的批复精神，在党员大会筹备工作领导小组的统一部署下，两委委员候选人的酝酿提名工作严格按照规定程序和相关纪律要求，经过充分讨论酝酿、提名推荐和征求意见，顺利于 2022 年 11 月 24 日召开公司党委第四次党员大会。根据《中国共产党章程》《中国共产党基层组织选举工作条例》的规定，采取无记名投票方式和差额选举办法，以无记名投票方式差额进行选举，产生新一届党委委员 7 名、纪委委员 3 名。

根据《中国共产党章程》《中国共产党基层组织选举工作条例》有关规定，出版社支部于 2022 年 10 月召开支部党员大会，按期选举产生了新一届支部委员会；机关支部换届工作正在筹备中，将适时召开支部党员大会进行换届。按照教育部、国资委关于加强高校所属企业党的建设的要求，结合《中国共产党普通高等学校基层组织工作条例》《中国共产党国有企业基层组织工作条例(试行)》等有关文件规定，2022 年公司党委大力推进社聘职工党员组织关系接转工作。截至 2022 年 11 月，公司党委共转入 9 名正式党员，还有 2 名党员正在办理接转手续；公司党委换届后，公司及所属企业有意向转入的社聘职工党员近 20 名，预计新转入社聘职工党员占社聘职工党员总数的 80%，将有力加强党员队伍建设。

二、落实监管政策

1. 完善公司所属企业及企业负责人年度考核评价体系

为进一步完善公司所属企业及企业负责人年度考核评价体系，公司出台了《陕西西安电子科大资产经营有限公司所属全资、控股企业负责人考核评价管理办法》《陕西西安电子科大资产经营有限公司所属全资、控股企业考核评价办法》。根据制度要求，定期动态追踪所属企业经营情况，对标行业指标，及时测算分析数据，并将相关问题及时反馈至所属企业，真正发挥考核评价工作的诊断和引导作用。

2. 落实有关制度要求

落实《教育部关于加强直属高校所属企业国有资产管理的意见》(教财〔2021〕4 号)文件要求，落

实《西安电子科技大学所属企业国有资产管理实施细则(暂行)》(西电资〔2021〕13 号)等有关制度要求。特别是将资产公司及其所属全资、控股(含实际控制)企业的资产负债率控制在 60%以内。

今年 3 月份以来，公司及其所属全资、控股(含实际控制)企业有序开展了产权登记的申报工作。公司向出版社、工程技术研究院(以下简称“工研院”)和壹玖叁壹学术交流服务有限公司(以下简称“壹玖叁壹”)等 3 家所属企业下发《关于办理企业国有资产产权登记的通知》。目前已按照教育部文件要求，将资产公司办理变动产权登记申报材料上报至教育部财务司二次审核，待审核通过后送至财政部备案。3 家所属企业产权登记申报材料已提交至公司党委会审议并通过，形成了完善的申报资料清单，待取得公司新产权登记证后开展所属企业的申报工作。

3. 持续推进所属企业体制改革后续工作

完成公司所持西安电子科技大学科技园有限责任公司 9%股权处置，根据司法机关工作进展，推进涉案、涉诉企业处置，2022 年 9 月，资产公司所持西安电子科技大学科技园有限责任公司 9%股权已无偿划转至西安市雁塔区城市发展投资控股集团有限公司，顺利完成了股权处置工作。

根据司法机关工作进展，资产公司及时跟进涉案、涉诉企业处置，积极履行股东权利。获取涉案企业财务报表，了解企业财务最新动向；配合高新经侦对 5 家涉案企业进行调查取证，完成了涉案企业“一企一档”资料归档工作。对于 2 家处于案件执行阶段的涉诉企业，待案件执行结束后考虑下一步处置计划。目前正在持续推进所属企业体制改革后续工作，积极配合无偿划转企业接收单位开展后续处置，有序推进渭南星火、宁波西电等无偿划转公司的注销关闭工作。

积极落实校企改革落实情况“回头看”发现问题整改工作，按时上报《校企改革“回头看”整改问题台账》《自主清理退出企业工作进展情况表》等统计表。对巡视、审计、检查等已查出问题进行立行立改，对改革任务进展缓慢问题持续整改，制定了《西安电子科大资产经营公司经济责任制实施办法》。

根据学校档案馆要求，移交学校所属企业体制改革相关验收档案资料 86 卷，卷内文件 1633 件。目前，电子档案与纸质档案均已移交至学校档案馆。

三、深化产学研合作

1. 配合相关部门按期完成国家大学科技园整改工作任务

2022 年 3 月，学校向陕西省教育厅、科技厅提交了西安电子科技大学科技园运营主体变更申请；6 月，学校发布《关于调整国家大学科技园管理办公室机构及岗位设置的决定》(西电党〔2022〕22 号)，国家大学科技园管理办公室与资产经营公司合署办公，一体化运行；9 月，公司向陕西省教育厅、科技厅向教育部、科技部报备西安电子科技大学科技园运营主体变更事宜，科技园运营主体现已变更为西安电子科技大学工程技术研究院有限公司，由公司代学校持有 100%股权；11 月，学校发布《西安电子科技大学国家大学科技园管理办法(试行)》(西电园办〔2022〕1 号)。

针对科技部评估中心提出的三条整改意见，公司展开了以下整改工作：一是变更西安电子科技大学科技园运营主体、实现管园办园责任，理顺管理体制机制，实现与科技园的实质融合，真正发挥依托高校的主导作用，建立了依托高校主导、公司提供资源支撑下的运行机制；二是聚焦国家大学科技园五大功能，逐项对标对表，努力将大学科技园打造成为学校科技成果转化的重要平台，为学校人才培养和师生创新创业提供更多优质基地；三是积极落实孵化场地建设，与西安高新管委会、秦创原创新促进中心签约，在电子谷、沣东自贸新天地获得 19 800 m^2 场地，目前电子谷园区场地已完成二次装修，企业陆续入驻中；四是进一步规范运营机构管理体制机制和业务内容，建立合理的营利模式，加强专业化管理团队建设。

2. 进一步深化产学研用协同创新，持续做好科技成果转化等工作

西安电子科技大学工程技术研究院有限公司锚定科研成果的“关键变量”，立足职能定位，发挥纽带桥梁作用，催化科技成果转化，以干劲、拼劲、韧劲探索做好“最大增量”。

工研院整合了成果库、人才库等六大库的资源，优化升级产学研在线平台 3.0，根据国家大学科技园信息化建设要求，新增入驻申请、电子签约、日常数据填报、业务通知等模块，实现线上实时监测模式。通过走进秦创原、走进国资委、走进国企，深入落实开放协同发展功能。工研院与陕西华星电子集团有限公司、陕西电子信息研究院有限公司签署产学研战略合作协议，达成常态化、多元化产学研交流合作模式，聘任华星电子相关技术人员为创业导师；首次完成省外合作项目，与温州市瓯海区合作落地“西安电子科技大学工程技术研究院瓯海科技成果转化基地”。

2022 年，工研院顺利通过国家知识产权贯标监督审核认证，再次荣膺国家“高新技术企业”认定，连续第五年成功入库科技型中小企业，成功入选 2022 年“科创西安”主体活动。

此外，工研院勇担西安电子科技大学国家大学科技园运营主体重任，全面启动国家大学科技园建设工作。承担了园区物理空间布局、项目挖潜入库、营利模式建构、招商工作统筹、创立创孵体系、筹建科技成果转化信息共享及知识产权交易平台、梳理落实转化机制和措施等方面工作。

四、企业治理结构运行

1. 依法依规开展经营性用房管理工作

2022 年，公司完成 2021 年度房租上交工作；新签订房屋租赁合同 40 份，合同额近 680 万元；新招租的房屋承租价格较评估底价增幅超过 80%，较原承租价格增幅超过 130%；对受 2022 年疫情影响的近百处房屋承租方进行租金减免，共计减免第一季度租金约 470 万元；基本完成租赁商户年度费用收缴工作，全年共计催收各类费用约 1700 万元。

配合国有资产管理处修订完善《2022 年度西安电子科技大学出租公房(土地)经营管理委托协议书》；全面搭建、运行出租公房信息化 CREAMS 系统，邀请第三方系统培训后，完成了南北校区所有出租公房数据录入工作。平台目前运营正常。

2. 建设更高质量的校园生活服务保障体系

西安壹玖叁壹学术交流服务有限公司通过完善治理机制、夯实经营基础，现已树立了全新的品牌形象。

经过职能整合、机构重组，已形成了“4 + 5”的组织架构，业务覆盖学术活动、会议培训、住宿餐饮、商贸零售、文创设计、物业服务，明确定位为学校从事学术文化交流服务和对外接待的重要窗口。

2022 年，壹玖叁壹新增餐厅 1 处、商超 8 处、咖啡厅 1 处及校内外物业管理服务区若干处。全年坚持“保供稳价”，在疫情期间为全体师生及广大教职工家属提供生活物资保障，顺利完成了日常及疫情封控期间的校园物资供应保障任务。在年末疫情暴发期间，公司承担了 2022 年寒假学生返乡转运工作，累计发车 300 余次，转运学生近 1.5 万人，有效减少了学生单点出行可能出现的感染传播风险，同时，承担了 2023 年研究生考试感染考生转运工作，共计转运 53 趟次，有力实现了“应考尽考”。

作为学校唯一官方认可的文创品牌，壹玖叁壹文创事业部进一步明晰定位，将业务对象确定为职能部门二级院系与年轻学生群体两类，上新了休闲帆布包、卫衣、棒球帽、抱枕、校徽马克杯、笔记本等多种文创产品，受到广大师生的高度认可。

3. 修订与新增制度

2022 年全年，公司修订了《固定资产管理办法》《档案管理办法》《合同管理办法》《员工考勤管理

办法》《员工异动管理办法》等 8 项制度；新出台《外聘律师事务所管理办法》《所属全资、控股企业负责人考核评价管理办法》《所属全资、控股企业考核评价办法》《在公务活动中收受礼品实行登记上交管理的规定》《派出董事、监事人员考核方案》等 8 项制度，进一步完善了公司现代企业管理制度；开展了内控建设“回头看”工作。针对内控执行流程中的关键环节全面自查，涵盖了公司治理、发展战略、人力资源、资金管理、采购管理等 21 个模块，对薄弱点再梳理、再强化，进一步提升内控建设的有效性。

4. 不断加强信息化建设

高标准完成公司关于信息化建设的有关部署，推动公司信息化办公系统不断优化。在原有督查督办、人事管理、合同管理、资产管理功能模块基础上增设全站检索、会议管理、案件管理等 3 个模块并完成功能建设及完善，新增议题申报表、员工周度工作推进表等 9 个表单，上线后优化处理问题 151 条。系统上线至今已初步满足公司及所属企业信息化办公需求，全年完成表单处理共计 6214 张，数据量达 18000 余条。

五、企业安全稳定

1. 继续加大意识形态工作力度

公司党委始终把意识形态工作作为党建工作的重中之重，召开党委(扩大)会议专题研究意识形态领域工作 2 次。为进一步加强意识形态领域风险防控工作，围绕“巩固马克思主义在意识形态领域的指导地位、巩固广大职工团结奋斗的共同思想基础”这一思想政治任务，公司党委要求公司及各所属企业对照《意识形态领域工作考核观测点》相关要求，按照分级负责和“谁主管谁负责、谁主办谁负责”的原则，深入排查企业的意识形态领域风险，重点加强对出版社和出租公房经营业态有关出版印刷的商户职工以及公众号、网站等媒体平台涉及宗教信仰情况的审查，建立风险清单，形成防控措施，发挥好意识形态在现代化企业治理中的引领作用，确保意识形态领域绝对安全。

2. 坚决落实上级关于疫情防控工作的决策部署，做好常态化疫情防控工作

公司坚决落实上级关于疫情防控工作的决策部署，各部门、各所属企业通力配合疫情防控工作，从严从紧科学精准做好常态化防控，全力守护师生生命健康。坚持做好公司及所属企业防控信息流转、核酸检测、疫苗接种、日常排查、防控督导、居家复工等一系列工作，及时处理疫情防控过程中发现的漏洞和问题。加强公司门禁管理，实行严格的门禁管理制度，要求外来人员履行报批报备、查验两码等措施。公司全年未发生规模性、聚集性疫情。

3. 做好出租公房安全管理工作

配合国有资产管理处及有关专家对北校区出租公房组织安全鉴定；邀请消防检测机构对北校区所有出租公房组织消防安全检测，出具《建筑消防设施检测报告书》并研判处置方案；组织北校区近百户租户参加了消防培训和演练。

六、探索人才强企路径，加强可持续发展能力建设

一是完善人才引进和选拔机制，拓宽人才引进渠道，通过社会化招聘，全面提升企业人才队伍建设，提高企业人员综合素质，力争实现人员“能进能出、能上能下”。2022 年公司深入推进组织架构优化改革，裁撤北京科技教育中心、资源管理中心，增设产学研中心，引入 1 名董事会秘书、1 名企业服务中心部长；工研院公司引入 5 名基层运营团队工作人员；壹玖叁壹裁撤广东事业部，辞退人员 2 名，包含 1 名中层管理人员，引进 1 名西电宾馆部门负责人，由工研院借调并入职 1 名采购部部长。

二是完善人才培养机制，根据业务特点、工作内容制订培训计划和方案，以及短期和长期培养方

向和目标，通过不同形式和类型的培训活动，提高公司员工的整体专业度，营造良好的人才培养氛围，全年从专题培训、制度培训、业务培训和政治学习等4个领域组织培训24场，共惠及近800人次。

三是健全人才激励机制，根据部门和业务特点，完善资产公司绩效考核体系的搭建，深化人力资源“四定”工作，逐步构建起适应现代企业的人力资源管理模式。

七、研讨业态发展路径，加强可持续发展能力建设

按照“三大导向”“四大维度”“五大要求”的总体思路，在原有《资产公司“十四五”规划报告》的基础上，结合疫情期间及疫情后市场研判，对商贸、宾馆、文创三个经营业态开展调研工作，从业务现状、业务发展环境等角度进行细化分析，形成《西安壹玖叁壹学术交流服务有限公司“十四五”商贸业务战略规划》等3个业务战略规划。

八、完成学校交办的其他任务

做好学校快递整合前期调研工作。面对疫情与电商“双十一”的双重压力，根据学校安排，公司调研国内高校快递整合情况，对接菜鸟驿站、丰巢快递柜等，出具初步设计方案，配合设计方多次踏勘场地，最终形成《关于校园快递整合管理的方案》。后期将所有调研成果统一移交学校后勤保障部，为快递整合工作打下坚实基础。

★ 人才队伍 ★

队伍建设工作综述

2022 年党委教师工作部/人力资源部在学校党委和行政班子的正确领导下，深入学习贯彻落实党的十九大及十九届历次全会和党的二十大精神、习近平总书记系列重要讲话精神和中央人才工作会议精神，按照学校党代会提出的发展目标，根据学校统一安排部署，认真落实工作要求，努力完成学校安排的年度重点工作，积极推动学校改革发展。

一、重点工作

(一) 完善教师工作体制机制，强化党委统一领导

修订出台《西安电子科技大学关于建立健全师德师风建设长效机制的实施办法》，把师德师风作为评价学校教师队伍素质的第一标准，把立德树人的成效作为评价教师师德师风的根本标准，成立由党委书记、校长任主任的党委教师工作委员会，完善师德建设委员会，构建完善党委集中统一领导，党政齐抓共管、教师工作部门统筹协调、各部门履职尽责、协同配合的大教师工作格局。建立健全学校党委、二级党委(党总支)、教师党支部三级联动的教师工作机制，压实各单位直接责任，健全会商协调、形势研判、问题上报、责任落实等机制，加强教师思想引导、培训培养、发展咨询、实践锻炼等工作，推动教师师德师风建设与业务能力建设相融合，提高教师思想政治素质和育德育人能力。完善师德考核评价体系，修订出台《西安电子科技大学师德考核实施办法》，落实全员师德考核，把好教师评聘入口关，加快建设一支政治素质过硬、业务能力精湛、育人水平高超的高素质教师队伍。

(二) 完成 2022 年专业技术职务评审

2022 年度职称评审经个人报名、资格初审、学校复审、同行专家评议、材料公示、学院推荐评审、初评结果公示、学部/学校复评、复评结果公示等环节，经学校专业技术职务评聘委员会审议，最终晋升 257 人，转评 1 人。2022 年度职称评审工作在进一步破除“唯论文”、加强与教师岗位聘任联动、鼓励有组织科研、向教学一线倾斜、细化分类评价体系和标准等方面进行了改革。在破除“唯论文”方面，不再将论文作为限制性条件。明确因从事非公开科研项目、开展应用研究和成果转化等工作并取得突出成果的，可由申报者个人提出申请，学院推荐，经学校认定通过后申报参评；在加强与教师岗位聘任联动方面，明确教学科研岗教师可申报一般教师系列、专职科研系列、专职教学系列以及实验技术系列；在鼓励有组织科研方面，继续实行突出贡献专项指标评审，持续鼓励有组织科研，进一步优化指标核拨规则，今年共有 6 名正高、24 名副高通过突出贡献指标晋升高一级职称，有力支持了学校科研团队师资队伍建设；在向教学一线倾斜，鼓励教师潜心育人方面，坚持突出专业建设和立德树人成效，设置国家级一流专业建设专项奖励指标，对于在一流专业建设中发挥重要作用且满足学校相应职称系列基本条件的，由学校单独设立指标，单独评审；在细化分类评价和标准方面，为鼓励教师积极参与重大工程和重大型号任务，立足学校国防特色，在专职科研系列中增设成果转化型和专用科研型。同时结合学校实验技术队伍实际情况和未来发展定位，充分考虑实验队伍教学和科研方面特点，将实验技术系列分为实验教学型和实验研究型，进一步满足“双一流”建设需要高质量专业化实验队伍的需求。

(三) 完成 2022—2024 年教师岗位聘任工作

在前期工作的基础上，顺利推进各单位岗位聘任工作，本年度全校共有 22 个教学科研单位的 2000

余名专任教师完成了岗位聘任工作。在本次岗位聘任中，将原有的“五轨十一档”优化为“四类九档”，鼓励各学院可根据发展需要，自主设置特设岗位，如一流专业/拔尖人才试点班/公共课程组负责人岗位、国际化特设岗等。鼓励教师专心从事基础科学研究工作，设置部分长周期考核岗位，突出中长期目标导向。坚持立德树人根本任务，把教育教学和育人工作充分体现在教师岗位聘任的基础岗位职责中。坚持突出质量和导向，体现同岗同责，奖励标志性成果，充分调动个人积极性、主动性和创造性。坚持科学分类聘用管理，科学合理地制定各类各级岗位的聘任条件和岗位职责，支持教师个性发展，实现一人一策，探索套餐制岗位职责。坚持以学科发展为引领，把学科评估的指标体系、学科建设任务以及“十四五”发展目标细化分解至岗位职责中。在聘期考核方面，鼓励学院结合实际，发挥学科优势，设置不同类型的工作目标，采取灵活多样的形式如业绩转换、套餐式业绩考核、团队考核等进行考核，鼓励教师发挥个人特长，选择合适的轨道，实现自我价值。

按学校岗位聘任工作安排，学校于 2022 年下半年组织开展了辅导员岗位聘任工作，共有 120 名专职辅导员或副书记参与本次岗位聘任工作，目前正在评审阶段。本次辅导员岗位聘任工作以“改革创新、激发动能、系统规划、助力成长”为发展目标，以立德树人为根本任务，强化考核，充分将历史贡献和突出贡献相结合，注重考核辅导员工作业绩和育人实效。辅导员岗位聘任工作为进一步加强辅导员队伍建设，促进学校辅导员队伍职业化、专业化发展起到了良好的推动作用。

(四) 顺利推进各项人才评价试点改革工作

根据科技部等八部委印发《关于开展科技人才评价改革试点的工作方案》通知，我校作为 9 所高校之一，成功入选科技人才评价改革试点单位。由学校人力资源部牵头起草工作方案，多次召开专题研讨会商讨方案内容，组织相关领域的国家级人才、教师代表召开座谈会，并广泛听取各教学科研单位负责人、教授委员会主任的意见，多次对工作方案内容进行修改完善，经学校审议通过后，最终形成工作方案。方案围绕打造国家战略科技力量、发挥学校电子信息领域国家队作用的总目标，坚持立德树人根本任务，以质量导向评价机制改革为抓手，聚焦国家重大工程、关键技术和社会难题，深入构建有组织科研体系，建成以科技创新价值、能力、贡献为导向的分类评价体系，对于承担国家重大攻关任务的人才评价通过国家机构和战略科学家对任务完成情况进行考察，对于从事基础研究类人才评价强调代表作和第三方评价原创研究成果，对于应用研究和技术开发类人才评价推行通过行业和市场来评价技术突破情况和经济效益，对于社会公益类的人才评价试行以社会化的方式评价其工作带来的社会效益，对于不同特点的科技人才实行分类评价，形成落实机制更加完善、评价制度更加健全、评价办法更加多元、评价成效更加科学的有组织科研创新生态。

根据《关于公布陕西省深化新时代教育评价改革试点单位和试点项目的通知》，党委教师工作部/人力资源部牵头负责教师评价改革工作和试点项目的推进落实。改革工作主要围绕师德师风、职称评审、岗位聘任等方面开展，由具体分管科室制订相关工作计划，对已开展工作进行了详细的记录。师资科按照工作要求整理汇总了相关材料，顺利完成了中期评估报告并报送至陕西省教育厅。

(五) 加强高层次人才队伍建设

1. 不断加大人才工作力度，高层次人才总量稳步提升。积极开展国家及陕西省各类人才计划/项目的推荐工作，2022 年度累计完成各类国家级人才计划申报 204 人次，各类省级人才计划申报 60 人次，其他各级人才计划申报 129 人次。

2. 加强信息服务，提升学校人才引育水平。

校院两级协调配合，结合教师发展情况及学院/学科人才队伍规划，制定校内储备人才库，并基于人才库不断加强人才培育工作。建设引进人才数据库，并根据研究方向对人才信息进行分类推送，为各学院领导、重点实验室负责人、华山学者领军人才等提供精细化引进人才信息服务，助力学校人才引进工作。

3. 多措并举，提升人才吸引力。汇聚社会力量，面向引进人才为主开展“华山人才基金”遴选(华为资助)，2022 年度共资助 15 人；面向校内人才开展首批次“小米青年学者”遴选，2022 年度共资助 20 人。筹备第七届“华山青年学者国际论坛”，并以此为契机通过多渠道开展人才政策宣传，进一步加强青年人才引进力度。

4. 完善政策体系，加强人才引领。出台《西安电子科技大学外聘院士薪酬待遇标准(试行)》，进一步充分发挥院士专家引领事业发展的重要作用，提升学校建设水平；修订出台《西安电子科技大学“华山学者”岗位实施办法》，充分发挥“华山学者”岗位体系对学校一流建设目标的支撑作用，进一步激发人才活力。

(六) 持续推进“华山学者”岗位体系建设

以华山学者体系建设为抓手，逐步建设起一支结构合理、发展稳定、有效支撑学校一流建设发展的高层次人才队伍。2022 年新聘华山学者(特聘及以上)全职岗位 48 人，其中校内聘任 42 人(领军 13 人，特聘 29 人)，校外引进 6 人(领军 1 人，特聘 5 人)；聘任兼职岗位专家 31 人，其中讲席教授 8 人、讲座教授 21 人、礼聘教授 2 人。

为进一步贯彻落实中央人才工作会议精神以及党的二十大报告关于人才强国的重要论述，充分发挥“华山学者”岗位体系对学校一流建设目标的支撑作用，2022 年度组织开展《西安电子科技大学“华山学者”岗位实施办法》修订工作，重点加强对基础学科、教育教学、人文社科、青年人才、引进人才的支持，更加有效支撑学校一流建设发展。

开展首批“华山学者”岗位聘任人员中期调研工作，全面了解专家履行合同、承担任务、发挥作用的情况，加强过程管理，推动聘任专家加强使命责任、强化履职担当。

(七) 举办学校第四次人才工作会

为进一步统一思想、凝聚共识，把人才强校战略落到实处，开创人才工作新局面，2022 年度举办学校第四次人才工作会。开幕式上进一步深入学习了习近平总书记在中央人才工作会议上的重要讲话精神，总结了学校第三次人才强校会以来人才队伍建设成效，分析了学校人才队伍建设现状和工作中存在的问题，提出了学校中长期人才队伍建设的总体目标和分项指标，并就深入实施人才强校战略、全面做好下一阶段工作提出要求。分八组组织开展人才工作会分单位研讨，研究师资队伍与学科发展、团队建设的耦合关系，讲解各项制度修订的背景、思路，听取各单位对学校人事人才工作的意见建议；下一步，将举办第四次人才工作会闭幕式，凝聚共识，推动学校人事人才工作高质量发展。

(八) 对标新形势新要求，优化绩效奖励办法

根据中央关于新时代教育评价改革的要求，对标“双一流”建设/学科评估指标、“十四五”规划和学校发展战略，协助部门领导修订完善学校核心指标奖励办法，优化学校一般性业绩奖励办法。进一步明确目标导向，充分下放分配自主权，发挥绩效工资分配的“指挥棒”作用，激发教职工干事创业的积极性。

(九) 修订《受处分人员工资待遇处理办法》

完善学校绩效工资发放相关规定，根据国家文件精神及学校政策规定，修订完善学校《受处分人员工资待遇处理办法》，进一步明确学校受处分人员的工资待遇。

(十) 保障退休职工待遇，平稳推进养老并轨

配合做好“中人”在职转退手续办理、待遇调整等工作。根据学校退休“中人”在职转退手续办理进度，调整工资发放项目，全年共完成559名退休“中人”校内退休待遇调整，切实保障退休教职工待遇水平。

梳理学校退休“中人”手续办理中存在有效账户、来校前有企业工作经历且未办结养老关系转移接续等情况，协助退休教职工注销重复有效账户、收集原单位或原社保机构出具的《基本养老保险参保缴费凭证》等，配合学校社保部门做好手续办理前的准备工作。目前反馈60余人，已办结14人。

(十一) 规范劳动用工管理

2022年，在梳理人员情况、解决历史遗留问题的基础上，配合将附属中学70名外聘人员转入第三方人力资源服务公司，通过劳务派遣形式统一管理。

近几年来，按照分批办理、稳步推进的原则，学校外聘人员逐渐通过劳务派遣形式管理。截至目前，附属机构的外聘人员已全部派遣至第三方人力资源服务公司，在降低用工风险的同时，进一步优化了管理模式，充分保障了外聘人员的利益。

(十二) 着力做好博士后管理和服务工作

截至12月5日，共办理博士后进出站119人次，其中，进站73人、出站46人、退站5人；全职博士后31人(含双轨制博士后17人)，联合培养博士后20人，在职博士后22人。

全年共组织171人申报博士后各类项目，申请人数同比增长45%，获批28人，获批金额324万，获批率为16.37%(见表1)。

表1　项目获批情况

获批项目	申报人数	获批人数	获批金额/万元	获批率
第71批面上资助	53	6	48	11.32%
第72批面上资助	59	12	96	20.34%
第4批特别资助(站前)	27	5	90	18.52%
第15批特别资助(站中)	32	5	90	15.63%
合　计	171	28	324	16.37%

做好陕西省第一届博士后创新创业大赛赛前筹备、政策答疑和服务工作，组织20支队伍参加我省第一届博士后创新创业大赛，10支队伍进入总决赛，获奖情况暂未公布。

(十三) 优化用人成本，探索灵活用人模式

1. 探索外聘专业技术人员聘用模式改革。以校医院综合改革为契机，开展外聘专业技术人员聘用改革试点。通过调研分析，合理设置校医院内设机构，统筹设置编制内、编制外人员岗位，优化岗位结构，提升编制使用效率。设置外聘专业技术重点岗位，提升相关待遇，吸引高水平专业技术人才来校工作。全年共完成档案馆、期刊中心、数学与统计学院等单位外聘人员岗位核定工作。持续开展财务处、体育部、基础教育集团、基本建设处、信息网络技术中心、图书馆、实验室与设备处等单位外聘专业技术岗位调研及核定工作。

通过试点改革，推动优化和完善外聘专业技术聘用工作，优化学校用人成本，提高运行效率。对照改革需求，起草修订了外聘人员管理办法，并计划于2023年上半年印发。

2. 加强基础教育骨干师资建设。积极响应教职工诉求，加强基础教育师资队伍建设，推进提升学

校基础教育质量，增强学校人才引进吸引力，保障教职工基础教育刚需。围绕基础教育编制内师资总量不足、年龄结构偏大、后备力量不足等问题，协同基础教育管理办公室及基础教育集团附属各学校，开展基础教育骨干教师遴选。通过深入调研，分析研判，科学制订 2022 年基础教育骨干教师招聘方案及附属中学、附属小学、幼儿园骨干教师选拔和考核评价方案，开展骨干教师招聘工作。拟招聘附属中学骨干教师 3 名、附属小学骨干教师 2 名、幼儿园骨干教师 1 名。

通过 2022 年骨干教师遴选工作，为日后常态化开展基础教育优秀教师选拔奠定基础。同时，开展基础教育教师编制外专业技术教师聘用改革，多渠道提升基础教育师资队伍水平。希望通过 3～5 年建设，使附属中学高水平师资占比达到 30%，附属小学高水平师资占比达到 25%、幼儿园高水平师资占比达到 15%。

(十四) 做好收尾工作，开展 2022 年职员职级聘任

新建职员职级评审信息系统，加强评审信息化和数字化建设，优化完善职员职级申报和评审流程。按照《职员职级聘任管理办法(暂行)》《职员职级聘任补充规定》，开展职员申报人员摸底，制订工作方案，开展 2022 年职员职级聘任。共有效申报职员职级晋升 93 人，其中五级职员 19 人、六级职员 40 人、七级职员 6 人、八级职员 28 人。

全面梳理学校职员情况，利用信息化手段，做好管理人员全员职员并轨信息梳理和入库，做好“三年过渡期”收尾工作。做好职员职级聘任办法修订政策研究，为职员职级聘任转向常态化运行奠定基础。

(十五) 加强人事信息化建设，不断拓展人事全流程信息化服务阵地

1. 面向人事服务事项，开展信息化应用建设。推进教师招聘系统、年度考核系统、转入事业编申请系统、职员职级申报系统、外聘人员招聘系统、人才服务网络应用、人事业绩画像建设等重点项目建设，进一步优化各项业务的办理流程，提高办事效率，提升服务质量，不断拓展人事全流程信息化服务阵地。

2. 加强人事系统数据治理。进一步明确人事系统数据分类和负责权限，梳理冗余信息，合理设置有效字段，提升数据质量，以信息化推进人员分类管理精细化。做好数据整合对接，为教师精准“画像”打好基础。

3. 做好人事信息化建设相关保障。完成人事信息系统建设验收，开展下一期人事信息系统技术论证和经费申请，谋划拓展人事信息化建设新平台。

二、常规工作

(一) 加强思想政治引领，狠抓师德师风建设

1. 涵养高尚师德，营造尊师重教氛围。完善教师荣誉体系，选树优秀教师典型，出台《“西电最美教师”评选办法》，开展“西电最美教师”校级先进评选以及黄大年式教师团队培育，评选出最美教师 5 人、最美教师团队 2 个，校级黄大年式教师团队 8 个。注重高线引领，举办教师节表彰大会、开展“尊师主题月”系列活动等，上线“荣耀西电”教师荣誉网站，大力宣传“西电最美教师”“师德标兵”等优秀典型事迹。组织开展“从教秩年”系列活动，颁发“光荣从教 50/60/70 周年”荣誉纪念章，指导各二级党委(党总支)举办从教老教师师德传承座谈会，大力继承发扬一代代西电人接续投身教育报国、科技报国的光荣传统。学校师德高尚、潜心育人的“大先生”进一步涌现，微电子学院宽禁带半导体教师团队成功入选第二批“全国高校黄大年式教师团队”、机电工程学院机电科技研究所教师团队入选“陕西省高校黄大年式教师团队”、电子工程学院雷达信号处理国家级重点实验室获评 2022 年“陕西

省师德建设示范团队”、网络与信息安全学院李晖教授获评2022年“陕西省师德标兵”，2021年教师节专题报道获评2021—2022年度“优秀校园新闻专题作品”。

2. 助力教师成长，完善教师发展体系。协同各部门推进构建全职业周期的教师培育体系，通过理论学习、专题研讨和研学实践等方式，持续加强教师理想信念教育，涵育教师家国情怀。定期下发《教师理论学习安排》，在“学在西电”“党旗飘飘”平台、SPOC平台建设专题红色教育课程，明确学习要点，强化学习要求，注重依托教师党支部、党小组或者系(所、中心、课题组)等组织开展学习，确保教师每周开展1次集中学习、每月开展1次党的创新理论学习，做到学习“全覆盖”。联合党校、机关党委开展2022年新入职管理干部岗前综合培训，持续开展两期新入职教师师德专题网络培训，覆盖2021年9月以来全体新入职教职工。分层分类组织教职工社会实践活动，首次组织2022年暑期高校教师研修，围绕学习党史校史、重温习近平总书记足迹、感悟“我们这十年”、聚焦国家战略等方面，开展多主题、分层次、全方位的实践研修，强化“师生共育”，共组建院级示范团队24支，400余名教师与青年学生一起深入祖国发展窗口、红色革命圣地、重大工程一线，建立教师实践教育基地和成长“课堂”，涵育教师政治素养、家国情怀和科学家精神，将教师社会实践成效转化为教育报国的强大动力。

3. 严格考核评价，落实师德“第一标准”。坚持师德“第一标准”，在项目申报、职务晋升、职称评聘、评优选先等环节严把审核关，严格实行“一票否决”，2022年已为1258人次出具师德师风审查意见。严格底线要求，组织开展师德师风高发问题专项整治、师德警示教育活动，强化典型案例警示教育，制定2022版《师德规范手册》作为日常学习教材，在“西电教师”微信公众号、部门网站等设立警示教育专栏，使全体教师明确在意识形态领域、课堂教学、师生关系、学术研究、社会活动等方面的倡导性要求和禁止性规定。借助信息化手段开展全程师德监督，按照《新时代高校教师职业行为十项准则》设立观测点，搭建教师全职业周期、多维度覆盖的教师思政综合评估系统，用“大数据”健全师德档案，从严把好教师入口关、考核关和监督关。研究成果获批陕西省教育评价改革教师思想政治与师德师风评价改革专项、陕西省教师教育改革与教师发展研究项目等。

(二) 坚持党管人才，强化顶层设计，加强人才管理

1. 深入贯彻落实中央和教育部党组工作部署，进一步建立健全学校人才安全保护工作机制。开展人才安全信息全面排查，掌握人才情况，排查安全隐患。开展人才安全培训，不断提升学校人才安全工作水平。定期开展人才信息网络筛查，开展招聘公告审核，保障人才安全和国家信息安全。

2. 推荐高层次人才参加中组部、教育部、陕西省、学校组织的研修班，加强对高层次人才的团结引领。

3. 开展人才来校洽谈、合同签订、中期考核、聘期考核等人才管理相关工作；开展安家费、科研启动费、国家及陕西省人才计划资助、企业资助等人才相关经费发放工作；开展国家引进人才计划入选者到岗核查、长江学者奖励计划年度核查、政府特殊津贴年度核查等工作。

(三) 以人为本，贴心做好人才服务工作

1. 以构建基于人才发展的人才工作大格局为理念，擦亮“有温度的人才服务”名片落实待遇保障。建立学院党委和职能部门联系服务专家工作机制，实现华山学者特聘教授以上层次专家全覆盖；坚持践行“一线规则”，及时回应教师诉求，在解决实际问题中表达关心关爱；争取省市优才政策红利，成为陕西省内第一所落实陕组通字〔2020〕87号文件等优才政策的高校，申领“西安青年人才驿站”奖励360余万，办理西安市人才认定1082人。

2. 以建设基于华山学者四梯队人才培育网络的信息系统为契机，夯实“华山领航计划”，做好人才

培育。建成培育小组277个，青年教师覆盖率97.7%；开展成长沙龙143期。构建起了“学校围绕重要节点、学院一院一品、小组自主培育”的三级培育体系。同时，依托人事人才信息系统，科学量化“传帮带”成效，从职称晋升、获批人才项目、晋升华山岗位三个维度实现了培育成效的可视化和智能化。国家级青年人才培育成效呈线性增长。

3. 以“砥砺家国情怀，书写奋进故事”为主题，打造“红色电波的时代光影”思政品牌，强化政治引领。品牌效应显著，得到广泛积极评价，工作案例获批陕西高校网络思想政治工作案例一等奖(全省5项)，作品获2022年新时代教师风采短视频征集活动入围作品(历史性突破)。

4. 以更加开放的胸怀和积极的姿态为转变，做好“秦创原引用高层次创新创业人才项目”申报。截至目前，学校已获批11人，考察10人，居陕西高校第二(西安交通大学第一)。首批申报获批率达100%，申报人数持续增长。

(四) 优化服务，做好师资队伍日常管理

1. 按照国家留学基金委工作安排，切实做好教职工公派出国的管理及服务工作，2022年获批全额资助项目6人、青骨项目2人，双一流海外研修项目2批次推荐选派8人，共有13名教师赴国境外研修访学，涉及6个教学科研单位，出访分布在美国、英国、加拿大、新加坡、芬兰、瑞典、瑞士等共计7个国家，随着国家疫情防控政策的调整，学校教师公派出国积极性较往年有所提升。持续开展加强对在外访学人员、归国访学人员的学习、工作情况跟踪，定期与教师、学院联系，核对访学派出、回国情况；积极与国际合作与交流部等校内部门沟通交流，更好地关心和服务在外访学人员。2022年度就教师公派出国进一步优化工作流程，修订了教职工公派出国(境)研修选派和管理实施细则。

2. 为进一步提升专任教师的职业素养，积极组织学校新入职教师参加陕西省高校教师专业技能考试与认定，2022年度共有193名教师取得教师资格证书，2021—2022年度组织456名新入职教师进行教师资格证岗前培训。组织开展公派出国教师外语培训4人。

3. 积极鼓励和支持教师承担社会公共服务，共有45名教师承担校外社会兼职，积极鼓励教师从事创新创业活动，共有8名教师在岗创业，2名教师离岗创业，进一步规范了教师校外兼职和创新创业活动审批报备，有效提升学校的社会影响力。

(五) 规范人才招聘制度，优化师资队伍结构

1. 制度建设。修订《博士后管理工作办法》。转变观念，进一步明确博士后研究人员科研生力军和人才蓄水池的定位；优化博士后岗位体系，提升博士后年薪待遇，构建博士后成长路径，多方面提高博士后吸引力。起草《准聘制教师聘用与考核办法》。明确申请机制，丰富晋升通道，完善晋升标准，为准聘制教师提供多途径晋升选择与上升渠道；通过评审竞争，培养和选拔高素质专业化创新型教师队伍，逐步建立“能上能下、能进能出”的合理流动与激励机制，优化人才布局。起草《关于制定人才引聘计划的意见》。提出人才引聘应在学科方向规划下进行，按照团队实际，按岗、按需引人，结合团队绩效、学院师资队伍建设成效进行激励指标的设立，有效建立人才引聘与学科发展、团队建设之间的联动机制。

2. 师资队伍引聘。创新招聘模式，扩大引才宣传。全年共参与网络招聘会6次；首次组织“海纳英才，智汇西电——2022华山人才招聘季”全球直播宣讲品牌活动，共计举办12场次、23家单位参与，受到海内外英才广泛关注，直播观看量达58974人次，现场累计互动答疑517人，接收人才简历154份。并在青塔、青塔人才、学校视频号等主流平台上加强宣传。加强进人把关，提高引才质量。逐步强化对拟聘人员个人背景与学术水平评审，截至12月5日，常规师资共审批38批次，已公示322人，已入职201人，全年师资引聘任务完成率为100.5%。其中，华山菁英岗位43人，占比22%；华

山准聘副教授 88 人，占比 44%；一般专任教师 39 人，占比 19%；专职科研岗 17 人，占比 8%；全职博士后 14 人，占比 7%。学缘结构中，具有海外学位 21 人，占比 11%，本校学位 65 人，占比 32%；其他一流高校及科研院所 108 人，占比 54%；其他普通院校 7 人，占比 3%。具有一年以上海外经历者 70 人，占比 35%；新增全职外籍教师 5 人，高级职称 9 人。学缘结构更加均衡，新进教师队伍国际化水平平稳发展。

3. 非教师岗位招聘。全年共招聘非教师 66 人。截至 12 月 5 日，已入职 54 人，入职率为 82%。已入职 54 人中，辅导员 25 人，管理岗 22 人，其他专技岗 7 人；男 35 人(65%)，女 19(35%)；最终学位为本校 11 人(20%)，国内一流院校及科研院所 34 人(63%)，境外院校 8 人(15%)，其他院校 1 人(2%)。新进干部队伍结构更加优化，整体素质稳步提升。

4. 因私证照管理。深入盘查与清点全校 3000 余人因私出国(境)证照。截至 12 月 5 日，在库保管证照 2382 本，其中，因私护照 1549 本、港澳通行证 496 本、台湾通行证 337 本。全面梳理各单位证照上缴清单，开展证照核查与收缴工作。新增收缴 269 本证照，报备更新 121 条数据信息，办理证照业务有关事宜共计 50 余人次。

5. 军转干部安置工作。顺利组织军转干部“直通车”安置工作。共选聘 4 人来校工作，其中，1 人至实验技术岗，1 人为辅导员，2 人至管理岗，切实做到人岗匹配、择优选用，确保军转安置任务落地落实。

6. 优化工作机制。为加强对教职工的业务培训，绘制《常规师资引聘流程图》，整理《进人条件一览表》《进人待遇一张表》《进人材料一张表》；绘制《教职工因私出国(境)证照借出/归还流程图》，让教职工业务办理更加清晰高效。为便于教师对新政策的理解，绘制《博士后岗位体系成长路径图》，了解博士后与“准聘—长聘”制的关系，掌握博士后研究人员的成长路径；绘制《准聘制教师岗位晋升流程图》，让准聘制教师对自身发展与上升通道一目了然。

(六) 严格把关，扎实做好劳资管理工作

1. 落实国家政策，调整在职人员基本工资标准、增加离休人员离休费 1 次，调整退休“中人”(尚未纳入统筹)退休费 1 次，共涉及 3800 余人。

2. 完成教职工入职后工作年限认定、工资待遇及住房公积金缴存基数核定 270 人，办理职称、职务、职级等变化引起的工资变动 668 人，兑现校内入选“华山学者”岗位工资待遇 37 人。

3. 完成全校在职人员基础性绩效、奖励性绩效的核拨与发放，年薪制人员的待遇核算工作，共涉及 3800 余人。

4. 完成 2022 年全校 3400 余名教职工薪级工资正常晋升、公积金缴存基数核定工作。

5. 核算校内退休待遇、办理退休手续 77 人。

6. 落实国家一次性退休补贴政策，审核并发放退休教职工的一次性退休补贴 15 人。

7. 落实学校决策部署，为疫情防控一线工作人员发放防疫补助 18 次，共计 1600 余人次。

8. 完成降温费、供热采暖费、独生子女费、护理费、借调挂职补贴、探亲费、60 年代精减人员生活补助、遗属补助、抚恤金等各项津补贴的发放工作。

9. 开展劳动纪律管理、“吃空饷”专项核查工作，为教职工办理请销假手续、收入证明等 180 余次。

10. 完成学校事业发放工资的 700 余名外聘人员、80 余名退休返聘人员工资发放工作，以及降温费、供热采暖费发放和 2023 年社保和公积金基数核定工作。

11. 审批各类工资、补贴、绩效发放等事项 4500 余人次。

12. 进行薪酬系统优化、维护的管理和协调工作。

(七) 精心部署，扎实推进，推动社会保障服务稳步前进

1. 完成省市医保业务划转，按月办理西安市医保缴费。完成学校从省医保系统向市医保系统转移切换工作，办理市医保月度缴费业务。按月办理A类人员人员变动申报、审核，人员缴费、扣费，财务借款、报销，医保年审。

2. 完成陕西省机关事业单位养老保险及职业年金“中人”的补缴及按月缴费。完成2021年7月—2022年6月“中人”养老保险及职业年金补缴；办理陕西省机关事业单位养老保险及职业年金“中人”月度缴费业务。按月办理A类人员人员变动申报、审核，人员缴费、扣费，财务借款、报销，养老基数年审。

3. 按月办理B类人员人员变动申报、审核，人员缴费、扣费，财务借款、报销，医保卡领取、发放等工作。按年度办理B类人员年审等工作。

4. 意外险办理。按月办理退休返聘、挂职借调、新进未参保人员的意外险参保、停保，按年度结算、参保、缴费，财务借款、报销等业务。全年共办理意外险业务变更200余人次；为300余名新进人员办理新进意外险参保。

5. 工伤办理。办理人员工伤申报、认定、报销，伤残鉴定，伤残抚恤金发放等业务。办理工伤认定申报2人。

6. 社保证明开具。2022年度开具各类参保证明共计150余人次。

7. 大病互助金申领审核。2022年度共审核大病互助金申领30余人次。

8. 养老保险生存认证。2022年度共完成养老保险生存认证1900余人。

9. 社会保险政策宣传及其他相关工作。开展社会保险政策宣传、医保相关问题的解释说明等。全年共推出微信推文10余篇。

(八) 稳妥推进，积极落实人事管理工作

1. 严把用人质量，做好外聘人员日常管理。按照《西安电子科技大学外聘人员管理办法》，做好各单位外聘和返聘人员聘用/续聘审批、离职及数据维护工作。持续优化外聘人员审批流程，定制外聘人员聘用管理系统，将于2023年春季上线运行。

2. 科研助理聘用。为促进毕业生就业工作，协同科研院/就业办/各学院完成科研助理招聘合同签订工作，协同各单位完成累计232名应届毕业生签约就业。

3. 非教师转入事业编工作。按照《西安电子科技大学非事业编制人员管理办法》(西电人〔2013〕37号)和《西安电子科技大学准聘制辅导员、一般管理及其他专技岗位人员管理办法》(西电人〔2019〕23号)等文件要求，对两类非教师准聘制人员开展2022年转入事业编工作，拟转入事业编制15人。优化转入事业编申请流程，新建转入事业编评审系统，转入事业编申请全过程更加规范、高效。

4. 教职工考核。以问题为导向，广泛调研并结合学校管理实际，制定《年度考核工作实施办法》，规范年度考核组织实施。充分利用信息化手段，改革年度考核开展模式，重建年度考核系统。以教师为中心，通过流程优化、数据共享，避免教师重复填表，提升年度考核参与体验。同时通过应用倒逼，进一步促进学校数据完善，提升数据质量。

5. 特殊人员处置。加强政策研究和法律法规学习，依法依规做好人员开除、清退等特殊事件处置和人事信访及纠纷处理，维护学校人事管理秩序。以特殊人员处置为案例，举一反三，进一步梳理学校管理漏洞，加强同类人员在岗情况和违纪违法情况排查，为学校规避人事管理风险。

(九) 从严要求，提高站位，做好干部人事档案工作

1. 完成新入职人员人事档案接收及审核285卷。

2. 完成辞职、调动等人员人事档案审核及转递 37 卷。

3. 完成教职工 2021 年度考核表等相关入档材料审核归档 4350 余份。

4. 配合有关部门完成相关人员人事档案查(借)阅 1429 卷次。

5. 完成副高级以上职称专业技术人员及中层管理人员干部人事档案(1571 卷)专项审核工作，共补充各类材料 12 701 份；完成数字化档案制作 2092 卷，初步建立人事档案管理信息系统。

(十) 脚踏实地，扎实做好其他日常工作

1. 目标任务分解。协同考核与评估办公室及本科生院、研究生院、科学研究院、国际交流与合作部、发展规划部、计划财务处等归口单位，在结合学校“十四五”发展规划年度任务、学院教师聘岗任务的基础上，与教学科研单位签订 2022 年度工作目标任务书，分解下达年度任务。按照学校年度重点工作及补充工作要点，下达学校党政服务机构年度工作目标任务。

2. 机构编制管理工作。根据学校事业发展需要，结合职能部门需求，做好学校机构编制调整工作。完成体育部和国家大学科技园管理办公室机构编制调整。充分调研分析，做好雷达信号实验室、区块链重点实验室、艺术教育中心、仪器设备共享中心、卓越工程师学院、驻京办事机构等单位机构编制调整论证工作。

3. 信息统计上报等工作。常态化完成编制实名制数据、教育质量监测、PS 报表、高基表及校内各类数据统计工作。常态化开展助管岗位申请和津贴发放、工勤技术岗位补聘、教职工离职、转岗调动等工作。

4. 文件流转、汇编及留存工作。截至目前，2022 年全年线上流转文件 1262 份，线下流转文件约 20 份。整理并装订 2021 年相关文件，向档案馆提交自发文 270 份。着手将早期文件扫描(主要是 2010 年之前文件)，建立电子稿，以方便更好地保存和查阅，此项工作目前进行了约三分之一。收取并向档案馆整理提交 2021 年新进人员报到证 179 份。本年度的文件资料做到保管有序，为移交做好基础工作。

5. 入职报到相关工作。为新进人员办理报到手续，梳理制作报到流程图及小视频，做好报到微信群管理，及时耐心解答问题，本年度共办理新进人员报到 281 人。

教职工各类基本情况

教职工数

统计时点：2022学年　　单位：人

指标名称	教职工数							校外教师	行业导师	外籍教师	离退休人员	附属中小学幼儿园教职工
	合计	专任教师	行政人员	教辅人员	工勤人员	专职科研人员	其他附设机构人员					
总计	3693	2654	603	80	162	91	103	100	79	51	2271	62
其中：女	1341	957	241	54	10	26	53	3	7	9	1038	38
在编人员	2734	1948	463	63	162	3	95	—	—	—	—	—

专任教师分年龄情况

表号：教基4354　　统计时点：2022学年　　单位：人

类别	合计	29岁以下	30～34岁	35～39岁	40～44岁	45～49岁	50～54岁	55～59岁	60～64岁	65岁以上
总计	2654	222	558	508	587	382	181	184	29	3
其中：女	957	83	181	176	239	154	66	52	6	0
正高级	563	0	8	77	167	114	66	102	27	2
副高级	1100	12	183	235	295	206	96	73	0	0
中级	890	130	351	196	123	62	19	9	0	0
初级	90	77	11	0	2	0	0	0	0	0
未定职级	11	3	5	0	0	0	0	0	2	1

专任教师分学历情况

表号：教基 4360　　　　统计时点：2022 学年　　　　单位：人

类别	合计	博士	硕士	本科	专科及以下
专任教师	2654	2070	459	123	2
其中：女	957	671	227	58	1
正高级	563	533	27	3	0
副高级	1100	843	198	58	1
中级	890	686	173	30	1
初级	90	0	60	30	0
未定职级	11	8	1	2	0
校外教师	100	94	5	1	0
其中：女	3	2	0	1	0
其中：2 年以上	0	0	0	0	0
正高级	90	86	4	0	0
副高级	7	7	0	0	0
中级	0	0	0	0	0
初级	0	0	0	0	0
未定职级	3	1	1	1	0
行业导师	79	61	15	3	0
外籍教师	51	45	3	3	0

分学科专任教师数

表号：教基 4358　　　　统计时点：2022 学年　　　　单位：人

类别	合计	正高级	副高级	中级	初级	未定职级
总计	2654	563	1100	890	90	11
其中：女	957	121	440	354	37	5
哲学	23	4	9	10	0	0
其中：马克思主义哲学	0	0	0	0	0	0
经济学	29	7	16	6	0	0
法学	82	12	28	42	0	0
教育学	234	9	73	72	80	0
文学	172	12	85	67	3	5
历史学	4	1	2	1	0	0
理学	237	43	103	90	0	1
工学	1761	453	738	558	7	5
农学	0	0	0	0	0	0
医学	0	0	0	0	0	0
管理学	102	22	43	37	0	0
艺术学	10	0	3	7	0	0

★ 交流与拓展 ★

对外交流与合作

对外交流工作综述

2022 年，在教育部和陕西省教育厅的指导下，在学校党委的坚强领导下，学校围绕加快和扩大新时代教育对外开放，服务国家外交大局，推进国际化支撑“双一流”建设，实施“质量提升计划”，加速品牌建设，不断推进学校国际化事业全方位、高水平质量提升。

一、2022 年重点工作

(一) 不断推进高水平对外交流合作

2022 年，学校启动“全球合作伙伴提升计划”，积极拓展和深化与海外高校的合作。经过一年的努力，学校与美国加州大学欧文分校，加拿大多伦多大学、卡尔顿大学，德国慕尼黑工业大学、亚琛工业大学，英国兰卡斯特大学、诺丁汉大学，意大利卡利亚里大学，塞浦路斯大学，巴基斯坦旁遮普大学高级法学院，马来西亚拉曼大学，澳门科技大学等全球 12 所知名院校签订了合作协议。到目前为止，学校已与全球 39 个国家和地区的 175 所高校建立合作关系，合作网络覆盖美洲、欧洲、非洲、大洋洲、东南亚及共建“一带一路”的国家和地区。学校依托电子信息学科优势，积极参与全球教育交流活动。举办“2022 丝绸之路电子科学与技术国际产学研用合作会议”，参与承办“2022 世界慕课与在线教育大会分论坛”，参与“2022 丝绸之路教育合作交流会”及“中国-塞尔维亚高等教育合作研讨会”。学校成立了“一带一路”信息通信技术传播话语研究中心，联合英国兰卡斯特大学专家团队，聚焦“一带一路”建设与对外传播相关重大现实问题，探索多学科融合研究，积极打造开放型智库平台，并与英国兰卡斯特大学举行线上合作协议签约仪式。积极拓展资源支持师生海外交流，申报获批 2 项国家留学基金委创新型人才国际合作培养项目，项目执行期三年(2023—2025 年)，累计派出名额将达 57 人，预计资助总经费超过 1000 万元。申报促进与加拿大、澳大利亚、新西兰及拉美地区科研合作与高层次人才培养项目 1 项。持续实施师生“双一流”海外研修项目，录取师生 60 人。

(二) 实施“国际学术交流推进计划”，高水平国际合作显成效

依托“学校引导、教师为主、项目支撑”的工作思路，深化以国家引智项目为引领、省级引智项目为核心、校级引智项目为基础、个人及平台项目相结合的引智工作体系，面向全校发布了《西安电子科技大学外国专家引智项目体系》，支持教学科研人员深化国际学术交流。获批科技部外国专家项目 13 项。设立校级外专引智项目，共立项 25 项校级外国专家项目，45 项国际化种子基金项目，重点鼓励青年教师积极参与引智及国际学术交流，带动国际科研合作并为省部级引智项目和平台做好培育。

2022 年通过线上线下结合的方式举办第五届智能科学国际会议、第十四届网络空间安全国际学术会议、2022 语言智能教学国际会议等 14 个国际会议，1000 余名海内外专家学者“云端”相聚，就人

工智能、网络空间安全、新兴技术与语言教育等领域最新研究成果进行交流分享。海外专家 681 人次通过离岸方式开展学术合作。邀请海外专家面向本科生、研究生开设全英文学分课程 102 门。学校引进的芬兰籍专家 Pentti Valtteri Niemi 教授获得中国政府友谊奖(中国政府为表彰在中国现代化建设和改革开放事业中作出突出贡献的外国专家设立的最高奖项)，加拿大籍专家 Witold Pedrycz 教授获得陕西省三秦友谊奖。

学校立项获批 5 个陕西省高等学校学科创新引智基地，1 个引进国外智力服务站。“智能信息处理科学与技术引智示范基地”“大数据基础理论与智能分析引智示范基地”在 2022 年度陕西省高等学校学科创新引智基地绩效评价中分获优秀、良好，“西电-法兰克福中德国际联合研究中心”在 2022 年度陕西省海外离岸创新中心绩效评价中获良好。

学校牵头主办的“电子科学与技术国际产学研用合作会议”入选教育部产学研用合作会议框架。依托学校一流学科，将教育教学与科技创新、成果转化有机结合，促进产学研用的深度融合并取得显著成果，2022 年度获批“国际产学研用合作会议框架下中外导师联合培养研究生项目”指标 40 个。

学生出国交流实现新突破。截至 2022 年，学校学生校际交流项目增至 104 个，遍及欧、美、亚洲等主要留学地区的国家，QS 世界排名前 200 交流院校增至 28 所。2022 年全校学生国际交流人数为 1027 人(含线上)，学生 3 个月以上交流人数为 383 人，项目主要留学高校为新加坡国立大学、英国布里斯托大学、日本早稻田大学等世界名校。学校成功选送 11 名学生赴联合国等国际组织实习，学校国际组织实习工作实现从“无”到“有”并且进入陕西省内高校第一梯队的重大突破。

中外合作办学实现新进展。学校与美国弗吉尼亚理工大学合作办学项目高质量完成首年招生计划，合作办学年度招生位次稳居陕西省第一梯队，并获评 2022 年度陕西省中外合作办学优秀项目。人才培养成果丰硕，国际化引育成效初显。2021—2022 学年，中英合作办学项目学生获国家级奖项 19 项、省部级奖项 32 项，中法合作办学项目学生获国家级奖项 8 项、省部级奖项 15 项。其中 15 级中英班的胡安琪同学在第五届“互联网+”大赛的国际赛道折桂，摘得全国金奖。新增中法、中英项目国际联合实验室，内设 3D 打印机、激光切割机等精密机械加工设备，整体实验条件已达到国内领先、国际一流水平。首次中外合编教材，中法项目合编教材《C 语言与程序设计》11 月出版。

孔子学院建设进入新阶段。学校与中国国际中文教育基金会、马来西亚深斋教育集团签约共建学校第三所孔子学院马来西亚深斋孔子学院，标志着学校成为陕西省内在建孔院最多高校之一。多米尼克国立大学孔子课堂 5 月举行揭牌仪式，多米尼克国家主要领导人出席揭牌仪式，该课堂系中国与多米尼克两国大学合建的首家孔子课堂，得到人民日报等媒体报道。课堂于 9 月正式启动汉语教学课程，标志着孔子课堂汉语教学在当地正式开启。

深化综合改革，做优做强“留学西电”品牌。提高来华留学生生源质量，优化生源结构，规范招生选拔流程。2022 年 5 月，出台《西安电子科技大学来华留学研究生招生改革方案(试行)》。完成来华留学研究生导师遴选，拓宽研究生层次来华留学生专业选择面。借助海外社交媒体平台，进一步扩大学校国际知名度，加强来华留学招生宣传力度。2022 年共有来自 26 个国家的 98 名新生注册报到。不断完善来华留学生中国国情教育体系建设，推动第一课堂与第二课堂深度融合，8 月，完成来华留学生中国国情教育系列课程和教材建设项目立项，推动落实《习近平总书记教育重要论述讲义》英文版进课堂工作要求。圆满完成国家留学基金管理委员会 2022 年全国性活动“感知中国——智创未来”活动，中国科学院院士郝跃为留学生们作学术讲座。活动得到中国教育在线、陕西科技报、凤凰网、搜狐网、未来网等多家媒体报道。获批中国教育国际交流协会 2022 年“知行中国——中外青年领袖营”项目，促进中外青年文化交流。2022 年，共指导 21 名留学生参加国家级、省级及市级赛事，获奖 17 项，以赛促教服务高质量人才培养。

深入推进港澳台教育交流。拓宽港澳台招生渠道，提升招生及培养质量，申报获批澳门保送生招生资格，目前已具备四类港澳台招生渠道。目前在籍港澳台侨学生 52 人，居陕西省高校前列，2022年首次招收 1 名香港研究生。加强港澳台学生的国情教育，协同马克思主义学院建设港澳台学生国情教育课程并申报教育部港澳台学生国情教育项目。组织在校生赴八路军西安办事处和秦始皇陵兵马俑开展研学实践活动，组织参加教育部2022年港澳台学生主题征文大赛。提升管理服务水平，针对港澳台生学科弱项，组织开展高等数学、大学物理学业辅导。积极组织交流活动，申报内地与港澳大中小学师生交流计划(“万人计划”)大学生项目3项。依托广州研究院发挥学科及区位优势，与澳门科技大学签订校级和院级合作协议，组织开展2022首届西电-粤港澳高校教育交流年会，邀请香港中文大学、香港科技大学、香港城市大学、香港中文大学(深圳)、香港科技大学(广州)、澳门科技大学、南洋理工大学、苏黎世联邦理工大学、清华大学和相关企业的专家共聚一堂、深入交流。

国际化支撑保障体系不断完善。统筹学校涉外安全工作，首次召开全校层面涉外安全工作会议，完善国际合作与交流部牵头、多部门协同、校院两级监管的涉外安全防范管理机制，将涉外安全纳入学校整体安全体系，强化全业务、全流程、各环节安全把关管理机制，并出台相关规章制度。在学校疫情防控总体框架下，统筹做好港澳台师生、外籍教师和来华留学生的涉外疫情防控工作，总体情况平稳有序。依托信息化手段提升国际化管理服务水平，不断优化因公临时出国(境)、学生交流项目线上管理流程，完善外事驾驶舱功能，提供决策支撑。进一步完善国际化考核评价及奖励体系，充分调动学院和教师团队参与国际合作与交流的积极性。

二、2023年工作计划

优化全球合作网络布局。落实新时代教育对外开放要求，持续实施“全球合作伙伴提升计划”，统筹推进与世界排名前 200 大学及科研机构的实质性合作。持续推进与欧美传统合作伙伴合作，拓展共建“一带一路”国家及东南亚、俄乌等地区合作网络。充分发挥中德联合研究中心、马来西亚孔子学院海外合作基地作用，拓展国际合作伙伴资源。

充分发挥教学科研人员积极性，鼓励高水平国际合作。持续实施“国际学术交流推进计划”，构建多维度、深层次的国际学术交流渠道，促进高水平学术交流与科研合作。优化外专引智体系，积极引聘高水平国际学者来校交流及工作。建立学校国际合作人才库，发挥国际合作平台作用，支持教学科研人员及团队开展国际学术合作、参与国际大科学计划和科学工程，产出一流成果。鼓励举办、承办高水平国际会议，培育打造有影响力的西电品牌国际学术会议。

全面提升国际化人才培养水平。实施“2023年学生国际交流提升计划”，设立学生国际交流专项资金，重点支持学院开展特色学生国际交流，形成符合学院学科特色的国际化人才培养品牌。厚植国际化氛围，举办校院两级国际交流宣传周等系列活动，广泛开展国际交流咨询工作。优化学生国际交流顶层设计，建设一批产出导向明显、与世界名校学术交流效果突出的短期交流项目、定制类项目。强化政策指引，出台系列学生国际交流激励政策，选树优秀案例，做好留学优秀人才经验分享与宣传推广。全面提升学生全球胜任力，推动教育教学国际化课程体系建设。实现重点领域国际组织人才培养新的突破。做好赴外交流学生“平安留学”教育工作。

促进合作办学项目提质增效。提升项目对学校中心工作、重要指标、关键核心领域的辐射、支撑作用，做好项目经验总结与成果宣传工作。加快中外合作办学机构建设。建立与海外孔院定期联络机制，办好海外孔子学院，探索“一院一品”的品牌孔子学院建设发展道路。推进国际中文教育文化传播与区域国别智库建设，助力学校国际影响力持续提升。

扩大来华留学生规模，完善教育教学体系建设。深入落实来华留学研究生招生改革方案，加强对培养单位来华留学研究生指标配置和经费支持，吸引优质生源；深化“双优”战略，与电子信息领域优势企业合作开展订单式留学生培养。启动全英文授课来华留学研究生培养改革，整合学科资源，提升来华留学生培养质量。

持续深化港澳台教育交流。统筹招生渠道，做好招生宣传，组织港澳台地区招生宣传活动。不断提高港澳台学生培养质量，继续加强港澳台学生国情教育，协同教学科研单位不断探索深化国情教育课程建设。充分发挥广研院在粤港澳大湾区的区位优势，深化拓展与港澳地区高校的全面合作，助力学校的“双一流”建设及大湾区的教育融合发展。

学校国(境)内外交流与合作情况

友好院校、校企合作情况

序号	国家(地区)	单 位 名 称	签署协议时间
1	美国	密苏里大学堪萨斯分校(新签)	2016年
2	泰国	孔敬大学(新签)	2016年
3	韩国	明知大学(新签)	2016年
4	法国	特鲁瓦技术大学(新签)	2016年
5	罗马尼亚	罗马尼亚布加勒斯特理工大学(新签)	2016年
6	中国台湾	台北科技大学(新签)	2016年
7	中国台湾	台湾元智大学(新签)	2016年
8	美国	加州理工州立大学(新签)	2016年
9	美国	伊利诺伊大学芝加哥分校(新签)	2016年
10	德国	多特蒙德工业大学(新签)	2016年
11	新加坡	南洋理工大学(新签)	2016年
12	英国	约克大学(新签)	2016年
13	泰国	亚洲理工学院(新签)	2016年
14	韩国	成均馆大学(新签)	2016年
15	中国香港	香港大学(新签)	2016年
16	法国	法国里尔电信工程师学院(已更名为法国IMT里尔杜埃工程师学院)	2017年
17	俄罗斯	俄罗斯人民友谊大学	2017年
18	俄罗斯	俄罗斯国立电子技术学院	2017年
19	英国	赫瑞瓦特大学	2017年
20	英国	约克大学	2018年
21	法国	法国布列塔尼国立高等电信工程师学院(已更名为IMT Atlantique)	2018年
22	英国	拉夫堡大学	2018年
23	德国	莱布尼茨-汉诺威大学	2018年
24	芬兰	阿尔托大学	2018年
25	波兰	格但斯克工业大学	2018年
26	德国	法兰克福高等研究院	2018年
27	德国	帕德博恩大学	2018年
28	比利时	布鲁塞尔自由大学	2018年
29	意大利	卡利亚里大学	2018年
30	比利时	布鲁塞尔自由大学	2019年
31	荷兰	莱顿大学	2019年

续表

序号	国家(地区)	单 位 名 称	签署协议时间
32	波兰	弗罗茨瓦夫大学	2019 年
33	意大利	比萨大学	2019 年
34	英国	切斯特大学	2019 年
35	瑞典	隆德大学	2019 年
36	巴黎	巴黎高等电子学院	2019 年
37	西班牙	巴斯克大学	2019 年
38	乌克兰	基辅国立大学	2019 年
39	德国	慕尼黑工业大学	2019 年
40	西班牙	穆尔西亚大学	2019 年
41	俄罗斯	莫斯科国立物理技术学院	2019 年
42	美国	南佛罗里达大学	2020 年
43	美国	亚利桑那大学	2020 年
44	法国	国立高等企业信息工程师学院	2020 年
45	安哥拉	安哥拉阿戈斯蒂尼奥内托大学	2020 年
46	埃塞俄比亚	亚的斯亚贝巴科技大学	2020 年
47	塞内加尔	塞内加尔切克安塔迪奥普大学理工学院	2020 年
48	法国	雷恩第一大学	2021 年
49	法国	巴黎萨克雷大学	2021 年
50	英国	布里斯托大学	2021 年
51	意大利	那不勒斯帕斯诺普大学	2021 年
52	美国	伊利诺伊理工大学	2021 年
53	日本	同志社大学	2021 年
54	美国	加州大学欧文分校	2022 年
55	加拿大	多伦多大学	2022 年
56	意大利	卡尔顿大学	2022 年
57	德国	慕尼黑工业大学	2022 年
58	德国	亚琛工业大学	2022 年
59	英国	兰卡斯特大学	2022 年
60	英国	诺丁汉大学	2022 年
61	意大利	卡利亚里大学	2022 年
62	巴基斯坦	旁遮普大学高级法学院	2022 年
63	马来西亚	拉曼大学	2022 年
64	中国澳门	澳门科技大学	2022 年
65	法国	巴黎萨克雷大学	2022 年
66	英国	南安普顿大学	2022 年
67	意大利	雷焦卡拉布里亚地中海大学(新签)	2022 年
68	英国	埃塞克斯大学	2022 年

战略合作单位

序号	合 作 协 议	合作时间
1	昆山市人民政府-西安电子科技大学共建研究生创新培养基地协议	2007 年
2	教育部-国防科学技术工业委员会-陕西省人民政府关于共建西安电子科技大学的协议	2008 年
3	大唐电信科技产业控股有限公司-西安电子科技大学战略合作备忘录	2008 年
4	中国极地研究中心-西安电子科技大学战略合作协议	2008 年
5	西安电子科技大学-中国科学院国家授时中心战略合作协议	2009 年
6	西安高新区管委会与西安电子科技大学产学研合作协议	2009 年
7	中国电子科技集团公司第二十九研究所-西安电子科技大学战略合作协议	2009 年
8	山东大学-西安电子科技大学关于本科生合作培养的协议书	2009 年
9	西安电波观测站联建协议	2010 年
10	中国电子进出口总公司、国家留学基金管理委员会、西安电子科技大学三方共同开展“中电来华留学奖学金项目”合作协议	2010 年
11	兖矿集团有限公司-西安电子科技大学战略合作协议	2011 年
12	西安电子科技大学-华为技术有限公司长期合作框架协议书	2011 年
13	中国电子科技集团公司第二十九研究所-西安电子科技大学深度合作协议	2011 年
14	西安电子科技大学-浪潮集团有限公司战略合作框架协议	2011 年
15	广州开发区与西安电子科技大学产学研合作协议	2011 年
16	京信通信系统控股有限公司-西安电子科技大学校企合作框架意向书	2011 年
17	中国电子科技集团公司第二十研究所-西安电子科技大学深度合作协议	2011 年
18	中国电子科技集团公司第三十九研究所-西安电子科技大学深度合作协议	2011 年
19	中国电子科技集团公司第三十六研究所-西安电子科技大学深度合作协议	2011 年
20	中国电子科技集团公司第十四研究所-西安电子科技大学深度合作协议	2011 年
21	中国电子科技集团公司第十研究所-西安电子科技大学深度合作协议	2011 年
22	中国电子科技集团公司第五十二研究所-西安电子科技大学深度合作协议	2011 年
23	工业和信息化部电子第五研究所-西安电子科技大学全面战略合作协议	2011 年
24	中国电子科技集团公司-西安电子科技大学全面战略合作协议	2011 年
25	中国电子信息产业集团有限公司-西安电子科技大学全面战略合作协议	2011 年
26	中国飞行试验研究院-西安电子科技大学战略合作协议	2011 年
27	总参第五十七研究所-西安电子科技大学战略合作协议	2011 年
28	中国电子科技集团公司第四十八研究所-西安电子科技大学高温 MOCVD 设备研发合作协议	2012 年
29	宁波市政府-西电共建宁波西安电子科技大学信息技术学院协议书	2013 年
30	陕西省社会科学院-西安电子科技大学战略合作协议	2013 年

续表一

序号	合 作 协 议	合作时间
31	西安电子科技大学与中国电子科技集团公司第五十一研究所战略合作协议书	2013 年
32	西安电子科技大学与蒲城县人民政府实施定点扶贫全面合作框架协议	2013 年
33	中国极地研究中心-西安电子科技大学战略合作协议书	2013 年
34	中国科学院信息工程研究所-西安电子科技大学战略合作框架协议	2014 年
35	珠海云洲智能科技有限公司-西安电子科技大学合作框架协议	2014 年
36	北京信息科学技术研究院-西安电子科技大学战略合作协议	2015 年
37	黄冈市人民政府-西安电子科技大学战略合作框架协议书	2015 年
38	西安电子科技大学-绵阳市人民政府人才资源战略合作协议	2015 年
39	西北工业大学-西安电子科技大学-西北大学本科生联合培养协议书	2015 年
40	内地高等学校支援新疆第七次协作计划协议书	2016 年
41	西安电子科技大学-深圳前海勤智国际资本管理有限公司战略合作协议	2017 年
42	西安电子科技大学-陕西省发展和改革委员会战略合作备忘录	2017 年
43	西安电子科技大学-中国科学院北京纳米能源与系统研究所战略合作意向协议	2017 年
44	西安电子科技大学-宁强县人民政府校地帮扶共建协议书	2017 年
45	西安电子科技大学-中国建设银行股份有限公司陕西省分行战略合作协议书	2017 年
46	芜湖市人民政府-西安电子科技大学联合共建西电芜湖研究院战略合作协议	2017 年
47	西安电子科技大学-中国人民解放军火箭军工程大学战略合作框架协议书	2017 年
48	长沙市人民政府-西安电子科技大学联合共建西电长沙研究院框架合作协议	2018 年
49	西安电子科技大学-青岛市城阳区人民政府 西安电子科技大学青岛 计算技术研究院共建协议	2018 年
50	西安电子科技大学-延安大学战略合作框架协议	2018 年
51	南京西军电网络科技研究院有限公司合作协议书	2018 年
52	华中师范大学-西安电子科技大学战略合作协议	2019 年
53	西安电子科技大学-中国移动通信集团陕西有限公司西安分公司战略合作协议	2019 年
54	中国空间技术研究院西安分院-西安电子科技大学战略合作协议	2019 年
55	西安电子科技大学-重庆西永综合保税区管理委员会 西安电子科技大学重庆集成电路创新 研究院共建协议	2019 年
56	西安电子科技大学与军事科学院联合培养博士生协议书	2019 年
57	广州开发区管理委员会西安电子科技大学合作共建西安电子科技大学广州研究院/ 研究生院协议	2020 年
58	广州市人民政府-西安电子科技大学战略合作协议	2020 年
59	中共陕西省纪律检查委员会(陕西省监察委员会)-西安电子科技大学 战略合作协议	2020 年
60	西安电子科技大学-四平市人民政府战略合作框架协议	2020 年
61	萧山区人民政府-西安电子科技大学合作共建 西安电子科技大学杭州研究院/研究生院的协议	2020 年
62	西安电子科技大学-桂林电子科技大学战略合作框架协议	2020 年

续表二

序号	合 作 协 议	合作时间
63	武进国家高新技术产业开发区-西安电子科技大学合作协议	2020年
64	西安电子科技大学-中电海康集团有限公司全面战略合作协议	2020年
65	浪潮集团有限公司-西安电子科技大学全面战略合作框架协议	2020年
66	西安电子科技大学-华中师范大学-联想(北京)有限公司联合实验室框架协议	2020年
67	中国电子科技集团公司第二十九研究所-西安电子科技大学战略合作协议	2020年
68	西安电子科技大学-重庆邮电大学合作协议	2020年
69	西安电子科技大学与北京微电子技术研究所战略合作框架协议	2021年
70	杭州士兰微电子股份有限公司-西安电子科技大学战略合作协议的请示	2021年
71	中电国基北方有限公司与西安电子科技大学校企科研合作协议	2021年
72	西安电子科技大学与陕西广电网络传媒(集团)股份有限公司战略合作协议	2021年
73	西安电子科技大学与中电智能科技有限公司战略合作协议	2021年
74	瑞金市人民政府与西安电子科技大学战略合作框架协议	2021年
75	绍兴滨海新区管理委员会与西安电子科技大学合作协议	2021年
76	工业和信息化部电子第五研究所-西安电子科技大学战略合作备忘录	2021年
77	渭南市人民政府-西安电子科技大学战略合作框架协议	2021年
78	咸阳市人民政府-西安电子科技大学　秦创原创新驱动平台咸阳核心区建设战略合作协议书	2021年
79	西安电子科技大学与中国地质大学(武汉)战略合作协议书	2021年
80	西安电子科技大学与柞水县人民政府共建国家数字乡村示范县合作协议	2022年
81	青岛市人民政府与西安电子科技大学战略合作协议	2022年
82	西安市雁塔区人民政府与西安电子科技大学共建网络安全教育技术产业融合发展试验区合作框架协议	2022年
83	鹏城国家实验室与西安电子科技大学“网点”建设合作框架协议	2022年
84	西安碑林环大学硬科技创新街区共建协议	2022年
85	财政部陕西监管局与西安电子科技大学战略合作框架协议书	2022年
86	西安电子科技大学-中国移动陕西有限公司-华为技术有限公司关于打造无线前沿技术联合创新基地的合作框架协议	2022年
87	西安电子科技大学-中国证券监督管理委员会陕西监管局-深圳证券交易所-国信证券股份有限公司合作备忘录	2022年
88	中航光电科技股份有限公司与西安电子科技大学战略合作框架协议	2022年
89	教育部教育管理信息中心与西安电子科技大学战略合作协议	2022年
90	西安电子科技大学与陕西中医药大学附属医院战略合作协议	2022年
91	西安电子科技大学与陕西中医药大学第二附属医院战略合作协议	2022年
92	西安电子科技大学与西安医学院第一附属医院战略合作协议	2022年

注：以上合作协议书不包括国外(海外)合作情况。

联合实验室

序号	实验室名称	所属单位	联建时间
1	西电-万燕多媒体通讯研究室	电子工程学院	1997年
2	西电-惠普联合实验室(综合应用开发实验室)	电工电子实验教学中心	1998年
3	西电-嘉隆联合实验室	电子工程学院	1999年
4	TI-XD DSP 实验室	电工电子实验教学中心	1999年
5	西电-Microchip 单片机与系统实验室(PIC 单片机与系统实验室)	电工电子实验教学中心	1999年
6	西电-凯特智能化应用技术教学实验示范基地	机电工程学院	2001年
7	西电-易普科技联合基地	软件学院	2001年
8	西电-横店电机控制研发中心	电子工程学院	2002年
9	西电-凌阳创新实验室	计算机学院	2002年
10	ADI-DSP 实验室	电工电子实验教学中心	2002年
11	Xidian-Agilent Joint Lab(现代测试技术实验室)	电工电子实验教学中心	2003年
12	西电-IBM 国际商业中国公司共建实验室	软件学院	2003年
13	西电-Intel 网络处理器实验室	通信工程学院	2004年
14	中德 CST 中国西北培训中心	物理与光电工程学院	2004年
15	AWR/史泰普资助电磁波虚拟实验室	电工电子实验教学中心	2004年
16	西电软件学院-大唐电信有限公司联合共建基地	软件学院	2004年
17	西电-Xilinx 联合实验室	通信工程学院	2005年
18	西电-美国 PI、杭州利尔达共建 MSP430 系列单片机实验室	机电工程学院	2005年
19	西电-佩军科技嵌入式系统应用开放实验室	机电工程学院	2005年
20	西电-金碟企业经营实战演练实验室	经济与管理学院	2005年
21	西电-Intel 嵌入式实验室	电工电子实验教学中心	2005年
22	Xidian-Altera 嵌入式实验室(EDA 实验室)	电工电子实验教学中心	2005年
23	西电-阿姆瑞特亚洲网络公司共建实验室	软件学院	2005年
24	西电-中电科技联合共建研发中心	电子工程学院	2006年
25	西电-Philips 创新实验室	计算机学院	2006年
26	西电-英飞凌创新实验室	计算机学院	2006年
27	西电-华福工程软件实验室	机电工程学院	2006年
28	西电-英飞凌微控制器联合实验室	电工电子实验教学中心	2006年
29	西电-华为 3COM 有限公司联合共建实验室	软件学院	2006年
30	西电软件学院-北京博创兴业科技公司联合共建实验室	软件学院	2006年
31	西电软件学院-瑞萨联合共建实验室	软件学院	2006年
32	英飞凌资助微电子专业实验室	微电子学院	2006年
33	西电-微软 Dynamics 联合共建实验室	经济与管理学院	2007年
34	西电-中兴 NC 联合实验室	通信工程学院	2008年

续表一

序号	实验室名称	所属单位	联建时间
35	西电-中兴电子装联联合实验室	机电工程学院	2008年
36	西电-富士通联合实验室	电工电子实验教学中心	2008年
37	TI模拟器件联合实验室	电工电子实验教学中心	2008年
38	西电-Intel嵌入式实验室	通信工程学院	2009年
39	西电-Atmel联合共建实验室	通信工程学院	2010年
40	西电-飞思卡尔联合实验室	通信工程学院	2010年
41	西电-谷歌联合实验室	通信工程学院	2010年
42	西电-美国国家仪器公司(NI)虚拟仪器联合实验室	机电工程学院	2010年
43	西电-Xilinx FPGA SoC联合实验室	计算机学院	2011年
44	西电-PSoC联合实验室	技术物理学院	2011年
45	西电-意法半导体智能传感器应用联合共建实验室	电工电子实验教学中心	2012年
46	西电人文学院-上海甲申同文翻译有限公司共建翻译实习实训实验室	人文学院	2012年
47	西电-Xilinx嵌入式数字综合系统联合实验室	电子工程学院	2013年
48	西电-航天八院800所联合共建可靠性试验与仿真联合实验室	机电工程学院	2013年
49	西电-中国电子科技集团公司14所联合共建电子装备结构技术联合创新研究中心	机电工程学院	2013年
50	ST-西电传感器应用实验室	电工电子实验教学中心	2013年
51	中科恺盛联合实验室	生命科学技术学院	2013年
52	西电-赛灵思FPGA应用实验室	电工电子实验教学中心	2013年
53	西电-深圳市智盛信息技术有限公司金融综合实验室	经济与管理学院	2013年
54	西安电子科技大学-陕西省文化厅公共数字文化服务联合实验室	软件学院	2013年
55	英伟达-西电高性能计算联合实验室	物理与光电工程学院	2014年
56	西电-广州英钛信息科技有限公司生产与物流管理实验室	经济与管理学院	2014年
57	互联网医疗大数据联合实验室-西安电子科技大学软件学院-贝医信息科技(上海)有限公司	软件学院	2014年
58	空间测控通信技术联合创新实验室	空间科学与技术学院	2014年
59	临近空间飞行器测控及特种测量技术联合研究中心	空间科学与技术学院	2014年
60	ADI-智能信息处理实验室	电子工程学院	2015年
61	西电-西门子工业软件(上海)有限公司联合共建智能制造联合实验室	机电工程学院	2015年
62	西电-西安创富电子科技有限公司联合共建工业大数据校企联合实验室	机电工程学院	2015年
63	西电-无锡赛博盈科科技有限责任公司联合共建智能交通大数据校企联合实验室	机电工程学院	2015年
64	西电-银川市融神威自动化仪表厂(有限公司)联合共建高端智能仪表联合实验室	机电工程学院	2015年
65	西电-诺达思(北京)信息技术有限责任公司行为观察实验室	经济与管理学院	2015年
66	陕西微软创新中心-西安电子科技大学联合实验室	软件学院	2015年
67	天脉联合实验室-中航工业西安航空计算技术研究所-西安电子科技大学软件学院	软件学院	2015年

续表二

序号	实验室名称	所属单位	联建时间
68	大数据应用工程研究中心-西安电子科技大学软件学院-陕西云基华海信息技术有限公司	软件学院	2015 年
69	西电-上海旺友计算机有限公司联合共建 DFM 软件联合实验室	机电工程学院	2016 年
70	西电-北京拓尔思信息技术股份有限公司信息分析实验室	经济与管理学院	2016 年
71	TI-西电卓越工程师校内实训基地	电工电子实验教学中心	2016 年
72	云计算创新实验室-西安电子科技大学-西安雷风电子科技有限公司	软件学院	2016 年
73	西电-大疆创新实验基地	空间科学与技术学院	2016 年
74	西电-Altera 公司 EDA/SOPC 联合实验室	空间科学与技术学院	2016 年
75	西安电子科技大学-广东盛路通信科技股份有限公司联合研发实验室	天线与微波技术重点实验室	2017 年
76	西电-仲恺人工智能联合创新实验室	智能感知与图像理解教育部重点实验室	2017 年
77	西电-瀛联光网络与信息技术联合实验室	通信工程学院	2017 年
78	西电-维恩 AI Plus 联合研究中心	人工智能学院	2017 年
79	星载计算机与电子技术创新联合实验室	微电子学院	2018 年
80	西电-美的联合实验室	电子工程学院	2018 年
81	西安电子科技大学-江苏肯立科技股份有限公司联合研发中心	电子工程学院	2018 年
82	西电-北京 12 所航天智能感知与计算协同创新中心	空间科学与技术学院	2018 年
83	华为技术有限公司-西安电子科技大学企业智能联合创新中心	智能感知与图像理解教育部重点实验室	2018 年
84	西安电子科技大学-华为终端天线联合实验室	天线与电磁散射研究所	2018 年
85	西安电子科技大学-河北汉光重工有限责任公司联合实验室	计算机学院	2018 年
86	西安电子科技大学-陕西广电锐玩文化发展有限公司大数据联合实验室	电子工程学院	2018 年
87	高可信嵌入式系统与软件联合实验室	计算机学院	2018 年
88	中国电科二十所-西电人工智能联合实验室	人工智能学院	2018 年
89	西电科大-云天励飞人工智能联合创新实验室	电子工程学院	2018 年
90	西安电子科技大学-山东省科学院计算科学研究中心	信息感知技术协同创新中心	2018 年
91	西电-航天宏图联合研究中心	人工智能学院	2018 年
92	西安电子科技大学-厦门市美亚柏科信息股份有限公司联合实验室	计算机科学与技术学院	2018 年
93	西电-国微 EDA 研究院	微电子学院	2018 年
94	西电-金路联合实验室	计算机学院	2018 年
95	西安应用光学研究所-西安电子科技大学人工智能联合实验室	人工智能学院	2019 年
96	航天恒星空间技术应用有限公司-西安电子科技大学联合研发中心	电子工程学院	2019 年
97	西安电子科技大学通信智能安全技术校企联合实验室	通信工程学院	2019 年
98	陕西移动 5G 联创开放实验室	ISN 国家重点实验室	2019 年
99	长海-西电电子对抗联合创新中心	电子工程学院	2019 年
100	西电-山西综改示范区大数据产业研究中心	计算机科学与技术学院	2019 年
101	西电-卤阳湖电子信息综合试验基地	通信工程学院	2019 年
102	西安电子科技大学-智慧信息空间校企联合技术创新中心	数学与统计学院	2019 年

续表三

序号	实验室名称	所属单位	联建时间
103	西安电子科技大学-南京认知物联网研究院联合研发中心	计算机科学与技术学院	2019年
104	西安电子科技大学外语教学数字化研究院	外国语学院	2019年
105	西安电子科技大学-中国石油集团测井有限公司联合实验室	微电子学院	2019年
106	西电-国博人工智能实验室	人工智能学院	2020年
107	中兴通讯-西安电子科技大学射频技术联合实验室	微电子学院	2020年
108	西电-濠汉产学研联合实验室	通信工程学院	2020年
109	西电-超越全固安全计算芯片与系统联合实验室	微电子学院	2020年
110	西电-建播联合微电子联合实验室	微电子学院	2020年
111	西电-飞利信海上信息技术研究与应用联合实验室	通信工程学院	2020年
112	生物智能制造联合实验室	先进材料与纳米科技学院	2020年
113	遥感大数据智能计算联合实验室	通信工程学院	2020年
114	智能网联汽车技术联合实验室	通信工程学院	2020年
115	中科蓝讯-西安电子科技大学物联网芯片联合实验室	微电子学院	2020年
116	太阳能技术与系统联合实验室	先进材料与纳米科技学院	2020年
117	西电-浪潮数据库创新实验室	计算机科学与技术学院	2020年
118	智能非侵入神经调控技术联合转化实验室	生命科学技术学院	2020年
119	信芯微-西电智能影像处理联合实验室	电子工程学院	2021年
120	西安电子科技大学-OPPO多媒体通信技术联合实验室	通信工程学院	2021年
121	智能物联关键技术联合实验室	通信工程学院	2021年
122	先进电子材料器件与系统应用联合实验室	先进材料与纳米科技学院	2021年
123	西安电子科技大学-青莲网络边缘智能技术联合实验室	通信工程学院	2021年
124	西电-闻泰电源芯片联合实验室	电子工程学院	2021年
125	华为-西电化合物半导体技术联合实验室	微电子学院	2021年
126	西安电子科技大学-OPPO天线技术联合实验室	电子工程学院	2021年
127	深圳爱协生-西安电子科技大学智能互联芯片联合实验室	微电子学院	2021年
128	四川益丰-西安电子科技大学联合实验室	微电子学院	2021年
129	西安电子科技大学-新相微先进显示芯片联合实验室	微电子学院	2021年
130	空间遥感信息联合实验室	空间科学与技术学院	2021年
131	中讯-西电未来通信传播与深度材质特征创新研究联合实验室	物理与光电工程学院	2021年
132	西安电子科技大学-成都瑞迪威天线微系统联合实验室	电子工程学院	2021年
133	西电-智星空间雷达遥感先进技术联合实验室	前沿交叉研究院	2021年
134	西电-立德红外智能光电联合创新中心	人工智能学院	2021年
135	西安电子科技大学-交通银行智慧校园联合实验室	信息网络技术中心	2021年
136	西电-雷神脉冲激光技术联合实验室	物理与光电工程学院	2021年
137	航天科工二院七〇六所-西安电子科技大学密码与信息安全联合实验室	网络与信息安全学院	2021年

续表四

序号	实验室名称	所属单位	联建时间
138	西电-联通联合创新研发中心	计算机科学与技术学院	2021 年
139	西电-加速集成电路测试联合实验室	微电子学院	2021 年
140	西安电子科技大学-南京科瑞达电子装备有限责任公司先进电磁技术联合实验室	电子工程学院	2021 年
141	西安电子科技大学-北京凌空天行科技有限责任公司空天电子技术联合研发中心	空间科学与技术学院	2021 年
142	西安电子科技大学-北京紫微宇通科技有限公司跨域飞行信息技术联合研发中心	空间科学与技术学院	2021 年
143	西安电子科技大学-上海卷积通讯技术有限责任公司电磁科学与传感技术联合研发中心	空间科学与技术学院	2021 年
144	西安电子科技大学-青岛自主可控工业技术研究院泰华操作系统移动物联技术联合研发中心	空间科学与技术学院	2021 年
145	西电-数图行产业大数据应用联合实验室	网络与信息安全学院	2021 年
146	上海电控研究所-西电网电对抗技术联合实验室	信息感知集成攻关研究院	2022 年
147	荣耀-西电通信互联创新联合实验室	通信工程学院	2022 年
148	西安电子科技大学-西安奇维科技有限公司测控技术联合研发中心	空间科学与技术学院	2022 年
149	西安电子科技大学-江苏明纳半导体科技有限公司 8K 显示芯片研发和应用联合研发中心	空间科学与技术学院	2022 年
150	西电-思瑞浦模拟集成电路联合实验室	微电子学院	2022 年
151	秦岭保护数字化技术与应用联合实验室	通信工程学院	2022 年
152	西电-九洲先进计算联合实验室	数学与统计学院	2022 年
153	西安电子科技大学-vivo 联合实验室	通信工程学院	2022 年
154	西电-渥特水导激光技术研究中心	光电工程学院	2022 年
155	西安电子科技大学-武义智能制造产业技术研究院数智孪生联合创新实验室	电子工程学院	2022 年
156	陕西长岭电子科技有限责任公司-西安电子科技大学雷达感知技术联合实验室	电子工程学院	2022 年
157	西电-华为通信感知技术联合实验室	电子工程学院、通信工程学院及综合业务网理论及关键技术国家重点实验室	2022 年

国内拓展

校友事务与对外合作工作综述

校友事务与对外合作处2022年度严格落实学校党委安排部署，围绕学校中心工作，秉承“联络、服务、合作、发展”工作宗旨，注重把握“双一流”建设中校友、基金与对外合作工作新方向，不断创新校友工作新思路，作出校友工作新作为，凸显校友、基金与对外合作工作新贡献。

一、总体情况

在圆满完成2022年度工作目标的基础上，聚焦基金捐赠、第四届校友日云回归大会、第一届校友企业招聘周等亮点工作，夯实校友捐赠、对外合作、校友组织发展、融媒体建设等重点工作，不断推进校友工作内涵式发展，为学校“双一流”建设助推，为校友联系赋能。

二、工作进展情况

(一) 校友品牌效应持续深化

1. 第四届校友日云回归大会系列活动成功开展

继续开展校友值年返校工作，在第四届校友日云回归大会系列活动中，大会以“回首二十载归来仍少年 礼敬二十大启航新征程”为主题，内容包括校友云报到、时任2002届任课教师代表发言、毕业20周年校友代表讲话、节目表演、书画作品捐赠等，举行了包为民院士“为民探索基金”成立仪式，党的二十大代表校友杨宏院士向大会致辞，共有近3万名校友云端参与。各二级单位同时举办了30余场各类校友活动。获得了校友群体一致好评。

2. 开展首届西电校友企业招聘周活动

面对校友企业不断扩大的应届生招聘需求与学校毕业生就业的客观需要，校友事务与对外合作处积极动员各行业优秀校友企业及相关单位，联合学校就业中心举办首届校友企业招聘周活动。活动中共有包括科研军工、航空航天、电子信息、集成电路、互联网等各行业的92家企业与单位参与，为毕业生提供可投递岗位4076个。

3. 开展毕业季校友主题活动

面向应届毕业生开展了校友主题系列活动，包括聘任校友联络使者与联络大使、开放校友之家、分享校友咖啡、校友大讲堂、“把未来写给自己”时光信笺、参观校史馆、西电经典电影展播等系列活动。面向2022届近万名毕业生发放校友笔记本，在校友之家开放的两周中，接待毕业生500余人次，聘任校友联络使者、联络大使共计227人，在学生离校前强化了毕业生校友意识，引导毕业生更加深刻地完成了身份的转变，为校友组织建设与校友联络网建设的长远发展夯实基础。

（二）继续巩固发展校友组织

1. 各地校友组织持续建设

2022 年度成立了南宁校友分会与新加坡校友分会；成立了海外及港澳地区校友会联盟；完成了广西校友分会、加拿大校友分会、美国校友分会的换届工作。全年依托各校友分会累计开展各类校友活动 30 余场。

2. 校友拜访、回访

为做好校庆后校友、基金工作，增强校友联络，深挖校友资源，共促校友捐赠，助力学校发展，结合年度筹资计划及各地校友活动，制订校友拜访计划，邀请校领导参加了深圳、北京等地区校友企业走访，彰显学校对校友的关心和重视，已累计走访校友企业近 30 家，促进学校和校友深入对接，共同发展，汇聚校友和社会各界力量，为学校发展提供校友支撑。

（三）校友服务途径推陈出新

1. 校友融媒体平台持续发展

持续以“一刊三网多平台”为核心，构建宣传网络。通畅校友与学校连接交流渠道，增强校友工作吸引力。每年出版两期《校友通讯》专属刊物，推出“校友故事”“校友记忆”等宣传栏目，不断扩充“校友育人”案例库，微信公众号年推文年点击量逾 20 万次，校友群体关注度不断提升。

2. 校友信息化平台建设

对校友信息化数据管理系统进行最终修改与验收，进一步充实校友数据系统中的图、影像资源，以信息化手段迭代更新校友资料库，对校友个人信息、校友企业信息、校友捐赠信息等已有数据进行标签化整理、体系化标注，以“西电人”小程序为阵地，广泛开展各类校友活动的组织与宣传工作，建设了线上校友跑系统与云端校友讲堂系统。

3. 校友之家活动空间建设

在 90 年校庆校友之家建设升级的基础上，结合各类实物捐赠的不断推进，对捐赠物资进行了梳理整理，对校友之家内部展品进行了维护，对陈设的照片进行了更新，对内部硬件进行了检修与更换，并结合疫情发展情况，在校友之家内部建设了线上会议平台，保证在后疫情时期常态化防控背景下与各地校友间联络的正常进行。

（四）校友捐赠工作稳步推进

1. 培育基金会特色捐赠文化

2022 年度，聚焦筹资主线，汇聚校友企业资源，通过精准联络与精细服务，推动落实校企合作项目成果显著，校友捐赠持续增长，新增签订捐赠协议 38 份，协议金额超 5000 万元。疫情防控期间，累计接受校友及社会各界防疫捐赠 61 笔，总价值逾 310.97 万元，为全校疫情防控和复工复学工作提供了坚实的物资保障。基金会累计总项目数从 2013 年的 24 项增长为 321 项，涉及校园活动、学生素质拓展、文化素养提升、办学条件改善、社会公益开展等多个方面，在项目总量及项目多样性上都有了显著提升，促成“小米青年学者”“段宝岩科教创新基金”及“为民探索基金”等多个优质项目落地到款，推动教育事业蓬勃发展，形成西电教育基金会颇具特色的院士捐赠文化。

2. 基金会管理体系不断规范

提升基金会科学化、规范化管理，坚持增强基金会公信力，发展成效不断显现。同时，基金会形成了“一微一网一手册”线上线下相结合的品牌宣传体系和以服务为中心，营造“有温度”的基金工作文化。为捐赠方制作个人、单位电子新年贺信、感谢信以及节假日问候。举行捐赠仪式、座谈会等 10 余场活动。全方位宣传展示基金会的使命价值、运行过程与发展内涵，强化受众信任，充分扩大项目影响力，增加捐赠“黏性”，降低筹资成本，提升自身“软实力”。借助捐赠仪式、座谈会、校友日等特色活动，分享爱心故事、点赞善心义举、传递温暖能量。

3. 捐赠配比申请成绩突破新高

2021—2022 年度捐赠资金中符合教育部捐赠配比项目共计 77 项，申请配比合格金额 6678.57 万元，申报通过率 99.9%，创基金会自 2010 年成立以来，年度配比资金总额的历史新高。为引导和鼓励校内各单位及广大教职工积极参与学校捐赠筹资工作，共向校内各筹资募集单位核拨劝募捐赠支持经费 318.32 万元，充分调动筹资工作积极性，形成全员捐赠氛围；同时基金会积极协同有条件的学院共同开展筹资工作，强化校院两级筹资体系，共同推动捐赠工作。

(五) 对外战略合作融合贯通

1. 积极对接各类对外合作

克服新冠疫情影响，积极对接洽谈合作。推进与青岛市、成都市、宁波市和陕西省内地方政府的合作。沟通平台的建立、渠道的通畅让学校在电子信息领域等方面优势被社会各界广泛认知，提高了学校知名度，吸引了众多地方政府、大型企业集团、兄弟院校、科研院所主动寻求与学校的合作。合作层面的深化、合作领域的拓展、合作模式的创新、合作内容的丰富更有力推进了学校对外合作工作的开展。

2. 推动落实合作协议签署

积极落实学校要求，赋能地方经济社会发展。今年学校与地方政府达成多项合作意向，签订《西安电子科技大学与柞水县人民政府共建国家数字乡村示范县合作协议》《西安市雁塔区人民政府 西安电子科技大学共建网络安全教育技术产业融合发展试验区合作框架协议》《西安碑林环大学硬科技创新街区共建协议》《财政部陕西监管局西安电子科技大学战略合作框架协议书》《教育部教育管理信息中心西安电子科技大学战略合作协议》5 个战略合作协议，积极推进《西安电子科技大学昆山创新研究院(三期)合作协议》达成；与中国移动陕西有限公司、华为技术有限公司、中国联合网络通信有限公司、中国证券监督管理委员会、深圳证券交易所、国信证券股份有限公司、中航光电科技股份有限公司等达成战略合作协议 4 项；积极对接科研资源，助力学校学科发展。与鹏城国家实验室、苏州国家实验室等国家重点科研院所达成战略合作协议 2 项。

3. 支持学校事业发展

2022 年，积极拓宽校地、校企、校所、校校合作形式，推动学校科研成果的转化和应用，与企业共建联合实验室等创新平台、新型研发机构。紧密结合地方产业发展需求，以科技成果转化、创新创业孵化为主要目标，配置相关资源与地方政府共建研究院，为学校科研成果转化、人才培养、学科建设等提供了资金、物理空间、科研平台等方面支撑。

(1) 昆山创新研究院(三期)合作意向达成，昆山政府未来 5 年将投入 1 亿元资金支持研究院三期建设。巩固既有合作基础，进一步提升优化异地研究机构建设规模和水平。

(2) 前沿参与：积极参与苏州国家实验室、鹏城国家实验室“网络节点”建设，合作开展国家实验室创新体系建设。同时，与中国移动、华为技术有限公司合作建设无线前沿技术创新基地，聚焦前沿移动通信技术，推进产学研融合。

(3) 校地融合：与西安市雁塔区、碑林区和商洛市柞水县分别建立在信息化建设和数字经济领域的合作关系。与中国证券监督管理委员会、教育部教育管理信息中心、财政部陕西监管局构建合作关系，强化学校与中央以及地方政府合作联系，助力地方经济技术产业融合发展。

★ 管理服务 ★

信息化推进工作综述

2022 年，信息化推进办公室按照教育部怀进鹏部长的指示和学校有关数字化工作的安排，立足部门定位与职责，围绕学校立德树人的根本任务，以教育数字化支撑学校人才培养目标，将数字化技术全面应用于学校教学、管理、科研等各个方面，推动学校写好教育数字化这篇文章，扎实做好教育数字化的试验田。

一、教育信息化工作落实与统筹部署

(一) 坚决落实上级部门的信息化工作部署

2022 年是国家推行教育数字化战略的第一年，信息化推进办公室全年共完成 92 项上级各类部门有关数字化文件的落实工作，涉及国家、区域和行业的重大规划、标准制定、意见建议、重点任务等。一是高标准完成教育部有关教育数字化的最新工作部署。参与国家智慧教育平台等相关教育数字化标准的意见反馈，按时完成教育部交办的各类教育数字化工作任务，包括全国高校信息化发展状况调研、教育系统乡村振兴信息化工作建议。二是积极参与陕西教育数字化改革。积极参加陕西省教育厅有关教育数字化推进会，进行智慧校园示范校工作进展情况调研，参与陕西省教育厅机关“一网通办”工作改革。三是以教育数字化成果服务地方发展。积极参与地方教师信息化培训，介绍西电智能教育成果，助力西安智慧校园、“5G + 智慧教育”评审与发展。四是高质量完成学校各类信息化工作材料的上报。全年共完成“区块链 + 教育”“5G + 智慧教育”等试点工作的中期材料、陕西教育数字化建议和各类经验材料等 9 个材料的上报。

(二) 切实发挥校内信息化工作的统筹协调作用

扎根部门职能，立足服务师生，积极发挥学校教育数字化工作的统筹协调作用并推进实施，推动校内信息化建设有序发展。一是持续组织召开网络安全和信息化领导小组会议。全年共召开 9 次领导小组会议，研究讨论共计 23 项事项，包括协调网络安全发展、部门业务数字化建设、数据需求等各类问题，持续推动学校数字化进入改革的深水区。二是继续开展信息化理论建设。编制《党的十八大以来教育信息化政策汇编》，全年共编发《西电信息化》电子刊 8 期，以理论学习加强工作推进。三是做实做细项目建设对接工作。实施部门数字化联络员制度，联络对接校内 32 个职能部门，走访调研校内教学一线学院，为各单位提供更加优质的数字化服务。

二、学校智能教育品牌的形成与对外交流拓展

(一) 智能教育品牌已逐步形成

AI + 教育中心建成后，学校依托 AI + 教育中心，大力推动智能教育发展，为国家智能教育先行先试，探索出了一条西电特色之路。一是统筹组织学校教育数字化转型建设工作，着重推动智能教育资源、数字化支撑教育评价、信息化引领教育治理现代化等 3 个标杆应用的探索创新。二是持续深化 AI + 教育中心建设，获评“5G + 智慧教育”应用试点、“区块链 + 教育”创新试点、陕西省教育系统教育网络安全与信息化先进集体。三是学校智能教育品牌已初步形成，“教育这十年”媒体采访团交流会着重介绍学校智能教育发展，AI + 教育中心共接待教育部、省内外高校及企业参访 68 批次 827 余人。

(二) 对外交流拓展更加深入广泛

学校对外交流拓展工作取得跨越式发展。一是拓展长期稳定可持续的教育信息化产学研合作，与中国联合网络通信集团有限公司签署了教育信息化发展合作协议，就教育信息化研究基地、联合人才培养、联合产学研发、基础设施建设等开展战略合作。二是积极对外联络交流学习，组织参与陕西省示范校交流系列活动。

三、学校数字化顶层设计与可持续发展

(一) 推动学校数字化顶层设计不断优化

一是秉承应用为王、服务至上的理念，继续建设完善学校数字化标准体系，以上层标准驱动数字化平台建设，科学构筑数字化建设顶层规划，推动数字化建设健康发展。二是持续坚持教育数字化工作机制，坚持并完善分管副校长主持网信工作领导小组周碰头会、校长主持网信工作领导小组月推进会的工作机制。三是开展网络安全制度建设，研究起草《西安电子科技大学网络安全管理办法(试行)》《西安电子科技大学二级党委(党总支)网络安全责任制实施细则(试行)》等6个网络安全制度。

(二) 多措并举创新学校信息化可持续发展

多举措激发教育数字化发展内生动力，引导学校教育数字化可持续发展。一是持续申报各类信息化试点项目，包括2022年中国高校产学研创新基金中腾讯科技创新教育专项、科大讯飞高校智慧教学创新研究专项、贝斯林智慧教育项目等。二是加强内生自研能力，持续跟进学校师生自主研发信息化应用项目工作，积极引导校内师生参与信息化的应用与研发，加强“赛马制”与“揭榜制”，完善学校教育数字化自主研发的制度与管理基础。

四、开展基于数据驱动的业务建设与整合共享

(一) 聚焦学院数字化应用提升

一是建设院系全流程化的绩效考核平台，实现了绩效填报中教师业绩数据的自动提取和填报，已在空间科学与技术学院年底业绩计算工作中率先试用。二是基于学院数据建设完成服务于学院管理的智能决策服务平台，包括校级数据看板、院级数据看板、师生个人看板三大模块，使用在线业务表单121张，实现了对学院各类数据情况的实时展示与分析预警，已在通信工程学院等7个学院使用。

(二) 开展“人工智能+”创新发展

一是以数字化技术创新思政课授课生态和人才培养方式，将沉浸式虚拟仿真技术应用于思政课教学，推动“AI + 思政”“VR + 思政”真正走入课堂，利用虚拟现实技术开展具备西电特色的“新生开学第一节红色思政课”，以实际案例提升数字化背景下的思政育人能力。二是构建“三校育人”资源库，打通育人资源与知识培养的细分过程，将“三校育人”资源库使用融入学校实际教学。

(三) 提升部门业务数字化能力

一是协调建设智慧纪监、智慧党建、智慧统战、智慧工会等党群数字化，加强数字化对学校群团业务的支撑，率先在全国高校推进党群数字化改革。二是推进质量监测评价平台、“双一流”学科建设服务平台、研究生教育管理系统、教师全流程科研服务平台、人力资源管理服务平台、智慧后勤系统、校友管理服务系统等的建设，进一步加强各业务部门的数字化能力。

(四) 以数字化支撑学校疫情防控

一是根据学生管理部门需求，建设学生离校登记系统，实现从离校申请、审批、扫码出校、登记上车到到家确认的全流程离校管理，同步生成学生离校状态数据统计。二是将学生行程数据同步至数

据中台，结合校园智能决策平台进行建模和数据分析，辅助做好学生离校工作数据支撑。三是协调建设各类信息化管理系统，实现疫情下各类人员入校的信息化支撑。

(五) 持续提升教育数据质量

一是建立高质量的数据资源目录和溯源图谱，加强学校数据资源的管理，实现“一数一源”，提升数据的质量和可信度，支撑教育精准治理与科学决策。二是补充新增信息化建设项目数据清单，完善数据维护管理部门职责、公共基础编码标准规范、各部门数据内容维护。

(六) 智能评估决策支撑

一是完善智能评估决策分析平台。扩建党建、疫情决策等模块，全面掌握高校党建工作情况及疫情常态化背景下的学校疫情防控工作情况，新增相关主题指标 20 项，已建成学校核心动态数据、财务管理、师资干部等 16 个主题版块；新增人才引进模型与在校生统计模型，对学校人才引进工作进行科学规划。二是推动数据驱动的业务融合体系建设。启动虚拟团队数据聚合平台建设，推动实现高校人才团队组建方式的创新。

(七) 开展业务融合共享建设

一是深化财采资一体化平台建设，实现“采购申请—预算校验—国资/工程/设备审核—发起采购—合同生成—合同审核—资产建账—财务报销—材料归档”的全流程顺畅衔接。二是建立信息化项目管理平台，打通校内信息化建设项目，化解数据孤岛和系统兼容问题。三是完善信息统一发布系统，整合校内信息化发布需求，完善信息化发布管理流程。

五、信息化质量保障体系建设

一是科学布局学校中长期信息化项目建设。统筹管理学校信息化经费、项目、计划，确保项目建设的持续稳定，按照基础支撑体系、教育教学、管理治理服务、教育环境建设等模块布局 2023 年信息化建设项目。二是组织各类信息化经费的申报。组织中央高校改善基本办学条件专项资金、信息化自筹经费、银行专项贴息贷款、银校合作经费及学校其他各类资金申报。三是开展信息化项目质量管理，圆满完成信息化项目的论证和验收工作。全年共组织论证、验收会 27 场，共计论证各类信息化项目 77 个，验收各类信息化项目 36 个。四是加强信息化项目闭环管理。开发“制度与监管信息化平台”，实施信息化项目线上验收模式和项目资料归档工作，实现了全校信息化项目的内控管理与质量提升。

2022 年，在国家教育数字化战略的指引和学校党委的领导下，学校教育数字化工作赢得广泛赞誉。教育部党组书记、部长怀进鹏到西安电子科技大学调研时，高度评价了学校教育数字化建设工作，鼓励学校要继续探索教育教学新形态，做好新时代高等教育数字化战略发展的试验田。

机关党委工作综述

2022 年，机关党委按照学校党委的工作部署和要求，聚焦主责主业，围绕六大建设扎实推进日常工作，全面落实《机关党委 2022 年工作要点》《机关党委 2022 年下半年重点工作》各项计划，圆满完成了全年工作任务。

一、2022 年各项工作完成情况

(一) 强化理论武装，扎实推动党的二十大精神入脑入心

一是坚持理论武装同常态化开展党史学习教育相结合，坚持不懈用习近平新时代中国特色社会主义思想凝心铸魂。把习近平总书记在中国人民大学考察时的讲话精神、在省部级主要领导干部“学习习近平总书记重要讲话精神，迎接党的二十大”专题研讨班上的重要讲话精神、《更好把握和运用党的百年奋斗历史经验》、《什么是中国共产党，中国共产党干什么》、党的二十大报告等作为全年政治理论学习重点，分层次明确机关党员干部必学内容、必读书目，持续跟进最新理论动态，做好月度理论学习安排。二是发挥机关党委理论学习中心组示范作用。制定《机关党委理论学习中心组学习制度》并认真执行，机关党委两委委员每月至少集中学习 1 次，全年共集体学习 10 次。三是每月精心安排支部理论学习内容，指导和督促机关党支部强化理论武装，提高党员干部理论自觉，办公室及时印发相关学习资料和辅导提纲，做好学习服务。四是多形式开展学习读书活动。开展阅读《论语》《道德经》等人文经典读书活动，邀请专家导读讲解。组织机关全体教职工学习《中华人民共和国宪法》《中华人民共和国民法典》。把《齐家：中国共产党人的家风》《忏悔与警示》《让家庭远离腐败》作为管理干部通读学习内容。五是强调督促机关党员干部立足岗位履诺践诺，落实“我为群众办实事”清单。

(二) 增强党组织政治功能，着力完善机关党建制度规范和工作机制

一是强调把政治建设摆在首位，结合日常工作实际增强“四个意识”、坚定“四个自信”、做到“两个维护”。二是增强党支部政治功能，在处科级干部选任、干部试用期考核、师德鉴定、疫情防控等工作中，切实发挥党支部的作用，推动党支部建设与部门工作深度融合。2022 年疫情期间，机关管理干部参加南校区核酸检测扫码志愿者服务共计 92 批 1354 人次。在秋季新生入学和高年级学生静默期，落实学校党委要求，组织 253 名机关管理干部(其中处级干部 68 名)下沉到学生社区，每名干部对接联系两个学生宿舍，点对点开展思想教育；安排 440 余人次机关干部对南校区食堂、综合楼等公共区域的疫情防控开展督导检查。三是依据党内相关法规，进一步完善机关党委工作制度体系。制定出台《机关党委理论学习中心组学习规则》《机关党委落实意识形态工作责任制实施办法》《机关党委两委委员联系党支部工作机制》《机关党委关于执行“三重一大”决策制度实施办法(试行)》等工作制度，并认真执行。四是在认真落实《机关党支部九项制度》的基础上全面建立机关部门“三重一大”决策制度并认真执行。机关 26 个党支部所在的 29 个处级单位，均制定了部门“三重一大”决策制度实施办法。五是建立和完善 3 个工作机制。其一是机关两委委员联系党支部，参加组织生活会并点评指导，提升了年度组织生活会和纪律教育宣传月专题组织生活会的质量，成为加强机关党支部建设的一个抓手。其二是机关党支部所在单位以落实“三重一大”决策制度为契机，进一步规范决策议事程序，完善了以处(部、院)务会研究推进工作的机制。其三是 9 个相关职能部门联动，建立起学校监督工作联席会议机制，努力形成监督合力，促进重点领域的监督工作更加规范、精准。六是按照学校党委《关于开展

基层党建工作专项检查工作的通知》，对照检查标准认真做好党建工作自查。

(三) 加强组织建设，着力提升机关党支部组织力

一是按照学校党委要求，扎实组织贯彻落实《普通高等学校基层组织工作条例》情况自查。落实“党支部书记一般由本部门主要负责人担任”的规定，所属26个党支部中，有23个党支部书记为部门主要负责人。二是把巡察整改作为加强机关党支部标准化建设的重要推动力。针对学校党委巡察指出的29个具体问题，机关党委制定了74条整改措施，将整改责任分解压实到各党支部，高质量完成了集中整改任务。三是扎实推进党支部“对标争先”建设计划。全年有3个机关党支部入选学校党委对标争先样板支部。四是抓党支部书记、支部委员党建业务能力建设。利用暑期组织党支部书记赴宁夏六盘山干部学院开展专题培训教学实践。依托国家教育行政学院中国教育干部网络培训学院，组织新任职支部书记、支部副书记和支部委员进行党务知识专项学习。五是成立机关团总支，发挥共青团的组织桥梁和纽带作用，增强机关青年教职工的组织归属感和凝聚力。六是对党员发展工作全流程把关，为每个党支部配发《发展党员工作资料汇编》。全年有1名预备党员转正，入党积极分子6人，发展对象4人。

(四) 重视价值引领，着力加强机关作风纪律建设

一是强调树立和践行正确的政绩观。突出强调机关干部要坚持实事求是的原则，树立和践行担当实干、追求卓越、清正廉洁的政绩观，营造讲修养、讲道德、讲诚信、讲廉耻的良好氛围，倡导为校园文化建设增加正能量，努力形成事业至上、担当实干、团结协作、追求卓越、清正廉洁、奋进包容的良好风气。二是引导机关干部规范个人日常行为。出台《西安电子科技大学机关工作人员行为规范》，从政治行为、学习行为、服务行为、廉洁行为、文明行为等方面引导机关工作人员学为人师、行为生范。三是在开展《党政机关公文格式》专题培训的基础上，从加强部门沟通、改进公文处理流程、及时提醒督促、开展专题调研等环节入手，着力规范校内公文处理和印章管理使用。四是通过实施党员先锋工程和党支部对标争先建设计划，深入开展“让师生满意的模范机关”创建活动。机关26个党支部共设立“党员先锋岗”78个，345名党员申请上岗立足本职工作发挥先锋模范作用。五是多层次开展教育培训工作。坚持办好机关干部综合培训班，加强对青年干部的综合培训。精心规划和设计培训内容，编印《新入职管理干部学习读本》，对2022年新入职管理干部和机关新任科级干部进行岗前系统培训。六是倡导高雅的情趣和健康的生活方式，倡导管理干部多读书、读好书、善读书，多形式引导机关干部重视家风建设。七是倡导党支部通过联合开展活动、工会小组活动等多种方式，增进机关干部的沟通交流，营造美人之美、团结协作的工作氛围。

(五) 压茬推进巡察反馈问题的整改落实

一是对2021年度查摆出的问题逐一整改落实。特别是建立机关两委委员联系党支部制度，成为加强机关党支部建设的一个抓手。二是扎实开展纪律教育宣传月活动。在集中学习、个人学习和在线测试的基础上，机关25个党支部均以“严守纪律规矩，加强作风建设”为主题，高质量召开了专题组织生活会。三是高质量完成巡察反馈问题的集中整改。对党委巡察组反馈指出的4个方面29个具体问题，已整改完成28项，完成并长期推进整改28项。

(六) 立足提升机关工作人员归属感开展工会工作

以增进沟通交流、培养健康生活方式为目标，组织机关干部职工开展丰富多彩的文体活动。校教职工羽毛球团体赛机关两支参赛队伍分别取得第二名和第六名的佳绩。组织筹办机关篮球联谊赛，77名机关干部踊跃报名参加。支持部门内部、跨部门体育爱好者开展羽毛球及足球联谊比赛。倡导和鼓励多形式坚持日常健身和体育锻炼，1300多名机关工作人员积极参加。

关心教职工生活，为暑期加班的教职工开展“送清凉”活动，为寒假加班的教职工开展“送温暖”活动。对离退休、家庭困难、生病住院、从教30年及有家人去世的教职工进行慰问。机关工会委员集体讨论决策全年福利采购，立足新时代提高福利品质，并受到普遍好评。

(七) 贯彻学校决策部署，完成乡村帮扶工作

扎实开展定点帮扶工作。机关党委全年组织现场考察调研1次，采购帮扶产品23.4万余元。

二、下一步工作思路措施

1. 坚持机关党建系列工作制度和工作机制，注重不断完善，加强工作创新。

2. 坚持理论武装同常态化开展党史学习教育相结合，坚持不懈用习近平新时代中国特色社会主义思想凝心铸魂，强化对机关干部的理论武装和教育培训，提高理论自觉，提升全面素养。

3. 坚持以社会主义核心价值观为引领，多渠道、多形式引导机关干部树立和践行正确的职业价值观并立足岗位工作认真践行。

4. 坚持以机关作风建设为重点，着力推进党支部建设与部门工作深度融合，促进沟通交流，增进团结协作，激发担当实干，聚力创建“让师生满意的模范机关”。

5. 以评促建，评建结合。评选表彰“文明处室”“管理服务之星”，持续开展“让师生满意的模范机关”创建活动。评选表彰“五好家庭”，引导机关干部重视良好家风建设。评选2022年度机关优秀文案，引导管理干部立足本职提高公文能力和水平。

考核与评估工作综述

2022 年考核与评估办公室深入学习党的二十大精神，认真贯彻落实中央《深化新时代教育评价改革总体方案》精神，持续推进学校综合评价改革，把立德树人成效作为检验学校一切工作的根本标准，把人才培养质量作为院系考核的主要指标，把条件保障作为各方面工作的第一要务，强化学生家国情怀与使命担当，全面提高人才培养能力，推进学校一流建设目标任务和重点任务完成。

一、部门职责及负责工作的基本情况

考核与评估办公室主要负责学校各项主要指标完成情况的事中事后分析监管；负责校内各二级单位的目标管理与绩效评估；负责目标管理考评系统建设、维护和数据信息采集等。平时注重理论和业务学习，积极参加支部活动，共同探讨交流；每周召开例会，梳理工作业绩，加强过程考评，学校目标任务书中任务均已按进度完成。主要代表性工作如下。

(一) 发布 2021 年学校发展评估报告

分析总结 2021 年学校发展和各单位任务完成情况，发布学校发展评估报告，内容包括党建、满意度及扶贫工作、业务工作完成情况，教学科研单位指标完成情况、考评工作启示与思考等；汇总学校各领域事业发展状况基本数据，将学校和兄弟高校进行比较分析，对未来发展前景及问题作出预测和研判；向各单位反馈 350 余项具体业务评价结果，促进各单位了解自身不足，以评促建、以评促改、以评促管、以评促强。考评工作对全校目标任务的完成情况起到了明显的推动作用，发展评估报告发至各二级单位，对广大教职工全面了解学校 2021 年事业改革发展起到了推动作用。

(二) 推动学校《落实教育评价改革工作方案》落地

一是编发《学校事业发展动态信息摘编》10 期。每月收集整理各单位立德树人根本任务落实情况，以及取得的部分表彰奖励等，加强过程评估、动态监测，引导各单位积极创先争优，推进工作。二是推动综合评价改革。始终将立德树人成效作为根本标准、尺度和指挥棒，协调督促相关部门制订专业建设标准、课程质量标准等教学质量标准及评价办法，以及教师学生评价及综合管理改革等 10 余份制度，不断完善以立德树人成效为指引的工作标准和评价指标，建立全链条质量跟踪与监控工作机制。协调督促人事部门出台职称评价补充办法，协调支持配合开展 2022—2024 年教师聘岗，在职称评审、岗位聘任等方面作出实质性改革，开展分类评价，实验、教学、科研等类型教师得到个性化发展，激活不同类型教师的发展动力。协助人力资源部、科学研究院起草科技人才评价改革试点单位方案，做好评价改革顶层设计。

(三) 开展质量评估并修订观测点体系

贯彻落实“建设高质量教育体系，提高高等教育质量”等要求，根据质量观测点指标及权重，督促各部门对全校各二级单位，特别是教学科研单位开展质量评估评价，形成 389 项评价结果，在 21 个教学科研单位中，20 个单位的 147 项工作评估为优秀，21 个单位的 202 项工作评估为良好，17 个单位的 40 项工作评估为一般。评估结果全面反映了学校各单位、各项业务的基本状态和发展现状，通过汇总反馈评估结果，为二级单位改进教育质量和职能部门决策提供参考信息，以评促建、以评促改、以评促管、以评促强，形成持续提高质量的工作闭环。在评估基础上，对标中央和国家要求，兼顾学校发展阶段特点，修订形成 2022 年质量报告观测点体系，统筹各部门建立涵盖党的建设、人才培养、科学研究、学科建设、师资队伍建设、国际化、财务、国资、社会服务等内容的46个一级指标、194个二级指标、434个三级质量观测点，坚持以定量指标为主、定性指标为辅，网状搭建学校内部质量监控体系，确保各项工作有标准、各项业务有目标，形成质量观测点体系模型，为二级单位开展各项工作提供标准、指南和规范，推进部门职能向规划、监管、评估、服务等转变。

(四) 建设决策分析平台(目标绩效分析)系统

完成决策分析平台(目标绩效分析)系统的开发。该系统自动对需要监测的数据进行实时监控，通过对接数据中台实时获取业务系统中最新的被考核指标相关数据，动态展示指标完成进度；通过对比可判断进度是否产生滞后、超期等异常，针对出现异常的指标，系统会及时预警，并自动推送至考评办管理人员；对异常进度，系统会自动生成进度报告并支持导出或打印报告。目标管理系统改进了学校绩效管理方式，有效避免了绩效考核过程监管不到位、考核透明度和互动性不够、考核数据信息利用率及使用率较低、计算过程中极易出现偏差等问题；同时，系统与学校数据平台实现部分考评指标数据对接，可大大提高目标绩效考核管理水平和效率，提升考核的科学性和合理性，推进信息化和智慧校园建设，助力AI+教育标杆大学工程建设。

二、2022年度部门规划、监管、服务职能履行情况

(一) 营造评价改革良好氛围，助推评价改革落实落地

加强校内外调研沟通。一是根据平时收集到的意见建议，反复听取本科生院、科学研究院、研究生院、发展规划部、人力资源部、国际交流与合作部等单位意见，并走访各个学院，通过研讨沟通对考核工作中存在的问题进行梳理，借鉴以往经验，充分听取各方意见建议。二是面向新入职管理干部，宣讲“考核评估的探索与实践”，持续强化目标考核、质量评估、评价改革等服务理念，为今后做好工作打好基础。

(二) 加强过程监管与督促，推动目标任务顺利完成

1. 做好目标任务中期检查。9月份开展目标任务中期检查，梳理各二级单位截至8月底的目标任务完成情况，认真分析研判评估，形成《2022年度目标任务中期检查分析报告》《职能部门2022年上半年工作总结汇编》，对学校整体和各二级单位的人才培养、科学研究等结构、规模运行状态进行数据采集、分析与描述，诊断过程和预期目标的一致性，提交校领导班子成员参阅，向各二级单位进行反馈，为二级单位改进教育质量和职能部门决策提供信息，若发现目标差异，则及时预警，通过数据信息反映规律和趋势，引导各单位在政策制定、精力投入等方面进行合理规划，有效促进学校全年目标任务完成。

2. 完成2022年二级单位目标考核。通过考评落实立德树人根本任务和高质量发展要求，加快一流大学建设，推进学校战略目标的实现。一是建立考评资料库。收集整理各部门任务完成资料，包括职能及观测点、工作总结、质量评估报告、党委常委会与校长办公会议题内容及数量、督办系统任务、任务数量统计表等，汇总单项质量奖、信息化评价结果、责任清单等10余份材料共计20余万字，做好评估分析及画像。考评资料体现较强导向性和目的性，力图准确反映学校战略目标、意图及各单位年度工作成效。二是科学开展考评。考核分合格考核和优秀考核两个步骤。合格考核按基本任务完成情况进行量化评价；优秀考核实行综合评价，注重实际贡献和突出成绩，体现追求卓越的价值导向。在评委选取上，以学院书记、院长为主体，导向明确，引导部门服务学院，做好规划、监管、评估；平时要了解、对接服务学院发展诉求，解决难题，助力学院心无旁骛地开展教学科研等工作。三是加强部门服务满意度考核。参与人员包括在职教职工2961人(占比69.68%)，学生8957人(占比27.08%)，

离退休人员 588 人(占比 26.50%)，校外人员 3730 人，党代会教代会代表、华山序列专家 231 人，教学科研单位班子成员 114 人，职能部门班子成员 113 人，收集到 884 条意见建议，参与人数多，覆盖面广。将满意度分析报告呈送校领导，相关意见建议分类整理，并逐一发至二级单位，帮大家找短板、补不足，部门对满意度测评态度发生变化，由抵触到接受，有些问题得以解决。

(三) 加强评估反馈与服务，营造高质量发展氛围

1. 加强质量评估分析职能。一是编发《教育评价改革典型案例选编》4 期，供各单位结合自身特色，攻坚克难，学习借鉴，营造重视质量、关心评估评价改革的良好氛围。二是形成系列评估报告。编发《各学院近三年事业发展评估数据》《近三年责任清单分析报告》《学校部分业务质量评估报告摘编》，根据部门质量报告等梳理学院相关数据，展现、挖掘数据背后价值，不断营造重视质量文化和评估分析的良好氛围。三是积极谋划，主动走访，选树育人效果明显且具有示范引领作用的典型，突出特色，凝练材料，形成 3 个典型案例，其中 1 个案例被陕西省教育厅收录，拟在全省推广。

2. 深入师生了解教学科研。落实管理干部进书院要求，积极服务学生成长成才。2 名同志担任大一新生入党积极分子培养联络人。对宿舍进行实地走访，深入学生日常生活，了解学生诉求，并与学生代表进行深入交流，了解开学以来新生的日常生活、学习情况与对学校的建议。挖掘育人资源，1 名同志兼任马克思主义学院思政课教师，承担两个班级形势政策课，课堂内注重与学生的互动交流，直接参与育人工作，了解教风学风建设实际，为改进考核评估工作提供借鉴。平时利用一切机会，加强与二级单位班子成员、普通教师沟通交流，了解学校政策运行效果和各方面工作满意度，为考核评估积累资料。

三、2022 年度工作成效分析

1. 学校质量评估意识增强。通过积极营造分析评估氛围，“职能部门都是评估办”理念得到进一步强化，各部门 2022 年质量评估报告都能积极把自身业务放在中国大学图谱中，与兄弟高校进行对比分析，甚至放到世界大学图谱中认识自身，知己知彼知势，提高了学校高质量发展的意识；各部门精准管理理念进一步增强，推进了学校治理体系现代化。

2. 服务师生主动性提高。通过邀请教学科研单位党政负责人评价部门年度工作，推动各部门积极服务学院发展，上门解决协调相关问题，提高工作效率、行政效能，改进工作方法，改善工作作风，营造和谐校园氛围，助推各项事业健康发展。

3. 综合评价改革取得成效。学校评价改革稳步推进，配套制度体系逐步健全，教育评价功利化倾向不同程度得到遏制。学校被科技部等八部委列为“科技人才评价改革试点”单位，在教育部“教育评价改革总体方案研讨班”、科信司评价导向研讨会上作经验发言，获批陕西省深化新时代教育评价改革试点项目 2 项，1 个教育评价改革典型案例拟被全省推广等。

4. 发挥决策参考和智囊作用。根据年度考核和中期检查结果，总结形成学校《2021 年发展状况评估报告》《2022 年度目标任务中期检查分析报告》《2022 年上半年各部门工作推进情况总结分析报告汇编》等分析评估成果，科学分析成绩和不足，为学校各方面工作提供有效借鉴，充分发挥了智囊和决策参考作用。

计划财务工作综述

2022年是落实学校“十四五”规划的关键之年，学校计划财务处坚持以习近平新时代中国特色社会主义思想为指导，落实立德树人根本任务，围绕学校“双一流”建设总体目标，瞄准“十四五”战略任务，坚持“服务教学科研一线、服务管理改革需求、服务民生保障”工作主线，聚焦规划、监管、评估、服务等各项工作，切实履职尽责，以锐意进取的工作状态，致力于打造一流财务服务平台。本年度，计划财务处各项年度目标任务及督办事项，校长办公会、党委常委会决议事项，上级来文来函要求落实的工作任务均100%完成，为学校事业高质量发展提供了坚实的财务保障。

一、努力拓展财力增长点，完成当年收入目标

凝心聚力持续做好多渠道资金筹集工作，扩大收入来源。积极向上级主管部门争取，财政拨款稳步增长；优化收费系统与学生学籍系统、后勤宿管系统对接，确保学宿费应收尽收，在校生学宿费平均欠费率低于1%，为历史最低点；多措并举推进科研到款挂账、往来款清理和逾期发票催缴工作，增加学校实际收入；优化存贷款结构，实现银行利息收益。截至12月19日已超额完成全年收入40亿元的目标任务。

二、建章立制，规范和完善财务管理体系

出台《预算绩效管理办法》《异地研究院财务监管办法》《财务诚信评价办法(试行)》《计划财务处复核操作指导手册》；修订《预算管理办法》《预算管理办法实施细则》《财政专项资金管理办法》《银行账户管理办法》《会计核算手册》，进一步规范财务管理。梳理学校收费制度汇编，整理并形成2022年校内收费项目一览表，确保所有收费项目有据可依、流程完备。

三、深入实施精细化预算，推进预算一体化改革

进一步理顺预算管理机制，完成2023年综合财务计划编报和2022年预算调整。一是继续围绕“双一流”建设和学校中心工作优化资源配置，持续关注民生工程，落实“过紧日子”要求，压缩一般性支出，做好重点领域保障，集中财力办大事；二是以事项定经费，细化预算编制内容，经费预算与重点工作紧密结合，实现财权和事权相匹配；三是进一步下放资源分配权，加强重心下移，教学科研机构日常运行费按照生均标准统筹打包下达控制数，由教学科研机构统筹安排，充分调动积极性；四是强化预算约束，完善预算挂钩机制，加强对预算执行的跟踪监控和分析，预算执行情况与下一年度预算安排挂钩；五是加强新增资产和政府采购预算管理，推进采购预算、新增资产预算与财务预算协同编报，建立长效机制。攻坚克难，全力推进学校预算管理一体化建设，完成一体化系统数据初始化和压力测试，使用一体化系统圆满完成2023年“一上”部门预算编报工作，有力推进预算改革。

四、构建财务诚信体系，营造和谐财务环境

出台《财务诚信评价办法》，构建财务诚信评价体系，有效缓解项目经费管理刚性，平衡科研自主权与财务管理关系；充分利用信息化手段，搭建财务诚信评价系统，提升评价时效性和准确性；建立

涉财业务人员诚信档案，发挥财务诚信引导作用，形成有规则、守规矩的浓厚氛围，降低财务风险。

五、精心组织专项资金申报，推动专项资金预算执行

在专项申报方面，积极与上级部门沟通，加强专项资金申报评审。一是不断优化改善基本办学条件专项申报流程，增强项目安排的前瞻性和系统性，重视绩效目标编审，本年度教育部评审审减率仅次于历年最低审减率；二是配合做好捐赠配比资金申报工作，对照历年评审、核查等方面问题深入开展自查，本年度教育部评审审减率为0.07%，是历史最好水平。在专项执行方面，通过领导小组例会、一对一走访督促、重点项目专人对接、发布执行月报、考核节点统筹调整、全年执行目标任务考评等方式多措并举狠抓专项执行，6月引导专项、捐赠配比专项、绩效拨款专项执行率达100%，排名部属高校第1。

六、优化财务业务办理，提升财务服务效能

全面推进新版校内预算管理系统建设，力争构建集校内常规预算申报、审核、批复、执行分析、调整、绩效评价于一体的全面预算管理系统，提升预算业务操作规范性和管理监控有效性；聚焦系统功能提质增效，结合报账师生需求优化现有系统，上线新版商旅平台，助力在校师生商务出行；上线新版网查系统，财务查询与下载更加智能化、便捷化；上线建行“银校直连”，畅通建行党费户付款渠道；高效推进业财融合，优化财务系统与国资系统、科管系统、学籍系统、宿管系统、助研系统的对接，切实解决国资报销难题，优化科研经费认领，助力学宿费收取，完善助研金补发流程；推动实现党费收缴的线上全流程操作。

七、推进财务工作精细化，提升管理服务水平

高质量完成学校经费情况分析报告，为学校发展决策提供强有力的数据支撑；整理分析有关经费拨款因素，并针对部分重点拨款因素形成管理建议，提出学校争取更多财政拨款资金的发力点；深入一线，发布调查问卷，多种形式加强政策宣讲和调查研究；加强财务日常及专项稽核，梳理存在的问题，反馈并指导财务核算工作，防控财务风险；持续加强个税政策的宣传和培训，做好各项税务服务工作；坚持问题导向，践行“一线规则”，深入学院和党政服务机构开展座谈交流活动，进一步了解学院需求，提升财务服务精准性。

八、深耕“放管服”改革，释放科研新动能

根据国务院32号文件精神，聚焦科研经费管理相关政策和改革举措落地“最后一公里”，积极落实好科研项目实施和科研经费管理使用的主体责任，确保科研自主权接得住、管得好。紧扣国家政策，编写4类代表性项目经费管理办法的政策解读合集，通过文表结合的方式，为科研人员全面解读管理制度；结合科研人员预算编制需求，开展科研财务专题培训，做好政策指导，从源头降低预算编制难度，提高预算合格率；参与重大科研项目全过程财务管理，加强事中监督，排除潜在风险，保障项目顺利开展。

九、“规范+发展”双联动，促进非学历教育发展

理顺体制机制，加强制度建设，全面梳理学校非学历教育培训项目，完善校内非学历审批流程，规范非学历教育管理。出台《非学历教育项目立项审批管理实施细则》《非学历教育合同管理实施细则》《非学历教育管理办公室印章管理细则》《非学历教育人员费支出规定》等制度，确保相关具体工作有章可循、有规可依。按照教育部要求，全面自查学校非学历教育并完成所有整改任务。

十、持续强化内控建设，做深做细做实内控执行

随着内控建设工作的不断深入，学校内控管理水平已进入教育部第一梯队，“二级单位内控建设试点工作”入选教育部内部控制典型案例。积极开展学校内控风险评估工作，重点关注内控信息化建设领域的风险情况，通过内控工作沟通函督促相关部门落实整改，坚决杜绝“查而不究、纠而不改、屡纠屡犯”现象发生。修订《西安电子科技大学合同管理办法》及实施细则，以问题为导向，加强合同高风险环节管控并适度放宽低风险环节管控，进一步落实学校依法治校、提升治理能力的要求，推进学校合同管理工作更加规范、科学、高效，切实防范合同管理风险。持续推进全生命周期合同管理信息平台建设，依据修订后的合同管理办法，重新设置合同审批流程；上线合同变更模块、合同进度管理模块、合同纠纷管理模块、合同备案模块、合同归档模块，实现合同管理全流程线上可溯。积极配合财资一体化平台建设，通过合同系统与财务系统对接，获取合同履行数据，实现对合同履行环节的有效管理。总结试点工作经验，联合通信工程学院、经济与管理学院完成第二批二级单位内控建设，以编写内控指导手册为契机，进行学院制度建设、业务流程标准建设，切实把内控工作作为全员工程，让内控真正成为防止出错的“规”和“矩”。

十一、稳步提升日常管理，高效完成各项常规工作

准确、高效地完成学校财务核算工作。截至目前，共完成日常报销单据 114 298 笔；按时完成 2021 年部门决算报表及财务报告编制、2021 年部门决算信息公开；高质量完成 2022 年“二上”部门预算上报、2022 年住房改革支出决算上报、2021 年教育经费统计报表上报、2022 年部门预算信息公开、2023 年“一上”部门预算一体化系统上报及会审等工作；完成 2021 年度项目支出绩效自评总结报告，完成 2022 年所有 68 项预算批复项目的项目支出绩效目标执行监控任务；配合完成 2022 年各类财力分析、检查统计等工作 40 余项，上报教育部各类统计分析任务 10 余项；持续优化预算执行分析月报机制，有效预防政府收支经济分类超支问题；优化新增大型仪器设备和政府采购流程；配合人力资源部完成“老人”“中人”的养老数据统计；完成教育乱收费专项治理工作。同时，保质保量完成部门其他常规工作，以及党建、督办、整改、审计、考评、开学检查、扶贫、保密、巡察等学校安排的其他任务。

审计工作综述

2022 年，审计处深入学习贯彻党的二十大精神以及全国审计工作会议精神，紧密结合教育部 2022 年工作要点和学校新时期事业发展方向，以“创新引领、提质增效”为工作目标，聚焦审计主责主业，履行审计监督职责，做好常态化“经济体检”工作，促进学校管理水平提升，更好地发挥审计在助力学校内涵式发展过程中的重要作用。

一、落实立德树人根本任务

1. 支部召开专题组织生活会 2 次、全体党员大会 6 次，支部书记讲党课 1 次，通过各种形式的学习交流和谈心谈话，不断加强支部建设。同时，所有党员同志均按时交纳党费，无违规违纪问题发生。

2. 深入参与“三全育人”和“双院”大学生党建工作，派出 3 名管理干部担任学生入党联系人，培养学生入党积极分子 12 人；科级以上干部积极深入书院，了解新生入学情况并叮嘱疫情防控各项要求。

3. 扎实落实“我为师生办实事”，审计处领导班子通过座谈走访等方式深入开展调研，了解相关单位在审计整改落实中存在的问题和困难，有针对性地提出举措建议，有效提升整改成效，形成《审计处关于审计整改落实中存在的困难和问题的专项调研报告》。

4. 发挥审计专业优势，认真梳理教育部下发的 2022 年经济责任审计情况通报问题(491 条)，印发兄弟高校审计问题对照检查清单 34 份，督促二级单位开展对照自查工作。

二、落实目标任务书工作情况

(一) 规划——继续推动完善科学、规范、高效的审计监督体系

修订《审计结果运用实施办法》《领导人员经济责任审计实施办法》《预算执行与决算审计实施办法》《审计处委托业务管理办法》4 项制度。

(二) 监管——强化审计监督职能

1. 紧盯重点领域，发挥监督职能，做到未病先防。

(1) 将学校财务收支及管理状况审计(对标教育部经济责任审计)、预算执行及决算审计、以前年度校内审计发现问题审计整改检查、学校2021年度中央高校管理改革等绩效拨款专项资金管理情况审计、学校 2021 年度捐赠配比专项资金管理情况审计等 5 个项目采用“一审多项”方式开展，实现审计全覆盖的同时，重点关注学校贯彻落实重大方针政策情况和预算管理、财务收支管理、合同管理、科研管理等内部控制建设及执行情况，整合审计资源，提高审计质效。

(2) 完成半导体工程中心、暑期宿舍楼维修等 9 个工程项目全过程跟踪审计工作，其中完成进度款审计 21 期，完成招标最高限价审计 3 项，完成招标文件审计 15 项，完成合同审计 43 项；听取全过程跟踪审计工程例会汇报 79 次；有效督促相关单位加强工程管理和风险防控，提升建设资金使用效率。

(3) 合理制订审计计划，开展 18 人次处级领导人员经济责任审计，被审计单位覆盖党政服务机构 11 个、教学科研机构 5 个、附属机构 1 个。从各单位“三重一大”决策制度制定及落实情况、财务管理、预算管理、合同管理、采购管理等方面提出审计建议，督促各单位立行立改，促进其管理水平提升。

(4) 完成新建工程和维修改造类工程结算审计 50 项，送审金额 6783.30 万元，为学校节约资金

396.86 万元，平均审减偏差率为 5.85%。

2. 抓好审计整改，完善内控体系，做到已病防变。

(1) 坚持推动本年度审计发现问题立行立改。经济责任审计立行立改 11 项，财务收支及管理状况审计立行立改 5 项，其他财务专项审计立行立改 4 项；全过程跟踪审计立行立改 26 项，建设工程结算审计立行立改 4 项，工程专项审计立行立改 2 项。

(2) 坚持开展审计沟通。2022 年累计发送整改通知书 26 份，14 次走访调研 9 个部门，组织召开多部门整改专题协调会 6 次，审计组驻场指导后勤保障部、计划财务处等部门整改工作，从源头上加大整改督促力度，整改成效显著。

(3) 持续开展以前年度审计整改检查。整改完成率提升至 64.11%，推动学校 5 个方面共计 35 项管理制度修订完善，促进合同管理、科研管理等流程及信息系统建设，进一步规范财务管理、资产管理、工程管理、采购招投标管理等方面工作，为迎接教育部经济责任审计做好准备。

3. 创新工作方式，加强资源调配，做到保质增效。

(1) 创新“会计师事务所 + 造价咨询单位”联合体工作方式，以“财务预算审计+工程造价审计”为重点，开展“2021 年维修改造类工程管理审计”，有效促进建立健全维修改造类工程项目的内控管理体系及风险防范机制。

(2) 创新“1 + N”审计方式，在开展经济责任审计的同时，对校医院、校工会等重点单位开展专项审计，重点关注校医院财务收支内部控制以及校工会预算执行与决算管理情况。

(三) 服务——发挥审计建议职能，加大审计信息宣传力度

1. 印发管理建议书 18 份、审计咨询报告 4 份、风险提示函 4 份、合同管理风险提醒 1 份，就 13 项校内制度反馈审计意见，促进各单位及时堵塞漏洞、完善管理。

2. 开展审计访谈 18 次、审计座谈会 6 次(不包含审计整改专题走访调研及座谈会议)，开通“西安电子科技大学审计”微信公众号，与审计处网站联动，发表审计动态 6 篇，多措并举，构建审计宣传新格局。

3. 推进监督合力，发送经济责任审计调查函 4 份，向监督工作联席会议上报异地研究院监督等 3 项议题。

4. 派出 2 人次参加学校巡察工作，派出 2 人配合 2022 年教育部经济责任审计，参与固定资产验收 29 项。

(四) 其他——做好其他常规事项审计，完成审计管理信息系统建设工作

1. 完成十四运会和残特奥运会羽毛球项目竞委会财务决算审计；完成 5# 学生公寓续建工程竣工财务决算审计；完成科研经费审签 4 份；完成银行存款余额调节表双签 10 份；完成重大经济类及由业务归口管理部门承办的合同审计 283 项，涉及金额 9.6 亿元。

2. 建设审计管理信息系统，完成审计项目管理、事务所管理、审计整改等系统模块的处内测试，审计分析系统数据对接基本完成。

三、督办事项，校长办公会、党委常委会决议完成情况

1. 推动教育部 2017 年经济责任审计整改。截至 2022 年初尚余 3 项疑难杂症问题未销号。审计处加强与上级部门的沟通，并协同校内相关单位积极研讨推动整改。2022 年 5 月 11 日学校党委常委会对相关整改情况进行决策(常委会纪字〔2022〕15 号)并向教育部报送整改报告(西电发〔2022〕15 号)，2022 年 8 月 21 日以校内签报形式(审计签〔2022〕3 号)汇报主要校领导后，向教育部报送了整改补充

材料。共推动 1 项问题完成销号，目前正在整理第三次汇报材料。在审计整改推动工作中，重点关注各责任单位长效机制建立情况，不断推动相关单位完善内部控制，避免问题再次发生。

2. 牵头配合审计署驻西安特派办开展陕西省 2022 年第二季度贯彻落实国家重大政策措施审计调查 13 次，积极与上级单位进行沟通，及时组织校内单位研判资料需求并明确提交要求，做到按时报送资料。

3. 通过专项审计以及日常监管等方式，加强对异地研究院的审计监督。按照学校异地研究院管理相关规定，获取并查看各单位 2021 年度审计报告；在校级审计中，关注异地研究院财务管理状况，实施相关审计程序；了解各个异地研究制度体系建立情况，调研其管理情况，将对异地研究院的监管问题，提交学校监督工作联席会议进行讨论研究。

四、获得的重要荣誉、经验推广及社会影响力

1. 经学校同意，成功获批中国内部审计协会会员单位，不断提高学校在内审领域的影响力。

2. 迎接西安交通大学韩永君处长一行 9 人到我校调研，就支部党建、审计项目实施、审计整改、审计信息化建设等工作开展情况进行深入交流。

3. 坚持研审结合，承担科研课题 2 项，发表审计工作相关论文 2 篇。

4. 组织社会中介机构考核 2 次，开展全过程跟踪审计单位工作经验分享交流会 1 次。

国有资产管理工作综述

2022 年是党的二十大胜利召开之年，也是落实学校“十四五”规划的关键之年，国有资产管理处在学校党委的统一领导下，以“完善国有资产管理制度，提升资产使用效益，加强所属企业资产监管”为工作主线，以信息化为牵引，以增强服务保障为中心，解放思想、奋力拼搏，圆满完成了 2022 年各项工作。

一、建章立制，问题导向，完善国有资产管理制度

坚持问题导向、需求导向，严格对标上级管理文件，广泛借鉴兄弟高校的优秀做法，明晰管理主体、深化管理指导、强调共享共用、强化监督考核，修订了《西安电子科技大学公用房管理办法(修订)》《西安电子科技大学教学科研用房管理实施细则(修订)》《西安电子科技大学经营性用房管理实施细则》《西安电子科技大学科研周转用房管理实施细则》，出台了《西安电子科技大学房屋及构筑物账务管理实施细则》，进一步完善了公房管理制度体系。

二、顶层设计，共享公用，加快南北校区搬迁

按照“整体设计、分步实施”的南北校区搬迁方案，以存量调增量，进一步统筹各类公房资源，协同相关职能部门，形成 2022 年搬迁工作实施方案，开展网安大楼公房、相关腾空楼宇共计约 3.7 万平方米的分配工作。顺利完成网络与信息安全学院整体搬迁工作，稳步推进计算机科学与技术学院、人工智能学院等 5 个学院搬迁工作；着力打造以网络安全创新研究大楼(以下简称“网安大楼”)会议室群为中心、行政楼和 G 楼公共会议室为辅的南校区会议室共享体系，有效减少会议室重复建设，提升公房使用效益。同时，在网安大楼、南校区工程训练中心、北校区教辅楼等楼宇规划科研周转用房合计 2000 平方米左右。

三、信息赋能，提质增效，加快国资管理信息化建设

完成国资系统升级工作，优化公房管理模块，新增住房管理模块，实现住房货币化补贴各类数据实时查询，新增经营性用房管理模块，实现经营性用房房源管理、价格评估、公开招租、报批报备及台账统计等全流程信息化管理；加快财资一体化平台建设，实现国有资产管理线上全覆盖，固定资产和无形资产入账、调拨、处置全流程办理，线下一次不跑；完成网安大楼、国工中心等 4 栋楼宇 1400 余套智能门锁加装工作，实现与公房系统的对接，初步实现了公房使用的可视化。

四、牢守安全底线，摸清家底，开展校舍建筑安全排查工作

汲取湖南长沙居民自建房倒塌事故教训，坚决贯彻落实习近平总书记作出的重要指示精神，以校舍建筑安全排查专项工作为抓手，立足实际、周密部署、认真实施，查风险、除隐患、防事故，按照“自查—排查—鉴定”三步走的工作方案，做到学校校舍建筑 200 余栋楼宇安全排查全覆盖。重点对 42 栋楼宇进行了安全鉴定，根据鉴定结果形成了“一楼一策”整改方案和校舍建筑安全长效管理机制，切实保障了全校师生的生命财产安全。完成了 218 栋楼宇的防雷电检测工作，做好新建及改造楼宇配套服务工作，包括制作安装房间门号牌 350 个、加装窗帘 1.38 万米、制订相关楼宇文化氛围设计方案等。

五、周密细致，提升服务，做好“我为师生办实事”活动

加强与属地住建部门的沟通与联系，确保北校区家属区第四批电梯加建顺利获批；主动对接住户，引导住户积极参与电梯加建过程，畅通住户意见反馈渠道，确保能达到开建要求的单元及时建设。本年度共开展11部电梯加建工作，超额完成年度10部电梯加建的目标，并启动第五批电梯加建动员申请工作，有效改善了老旧社区环境。

六、强化落实，加强监管，优化经营性资产管理

变被动为主动，加强对所属企业的监管力度，完善所属企业制度体系建设，加快处理企改遗留问题，落实企改“回头看”有关工作要求。完成2021年度资产公司及其负责人考核，制订并签订2022年度考核目标责任书；督促资产公司出台《资产公司所属全资、控股企业负责人考核评价管理办法》等相关制度，完善内控体系制度建设；加强对所属企业核心经营指标的监管力度，参与资产公司所属企业财务季度分析会。

依法依规，进一步规范经营性用房管理机制，妥善处理历史遗留问题，按照优先保障教学科研工作的原则，开展经营性用房动态调整工作。2022年，共收回经营性用房1612平方米；新招租的房屋承租价格较评估底价增幅超过80%，较原承租价格增幅超过130%，经营性资产实现保值增值目标。

七、多措并举，提升效益，提高固定资产处置效率

进一步优化资产处置工作，设立“国有资产自助回收柜”，建立处置资产出入库清单，有效提高资产处置回收时效性和处置效益。2022年，通过网上评估拍卖的方式，各类资产处置效益大幅提升，处置价格较评估价提高1倍以上，较原有处置价格提高2倍以上。

八、攻坚克难，保质保量，做好疫情防控保障工作

一是做好校内隔离保障房建设。面对复杂多变的疫情防控压力，克服时间紧、任务重等困难，统筹协同相关部门，保质保量完成新校区隔离观察区二期、三期共计98间隔离房建设。同时，协调资产公司，将学校宾馆52间房屋作为隔离观察储备房，从而达到每万人60间隔离储备房的要求。二是做好校外观察房保障供给。为做好2022级新生及老生返校保障工作，提前着手调研，现场勘察酒店环境，先后三批次启用周边6个酒店，完成713名学生的返校校外观察。

九、立足实际，开展公房管理理论研究

与学校经济管理学院老师合作，立足学校教室资源供给，结合学校教学任务安排，利用IPA方法对教室资源的利用率进行科学评价并提出合理建议，初步完成教室使用效益研究成果1项、申报课题1项。

采购与招标管理工作综述

2022 年，采购与招标管理办公室坚持问题导向、目标导向和效果导向，着力在建制度、优服务、强内控、防风险等方面加强工作，用“实招”全力提高采购工作效率和采购质量，圆满完成学校各类采购任务，采购工作规范化水平进一步提高，实现了采购项目全年“零”有效投诉质疑，服务满意度稳步提升。

一、高效率、高质量完成学校各类采购任务

(一) 规范组织各类采购项目

截至 2022 年 11 月 30 日，共组织执行学校各类分散采购项目 448 项，其中，政府采购项目 52 项，采购执行金额共计 5.49 亿元，节约资金近 5000 万元，平均节约率为 7.37%。规范审核自行采购合同 3959 份，合同总执行金额为 24 316.40 万元，其中科研仪器设备自行采购 156 项，非科研仪器设备自行采购 3803 项。

(二) 完成采购重点任务

一是落实财政部关于支持中小企业政策要求，400 万元以下的工程、200 万元以下的货物服务政府采购项目原则上专门面向中小企业开展采购。二是首次申请争取商务部门进口设备贴息项目资金 45.67 万元，并已到账。三是全力保障集成电路产教融合平台、贴息贷款设备购置、研究生公寓二期等重点项目的采购招标工作，高站位、高效率完成疫情急需、科研急需、民生急需等项目采购任务。四是完成上级 10 余份来文来函涉及采购工作的落实；按期完成所有督办事项，完成各类重要会议决议事项。

二、出台并严格落实 1 + 14 项采购制度

(一) 出台 1+14 项采购制度

5 月底，修订《西安电子科技大学采购管理办法》等 8 项采购制度，新制定《西安电子科技大学自行采购实施细则》等 6 项采购制度，初步建成规范化较高、覆盖面较广、操作性较强的采购管理制度体系，重点解决了学校采购与上位法规定不一致、政策空间利用不充分、过于注重采购程序、采购需求调研不充分、采购主体责任不清、自行采购不规范、供应商投标履约不规范等问题。

(二) 落实 1+14 项采购制度

坚持“一院一策”“一部门一策”“一项目一策”，实行“点对点”上门服务，制作《采购业务办理手册》《西电采购常见问题 36 问》《采购方式流程图》等材料，多渠道、多形式开展采购政策宣讲。全年开展线上采购政策解读 16 次，微信公众号推送法规、解读及流程指南等推文 65 篇，使各单位能够快速了解并落实采购制度。目前 1 + 14 项采购管理制度体系正在有效发挥作用，较好实现了政策原则性和操作灵活性的统一。

三、开展采购专员精细服务

(一) 依托信息化助力采购效率和质量提升

在“不跑一步路”的基础上，今年新上线政府采购需求管理及审查业务模块、50 万元以下非政府采购科研仪器设备申请模块和科研耗材备件备案模块、采购全流程效果评估模块、采购智能助手，新

开发外贸代理委托模块和电子招投标系统与学校档案系统对接模块。

(二) 建立与采购大户定期沟通机制

定期开展对基本建设处、后勤保障部、微电子学院、先进材料与纳米科技学院等采购大户上门服务，了解用户需求，将采购服务前后双向延伸，提供采购全流程的精细服务，提高重点采购项目计划性和政府采购预算执行率。

(三) 自行组织部分科研仪器设备政府采购

挖掘科研设备采购组织形式、采购方式、评审专家选择等政策空间，在程序合法合规的基础上提升采购标的精准度，维护学校利益。

(四) 推进“我为师生办实事”活动

居家办公期间，将所有符合条件的采购项目通过电子招投标系统进行线上评审，公布了正常受理政府采购意向公开、快速采购、网上竞价、采购合同审核等业务，满足学校各部门采购需求。探索采购育人工作，指导书院学生开展采购工作学习交流，帮助学生了解采购知识，并组织采购档案整理的劳动教育活动。

四、健全采购内控规范，防范采购风险

(一) 出台 7 项内控管理制度

出台《采购与招标管理办公室廉政准则》《采购与招标管理办公室关于加强工程采购与招标领域廉政风险防控工作实施方案》《西安电子科技大学变更政府采购方式内部会商实施细则》《西安电子科技大学变更政府采购方式操作指南》《采购与招标管理办公室档案管理办法》《采购工作服务专员工作规范》《采购与招标管理办公室学习制度》等，规范采购与招标工作，建立采购廉政风险台账，强化部门工作人员廉政责任，防范控制采购风险。制作各类采购流程图，提高采购事前、事中、事后监管服务水平，规范服务标准和工作流程。

(二) 主动求监督，定期研判风险

针对兄弟高校相关领导经济责任审计反映的 60 余个相关问题进行专题安排部署，主动开展自查，逐一对照，逐一自查，逐项整改，举一反三，查漏补缺，确保学校不出现类似问题。定期梳理采购关键环节、关键节点风险点，及时发现问题，提出有效对策，规范采购全生命周期相关活动。

(三) 严格规范采购相关主体行为

落实供应商积分制度和黑名单制度，新增 11 家“黑名单”供应商，定期通报不良行为供应商积分，规范采购代理机构管理，强化动态考核评价，提高采购代理机构服务质量和服务规范。

实验室与设备工作综述

2022 年，在学校党委领导下，在分管校领导直接指导下，实验室与设备处忠实践行习近平新时代中国特色社会主义思想，深入学习贯彻党的二十大精神，坚决拥护“两个维护”，以实际行动切实增强“四个意识”、坚定“四个自信”、做到“两个维护”，坚守“服从服务于教学科研工作”定位，真践实履，务实重干，助力学校“双一流”建设取得新成效。

一、落实立德树人根本任务情况

(一) 以“时时放心不下”的责任感，不断巩固实验室安全防线

紧盯关键环节，紧扣重要节点，克服疫情不利因素，多措并举，广泛发动，确保各级各类实验室安全有序运行。一是构建多样化、立体式实验室安全检查机制。组织开展 9 次实验室安全现场检查，形成《西安电子科技大学实验室安全基础信息及重点风险源汇总表》，首次全面、清晰、翔实地呈现了全校 1258 间实验室的基础信息和风险点。组织各教学科研单位开展实验室安全常态化自查，涉高风险等级实验室单位定期反馈结果，实验室与设备处根据自查情况组织专家进行不定期检查。组织开展专项整治，在学校党委统一部署下，国庆节假期期间，果断、迅速开展大功率电器、大容量电池专项整治，进一步摸清家底、堵塞漏洞、补齐短板。二是优化完善制度建设。落实有关制度安排，商请相关部门开展科研项目实验、研究生及本科生培养相关项目实验安全性再审核工作，确保主体责任落实落细。结合上级有关要求和学校主要领导批示精神，修订并印发《西安电子科技大学实验室安全事故应急预案》，进一步完善学校实验室安全事故追责问责实施细则。三是创新开展实验室安全学习教育。开展 4 次集中安全培训；充分尊重学生主体性，以新时代青年喜闻乐见的方式强化师生安全意识，涵育安全文化，组织开展实验室“安全生产月”活动，举办实验室安全典型事故案例图文展、实验室安全事故应急演练、实验室安全微视频大赛等活动；结合学校实验室安全现状，通过微信公众号针对性制作推送实验室安全事故典型案例警示教育系列推文。四是提高实验室安全信息化水平。建设远程监控系统(移动端)，实现重点场所实时监控、实时可查。优化升级实验室安全检查系统，实现现场检查无纸化记录，问题隐患随查随拍。五是强化实验室安全工作抓手。与人事部门一道优化完善实验技术系列职称晋升条件，将实验室安全管理责任明确列入实验技术系列岗位职责，把担任“安全管理标杆示范实验室”骨干成员作为实验技术系列职称晋升的业绩条件之一，增强实验技术系列教师职业发展保障，提升从事实验室安全管理工作的获得感、荣誉感。此外，在重点实验楼入口处张贴实验室安全管理信息牌，公布相关教学科研机构安全管理第一责任人、分管负责人、实验室负责人、实验室危险源等信息，以信息公开倒逼责任压实。

(二) 以公共实验平台建设为引领，积极培育实验资源共享生态

坚持“以增量资源撬动存量资源”的总体思路，坚持问题导向与目标引领，坚持物理与网络双空间发力，以公共实验平台建设推动构筑实验资源共享生态，扎实开展“我为群众办实事”实践活动。一是建成学校首个校级实体公共实验平台——分析测试共享中心。利用南校区工程训练中心 1500 m^2 独立区域，建成分析测试共享中心；支撑材料、微电子、生命科学等多学科发展的一批大型高端仪器设备陆续配置到位，已面向校内外开放运行。二是建成仪器设备馆。按照“统一配置、专门管理，有偿借用、用后归还”的思路扎实推进仪器设备馆建设。首批购置到位 26 台测量分析类仪器设备，涵盖

通信、电子、光电和半导体等学科领域，设备全部安装由学校有关科研团队自主研发的物联装置并均被校内团队借用。三是启动南校区高性能计算暨专用超算中心建设。作为西安市军民融合发展示范区重点项目，在历时一年半的调研论证、优化方案和深化设计后确定中心技术方案并启动建设。四是启动化学生物综合实验中心建设。专门腾挪南校区 E 楼 I 区 5 层 1200 m^2 场地，立足“风险点集中管控、流程线集中规范、作业面集中共享”思路，经过多轮论证，启动中心基础设施与环境改造，另有首批 12 台仪器设备进入采购程序，助力解决物理空间条件保障与实验室安全的结构性矛盾，提高有关涉化学科精密仪器供给能力。五是虚拟公共平台建设初见成效。仪器设备共享智能管理系统平稳运行，截至 12 月 15 日，学校入网仪器设备共 630 台套，其中 355 套完成收费标准备案并可预约使用。2022 年服务校内外用户约 550 人次，测试样品数量 4000 余个，共享收入约 11.89 万元。

此外，遵照学校党委决议和主要领导指示批示精神，与计划财务处一起，牵头推进设备更新改造贷款贴息项目有关工作。

二、目标任务书完成情况

全面完成年度目标任务。

三、督办事项完成情况

共牵头主办 14 个督办事项，涉及年度目标任务、校长办公会、党委常委会决议，目前均已办结。

基建工作综述

2022 年，基本建设处深入学习贯彻落实党的二十大精神，紧密围绕学校安排部署，进一步统一思想，提高站位，凝聚力量，狠抓落实，坚持“科学系统谋划、依法依规管理、高效有序推进”的工作原则，高质量高效率推动各类基建项目，以冲锋在前、攻坚克难的实际行动，坚持不懈为师生办实事办好事，有力保障学校“双一流”建设和各项事业发展。

一、落实立德树人根本任务情况

基本建设处充分发挥处班子组织领导核心作用，强化责任担当，紧紧围绕学校中心工作和人才培养需求，做好服务育人工作，以改善师生学习、工作、科研、生活条件为使命担当，努力推进学校各项基本建设。

(一) 坚持以师生为中心，为群众办实事、办好事

基本建设处依托党史学习教育的成功经验，牢固树立“以师生为中心”的发展理念，认真落实完成学校班子 2022 年党史学习教育“我为群众办实事”清单中要求的目标任务，确保南校区单身教师公寓如期开工建设，南校区校医院主体结构封顶。进一步巩固推进 2021 年度“我为群众办实事”目标任务成果，确保南校区研究生公寓一期主体结构封顶。

(二) 吸纳师生广泛参与，做好基建项目需求调研

在基建项目可研方案编制过程中，深入调研用户单位及师生需求，广泛听取各方意见和建议，不断提高师生参与度和满意度，为学校落实立德树人根本任务做好服务保障。积极对接空间科学与技术学院、信息感知集成攻关研究院等使用单位，明确具体使用需求，优化设计方案，提高建筑使用效率。

(三) 关心师生切身利益，减少工程建设对师生的影响

基本建设处始终把师生切身利益放在首位，为尽可能减少工程建设对师生的影响，主动对接本科生院书院，处领导多次带队深入学生召开座谈会，做好学生解释工作，争取学生理解；同时优化施工组织计划安排，尽可能减少午间和夜间施工。针对学生反映强烈问题，通过科学论证，克服疫情影响，给海棠 5 号学生公寓的 77 间宿舍加装隔音玻璃，获得学生广泛好评。

二、目标任务书完成情况

2022 年度基本建设处目标任务书主要包括续建项目的施工和竣工交付、新建项目的报建和施工、拟建项目的立项审批等方面内容。全年同时推动的基建项目达到 9 个，总建筑面积达到 34.59 万平方米。基本建设处科学组织，攻坚克难，狠抓落实，确保各类项目有序推进。

(一) 完成南校区测试分析中心大楼、游泳馆新建项目的立项手续

2022 年，学校 2 个基建项目均获得教育部立项批复，批复总面积达 6 万平方米。

1. 南校区测试分析中心大楼于 2022 年 12 月获得教育部立项批复，计划 2024 年上半年开工建设，总建筑面积为 41 000 平方米，总投资为 2.85 亿元，建成后将进一步改善南校区科研和实验条件，为学校“双一流”建设、人才培养和新老校区功能定位调整奠定资源保障基础。

2. 南校区游泳馆于 2022 年 12 月获得教育部立项批复，总建筑面积为 19 000 平方米，总投资为 1.90 亿元，建成后将完善学校体育场馆硬件设施条件，提升学校全民健身服务体系，全面促进师生的

身心健康、体魄强健，助力健康中国建设。

(二) 确保网络安全创新研究大楼和半导体国家工程中心研究大楼项目按计划完工并交付使用

1. 网络安全创新研究大楼项目：基本建设处通过与施工单位的反复沟通协调，凝聚共识、搁置争议，全力推动项目各项收尾工作，同时积极协调后勤保障部、国有资产管理处、审计处、计划财务处、各学院等校内相关部门，在能源供给、工程款审计支付、房屋分配使用等方面统筹推进。网络安全创新研究大楼项目总建筑面积为10.32万平方米，于2022年6月底通过校内五方验收并交付使用单位。基本建设处积极对接政府主管验收部门，于2022年11月初完成规划、人防、消防、绿化、绿建、节能、防雷各专项验收。

2. 半导体国家工程中心研究大楼项目：分管基建副校长牵头成立国工中心项目建设推进协调组，每周召开调度会，协调解决工程中存在的各种问题。同时基本建设处科学组织施工单位、监理单位，挂图作战，全力以赴抢工期、抓质量。本项目于2022年11月底通过校内五方验收，使用单位宽禁带半导体国家工程研究中心已正式开启实验室设备移机搬迁工作。

(三) 全力推进南校区研究生公寓一期、校医院建设施工

1. 在保质量、保安全的前提下全力以赴加快南校区研究生公寓一期工程建设进度。基本建设处科学组织施工单位、监理单位克服疫情封控、高温酷暑、连阴雨季、雾霾防治等不可控因素影响，主动对接本科生院书院，争取周边居住学生的理解，说明工程建设的重要性及紧迫性，确保工程顺利施工。截至2022年12月底，18#、19#、20#公寓楼均已完成主体结构封顶，计划2023年9月竣工交付。

2. 南校区校医院工程已于2022年10月28日完成主体结构封顶，目前正在进行二期砌体及安装工程施工；同时根据校医院对部分科室使用功能调整的要求，对施工图纸及施工方案进行调整，预计2023年5月底竣工。

(四) 开工建设南校区单身教师公寓项目，全力争取完成南校区研究生公寓二期、未来信息科技创新研究大楼前期报建手续办理工作

1. 单身教师公寓项目：2022年5月26日完成公开招标，确定施工单位，6月中旬施工单位正式进场，完成清表、文物勘探、临建搭设、地下管网改线，10月取得施工许可证并正式开工建设；目前已完成边坡支护施工，正在进行基坑开挖及土方外运，计划2023年底主体结构封顶，2024年底竣工交付。

2. 南校区研究生公寓二期：2022年6月确定宿舍具体户型方案，随后基本建设处启动报建程序，8月底取得西安市自然资源和规划局高新分局规划初审章，9月依次通过人防、消防、绿化方案审批会签，9月28日通过规划总图审批，计划2023年初开工建设，2024年9月竣工交付。

3. 未来信息科技创新研究大楼：2022年8月中旬由使用单位——微电子学院确认建筑方案及使用需求，10月中旬设计单位完成报建图纸绘制，随后基本建设处启动报建程序；目前正在高新区主管审批部门进行规划、人防、消防、绿化方案审批，预计2023年初通过规划总图审批。

三、督办事项完成情况

2022年基本建设处督办任务共20项，涉及在建项目推进、报建项目推进、拟建项目立项、廉政风险防控、疫情防控等方面，具体情况如下。

(一) 在建项目推进情况

学校对南校区网络安全创新研究大楼、半导体国家工程中心研究大楼、研究生公寓一期、校医院、单身教师公寓等续建、新建项目进展情况高度关注，多次列入督办事项。基本建设处对此高度重视，针对各个在建项目，一事一议、一事一策，安排专人专班负责，“硬骨头”一块一块地啃，“钉子”一

颗一颗地拔。截至2022年底，南校区网络安全创新研究大楼、半导体国家工程中心研究大楼已竣工交付，研究生公寓一期、校医院主体结构已封顶，单身教师公寓已开工建设。

(二) 报建项目推进情况

2022年初基本建设处计划争取完成南校区研究生公寓二期、未来信息科技创新研究大楼前期报建手续。为提高建筑方案适用性，尽可能满足使用单位具体使用需求，避免工程施工过程中因使用功能改变产生较大变更，基本建设处多次与使用单位沟通确认建筑方案及使用需求，其中南校区研究生公寓二期已取得规划许可手续，未来信息科技创新研究大楼因使用需求较为复杂，方案确认较晚，预计2023年初可取得规划许可手续。

(三) 拟建项目立项情况

2022年初学校提出的年度重点工作计划包括完成南校区测试分析中心大楼、游泳馆等2个项目的立项审批。基本建设处多次组织校内使用单位及项目可研方案编制单位召开项目可研方案编制会议，明确项目必要性、可行性，细化建筑方案及投资估算，履行校内决策程序后报送教育部，之后多次与教育部委托评审单位进行线上沟通，使项目于8月22日通过专家会议评审，由于受北京疫情影响，经与教育部沟通，预计12月底可取得立项批复。

(四) 廉政风险防控情况

基本建设处始终把加强基建工程领域廉政风险防控工作作为践行“两个维护”的重要体现、推进全面从严治党的重要抓手、促进校园基本建设高质量发展的根本保障，坚持常学习、常教育、常排查、常预警。基本建设处不断巩固教育部直属高校基建工程领域廉政风险防控专题会议学习成果，严格落实《关于加强基建工程领域廉政风险防控工作实施方案》，2022年新修订《基本建设处贯彻落实“三重一大”决策制度实施细则》《基本建设处自行采购管理办法》两项基建管理制度；同时，持续开展廉政风险教育活动，通过党性党纪教育、党风廉政教育、案例警示教育，进一步提高全员思想认识，筑牢思想防线，重点针对立项、设计、施工、监理、招标、变更签证、工程质量监督、资金支付、竣工验收等关键环节开展自查自纠，对近年来实施的工程项目进行全面梳理分析，总结经验教训。

(五) 争取政策、资金支持情况

1. 加强与教育部发展规划司的联系与沟通，多次赴北京进行当面汇报，争取到2022年中央预算内基本办学建设资金支持5120万元，并克服疫情突发等困难，100%执行完毕。

2. 主动对接西安市高新区住建部门，积极申报南校区单身教师公寓项目参与西安市保障性租赁住房认定，经过多次沟通争取，并经政府专家会议评审，2022年9月16日取得《西安市保障性租赁住房项目认定书》，可享受包括相关税收优惠政策、免收城市基础设施配套费等政府优惠政策，可节省城市配套费约865万元。

经基本建设处积极向西安市高新区住建部门争取，南校区单身教师公寓项目于2022年5月被列入西安市2022年第一批住房租赁试点，将享受政府资金奖补支持约1954万元，预计12月底，全部奖补资金将拨付至学校资金监管账户。

(六) 工地疫情防控情况

基本建设处严格落实学校疫情防控的总体部署和要求，从严从细从紧压实责任、强化举措，筑牢校园疫情防控安全屏障。尤其面对2022年疫情反复的情况，一手抓项目建设，一手抓疫情防控，针对施工人员数量多、流动性强、居住分散、防疫意识薄弱等突出问题，基本建设处提前谋划，靠前指挥，对每个在建项目工地下发书面通知，针对门禁管理、人员管控、全员核酸检测、信息报送、生活保障等问题进一步明确任务，细化措施，强化要求，确保防控工作不留死角、不留空白。对于防疫及生活物资短缺、采购困难的项目工地，积极联系相关部门帮助解决，保证了各工地管理有序、生活稳定，真正做到守土有责、守土担责、守土尽责，既保证了 5 个在建项目按计划推进，也做到了一年来工地未发生疫情。此外，基本建设处职工 2022 年度参加学校疫情防控志愿活动 80 余次。

四、主要成绩

(一) 资金支持

1. 从教育部发展规划司为南校区研究生公寓一期项目争取到 5120 万元国拨资金支持。

2. 从西安市争取到住房租赁试点奖补资金 1954 万元，用于南校区单身教师公寓项目。

(二) 政策支持

南校区单身教师公寓项目获得《西安市保障性租赁住房项目认定书》，免收城市基础设施配套费约 865 万元。

(三) 工程建设

克服疫情反复封控困难，确保网络安全创新研究大楼和半导体国家工程中心研究大楼项目按计划完工并交付使用；南校区研究生公寓一期、校医院主体结构封顶；单身教师公寓正式开工建设。

后勤保障与服务工作综述

2022 年，党的二十大胜利召开，新冠疫情持续反复，疫情防控、安全稳定任务繁重，后勤保障部牢固把握“抓党建、促改革、保稳定”主基调，秉承“以学生为中心”理念，转观念、建体系、顺机制，创建服务育人与服务保障两体系双融双促新机制，持续推进党建与业务深度融合，科学精准抓防疫，有力有序抓发展，紧密围绕学校重点工作和目标任务，坚持需求导向、问题导向、成效导向，落实“我为师生办实事”长效机制，推进后勤服务育人工作扎实有效开展并完成了年度工作任务。

一、勇于担当，打好疫情防控持久战

后勤保障部打赢疫情防控三年持久战，服务保障 4 万余名师生三年静好，“新十条”发布前零感染。面对复杂、多发、反复的疫情，后勤保障部党政班子带领全体后勤同仁“舍小家，为大家”，默默付出、负重前行，平稳有序开展服务保障工作，用实干和奉献牢牢守住了“新十条”发布前的校园零感染底线。

出台《后勤外聘人员管理规定》《后勤常态化疫情防控人员管理规定》，建立即时监测制度，多次推演并实时更新《疫情防控后勤保障工作应急预案》。历次校园封控期间，按照学校和属地管理要求，1900 余名保障人员多次通过打地铺、拼桌子、睡大厅、住私家车等方式坚守防疫一线(最长一次封闭管理 40 余天)，全身心投入餐饮供给、公寓值守、社区防疫、公共消杀、能源动力、工程修缮、通勤保障、物资采购、社区核酸采样工作之中。发挥应急处置机制，落实落细各项防范措施，为在校师生提供坚实可靠的衣食住行、水电气暖保障。

后勤保障部全年配合组织核酸检测 300 余场共计 136 万余人次，按属地政府要求完成了近 500 人次的居家隔离管控和上门服务，采集了近 5 万条的流调信息。截至 11 月 30 日，南北校区学生食堂共计服务师生 931.64 万人次，比 2021 年同期增加 9.5%，实现全年安全平稳供餐；为隔离区上门送餐 8.5 万余份。采购口罩 266 万余只，春季、秋季开学前为返校学生发放一次性医用口罩 166 万余只、体温计 10 400 支，为在校学生采购并发放可重复使用饭盒 3.6 万余只，储备应急方便食品 8000 份。

二、优化“配方”，探索“双 SPC”育人新模式

育人为本，以学生为中心，服务育人成效显著。在学校党委的鼓励与支持下，创立暖心后勤“1 元爱心餐”育人品牌，定期召开座谈会，每两周更换一次菜单，根据实际需求进行菜品调整。截至 12 月 9 日，10 万余份“1 元爱心餐”浸注学生心田，深受师生好评，新浪微博话题 100 万+阅读量，同时获中国日报、中国教育报、凤凰网等媒体频频点赞。

“基于双 SPC 视角的后勤服务育人模式探索”获批学校十大育人示范项目。联合党委学生工作部、党委研究生工作部建设“三区三岗”，开设“美好食光”引导员、网格员、文明餐厅监督员等 600 余个实践岗位。在满足疫情防控要求的前提下，开设美食课堂和劳育实践 20 余场次，餐饮保障座谈会 10 次。认真做好春节、中秋节、毕业生离校期间的暖心服务，提供高质量免费爱心餐 4.68 万份；消费牵引，助力乡村振兴，全年完成采购、帮销农产品累计 170 万余元。

三、需求导向，持续保障和改善民生

以师生需求为导向，创建后勤“我为师生办实事”常态化落实机制与“接诉即办”机制，“8＋11”

办实事清单件件落实落地，践行服务保障初心使命。出台《提升后勤服务保障水平实施纲要》，与师生携手共建共享共治的服务保障参与反馈机制，接诉即办，提供暖心、品质后勤服务。加强信息公开，开设“回音壁”专栏(12 期)，后勤专题推文 68 期，定期推送服务反馈信息 300 余条，截至 11 月 30 日后勤保障部报修接单 42 381 条，办结率达 97.8%。

订立“8 + 11”办实事清单，占学校党委办实事清单 45%，落地“后勤暖心清单”11 项。全年开展各类改造、房屋修缮、基础设施提升等工程项目共计 159 项，项目累计合同金额 1.054 亿元，其中国拨资金 7709 万元，校内维修改造专项 600 万元。提前计划精心安排国拨专项资金支持维修改造项目，930 序时支付进度达到 83.3%，为历史最好成绩。

“8 + 11”清单中的“8”：完成北校区东一楼餐厅维修改造，改善师生就餐环境；完成南校区引入高新应急水源校内配套和校外市政管网方案审批，增强南校区用水供应保障能力；完成南北校区 95 台直饮水机货物采购并分批实施安装，提升师生饮水品质；建设南北校区公共区域电动车充电桩(4 处 26 个)，满足新能源车主充电需求；实施学生公寓玻璃屋顶维修改造，解决漏水问题，提升住宿环境；启动 10 部老旧楼宇加装电梯建设，为住户生活提供便利；实施南北校区部分区域景观提升改造，完成 92#、93# 楼周边改造，改善校园环境；用心用情做好“1 元爱心餐”，定期征集需求并更换菜单，2022 年供餐 10 万余份。

“后勤暖心清单”11 项：完成附属小学北教学楼加固工程；完成北校区医院发热门诊装饰装修，助力校医院完成二级医院评级硬指标；完成竹园餐厅装修改造，提升师生就餐品质；完成北校区公共浴室设施设备改造，提升学生洗浴体验；美化校园环境，增设 60 个垃圾箱，社区增加 9 个垃圾分类亭，便利师生生活；建设电动自行车充电桩(6 处 80 个)，满足师生出行需求；完成南校区 2# 变电所电力增容改造以及半导体国家工程中心、南校区单身公寓施工电源配套建设，助力学校新建工程能源保障；第二换热站正式运行，保障竹园、海棠公寓，巨构东区楼宇、信远楼以及新建网络安全创新研究大楼、半导体国家工程中心研究大楼供暖，供暖效果明显提升；提升丁香公寓二期热水泵房蓄水能力，彻底解决丁香区域洗澡热水供应问题；改造和新增 300 余套 LED 节能灯和太阳能灯，在节能基础上提升照明亮度，探索更高效、经济的投入产出模式；加装 2300 余套井口防坠网，排除安全隐患。

四、稳中求进，提升后勤服务保障能力水平

根据学校审定的改革方案，完成内部机构整合和内设机构副职聘任工作。全年起草修订 10 项制度，出台《西安电子科技大学节能管理办法(暂行)》，持续采取增收节支措施，去除刚性增长，2022 年度水电费支出同比下降 3.37%，收入同比增长 17.5%，净支出同比减少 15.01%，节能效果显著；修订《西安电子科技大学公务车辆使用和管理办法》《后勤保障服务标准》；出台《特色风味技术服务档口引进管理办法(试行)》，实现空缺档口公开引进。

进一步扩大物业外包范围，完成北校区社区整体物业服务外包、教学区保洁绿化外包，北校区主楼和例行楼、西大楼、计算机中心、教辅楼以及南校区半导体国家工程中心、疫情防控隔离区的物业服务外包。积极推进审计、巡察“回头看”47 项遗留问题梳理和整改沟通，并完成 27 项问题的整改认定；进一步推进外聘用工历史纠纷处理，为 142 人补缴养老保险，全日制适龄外聘人员社保达到全覆盖。

五、稳字当头，严格落实“一岗双责”

以“时时放心不下”的心态，始终把疫情防控与安全稳定工作同安排同部署，出台《安全生产工作方案》《维护校园安全稳定工作方案》等，建立安全稳定台账，持续对照检查整改。坚持全面从严治

党，严抓纪律作风，逐级签订《后勤党风廉政责任书》，班子成员带头落实“一岗双责”，开展“销账、顺气、清流”工程，全年无重大意识形态和安全稳定事故发生。

后勤保障部上下协同配合，积极保障学校各项重大活动顺利完成，做好大学生英语四六级、研究生考试、毕业典礼、开学季、中高考等重要活动用能保障、物业保洁、校园绿化、餐饮服务等工作。2022 年 1 月疫情封城情况下，后勤保障部积极协调、部署、调度，圆满完成市内学生返家运送、离校送站任务，共发车 40 余趟次。2022 年 12 月面临疫情防控新形势，后勤保障部积极监测保障人员的身体状况，优化方案预案，调动整个后勤力量，为研究生考试提供考场布置、通风保洁消杀以及水电保供，圆满完成 900 余名考务人员用餐保障，为隔离考场提供送餐服务，同时启用备选外协单位为校外考生供餐，并提供姜汤、热水、微波炉等暖心服务，尽心贴心助力 2023 年全国硕士研究生招生考试顺利进行。

2023 年，后勤保障部将认真学习宣传贯彻党的二十大精神，按照学校党政决策部署和工作任务安排，聚焦学校“十四五”规划和“双一流”建设，结合后勤工作实际，坚持立德树人，以师生为中心，构建以需求为导向的一流服务保障体系，建设“质量后勤、绿色后勤、智能后勤、廉洁后勤、满意后勤”，提升育人能力和服务水平，助力学校“双一流”建设。

医疗保健工作综述

2022年在学校党委的正确领导下，在上级卫生行政部门的监督指导下，在校医院领导班子的带领下，在全院职工的共同努力下，校医院坚持“以需求为导向、以病人为中心、以发展为目标”的工作原则，统筹推进学校传染病防控和各项医疗工作，在管理机制、运行机制上大胆创新，实现了基础建设、制度建设和重点工作建设的新突破。

一、亮点工作

(一) 扎实做好疫情防控工作，确保学校各项事业顺利开展

一是根据疫情变化及上级部门的方案更新，及时调整学校各项防控措施，规范全校各项疫情防控工作，并取得了全年零感染的成效。二是科学设置并管理学校隔离观察区。全年共隔离观察5033人次，无一例交叉感染病例发生，确保了广大师生的生命安全和校园安全。三是加强新冠疫苗注射工作。全年接种新冠疫苗16 535针次，有效建立了新冠病毒免疫屏障。四是针对属地流调无法保证的情况，成立校内流调队伍。全年共流调新冠密接师生537人，新冠相关重点监测人群468人，有效切断了校内传播隐患。五是依据防控要求，对有新冠相似症状患者和中高风险区返回人员采取点对点闭环转运，降低了疫情传播风险。六是全力做好核酸采样及抽检工作。全年南校区进行全员核酸采样126轮，北校区进行全员核酸采样168轮，并圆满完成了每天20%的核酸抽检工作，全年共计核酸采样600余万人次；在全员核酸采样和抽检的基础上，为确保出差和返校人员安全，校医院在南北校区预检分诊处提供了常态化核酸采样服务，340余天无中断。七是在做好学校各项工作的同时，积极响应上级卫生部门需求，先后派20余名医务人员前往雁塔区定点隔离酒店、核酸采样队、新冠疫苗接种点开展医疗服务。八是在校园封闭管理期间，开设网上挂号诊疗及药品配送服务，保障了广大师生的医疗需求。九是积极推进发热门诊和PCR实验室建设。发热门诊已于12月16日开始试运行，日均接诊发热患者300余人次，解决了广大师生发热必外出的难题，切实发挥了校医院的职能。

(二) 全方位加强党的建设，提升服务质量和育人水平

坚持抓党建促发展，发挥党建引领作用，把党的建设贯穿医院工作全过程，推动党建工作全面融入医院重大决策、过程管理、人才建设等各方面。修订《西安电子科技大学医院章程》，把党建工作要求写入医院章程，把党的领导融入医院治理各个环节。制定《校医院党总支督导党支部工作方案》《校医院党总支委员联系党支部工作制度》，不断推进基层党组织建设，筑牢党总支部战斗堡垒作用。成立校医院工会分会，充分发挥工会的桥梁纽带作用，当好党建的“铺路石”、职工的“引路人”，着力增强职工队伍的凝聚力和向心力，激发干部职工干事创业的激情。因为工作突出，疾控科获得陕西省教科文卫体系统五一巾帼标兵岗荣誉，王晓霞医师荣获陕西省教科文卫体系统五一巾帼标兵。

为进一步提升“三全育人”质量，加强医院与书院融合交流，通过设置书院联系医生，为7个书院分别配备1名医生和1名护士，与书院一对一结对协同工作，全面掌握、分析各书院学生的健康状况，有针对性、有计划地开展生理卫生、疾病防控、应急处置等相关培训和教育活动，培养学生公共卫生意识和卫生行为习惯；开设32学时的“大学生健康教育课”服务育人课堂，不断丰富大学生健康教育课的内容和形式，扩大健康教育课的覆盖面，提升学生的健康素养。发挥书院特设党支部作用，联系海棠书院特设党支部联合培养入党积极分子，定期听取学生思想汇报，组织入党积极分子参加党课培训，做好联系培养对象的常态化跟踪指导和培养教育工作，实现“共同育人”目标。

为助力白河县乡村振兴，巩固党史学习教育成果，推进党建与业务工作深度融合，组织部分党员同志和医务人员赴白河县高级中学和“三苦精神”教育基地开展“暖心义诊助力乡村振兴，三苦精神践行初心使命”主题党日活动。义诊发放34种药品，共计人民币4500余元，覆盖高血压、高血糖、高血脂、消化系统、心脑血管系统、腰腿疼等慢性病常见病，指导当地群众规范合理用药，以期达到小病不拖、大病及时治疗的目的，为乡村振兴提供健康基础服务。积极召开离退休人员座谈会，通过各党支部联系离退休人员，做到全覆盖，仔细聆听离退休人员对医院各项工作的意见和建议，深入了解离退休人员的所思所想所需，做好离退休人员的管理和服务工作，提升离退休人员的获得感、幸福感和归属感。

(三) 普及急救知识，推进校园急救体系建设

为扎实推进“我为师生办实事”实践活动，进一步普及校园急救知识和技能，推进“健康校园”建设，校医院协同校友会在南北校区人员密集场所共安装自动体外除颤仪(AED)48 台，并分别在南北校区组织部分学生代表、辅导员、教师代表、保安、楼管、离退休办工作人员开展了 6 场“心肺复苏(CPR)和自动体外除颤仪(AED)”操作培训，通过理论讲解和现场实操培训，让参与人员熟练掌握急救技能；选派 12 名医护人员在陕西红十字救护训练中心进行再学习、再培训，这些人员均取得了救护员证书，为进一步推广培训学生急救队伍奠定了坚实的人才基础。因为工作突出，学校获得陕西省高校急救教育试点学校资质。

二、重点工作开展情况

(一) 各项业务指标完成情况

在发热门诊和核酸检测实验室未建成投运，不能接诊与新冠肺炎相似症状患者的情况下，接诊门急诊患者 57 598 人次，住院患者 161 人次，抢救危重患者 22 人次，抢救成功率为 95%；为儿童建卡办证 34 人，接种各类儿童计划免疫疫苗 1475 人次；接种新冠疫苗 16 535 人次，接种出血热疫苗 16 620 人次，完成各类体检 15 257 人次。

(二) 加强业务管理培训，提升诊疗技术水平

采取“派出去、请进来”的方式进行人才培养，出台、修订了《外出进修人员管理办法》《院外专家会诊管理暂行规定》等规章制度，2022 年共外派进修人员 25 人，参加全科医师培训 16 人，邀请院外会诊 10 余次，开展各类业务培训 20 余次；以“目标管理”为导向，出台了《行政例会制度》《中层干部大会制度》，引导全员逐步形成以结果管理和过程管理为主线的精细化管理思维。

(三) 加强传染病防控和突发公共卫生事件处置工作

1. 传染病防控情况。严格按照传染病管理方案和要求，采取多项有效措施控制疾病蔓延，强化疫情流调，持续进行传染病患者的追踪管理，严把源头关，杜绝传染病疫情的发生。开展公共区域卫生消毒指导 18 次，指导消毒面积共计 48 990 m^2。入学时开展“学生身体情况摸底调查”，做好新生入学体检工作，共体检 9880 人次，及时掌握学生身体状况，对传染病做到“早发现、早隔离、早治疗”，把好入学第一关。秋冬季以来流行性出血热高发，为进一步做好学校出血热防控工作，切实保护好学校师生身体健康，在全省出血热疫苗紧缺的情况下，校医院提前储备出血热疫苗，并在出血热高发季来临前累计为全校师生预防接种出血热疫苗共计 16 620 针次，新生出血热疫苗接种率达 93%以上，有效杜绝了流行性出血热在学校的蔓延，提高了发病学生的救治成功率。

2. 传染病宣传活动。不断加大传染病防治知识的宣传力度，根据不同季节及各类疾病防控主题宣传日，如“防治结核病日”“艾滋病日”等，通过多种途径开展相关知识的宣传活动，如在校园固定宣传栏展出 6 期，线下发放各类宣传资料 10 366 余份，利用微信公众平台“健康小讲堂”系列推送健

康教育知识18次，共计40余条内容。开展艾滋病、结核、出血热等传染病预防、安全应急与急救等专题健康教育活动，培养师生公共卫生意识和卫生行为习惯。新生开学前开展1个学时的新生入学健康教育工作。为新生发放艾滋病知识问卷、防艾处方人手1册，发放艾滋病健康教育处方5300余份、艾滋病知晓率调查问卷3500余份，通过宣传，新生对艾滋病的知晓率从宣传前的86%上升至宣传后的94%，提高了8%。完成32学时大学生健康教育课授课工作。“12.1艾滋病日”联合西电志愿者协会、生命科学技术学院在南校区开展以“共抗艾滋，共享健康”为主题的大型宣传活动。通过健康宣传工作，不断提高师生传染病防治知识知晓率及普及率，进一步提高了师生对传染病的防护意识和防范能力。

(四) 聚焦巡察问题，全面着力整改

根据校党委第五轮巡察第三巡察组巡察校医院党总支反馈意见，校医院领导班子高度重视，召开党总支委员会、党政联席会专题研究整改落实工作，成立以党总支书记和院长为组长、班子其他成员为副组长、各党支部书记和各职能科室负责人为成员的整改工作领导小组，明确责任分工，建立问题清单、责任清单和整改台账，明确整改内容、具体措施、整改时限、责任科室和责任人，形成整改方案，党总支书记对巡察整改负主体责任，各分管领导对分管领域整改事项主动认领、迅速行动、狠抓落实。针对巡察整改反馈、梳理出的主要问题，采取有力措施，逐一加以解决，确保整改成效，为医院发展提供了坚强保障。

(五) 深入绩效和人事改革，激发内生动力

为了进一步深化校医院运行机制改革，坚持按劳分配、多劳多得、优劳优酬的岗位管理模式，增强校医院的运行活力，提高校医院的服务质量和服务效率，校医院实施按工作业绩取酬的激励性分配机制，于3月份出台《西安电子科技大学医院绩效管理及绩效工资分配方案》，改变原有吃大锅饭、混日子的现象，充分调动了医务人员的积极性。与人力资源部和财务处就人事制度改革方案和创收收入分配办法基本达成一致，南北校区校医院实行“两院一体化”的管理和运营模式，行政和职能管理采用一套班子，各专业科室业务同质化向南校区延伸，并由同一负责人管理，综合病房逐步实行全科医师值班制，以充分节省人力资源。通过各学科引进学科带头人，不断加强校医院人才梯队建设。

(六) 加强行风建设，不断提升师生满意度

深化拓展“党建+医学人文”模式，切实抓好行风和医德医风建设。医护人员从小事抓起，从细节入手，在服务流程、服务质量、服务态度、服务礼仪等方面进一步创新，完善服务措施，优化服务流程，从根本上提高医院管理水平，提升医疗服务质量，更好地为师生健康服务。邀请西安航天总医院行风办主任开展行风建设专题培训1次，开展新入职人员岗前培训1次；开展“五心”服务创建活动，召开动员大会成立4个活动督导检查组，每周对各科室活动开展情况进行检查打分，召开例会对各科室督导检查情况进行汇报，及时解决存在的问题，不断提升服务水平和服务质量；制定《校医院学生助理参与管理服务工作方案》，创新服务方式，了解广大师生对校医院服务的客观反映，更好地为广大师生提供优质的医疗服务，通过提升医务人员的医学人文素养，不断提高广大师生对医疗保障工作的满意度。

(七) 做好学校大型活动及突发事件的医疗保障工作

在疫情防控吃紧、医务人员紧缺、任务繁重的情况下，医务人员加班加点，全年共完成包括立人专班、毕业典礼、高考阅卷、四六级考试、军训等大型活动的医疗服务45次，派遣医务人员95人次，确保了学校各类活动的顺利开展，对学校的安全稳定起到了积极作用。

(八) 其他重点工作

根据国家二级公立医院绩效考核要求，完成国家二级公立医院绩效考核平台搭建，并按要求完成

数据填报工作。利用教育部修购基金为南校区校医院购置新的数字化 DR，为北校区校医院购置多功能骨密度仪，实现医疗设备更新换代；积极申报教育部贴息贷款项目，利用贴息贷款项目解决南校区新建医院医疗设备购置问题。配合基本建设处做好南校区新医院建设相关工作。目前，南校区新医院主体已经封顶，预计 2023 年 6 月竣工。

加强医院信息化建设，完成 CT 后处理工作站的安装、调试、人员培训并投入使用；南北校区校医院完成电子票据系统的部署、对接、调试、上线工作，南北校区校医院各安装 1 台自助票据打印机；完成健康体检系统升级改造工作，实现了微信端预约、企业号团体预约、微信端体检报告自助下载功能和全程无纸化体检，极大地改善了体检人员的体验感；上线运行医疗费报销网上办理系统，为师生提供了更加高效便捷的服务；不断扩大预约诊疗平台功能，实现了核酸检测一键预约功能；对网站进行改版升级，完善网站内容设置和更新，充分利用信息化手段提升了管理水平。

坚持“安全第一”发展理念，年初与各科室主任签订安全生产目标责任书，做到节假日前进行安全教育和安全检查工作制度化。全年开展安全检查 8 次，开展安全培训 2 次，进行消防疏散演练 1 次，更新更换消防器材 154 件。组织开展安全生产大讲堂活动，涵盖消防安全、药品管理、医疗废物管理、医疗法律法规等内容，通过培训不断提高全院职工的安全生产意识和应急能力。全年未发生一起安全生产事故，为医院的发展和患者提供了一个安全、稳定的环境。校医院荣获学校 2021 年度综合治理先进单位，1 人荣获学校综合治理先进个人。

三、2023 年重点工作计划

1. 做好后疫情时代医疗服务保障工作。在开展日常工作的同时，兼顾常态化疫情防控工作，全力做好学校医疗保障服务工作，为学校教学科研提供坚实的服务保障。

2. 配合基本建设处完成南校区新医院的建设验收工作，同时对南校区门诊部的原有用房进行改造，力争南校区新医院 2023 年 9 月投入使用。启动北校区校医院大楼加固改造工程，对就医环境和医疗流线进行重新塑造，提升师生就医体验感。

3. 实行内部管理改革，出台绩效考核办法。在校医院人事制度改革和创收收入分配办法落地的前提下，实行岗位管理和岗位绩效管理，真正落实“多劳多得、优劳优酬”的管理机制，不断激发职工的内生动力。

4. 加强人才队伍建设，针对校医院现有人力资源的现状和师生的就医需求，计划于 3 年内给外科、皮肤科、儿科、中医科等引进学科带头人，以满足师生的就医需求，推进校医院人才梯队建设工作。为南校区校医院的投入运营启动人力资源筹备工作，统筹考虑南北校区人力资源现状和就医需求，做好人力资源的配置工作，以确保南校区校医院在投入运营后的正常运转。

5. 创新“党建 + 医学人文”新模式，以“叙事医学”为载体，以广大师生关注的热点问题为出发点，不断提升医务人员的医学人文素养和服务意识，提高师生满意度。

附表　奖励或表彰事项统计表

序号	名　　称	颁发单位	级别	获奖时间
1	陕西省教科文卫体系统五一巾帼标兵岗	陕西省教科文卫体工会委员会	省级	2022 年 4 月
2	陕西省教科文卫体系统五一巾帼标兵	陕西省教科文卫体工会委员会	省级	2022 年 4 月
3	陕西省急救教育试点学校	陕西省教育厅 陕西省红十字会	省级	2022 年 3 月

信息化网络技术保障工作综述

2022年在学校党委领导下，在学校分管校领导与学校各部门的全力支持下，信息网络技术中心深入贯彻学校信息化工作部署，紧密围绕立德树人根本任务，认真履行职责，有序落实各项目标任务，推动可持续发展的信息化服务和支撑体系建设，助力学校数字化转型和智能升级。

一、以服务师生为中心，提升信息化基础环境与服务保障

(一) 基础设施提升

校园网出口带宽从33G扩容至83G，用户终端从40 M提升至100 M，实现楼宇汇聚至骨干网双链路互联，其中有线网络点位约8万个，无线网络AP约1.3万个。一周内完成对南校区11栋楼3946间宿舍回访，开展针对性网络优化100余处，积极听取师生反馈，师生校园网使用体验有所提升。加强核心机房基础设施建设，建立数据备份机制，保障校内系统正常运行。高性能计算平台服务于293个课题组和2400名用户，较2021年同期增长2倍，收到多篇师生论文致谢；主动融入并服务学校教学工作，携手人工智能学院，积极参与并支撑学生实验课程教学，一同探究创新教育教学模式。

(二) 公共服务保障

在南校区会议中心建设10个信息化终端和视频会议系统，于12月2日投入使用，可通过OA进行会议预约。全年保障各类会议2618场，其中线上视频会议160场，重大会议110场。升级多媒体教室基础设施，打造线上+线下相结合远程互动教室。本年度保障课程79 016节。加强设备周巡检，课程设备故障率较2021年下降95%。本年度保障活动8913场，确保了各类会议及教育教学活动的平稳开展。秉持服务师生的初心，不断优化服务质量。本年度用户服务中心线上处理信息化相关业务5418例，电话咨询5280人次，现场服务10 204人次。

二、以服务融合为抓手，优化多端智能服务与服务效能

(一) 升级双端服务门户

重塑信息服务入口，加深信息化技术与师生的链接。推动“一网通办”服务场景建设，建设统一事项库，实现服务全周期管理。本年度“一网通办”服务入驻489件，访问量为169万人次(较去年增长1倍)，服务办理70万件(较去年增长2.5倍)。移动门户体验升级，汇聚各类应用资讯，为用户提供更精准的服务推送和展示。本年度移动门户服务入驻336件，服务办理47万件，访问量为4016万人次。西电资讯集成校内外网站信息，其中校内数据源307个，校外数据源271个。标签化处理数据内容，形成智能闭环，实现移动门户、“一网通办”多点接入，构建多元个性的资讯服务。

(二) 推动业数融合

推进跨部门事项线上办理，以数据融合推动流程再造。支撑31个部门利用流程平台实现业务线上办理，审批事项共计220件，年度办结45万件，较去年增长1倍。2022年协助人事处完成人员考核、创新创业、职级评定等 21 项事项线上办理；协助本科生院、研究生院完成本科生请销假、返校登记、教职工外出审批等29项事项线上办理。应用服务一张表，搭建师生数据中心，完善学校数据填报体系。2022年信息化网络支撑学校多项业务，职称评审服务31 509人次，数据审核量达8746次。

(三) 智能终端服务

积极响应师生需求，拓展自助打印业务，新增自助打印设备 11 台，完成南北校区全域覆盖，实现线上线下全量同步。为档案馆、图书馆、研究生培养办公室定制服务模式，完成从业务办理到自助打印证明的线上流程闭环。提供表单 50 个，服务 47 634 人次，线上下载表单 40 032 次，年度增长率达 85%。

三、以数据应用为目标，推动校园服务共享与数据应用

(一) 数据管理与共享

不断完善数据对接及共享方式、实现数据全生命周期规范化纳管及互联互通。2022 年完成 12 个部门 52 个系统的 658 张数据表对接，以及 5 个部门的 15 张线下数据表补录；完成 31 个单位 127 个业务系统数据的全面治理。以 92 个信息系统的数据库为权威数据源，为 140 个信息系统提供基础数据，日均共享数据约 8 亿条，有效保证了学校基础数据的一致性，全方位推动了全校数据共建共享。

(二) 物联数据治理

基于物联融合平台，规范物联标准体系，逐步实现协同业务智能运营，推动校园物联数据治理与应用。目前接入 20 家设备厂商 13 大类共 33 130 个物联设备，涵盖全校 230 个设备场所，已完成 23 243 个设备治理，支撑校内 8 个部门系统应用。IOC 建设方面，已整理 45 项智能感知类预警事件、95 项校内运营事件，涵盖学生公寓安全监控、教学考试保障、跑冒滴漏监控、校园公共安全监控等，推动全校全感知运营。

(三) 数据赋能校园防疫

首次打通陕西省大数据局、西安电信、教育部共享开放平台 3 种数据源，积极支撑校内大数据防疫。快速响应防疫需求，2 天内完成西安电信核酸赋能平台对接，1 周调通教育部防疫数据接口，获取全校师生核酸采样与检测结果、疫苗接种等防疫数据，累计输出各类师生核酸检测报告与清单 10 余次，为学校各管理部门提供了数据支撑参考。

四、以安全防护为基础，筑牢网络信息安全与防护体系

(一) 安全机制防护

首次全面开展为期 4 个月的“专网行动”，贯穿重要保障全周期。成立“专网行动”指挥部，严格落实网络安全责任制，由上至下部署网络安全工作，专人 7 × 24 小时值守，每日巡检及报告网络安全攻击防御情况，实时监测学校网络安全动态和攻击防御情况，随时处置网络安全漏洞。联合中共陕西省委网信办及专家团队、第三方安全服务公司以及网络与信息安全学院开展多轮网站系统安全检测，对全校系统开展网络安全攻防演练。

(二) 安全技术防护

“专网行动”共发现漏洞 202 个，全部及时完成修复整改；遭受网络攻击 1400 万余次，日均承受攻击约 10 万次，封堵恶意 IP 数量 5000 多个。重要时期信息网络技术中心调整学校系统和网站的校外访问策略及网站群后台发布时间限制，减小暴露面。通过提前预判及动态调整策略，信息网络技术中心团队、各单位网络安全相关人员全时值守，坚持每日零报告制度，顺利保障了党的二十大召开期间学校各网站、业务系统的安全稳定运行。

图书馆工作综述

2022年是新冠疫情高发的一年，根据疫情防控安排，学校多次封闭管理，图书馆在配合学校封闭管理的同时推动各项工作有序进行，保障文献资源建设、专利信息分析与学科服务、信息化建设和主题阅读推广等工作稳步开展。

一、目标任务书落实情况

2022年度，图书馆以目标任务书为主线，严格遵照学校工作时间节点及图书馆重点工作安排，切实推进目标任务顺利进行。

(一) 完善图书馆信息化亮点工程

1. 图书馆牵头，以学校知识产权信息服务中心为依托，精心准备，认真组织申报，获批教育部国家知识产权信息服务中心。完善修订国家知识产权信息公共服务网点相关制度与规范，实现新型个人图书馆专利信息的精准化推送。

2. 完成图书馆资源与学校智课平台的对接，实现跨平台服务，方便师生使用。为学校智课平台定制课程相关页面，展示与每门课相关的图书馆各类资源，助力线上线下混合式学习需求。

3. 成功搭建基于图书馆资源使用行为的学生能力发展评价体系。以本科生来馆行为模式为主要研究方向，分析学生对图书馆资源利用的具体情况，为后期图书馆个性化服务提供数据支撑。

(二) 支持人才培养的文献信息资源基本保障二期

1. 订购中文数据库68个，开通试用资源33种；订购外文数据库50个，开通试用资源27种。

2. 围绕二十大主题以及学校红色育人培养方针和思政教育新要求，重点采购建设相关的纸电资源，继续建设马克思主义学院图情中心文献资源，专题采购图书1513册；订购和续订8个数据库。

(三) 支撑学校本科教学审核评估

积极推动文献资源建设及信息化建设，不断完善图书馆资源保障体系建设，为2023年学校本科教学审核评估工作做好资源支撑和信息服务保障。

(四) 修订图书馆制度

根据目前图书馆发展实际需求，学习北京大学、山东大学等高水平大学图书馆制度建设内容，重新梳理撰写符合学校图书馆运行和发展的制度规范。以制度为先，确保生产生活安全稳定性，建立全方位、全流程、全员的监督机制，做到工作有章可依、有规可循。

(五) 大力支撑校园文化建设

1. 持续在学校推动全民阅读活动。圆满举办“4·23 世界读书日主题文化月”“毕业季”“开学季”“优质服务月”四项大型主题阅读推广活动。

2. 开通图书馆视频公众号，成立图书馆视频号小组，全年共发布微信小视频20个。

3. 继续做好西军电文库内容建设。更新西军电文库内图书馆历史展区、解放日报-临时刊展区以及情系西军电展区展墙内容；新增两个院士展区，并丰富原院士书籍展区内容；新增毕业画卷展区。

4. 走进书院，推广到门。定期维护丁香 1 号书院，竹园 1 号、3 号书院，海棠 1、2、3 号书院以及信远楼的 24 小时自助借还图书柜和电子书报刊阅读机器；成立工作团队，以便按照书院对应专业以及借阅量数据分析放置相关书籍；定期对书柜内的书籍进行更换和增补。2022 年共计完成书院自助借还机上书工作 8 次，上架图书 4200 余本。

(六) 扎实推进“我为师生办实事”实践活动

1. 完成处级领导“办实事”事项：优化图书馆馆舍布局，实施空间再造及功能完善，改善南北校区图书馆的学习环境，为师生提供良好的阅读平台；南校区 A 区考研自习室加装插座、空调，加固吊顶，更换灯；新书速递，开展“你选书，我买单”活动，现场选书，即选即借；开通图书馆视频号，设置“知库”“知书”等固定视频栏目。

2. 完成其他“我为师生办实事”事项：居家抗疫期间系列数据库总结推广和校外访问支持；闭馆期间借还书不断线服务、博士论文提交特别服务；更新南北校区研讨室预约功能和门禁设备，使疫情防控期间读者使用研讨室更加科学、安全；响应读者需求，紧急开通英国皇家化学学会 RSC 电子期刊数据库试用；更换南馆饮水机 3 台、北馆饮水机 1 台，改善读者饮水质量等。

(七) 召开通信电子类高校图书馆学术年会

召开通信电子类高校图书馆学术年会，共收集论文及案例 70 余篇，组织成员单位评比并颁奖。

二、重点工作

(一) 全面落实党员教育，积极推进党建工作

坚持党史学习教育常态化，组织全体党员学习贯彻党的十九大五中、六中全会精神，学习贯彻党的二十大精神，学习十三届全国人大五次会议政府工作报告。始终把思想建设摆在首位，不断提高班子成员和支部党员“四个意识”、增强“四个自信”、做到“两个维护”，为图书馆高质量发展提供精神动力。

不断加强组织建设、端正班子成员思想认识，振作精神状态，增强工作责任感和敬业精神，强抓作风建设，切实做到班子成员带头示范工作。全年组织召开党政联席会 12 次，纪律教育专题组织生活会 1 次，图书馆领导班子讲党课 2 次。支部党员、积极分子与群众积极参与，鼓励党员将学习成果转化为高质量发展的具体思路和工作举措。

(二) 大力推进图书馆信息服务，成功获批教育部国家知识产权信息服务中心

1. 图书馆牵头，以学校知识产权信息服务中心为依托，精心组织申报，最终获批教育部国家知识产权信息服务中心。完善修订国家知识产权信息公共服务网点相关制度与规范，实现新型个人图书馆专利信息的精准化推送。

2. 围绕学校通信、电子、人工智能、雷达、网络空间安全等优势学科领域，面向科研团队、学院及职能部门，提供“学科情报 + 知识产权信息 + 智库”三位一体的深层次信息服务。

(1) 每季度发布《专利信息简报》，分析西安市整体专利状况以及学校相关表现，为学校知识产权管理工作提供支持。

(2) 完成《西安电子科技大学集成电路论文分析与比较报告》，对 2017—2022 年学校师生发表的集成电路论文的总体情况、科研人员贡献、研究主题分布等进行横向和纵向两个维度的全面分析，为集

成电路学科发展提供数据支撑。

(3) 完成《西安电子科技大学基本科学指标数据库分析报告》，从学校 ESI 学科排名、高校学科排名、兄弟高校学科排名、ESI 大学排名、潜力学科分析等方面对学校 ESI 整体情况进行详细分析，为学校学科发展方向提出优化建议。

(4) 向校级领导、学院领导以及相关职能机构领导定期发送《西安电子科技大学 ESI 学科分析报告》(共 6 期)，及时监测学校优势学科与潜力学科发展情况，为科研与决策部门提供决策依据。

(5) 发布《电子·通信·信息领域研究》月刊，全年共发布 12 期。该刊以学校科研人员需求为导向，结合学校优势学科特色，针对性地向科研人员报道电子、通信、信息领域产业、学术、学科等方面的最新动态与成果，展示图书馆丰富的数字资源和深层次的情报分析服务，以节省学校科研人员获取学科、产业、政策情报的时间。

(6) 完成《西安电子科技大学科研团队产业专利对标分析报告(网络与信息安全学院)》。对网络与信息完全学院的科研团队进行专利态势分析，根据发明人的技术主题分析结果梳理相应产业，进行总体态势分析和分支产业的专利态势分析，为学校新一代信息技术领域的研究人员提供有价值的关于新一代信息技术相关产业下的细分关键技术专利情报，挖掘同领域潜在的竞争对手，筛选出该领域的重点专利，进一步明晰研发方向、提高研发效率。

3. 加入发展规划部学科建设协调委员会，完成我校及国内相关高校教育部一级学科主题分析工作。统计对比 2017—2022 年西安电子科技大学、北京航空航天大学、北京理工大学、北京邮电大学等国内高校教育部一级学科主题发文量，采用宏观、中观、微观主题三级分类，绘制对应高校各学科主题发文量排名脑图。

(三) 完善图书馆信息化亮点工程

1. 完成图书馆资源与学校智课平台的对接，实现跨平台服务，方便师生使用。为学校智课平台定制课程相关页面，展示与每门课相关的图书馆各类资源，助力线上线下混合式学习需求。

2. 为南校区 A 区考研自习室安装部署门禁系统，并与“书蜗”O2O 服务平台对接，实现座位自主预约与释放，提高了考研自习室座位管理的灵活性。

3. 进一步优化智能图书馆服务平台，为师生提供更精准化、个性化的服务。新增 2021 年个人版纪念册、2021 年图书馆版纪念册、专利检索入口、专题书展(11 个)等多个模块；新增“智课平台”“我的课程”“全国优秀教材”“我的数字资源”“读者个人中心”等相关页面的功能共 31 个。

(四) 根据读者需求延长工作时间

根据读者需求，克服人员困难，于 2022 年 9 月起，将每日图书馆 B 区关闭时间推迟 30 分钟，运行 10 余年的每晚 22 时闭馆延长至 22 时 30 分闭馆。

三、获得的奖励

2022 年，图书馆共获得以下奖励：

1. 2022 年校园文化建设优秀成果三等奖。
2. 2022 年陕西高校图书馆读者服务案例优秀奖。
3. 陕西省社会科学信息学会 2022 年度优秀工作奖。
4. 2022 年陕西省图书情报档案学术年会征文二、三等奖。
5. 西北五省(区)第十六次科学讨论会征文一等奖 1 项、二等奖 2 项。

附表　2022 年图书馆各部门主要业务工作数据

<table>
<tr><th>项目</th><th colspan="2">内 容 与 数 据</th></tr>
<tr><td rowspan="2">文献信息资源建设</td><td>纸本</td><td>年进纸书 60 583 册(购买中文书 18 205 种 / 54 660 册、外文书 635 种 / 1098 册；赠书 1625 册；学位论文 3200 册)。验刊记到中文刊 9012 册；交流刊 3119 册，外文刊 329 册</td></tr>
<tr><td>电子</td><td>订购中文数据库 68 个，开通试用资源 33 种；订购外文数据库 50 个，开通试用资源 27 种</td></tr>
<tr><td rowspan="2">普通者服务</td><td>入馆</td><td>南北校区两馆共计超过 245 万人次</td></tr>
<tr><td>流通</td><td>北校区馆：总借书(含续借)45 524 册，总预约图书 953 册，还书 33 999 册，新上架图书注册 14 374 册，磁条加工 150 余册，修补破损图书 100 余册。“书蜗”完成找书请求 6865 册，未找到图书 3484 册，调拨图书 680 册。毕业生服务延期 300 余人；委培读者证件激活 200 余次，延期办理、赔书 100 余次；临时卡开卡 38 张。日常读者咨询 4000 余人次，QQ 咨询群 1000 余条。现刊上架 4677 册：上架中文刊 4091 册，外文刊 1586 册，漂流角 50 余册，报纸周内每天上架 20 余份，周末每天 2 份，全年累计上架 4000 余份。论文上架 404 册。
南校区馆：总借书 91 045 册，续借图书 19 937 册，还书 69 010 册，预约图书 733 册，处理调拨图书 1680 册，调拨成功 820 册，帮读者找书 5000 余册(平均每日 80 册)，合计，修补破损图书 5030 册，加 RFID 磁条 1250 个。期刊上架 7200 册，报纸上架 14 600 份左右(平均每日约 40 份)。漂流角上书 720 册，研讨室预约 1595 次，自习室座位预约 61 560 次，朗读亭使用 420 次，读者咨询 3 万余人次，网上虚拟咨询 1320 余条。在失物招领系统发布图书馆的失物招领信息约 100 多条</td></tr>
<tr><td>科技查新</td><td colspan="2">共完成查新项目 79 个，其中国外项目 26 个、国内项目 53 个，校内项目 36 个、校外项目 43 个</td></tr>
<tr><td>查收查引</td><td colspan="2">查收篇数 9717 篇，被引篇数 3293 篇，被引频次 56 806 次，ESI 高被引论文篇数 109 篇</td></tr>
<tr><td>原文传递</td><td colspan="2">共收到文献传递请求 59 914 篇次，完成 58 383 篇次，满足率达 97.44%</td></tr>
<tr><td>读者教育培训</td><td colspan="2">承担通识课程主讲，全年共计 8 个教学班，共 128 课时，选课 508 人</td></tr>
</table>

注：统计时间截至 2022 年 12 月 12 日。

档案馆/校史馆/博物馆工作综述

档案馆、校史馆、博物馆是传承大学文化的重要载体，具有重要的文化教育和社会服务功能。三馆集中展示了学校历史、办学成就与校园文化，是开展育人和人文教育的重要基地。三馆围绕一流大学建设目标，紧密结合学校中心工作，不断优化和强化基本业务对学校人才培养支撑的职能，形成了以构建“西电记忆”文化品牌为核心的业务体系，逐步丰富和完善了以激活红色记忆为手段、以发扬红色传统为途径、以传承红色基因为目标的文化育人体系，全面提升三馆管理服务能力。

(一) 进一步解放思想，提高认识，立足校情馆情，打造“西电记忆”文化育人品牌

依托丰富的红色校史文化资源，深化对学校校史重要人物和学校发展历程中若干重大事件的研究，形成了史实可靠、内容可读的编研成果，让红色资源可追可溯；通过“科学家讲爱国奋斗的故事”思政课、博物馆体验式课堂、“红色纽带”档案服务、红色校史文创产品设计等线下活动，推动红色文化育人工作与日常管理服务工作深度融合，主动引导师生走出课堂，走进校史馆、博物馆，让红色历史可见可触；通过官方网站、微信公众号、视频号及头条号等新媒体平台，深入挖掘红色档案和革命文物背后的故事，以“有声有色”的文字、图片、视频，让红色文化可感可知。经过探索与实践，“西电记忆”已形成教育引导广大青年从红色血脉中汲取奋进新时代、建功新征程的磅礴力量的新模式。“西电记忆”获评 2022 年校园文化建设优秀成果，成为学校落实立德树人根本任务的有力助推器。

(二) 夯实基础工作，以信息化促进规范化，管理服务质量显著提升

1. 推动档案归档工作，健全档案资源体系。扎实完成疫情防控档案、脱贫攻坚档案、党史学习教育档案等专题档案归档工作。按照智慧档案馆建设发展目标，推进档案资源数字化转型，持续开展存量档案数字化，数字化率已达到 100%(除财会档案)，推进增量电子化，信息化利用率达到 80%以上，为学校“双一流”建设提供了有力支撑。完成与 OA 系统、教务系统、西电新闻网、网络与继续教育学院学籍系统、采购系统的对接，搭建师生使用更加便捷的电子档案管理平台，建成档案长期保存蓝光光盘库；完成 OFD 版式管理工具的对接，实现 OFD 版式的转换管理，逐步实现对数字智慧校园产生的各种原生的、有保存价值的电子文件的归档管理和服务利用。

2. 深化优质服务内涵，着力提升档案文博信息服务水平。建立以师生为中心的档案服务体系，继续推行一站式、电话查档、预约查档、暖心邮递等远程服务方式，提升档案服务效能。2022 年档案馆为学校师生、校友及面向社会出具各类档案证明共 38 189 卷(件)，累计服务 9400 余人次；完成 1980—2005 年共 17 000 余册财会凭证的核查整理编目，提高了档案利用率；进一步梳理馆藏资源，强化“互联网+”与红色档案和革命文物资源的深度融合，完成档案管理信息系统、博物馆藏品管理信息系统、馆藏校史出版物数据库建设，推动了档案和藏品资源的数字化保护和利用。

(三) 深挖馆藏资源，讲好西电故事

构建“西电记忆”微信公众号、视频号及头条号等新媒体平台，深入挖掘红色档案和革命文物背后的故事，创设“信仰的光芒”“院士读大学”“西电博物馆里的中国第一”“档案中的西电经典教材”“捐赠故事”等栏目，发表相关推文 400 余篇，原创推文 150 余篇，粉丝数达 10 468 人，文章累计阅读量 176 280 余次，分享次数达 7800 余次。“西电记忆”已成为校内各部门进行校史校情教育的重要素材，也是学生部门进行文化育人的重要内容。

与陕西大剧院联合举办“永不消逝的电波”巡展，在老菜场、方所、大悦城、陕西大剧院等公共

场所展览。7 月 31 日，三馆卢朝阳教授受邀以“永不褪色的家国情怀”为题，分享了李白烈士与西电的故事。推出的“影像·记忆·使命——西安电子科技大学珍贵历史影像 AI 复原展”，采用 AI 复原技术，为历史上色，展示了西安电子科技大学建校九十余年的精彩瞬间，还原了老一辈西电人的多彩芳华。

(四) 持续做好校史馆、博物馆宣教工作，坚持常态化开放，强化服务意识，加强标准化讲解员队伍建设

1. 虽然受新冠疫情影响，校史馆、博物馆开放时间不稳定，但通过建立网上预约平台、多渠道持续宣传业务动态、提升学生讲解团服务质量等工作，引导观众来馆参观，宣教工作和服务质量都有显著提升。全年平均开放时间达到 100 天以上(疫情常态化防控期间预约开放)，共计接待校内外游客 12315 人次，讲解服务 285 批次，观众满意度超过 90%；此外，还接待了省内外企事业单位、高校科研院所等重要领导和兄弟单位团队。

2. 举办校史馆、博物馆体验式授课活动，不断探索创新授课模式，扩大课程受众群体。邀请中国工程院院士段宝岩在博物馆讲爱国奋斗思政课；主动对接学院、书院，组织新生、毕业生进馆学习，参加人次 2065 人次，较 2021 年增长 291%。

3. 进一步完善学生讲解团队制度建设，引导学生拓展综合素质，展示风采，锻炼能力。在 2022 年陕西省高校博物馆“雏凤杯”讲解比赛中，我校荣获二等奖、三等奖和优秀奖。在 2022 全国高校博物馆优秀讲解案例征集展示活动中，我校荣获一等奖、三等奖各 1 项，创造了学校博物馆参加此项活动的最好成绩。

(五) 组织参与校史科研、教学项目，促进校史深化研究和宣教模式创新

2022 年获批学校基本科研业务费重点项目 1 项，全国高校博物馆育人联盟研究课题 1 项，来华留学生国情教育项目 4 项，不断提升研究能力和宣教能力。

(六) 荣誉奖励

2022 年 1 月，加入全国高校博物馆育人联盟。

2022 年 5 月，被中国科协等八部委认定为科学家精神教育基地。

2022 年 9 月，档案馆办公室被评为西安电子科技大学先进集体。

2022 年 9 月，档案馆/校史馆/博物馆党支部获批西安电子科技大学样板支部培育创建单位。

2022 年 11 月，“西电记忆”获评 2022 年校园文化建设优秀成果。

出版工作综述

2022年，出版社在学校的正确领导和上级管理部门的支持、指导下，以习近平新时代中国特色社会主义思想为指导，贯彻落实习近平总书记关于宣传思想工作的重要思想和国家新闻出版方针政策，不断夯实党建工作，牢牢把握正确的出版导向，提高图书出版质量，做教材建设创新的先锋，推动各项工作取得实质性突破，实现社会效益和经济效益双丰收。

一、目标任务及督办事项完成情况

经过全社员工的共同努力，出版社2022年各项工作取得了新的进展。截至目前，全社发货码洋1.22亿元。2022年，新冠疫情的蔓延对出版社的业务产生了不同程度的影响，出版社积极采取各项补救措施，使学校图书出版的社会效益、经济效益得到稳步提升。出版社连续三年在教育部社会效益评价考核中获评优秀。

(一) 做好图书出版规划，确定选题立项400种以上

受疫情影响，编辑不能出差，出版社及时根据产品结构的顶层设计和确定的方向开展多种形式的线上方式策划选题。截至目前，规划选题立项791种，到稿登记531种，超额完成选题立项任务，为未来的新书出版打下了坚实的基础。

(二) 上缴学校投资收益150万元

根据出版社全年经营情况，向学校上缴投资收益150万元。

(三) 严把意识形态关，提高图书出版质量

加强意识形态工作，健全意识形态工作的制度机制。对照《意识形态领域工作考核观测点》相关要求，积极行动、迅速部署、落实职责，坚持正确政治方向、舆论导向和价值取向，深入排查意识形态领域风险，采取有效措施，切实履行把好政治方向、管好出版导向的职责，把意识形态的导向要求贯穿到企业生产经营管理和图书出版中。2022年发生的小学数学教材插图、涉台用语、地图及汉字的不规范使用等问题，对出版业敲响了警钟。根据中宣部、教育部、省委宣传部、省教育厅、学校等上级部门的指示精神，出版社高度重视，成立了以社领导为首的专项排查领导小组，组织各部门相关人员对近十年来所出版的3466种教材、教辅及少儿读物的内容、插图进行了全面排查。排查结果显示，出版社所出版的大中专教材、教辅不存在内容及插图政治导向和价值导向不正确的问题。

(四) 出版优质图书330种以上，积极扩大学校社会影响力

2022年出版新书389种。把每一本印有“西安电子科技大学出版社”标志的优质图书推向市场，不仅相当于每一本图书都是宣传西安电子科技大学的亮丽“名片”，而且还起到了宣传学校科研与教学实力、提升学校在国内外知名度和影响力的作用。“十四五”国家重点出版物出版规划是我国出版业最高级别的出版专项规划，出版社申报的《新型人工电磁材料在天线与频率选择表面中的应用》和《延安红色建筑遗产保护及利用》2种图书成功入选，扩大了学校的社会影响力。

(五) 加强数字出版工作，出版立体化教材100种以上

出版社在加强数字出版工作方面，紧紧抓住“满足教师多样化教学和学生个性化学习”这个目标，围绕立体化教材的开发做工作，深度开发了一批优秀的立体化教材。2022年共完成立体化教材137种，制作二维码4125个，资源数4630个，其中视频微课2400个、文本文件1213个、图片1017个。

(六) 为全校师生做好图书出版和教材供应工作

以捐赠图书助学卡活动为契机，为营造浓厚的学校“三全育人”工作氛围、提升大学生文化素养出一份力。2022 年为贫困学生捐赠读书助学卡 200 张，每张 500 元。春秋开学季，为师生教材订购供应服务，各类课程教材准备充足，学生可根据个人需求随时购买。今年的教材供应工作已经完成。为全校师生供应教材 700 多个品种，涉及 60 多家出版社，共计 26 万余册。学生班级领书超过 1 万单，学生零星领书 2000 多单，教师领书 500 多单，助学卡领书 500 单。2022 年出版本校教师编写的教材 34 本、学术专著 9 本，资助教师出书补贴资金一百多万元。

二、重点工作完成情况

(一) 加强思想建设，坚持党的二十大精神理论学习

出版社积极落实党风廉政建设主体责任，履行“党政同责、一岗双责”，贯彻落实学校党风廉政建设工作部署，排查工作中存在的廉政风险点。把党风廉政建设融入出版社各项工作中，一手抓业务，一手抓监管。除了参加上级党委组织的理论学习，坚持每季度召开一次党员大会，集中学习习近平总书记在十九届中央纪委六次全会上的重要讲话精神、习近平总书记“七一”重要讲话精神、习近平在省部级主要领导干部“学习习近平总书记重要讲话精神、迎接党的二十大”专题研讨班上的重要讲话精神。每月召开一次党支部委员会，全年举办了 3 次支部书记讲党课活动，开展形式多样、内容丰富的主题党日活动 9 次。联合工会，组织党员群众开展各种形式的主题教育活动 4 次。建立学习微信群，为员工提供理论学习平台，每月定期上传学习资料，全年共计上传“什么是中国共产党，中国共产党干什么”“中国共产党普通高等学校基层组织工作条例”等 20 余篇党的理论知识学习资料。

(二) 优化组织架构，新增、修订、完善各项规章制度

为适应新时代高质量发展要求，提高管理人员的素质和年轻员工的思想认识与工作能力，对出版社的发展形势进行了分析，制订了全年的奋斗目标，调整了组织架构，落实了各部门的职责，优化了人员结构，提高了办事效率。2022 年，全员竞聘上岗，定岗、定责、定薪，明确了各部门的职责分工，建立了新型的管理体制和运行机制；结合出版社工作实际，新增、修订、完善 24 项规章制度，按照实事求是、与时俱进的要求，使其更贴合工作实际，对工作更具有指导性、规范性，切实做到用流程管事，用制度管人，实现出版社工作规范化、程序化和制度化。

(三) 提高工作效率，克服疫情影响

2022 年初，西安疫情严重，有的学校怕收到的货带有病毒，导致出版社的图书产品发不出去，出版社经过集体研究后，决定不计成本采用异地印刷、异地发货的方式确保图书订单不丢失。因为疫情，业务人员不能出差拓展业务，出版社就开展了多种形式的线上营销活动，如邀请作者、名家开办系列讲座，宣传出版社的图书产品，开办云书展，使各项业务有序向前推进。

三、日常事项完成情况

出版社的日常工作就是图书出版，包括选题策划、图书生产、图书营销等，出版社全年持续高效运转。选题策划方面，因国家控制书号，故进行了选题优化，做好图书产品的顶层设计；图书生产方面，既关注内容导向，又把控图书质量；图书营销方面，运用多媒体技术开展图书营销活动。除以上日常工作外，出版社还完成了以下工作。

(一) 开展多种形式的党、团活动

出版社党支部联合工会共同举办“党的二十大知识问答”活动，采取线上答题的形式，共有 80 多

人参加，均取得了优异的成绩。组织全体员工观看党的二十大开幕会，重点学习与讨论习近平总书记作的党的二十大报告，积极推动党的二十大精神理论学习融入日常、引向深处、落地生根。观看反腐电视专题片《廉鉴》《零容忍》，统一思想认识，努力做到防微杜渐。新建党员活动室，打造支部制度墙，充分发挥其在组织建设中的教育培训中心作用、决策议事中心作用、沟通交流中心作用和先进文化宣传作用。

(二) 统筹疫情防控工作，加强人员及门禁管理

为了落实疫情防控工作的总体要求，坚决扛起疫情防控的政治责任，出版社购进并安装了最新的“人脸识别及测温考勤机”，实效显著；除了定期给办公区域进行消杀，工会还给每名员工发放口罩、酒精、消毒液、抗原等防疫用品，对于时而发生的疫情，起到了重要的安全保障作用。

(三) 积极开展各类活动，为师生做实事

因疫情原因，组织员工参加线上书法作品大赛、趣味运动会、三八健步走、冬季健步走等文娱活动；推进“学党史 讲三忆 感党恩”主题教育观影活动，组织员工观看《永不消逝的电波》等。开展“送清凉”活动、“送温暖”活动、“走进海棠书院”交流赠书活动等，与入党积极分子交流学习心得，并赠送我社出版的精品图书。开展“大学生劳动教育实践”活动，帮助学生树立正确的劳动价值观，培养良好的劳动习惯和品质。开展防火知识学习及应急疏散演练，演练前让广大员工充分学习《消防基础知识手册》，在社领导的带领下，演练时员工们均严格按照逃生路线撤离，取得了良好的防火灾演练效果。

四、荣誉奖励及社会影响力

2022年我社《新型人工电磁材料在天线与频率选择表面中的应用》《延安红色建筑遗产保护及利用》等9种图书入选国家级出版项目，《电子商务基础与应用(第十二版)》《移动电子商务及应用》等7种图书入选省部级出版项目，《长辫子老师漫话中国传统优秀文化100课》入选教育部主题出版项目，《计算机网络安全防护技术》等5种图书荣获“全国技工教育规划教材”，《密码技术应用与实践》《通信网络安全与防护》等12种图书荣获“中国通信学会2022年信息通信科普教育精品图书”。其中《新型人工电磁材料在天线与频率选择表面中的应用》和《延安红色建筑遗产保护及利用》入选“十四五”国家重点出版物出版规划项目，为我社聚焦社会效益、扩大品牌知名度、提升社会影响力、实现高质量发展奠定了良好基础。同时，国家出版基金项目《宽禁带半导体前沿丛书》、主题出版图书《稻米，比珍珠更珍贵》等重要出版信息被科技日报、中国科学报、科学网、中国新闻出版广电报、中国出版传媒商报、中国教育新闻网等全国性新媒体及陕西科技传媒网、群众新闻网、各界导报、潇湘晨报等地方媒体和学校官媒积极关注和报道。

2022年，在全体员工的共同努力下，出版社圆满完成了本年度各项工作任务。2023年，出版社会积极开展党建工作，紧跟国家发展战略需求，坚持正确的意识形态导向和出版方向，打造完整的图书出版产业链，以树立西电精品图书为目标，让出版社健康、有序发展，为学校学科发展及教材建设作出更大贡献。

期刊中心工作综述

2022 年度，在校党委的领导下，期刊中心完成了年度各项目标任务，现汇报如下。

一、持续深入推进“期刊质量提升计划”

2022 年度，持续深入推进落实“期刊质量提升计划”，包括组织技术专题、主办信息与智能大讲堂、以“把论文写在祖国的大地上”为主题主办学术研究与论文写作系列讲座以及承办 2022 年陕西省科技期刊发展创新大会、主持省级期刊研究课题、加强交流与学习等。

《西安电子科技大学学报》根据国家在电子信息领域的重点发展方向和学术前沿，组织与筹划了面向 IT3.0 的感通算融合 6G 关键技术、网络空间安全、电磁空间安全等专题。《西安电子科技大学学报(社会科学版)》围绕乡村振兴战略、区域经济协调发展战略、区块链与人工智能发展研究、数字经济、数字经济安全、信息保护、知识产权研究等主题组织刊发论文，并筹划了“学习研究党的二十大精神”专栏。《电子科技》进行了机电工程与高速铁路关键技术、多维度图像处理、智能算法与硬件的融合应用、微电子与人工智能技术应用等 4 次主题出版。通过有组织的征文活动，一定程度上提升了期刊的稿源质量。

“信息与智能大讲堂”围绕信息及智能领域，包括信息与通信工程、电子科学与技术、计算机科学与技术、网络空间安全等学科，探讨最新科学与技术研究进展、发展趋势及未来挑战，搭建学术交流平台，促进相关领域的学科建设、科学研究和人才培养。从 2022 年 10 月起，邀请郝跃院士、罗智泉院士等学者作了精彩的报告。以“把论文写在祖国的大地上”为主题，开展了“学术研究与论文写作”系列报告。邀请了澳大利亚悉尼科技大学余水教授、美国特拉华大学施巍松教授等，分别就个人学术研究的经验进行了分享，共有 2 万余人在线参加了讲座。通过举办学术活动，提升了西安电子科技大学以及主办期刊的知名度和影响力，增加了作者与读者的黏性，培养了科研人才。

期刊中心的工作得到了陕西省科协的高度认可。省科协副主席带队专程到学校调研期刊工作，并委托期刊中心承办首届陕西省科技期刊发展创新大会。大会于 2022 年 6 月 2 日成功举办，110 余家在陕各期刊社主管、主办单位、出版单位以及相关期刊评价机构、出版机构的领导、专家及科技期刊工作者出席大会。

2022 年，《西安电子科技大学学报》编辑部主持了陕西省科技期刊研究课题，这是期刊中心多年以来首次主持期刊方面的研究课题。此外，还大力进行宣传与交流，包括期刊之间的交流与学习，与编委、专家学者、审稿专家、作者的交流，通过多种渠道宣传推介期刊等。

在提升期刊质量的多个举措合力下，《西安电子科技大学学报》入选中国科协信息与通信工程领域推荐刊物 T1 级别(最高级)，被评选为中国高校“百佳科技期刊”。《西安电子科技大学学报》位于《中国学术期刊影响因子年报》Q1 分区，影响因子为 1.718，达到历史新高，较 2021 年度提升了 63.9%，基金论文比达到 0.99。《西安电子科技大学学报(社会科学版)》影响因子为 0.637，较 2021 年度提升了 6.5%。《电子科技》进入《中国学术期刊影响因子年报》Q1 分区，入选 RCCSE 中国核心学术期刊，影响因子为 1.398，较 2021 年度提升了 21%，基金论文比达到 1.00。

二、继续开展英文期刊创刊工作，助力学校“双一流”建设

2021 年，期刊中心组织创办的英文期刊《信息与智能学报(英文)》入选中国科协科技期刊卓越行

动计划高起点新刊项目。2022 年，期刊中心继续推进这项工作，开通了投审稿系统，为第一期出版做好准备；3 月，将创刊申请上报至教育部审批；5 月获得教育部批准，之后通过陕西省新闻出版署上报至国家新闻出版署审批；6 月收到国家新闻出版署的受理回执，但由于客观原因，目前还在等待总署的审批结果。

三、以“期刊社会效益评价”为抓手，加强出版管理

“社会效益评价”对于期刊来说是一项重要工作。期刊中心各编辑部对照“社会效益评价”各项观测点要求严格进行学术出版工作。

以习近平新时代中国特色社会主义思想为指导，重视导向把关，增强“四个意识”、坚定“四个自信”、做到“两个维护”，牢牢把握正确的学术舆论导向。本年度未发生政治导向错误。

严格遵守学术伦理道德规定，切实落实意识形态工作责任制，主动加强期刊的阵地建设和管理，做到敢抓敢管、守土尽责。严守办刊宗旨和学科方向，无违法违规、学术不端、侵权盗版、发布虚假违法广告等问题。

认真执行本单位的《编辑出版与三审三校制度》，细化和明确编辑加工与“三审三校”工作流程及职责规范，确保所发表的稿件均经过初审、专家外审、复审及终审等环节，并进行社会效益、学术价值和出版价值审核。

四、重视人才培养，落实立德树人根本任务

大学学报不仅是学术成果的出版平台，也是学术交流的阵地，还应该承担人才培养和社会服务的责任。为此，期刊中心主办了“信息与智能大讲堂”和“学术研究与论文写作”系列讲座。

“信息与智能大讲堂”围绕信息及智能领域，包括信息与通信工程、电子科学与技术、计算机科学与技术、网络空间安全等学科，探讨最新科学与技术研究进展、发展趋势及未来挑战，搭建学术交流平台，促进相关领域的学科建设、科学研究和人才培养。

以“把论文写在祖国的大地上”为主题，开展了“学术研究与论文写作”系列讲座。这些讲座不只包括技术内容，还回答了为什么要做研究、怎么成为一个更好的科研工作者、年轻教师怎么带好团队等问题。

系列学术活动的举办不仅宣传了学校及相关期刊，还培养了科研人才。

五、日常管理常抓不懈，保障各项工作规范进行

三刊均按计划完成了当年编辑、出版和发行任务，并通过网络平台实现了多元化的数字出版。同时，严格把控编校质量。编辑积极参加学术活动和继续教育培训，积极开展相关学术研究。期刊的学术质量和知名度均在提高，深受作者、读者好评。

附表　奖励或表彰事项统计表

序号	奖励或表彰事项	颁发单位	级别	获奖时间
1	《西安电子科技大学学报》获中国高校“百佳科技期刊”	中国高校期刊研究会	省部级	2022 年 11 月
2	《西安电子科技大学学报》编辑部获批科技期刊培育建设项目“电子信息领域科技期刊稿源及影响力建设”	陕西省科协	省部级	2022 年 9 月

基础教育工作综述

2022 年在学校党委的领导下，基础教育管理办公室全体人员齐心协力，克服了疫情带来的各种困难，紧跟新时代发展步伐，很好地完成了各项工作任务，现汇报如下。

一、落实立德树人根本任务情况

基础教育管理办公室在继续深化巩固以建党百年系列党史学习活动和十九大历次全会精神学习活动成果的基础上，深入学习党的二十大精神，扎实落实立德树人根本任务，认真履行基层党建第一责任人职责，统筹谋划、分类指导、督促落实。以学校党委巡察整改工作为契机，不断完善体制机制，创新工作方法，突破固有困难，加强党的执政能力建设，发挥党的引领性作用，在不同的教育阶段，遵循教育规律，深入探索实践全员、全程、全方位育人。

(一) 附属中学主要工作

附属中学在“全心全意为师生的发展和幸福服务”的办学理念下，把学生的“可持续发展”作为培养教育的最终目标，不断紧跟时代发展变化，革新教学方式，实现学生个性化发展和教师业务水平提升。通过开展“芯动”课堂课改实践，从教学活动主体教师和学生两方面着手，细化课前、课中、课后教学环节，促进学生主动学、自主学；通过开展系列主题班会、活力心理健康教育、特色家教指导、青春校园文化、定向结对、创新实践等活动推动德育工作与教学工作融合，实现学生全面发展与个性发展。

(二) 附属小学主要工作

附属小学全面推进五育并举，融合育人，推进“双减”政策落地、落实，促进学生全面健康发展。以学生作业为突破口，采用个性化作业、分层作业、奖励选择作业等方式，减轻学生课业负担，教师向课堂要质量，做到减负增效，积极推进“双减”工作；积极开展学生第二课堂活动，加强体教、艺教融合，努力构建德智体美劳全面发展的育人体系；重视养成教育，坚持活动育人。德育处、大队部结合重大节庆日开展丰富多彩的主题教育活动共计 20 余次。这一系列活动的开展，增强了学生们的爱国情怀、民族自豪感、自信心和集体荣誉感。全力打造“开启脑电波，点亮生命树”的校园文化，使附小呈现出具有示范引领作用的校园文化高质量发展新格局，实实在在提升了师生幸福感和获得感。

(三) 幼儿园主要工作

幼儿园通过狠抓师资队伍培养、加强与家长的互动沟通和引导、举办特色活动、加强日常管理等举措，确保入园幼儿身心健康全面发展。幼儿园制定了《青年教师培养方案》《发展型教师培养方案》《骨干教师培养方案》，有针对性地开展了不同深度与广度的培训活动，狠抓师资队伍培养；举办线下亲子早教课程等活动，加强与幼儿家长的沟通交流；邀请预入园家长提前入园参加亲子活动，助力幼儿来年平稳入园；举办“童心向未来 喜迎二十大”国庆活动，向小朋友们讲述“国”的概念，在他们懵懂的心灵撒播国与家的种子，厚植家国情怀，培养合格的社会主义建设者和接班人。

二、目标任务书完成情况

(一) 规划

1. 按期顺利完成附中、附小及幼儿园基础设施维修改造。在后勤保障部、校工会、校机关党委等诸多部门的支持帮助下，顺利完成附中教学楼外立面改造、附小北教学楼加固及传达室改造、老校区幼儿园南楼楼顶防水维修及北楼教室改造修缮、新校区幼儿园操场地面铺设及玩教具更新。

2. 积极适应“双减”政策和后疫情时代新形势，完善中小学育人体系及课程建设。附中持续完善“芯动”育人体系建设；建立多部室心理健康联合监测机制，通过主动谈心、引导学生宣泄放松、进行心理健康测试、与家长沟通等多措并举促进学生心理健康，为形成全面的心理健康教育长效机制提供有效的实践经验。附小不断完善新课程体系，确保在教学质量不下降的情况下，使之既符合“双减”要求又能够在新的新冠疫情防控形势下实现线上线下授课无缝切换。

3. 加强内部管理，完善制度建设。修订《基础教育管理办公室贯彻落实“三重一大”决策制度实施细则》《基础教育管理办公室党政联席会议议事规则》《基础教育总支部委员会议议事规则》，各党支部分别制定了党支部会议议事规则、意识形态工作责任制实施细则等。

4. 积极探索师资队伍建设机制。在学校领导高度重视下，在人力资源部和党委组织部等部门的大力推动下，经有关部门充分沟通酝酿，已正式启动选拔中小幼聘用骨干教师入编制的工作(骨干教师招聘工作)，为稳定中小幼教师队伍起到了积极的示范作用。

(二) 监管

1. 加强监督管理，切实履行主体责任。持续在重点领域和关键环节上加强监管，比如在暑期的维修改造工作、年度招生工作、教师选拔招聘工作中均成立了工作专班或领导小组，以流程为依据，以制度为准绳，实施全过程监督检查，有效确保了工程项目的稳步推进，招生、招聘工作合法合规有序进行。

2. 规范聘用程序，实现聘用机制与大学接轨。在人力资源部的指导下，将附中、附小及幼儿园全部聘用教职工聘用方式转为人事代理，进一步规范了聘用教师用工合同内容及签订程序，大幅降低了用工风险。

(三) 评估

1. 省级示范高中申请取得新突破。经过长期筹备，全面攻坚，积极适应省级示范高中新标准，对标新标准迅速组织、策划、落实评估材料，11 月，附中顺利通过市教育局专家组入校评估省级示范高中申请，获得省级示范高中验收资格，现已做好省厅专家组入校现场验收的准备工作，以新的积极备战姿态迎接省级评估验收。

2. 幼儿园完成各年龄段幼儿体能测评和身心发展评价。

(四) 服务

多措并举，持续改善子弟育人服务。附中进一步加强中考、高考相关工作，通过质量分析、问题导向完成指标落实。幼儿园为教职工子女开展适合幼儿身心发展的多元化免费早教课程，包括线下亲子早教活动和线上微课活动；完成预入园和在园儿童家长的培训与指导，开展阳光儿童心理健康咨询以及育儿讲座活动，在个案咨询基础上定期举办家长讲座 2 场。

三、督办事项，校长办公会、党委常委会决议完成情况

按照各级地方政府教育主管部门的统一部署，稳慎推进“公参民”合作办学治理工作。原以大学名义参与举办的 4 所民办中小学校，现均已完成更名，新校名已经挂牌启用。按照教育主管部门要求，目前正在推进退出举办者身份，详细情况见表 1。

表 1 “公参民”合作办学治理工作情况

原 校 名	新 校 名	退出举办者身份情况
西安电子科技大学附属中学太白分校	西安太白学校	已退出
西安电子科技大学附属小学雅居乐分校	西安长安博雅小学	正在退出
西安电子科技大学附属小学悦美分校	西安长安悦美小学	正在退出
西安电子科技大学附属小学长安绿地城分校	西安长安绿地小学	正在退出

四、获得的重要荣誉情况

2022 年附中、附小及幼儿园共获得各类奖项 16 项，部分重要奖项见表 2。

表 2 2022 年获得重要奖项情况(部分)

序号	获奖单位	获奖名称	颁发单位	颁发时间
1	附中	2021“感动陕西教育人物”群众满意的教育质量示范中学	陕西省思政课教学“三秦学生记者”社会实践活动组委会办公室、三秦都市报社	2022 年 5 月
2	附中	西安市雁塔区第二届“中华经典诵写讲”诗词大会竞赛(高中组)一等奖	西安市雁塔区教育局	2022 年 5 月
3	附中	西安市雁塔区 2021 年中小学生信息素养提升实践活动“优秀组织奖”	西安市雁塔区教育局	2022 年 5 月
4	附小	雁塔区 2021 年度“红领巾奖章”二星章	共青团雁塔区委员会、雁塔区教育局少工委	2022 年 3 月
5	附小	雁塔区 2022 年中小学思政课“大练兵”主题活动先进单位	西安市雁塔区教育局	2022 年 6 月
6	幼儿园	优秀游戏活动案例、游戏化集体教学活动案例大赛雁塔区一等奖	西安市雁塔区教育局	2022 年 7 月
7	幼儿园	优秀名校＋教育联合体	西安市雁塔区教育局	2022 年 10 月

网络与继续教育工作综述

网络与继续教育学院领导班子以习近平新时代中国特色社会主义思想为指导，认真贯彻落实校党委的各项工作安排及部署，紧紧围绕学校 2022 年重点工作及学院目标任务，团结带领学院全体党员和教职工，直面教育部高等继续教育转型发展的挑战，解放思想、攻坚克难，尽全力完成了学校下达的年度工作任务，助力学校“人工智能 + 教育”标杆大学建设。

一、落实立德树人根本任务

(一) 迎接高等学历继续教育改革，坚持立德树人办学方向

2022 年 8 月教育部发布《教育部关于推进新时代普通高等学校学历继续教育改革的实施意见》(教职成〔2022〕2 号)，学院领导班子立即召开高等学历继续教育改革线上专题会议，带领各业务科室负责人深入学习和研讨教育部精神，并面向高等继续教育一线职工举办题为“立德树人　德法兼修　规范办学 质量发展”的政策文件解读宣贯会，进一步明确了坚持立德树人的办学方向。

(二) 持续推进教育教学改革，落实立德树人根本任务

1. 坚持学术育人指导思想，将思想政治教育渗透到专业课的学习中，推荐“软件技术基础”和“无机化学”两门课程申报陕西省课程思政示范课。

2. 积极发挥教材在课程建设中的作用，经继续教育教材工作组推荐，《C 语言程序设计——程序思维与代码调试》《电子测量技术及应用》两种教材申报省级优秀教材。

3. 学院坚持教学改革研究，在研省(市)级以上继续教育领域的教改项目 14 项，其中重点项目 2 项。

二、完成年度目标任务

(一) 完成现代远程教育试点总结性评估

认真总结学校网络教育试点 20 年的工作经验与成果，自评报告经校长办公会审议后报教育部，并构建了支撑材料的线上查阅平台。2022 年 6 月 28 日，学校通过教育部评估专家的审核。

(二) 现代远程教育试点结束工作进展顺利

按照教育部结束网络教育试点工作要求，学校认真分析和研判，出台了《现代远程教育试点结束工作方案》《现代远程教育试点结束风险防控预案》。学院严格推进和落实具体措施，2022 年组织了 5 个批次的全国部分公共课统一考试，6 万余人次参加了考试，给学生减免考试费用 210 万元，为学生节约差旅费超 2000 万元；出台定点联系校外学习中心工作方案。学院教职工全员参与定点联系学生工作，为在籍学生提供帮助，督促学生尽快缴费学习、完成学业，全年收缴学费 1.5 亿元。2022 年毕业学生为 29 451 人，注销超过学籍年限的学生学籍 2853 人，在籍生数比 2021 年减少了近 2 万人，为迎接本科教学评估作出突出贡献。

(三) 持续做好省专技人员继续教育

配合陕西省人社厅完成了全省统一的专技人员数字化学习和管理平台(即“陕西省专业技术人员继续教育平台”)的功能优化，提升了平台运维能力，同时全年提供业务咨询和服务 8 万余人次，全方位保障了平台的服务效率和质量。截至 11 月，累计注册学员 142 万人、人事单位 1.36 万余家，其中学校基地培训 12 万人次，培训收入 1280 万元。

(四) 智能一体化平台“西电智课”平台效果显著

持续丰富“西电智课”平台智能功能，如新增录直播回看及分析、智课平台运行数据统计分析、在线双机位考试、平台本地化镜像、作业查重、知识图谱等功能，完成门户网站改造。

(五) 大力推进 eMOOC 联盟平台建设，促成 eMOOC 联盟成立

发挥学校电子信息类学科优势建成垂直领域的 eMOOC 联盟平台，促进优质课程资源共享、学分互认。在第 57 届中国高等教育博览会上成功举办 eMOOC 联盟平台发布暨联盟成立大会，正式成立 eMOOC 联盟，首批已有 30 家单位加入，助力学校“人工智能 + 教育”标杆大学建设。

三、按时完成督办事项

(一) 多措并举强化教育教学质量提升

1. 注重专业内涵建设，规范专业设置与评估。为进一步加强高等学历继续教育专业的内涵建设、规范管理，提高人才培养质量，依照学校实际情况，制定了《西安电子科技大学高等学历继续教育专业设置与评估工作实施方案》。坚持科学规范、特色突出的原则，在充分论证可行性的基础上开设高等学历继续教育专业。

2. 坚持“四同课堂”教学改革，提升教学质量。坚持以“同校同质”为目标，积极调整从在线点播的学习方式向在线直播的参与式、讨论式、案例式学习方式的改革，依托“西电智课”平台，积极推进“高等数学”“计算机应用基础”“大学英语”“编译原理与技术”“形式与政策”等 5 门课程 5000 余名继续教育学生与全日制教育“同教师、同课堂、同资源、同平台”的教学实践，大大提高了学习者的积极性和参与度。

(二) 积极解决师生使用“西电智课”平台遇到的困难

学院非常重视师生使用“西电智课”平台的用户体验，安排专业人员对师生使用中遇到的问题及时进行解答，并根据好的意见建议对“西电课堂”进行了更新升级，具体措施包括：

(1) 优化白板使用；

(2) 支持共建教师、助教从我的课程创建课堂；

(3) 延长临时课堂的课堂码有效期；

(4) 优化课堂码删除策略；

(5) 在教务课程的课堂设置中增加“允许非本班级学生进入课堂时加入班级”功能，取消“允许退出本班级和班级群聊”功能；

(6) 在顶部悬浮窗增加“结束共享”“查看网络情况”“课堂信息入口”；

(7) 新增移动端屏蔽课表导入功能等；

(8) 调整督导页面统计策略；

(9) 优化直播数据统计大屏；

(10) 新增课程下作业查重支持班级可选的功能等。

四、荣誉奖励及经验推广

(一) 积极开展各类培训业务

1. 2022 年受人力资源和社会保障部、陕西省人社厅委托，学校承办了国家专业技术人才知识更新工程项目“大数据关键技术创新应用与数据安全”国家级高级研修班。基于我省疫情防控形势，研修班采用“线上 + 线下”相结合的教学模式，线上使用“西电智课”平台，线下设置会场，为培训教师

做好授课服务保障工作，确保线上线下研修质量和效果同质等效。

2. 为切实做好继续教育服务乡村振兴、助力乡村振兴工作，基于我省疫情防控形势，学院通过“直播 + 点播”的授课形式，联合蒲城县乡村振兴局举办“蒲城县 2022 年乡村振兴基层干部培训班”，蒲城县各乡镇领导干部、驻村干部、乡村振兴系统干部等 472 人参加培训。

(二) 非学历教育领域得到拓展

1. 入选陕西省“一校一品”首批示范项目。2022 年，学校非学历教育项目“聚集电子信息特色优势，服务专业技术人员培训”入选陕西省“一校一品”首批示范项目，为落实国家终身教育方针政策，总结和宣传陕西省非学历继续教育的优秀实践教学成果，进一步提升非学历继续教育社会影响力，推进培训项目特色化、品牌化发展，发挥示范引领作用作出了贡献。

2. 在国家数字技术人才培育领域贡献西电力量。为发挥学校数字技术学科优势，支持国家战略性新兴产业发展，助力数字经济和实体经济深度融合，学校积极组织校内师资开展培训机构申报工作。2022 年学校被人力资源和社会保障部批准为国家大数据及区块链数字技术工程师首批培训机构和考核机构，为国家数字技术人才培育贡献了西电力量。

附表　奖励或表彰事项统计表

序号	奖励或表彰事项	颁发单位	级别	获奖时间
1	《探索继续教育数字化转型路径，助力高质量终身学习体系构建》入选“中国高校远程与继续教育优秀案例库”	全国高等学校现代远程教育协作组	省部级	2022 年 11 月
2	《探索“智能 + 教育”发展新途径，争做教育数字化转型先行者》荣获西安电子科技大学 2022 年校园文化建设优秀成果三等奖	西安电子科技大学	校级	2022 年 11 月
3	“聚集电子信息特色优势，服务专业技术人员培训”入选陕西省继续教育“一校一品”首批示范项目	陕西省高等继续教育学会	地市级	2022 年 6 月
4	西安电子科技大学成人教育陕西溢诚技术学校函授站获评 2022 年度中国高校继续教育优秀校外教学点	全国高等学校现代远程教育协作组	省部级	2022 年 12 月
5	西安电子科技大学山西朔州稻浪学习中心	全国高等学校现代远程教育协作组	省部级	2022 年 12 月
6	姬昊获评 2021—2022 年度先进个人	西安电子科技大学	校级	2021 年 9 月
7	宋长友获评 2021—2022 年度优秀工会积极分子	西安电子科技大学	校级	2021 年 6 月
8	张平平获评 2021—2022 年度优秀工会干部	西安电子科技大学	校级	2021 年 6 月

★ 表彰与奖励 ★

校级以上受表彰集体与个人

2022年各项学科竞赛获奖情况及获奖人员和指导教师名单

第八届中国国际“互联网+”大学生创新创业大赛全国总决赛

教　练	学　生
国家级一等奖	
牛　毅　人工智能学院 李　甫　人工智能学院 周沫含　校外导师	宋卓琛 18200100166　李宝富 19200300035　赵欣怡 20009201217 章星宇 19200300029　刘云珂 19069100068
国家级二等奖	
廖桂生　杭州研究院 王　阳　杭州研究院 陆清声　校外导师	祁佳炜 20021110112　马晟亭 2220211029　任颖萱 19040300071 丰　蕊 212412914　郭文颖 20211216
卢　阳　微电子学院 赵子越　微电子学院 冯　婷　微电子学院	刘文良 21051110456　周瑞琪 21111212811　俞　辰 21111110534 王语晨 18141110426　周九鼎 20111110343　华瑞哲 20012100040 庞成鼎 20012100046　吴思天 20012100017　张曼迅 20012100003 齐　豪 20012100015　叶志昊 20012100016　张倖玺 20012100022 闫瑞松 20012100041　刘展旭 20012100042　郝益萱 21012100066
国家级三等奖	
李红宁　广州研究院 裴庆祺　通信工程学院 刘　涛　广州研究院	初金朝 21011210072　洪宇轩 21181214463　雷　静 18151110439 肖慧子 18011210081　尹　洁 20011110003
邵明绪　空间科学与技术学院 徐　晗　空间科学与技术学院 谢　楷　空间科学与技术学院	徐涵城 18040300053　黄铁泓 19010500044　魏子棚 19040100122 钱尧琦 19020300009　王佳晖 20069100100
程文驰　通信工程学院 沈　强　通信工程学院 任智源　通信工程学院	王先豪 20179100020　王清阳 19012100096　周　杨 19030500251 齐相然 20009200500　易沛霓 18010100240

续表

教 练	学 生
马建峰 网络与信息安全学院 沈玉龙 计算机科学与技术学院 马鑫迪 网络与信息安全学院	李 戈 20151213595 党奇伟 17030140015 王文康 20181213919 刘奎志 21151213658 何 成 20151213579
李长乐 通信工程学院 惠一龙 通信工程学院 岳文伟 通信工程学院	贺润森 20011210393 沙子凡 20011210127 樊 帅 20011210409 王 刚 20011210263 涂远发 20011210392

第八届中国国际“互联网+”大学生创新创业大赛陕西赛区省级复赛

教 练	学 生
省级一等奖	
牛 毅 人工智能学院 李 甫 人工智能学院 周沫含 校外导师	宋卓琛 18200100166 李宝富 19200300035 赵欣怡 20009201217 章星宇 19200300029 刘云珂 19069100068
廖桂生 杭州研究院 王 阳 杭州研究院 陆清声 校外导师	祁佳炜 20021110112 马晟亭 2220211029 任颖萱 19040300071 丰 蕊 212412914 郭文颖 20211216
马晓华 微电子学院 卢 阳 微电子学院 赵子越 微电子学院	刘文良 21051110456 周瑞琪 21111212811 易楚朋 1714110414 王语晨 18141110426 俞 辰 21111110534
李红宁 广州研究院 裴庆祺 通信工程学院 刘 涛 广州研究院	初金朝 21011210072 洪宇轩 21181214463 雷 静 18151110439 肖慧子 18011210081 尹 洁 20011110003
邵明绪 空间科学与技术学院 徐 晗 空间科学与技术学院 谢 楷 空间科学与技术学院	徐涵城 18040300053 钱尧琦 19020300009 韩卓名 19160200056 魏子棚 19040100122 梅若海 20009100125
程文驰 通信工程学院 沈 强 通信工程学院 任智源 通信工程学院	王先豪 20179100020 周 杨 19030500251 齐相然 20009200500 易沛霓 18010100240 巨展宇 18010100383
马建峰 网络与信息安全学院 沈玉龙 计算机科学与技术学院 马鑫迪 网络与信息安全学院	李戈 20151213595 党奇伟 17030140015 王文康 20181213919 刘奎志 21151213658 何 成 20151213579
李长乐 通信工程学院 惠一龙 通信工程学院 岳文伟 通信工程学院	贺润森 20011210393 沙子凡 20011210127 樊 帅 20011210409 王 刚 20011210263 涂远发 20011210392
邵明绪 空间科学与技术学院 徐 晗 空间科学与技术学院 谢 楷 空间科学与技术学院	黄铁泓 19010500044 张佳颖 19069100107 王怡欣 19069100138 陈国杰 19040100121 陈宇峰 19010500045
董伟生 人工智能学院 李 甫 人工智能学院	后胜涛 20009200634 樊肇星 20009201138 洪铭锋 20069100191 马博坤 19069100044 程有坤 202014560422
路 文 电子工程学院 高新波 电子工程学院 查 林 电子工程学院	张立泽 20021210735 胡 健 21021210746 罗宏亮 19020100142 冯姣姣 21021210993 李子昂 18020100134

续表一

教　练	学　生
朱　伟　空间科学与技术学院 刘　毅　本科生院 郑瑞博　空间科学与技术学院	党奇伟 17030140015　秦　川 19140100146　赵旭喆 19012100082 高若萌 21009200650　王梓恒 20069100164
臧　博　电子工程学院 刘　龙　物理学院 李　林　电子工程学院	赵思垚 19020100249　赵秋博 21021211062　刘灏天 18040400029 张　毅 21021210980　秦培杰 19020100108
万　波　计算机科学与技术学院 柴　建　经济与管理学院 赵岩松　本科生院	闫雨昕 19069100218　苗　毅 19030100196　师浩然 19069100140 刘天翼 19012100080　郭瑜妍 20012100028
孟凡博　机电工程学院 黄　进　机电工程学院 赵鹏兵　机电工程学院	平　补 20041110183　牛津晶 20061212300　师学友 20041211814 时洪亮 21041212103　戴嘉欣 20012100082
于　斌　计算机科学与技术学院 陈　龙　计算机科学与技术学院	尚丹彤 19030100295　王之韵 20049200393　高永凯 19010100097 刘逸康 20009200179　余雯婧 20009200192
贾　广　计算机科学与技术学院 王　琨　计算机科学与技术学院 顾华玺　通信工程学院	张运泽 20009101526　杨文康 20009101525　张倖玺 20012100022 刘云珂 19069100068　吴丞楚 20012100032
李长乐　通信工程学院 岳文伟　通信工程学院 惠一龙　通信工程学院	陈新洋 19010100034　计宇清 19010400001　郑哲健 19019100009 王西兰 20069100073　胡罂斌 18069100036
杜　韬　先进材料与纳米科技学院 吴巍炜　先进材料与纳米科技学院 刘涛平　前沿交叉研究院	郭力豪 21141110584　张志鹏 20179100036　陈亮强 20179100093 弥旭珂 20179100057　安子骐 20179100065
刘怀亮　经济与管理学院	王亚凯 19061212478　张善庄 20061212379　张晓瑾 21061212456 杨蕊谦 20061110232　申明可 21061212584
朱守平　生命科学技术学院 曹　旭　生命科学技术学院 王艺涵　生命科学技术学院	赵展通 21121213325　李志强 21121213319　严朝阳 16040518123 林渝璇 19159100021　许　鹏 20159100083
李长乐　通信工程学院 岳文伟　通信工程学院 惠一龙　通信工程学院	陈新洋 19010100034　王西兰 20069100073　马艺铭 20012100084 陈航然 20069100112　陈奕韬 20009101049
冯　婷　微电子学院 卢　阳　微电子学院 赵子越　微电子学院	邓龙格 21111212937　卢怡玮 21111212901　刘文良 21051110456 俞　辰 21111110534　周九鼎 20111110343
吴宪云　通信工程学院 秦皓楠 20011110224 谢卫莹　通信工程学院	张倖玺 20012100022　袁宗林 19012100045　黄琦轩 20012100073 王佳晖 20069100100　张运泽 20009101526

续表二

教 练	学 生
省级二等奖	
沈玉龙 计算机科学与技术学院 马建峰 网络与信息安全学院 马鑫迪 网络与信息安全学院	李 戈 20151213595 刘义豪 21099100003 秦 川 19140100146 王文康 20181213919 徐海洋 21181214208
陈 晨 生命科学技术学院 裴庆祺 通信工程学院 沈八中 广州研究院	王晨宇 20181214233 刘子烨 20011110002 司佳宝 21011210282 黄子勤 21011210529 户嘉伟 21181214044
卢 阳 微电子学院	郭家豪 20009102191 刘 帅 20009100558 吴艾文 20009101165 陈思帆 20009100320 任骏鹏 20009100282
杨鹏飞 计算机科学与技术学院 赵 静 党政办公室 宋宝萍 本科生院	问 好 19030100076 刘逸康 20009200179 张安思源 21009101433 王佳晖 20069100100 陈茵茵 21009201334
李勇朝 通信工程学院 杨 华 校外导师 张 锐 通信工程学院	郭智元 20009100610 刘展旭 20012100042 高 雅 20009102248 李政昊 20009100467 马 鑫 20009100571
陈雪利 生命科学技术学院 陈多芳 生命科学技术学院 谢 晖 生命科学技术学院	安家良 20159100025 马宏宇 20159100026 史文纬 20159100018 杜 晶 20159100042 许倩倩 18150200016
陈 渤 电子工程学院 李 龙 研究生院	吴 迪 19020190010 黄子昊 19020190013 石宇航 19020190011 贾宸昊 19020190003 席明宇 19020100356
李 军 生命科学技术学院 刘 涛 广州研究院 吉 祥 广州研究院	黄继来 21181214216 张艳鑫 20181214359 罗楚瑶 21181214223 林国清 21181214429 赵安辉 21181214172
盛 敏 ISN 实验室 李浩然 通信工程学院 白卫岗 通信工程学院	巩亿平 21011210379 贾 霄 18010100271 牛淳隆 19010100304 韩锐强 19010100341 郝 琪 20011110215
吴家骥 电子工程学院 尚 坤 电子工程学院 屈 檀 电子工程学院	高永凯 19010100097 张 莹 20069100087 尚丹彤 19030100295 王淑靳 20009200963 王宏宇 20009100976
姜 文 电子工程学院 洪 涛 电子工程学院 魏 昆 电子工程学院	徐鹏达 20021210791 张 旭 20021210767 武 琼 20021210829 吴瑞恒 20021210680 杨川灏 20021211212
邵明绪 空间科学与技术学院 谢 楷 空间科学与技术学院 徐 晗 空间科学与技术学院	钱尧琦 19020300009 郑杰文 20049200252 吴欣燃 21009201313 王雨佳 19069100069 段星宇 21009100363
苏 涛 本科生院 陈多芳 生命科学技术学院 杨明磊 本科生院	侯羽轩 20159100044 刘昊龙 20159100063 李文帅 20159100035 王艺桦 20159100064 樊天惠 20069100123
王 佩 机电工程学院 孔宪光 机电工程学院 殷 磊 机电工程学院	田旭阳 19040100143 邹玮洁 21090300001 陶海珍 19040100055 刘鹏波 20069100158 宋康乐 19040300086

续表三

教　练	学　生
段庆威　物理学院 王昱博　生命科学技术学院	马韩琨 19050400019　王淑彬 19150300006　邓一默 20207082 王雨佳 19069100069　白　云 19069100045
穆宏浪　本科生院 王　禛　本科生院 华俊文　校团委	闫瑞松 20012100041　张运泽 20009101526　李子一 20069100160 李怡雯 19080100011　王梓萌 20099100017
盛　敏　ISN 实验室 郑　阳　通信工程学院 刘俊宇　通信工程学院	周城毅 20011110234　解子文 19011110313　张夏雨 18010100351 曹冰洋 19010100189　王　萌 19010100330
周益春　先进材料与纳米科技学院 廖　敏　先进材料与纳米科技学院 廖佳佳　先进材料与纳米科技学院	戴思维 21141110585　樊邵桦 20179100048　王　磊 20179100006 王泽华 20179100032　徐旭东 20009101458
吕锐婵　生命科学技术学院 田　捷　生命科学技术学院	蒋曦亭 20159100070　李文静 21121213263　郑浩瀚 19070100028 席艺攀 20089100008　李世昂 20009101840
万　波　计算机科学与技术学院 于　斌　计算机科学与技术学院 陈　龙　计算机科学与技术学院	韦卓纯 20009200199　陈浩宇 20009200472　庄　严 20069100106 雷天煜 19070190020　陶科达 21012100084
顾华玺　通信工程学院 裴庆祺　通信工程学院 王　琨　计算机科学与技术学院	张　骞 19010100246　费雨露 19010100342　刘一萱 19012100012 陶征庆 19010100237　杨东阁 19010100224
程鹏飞　空间科学与技术学院 王莹麟　空间科学与技术学院 朱　伟　空间科学与技术学院	王佳伟 19040200008　韩卓名 19160200056　丁少洋 19040200011 张　天 19040200004　毕天祥 20009102226
杨　丽　先进材料与纳米科技学院 李　聪　先进材料与纳米科技学院	王　磊 20179100006　杨　晨 20179100030　董亚霖 20179100040 徐旭东 20009101458　姜向乐 20179100034
陈雪利　生命科学技术学院 谢　晖　生命科学技术学院 陈多芳 生命科学技术学院	张晶晶 20159100041　蒋曦亭 20159100070　杨晨曦 19150300008 张伊哲 20159100014　魏欣雨 20159100016
任胜寒　生命科学技术学院 刘丽文　校外导师 李　军　生命科学技术学院	杨晨曦 19150300008　沈洪宇 19159100009　周　楠 19159100013 姚戈昶 19200100116　秦川 19140100146
李云松　通信工程学院 雷　杰　通信工程学院 谢卫莹　通信工程学院	叶航宇 21011110263　袁宗林 19012100045　曹　聪 19030100444 武欢欢 19069100209　张凯熙 19012100032
李　甫　人工智能学院 周沫含　校外导师 牛　毅　人工智能学院	蒋之铭 20009200272　张嘉伟 20009200880　蒋曦亭 20159100070 胥　茜 20009200941　王傲寒 20069100148

续表四

教　练	学　生
沈玉龙　计算机科学与技术学院	吕一忱 19170200015　阮受炜 18170200023　刘　乐 20179100012 任芷妍 20009201371　庄　严 20069100106
曹　旭　生命科学技术学院 王艺涵　生命科学技术学院 朱守平　生命科学技术学院	王　鑫 20121213168　李志强 21121213319　赵展通 21121213325 麻　丽 21121213315　王艺蓉 2002020127
盛　敏　ISN 实验室 郑　阳　通信工程学院 刘俊宇　通信工程学院	周城毅 20011110234　解子文 19011110313　张夏雨 18010100351 曹冰洋 19010100189　王　萌 19010100330
程文驰　通信工程学院 沈　强　通信工程学院 任智源　通信工程学院	王清阳 19012100096　郑哲健 19019100009　王先豪 20179100020 易沛霓 18010100240　巨展宇 18010100383
李兴华　网络与信息安全学院	李卓文 21151213729　吕佳敏 19180300009　唐英豪 19180100116 张思卿 19180100117　靳东明 19030500219
朱守平　生命科学技术学院 王艺涵　生命科学技术学院 崔传贞　生命科学技术学院	李志强 21121213319　赵展通 21121213325　麻　丽 21121213315 王　鑫 20121213168　鲜浩楠 3161414
于　斌　计算机科学与技术学院 胡辉勇　微电子学院 刘博文　微电子学院	吴思天 20012100017　秦　川 19140100146　杨晨曦 19150300008 项虹桥 19069100015　王静娴 20099100036
邵明绪　空间科学与技术学院 唐雅琼　机电工程学院	钱尧琦 19020300009　梅若海 20009100125　黄铁泓 19010500044 傅楚珊 21012100056　户昱炜 21049200393
邵明绪　空间科学与技术学院	黄铁泓 19010500044　陈宇峰 19010500045　刘伯航 21012100080 钱尧琦 19020300009　刘思秋 19012100043
孙　伟　空间科学与技术学院 郭宝龙　空间科学与技术学院	周旭阳 20131110300　马圣智 20009101710　张照林 20131213276 易乃欣 21131213336　薄建昊 21131213384
李云松　通信工程学院 雷　杰　通信工程学院 谢卫莹　通信工程学院	叶航宇 21011110263　马纪涛 21011210271　徐小鸿 21011210394 许亚雨 19069100070　韦卓纯 20009200199
苏晓冰　人文学院 陈春晓　人文学院	郭佳馨 20080100005　宫懿伦 20089100025　王翰臻 20069100127 周梦绮 20069100110
杨鹏飞　计算机科学与技术学院 宋宝萍　本科生院 赵　静　党政办公室	问　好 19030100076　刘逸康 20009200179　王佳晖 20069100100 张安思源 21009101433　陈茵茵 21009201334　洪铭锋 20069100191 刘睿康 20009200564　张云儿 20012100061　王渝普 20012100012
省级三等奖	
曹　震　人工智能学院 缑水平　人工智能学院 侯　彪　人工智能学院	孙　琦 19200100130　李雪尔 20009201385　张紫艺 19200100103 李昱颖 20009201122　黄泺洁 20069100093

续表五

教　练	学　生
刘怀亮　经济与管理学院	张晓瑾 21061212456　张善庄 20061212379　王亚凯 19061212478 陈秋亦 21069100148　郭妍琪 21069100061
刘　飞　光电工程学院 王　纲　光电工程学院	封辰阳 20069100015　吴一楷 20009101063　马浩毓 20069100105 张秉颜 20009100592　王傲寒 20069100148
于建国　电子工程学院	王淑靳 20009200963　牛志康 20009201191　张　莹 20069100087 陈锦力 21009101835　张玉婷 20009101856
陈雪利　生命科学技术学院 曾　琦　生命科学技术学院 谢　晖　生命科学技术学院	宋秉桦 19150300011　行霆燕 19159100035　蒋曦亭 20159100070 安家良 20159100025　毛志波 20159100072
陈大正　微电子学院 宋庆文　微电子学院	张泽雨林 21111110536　闫芃如 20111212764　李　哲 20111110325 杜丰羽 19111110113　刘丁赫 20111212829
朱守平　生命科学技术学院 曹　旭　生命科学技术学院 王艺涵　生命科学技术学院	赵　广 19150300021　安龙飞 19150300022　冯越童 19159100032 王梓恒 20069100164　王怡欣 19069100138
哈　媛　先进材料与纳米科技学院	马颖妍 21141213459　陈亮强 20179100093　安子骐 20179100065 崔子锦 20179100088　杨孟然 20179100055
魏　峰　电子工程学院 张鹏飞　微电子学院 徐　乐　电子工程学院	薛钰琛 21021210788　刘伟申 21021210667　丁学智 21021210818 刘鑫鑫 21021210772　石增辉 18020100047
吕锐婵　生命科学技术学院 田　捷　生命科学技术学院	蒋曦亭 20159100070　李文静 21121213263　郑浩瀚 19070100028 席艺攀 20089100008　李世昂 20009101840
陈　晨　生命科学技术学院 沈八中　广州研究院 裴庆祺　通信工程学院	王晨宇 20181214233　刘子烨 20011110002　黄子勤 21011210529 司佳宝 21011210282　户嘉伟 21181214044
刘怀亮　经济与管理学院	张善庄 20061212379　张晓瑾 21061212456　王亚凯 19061212478 谭楚凡 21069100237　贺冰玲 21069100192
刘怀亮　经济与管理学院	张晓瑾 21061212456　张善庄 20061212379　王亚凯 19061212478 陈秋亦 21069100148　郭妍琪 21069100061
尹　鹏　本科生院 杨　熙　电子工程学院	殷雅如 19022100032　李欣悦 20009201026　任芷妍 20009201371 陈家欢 20009200496　冯媛霞 20009100199
万　波　计算机科学与技术学院 赵岩松　本科生院	熊　帮 21031110071　闫雨昕 19069100218　师浩然 19069100140 郭瑜妍 20012100028　王艺霖 20069100067　丁泽华 20009200109
李　军　生命科学技术学院 刘　涛　广州研究院 吉　祥　广州研究院	黄继来 21181214216　张艳鑫 20181214359　罗楚瑶 21181214223 林国清 21181214429　刘寄甲 21181214294
裴庆祺　通信工程学院	王渝普 20012100012　洪铭锋 20069100191　赵明宇 20049200176 张云儿 20012100061　郑屿蓬 21009200658

续表六

教　练	学　生
李　慧　通信工程学院	杨新宇 21099100076　李子一 20069100160　庄严 20069100106 曹　聪 19030100444　李欣悦 20009201026
贾　广　计算机科学与技术学院 王　琨　计算机科学与技术学院 顾华玺　通信工程学院	张运泽 20009101526　张俸玺 20012100022　李昊坤 19012100072 杨文康 20009101525　张之晟 21009100113
程文驰　通信工程学院 沈　强　通信工程学院 任智源　通信工程学院	王先豪 20179100020　周　杨 19030500251　齐相然 20009200500 王　君 21012100044　李宏瑞 21009101199
杜军朝　计算机科学与技术学院 王炳波　计算机科学与技术学院	刘美含 20009200913　李欣悦 20009201026　高　飞 21009100584 陈思远 20009200481　米国良 20009200332
刘建伟　马克思主义学院 顾　陇　先进材料与纳米科技学院	彭泽炳 19080100032　张家源 19080300012　董香兰 19080300015
彭春蕾　网络与信息安全学院 胡瑞敏　网络与信息安全学院 罗林波　网络与信息安全学院	樊　博 20009200339　李梓萌 20009201470　谢拓融 20009200171 李萧龙 19010100045　赵晨烨 20099100031
吴家骥　电子工程学院 赵岩松　本科生院	张　莹 20069100087　牛志康 20009201191　吴振闻 22021211262 陈少宏 21021221356　黄羽晴 20021210632
顾华玺　通信工程学院 尹　鹏　本科生院	夏钰清 20012100071　赵明宇 20049200176　颜鸿宇 20012100034 王宇帆 20012100004　刘润楷 20012100020
郭宝龙　空间科学与技术学院	艾启航 19020100299　张容瑜 21069100102　封辰阳 20069100015 张秉颜 20009100592　杨佳彬 19020100433　后胜涛 20009200634 马博坤 19069100044　洪铭锋 20069100191　庄　严 20069100106 李子一 20069100160

第十七届“挑战杯”全国大学生课外学术科技作品竞赛

教　练	学　生
国家级一等奖	
蔡觉平　微电子学院 侯　彪　人工智能学院 尹　鹏　本科生院	周都兰 19030100084　张嘉蔚 19069100056　马俊原 19040100047 鲁逢源 22111110487　刘昀泽 18140100197
国家级二等奖	
吴家骥　电子工程学院 朱　伟　空间科学与技术学院 华俊文　校团委	刘嘉懿 19040500088　李岱勋 18010100278　王先豪 20179100020 王淑靳 20009200963　翟培基 19010100091
国家级揭榜挂帅专项赛特等奖	
胡　伟　电子工程学院 姜　文　电子工程学院	陈　霑 21021110289　林　聪 19021210667　蒲　彦 21021110372 杨大慰 19021221073

第十一届"挑战杯"陕西省大学生创业计划竞赛

教练	学生
省级金奖	
尚坤 电子工程学院 吴家骥 电子工程学院 屈檀 电子工程学院	高永凯 19010100097 张国帅 19021110506 王宏宇 20009100976 赵霖楠 20049200230 江家庆 20009100983
李甫 人工智能学院 牛毅 人工智能学院 王佳悦 校团委	宋卓琛 18200100166 刘云珂 19069100068 马博坤 19069100044 毛晓洁 19069100144 赵欣怡 20009201217
杨如森 先进材料与纳米科技学院 尹鹏 本科生院 刘毅 本科生院	武新明 19170100037 付凯文 19170100004 樊邵桦 20179100048 王磊 20179100006 邱嘉俊 19170100016
侯彪 人工智能学院 焦李成 人工智能学院	张佳凡 20009201208 樊志诚 20009102269 李傲 20009200077 安晨 20009201163 李函钰 20089100014
田聪 研究生院 于斌 计算机科学与技术学院 段振华 计算机科学与技术学院	韩炳喆 21031211599 徐巍 21031211370 刘逸康 20009200179 贺宇轩 18030100278 张钰涵 20049200192
万波 计算机科学与技术学院 黄丽娟 经济与管理学院 熊帮	师浩然 19069100140 闫雨昕 19069100218 郭瑜妍 20012100028 丁泽华 20009200109 李丞正旭 19069100242
省级银奖	
贾广 计算机科学与技术学院 顾华玺 通信工程学院	张运泽 20009101526 李昊坤 19012100072 杨文康 20009101525 董诗睿 20009200924 薛绍宏 19020100016
穆宏浪 竹园3号书院 王祯 竹园3号书院	闫瑞松 20012100041 李怡雯 19080100011 王梓萌 20009100017 雷玥 21069100190 张富尧 21012100059
吴宪云 通信工程学院 秦皓楠 20011110224 谢卫莹 通信工程学院	张倖玺 20012100022 袁宗林 19012100045 黄琦轩 20012100073 郎祺 20012100069 马浩然 20012100070
路文 电子工程学院	张立泽 20021210735 胡健 21021210746 罗宏亮 19020100142 尤乐航 19029100006 冯姣姣 21021210993
省级铜奖	
邵明绪 空间科学与技术学院 徐晗 空间科学与技术学院 谢楷 空间科学与技术学院	徐涵城 18040300053 张彤 19012100009 钱尧琦 19020300009 黄轶泓 19010500044 梅若海 20009100125
邵明绪 空间科学与技术学院 谢楷 空间科学与技术学院 徐晗 空间科学与技术学院	李佳铄 20009101519 方超杰 20049200123 曾屹强 20049200276 段文敬 20069100071 王子铭 19030500135
于建国 电子工程学院 吴家骥 电子工程学院 赵至夫 人工智能学院	牛志康 20009201191 王淑靳 20009200963 张莹 20069100087 陈少宏 21021221356 王先豪 20179100020

2022 年“英特尔杯”大学生电子设计竞赛嵌入式系统专题邀请赛

教　练	学　生
国家级三等奖	
徐　茵　电子工程学院 王新怀　电子工程学院 宗　汝　电子工程学院	龚建峰 20009100932　侯朋序 20009100630 加合斯力克·阿尼瓦尔 20040300003
康海燕　微电子学院	陈培林 20009100337　马俊飞 20009101153　白鹏涛 20009100722

2022 年“TI 杯”模拟电子系统设计专题邀请赛

教　练	学　生
国家级一等奖	
王新怀　电子工程学院 徐　茵　电子工程学院 周佳社　电子工程学院	张西凯 19020100146　庞明杰 19020100080　白兆曦 21009100657
秦红波　机电工程学院 易运晖　通信工程学院 周佳社　电子工程学院	张冠捷 19040500112　张佩轩 19040500043　张晓巍 19040500132

2022 年全国大学生电子设计竞赛信息科技前沿专题邀请赛

教　练	学　生
国家级二等奖	
易运晖　通信工程学院 何先灯　通信工程学院	兰清宇 19010100439　郑桂勇 20009100338　程允杰 20009100339
国家级三等奖	
王新怀　电子工程学院 李亚超　电子工程学院 徐　茵　电子工程学院	王　宠 19140200128　郑杰文 20049200252　李敬城 20009100350

陕西省第八届大学生(TI 杯)模拟及模数混合电路应用设计竞赛

教　练	学　生
省级一等奖	
米月琴　电子工程学院 宗　汝　电子工程学院 王新怀　电子工程学院	席明宇 19020100356　张　鑫 20049200039　罗喆忻 20009100804
易运晖　通信工程学院 李　毅　通信工程学院 白　勃　通信工程学院	张　杰 19010100027　裴智翔 19030500088　程允杰 20009100339

续表一

教 练	学 生
何先灯 通信工程学院 易运晖 通信工程学院 贺小云 通信工程学院	李国强 20010100003 郭韩星 20009101792 范博浩 20010130001
秦红波 机电工程学院 詹劲松 机电工程学院	张冠捷 19040500112 张佩轩 19040500043 张晓巍 19040500132
孙文方 空间科学与技术学院 谢 楷 空间科学与技术学院	胡夏南 19169100008 何凌峰 19169100003 喻哲文 19169100002
徐 茵 电子工程学院 王新怀 电子工程学院 宗 汝 电子工程学院	张西凯 19020100146 庞明杰 19020100080 白兆曦 21009100657
王新怀 电子工程学院 郭万有 电子工程学院 袁晓光 电子工程学院	赵兴健 21009101382 庄晓志 20009101349 张云儿 20012100061
省级二等奖	
米月琴 电子工程学院 宗 汝 电子工程学院 袁晓光 电子工程学院	王旭辉 20009102045 赵方宇 21009100962 夏婉莹 21009100377
秦红波 机电工程学院 詹劲松 机电工程学院	刘嘉欣 20049200205 沙晓满 20049200108 张忠铭 20049200129
宗 汝 电子工程学院 徐 茵 电子工程学院 王水平 机电工程学院	阙友彬 20009101363 韦 岸 20009100264 王 骋 20020100002
秦红波 机电工程学院 汶 涛 机电工程学院	张睿恒 20049200095 王正交 20049200285 黎博豪 20049200484
袁晓光 电子工程学院 任爱锋 电子工程学院 王新怀 电子工程学院	段治仲 19020100305 顾文杰 20009102264 朱俊奥 20009100554
郭万有 电子工程学院 王水平 机电工程学院 任爱锋 电子工程学院	陈梓恒 20049200114 邱茂俊 20009100305 林煜涛 21009102278
秦红波 机电工程学院 董春云 机电工程学院	苟虎劲 20049200384 孙钦浩 20049200325 李佳航 20069100007
秦红波 机电工程学院 刘 岩 机电工程学院	韩旭东 20049200194 徐晨耀 20049200268 加合斯力克·阿尼瓦尔 20040300003
何先灯 通信工程学院 易运晖 通信工程学院 贺小云 通信工程学院	陈 驰 20009102259 洪存辅 20069100177 姚路明 20009101119

续表二

教 练	学 生
省级三等奖	
白小平 机电工程学院 王水平 机电工程学院	吴凯华 20049200163 刘泞溪 20009100036 张朝洋 20009102070
王水平 机电工程学院 王新怀 电子工程学院 宗 汝 电子工程学院	李政隆 20140100002 莫文涛 21009100222 张耀心 21009102235
孙文方 空间科学与技术学院 谢 楷 空间科学与技术学院	李雨键 20159100073 吴恩帅 20159100034 赵峻豪 20159100001
白小平 机电工程学院 王水平 机电工程学院	冯璐高泽 19040500095 宋元彪 19040500032 唐震宇 19040500049
孙文方 空间科学与技术学院 谢 楷 空间科学与技术学院	李子霖 20009100266 高 磊 20009102122 杨明鑫 20009101576
贺小云 通信工程学院 刘飞航 通信工程学院 何先灯 通信工程学院	何思博 20009101673 卢唯诚 20009100132 张雅雯 19010100067
白 明 通信工程学院 易运晖 通信工程学院 何先灯 通信工程学院	赵云霄 20009100501 李明睿 20009100995
汶 涛 机电工程学院 秦红波 机电工程学院	刘 杰 20049200159 侯士康 21049200464 贾鼎祥 21009100408
易运晖 通信工程学院 何先灯 通信工程学院 白 明 通信工程学院	第五博文 20010190022 梁忠鑫 20009100531 狄凡瑞 20010190015

全国大学生数学建模竞赛

教 练	学 生
国家级一等奖	
张胜利 数学与统计学院	刘东霞 20020190006 李柯言 20179100091 王玉言 20009101489
穆学文 数学与统计学院	丰佳伟 20049200352 洪家乐 20009200479 李超凡 20009200993
谢 晋 数学与统计学院	王栗政 20179100018 胡博睿 21009100245 张楚云 20049200500
刘 丹 数学与统计学院	陈克凡 20009200061 李博华 20009200878 韩智桥 20009100130
国家级二等奖	
杨雨茜 数学与统计学院	马艺铭 20012100084 戴逸飞 20009200869 侯永康 20009101442
杨国平 数学与统计学院	李晓君 21009101411 王 珅 21009101415 唐启哲 20009101409
冯海林 数学与统计学院	赵家盼 20009100873 王紫琼 20009101929 赵凤羽 20009101011
李善兵 数学与统计学院	蔡建峰 20009200780 付佳佳 20079100029 马彧媛 20009200245

续表一

教　练	学　生
省级一等奖	
张胜利　数学与统计学院	霍晶莹 20009100557　李世昂 20009101840　解思吕 20009100515
张胜利　数学与统计学院	冯科华 20009200446　王子涵 20009200562　张明宇 20009200484
周水生　数学与统计学院	杨　映 20069100032　黄鹏元 20069100063　曹银峰 20069100081
周水生　数学与统计学院	周子琨 20009101311　周汉栋 20049200135　刘　杰 20009101069
周水生　数学与统计学院	简俊鹏 20009101196　陈劲豪 20009101853　施玉茹 20009101167
周水生　数学与统计学院	陈永航 20009101947　张佳凡 20009201208　朱嘉怡 20009101941
周水生　数学与统计学院	徐志铭 20009200324　王子龙 20009200388　李恒毅 20009200045
宁万涛　数学与统计学院	夏雨晴 20009101662　陈子康 20009200956　郭李莉 20009100133
宁万涛　数学与统计学院	刘展旭 20012100042　唐心城 20009100141　王昊宇 20009101125
宁万涛　数学与统计学院	赵　权 21009100334　牛露睿 21009100338　沈熙诚 21009100155
黄冬梅　数学与统计学院	芮鹏凯 20009101142　张玲宁 20009100422　田丰昱 20009101854
黄冬梅　数学与统计学院	古　超 20009101319　肖世豪 20009101324　何贤君 20009102169
黄冬梅　数学与统计学院	杜阳子 20009101958　岳心宇 20009102020　陈　琢 20009101601
黄冬梅　数学与统计学院	王宇彪 20069100069　张　珂 20069100065　孙　望 20069100005
于　淼　数学与统计学院	曹　张 21009101563　徐　竹 21009100034　何雅瑄 21009200862
于　淼　数学与统计学院	沙晓满 20049200108　张　莹 20069100087　朱玲玲 20009200704
李瑞红　数学与统计学院	寻锐豪 20009100674　岳　原 20009100647　张　奥 20009100925
李瑞红　数学与统计学院	曲芝璇 20009100597　平锦梦 20009100653　杨　清 20009101993
宋　月　数学与统计学院	安家良 20159100025　黄川娥 20069100066　黄　磊 20069100068
宋　月　数学与统计学院	冀星晨 20159100059　潘友鹏 20079100048　郭培璐 20009200260
宋　月　数学与统计学院	董智豪 20079100078　贾博飞 20049200419　耿　韬 20079100069
宋　月　数学与统计学院	王振皓 21009190004　周冠林 21049200087　陈　翔 21009100917
邹青松　数学与统计学院	樊肇星 20009201138　林初浩 20009200464　王天天 20009200092
邹青松　数学与统计学院	朱成阳 20179100109　刘晨昱 20009101507　吴　林 20009101495
邹青松　数学与统计学院	张安思源 21009101433　孙钰轩 21009101861　潘宇豪 20009101666
贾纪腾　数学与统计学院	董森邦 20009200001　王家航 20009200269　林育铭 20009200211
贾纪腾　数学与统计学院	章远硕 21009100594　杨　泰 21009100396　余佳怡 21009190068
尹小艳　数学与统计学院	邱宇驰 21009190001　张鑫诺 21049200307　马乐千 21009101551
尹小艳　数学与统计学院	付友泉 21009200780　张文源 21009100250　姚焱斐 21009200232
尹小艳　数学与统计学院	高　睿 20009100709　李传旭 20009101136　张馨仪 20069100128
彭　深　数学与统计学院	庄　涛 20009200699　贾宏刚 20009101943　张海岩 20009102060
彭　深　数学与统计学院	刘旭安 21009100702　胡宝甫 21009100662　吴　昊 21069100226
彭　深　数学与统计学院	杨路缘 21009102307　吉　潭 21009100122　李雨阳 21009100954
彭　深　数学与统计学院	王天泽 20009102309　范家琪 20009100949　王若菲 20009101896
穆学文　数学与统计学院	罗清允 20020100008　施柯煊 20079100050　赵　璇 20079100038

续表二

教 练	学 生
穆学文 数学与统计学院	朱澄宇 19010500053 姚 帅 19010500032 武 彤 20009101584
穆学文 数学与统计学院	张汉雨 20009200240 王子晴 20009100853 李和峰 20049200070
穆学文 数学与统计学院	程 功 20079100040 王志伟 20009200305 王欣禾 20049200336
穆学文 数学与统计学院	张必豪 21009100270 焦志琨 21009100269 赵宏伟 21009100398
李 宏 数学与统计学院	王彬成 20009100527 潘睿垚 20009100525 郑雨婷 20009101667
李 宏 数学与统计学院	覃 朗 21010500004 李巴特 21140100001 李雨泽 21009101822
李 宏 数学与统计学院	刘简睿 20009200986 水逸林 20009200995 何小云 20009200769
李 宏 数学与统计学院	周泽宇 21009100490 罗一诚 21009100726 赵奇立 21009190055
谢 晋 数学与统计学院	张 峰 20079100034 郑晨璐 20079100035 王佳维 20079100108
谢 晋 数学与统计学院	蔡明硕 21009200731 张君豪 20009200362 夏艳辉 20009102072
赵志华 数学与统计学院	樊洋希 21089100029 高澜城 21009101379 龚天翔 21009100237
赵志华 数学与统计学院	井 澈 21012100074 付润昊 21012100005 董子硕 21012100070
赵志华 数学与统计学院	李文驰 20009102153 魏才翔 20009100864 康 劢 20009101323
朱 强 数学与统计学院	吕帜一 20009200383 刘睿康 20009200564 张俸玺 20012100022
朱 强 数学与统计学院	李宇哲 20009101516 王棕祺 20009200873 贾昊熇 20049200517
朱 强 数学与统计学院	傅佳木 21009100802 董炳智 21009100656 商 展 21009100660
段清娟 机电工程学院	郑百川 20009200333 黄 倩 20009200763 陈淑婷 20009200465
段清娟 机电工程学院	何金音 20009101306 顾文杰 20009102264 王国苗 20009102027
段清娟 机电工程学院	杜天昊 20009101509 常歆悦 20049200553 谭钧文 20009200749
张朝辉 数学与统计学院	陈奕昂 21009100602 郑全超 21009100533 张圣来 21009100588
张朝辉 数学与统计学院	郝 婷 21009100262 李博源 21009100261 关 欣 21049200136
张朝辉 数学与统计学院	欧颜磊 20009101348 郭耿权 20009200786 张培榑 20200100008
李 君 数学与统计学院	袁皓聿 20009101052 高瑾纯 20009101641 袁 钰 20009101024
李 君 数学与统计学院	谢晨颖 20049200485 赵如玉 20009201084 韩雪怡 20009200369
李 君 数学与统计学院	朱英浩 20049200395 王福轩 20049200501 李世鹏 20049200434
杨雨茜 数学与统计学院	刘佩和 20009100638 鄢嘉宇 20010500008 郑恺填 20009100309
杨雨茜 数学与统计学院	赵仲海 20009201114 刘文俊 20009102295 郑佩林 20009200782
李 伟 数学与统计学院	路宪政 20009101518 张子杰 20009101353 张 晗 20009100801
杨国平 数学与统计学院	吴 娉 20009200052 刘 娜 20009100041 雷贵岚 20009101344
杨国平 数学与统计学院	李 政 21009101407 肖 俊 21009100953 李博瑞 21009100637
卢 楠 数学与统计学院	戚家恺 21079100061 张世瑞 21009101448 王剑宇 21009200192
卢 楠 数学与统计学院	李博伟 20012100063 张云儿 20012100061 任科禹 20009102256
卢 楠 数学与统计学院	易 林 20159100074 王佳怡 20159100046 李箐萱 20159100006
李 靖 数学与统计学院	姜政祥 21009101410 王凯乐 20010190009 第五博文 20010190022
李 靖 数学与统计学院	陈逸飞 20009101290 王奕琳 20069100175 闫一慧 20009200331
李 靖 数学与统计学院	陈彦竹 21079100064 周文杰 21009200463 刘霄阳 21009102154

续表三

教　练	学　生
李　靖　数学与统计学院	李涵宇 21012100001　郅雨彤 21009200700　李昱晔 21009200168
陈　华　先进材料与纳米科技学院	薛兆文 21009200689　徐　州 21009200852　张　江 21009200257
陈　华　先进材料与纳米科技学院	高　飞 21009100584　林宸旭 21009100519　王洲行 21009100108
陈　华　先进材料与纳米科技学院	王士博 20009200904　谢　蓉 20079100091　沈世镇 20009100840
陈　华　先进材料与纳米科技学院	罗　北 20009101490　李启森 20009102284　詹宏亮 20049200351
刘　丹　数学与统计学院	白仕宇 20009101446　廖若楚 20009101204　张子晗 20069100008
刘　丹　数学与统计学院	徐　麟 20009200067　刘子琦 20049200333　司家骐 20009201260
刘　丹　数学与统计学院	万宁浩 20009101671　许馨方 20009100714　张嘉颖 20009100953
李　芳　数学与统计学院	陈秋麟 21009200367　赵钰蒴 21009101247　刘炘梅 21009100196
何　超　数学与统计学院	高展铭 20049200446　朱昱禧 20009100093　冯媛霞 20009100199
何　超　数学与统计学院	冯　伟 20009102185　王格夫 20009101582　邵亚东 20009100257
何　超　数学与统计学院	高瑞琦 20009201212　庄　严 20069100106　刘博玮 21009200623
何　超　数学与统计学院	侯羽轩 20159100044　陶禹成 20079100010　刘　勇 20009101680
杨贵东　数学与统计学院	曾斐然 20009201089　邢涵瑜 20009101773　毕　晴 20009101852
杨贵东　数学与统计学院	赵国庆 20049200072　王知非 20069100221　王灏哲 21009101494
杨贵东　数学与统计学院	董味芸 21009102293　薛翰林 21009102294　邱　奇 21009102287
杨贵东　数学与统计学院	潘忠梁 20069100052　刘九铭 20069100018　杨　杭 20069100017
冯海林　数学与统计学院	孙　杨 21009100149　魏仕荣 21009102034　张　曦 21009100143
韩邦合　数学与统计学院	李佳桐 20009201031　王默轩 20009201043　李宇哲 20009101733
韩邦合　数学与统计学院	周伯楚 20009100275　黄天立 20009100279　李立天 20009100293
韩邦合　数学与统计学院	周伯渝 20009200140　闫家浩 20009201372　郑桂勇 20009100338
叶　峰　数学与统计学院	程　彤 21009200461　刘曦远 21009100798　李香凝 21009200691
叶　峰　数学与统计学院	徐智姚 21009200843　张嘉伟 20009200880　王　佳 20009200979
省级二等奖	
叶　峰　数学与统计学院	石佳楠 21049200487　胡体健 20009200615　梁城斌 21049200466
刘丽霞　数学与统计学院	李超凡 21009100896　王梓筝 21009101912　王　皓 21009100335
刘丽霞　数学与统计学院	赵霖楠 20049200230　仇雨暄 20049200548　黄思琦 20049200295
刘丽霞　数学与统计学院	耿鹏程 20079100042　祖勇 20079100075　谌杨洁 20009101158
张　欣　数学与统计学院	詹瑜萍 20009201159　程梅鑫 20009200890　魏清正 20009100511
张胜利　数学与统计学院	林睿泽 20009200793　李　武 20079100081　梁哲淳 20079100006
张胜利　数学与统计学院	李欣泽 20009200896　周子晗 20009200631　李唐蔚 20009201465
张胜利　数学与统计学院	赵明宇 20049200176　王新明 20159100032　周　璇 20069100130
周水生　数学与统计学院	王炜栋 20009102200　霍云云 20010190010　张曼迅 20012100003
周水生　数学与统计学院	李敬城 20009100350　付振昊 20009101014　郭林昊 20009101485
宁万涛　数学与统计学院	李　颖 20009100667　梁佳琪 20009101454　高　雅 20009102248
宁万涛　数学与统计学院	张　凤 20009200685　夏雨烟 20009200431　唐　祥 20049200342

续表四

教　练	学　生
黄冬梅　数学与统计学院	王拓一 20009102233　彭泽刚 20009101739　樊邵桦 20179100048
黄冬梅　数学与统计学院	王　植 21009101890　佘浩天 21009201116　李金栓 21009201113
于　淼　数学与统计学院	刘　遥 21069100223　刘庚池 21009100005　王向前 21009200001
李瑞红　数学与统计学院	刘　畅 20009100545　陈驰宇 20020190009　李梦蕾 20020190012
李瑞红　数学与统计学院	马玉鑫 21009101384　沈　鹏 21009101086　魏子翔 21069100236
李瑞红　数学与统计学院	钱禹辰 20009100127　王昊健 20009100158　陈浩鑫 20009100479
宋　月　数学与统计学院	林宇杰 20009101370　裴宇涵 20009200242　薛宇佳 20009100708
邹青松　数学与统计学院	杨　照 20009100509　周建鹏 20009102312　杨金妍 21009101753
邹青松　数学与统计学院	黄　博 20009200099　李雨萱 20009201182　罗逸璇 20009201279
邹青松　数学与统计学院	莫达鹏 21012100099　崔　哲 21012100076　王海文 21012100029
贾纪腾　数学与统计学院	毛鑫鹏 21009100103　钟金豪 21049200225　周沁怡 21009100528
尹小艳　数学与统计学院	魏铭科 21009100102　吴　非 21009100106　郭敬成 21009100093
尹小艳　数学与统计学院	刘振洋 20009100037　王　乐 20009100104　艾文奇 20020190015
彭　深　数学与统计学院	李培浩 21009102118　王　奕 21079100095　王可欣 21009100567
彭　深　数学与统计学院	商迪凯 21009100576　马恺怡 21009101931　刘芝含 21009100487
李　宏　数学与统计学院	陈宇康 20009100016　梁忠鑫 20009100531　刘一凡 20099100024
李　宏　数学与统计学院	谢竟成 20009200731　刘璨宇 20009200882　李　阳 20009200776
李　宏　数学与统计学院	石永怡 20009201067　蓝睿柠 20009200774　王　震 21009101404
谢　晋　数学与统计学院	张　程 21009101750　吕宵萌 21009101848　刘子赫 21009100676
谢　晋　数学与统计学院	占润楠 21009101514　孙一恒 21009101865　赵文彪 21009101342
谢　晋　数学与统计学院	马思浩 20009102037　田皓天 20009102049　张高鉴 20009101728
赵志华　数学与统计学院	周宇晨 20009102031　解泽阳 21009201072　孙竟博 21009100508
朱　强　数学与统计学院	张运泽 20009101526　袁　昊 20009200999　许笑颜 20069100095
朱　强　数学与统计学院	朱馨雨 20009200544　纪晓慧 20049200427　邵星月 20009100849
朱　强　数学与统计学院	江家庆 20009100983　黄丹桂 20009101118　张　豪 20050100006
段清娟　机电工程学院	张李斌 21009200082　王俞钦 21009200033　江昱峰 21009200038
段清娟　机电工程学院	张仕浩 21009200642　孙小荷 21009101416　刘义祥 21009200387
张朝辉　数学与统计学院	叶　斌 20009100150　刘含宇 20079100032　蔡绵琦 20079100019
李　君　数学与统计学院	张锦文 20009100787　陈南迪 20009101091　林　昊 20009100608
杨雨茜　数学与统计学院	杨礼睿 20009100784　边　记 20009100585　魏博远 20009100876
李　伟　数学与统计学院	章　宏 20009101088　郭云聪 20009100025　秦苏瑾婷 20009100428
李　伟　数学与统计学院	顾泽睿 20009200082　刘美含 20009200913　李冰妮 20009200090
李　伟　数学与统计学院	韩梦媛 20069100011　代传洪 20179100115　李雨婷 20009101570
杨国平　数学与统计学院	王宇峰 21079100056　杨　凯 21009190007　李文卓 21009201062
卢　楠　数学与统计学院	苏逸飞 20009101736　王泽语 20009101735　田沁源 20009101748
卢　楠　数学与统计学院	赵云骁 20009100947　王怡丹 20049200525　信志成 20009201482

续表五

教　练	学　生
卢　楠　数学与统计学院	张　潇 20009200200　段元瑞 20009200668　薛语琨 21099100012
李　靖　数学与统计学院	孙浩扬 20022100055　郭倩楠 20009102057　毛翔宇 20022100022
陈　华　先进材料与纳米科技学院	崔　进 20009100887　陈安宁 21009100703　钟湛宇 21009200422
刘　丹　数学与统计学院	薛中锐 21049200423　杜成璐 21009100974　卢红霞 21009201382
李　芳　数学与统计学院	翟　朔 20009100241　汪永嘉 20009200136　李东烜 20009200114
李　芳　数学与统计学院	刘晋升 21009101405　邓小康 21009102060　严欣阳 21009102224
李　芳　数学与统计学院	卢泓熹 20009100278　韩香云 20009101515　薛　诺 20079100072
李　芳　数学与统计学院	曲子瑶 20009200243　左桢莉 20179100074　胥　茜 20009200941
何　超　数学与统计学院	吴昊东 20009100026　张　炎 20009100189　李学强 20009100283
何　超　数学与统计学院	张歆悦 21009201309　刘泽森 21009200735　许钰康 21009200815
杨贵东　数学与统计学院	张浩源 21009101069　王新坤 21009101399　张佳航 21009101273
杨贵东　数学与统计学院	彭天健 20009101310　李兴华 20009102038　余评秋 21009201296
杨贵东　数学与统计学院	段林彬 21009101697　魏楚天 21009101362　张黎东 21009102021
冯海林　数学与统计学院	钟浩鹏 21009100697　刘　鹏 21079100043　黄　智 21009100221
冯海林　数学与统计学院	毛玮博 21009101804　潘宏宇 21009101223　袁欣瑶 21009100531
韩邦合　数学与统计学院	王芊骥 20049200244　徐晓龙 20049200027　黄　想 20049200355
韩邦合　数学与统计学院	叶晨光 20179100008　王腾宇 20009200046　伍冬晨 20079100087
韩邦合　数学与统计学院	顾文凯 20079100008　张一栋 20009201250　惠　倩 20079100009
韩邦合　数学与统计学院	康家齐 20009101005　侯朋序 20009100630　王晨悦 21009100441
韩邦合　数学与统计学院	孟雅清 19040100103　易泓竹 19040300049　王正扬 19049100016
李善兵　数学与统计学院	葛瀚元 20079100100　屈　越 20079100084　徐乾晋 20079100096
叶　峰　数学与统计学院	石一然 20009200673　韩　仪 20009200060　郑　垚 21009200722
叶　峰　数学与统计学院	池　琛 20049200211　宁宇豪 20049200353　时叶彤 20049200421
叶　峰　数学与统计学院	林　湃 21009102110　李志豪 21009290012　黄凯达 21009290065
刘丽霞　数学与统计学院	何欣钰 21009200866　陈榕杰 21009100548　刘宇晨 21009100712
张　欣　数学与统计学院	吴家童 21009100159　袁　萌 21009200564　密　鲁 21009200353

国际数学建模竞赛

教　练	学　生
国际级特等提名奖	
张　欣　数学与统计学院	赵　琨 21009101368　张文江 21009102144　邬晨皓 21009100597
张　欣　数学与统计学院	王一鸣 20079100037　谭斐然 20009101942　王　悦 21179100011
—	杨　映 20069100032　黄鹏元 20069100063　曹银峰 20069100081
叶　峰　数学与统计学院	张嘉伟 20009200880　王　佳 20009200979　蒋之铭 20009200272
李　芳　数学与统计学院	喻鼎渊 19029100021　黄楠琳 19020100011　范雪元 19020100086

续表一

教　练	学　生
张胜利　数学与统计学院	袁嘉辉 19030100072　章楷豪 19059100011　周星宇 19030100206
穆学文　数学与统计学院	李晓辰 19200100086　刘　奥 19200100133　谭一凡 19010100093
穆学文　数学与统计学院	徐新异 19050500093　赵靖宇 19030500079　梁汇嘉 19200300159
王蓉芳　人工智能学院	傅佳木 21009100802　陈睿智 21009102029　董炳智 21009100656
冯海林　数学与统计学院	冯源诺 20009101042　王紫琼 20009101929　赵婧玮 20069100162
韩邦合　数学与统计学院	熊　傲 19140200222　唐世林 20009100421　刘　亮 20009101147
宁万涛　数学与统计学院	李诗豪 19040500028　周洧川 19030100331　覃耀荣 19030500057
张胜利　数学与统计学院	王君绮 20009100121　周　楠 20009101921　章星宇 19200300029
韩金虎　19051212236	张　斌 19050500005　孙思颖 19050100176　程　睿 19050100101
张胜利　数学与统计学院	兰邦翔 19140100032　韩浩楠 19010100038　张诗雯 20009200374
段清娟　机电工程学院	江昱峰 21009200038　张李斌 21009200082　王俞钦 21009200033
王晗丁　人工智能学院	张　桓 19050500089　胡珈魁 19050100220　代雪鹏 19040100063
李　宏　数学与统计学院	王　磊 20179100006　阿西伍合 20179100083　邱嘉俊 19170100016
邹青松　数学与统计学院	蔡丰帆 19049100014　王治鉴 19069100086　刘天畅 19050500001
毛莎莎　人工智能学院	沈世镇 20009100840　寿耀奇 20009200466　西立仔 20009200520
李善兵　数学与统计学院	王桂旭 19050100086　蔺芯未 19070200009　赵思垚 19020100249
穆学文　数学与统计学院	李子瑞 20012100062　王立文 20009200043　叶涵楚 19059100014
李　宏　数学与统计学院	王　萌 19010100330　贾志辉 19069100059　张可欣 19140100201
李瑞红　数学与统计学院	刘嘉乐 20009200048　张奕翔 20009100109　刘静遥 20009100148
韩佳乐　21071212642	顾叶群 20079100005　王志刚 19180200025　梅克寒 19180200005
段小玲　微电子学院	赵江娜 19069100201　罗　壹 20009100946　倪　朔 20009100510
韩邦合　数学与统计学院	胡蛟城 19070100024　李　涛 19070300022　蔡扬帆 19079100007
周水生　数学与统计学院	曹扬文 20009101163　赵甫青 20009100786　岳浩东 20009200396
周水生　数学与统计学院	邵朝熠 19020300087　李智超 20009100346　洪志多 19090100033
冯晓莉　数学与统计学院	陈　乐 20009101350　吕　滔 20009100444　邓骏飞 20009101631
张华强　19071212698	贾一凡 20159100020　马宏宇 20159100026　王蔚璎 20159100068
冯海林　数学与统计学院	何子奕 20009100861　滑一飞 20009100839　穆烨 20009100836
李瑞红　数学与统计学院	冯璐高泽 19040500095　朱烨昕 19040600001　胡霁亭 19040500006
李　宏　数学与统计学院	陈宇康 20009100016　黄子凡 19170100003　朱军伟 19170100001
王光第　19011210207	李文锴 20069100183　陈云龙 20069100003　杏　夫 20069100209
周水生　数学与统计学院	王炜栋 20009102200　王　茜 20009101571　张曼迅 20012100003
王蓉芳　人工智能学院	朱瀚堃 19050500030　吴泽凯 19030500041　李大川 19059100017
宁万涛　数学与统计学院	万时骞 20009101640　冯浩哲 20009102123　唐润益 20009100099
毛莎莎　人工智能学院	陈子浩 19140100107　许鸿儒 19160200049　薛茜月 19200300040
刘红英　人工智能学院	安　晨 20009201163　刘文宇 20009201382　曹馨怡 20009201335
程曦娜　人工智能学院	邢涵瑜 20009101773　曾斐然 20009201089　毕　晴 20009101852

续表二

教　练	学　生		
国际级一等奖			
刘润楷　20012100020	郎　祺 20012100069	何书豪 20012100033	刘润楷 20012100020
许铭宸　通信工程学院	张轩铭 20012100066	高向贺 20012100059	陈家龙 20012100002
尹小艳　数学与统计学院	刘海霖 20009101008	李兴华 20009102038	牛泽宁 20009100961
周水生　数学与统计学院	何思源 19030500082	闫浩霖 19200300129	徐鸣晗 19030100214
朱　强　数学与统计学院	尚丹彤 19030100295	李子睿 19030100436	郑镜竹 19030100410
陈　华　先进材料与纳米科技学院	陈培林 20009100337	王玉言 20009101489	胡超杰 20009100838
李　伟　数学与统计学院	陶征庆 19010100237	夏羽枫 19010100417	费雨露 19010100342
李　君　数学与统计学院	石宇航 19020190011	贾宸昊 19020190003	黄子昊 19020190013
韩邦合　数学与统计学院	刘　冰 19070200003	袁　昊 20009200999	牛志康 20009201191
李　君　数学与统计学院	朱嘉怡 20009101941	张佳凡 20009201208	陈永航 20009101947
王蓉芳　人工智能学院	戴逸飞 20009200869	李　想 19140200156	马艺铭 20012100084
张胜利　数学与统计学院	李长青 19180300007	卢　硕 19180300006	王儒仕 19180100086
冯晓莉　数学与统计学院	张森森 19020100126	顾黎明 19020100076	黄天宸 19200300015
韩邦合　数学与统计学院	王　宠 19140200128	祝君超 19149100015	黑玲艺 19140200056
张胜利　数学与统计学院	王乾旭 19180300025	王亚龙 19180300040	王申奥 19180300017
张胜利　数学与统计学院	秦梦涵 19020100236	陆云飞 19140200012	赵旭喆 19012100082
段清娟　机电工程学院	李宇哲 20009101516	王棕祺 20009200873	贾昊燏 20049200517
邹青松　数学与统计学院	张海岩 20009102060	庄　涛 20009200699	赵鑫蓉 20099100032
段清娟　机电工程学院	康家齐 20009101005	侯朋序 20009100630	王晨悦 21009100441
张　云　数学与统计学院	张简宁 19049200004	刘琳琳 19020700020	贺志鹏 19160100010
张华强　19071212698	曹培洲 20009100634	刘锦鹏 20009201259	高晓夏 20009200799
张　欣　数学与统计学院	翟　朔 20009100241	贾　欢 19050300014	李东烜 20009200114
程曦娜　人工智能学院	马　超 19070300020	朱浩然 19030500160	李佳宁 19200100125
李瑞红　数学与统计学院	付凯文 19170100004	刘江涛 19030100110	魏小雨 19030500301
朱　强　数学与统计学院	齐宇兴 20009100628	侯钧宇 20049200209	万家洋 20009100543
张　欣　数学与统计学院	王拓一 20009102233	彭泽刚 20009101739	樊邵桦 20179100048
冯晓莉　数学与统计学院	施柯煊 20079100050	罗清允 20020100008	赵　璇 20079100038
叶　峰　数学与统计学院	钟先锐 19020100233	赵宣普 19020100194	王一枭 19020100378
贾纪腾　数学与统计学院	南艺璇 19159100002	安名扬 19040600012	姚兆迪 19160200058
朱　强　数学与统计学院	张殊诚 19179100007	梁益珩 20012100006	吴思天 20012100017
段小玲　微电子学院	崔子涵 20009100487	李　杰 20009100179	杨　超 20009101465
王晗丁　人工智能学院	陈　浩 20069100028	代传洪 20179100115	任乔杨 20069100090
宁万涛　数学与统计学院	刘东霞 20020190006	葛浩杰 19030700009	许静远 19040400064
宁万涛　数学与统计学院	贾妍琳 19140100202	赵泓光 19030100107	陈兆均 19040100077
叶　峰　数学与统计学院	苏　畅 20009101094	尚宇翔 20009100285	马　鑫 20009100571

续表三

教 练	学 生
于 淼 数学与统计学院	王一臻 20009100542 黄 博 20009200099 钟培煊 20049200402
高 捷 18021110190	郭化雨 20009100271 高铭骏 20009100265 张安康 20009100280
周水生 数学与统计学院	黄小健 19050300035 方效天 19010500112 张雅茹 19030500320
白艺光 数学与统计学院	王丁凯 19040100070 陈 哲 19040100133 孙文亮 19040100066
杨贵东 数学与统计学院	宋 凯 19040100081 周棒棒 19200100066 吕晓阳 19200100065
穆学文 数学与统计学院	许昊天 20009100673 王腾宇 20009200046 李芊桦 20009100605
刘丽霞 数学与统计学院	夏 燚 19040100008 王正扬 19049100016 乔枫 19040100027
李 碧 数学与统计学院	韩梦媛 20069100011 王傲寒 20069100148 王艺霖 20069100067
杨国平 数学与统计学院	李 武 20079100081 梁哲淳 20079100006 刘俊池 19050100106
刘红英 人工智能学院	朱澄宇 19010500053 岳炳昊 19010500078 卢雪玉 19010500040
杨雨茜 数学与统计学院	席祥凤 20009100157 刘昊宇 20009100106 张欣晨 20009200073
冯 婕 人工智能学院	程梅鑫 20009200890 詹瑜萍 20009201159 毕雅玲 20009200088
宋 月 数学与统计学院	李奕霖 19150300012 高雅晨 19040600023 郭思远 19040600026
李 芳 数学与统计学院	周柏林 20009200423 唐宇飞 20049200148 张舒俞 20009200424
谢 晋 数学与统计学院	李为博 20049200338 郑晗昕 20079100056 翟槟蓥 20009200247
刘 丹 数学与统计学院	周正东 19070200006 赵 博 20009101581 武睿敏 19010100088
李善兵 数学与统计学院	曹涵慧 19040500008 董欣雨 19040500134 周 楠 19040500022
冯海林 数学与统计学院	于梦婷 19070300005 杜 雨 19140200029 邱 琪 19069100125
卢 楠 数学与统计学院	张 鑫 20049200039 孟庆豪 20049200181 郭 毅 20049200096
冯志玺 人工智能学院	于 嫣 19070190021 陈 帅 19050400005 付豪帅 19030600004
宁万涛 数学与统计学院	李青洋 19170100038 宋佳睿 19180200040 张 骋 19180100069
白振国 数学与统计学院	孙长郡 20009101038 陈思远 20009200481 田 龙 20009102318
冯志玺 人工智能学院	张鹏程 19020100363 王泽宏 19059100013 滕思玥 19020100325
于 淼 数学与统计学院	沙晓满 20049200108 李昕宇 21009201023 蔡泽雨 21009201415
黄冬梅 数学与统计学院	郑桂勇 20009100338 程允杰 20009100339 周伯渝 20009200140
陈 华 先进材料与纳米科技学院	谭泽琼 19160200041 张晓宇 19140200095 孙文韬 19010100197
李欢欢 数学与统计学院	余 翔 19020100149 刘祖翰 19020100067 陈克凡 20009200061
国际级二等奖	
李 伟 数学与统计学院	张子航 20009200874 王佳宝 20009201280 史孟瀚 20009101524
程曦娜 人工智能学院	杨 笑 19040400046 崔家瑞 19040100116 李景涛 19040400048
孙士豪	杨竣博 21009200129 倪培雨 21022100010 王 皓 21009100335
韩邦合 数学与统计学院	高嘉蔚 20009101554 贾志强 20009100893 伍冬晨 20079100087
穆柏林 通信工程学院	齐 阁 19010500035 孙亚斐 19010100418 郑珂欣 19012100020
杨雨茜 数学与统计学院	侯永康 20009101442 胥 凯 19140100048 陈昱霏 19140100153
李 君 数学与统计学院	常 皓 19140100067 王子杰 19140100053 吴玥冉 19069100042
宁万涛 数学与统计学院	万世杰 19030100408 李浩然 19030100041 贾睿吉 19040500059

续表四

教 练	学 生
邹青松 数学与统计学院	樊肇星 20009201138 林初浩 20009200464 王天天 20009200092
陈 华 先进材料与纳米科技学院	李萧龙 19010100045 秦春霞 19200100019 杨海天 19010100194
李 伟 数学与统计学院	来嘉鸿 19030100388 杨文韬 18020100245 王晓琪 19160200034
贾纪腾 数学与统计学院	高浩文 18040100153 党婉彤 19030500299 王怡洋 19030500237
刘 丹 数学与统计学院	卢海鹏 19070190018 李嘉诚 19020100198 孟 瑶 19160100013
张胜利 数学与统计学院	何家麟 19079100001 许珈铭 19050500032 李安琪 19070300011
段清娟 机电工程学院	李绍枫 19029100013 周浩然 19029100012 吴学昊 19020190015
杨贵东 数学与统计学院	张逸凡 19050500128 刘雨杉 19020100219 谢卓锦 20009100057
邹青松 数学与统计学院	黄炫程 19040600002 杨 昊 19180100089 吕之越 19180200003
张胜利 数学与统计学院	杨楮涵 21009200923 胡哲铭 21009100973 王钦玉 21009101600
白振国 数学与统计学院	姚 凯 19010100277 李新禹 19010100255 凌玉洁 19010100315
李 君 数学与统计学院	贺 康 19030100361 董宇星 19020100358 王麦林 19020100372
张胜利 数学与统计学院	郑哲健 19019100009 傅连浩 19200100020 薛 楠 19010100131
李瑞红 数学与统计学院	李立天 20009100293 黄天立 20009100279 周伯楚 20009100275
李瑞红 数学与统计学院	易 林 20159100074 王佳怡 20159100046 李箐萱 20159100006
张胜利 数学与统计学院	周尔达 19020190002 潘曲阳 19030100153 任颖萱 19040300071
李 芳 数学与统计学院	乔世琦 19030500092 邓继儒 19160200047 蔡 曦 19200300021
毛莎莎 人工智能学院	郑振华 19030100164 王恩光 19200300122 谢宇韬 19200300066
张 欣 数学与统计学院	曹桉嘉 19030500039 覃浩峻 19030100038 宗贵宁 18010100139
宁万涛 数学与统计学院	赵柯毓 20009100152 左子辰 20009200621 周春艳 20009200207
于 淼 数学与统计学院	申斯文 19040400063 温德治 19200300043 刘静怡 19200300126
何 超 数学与统计学院	许雯俊 20009100477 柴东辰 19010100106 付 淳 20009100918
毛莎莎 人工智能学院	徐飞鸣 20009101200 程宇翔 19050100100 王一丞 19180200019
徐川东 数学与统计学院	张运泽 20009101526 陈思豪 20009100790 黄彦文 20049200060
白艺光 数学与统计学院	李欣泽 20009200896 周子晗 20009200631 李唐蔚 20009201465
兰静芬 数学与统计学院	朱 弋 19140100131 张瑞麒 19140100129 杨敏聪 19140100115
张胜利 数学与统计学院	林佳璇 19010100319 郑朝阳 20009100687 马 琨 20009100882
段清娟 机电工程学院	鲍元哲 19069100157 张恒帆 20012100050 敖威敏 19069100124
刘丽霞 数学与统计学院	杨国强 20009101040 薛晓阳 20009101039 柯宇鸿 20009101366
李 芳 数学与统计学院	周烯昊 21009101889 郑杰文 20049200252 张中霁 20069100169
何 超 数学与统计学院	侯羽轩 20159100044 王新明 20159100032 周佳越 19050500113
韩邦合 数学与统计学院	王芊骥 20049200244 徐晓龙 20049200027 黄 想 20049200355
韩邦合 数学与统计学院	李佳桐 20009201031 王默轩 20009201043 李宇哲 20009101733
冯海林 数学与统计学院	王泽华 20179100032 袁琨棋 20009200239 闫正杰 19140100034
杨贵东 数学与统计学院	耿鹏程 20079100042 肖佳升 20009201106 祖 勇 20079100075
程曦娜 人工智能学院	张 硕 21009190017 邹俊智 21009190075 杨珍慧 20009101275

续表五

教　练	学　生
李瑞红　数学与统计学院	魏子棚 19040100122　张钰涵 20049200192　张思阳 19040100123
邹青松　数学与统计学院	杨　照 20009100509　周建鹏 20009102312　杨金妍 21009101753
王蓉芳　人工智能学院	杜佳磊 20009101547　洪存辅 20069100177　边玉然 21009200701
黄冬梅　数学与统计学院	刘瀚骏 20009100960　叶锦伦 20009200193　郑皓天 20009101357
穆学文　数学与统计学院	王朝晖 19200100021　高志远 19010190007　曾逸飞 19010500011
高　捷　18021110190	陈　远 19010100169　张　彬 19050100096　许坤成 19200300018
李　芳　数学与统计学院	柴瑞璐 19200100108　阮　恺 19200100105　王　璇 19200100045
谢　晋　数学与统计学院	孙　漫 19180100080　裘嘉琪 19189100001　黄　渊 19180100028
李　碧　数学与统计学院	蔡雅琪 20009200696　朱星晨 20009200281　史文纬 20159100018
王蓉芳　人工智能学院	闵　昕 19160200002　凌　通 19160100004　唐旭阳 19160200032
李　伟　数学与统计学院	董诗睿 20009200924　冯　宇 20009102133　王吴语卿 20009102282
李欢欢　数学与统计学院	刘永贤 19020600022　刘世龙 19020100246　归佳瑶 19020600030
刘　丹　数学与统计学院	李世昂 20009101840　李小军 19160100019　谢丽君 19070300016
杨国平　数学与统计学院	孙雅欣 20079100062　曾屹强 20049200276　周馨怡 20069100224
段小玲　微电子学院	黎清林 20009200748
李瑞红　数学与统计学院	陈浩鑫 20009100479　王昊健 20009100158　钱禹辰 20009100127
邹青松　数学与统计学院	陈茵茵 21009201334　吴思宸 21009201412　谢雨晗 21009200284
段小玲　微电子学院	魏苏阳 20009101325　吴一楷 20009101063　朱成阳 20179100109
兰静芬　数学与统计学院	孙　望 20069100005　张　珂 20069100065　王宇彪 20069100069
白旭清　数学与统计学院	葛步峰 20009100138　陈金麟 20009100097　吴茂壮 20009100162
李　伟　数学与统计学院	杨子怡 20159100045　秦　浩 20159100066　纪帅煜 20159100003
屈　朝	向天琪 19069100235　黄　钊 19069100101　张星宇 19069100012
李欢欢　数学与统计学院	问　好 19030100076　何之洲 19039100004　胡杨杨 19039100003
李　宏　数学与统计学院	李修平 19020190008　刘　灏 19140100072　刘华玥 19020100175
王光第　19011210207	蔡绵琦 20079100019　叶　斌 20009100150　刘含宇 20079100032
杨贵东　数学与统计学院	江家庆 20009100983　张　豪 20050100006　黄丹桂 20009101118
贾纪腾　数学与统计学院	李铭泰 19010100104　郭崇尧 19010190020　孙杨纯 19010100386
邓　行　21071110487	冯思哲 19200300148　唐英哲 19200300145　李思为 19200300081
李瑞红　数学与统计学院	李　汀 19180100038　王志伟 20009200305　王汇轩 19180300042
杨贵东　数学与统计学院	陈奕韬 20009101049　徐瑞琛 20009100846　崔　进 20009100887
杨国平　数学与统计学院	姜存昂 19200300114　刘森淼 19200300036　陈予今 19200300158
李欢欢　数学与统计学院	冯嘉伟 20049200238　白鹏涛 20009100722　赵　安 20049200228
周水生　数学与统计学院	孙小艺 20009200083　倪海瑞 20079100002　李政昊 20009100467
高　捷　18021110190	娄　杨 19040500086　唐添睿 19040500101　戴幸维 19040500079
刘红英　人工智能学院	唐　爽 19010500059　陈　伟 19030500010　宋志元 19030500222
贾纪腾　数学与统计学院	梁　旭 21069100007　游霄童 21009200158　崔　哲 21012100076

续表六

教　练	学　生
叶　峰　数学与统计学院	石佳楠 21049200487　祁　灵 21009100518　梁城斌 21049200466
尹小艳　数学与统计学院	牟春霖 20009200575　孙竟博 21009100508　王一星 21009100926
李　君　数学与统计学院	李凯悦 20049200309　董晓源 20049200440　张楚云 20049200500
穆学文　数学与统计学院	林致远 19030500158　李明洋 19159100008　唐　苒 19010190021
卢　楠　数学与统计学院	彭致远 20009100827　李昊程 20009101291　王逸彬 20009100813
李瑞红　数学与统计学院	刁博渊 20009101445　贾适泽 20009200145　梓　铭 20009101440
穆学文　数学与统计学院	张思卿 19180100117　赵宇盛 19049200010　张舒越 19189100006
李　芳　数学与统计学院	曹冰洋 19010100189　金福鹍 19010100252　许家华 19010100228
冯晓莉　数学与统计学院	李政隆 20140100002　谢竞成 20009200731　刘璨宇 20009200882
冯海林　数学与统计学院	袁建昌 20009101203　倪奕平 20009200760　张　啸 20009101179
冯晓莉　数学与统计学院	张锦文 20009100787　周锦程 20009101139　吴　林 20009101495
李善兵　数学与统计学院	张子豪 19050100190　张嘉豪 19020100377　张　硕 20009101020
王光第　19011210207	牛淳隆 19010100304　许志鹏 19010100317　梁欣怡 19069100236
刘红英　人工智能学院	耿　朔 19069100017　李宏明 20009101660　叶珂源 19069100003
冯晓莉　数学与统计学院	杨俊逸 19170100045　许扬帆 19200100030　王　喆 19012100074
邓　行　21071110487	温文韬 19040300048　张文学 19040200010　李劲锋 19040500066
张华强　19071212698	刘峻峰 20009200571　李傲松 20009200591　夏佳易 20009200069
兰静芬　数学与统计学院	沈奕轩 19149100005　杨智迪 19140100051　常余海 19140200219
张　欣　数学与统计学院	任科禹 20009102256　李博伟 20012100063　张云儿 20012100061
宁万涛　数学与统计学院	夏雨晴 20009101662　陈子康 20009200956　郭李莉 20009100133
白振国　数学与统计学院	张志远 20009101143　马铭泽 20009101280　慕晨宇 20009101019
李　伟　数学与统计学院	石一飞 20069100045　高天元 20049200059　靳培涵 20009200834
李欢欢　数学与统计学院	许洺溪 20009100441　李敬城 20009100350　朱俊奥 20009100554
高　捷　18021110190	曾祥建 20009100140　丁佳琪 20009100118　沙云珠 20009100115
薄伟健　数学与统计学院	李艺超 20049200519　甘文姬 20009200828　王之韵 20049200393
于　淼　数学与统计学院	何思博 20009101673　王楚杰 20009101674　卢唯诚 20009100132
杨国平　数学与统计学院	赵明宇 20049200176　潘宇豪 20009101666　李心愿 20069100151
王晗丁　人工智能学院	张静仪 19069100083　杨　懿 19180100134　贠亦婷 19050100206
何　超　数学与统计学院	胡思麒 19010100152　顾泽睿 20009200082　文茂吉 20009200945
朱　强　数学与统计学院	石博洋 19069100178　周泽熙 19069100126　杨皓天 19069100129
白艺光　数学与统计学院	唐晓婷 19140100028　强　振 19010100357　刘泽鹏 19030500267
宋　月　数学与统计学院	丁泽华 20009200109　余宏宇 20009200765　李子欣 20079100007
邹青松　数学与统计学院	龚　晨 20009200859　仵少飞 19140200189　吴嘉浩 19140200135
杨贵东　数学与统计学院	杨辰烨 20009200583　蔡建峰 20009200780　田宗凯 20009200392
高　捷　18021110190	黄宇翔 20179100004　白含章 20022100051　李赫哲 20022100080
段小玲　微电子学院	张培樽 20200100008　汪嘉欣 20140100007

续表七

教　练	学　生
刘丽霞　数学与统计学院	王卿宇 19050400002　孙以恒 19050400022　马韩琨 19050400019
段小玲　微电子学院	徐涵城 18040300053　黄铁泓 19010500044　钱尧琦 19020300009
李　伟　数学与统计学院	彭新凯 20009102165　张　波 20020100014　隆　晨 20009102164
李　宏　数学与统计学院	李新宇 19010500061　吴其杭 19012100029　王劲凯 19010500103
于　淼　数学与统计学院	舒凯翔 19010500038　吴海龙 19040300026　李柏润 19040300030
兰静芬　数学与统计学院	王　戈 19140100027　黄一耀 19140100070　李　振 19149100016
宋　月　数学与统计学院	张毕特 19160200054　张楚睿 19160200045　张子豪 19170100067
宋　月　数学与统计学院	刘怡君 20049200450　陈逸飞 20009101290　彭天健 20009101310
杨贵东　数学与统计学院	闫佳艺 20009101824　刘　畅 20009100545　李梦蕾 20020190012
冯志玺　人工智能学院	覃　朗 21010500004　李雨泽 21009101822　李巴特 21140100001
徐川东　数学与统计学院	孙炜喆 19160200006　郭俞斌 19049100011　杨奕林 19040300072
李善兵　数学与统计学院	赵仕鹏 20009200258　解凯华 20009201256　曹德滨 20009201480
冯晓莉　人工智能学院	段世尧 20012100009　郑　凯 20009100662　朱恒希 20009101763
王蓉芳　人工智能学院	严拓宇 19010100334　丁晨浩 19200300112　张淙凯 19010100297
何　超　数学与统计学院	董昌杰 19030500174　严元信 19030100231　崔政博 19030100198
刘丽霞　数学与统计学院	米娅妮 19030100447　李宝富 19200300035　刘孝松 19010100148
黄冬梅　数学与统计学院	曹　洋 20009101133　刘　磊 20009101245　丁宇鑫 20009101134
毛莎莎　人工智能学院	陈彦竹 21079100064　周文杰 21009200463　张富尧 21012100059
陈　华　先进材料与纳米科技学院	周书宇 19020100218　李郅泽 19020100197　靳子阳 19020100206
刘红英　人工智能学院	董亚伦 20009101996　李佳朋 20009101578　雷雨诺 20009101802
刘丽霞　数学与统计学院	陈柯儒 20009200225　李庆和 21009200096　何泓良 20009200942
刘洁怡　电子工程学院	熊向睿 19040400018　吴成业 19020700019　张斯雯 19020700028
李瑞红　数学与统计学院	李林烜 19160200004　常宇轩 19020300038　郭浩楠 19020100323
刘　丹　数学与统计学院	丰佳伟 20049200352　洪家乐 20009200479　于添叶 20009100112
冯海林　数学与统计学院	鲁毅立 19040100146　官泽宇 20009101034　孙　强 19160200069
张　云　数学与统计学院	师静谊 19020600031　杨佳瑞 19020100447　刘　冉 19020600010
白旭清　数学与统计学院	赵炳清 19069100062　郭嘉璇 19069100093　李亚璐 19069100115
张华强　19071212698	王乾宇 19069100098　陈昊阳 19069100155　罗舜睿 20009200173
尚凡华　人工智能学院	刘贤良 19200300083　张嘉伟 19200300133　刘卉杰 19200300054

2022(第八届)全国大学生统计建模大赛国际数学建模竞赛

教　练	学　生
国家级二等奖	
黄　山　网络与信息安全学院	张思卿 19180100117　张舒越 19189100006　赵宇盛 19049200010

续表

教　练	学　生
国家级三等奖	
郑冠群　人工智能学院 杨贵东　数学与统计学院	张逸凡 19050500128　闫家浩 20009201372　范政博 19070100013
省级一等奖	
王红军　数学与统计学院	江振发 19070100012　高蓬勃 19070190025　刘　俊 19070190005
王红军　数学与统计学院	杨　阳 19070200014　林明志 19070100025　周亦凡 19070300004
省级二等奖	
王红军　数学与统计学院 杨贵东　数学与统计学院	吴佩虹 20049200141　江家庆 20009100983　吴家童 21009100159
黄冬梅　数学与统计学院	郇志伟 19040100031　王正扬 19049100016　乔　枫 19040100027
王红军　数学与统计学院	武德奥 19140100150　李润涵 19140100147　张庆阳 20009200605
王红军　数学与统计学院 卢　楠　数学与统计学院	张俸玺 20012100022　黄琦轩 20012100073　谈　峥 20012100024
省级三等奖	
王红军　数学与统计学院	贺志鹏 19160100010　张简宁 19049200004　凌　通 19160100004
刘博文　微电子学院	李德攀 19140100026　杜昊宸 19140200027　田昊宇 19140100025
王红军　数学与统计学院	杨　照 20009100509　周建鹏 20009102312　杨金妍 21009101753

第 47 届 ICPC 国际大学生程序设计竞赛亚洲区域赛

教　练	学　生
国家级银奖	
万　波　计算机科学与技术学院	蒋叶桢 20009200429　何贯中 20049200261　陈俊丞 21009200777
罗雪梅　计算机科学与技术学院	刘焕宇 20009200770　陶天乐 20009200100　汪文轩 21009200130
张淑平　计算机科学与技术学院	王舒琪 20009200542　王言聪 20009201270　曾　岩 21009201397
张淑平　计算机科学与技术学院	柴东辰 19010100106　王孟晞 19030500192　陈德创 19030500217 祝君超 19149100015　柴东辰 19010100106　王孟晞 19030500192
国家级铜奖	
万　波　计算机科学与技术学院	刘焕宇 20009200770　陶天乐 20009200100　汪文轩 21009200130
张淑平　计算机科学与技术学院	曾祥翼 20009200703　胡宇航 21009200011　赵人毅 21009100554
段　毅　计算机科学与技术学院	王则清 21009200022　祝经杭 21009290029　任秦含 21009200306
张淑平　计算机科学与技术学院	王昱晨 22009200445　许志鹏 19010100317　吴海怿 19200300065

2021 年中国大学生程序设计竞赛总决赛

教　练	学　生
国家级银奖	
张淑平　计算机科学与技术学院	王孟晞 19030500192　朱霖淇 18070100021　潘曲阳 19030100153

2022中国大学生程序设计竞赛

教　练	学　生
国家级银奖	
张淑平　计算机科学与技术学院	丁雅可 20009200783　王舒琪 20009200542　欧心缘 19030500349
万　波　计算机科学与技术学院	蒋叶桢 20009200429　何贯中 20049200261　陈俊丞 21009200777
张淑平　计算机科学与技术学院	冯　畅 20009201019　湛忠胜 20009200576　周　灿 20009200741
国家级铜奖	
张淑平　计算机科学与技术学院	陈依玲 21009200305　剌宾燕 21009200228　李佩洁 22022100074
万　波　计算机科学与技术学院	刘焕宇 20009200770　汪文轩 21009200130　陶天乐 20009200100

第七届中国高校计算机大赛——团体程序设计天梯赛

教　练	学　生
国家级个人一等奖	
冯　畅 20009201019	
国家级个人二等奖	
祝君超 19149100015　王孟晞 19030500192　蒋叶桢 20009200429　孙振元 21009201347　何贯中 20049200261　谢铭松 19030100192　潘曲阳 19030100153　汪文轩 21009200130	
国家级个人三等奖	
丁雅可 20009200783　赵人毅 21009100554　王舒琪 20009200542　王则清 21009200022　郭明昊 20009200379　陈德创 19030500217　陶天乐 20009200100　陶禹成 20079100010　胡宇航 21009200011　万在舟 20009200287　马航宇 21009100291　朱霖淇 18070100021　石　潇 19030500162　王言聪 20009201270	
国家级银奖	
万　波　计算机科学与技术学院 张淑平　计算机科学与技术学院	冯　畅 20009201019　王孟晞 19030500192　蒋叶桢 20009200429 孙振元 21009201347　谢铭松 19030100192　陶禹成 20079100010 潘曲阳 19030100153　王　逸 18050500049　曾祥翼 20009200703 胡宇航 21009200011
黄伯虎　计算机科学与技术学院 高　悦　计算机科学与技术学院	王言聪 20009201270　王舒琪 20009200542　董福钰 20009200557 汪文轩 21009200130　王志利 18130500165　周洪锋 20009200766 马航宇 21009100291　朱霖淇 18070100021　陈俊丞 21009200777 吴海怿 19200300065
段　毅　计算机科学与技术学院 崔江涛　计算机科学与技术学院	万在舟 20009200287　陶天乐 20009200100　丁雅可 20009200783 石　潇 19030500162　何贯中 20049200261　赵人毅 21009100554 张炀杰 20049200392　祝君超 19149100015　王则清 21009200022 陈德创 19030500217

第 46 届 ICPC 国际大学生程序设计竞赛亚洲区域赛 Ec-Final 决赛

教 练	学 生
国家级铜奖	
张淑平 计算机科学与技术学院 万 波 计算机科学与技术学院	朱霖淇 18070100021 潘曲阳 19030100153 王孟晞 19030500192
段 毅 计算机科学与技术学院	蒋叶桢 20009200429 张炀杰 20049200392 曾祥翼 20009200703
段 毅 计算机科学与技术学院 张淑平 计算机科学与技术学院	陈德创 19030500217 祝君超 19149100015 冯瑞森 19140200142
张淑平 计算机科学与技术学院 罗雪梅 计算机科学与技术学院	丁雅可 20009200783 陶禹成 20079100010 万在舟 20009200287

第 46 届 ICPC 国际大学生程序设计竞赛亚洲区域赛(南京站)

教 练	学 生
国家级金奖	
张淑平 计算机科学与技术学院 万 波 计算机科学与技术学院	王孟晞 19030500192 朱霖淇 18070100021 潘曲阳 19030100153
国家级银奖	
—	冯 畅 20009201019 湛忠胜 20009200576 周 灿 20009200741
国家级铜奖	
—	蒋叶桢 20009200429 张炀杰 20049200392 曾祥翼 20009200703
段 毅 计算机科学与技术学院	陈德创 19030500217 祝君超 19149100015 冯瑞森 19140200142

第 46 届 ICPC 国际大学生程序设计竞赛亚洲区域赛(昆明站)

教 练	学 生
国家级金奖	
张淑平 计算机科学与技术学院 万 波 计算机科学与技术学院	冯 畅 20009201019 湛忠胜 20009200576 周 灿 20009200741
国家级银奖	
张淑平 计算机科学与技术学院	王 逸 18050500049 欧心缘 19030500349 王志利 18130500165
国家级铜奖	
张淑平 计算机科学与技术学院 段 毅 计算机科学与技术学院	谢铭松 19030100192 谭升阳 19030100265 郭浩杰 19030500313
张淑平 计算机科学与技术学院 段 毅 计算机科学与技术学院	周益全 18020100288 石 潇 19030500162 花 煦 18160200074

陕西省第十届大学生程序设计竞赛

教 练	学 生
省级金奖	
张淑平 计算机科学与技术学院 万 波 计算机科学与技术学院	蒋叶桢 20009200429 何贯中 20049200261 陈俊丞 21009200777
罗雪梅 计算机科学与技术学院	刘焕宇 20009200770 陶天乐 20009200100 汪文轩 21009200130
罗雪梅 计算机科学与技术学院 张淑平 计算机科学与技术学院	刘朝旭 22009200844 罗 杰 22009200226 张亲翰 22009100384
省级银奖	
段 毅 计算机科学与技术学院	欧心缘 19030500349 王 逸 18050500049 王志利 18130500165
段 毅 计算机科学与技术学院	孙振元 21009201347 张艺龄 21009201352 田康杰 21009100406
张淑平 计算机科学与技术学院	王舒琪 20009200542 王言聪 20009201270 曾 岩 21009201397
张淑平 计算机科学与技术学院	丁雅可 20009200783 陶禹成 20079100010 万在舟 20009200287
省级铜奖	
张淑平 计算机科学与技术学院	曾祥翼 20009200703 胡宇航 21009200011 赵人毅 21009100554
万 波 计算机科学与技术学院	周洪锋 20009200766 董福钰 20009200557 林初浩 20009200464
罗雪梅 计算机科学与技术学院	王则清 21009200022 祝经杭 21009290029 任秦含 21009200306
段 毅 计算机科学与技术学院	周文杰 21009200463 陈意豪 21009201406 陈施寰 21009200589
张淑平 计算机科学与技术学院	刘佩汉 21009200050 刘 清 21009200034 张东伟 21079100005

第九届陕西省大学生程序设计竞赛

教 练	学 生
省级金奖	
张淑平 计算机科学与技术学院	冯 畅 20009201019 施鹏飞 18040100077 张 帆 18030100187
张淑平 计算机科学与技术学院	朱霖淇 18070100021 潘曲阳 19030100153 王孟晞 19030500192
万 波 计算机科学与技术学院	石 潇 19030500162 花 煦 18160200074 何贯中 20049200261
段 毅 计算机科学与技术学院	陈德创 19030500217 祝君超 19149100015 冯瑞森 19140200142
省级银奖	
万 波 计算机科学与技术学院	蒋叶桢 20009200429 张炀杰 20049200392 陈俊丞 21009200777
罗雪梅 计算机科学与技术学院	王言聪 20009201270 张力云 19022100093 许志鹏 19010100317
段 毅 计算机科学与技术学院	张家喆 20009200820 许珈铭 19050500032 汪永嘉 20009200136
张淑平 计算机科学与技术学院	丁雅可 20009200783 陶禹成 20079100010 万在舟 20009200287

续表

教　练	学　生
省级铜奖	
张淑平　计算机科学与技术学院	孙振元 21009201347　张艺龄 21009201352　颜毓辰 21009201350
张　捷　计算机科学与技术学院	王舒琪 20009200542　吴海怿 19200300065　凌少鹏 19200300130
罗雪梅　计算机科学与技术学院	栾昕亚 20009200549　郭明昊 20009200379　张一栋 20009201250
罗雪梅　计算机科学与技术学院	刘焕宇 20009200770　陶天乐 20009200100
段　毅　计算机科学与技术学院	欧心缘 19030500349　王　逸 18050500049　王志利 18130500165
万　波　计算机科学与技术学院	田康杰 21009100406　任秦含 21009200306　王景文 20009100111
张淑平　计算机科学与技术学院	曾祥翼 20009200703　胡宇航 21009200011　赵人毅 21009100554

2021 CCF 大学生计算机系统与程序设计竞赛

教　练	学　生
省级金奖	
万　波　计算机科学与技术学院 张淑平　计算机科学与技术学院 崔江涛　计算机科学与技术学院 陈　龙　计算机科学与技术学院 贾　文　计算机科学与技术学院	谢铭松 19030100192　王孟晞 19030500192　柴东辰 19010100106 冯　畅 20009201019　潘曲阳 19030100153
省级银奖	
—	陶禹成 20079100010　郭浩杰 19030500313　王言聪 20009201270 施鹏飞 18040100077　朱霖淇 18070100021　陈德创 19030500217 王　逸 18050500049　丁雅可 20009200783　吴海怿 19200300065 栾昕亚 20009200549　石　潇 19030500162　蒋叶桢 20009200429
省级铜奖	
—	王志利 18130500165　郭明昊 20009200379　张炀杰 20049200392 张力云 19022100093　刘工琨 20009200720

第十届大学生机械创新设计大赛陕西赛区

教　练	学　生
省级一等奖	
张国渊　机电工程学院 唐雅琼　机电工程学院	林大集 19049100015　张耘睿 19040100138　张纪元 19040100137
王作为　机电工程学院 赵飞飞　机电工程学院	郑宇豪 19040100087　赵杰伦 19040100064　白雨晗 20049200527
陈永琴　机电工程学院 赵飞飞　机电工程学院	王海龙 19040100080　薛舒霖 19040100050　邢朝阳 19040100049 陶海珍 19040100055　王佩沛 19040100018
段清娟　机电工程学院 郝　亮　机电工程学院	徐晨耀 20049200268　张　赫 20049200314　孙钦浩 20049200325 吴炳楷 20049200316　王芊骥 20049200244

续表

教　练	学　生
陈永琴　机电工程学院 苗　苗　机电工程学院	张俸玺 20012100022　王熙成 20012100045　张运泽 20009101526 吴丞楚 20012100032　杨文康 20009101525
王新怀　电子工程学院 李亚超　电子工程学院	加合斯力克・阿尼瓦尔 20040300003　龚建峰 20009100932 张秉颜 20009100592　侯朋序 20009100630　刘东霞 20020190006
陈永琴　机电工程学院 段清娟　机电工程学院	杨锐鹏 19040100072　宁　婧 19020700006　康鑫睿 19140200172 马嘉义 19140100155
陈永琴　机电工程学院 张国渊　机电工程学院	叶文华 19040100094　陈兆均 19040100077　蔡文杰 19040100090 田原青 19040100091　谭　俊 19040100085
省级二等奖	
陈永琴　机电工程学院 赵飞飞　机电工程学院	齐怡凡 19040100111　范　超 19040100105　田旭阳 19040100143 陈冠旭 19040100104　王　棋 19040100109
陈永琴　机电工程学院 张国渊　机电工程学院	崔家瑞 19040100116　孙弘轩 19040100108　周　翔 19040100112 盛常富 19040100102　贾敬宇 19040100106
段清娟　机电工程学院 王作为　机电工程学院	张思阳 19040100123　尹　昊 19040100132　杨家朋 19040100118 肖　婷 19040100156　丁一洋 19040100119
段清娟　机电工程学院 陈永琴　机电工程学院	杨　谨 19040100075　李梦婷 19040100037　胥凯雯 19040100054 赵仁杰 19010100108　杨少鑫 19040500034
陈永琴　机电工程学院 张国渊　机电工程学院	陈　宇 19040100017　曹　淇 19040100056　李光明 19040100006 汤　毅 19040100025　任彧希 19040100012
段清娟　机电工程学院 陈永琴　机电工程学院	赵博睿 19040100069　李艳武 19040100073　王乐乐 19040100078
省级三等奖	
陈永琴　机电工程学院 段清娟　机电工程学院	罗　鑫 19040100147　左　震 19040100120　杨超越 19040100145 李明明 19040100152
段清娟　机电工程学院 郝　亮　机电工程学院	余希垚 19040100024　李　恒 19040100065　李　元 19040100020
陈永琴　机电工程学院 张国渊　机电工程学院	鲁毅立 19040100146　雷勐玮 19040100158　郭　毅 20049200096 于正坤 19040200016　丰佳伟 20049200352
邓　军　电子工程学院	康家齐 20009101005　侯朋序 20009100630　王晨悦 21009100441 尹　颉 20009100930　杨佳瑞 19020100447

第十届大学生机械创新设计大赛

教　练	学　生
国家级三等奖	
王作为　机电工程学院 段清娟　机电工程学院	郑宇豪 19040100087　赵杰伦 19040100064　白雨晗 20049200527

第七届全国密码数学挑战赛

教　练	学　生
国家级二等奖	
张　宁　网络与信息安全学院	蒋　昊 20009200459　颜毓辰 21009201350　孙柏顺 19189100004

第十五届全国大学生信息安全竞赛作品赛

教　练	学　生
国家级一等奖	
李　晖　网络与信息安全学院	王申奥 19180300017　王亚龙 19180300040　王乾旭 19180300025　贺紫怡 19180100060
张　宁　网络与信息安全学院	梁文韬 19030100055　成　诺 19180100042　曲涵石 19030100053　崔又天 19030100054
李兴华　网络与信息安全学院	吕佳敏 19180300009　张思卿 19180100117　靳东明 19030500219　唐英豪 19180100116
国家级三等奖	
赵兴文　网络与信息安全学院	马彤晖 19180100114　王东崛 19180100018　石竟捷 19180100072　郑向上 19180200026
李　腾　网络与信息安全学院	张胜凯 19180100007　徐罗帆 19169100013　张朝瑞 19180300030　刘柄呈 19180300033
曹　进　网络与信息安全学院	高雨萌 19180100132　刘睿涵 19180200021　盛　荣 19180100057
彭春蕾　网络与信息安全学院	张舒越 19189100006　杨　昊 19180100089　张晨阳 19180300036　刘鸣宇 19180300037
刘雪峰　网络与信息安全学院	李长青 19180300007　卢　硕 19180300006　郑建武 19180200028　杨利伟 19180200006

第十五届全国大学生信息安全竞赛创新实践能力赛

教　练	学　生
国家级二等奖	
张　宁　网络与信息安全学院	蒋　昊 20009200459　成　诺 19180100042　陈有帅 20009200310　肖正阳 20009200794
张　宁　网络与信息安全学院	许云汉 20009200016　王默轩 20009201043　向海川 20009200746　张超然 20009200315

2022 年网络安全优秀创新成果大赛

教　练	学　生
国家级创新创业作品投资价值奖	
李　晖　网络与信息安全学院	王申奥 19180300017　王亚龙 19180300040　王乾旭 19180300025　贺紫怡 19180100060
国家级创新创业作品提名奖	
张　宁　网络与信息安全学院	梁文韬 19030100055　成　诺 19180100042　曲涵石 19030100053　崔又天 19030100054

“美亚杯”第八届中国电子数据取证大赛

教　练	学　生
国 家 级 一 等 奖	
张　宁　网络与信息安全学院	张超然 20009200315　王默轩 20009201043　帖皇瑞 20009201054
张　宁　网络与信息安全学院	王申奥 19180300017　王亚龙 19180300040　贺紫怡 19180100060
张　宁　网络与信息安全学院	侯文轩 19030100207　郑镜竹 19030100410　万世杰 19030100408
张　宁　网络与信息安全学院	张子涵 21009200035　陈有帅 20009200310
张　宁　网络与信息安全学院	张淇伊 20009200148　王栗政 20179100018　魏　巍 20009101632
国 家 级 二 等 奖	
张　宁　网络与信息安全学院	徐赫阳 19180300024　徐　升 19040300024　高　峻 19180100073
张　宁　网络与信息安全学院	吴飞宇 20009201445　李逸凡 20009200921　解鹏博 20009201153
张　宁　网络与信息安全学院	郭家豪 21009102032　石宇轩 21049200023　张昕铭 21009200047
国 家 级 三 等 奖	
张　宁　网络与信息安全学院	耿佃昆 19180100113　零宗谕 19030100035　王秭悦 19180100125
张　宁　网络与信息安全学院	王佳欣 20009201044　袁琨棋 20009200239
国家级一等奖(个人赛)	
张子涵 21009200035　帖皇瑞 20009201054	
国家级二等奖(个人赛)	
高　峻 19180100073	
国家级三等奖(个人赛)	
王默轩 20009201043　徐赫阳 19180300024　零宗谕 19030100035　李逸凡 20009200921	

“长安杯”第四届电子数据取证竞赛

教练	学生
省级一等奖	
张　宁　网络与信息安全学院	徐赫阳 19180300024　徐　升 19040300024　高　峻 19180100073
张　宁　网络与信息安全学院	张博文 21009201351　刘梦洁 21009200678　张子涵 21009200035
张　宁　网络与信息安全学院	秦　研 19180100044　刘优然 19180200029
张　宁　网络与信息安全学院	王默轩 20009201043　帖皇瑞 20009201054　张超然 20009200315
焦晓鹏　计算机科学与技术学院	侯文轩 19030100207　郑镜竹 19030100410　李明哲 21009200539
张　宁　网络与信息安全学院	胡夏南 19169100008　柴东辰 19010100106　马舒琪 19189100008
省级二等奖	
张　宁　网络与信息安全学院	张淇伊 20009200148　谢拓融 20009200171　龙　宇 20009200023
张　宁　网络与信息安全学院	杨　轩 20009201204　苏国政 20009200823　雷雨轩 20009201401
张　宁　网络与信息安全学院	耿佃昆 19180100113　零宗谕 19030100035　王秭悦 19180100125
张　宁　网络与信息安全学院	李超凡 20009200993　刘辰昊 20009201281　何　斌 20009200004
张　宁　网络与信息安全学院	王栗政 20179100018　阿西伍合 20179100083
冯鹏斌　网络与信息安全学院	吕　旋 20009200592　林泽键 20009201061　霍盛延 20009200158
张　宁　网络与信息安全学院	王申奥 19180300017　王亚龙 19180300040　贺紫怡 19180100060
张　宁　网络与信息安全学院	石宇轩 21049200023　郭家豪 21009102032　颜毓辰 21009201350
张　宁　网络与信息安全学院	张舒越 19189100006　郑建武 19180200028　郝　杰 19180100005
张　宁　网络与信息安全学院	石振宁 20079100015　刘沛宇 20079100101　陈俊杰 20009200453
张　宁　网络与信息安全学院	倪奕平 20009200760　周洪锋 20009200766　叶　文 20009200767
张　宁　网络与信息安全学院	段坤麒 20009200532　吴飞宇 20009201445　刘　倩 20009201350
张　宁　网络与信息安全学院	韩昌隆 20009200277　韩佩霖 20009200087　方子俊 20009201145
省级三等奖	
张　宁　网络与信息安全学院	魏　巍 20009101632　隋　林 20009100970　包　雄 21159100038
张　宁　网络与信息安全学院	陈思远 20009200481　诸怿腾 20009200047　王士博 20009200904
张　宁　网络与信息安全学院	唐　遥 20009201203　杨希磊 20009201235　李昱彤 20009201094
张　宁　网络与信息安全学院	卢济渊 20049200365　卞浩东 20049200455　袁琨棋 20009200239
张　宁　网络与信息安全学院	王儒仕 19180100086　梅克寒 19180200005　张蔓思 19180100144
张　宁　网络与信息安全学院	盖　乐 21009200991　王佳明 20009201022　孙彦博 21009201355
付玉龙　网络与信息安全学院	高依然 20009200846　黄嘉雨 21009200110　何欣钰 21009200866
张　宁　网络与信息安全学院	杨紫阳 21009200896　王奕林 21009200154　张益伟 21009201381
张　宁　网络与信息安全学院	吕林轩 20009200365　周宏伟 20009200773　刘培宁 20009200895
宋祁朋　网络与信息安全学院	黄谨威 21009200437　杨昕怡 21009200946　郇皓宇 21009201046
张　宁　网络与信息安全学院	尹韦珺 19180100084　张思卿 19180100117　江家庆 20009100983
张　宁　网络与信息安全学院	王新明 20159100032　梁梦轩 20009201151　赵淼桐 21009200713

续表

教　练	学　生
张　宁　网络与信息安全学院	李梓萌 20009201470　樊　博 20009200339　李逸凡 20009200921
张　宁　网络与信息安全学院	刘韦豪 20009201100　刘　科 20009201369　李骁旸 20009200842
尤　伟　网络与信息安全学院	高嘉坤 20009201273　王喻博 20009201028　张轶督 20009201251
张　宁　网络与信息安全学院	范仲昊 20009200293　张君瑞 20009200645　周　昌 20009200478
张　宁　网络与信息安全学院	王志刚 19180200025　林　咏 19189100005　韩镒泽 19180100121
张　宁　网络与信息安全学院	彭婷钰 20009200165　黄欣怡 20009200688　王一丞 19180200019
张　宁　网络与信息安全学院	汪晓月 20009201414　叶　彤 20009200970　车璇萱 20009201157
张　宁　网络与信息安全学院	黄　倩 20009200763　李玺韵 20009201165　张文雅 20009201023
张　宁　网络与信息安全学院	杜　科 20009201337　姬嘉婕 20009201326　曹雨涓 20009201333
张　宁　网络与信息安全学院	杨辰烨 20009200583　田宗凯 20009200392　赵　鹏 20009200317
张　宁　网络与信息安全学院	段文贤 20009200750　伍　凌 20009200201　李俊佑 20009200751
张　宁　网络与信息安全学院	韩相宇 20009201345　谢　政 20009201485　李佳骋 20009200923

第六届“强网杯”全国网络安全大赛

教　练	学　生
国家级三等奖	
张　宁　网络与信息安全学院	陈有帅 20009200310　李兆祺 20009200111　张子涵 21009200035 骆雨佳 20009201131　许云汉 20009200016　成　诺 19180100042 王默轩 20009201043　向海川 20009200746　蒋　昊 20009200459 肖正阳 20009200794
张　宁　网络与信息安全学院	蒋　昊 20009200459　肖正阳 20009200794　李兆祺 20009200111 陈有帅 20009200310

中国大学生计算机设计大赛

教　练	学　生
国家级一等奖	
张　华　空间科学与技术学院	邓继儒 19160200047　米　青 19160100011　彭泽华 19140100086
国家级二等奖	
曲建晶　经济与管理学院	何嘉乐 19200100142　曹　聪 19030100444　佘佳杰 20069100186
杨西惠　机电工程学院 张爱梅　机电工程学院	方超杰 20049200123　徐张宁 20049200219　孙博伟 20049200536
程春霞　空间科学与技术学院	李明昆 19040400040　李佳龙 19069100038　孙文亮 19040100066
于　斌　计算机科学与技术学院 胡辉勇　微电子学院	秦　川 19140100146　项虹桥 19069100015　王静娴 20099100036
张　弘　微电子学院	李敬城 20009100350　郑杰文 20049200252　王　宠 19140200128

续表一

教　练	学　生
国家级三等奖	
吴家骥　电子工程学院	梁梦垚 20049200416　张嘉怡 20012100078　闫浩霖 19200300129
李　军　生命科学技术学院	周　楠 19159100013　姚戈昶 19200100116　冯德湟 21159100021
顾华玺　通信工程学院 尹　鹏　本科生院	夏钰清 20012100071　颜鸿宇 20012100034　许洺溪 20009100441
曹　震　人工智能学院	孙　琦 19200100130　李佳宁 19200100125　陈岩松 19200100058
朱　浩　人工智能学院	李安琪 19070300011　刘　俊 19070190005
省级一等奖	
吴家骥　电子工程学院	梁梦垚 20049200416　张嘉怡 20012100078　闫浩霖 19200300129
曲建晶　经济与管理学院	付凯文 19170100004　武新明 19170100037　樊邵桦 20179100048
刘小院　机电工程学院 杨西惠　机电工程学院	王睿妍 19040200001　郭思远 19040600026　温馨怡 19040600021
刘小院　机电工程学院 杨西惠　机电工程学院	赵雪莹 20049200550　李咏珈 20049200515　黄汪洋 20049200473
曲建晶　经济与管理学院	何嘉乐 19200100142　曹　聪 19030100444　佘佳杰 20069100186
李　军　生命科学技术学院	周　楠 19159100013　姚戈昶 19200100116　冯德湟 21159100021
顾华玺　通信工程学院 尹　鹏　本科生院	夏钰清 20012100071　颜鸿宇 20012100034　许洺溪 20009100441
杨西惠　机电工程学院 张爱梅　机电工程学院	方超杰 20049200123　徐张宁 20049200219　孙博伟 20049200536
杨　熙　电子工程学院	殷雅如 19022100032　任芷妍 20009201371　李欣悦 20009201026
曹　震　人工智能学院	孙　琦 19200100130　李佳宁 19200100125　陈岩松 19200100058
张　华　空间科学与技术学院	邓继儒 19160200047　米　青 19160100011　彭泽华 19140100086
任胜寒　生命科学技术学院	杨晨曦 19150300008　沈洪宇 19159100009　胡珈魁 19050100220
张秀君　经济与管理学院	曹涵慧 19040500008　孙洪沂 19040500007　张倖玺 20012100022
程春霞　空间科学与技术学院	李明昆 19040400040　李佳龙 19069100038　孙文亮 19040100066
朱　浩　人工智能学院	李安琪 19070300011　刘　俊 19070190005
于　斌　计算机科学与技术学院 胡辉勇　微电子学院	秦　川 19140100146　项虹桥 19069100015　王静娴 20099100036
付少锋　计算机科学与技术学院 付小宁　机电工程学院	任颖萱 19040300071　于　凡 18160200005　孙　震 18160100011
裴庆祺　通信工程学院 俱　莹　通信工程学院	陶征庆 19010100237　杨东阁 19010100224　费雨露 19010100342
张　弘　微电子学院	李敬城 20009100350　郑杰文 20049200252　王　宠 19140200128
杨西惠　机电工程学院 张爱梅　机电工程学院	梁　烨 20049200142　戎晋新 20049200534　陆兢伟 20049200294
刘博文　微电子学院	钱茂文 19140100018　常志强 19140100187　刘　杰 20009101069
省级二等奖	
宗　汝　电子工程学院	王吴语卿 20009102282　金　涛 20009101384　冯　宇 20009102133
李　君　数学与统计学院	石宇航 19020190011　黄子昊 19020190013　贾宸昊 19020190003

续表二

教　练	学　生
董洛兵　计算机科学与技术学院	王熙成 20012100045　齐家迅 20012100047
李隐峰　电子工程学院	李　想 19140200156　韩浩楠 19010100038　王晨曦 21069100166
李隐峰　电子工程学院	万家洋 20009100543　王拓一 20009102233　彭泽刚 20009101739
曲建晶　经济与管理学院	周洧川 19030100331　李易霖 19030100292　李诗豪 19040500028 刘鹏波 20069100158
康海燕　微电子学院	陈培林 20009100337　马俊飞 20009101153　庞小博 20009201364
刘西洋　计算机科学与技术学院	兰邦翔 19140100032　刘　灏 19140100072　刘佳琪 19010100347
刘红英　人工智能学院	朱澄宇 19010500053　卢雪玉 19010500040　肖　熙 19010500082
李　林　电子工程学院 李隐峰　电子工程学院	赵思垚 19020100249　任雪梅 19020300059　徐梓铭 20009101440
李　林　电子工程学院 李隐峰　电子工程学院	秦培杰 19020100108　薛宇佳 20009100708　于添叶 20009100112
李隐峰　电子工程学院 李翠芸　电子工程学院	普雪鸥 18020100099　胡升晖 20009100854　张玲宁 20009100422
刘小院　机电工程学院	梁　爽 20049200283　刘崇阳 20049200009　林家靖 20049200401
李翠敏　计算机科学与技术学院	许森延 19030500182　蒋思媛 19030100236　张云康 19030100200
曲建晶　经济与管理学院	赵　广 19150300021　王怡欣 19069100138　张佳颖 19069100107
古　晶　人工智能学院 曲建晶　经济与管理学院	孟雅清 19040100103　易泓竹 19040300049　王正扬 19049100016
潘伟涛　通信工程学院	岳炳昊 19010500078　吴起龙 19030100358　杨绪康 20009200745
王　佩　机电工程学院 陈晓龙　机电工程学院	田旭阳 19040100143　王佳琦 18040100135　林佳璇 19010100319
省级三等奖	
张爱梅　机电工程学院 杨西惠　机电工程学院	廖嘉敏 20049200120　左鑫旺 20049200150　霍建兴 20049200447 刘静怡 19200300126　闫博瑞 20049200540
刘　毅　本科生院 康海燕　微电子学院	胡超杰 20009100838　陈泓锦 20009100077　王紫琼 20009101929
安　翔　经济与管理学院	刘云珂 19069100068　曹　莹 19090300003　李　晟 18200100081
全英汇　电子工程学院 冯　伟　电子工程学院	熊向睿 19040400018　张斯雯 19020700028　吴成业 19020700019
张爱梅　机电工程学院 刘小院　机电工程学院	王一铭 20049200186　蒋自为 20049200065　薛马超 20049200503 张一栋 20009201250　高天元 20049200059
朱　浩　人工智能学院	廖怡诺 19200100077　张雨桐 19200300010　周雨宸 19069100154
张爱梅　机电工程学院 刘小院　机电工程学院	朱博健 20009200183　王琛暄 20009201327　赵书萱 20009201293 贾志城 21009101350
杨西惠　机电工程学院 刘小院　机电工程学院	汪雨萌 20049200454　梁杰俊 20049200155　赵厚智 20049200529
李隐峰　电子工程学院 郑春红　电子工程学院	王馨浩 18070300022　郭守军 20009100007　侯　鹏 20009100666
王新怀　电子工程学院	曾祥建 20009100140　张秉颜 20009100592　龚建峰 20009100932

全国大学生电子商务“创新、创意及创业”挑战赛

教　练	学　生
国家级二等奖	
牛　毅　人工智能学院	宋卓琛 18200100166　刘云珂 19069100068　马博坤 19069100044 毛晓洁 19069100144　沈怡敏 19080200025
省级特等奖	
牛　毅　人工智能学院	宋卓琛 18200100166　刘云珂 19069100068　马博坤 19069100044 毛晓洁 19069100144　沈怡敏 19080200025
省级三等奖	
孙　伟　空间科学与技术学院	薛茜月 19200300040　陈子浩 19140100107　赵新炜 19040300043 贾志博 19070300018　许鸿儒 19160200049
张　弘　微电子学院 黄丽娟　经济与管理学院	任秦鲁 19140200149　张竞文 20069100107　李广龙加 20069100026 贾云天 20009101418　陈培林 20009100337

陕西省第十三届工业工程改善创意竞赛

教　练	学　生
省级一等奖	
陈　希　经济与管理学院	许　娜 20061212336　韩　敏 20061212336　闫丙燕 20061212336
刘怀亮　经济与管理学院	张善庄 20061212379　赵舰波 19061110548　亓艳伟 20061110229 张晓瑾 21061212456　杨蕊谦 20061110232
省级三等奖	
于江霞　经济与管理学院 刘建伟　马克思主义学院	韩梓瑞 20069100153　邹玉莹 20069100109　王一凡 20069100226 张家源 19080300012
张　晓　经济与管理学院	孙　琦 19200100130　付柏霖 19200100129　李玉辰 19200100126 张紫艺 19200100103　冉朝阳 21061212592
郭宝龙　空间科学与技术学院	宋　阳 20049200179　封辰阳 20069100015　马浩毓 20069100105 靳钰婷 20049200170　高展铭 20049200446

全国大学生英语竞赛

教　练	学　生
国家级特等奖	
周正履　外国语学院	崔昊言 21099100040
王雅萍　外国语学院	王欣禾 20049200336　魏瑀宏 20009101022
文　华　外国语学院	刘静遥 20009100148
刘会霞　外国语学院	郭李莉 20009100133　张雅茹 19030500320
任　静　外国语学院	廖馨怡 21069100118

续表

教 练	学 生
任 静 外国语学院	王俞钦 21009200033
任 静 外国语学院	杜一笑 21009200016
任 静 外国语学院	董浩宇 21009101620
陈万庆 外国语学院	岳 张 21009100077
陈万庆 外国语学院	何昌澄 21009100065
国家级一等奖	
王 欣 外国语学院	洪志多 19090100033
王 俊 外国语学院	洪文豪 18170100024
王丽莉 外国语学院	曾祥建 20009100140
辛冀秋 外国语学院	朱 奕 20009100829
吴启瑞 外国语学院	赵含笑 19080100007 戴明勇 19200300061
刘会霞 外国语学院	李唐蔚 20009201465
陈万庆 外国语学院	徐浩东 19030100332 秦梦涵 19020100236
赵小溪 外国语学院	李成林 21009101503

“外研社·国才杯”全国英语写作大赛

教 练	学 生
省级一等奖	
赵小溪 外国语学院	齐子琨 20009101692
省级三等奖	
马 琪 外国语学院	尹怡皓 20099100029
李文兰 外国语学院	齐乐恒 21009100038

第二届“外教社·词达人杯”全国大学生英语词汇能力大赛

学 生
国家级一等奖
刘文宇 20009201382
省级特等奖
王腾宇 20009200046
省级一等奖
林石 19030500037 梁益珩 20012100006 崔昊言 21099100040
省级二等奖
蔡扬帆 19079100007 刘静遥 20009100148 张宸铭 19200300150 蒋晓天 19029100002

“外研社·国才杯”全国英语阅读大赛

教 练	学 生
省级特等奖	
廉 虹 外国语学院	肖 扬 20009200058
省级一等奖	
辛冀秋 外国语学院	魏苏阳 20009101325

第 27 届中国日报社“21 世纪杯”全国大学生英语演讲比赛陕西复赛

教 练	学 生
省级二等奖	
朱琳菲 外国语学院	李丁一 19090300014
省级三等奖	
朱琳菲 外国语学院	王小龙 20099100015

“外研社·国才杯”全国英语演讲大赛

教 练	学 生
省级一等奖	
刘一鸣 外国语学院	乔亚轩 21099100065

“外研社·国才杯”全国大学生英语辩论赛全国总决赛

教 练	学 生
国家级一等奖	
朱琳菲 外国语学院	胡叶芬 18029100031 胡心兰 18040100144

2022 全国大学生英语辩论赛 CUDC

教 练	学 生
省级二等奖	
刘一鸣 外国语学院	王承涵 19090300004 林宸旭 21009100519

第十六届中华全国日语演讲比赛总决赛

教 练	学 生
国家级三等奖	
马静雯 外国语学院	王心怡 18090200020

第四届陕西省大学生工程制图与3D建模大赛

教 练	学 生
省级三等奖(机械类团体)	
杜淑幸 机电工程学院 刘小院 机电工程学院 张建国 机电工程学院 史宝全 机电工程学院	白 鑫 19040200023 魏子棚 19040100122 朱泥菡 21049200536 季晓飞 20049200038 罗 鑫 19040100147 姚亚娟 20049200291 毛贺文 20049200188 王子政 20049200442
省级一等奖(机械类工程制图)	
史宝全 机电工程学院 杜淑幸 机电工程学院 刘小院 机电工程学院 张建国 机电工程学院	季晓飞 20049200038
省级二等奖(机械类工程制图)	
杜淑幸 机电工程学院 刘小院 机电工程学院 张建国 机电工程学院 史宝全 机电工程学院	白 鑫 19040200023
刘小院 机电工程学院 张建国 机电工程学院 史宝全 机电工程学院 杜淑幸 机电工程学院	孟鑫耀 20049200224
省级三等奖(机械类工程制图)	
张建国 机电工程学院 史宝全 机电工程学院 杜淑幸 机电工程学院 刘小院 机电工程学院	罗 鑫 19040100147
刘小院 机电工程学院 张建国 机电工程学院 史宝全 机电工程学院 杜淑幸 机电工程学院	毛贺文 20049200188
杜淑幸 机电工程学院 刘小院 机电工程学院 张建国 机电工程学院 史宝全 机电工程学院	孟德圆 20049200001
杜淑幸 机电工程学院 刘小院 机电工程学院 张建国 机电工程学院 史宝全 机电工程学院	史文珺 21009100085
刘小院 机电工程学院 张建国 机电工程学院 史宝全 机电工程学院 杜淑幸 机电工程学院	王钰源 21009102143
刘小院 机电工程学院 张建国 机电工程学院 史宝全 机电工程学院 杜淑幸 机电工程学院	王子政 20049200442
张建国 机电工程学院 史宝全 机电工程学院 杜淑幸 机电工程学院 刘小院 机电工程学院	许昊天 20009100673
张建国 机电工程学院 史宝全 机电工程学院 杜淑幸 机电工程学院 刘小院 机电工程学院	朱泥菡 21049200536
刘小院 机电工程学院 张建国 机电工程学院 史宝全 机电工程学院 杜淑幸 机电工程学院	丁少洋 19040200011
史宝全 机电工程学院 杜淑幸 机电工程学院 刘小院 机电工程学院 张建国 机电工程学院	耿仁泰 20049200320
杜淑幸 机电工程学院 刘小院 机电工程学院 张建国 机电工程学院 史宝全 机电工程学院	蒋自为 20049200065
刘小院 机电工程学院 张建国 机电工程学院 史宝全 机电工程学院 杜淑幸 机电工程学院	刘 洋 21049200295
张建国 机电工程学院 史宝全 机电工程学院 杜淑幸 机电工程学院 刘小院 机电工程学院	吴嘉浩 20049200493
张建国 机电工程学院 史宝全 机电工程学院 杜淑幸 机电工程学院 刘小院 机电工程学院	张家博 20049200262

续表

教　练	学　生
史宝全 机电工程学院　杜淑幸 机电工程学院 刘小院 机电工程学院　张建国 机电工程学院	张忠铭 20049200129
张建国 机电工程学院　史宝全 机电工程学院 杜淑幸 机电工程学院　刘小院 机电工程学院	郑明洋 20049200132
省级二等奖(机械类产品信息建模)	
刘小院 机电工程学院　张建国 机电工程学院 史宝全 机电工程学院　杜淑幸 机电工程学院	魏子栩 19040100122
省级三等奖(机械类产品信息建模)	
杜淑幸 机电工程学院　刘小院 机电工程学院 张建国 机电工程学院　史宝全 机电工程学院	白　鑫 19040200023
张建国 机电工程学院　史宝全 机电工程学院 杜淑幸 机电工程学院　刘小院 机电工程学院	罗　鑫 19040100147
刘小院 机电工程学院　张建国 机电工程学院 史宝全 机电工程学院　杜淑幸 机电工程学院	毛贺文 20049200188
杜淑幸 机电工程学院　刘小院 机电工程学院 张建国 机电工程学院　史宝全 机电工程学院	吾拉孜别克·塔斯肯 20040100010
刘小院 机电工程学院　张建国 机电工程学院 史宝全 机电工程学院　杜淑幸 机电工程学院	姚亚娟 20049200291
张建国 机电工程学院　史宝全 机电工程学院 杜淑幸 机电工程学院　刘小院 机电工程学院	朱泥菡 21049200536
史宝全 机电工程学院　杜淑幸 机电工程学院 刘小院 机电工程学院　张建国 机电工程学院	耿仁泰 20049200320
杜淑幸 机电工程学院　刘小院 机电工程学院 张建国 机电工程学院　史宝全 机电工程学院	蒋自为 20049200065
史宝全 机电工程学院　杜淑幸 机电工程学院 刘小院 机电工程学院　张建国 机电工程学院	林家靖 20049200401
刘小院 机电工程学院　张建国 机电工程学院 史宝全 机电工程学院　杜淑幸 机电工程学院	孟鑫耀 20049200224
史宝全 机电工程学院　杜淑幸 机电工程学院 刘小院 机电工程学院　张建国 机电工程学院	张忠铭 20049200129

第十五届“高教杯”全国大学生先进成图技术与产品信息建模创新大赛

教　练	学　生
国家级三等奖	
杜淑幸 机电工程学院　刘小院 机电工程学院 张建国 机电工程学院　史宝全 机电工程学院 杨育海　工程训练中心	朱泥菡 21049200536　罗　鑫 19040100147　白　鑫 19040200023 王钰源 21009102143　耿仁泰 20049200320
国家级二等奖(机械类个人全能)	
史宝全 机电工程学院　杜淑幸 机电工程学院 刘小院 机电工程学院　张建国 机电工程学院	朱泥菡 21049200536

续表

教 练	学 生
国家级三等奖(机械类个人全能)	
张建国 机电工程学院 史宝全 机电工程学院 杜淑幸 机电工程学院 刘小院 机电工程学院	罗 鑫 19040100147
杜淑幸 机电工程学院 刘小院 机电工程学院 张建国 机电工程学院 史宝全 机电工程学院	白 鑫 19040200023
刘小院 机电工程学院 张建国 机电工程学院 史宝全 机电工程学院 杜淑幸 机电工程学院	王钰源 21009102143
史宝全 机电工程学院 杜淑幸 机电工程学院 刘小院 机电工程学院 张建国 机电工程学院	耿仁泰 20049200320
杜淑幸 机电工程学院 刘小院 机电工程学院 张建国 机电工程学院 史宝全 机电工程学院	季晓飞 20049200038
刘小院 机电工程学院 张建国 机电工程学院 史宝全 机电工程学院 杜淑幸 机电工程学院	魏子棚 19040100122

第十二届中国大学生物理学术竞赛(西北赛区)

教 练	学 生
省级一等奖	
代少玉 物理学院 张元元 物理学院	王梦涵 19170100083 任宇航 21009101389 李 龙 20009100943 许雯俊 20009100477 周倩倩 20009101468
吴兴林 物理学院 朱婧晶 物理学院	韩梦媛 20069100011 董展宇 21049200240 黄平平 21009290004 施文豪 20179100117 康乐海 21009100615
省级二等奖	
武颖丽 物理学院 张 锐 物理学院	吴任杰 19040500105 李可心 20009101538 唐旭阳 19160200032 侯赛金 20009102325 陈天杨 21012100012
省级最佳女生奖	
武颖丽 物理学院	韩梦媛 20069100011

第十二届中国大学生物理学术竞赛(陕西赛区)

教 练	学 生
省级特等奖	
武颖丽 物理学院	王梦涵 19170100083
吴兴林 物理学院	许雯俊 20009100477
省级一等奖	
代少玉 物理学院	周倩倩 20009101468
张元元 物理学院	康乐海 21009100615
省级二等奖	
张 锐 物理学院	李 龙 20009100943
卢 芳 物理学院	吴任杰 19040500105

续表

教 练	学 生
李艳辉　物理学院	陈天杨 21012100012
朱婧晶　物理学院	韩梦媛 20069100011
李林茜　物理学院	施文豪 20179100117

第十二届中国大学生物理学术竞赛

教 练	学 生
国家级三等奖	
代少玉　物理学院 张元元　物理学院	王梦涵 19170100083　李　龙 20009100943　许雯俊 20009100477 周倩倩 20009101468　任宇航 21009101389

2022年西北赛区大学生化工设计竞赛

教 练	学 生
省级一等奖	
李淑萍　先进材料与纳米科技学院 梁燕萍　先进材料与纳米科技学院 朱黎霞　先进材料与纳米科技学院	张庭森 19170200025　张旭东 19170200024　卫晨龙 19170200020 陈　航 19170200023　董双齐 19170200021

“天正设计杯”第十六届全国大学生化工设计竞赛

教 练	学 生
国家级二等奖	
李淑萍　先进材料与纳米科技学院 梁燕萍　先进材料与纳米科技学院 朱黎霞　先进材料与纳米科技学院	张庭森 19170200025　张旭东 19170200024　卫晨龙 19170200020 陈　航 19170200023　董双齐 19170200021　杨茂盛 19170200007 关　良 19170200017
李淑萍　先进材料与纳米科技学院 梁燕萍　先进材料与纳米科技学院 朱黎霞　先进材料与纳米科技学院	李　兰 19170200018　孙泽熙 19170200011　张子祥 19170200009

第十四届全国大学生节能减排社会实践与科技竞赛

教 练	学 生
国家级三等奖	
田春娜　电子工程学院	郭守军 20009100007　侯　鹏 20009100666
李　洁　电子工程学院	陈　持 19020100060　殷辰昊 19020100052　顾黎明 19020100076 张　驰 19020100186　毛秭凯 19180100106
卞学愚　微电子学院	邱嘉俊 19170100016　罗宏亮 19020100142
李　洁　电子工程学院	毛秭凯 19180100106　陈　持 19020100060　殷辰昊 19020100052 张　驰 19020100186　顾黎明 19020100076

第十五届全国大学生节能减排社会实践与科技竞赛

教 练	学 生
国家级二等奖	
李隐峰　电子工程学院 孙　伟　空间科学与技术学院	薛茜月 19200300040　许鸿儒 19160200049　陈子浩 19140100107 白　鑫 19040200023　胡浩然 19140100101　赵新炜 19040300043 张旭东 19200300014
雷毅敏　先进材料与纳米科技学院	邱嘉俊 19170100016　卫晨龙 19170200020　付凯文 19170100004 袁金渊 19170100015　武新明 19170100037　王　磊 20179100006
国家级三等奖	
章　云　机电工程学院	霍建兴 20049200447　高展铭 20049200446　宋　阳 20049200179 张天伟 20049200308　靳钰婷 20049200170　封辰阳 20069100015 田瑞祥 20049200198
李隐峰　电子工程学院	张倖玺 20012100022　张运泽 20009101526　李可心 20009101538 杨文康 20009101525　刘伯航 21012100080　霍佳圮 21009101588

第七届全国大学生生物医学工程创新设计竞赛

教 练	学 生
国家级二等奖	
王艺涵　生命科学技术学院	石嘉韫 19150300030　林若歌 19159100027　雷　昊 20159100075
朱守平　生命科学技术学院	李志强(研究生)　林渝璇 19159100021　赵展通(研究生)
国家级三等奖	
吕锐婵　生命科学技术学院	蒋曦亭 20159100070　齐相然 20009200500　郑浩瀚 19070100028 张晶晶 20159100041　张　倩 20159100079

第十三届中国大学生服务外包创新创业大赛

教 练	学 生
国家级二等奖	
朱　浩　人工智能学院	廖怡诺 19200100077　周雨宸 19069100154　郭嘉晴 19069100217 张雨桐 19200300010　李玥浒 19200300089
—	张　洋 19200100093　朱晨辉 19069100106　李梦唯 19200300055 马　芹 19200100095　张紫艺 19200100103
李欣芮　微电子学院	胥　凯 19140100048　刘相宜 19140200206　贾云天 20009101418 余雯婧 20009200192　王梦祥 20009100716
黄丽娟　经济与管理学院	刘鹏波 20069100158　李易霖 19030100292　李心愿 20069100151 周洧川 19030100331
朱　伟　空间科学与技术学院 程　飞　计算机科学与技术学院	党奇伟 17030140015　赵旭喆 19012100082　秦　川 19140100146 何梓寒 20049200451　刘昕蕾 19180100102　易传义 19040100157

续表

教　练	学　生
国家级三等奖	
褚　华　计算机科学与技术学院 李佳楠　计算机科学与技术学院	卫彪彪 17130188036　舒　畅 20031211385　杨乐佳 21031211621 冯玥瑛 19030500102　田耀凯 19030500067
赵至夫　人工智能学院 李翠敏　计算机科学与技术学院	吕一忱 19170200015　付凯文 19170100004　张家瑞 19170100049 周　涵 19040500030　许森延 19030500182
徐悦甡　计算机科学与技术学院	徐　静 19030500043　仵　靓 19030100357　盛泰舒 19030500342 孙梦洁 19030500083　靳东明 19030500219
穆宏浪　本科生院 王　禛　本科生院	闫瑞松 20012100041　李子一 20069100160　徐伟健 19069100006 张富尧 21012100059　雷　玥 21069100190
省级一等奖	
朱　浩　人工智能学院	廖怡诺 19200100077　周雨宸 19069100154　郭嘉晴 19069100217 张雨桐 19200300010　李玥浒 19200300089
李欣芮　微电子学院	胥　凯 19140100048　刘相宜 19140200206　贾云天 20009101418 余雯婧 20009200192　王梦祥 20009100716
黄丽娟　经济与管理学院	张　洋 19200100093　朱晨辉 19069100106　李梦唯 19200300055 马　芹 19200100095　张紫艺 19200100103
—	刘鹏波 20069100158　李易霖 19030100292　李心愿 20069100151 周洧川 19030100331
朱　伟　空间科学与技术学院 程　飞　计算机科学与技术学院	党奇伟 17030140015　牛津晶 20061212300　赵旭喆 19012100082 秦　川 19140100146　何梓寒 20049200451
省级二等奖	
赵至夫　人工智能学院 李翠敏　计算机科学与技术学院	吕一忱 19170200015　付凯文 19170100001　张家瑞 19170100049 周　涵 19040500030　许森延 19030500182
褚　华　计算机科学与技术学院 李佳楠　计算机科学与技术学院	舒　畅 20031211385　杨乐佳 21031211621　冯玥瑛 19030500102 卫彪彪 17130188036　田耀凯 19030500067
徐悦甡　计算机科学与技术学院	徐　静 19030500043　仵　靓 19030100357　盛泰舒 19030500342 孙梦洁 19030500083　靳东明 19030500219
穆宏浪　本科生院 王　禛　本科生院	闫瑞松 20012100041　李子一 20069100160　徐伟健 19069100006 张富尧 21012100059　雷　玥 21069100190
—	易传义 19040100157
省级三等奖	
潘伟涛　通信工程学院	岳炳昊 19010500078　吴起龙 19030100358　朱澄宇 19010500053 杨绪康 20009200745　卢雪玉 19010500040
康海燕　微电子学院 张　弘　微电子学院	陈培林 20009100337　马俊飞 20009101153　任秦鲁 19140200149 白鹏涛 20009100722　庞小博 20009201364
王书振　计算机科学与技术学院	张毕特 19160200054　唐旭阳 19160200032　张楚睿 19160200045 闵　昕 19160200002
刘博文　微电子学院	仵少飞 19140200189　薛乐洋 19140200188　王佳笛 19029100020 史心怡 19140200165
裴庆祺　通信工程学院	杨东阁 19010100224　费雨露 19010100342　夏羽枫 19010100417 张开元 19019100012　陶征庆 19010100237

RoboMaster 2022 机甲大师超级对抗赛(RMUC)全国赛

教　练	学　生
国家级二等奖	
马文斌　校团委 蔡觉平　微电子学院	李小彤 17030140077　卢德维 19050330075　布兰艾·叶尔森江 19040100175 尹逸鑫 20009100987　吾拉孜别克·塔斯肯 20040100010
马文斌　校团委 蔡觉平　微电子学院	张　杰 19010100027　兰清宇 19010100439　程允杰 20009100339 李心涛 20009101613　丁凯悦 19010190008
马文斌　校团委 蔡觉平　微电子学院	杨绪康 20009200745　赵宏伟 21009100398　张志鸿 20009200625 郑桂勇 20009100338　陈俊成 19040100084

RoboMaster 2022 机甲大师超级对抗赛优秀顾问

教　练	学　生
国家级一等奖	
—	张　杰 19010100027

RoboMaster 2022 机甲大师高校联盟赛

教　练	学　生
省级二等奖	
马文斌　校团委 蔡觉平　微电子学院	李小彤 17030140077　秦春霞 19200100019　廖树葳 19200100009 卢德维 19050330075　李悦辰 19010500006

RoboMaster 2022 机甲大师开源奖

教　练	学　生
国家级三等奖	
—	杨绪康 20009200745

RoboMaster 2022 机甲大师年度外观设计奖

教　练	学　生
国家级一等奖	
—	卢德维 19050330075

RoboMaster 2022 机甲大师实战奖(飞镖)

教 练	学 生
国家级三等奖	
马文斌 校团委 蔡觉平 微电子学院	马云繁 20050500010 李心涛 20009101613 郑桂勇 20009100338 陈俊成 19040100084

RoboMaster2020 机甲大师实战奖(步兵)

教 练	学 生
国家级二等奖	
马文斌 校团委 蔡觉平 微电子学院	陈延科 20009100195 吾拉孜别克·塔斯肯 20040100010 罗洪拉提 19040100170 李小彤 17030140077 王晓东 20069100076

RoboMaster 2020 机甲大师实战奖(工程)

教 练	学 生
国家级三等奖	
马文斌 校团委 蔡觉平 微电子学院	丁凯悦 19010190008 兰清宇 19010100439 尹逸鑫 20009100987 张雨晴 21009101413 廖树葳 19200100009

RoboMaster 2020 机甲大师实战奖(空中机器人)

教 练	学 生
国家级三等奖	
马文斌 校团委 蔡觉平 微电子学院	毛贺文 20049200188 杨惠麟 20049200107 李宏瑞 21009101199 胡 冉 20020140007

RoboMaster 2022 机甲大师实战奖(哨兵)

教 练	学 生
国家级二等奖	
马文斌 校团委 蔡觉平 微电子学院	卢德维 19050330075 刘佳璇 20009200297 范龄予 19069100128 张云儿 20012100061 程允杰 20009100339

RoboMaster 2022 机甲大师实战奖(英雄)

教 练	学 生
国家级二等奖	
马文斌 校团委 蔡觉平 微电子学院	布兰艾·叶尔森江 19040100175 浦仕特 20049200165 张家铭 20009100578 张必豪 21009100270 秦春霞 19200100019

第五届全国大学生FPGA创新设计竞赛

教 练	学 生
国家级特等奖(赛灵思杯)及最佳创意奖	
刘术彬 微电子学院 康海燕 微电子学院	王瑞青 18140100138 李 振 19149100016 赵伟铭 19140200004
国家级二等奖	
陈雪利 生命科学技术学院	胡珈魁 19050100220 杨晨曦 19150300008 秦 川 19140100146
程文驰 通信工程学院	吴圣栋 19010100285 夏羽枫 19010100417 陶征庆 19010100237
国家级三等奖	
董丽华 通信工程学院	陈培林 20009100337 白鹏涛 20009100722 唐世林 20009100421
杨 刚 电子工程学院	王锦旗 19020100428 杨朝旭 19020100308 宋非凡 19020100258
张钰兰 19061212442	张宇思 19010100223 姜云耀 19010100219 何佳希 19010100222
张 弘 微电子学院	凌 林 19140200001 刘 杰 20009101069 邓博峰 19140100103
张 弘 微电子学院	任秦鲁 19140200149 胡正轩 19140200114 杨浩田 19140200036
张 弘 微电子学院	常舒婷 19140200074 黄浩博 19140200053 蒙 晓 19140200007
王同达 通信工程学院	冯王堃 19010100363 王金杰 19010100244 杨 礼 19010100371
张 弘 微电子学院	许 江 19170100085 王 宠 19140200128 郑杰文 20049200252
王新怀 电子工程学院 李亚超 电子工程学院	余 翔 19020100149 刘祖翰 19020100067 张少华 19140200038

第七届全国密码数学挑战赛

教 练	学 生
省级二等奖	
王剑锋 网络与信息安全学院	张淇伊 20009200148

陕西高校网络安全实战攻防竞赛

教 练	学 生
省级一等奖	
杨 超 网络与信息安全学院	王栗政 20179100018 王佳欣 20009201044 袁琨棋 20009200239
省级二等奖	
杨 超 网络与信息安全学院	张晋宇 19180100020 张淇伊 20009200148 李超凡 20009200993 卞浩东 20049200455

2022 年第八届全国大学生物理实验竞赛(创新)

教　练	学　生
国家级一等奖	
吴兴林　物理学院 徐　强　物理学院	胡正轩 19140200114　王玉言 20009101489　朱俊奥 20009100554 张云儿 20012100061　张中霁 20069100169
国家级二等奖	
武颖丽　物理学院	倪　朔 20009100510　肖　正 20009200936　张明博 20009101586 郑慧森 20009100490　贾王轩 20009101953
国家级三等奖	
徐　强　物理学院 武颖丽　物理学院	黄真通 20009101800　刘辰昊 20009201281
丁春颖　物理学院 吴兴林　物理学院	韦泽鸿 20009100443　朱润雨 19140100162　张可欣 19140100201 崔望龙 20009100202　唐添睿 19040500101

2022年各项学科竞赛获省级及以上优秀指导教师名单

竞赛名称	获奖教师	所在学院	获奖等级
第十五届全国大学生信息安全竞赛作品赛	张　宁	网络与信息安全学院	国家级
第十五届全国大学生信息安全竞赛作品赛	李　晖	网络与信息安全学院	国家级
第十五届全国大学生信息安全竞赛作品赛	李兴华	网络与信息安全学院	国家级
“美亚杯”第八届中国电子数据取证大赛	张　宁	网络与信息安全学院	国家级
第六届“强网杯”全国网络安全大赛	张　宁	网络与信息安全学院	国家级
第十五届“高教杯”全国大学生先进成图技术与产品信息建模创新大赛	杜淑幸	机电工程学院	国家级
第十五届“高教杯”全国大学生先进成图技术与产品信息建模创新大赛	刘小院	机电工程学院	国家级
第十五届“高教杯”全国大学生先进成图技术与产品信息建模创新大赛	张建国	机电工程学院	国家级
第十五届“高教杯”全国大学生先进成图技术与产品信息建模创新大赛	史保全	机电工程学院	国家级
第十五届“高教杯”全国大学生先进成图技术与产品信息建模创新大赛	杨育海	工程训练中心	国家级
第十一届陕西省大学生“挑战杯”创业计划竞赛	侯　彪	人工智能学院	省级
第十一届陕西省大学生“挑战杯”创业计划竞赛	万　波	计算机科学与技术学院	省级
第十一届陕西省大学生“挑战杯”创业计划竞赛	于　斌	计算机科学与技术学院	省级
第十一届陕西省大学生“挑战杯”创业计划竞赛	尚　坤	电子工程学院	省级
第十一届陕西省大学生“挑战杯”创业计划竞赛	杨如森	先进材料与纳米科技学院	省级
第十一届陕西省大学生“挑战杯”创业计划竞赛	牛　毅	人工智能学院	省级
“长安杯”第四届电子数据取证竞赛	张　宁	网络与信息安全学院	省级
“长安杯”第四届电子数据取证竞赛	焦晓鹏	计算机科学与技术学院	省级
第十届大学生机械创新设计大赛陕西赛区	段清娟	机电工程学院	省级
第四届陕西省大学生工程制图与3D建模大赛	杜淑幸	机电工程学院	省级
第四届陕西省大学生工程制图与3D建模大赛	刘小院	机电工程学院	省级
第四届陕西省大学生工程制图与3D建模大赛	张建国	机电工程学院	省级
第四届陕西省大学生工程制图与3D建模大赛	史保全	机电工程学院	省级
陕西省第十三届工业工程改善创意竞赛	陈　希	经济与管理学院	省级
第十六届中华全国日语演讲比赛西北赛区	马静雯	外国语学院	省级

2022 年各项学科竞赛获省级及以上优秀组织单位名单

竞 赛 名 称	获奖单位	获奖等级
2022 年全国大学生英语竞赛	外国语学院	国家级
“美亚杯”第八届中国电子数据取证比赛	西安电子科技大学	国家级
第十五届全国大学生节能减排社会实践与科技竞赛	西安电子科技大学	国家级
第十一届陕西省大学生“挑战杯”创业计划竞赛“优胜杯”	西安电子科技大学	省级
陕西省第八届大学生(TI 杯)模拟及模数混合电路应用设计竞赛	西安电子科技大学	省级
全国大学生数学建模竞赛陕西赛区	西安电子科技大学	省级
第十届全国大学生机械创新设计大赛陕西赛区	西安电子科技大学	省级
中国大学生计算机设计大赛西北地区赛	西安电子科技大学	省级
陕西省第十三届工业工程改善创意竞赛	西安电子科技大学	省级
“长安杯”第四届电子数据取证竞赛	西安电子科技大学	省级

2022 年各项学科竞赛获省级及以上优秀组织个人名单

竞 赛 名 称	获奖个人	获奖等级
第十一届陕西省大学生“挑战杯”创业计划竞赛	杨笑宇	省级
陕西省第八届大学生(TI 杯)模拟及模数混合电路应用设计竞赛	郑萱琳	省级
第十届大学生机械创新设计大赛陕西赛区	陈永琴	省级
陕西省第十三届工业工程改善创意竞赛	于江霞	省级
“长安杯”第四届电子数据取证竞赛	张　宁	省级

校级表彰与奖励

2021—2022年度先进集体名单

通信工程学院：ISN国家重点实验室　通信系　信息系
电子工程学院：电磁软件攻关团队　电信工程系　天线与电磁散射研究所　遥感科学与技术系
计算机科学与技术学院：嵌入式计算技术研究所　网络工程系
机电工程学院：电气工程系　机电科技研究所
光电工程学院：红外技术系
物理学院：实验中心
经济与管理学院：学院机关
数学与统计学院：概率统计系
人文学院：综合办公室
外国语学院：大学英语教学二部　语言与网络空间安全前沿交叉研究中心
微电子学院：集成电路工程系　研究生教育教学办公室
生命科学技术学院：学院机关
空间科学与技术学院：智能探测系
先进材料与纳米科技学院：学院机关
网络与信息安全学院：信息安全系
人工智能学院：智能信息处理研究所
马克思主义学院：形势与政策教研室
机关党委：基本建设处前期协调科　档案馆办公室
党委组织部：党校教育培训科
校友事务与对外合作处：校友事务办公室
科学研究院：科技奖励办公室　秦创原创新促进中心管理办公室
本科生院(书院)：本科生院招生中心
后勤保障部：饮食服务中心
资产经营有限公司：出版社　校医院药械科
广州研究院：广州第三代半导体创新中心
基础教育管理办公室：附属中学

杭州研究院：研究院机关

2021—2022 年度先进个人名单

师 德 标 兵

马晓华　马续补　刘　英　孙　聪　邱智亮　陈晓龙　尚荣华　郎　曼　施建章　谢　晖

优 秀 教 师

于江霞　于　强　马红莹　石　磊　任光亮　刘伟峰　刘忠玉　刘晓涛　刘德连　孙艳玲
李　刚　李　栋　李　洁　李晓辉　李雷达　李　静　吴　边　吴　婷　邹琳芝　宋庆文
张伟涛　张丽珍　陈志伟　林　林　周水生　赵彤璐　赵　萌　聂　丁　高思莉　彭延国
董明皓　程春霞　程　静　褚　华　戴志勇

先 进 工 作 者

马尚俊　马继红　王小刚　王金龙　韦玉丹　田林超　刘博文　李　宁　杨峻玮　汪　星
张　力　张小帆　张小斌　张　丹　张　明　张　超　陈　圆　陈　强　邵雅琪　尚保强
赵　宇　姬　昊　崔宇航　童英岭　谢若星　魏　巍

2021—2022 年度“西安电子科技大学五四红旗团委”表彰名单

通信工程学院团委
电子工程学院团委
计算机科学与技术学院团委
机电工程学院团委
物理与光电工程学院团委
数学与统计学院团委
微电子学院团委
生命科学技术学院团委
空间科学与技术学院团委
网络与信息安全学院团委

2021—2022 年度“西安电子科技大学团委单项工作优秀奖”表彰名单

基层组织建设优秀单位：

附属小学少先队大队(电波大队)

青年马克思主义者培养工程优秀单位：

马克思主义学院团总支

大学生科技创新优秀单位：

先进材料与纳米科技学院团委

学院/书院文化建设优秀单位：

人文学院团委

社会实践与志愿服务优秀单位：

外国语学院团委　　人工智能学院团委

新媒体与网络宣传优秀单位：

经济与管理学院团委　　广州研究院团委

2021—2022年度“西安电子科技大学五四红旗团支部标兵”表彰名单

计算机科学与技术学院2003053团支部
物理与光电工程学院200501101团支部
人文学院2008031团支部
空间科学与技术学院2016029团支部
人工智能学院2020011团支部
海棠1号书院210901团支部
海棠2号书院20210235团支部
海棠2号书院20210234团支部
预科学院21级团支部
校团委办公室团支部

2021—2022年度“西安电子科技大学五四红旗团支部”表彰名单

通信工程学院：

2001012团支部　2001015团支部　2001016团支部　2001018团支部

电子工程学院：

2002012团支部　2002019团支部　2002911团支部　190207团支部
2002014团支部

计算机科学与技术学院：

190309团支部　1903013团支部　2003014团支部　2003071团支部
180308团支部　研032004团支部

机电工程学院：

20200304团支部　20200308团支部　20200313团支部　20200314团支部

物理与光电工程学院：

2005018团支部　190502团支部

经济与管理学院：

1906071团支部　20200406团支部

微电子学院：

2014022团支部　2014012团支部　2014023团支部

生命科学技术学院：

191501团支部

先进材料与纳米科技学院：

20200902团支部

网络与信息安全学院：

网络空间安全实验室团支部

人工智能学院：

2020032团支部

杭州研究院：

192111 团支部

海棠 1 号书院：

210024 团支部　　210022 团支部

海棠 2 号书院：

20210801 团支部　　20210219 团支部

西安电子科技大学附中：

高 2023 届 4 班团支部

2021—2022 年度“西安电子科技大学优秀共青团工作者”表彰名单

安　翔(经济与管理学院团委书记)
陈春晓(人文学院团委书记)
赵　璐(外国语学院团委书记)
杨　坤(人工智能学院团委书记)
陈伟燊(竹园 1 号书院团工委书记)
王　禛(竹园 3 号书院团工委书记)
郭冰洁(丁香 1 号书院团工委书记)
钟华倩(海棠 3 号书院团工委书记)
吉　祥(广州研究院团委书记)
崔　康(先进材料与纳米科技学院团委书记)
肖开提·尼亚孜(预科学院共青团工作负责人)
杜　宁(附属中学团委书记)
李荣帅(校团委组织宣传部部长)

2021—2022 年度“西安电子科技大学十佳团支部书记”表彰名单

刘　雪 20009201349(2003041 团支部书记)
粟　优 19030100440(1903015 团支部书记)
董诗睿 20009200924(2003011 团支部书记)
张舒俞 20009200424(2003018 团支部书记)
韦卓纯 20009200199(2003053 团支部书记)
马海阳 20009100251(200501101 团支部书记)
于青平 19069100147(1906071 团支部书记)
武新明 19170100037(191701 团支部书记)
孙钰轩 21009101861(210014 团支部书记)
曹思怡 20080100006(校团委办公室团支部书记)

2021—2022 年度“西安电子科技大学优秀共青团员标兵”表彰名单

通信工程学院：张开元 19019100012

微电子学院：雷圆莹 19170100046

微电子学院：刘佩和 20009100638

先进材料与纳米科技学院：樊邵桦 20179100048

网络与信息安全学院：董可楹 20009200079

人工智能学院：张艺浓 19200300007

海棠 1 号书院：李超凡 21009100896

海棠 1 号书院：齐乐恒 21009100038

海棠 2 号书院：马晨然 21009200207
海棠 2 号书院：常欣尔 21080100003

2021—2022 年度“西安电子科技大学优秀共青团干部标兵”表彰名单

蒋晓天 19029100002(电子工程学院团委组织部部长)
张一栋 20009201250(计算机科学与技术学院 2003051 团支部书记)
牛泽宁 20009100961(微电子学院 2014022 团支部书记)
桂宇哲 19160200031(空间科学与技术学院学生会临时团支部书记)
王　磊 20179100006(先进材料与纳米科技学院团委组织部部长)
王新媛 20200100002(人工智能学院 2020011 团支部书记)
黄心烨 21320150014(预科学院 21 级团支部书记)
孔庆钰 21099100021(海棠 1 号书院 210901 团支部书记)
王　豪 21200100004(海棠 2 号书院 20210205 团支部书记)
程梦鸽 21009200966(海棠 2 号书院 20210232 团支部书记)

2021—2022 年度“西安电子科技大学优秀共青团干部”表彰名单

通信工程学院：

刘飞龙 20009101670　董雅豪 20009101441　郭瑜妍 20012100028　许径豪 19010100215
张云轲 20009102094　卢康成 20009101286　郭韩星 20009101792　刘一萱 19012100012
何金音 20009101306　杨　霄 19010100198　段煦之 19010100358　梁忠鑫 20009100531
何欣航 19010100145　朱逸枫 20009100153　张运泽 20009101526　卢奕帆 20009100651
吴心宁 20009101375　闫浩文 18010400005　赵子旭 18010500055　刘梓江 20009101743
侯福源 20009101534　葛文愷 20009100959　张俸玺 20012100022　杨　晓 20009101483
张孙阳 20009101991　梁兆腾 20009102089　刘光致 20009101451　袁　野 20009101539
贺宇翔 20009102111　黄　婷 20009101982　李仰锐 20009101012　潘栩昇 20009101651

电子工程学院：

朱恒希 20009101763　陈金麟 20009100097　陈驰宇 20020190009　王怀杰 20009100135
冯　宇 20009102133　张堰乔 20022100085　押世博 19159100045　王佳笛 19029100020
李嘉诚 19020100198　黄逸轩 19020700021　李　迪 19020100452　郄心怡 19020100205
归佳瑶 19020600030　王丽娟 18150200004　耿　杰 21021110327　马美婷 19020100148
王昱璁 21021211193　李柯心 19020300021　芦　骁 19020100081　于涵悦 19020300002
李蕴怡 20009101228　白宇春 20009100660　朱艺璇 19022100034　杨　航 19020300027
韩冰滢 19022100071　熊祖俊 20009101208　潘睿垚 20009100525　秦苏瑾婷 20009100428
呼延涵芮 20009101882

计算机科学与技术学院：

郭　鑫 20031211537　曹馨怡 20009201335　刘勇建 20009200791　耿若琳 20009201233
施云怀 20009200778　赵书萱 20009201293　刘　雪 20009201349　倪海瑞 20079100002

覃耀荣 19030500057　梁维静 19140100185　王昱涵 20009200528　张　洁 18030100053
郝鹏飞 20009200116　贾睿吉 19040500059　刘瑞阳 19030100108　付豪帅 19030600004
张诗雯 20009200374　吴泽凯 19030500041　鲍　杰 20009200351　杨纪元 19030100222

机电工程学院：

邓泽方 20049200418　杨铠烁 20049200389　李锦源 20049200103　杨　帆 19040300056
何梓寒 20049200451　孙钦浩 20049200325　孔德晟 21049200516　李　恒 19040100065
沙晓满 20049200108　王爱嘉 20049200196　马雨琦 20049200240　张婉清 20049200068
张恒天 19040500135　卢冠方 19040500100　张子谦 20049200079　孔绍然 20049200270
靳钰婷 20049200170

物理与光电工程学院：

王光洋 19050100236　陈昭宇 20009101563　肖子寒 20009100563　张宇博 20009100185
陈勇良 20009100458　曾祥建 20009100140　张诗雨 19050500127　张秉颜 20009100592
吴一楷 20009101063　彭南雷 19050100020　乔敏达 18050100199　郑浩阳 19050100222
程　睿 19050100101

经济与管理学院：

胡　旸 19069100150　张译心 20069100196　强欣乐 20069100101　缑一凡 20069100200
渠成溪 20069100092　田　程 19069100202　王奕琳 20069100175　王焜阳 20061212326
王成严 20069100180　赵已凡 20069100207　郭嘉璇 19069100093　杨智博 20069100099
王雨佳 19069100069　任乔杨 20069100090　韩　婧 19069100074　陈航然 20069100112

数学与统计学院：

温家梁 20079100059　杨以恒 20079100097　金科元 20079100080　龚玉晓 20071212587
顾叶群 20079100005　伍冬晨 20079100087　葛瀚元 20079100100　钱凯俊 20079100051
冯若愚 19070190007　惠　倩 20079100009

人文学院：

武洒洒 20081212631　曹思怡 20080100006　门嘉怡 20080100034　王艺乔 20089100037
李　俊 20089100038　张景茂 19080200006　宫懿伦 20089100025　傅嘉明 20089100036
宋　萌 18080300020

外国语学院：

韩嘉琳 19090300023　路佳铭 20099100073　吕培嘉 20099100013　李　瑶 20099100012
梁少婕 20099100038

微电子学院：

陈培林 20009100337　朱昱禧 20009100093　杨啸尘 20009101050　张政泽 20009101048
章　宏 20009101088　谭凯心 20009100237　罗天宇 20009102135　李润涵 19140100147
胡乔昱 20009100145　姚　尧 20009101906　胡超杰 20009100838　吴潇雄 19140100179
李兴华 20009102038　陈子妍 19140200217　盛　淇 20009102240　张一诺 20171213826
林欣凯 20111212688　林嘉佳 20140100003　王拓一 20009102233

生命科学与技术学院：

蒋依依 20121213208　张晶晶 20159100041　刘雨薇 19150300009　杨晨曦 19150300008

欧　迅 20159100065　靳思琪 20159100077　侯羽轩 20159100044　贾宇豪 20159100008
贺　礼 20121213184

空间科学与技术学院：

胡智杰 20009102017　周旭阳 20131110300　陈俊宇 20009100310　李文帅 20159100035
郭洪志 18040100088　李宇杭 20009100182　景恒博 20009102068　亓　文 19160200021
吴恩帅 20159100034　张嘉恒 19160200016　李小军 19160100019

先进材料与纳米科技学院：

姜向乐 20179100034　叶晨光 20179100008　崔子锦 20179100088　杨孟然 20179100055
高建峰 20179100014　陈　超 19170100030

网络信息与安全学院：

沈　啸 20151213475　岳菁斐 20151213418　赵　瞻 20151213420　马　超 20009200261
樊　博 20009200339　刘梓萌 20009201075　苗　可 20049200422　曹瑀晗 20009200903
崔泽龙 19180300058　刘辰昊 20009201281　郑百川 20009200333　蒋梦轩 20180100001
权　悦 19180100120

人工智能学院：

宋柯俭 20009200930　武欢欢 19069100209　赵乾号 20009201407　吕桐奇 20009200322
于翼展 20009200550　牛志康 20009201191　王羽萌 19200300125　后胜涛 20009200634
高鸣远 20009200078　樊肇星 20009201138　李博华 20009200878

马克思主义学院：

黄自满 21161213769

杭州研究院：

孙　煜 21011210469　靳文源 21021211150　王麒惠 21021211078　魏正恒 21031211597
高竟博 21171213921　石枫林 21021211184　戴初一 21041212044　王佳琪 21051212310
王嘉璇 21151213721

广州研究院：

刘朔岑 21181214177　何亚东 21181214231　律春云 20181213942　何炫璋 21181214357
陈启林 21181214176　董锡耀 21181214453　刘韩信 21181214310　孙苑翔 21181214450
黄继来 21181214216　张可乐 21181214457　刘祎明 21181214040

海棠1号书院：

郭振燕 21099100024　吴英博 21012100078　李淑娜 21009101492　孙康耀 21009101429
李汶耄 21069100022　陈治同 21009190051　汤婧雯 21009101624　钟浩鹏 21009100697
李帅颖 21010500003　杨　东 21009100115　赵赫男 21009101221　张世瑞 21009101448
徐开运 21009101481　李博润 21179100059　房琪森 21069100168　刘雨桐 21009100374
张安思源 21009101433

海棠2号书院：

赵政颖 21009201165　熊子雯 21009201312　陈科旭 21009201306　钟雨薇 21009200206
丁　可 21009200725　王俞钦 21009200033　张傲杰 21009200031　谢雨晗 21009200284
宋国鹏 21049200179　尚杰燕 21049200419　王奇才 21009200154　王慧洁 21009200709

翟佳鹿 21009200342　王柏翔 21200100009　刘　寰 21159100068　史展鹏 21009200942
唐　珂 21089100043　张师硕 21049200314　马琬滢 21009200884　何　萧 21009201361
马晨曦 21089100036　蒋天翔 21089100012　任虎威 21009200209　孔德晟 21049200516

校团委各部门：

赵祥麟 20009100996　王彬成 20009100527　毕　峥 20009200296　刘九铭 20069100018
张瑞环 20069100157　吴　昊 20009101529　王泰宇 20099100018　桑小倩 20069100143
王承涵 19090300004　周梦然 20089100031　廖　原 20099100005　郑劭劼 20022100024
王西兰 20069100073　刘睿扬 20012100019　赵婧玮 20069100162　高天元 19140200091
许　坤 19140200117　黄轶泓 19010500044　钱尧琦 19020300009　苏默语 19040300044
张　欢 20009100900　雷雨轩 20009201401　刘瀚原 20049200435　李懿琳 20089100035
牛津晶 20061212300　罗海堂 20069100033　刘宇瑄 20009200981　靳昊睿 20099100086
周佳骏 20009200051　刘鹏波 20069100158　赵若言 19080200022　郭佳馨 20080100005

校学生会临时团支部：

刘榅涛 19080200008　闵新泽 19200100046　马英博 19090200012　杨少曦 19069100219

校研究生会临时团支部：

杨　玲 20021210983　马淑慧 20011210295　吴子卓 20041211993　王宇泽 20121213225
王　洁 20061212514

各学生社团临时团支部：

郑朝阳 20009100687　王梦祥 20009100716　毛续晨 20009101944　吴雨欣 19010100036
孙先锋 20009100053　左鑫旺 20049200150　魏榕慧 19020100224　汪　悦 19140200173
张楚云 20049200500　徐乾晋 20079100096　晋小川 19020300019　徐少东 19150300004
王佳明 20009201022　李长青 19180300007　鹿勇哲 20069100204　尹子雨 20009101077
周　旺 20009102246　贺华林 20080100007　申嘉揆 19030100132　王欣禾 20049200336
王诗雨 19050100173　史　峥 19080100008　刘雨桐 19040300053　董味芸 21009102293
王　琦 20022100023　张书哲 20009100603　马文博 20080180020

各书院团工委：

李凯悦 20049200309　路青林 20009200582　詹天啸 20009200278　魏子怡 20069100188
张子晗 20069100008　魏晨天 20009200147　惠　倩 20079100009　闫瑞松 20012100041
成泽涛 20009101904　骆宇翔 20009102163　王金阁 20020100006　赖佳欣 20009101772
杜慧融 20009101781　于鹏博 20009100562　田丰昱 20009101854　贾云天 20009101418
余丽君 21061212400　乔振国 19140100001　刘　俊 19010500083　谢紫东 19200100078
吴林柯 19200100012　高平利 19040500106　马聪鑫 19040500127　王一凡 19030100288
缴佳梦 19040300042　邹培源 19030100284　杜云珠 20091212655　王洁睿 18069100179
王　龙 18040300098　赵艳慧 18140200018　徐万云 19030500347

附属中学：

罗杰华 G610102200409172317　李永哲 G610114200403161516
刘芮希 G610113200506120446　黄梓桐 G610526200604260024
魏欣叶 G610113200701112126

2021—2022年度“西安电子科技大学优秀共青团员”表彰名单

通信工程学院：

马　鑫 20009100571　陈星羽 20009101029　陈春晓 20009101110　陈海明 20011210155
张博文 19010100316　周　楠 20009101921　高　翔 20011210090　刘晓纲 21011210009
段潇骏 19010500024　杨松林 21011210224　谢泽辉 21011210191　张凯璐 20011210304
丁　强 20011210380　张　彤 19012100009　郑珂欣 19012100020　王释乐 19010500107
冯晨阳 20012100075　田　毅 20009100896　周子琨 20009101311　彭泽刚 20009101739
吕泽阳 20009101380　高　雅 20009102248　段峰毅 20009101916　孟令赫 20009100581
武睿敏 19010100088　高婧怡 20009101774　陈子轩 20009101915　韩江雪 20009101917
姚　凯 19010100277　陈思静 20009102250　彭　欢 20009100928　尹　蕾 20009101479
于心悦 20009101716　陈永航 20009101947　索佳莹 20009102219　张　亮 20009101421
李思远 20011210457　杨文康 20009101525　杨大年 19010100262　何书豪 20012100033
刘璟霖 20009101270　李佳铄 20009101519　崔凯茵 20009101871　武琦婧 20009100637
孟祥润 20009102241　袁　钰 20009101024　张伟华 20009102118　张　韵 20009101070
王嘉瑜 20009100614　赵尤然 19010100344　张云儿 20012100061　张皓博 19069100053
曹伊茉 19010100365　竹文浩 20009100847　王贞紫 20009101663　凌玉洁 19010100315
施鑫龙 18019100035　张志涛 20009100076　张修宇 20009100080　吴思天 20012100017
王文建 19010500002　刘幸源 20011210267　张曼迅 20012100003　李美彤 19010100437
端木传奇 20009100139　宋政译 19010100158　韩柳叶 20009101912　王凯乐 20010190009
周善斌 20009100383　张凯璐 20011210304　欧阳可铮 18010100038

电子工程学院：

赵嘉星 20009100231　韦　岸 20009100264　寻锐豪 20009100674　刘姝辰 20009100974
康家齐 20009101005　陶司宇 20009101108　万　橙 20009101650　李宏明 20009101660
郝睿科 20009101718　田沁源 20009101748　胥袁淏 20009101952　张　煦 20009102255
孟鹏宇 20009101553　孙　栋 20009100463　胡升晖 20009100854　刘　畅 20151213617
韩智桥 20009100130　李梦蕾 20020190012　张玉婷 20009101856　郭宸宇 20009101540
周若航 20009100939　郎楚颉 20009101737　罗　鸿 20009100069　段瑞莹 20009102014
王思炎 20009101864　闫泽涵 20009100472　王　茜 20009101571　毛博华 20009101855
郭俞斌 19049100011　黄佩雯 19020100276　李　潇 19020700017　李郅泽 19020100197
尤乐航 19029100006　丁　薇 19020100403　贾杰炫 19020100102　赵宗健 19020100214
吴学昊 19020190015　周浩然 19029100012　董宇星 19020100358　胡星宇 19020100171
邓一航 19020100128　张吉发 19020100002　黄　拓 15020150071　沈廷臣 19020100118
沈德威 19020100273　朱宇辰 19020100232　马源黎 19020300051　吴成业 19020700019
杨靖韬 19020300075　屈禄洋 19020100413　王茜茜 19020100141　刘世龙 19020100246
罗浩东 19020100450　赵子譞 19020300053　李　源 19022100022　于浩东 19022100062
李佳惠 19022100084　吴嘉宸 18040500021　王　晨 18010100001　申　露 19021110043
王鹏飞 19021110179　陈　霈 21021110289　汪　乐 21021110361　崔黎明 20021211183

宋晨曦 20021211273　罗　娇 21021210840　孔鹤翔 21021210680　温伟宏 21021211336
苗媛媛 21021211210　刘晨康 21021211113　贾君和 20009100394　方　灏 19020300065
同心怡 20009101927　高菱彬 20009100497　林陈勇 20009101336　林嘉俊 20009100294
马　龙 20009100508　张高鉴 20009101728　袁　磊 20009101682　王国苗 20009102027
王旭辉 20009102045　侯　鹏 20021110242　李佳敏 20051212140　朱军伟 19170100001

计算机科学与技术学院：

陈　睿 20009200554　李　腾 20009200837　王雅洁 20009200664　李嘉烽 20009200722
杨　光 20009200014　程梅鑫 20009200890　吕伯现 20009200853　锁瑞琦 20009201408
何瑞麟 20009201484　解凯华 20009201256　薛路琪 20009201102　杨佳雯 20009200321
李帅毅 20031211535　水逸林 20009200995　徐德海 21031211613　刘怡君 20049200450
孙剑豪 20009101015　徐万云 19030500347　朱少成 19140100064　贾倩楠 20031211504
王一楠 19030500025　樊祉阳 19030500056　贾锦超 18030400006　彭　璐 19030100386
曾凡浩 20009200713　张梓辉 21031211428　支　卓 21031211402　白雅心 20009201329
陈秋环 20009200026　赵闰祺 19150300023　杨祖超 20031110158　王子健 20031211408
吴谨汝 19050100149　蒋思媛 19030100236　高　宇 20031211349　田舒宁 19030600023
问　好 19030100076　张国峰 20009201013　何佳璐 20009200690　靳培涵 20009200834

机电工程学院：

刘秉辉 20049200410　刘点点 20049200172　王诗瑜 20049200134　雷勐玮 19040100158
郭思远 19040600026　吴邦丽 20049200076　刘嘉懿 19040500088　杨　铁 20049200526
孙兴栋 20049200425　黎博豪 20049200484　孟德圆 20049200001　李佶澳 20040100013
王怡丹 20049200525　霍建兴 20049200447　娜迪热·喀斯木 20040100011
刘梓凌 20049200250　杨　超 20009101465　赵子健 18020100147　李中博 19040400027
周旭东 19040100025　温思齐 19040600025　宋　阳 20049200179　温馨怡 19040600021
唐添睿 19040500101　马仁明 20049200174　王贞理 18040500083　王学子 20041211768
端木明星 19041212136　李　响 19020100063　海沙尔·哈斯木 17040310043

物理与光电工程学院：

于欣以 20009101587　郑慧森 20009100490　李源林 20009100343　吴　勇 20009101137
肖圣松 20009101493　王　朔 20009102032　郭晴晴 20009102184　张明博 20009101586
倪　朔 20009100510　潘禹轩 20049200233　张起航 20009100521　李敬城 20009100350
虎思维 19050100113　刘勇胜 20009100014　吴艾文 20009101165　戴健任 19050100022
刘雅男 19050300013　邢依欣 19059100012　韦钧仁 19050100028　王顺新 20049200332
高　冰 19050500006　喇向宇 19050100053　李可心 20009101538　黄榆梧 19050100002
庄宇维 20049200462　韦钧仁 19050100028　刘郅智 20009100609　夏辉鹏 19050500019
边智文 20009100572　林世琦 19050100214

经济与管理学院：

杨皓文 19069100097　张静仪 19069100083　洪铭锋 20069100191　张莉莉 20061212276
秦　莹 20061212506　戴梦欣 20061212368　吴泽源 20061212340　谢思宇 20069100062
黄从阳 19069100030　成　铭 19069100089　梁宁琦 20069100104　赵兴奇 20069100235
刘青洋 19069100240　刘晨阳 20069100085　孙　望 20069100005　李江丽 20069100086

魏佳敏 20069100132　王宇彪 20069100069　马宗杰 20069100097　李广龙加 20069100026

数学与统计学院：

易宇轩 18150200019　耿　韬 20079100069　施柯煊 20079100050　耿鹏程 20079100042
韩卓茹 20071212570　闵晓飞 20071212579　胡浩源 19070190019　张润欣 19070190023

人文学院：

陈萍萍 19080200001　彭怡乐 20089100009　冯子慧 20089100024　段俨哲 1908030002

外国语学院：

董一诺 20099100058　孙新凯 20099100014　王泰宇 20099100018　尹怡皓 20099100029

微电子学院：

曾同民 20009101382　曹扬文 20009101163　颜于博 20009100868　李芊桦 20009100605
翟　朔 20009100241　殷思睿 20009101533　杨嘉懿 20009102088　杨　鑫 20009102160
张家铭 20009100578　牛　犇 20009100228　吕子璇 20009101623　常志杰 20009101902
卜舜尧 20009101010　姜雨彤 20009100586　聂伟纯 19140100184　陈一帆 19140100175
晏　洋 19140200216　刘　亮 20009101147　汪嘉欣 20140100007　艾智泉 20009101749
孙玉茹 19140100194　辛贝伦 20009101844　孔祥志 20009101013　薛雅芮 20009100886
谢　进 19140100134　韩　睿 19140200145　袁　骏 20009101216　周政宇 20009100963
丁一凡 20009102306　焦云江 20009100181　赵正阳 20009100249　吴　林 20009101495
耶依帆 19140100224　林　昊 20009100608　耶依帆 19140100224　李欣洁 20009100192
刘驭辰 20009101308　刘海霖 20009101008　田雨露 20111212685　刘　涛 1601310011
邢玉超 19140200075　薛博尹 19140200035　贾云天 20009101418

生命科学技术学院：

薛明阳 20121213188　成　前 20159100023　郑佳慧 20159100061　刘鹏辉 21121213310
贠博宇 20159100050　毛志波 20159100072　王佳良 20121213196

先进材料与纳米科技学院：

雷兆澍 20179100094

空间科学与技术学院：

杨瑞捷 19131213293　孙泽宇 20009102005　柳彦伊 20131213265　李柯言 20179100091
李明昆 19040400040　刘　勇 20009101680　冯雨萱 18160200058　马玉宁 20009102097
孙文亮 19040100066　孙　强 19160200069　唐旭阳 19160200032　王晨澍 19160200062
付鑫豪 20009100190　呼延涵芮 20009101882

网络信息与安全学院：

陈子涵 20009200548　张桂洋 20009200427　叶　彤 20009200970　冉家萱 20009201024
黄田田 20079100082　王新明 20159100032　汪晓月 20009201414　田宗凯 20009200392
胡渊隆 20009201175　蒋凯安 19180100107　苏媛媛 19180100122　李奇珍 20009201127
王棕祺 20009200873　姚荣国 20009201148　邓　菲 20009200902　王士博 20009200904
伦　佳 20009200312　王秭悦 19180100125　李王明 20009200641　尹韦珺 19180100084
张君瑞 20009200645

人工智能学院：

李佳宁 19200100125　张紫艺 19200100103　王骏华 20009200024　李冰妮 20009200090
李雨菲 20009201202　丁泽华 20009200109　蔡建峰 20009200780　高雅晨 19040600023
付凯文 19170100004　韩尧天 19200300017　徐志铭 20009200324　褚天舒 20009200308
伍梦瑶 20009201141　李灵蕾 20009200325　赵青源 20009201034　张　卓 19200100004
马　芹 19200100095

马克思主义学院：

刘　菲 21161213760　梁　佩 20161213631

杭州研究院：

张耀辉 21011210503　李　娟 21041212082　邱彦深 21011210440　戈淑雅 21051212293
张玉涵 21011210423　王　震 21111213028　白雪菲 21031211753　张博昆 21041212050

广州研究院：

曹天培 21181214319　张志恒 21181214263　熊诺晔 21181214240　陈锡颖 21181214515
樊雨佳 21181214166　王海林 20181213875　黄创明 21181214340　于越明 21181214154
赵安辉 21181214172　田思怡 20181214403　王　勇 21021211277　孙伟博 21181214307
秦楠楠 21181214159　杜青云 21181214143　廖　荀 20181214164　付　明 20181214038
刘语嫣 21181214062　楼佳庆 21181214221　缪孔苗 21181214045　王姝涵 21181214185

海棠 1 号书院：

李汭芹 21159100069　王　艺 21159100048　田佳乐 21159100040　刘　帆 21009101929
杨泽同 21012100085　于　洋 21012100011　李子萱 21009100992　路　港 21179100031
金　豪 21009101739　鹿竞泽 21009101253　徐诗月 21099100073　马玉鑫 21009101384
何佳蓓 21009101079　魏　来 21009101245　刘佳秀 21179100057　廖馨怡 21069100118
邹玮洁 21090300001　朱志伟 21179100049　刘轩博 21009100978　郑子游 21009100275
肖世钟 21009102085　钱骥堃 21009101249　林子媛 21009102111　杜浩南 21009100438
罗晓燕 21009101052　王昱扬 21009101323　陈安宁 21009100703　李亭萱 21179100106
程心远 21009100064　张丽钦 21009100191　杨和臻 21009100061　赵亚琦 21009100885
庞梓晗 21009102220　韩梦媛 20069100011　倪嘉烨 21009100131　梁程宇 21009100364
周嘉敏 21009102223　韩　越 21069100203　杨夏润 21099100023　杨若柳 21069100153
罗凯文 21009101119　张美乐 21009101749　李光通 21179100042　焦燕燕 21009101586
胡冰月 21009100589　朱子墨 21009101613　滕　越 21022100033　李雨寒 21079100018
宋　哲 21009101395　赵　蕊 21009100356　郭　健 21009190049　吕明远 21079100033
梁诗琪 21009102131　王　皓 21009100335　王子迪 21009101988　于　哲 21009100292
殷宇辰 21009100062

海棠 2 号书院：

张文博 21009201149　王梦雨 21049200079　李逸帆 21009200570　王靖淇 21009200619
郭　旭 21009200637　邢必成 21009200647　余卓诚 21009200399　任晓波 21049200008
王嘉慧 21009200297　龚芙玉 21009201284　张李斌 21009200082　范天阳 21009200065
江梓文 21009201409　李骏浩 21049200520　刘　成 21049200119　张仕浩 21009200642
冯幼恒 21009200938　胡海銘 21009200588　穆　蕊 21009200026　刘佳鹭 21089100024

密　鲁 21009200353　许泽成 21009201392　陆星宇 21009200442　涂凯旋 21089100031

校团委各部门：

仲　凯 20009100991　王拓一 20009102233　曹思怡 20080100006　赵　卓 20179100037
曲昕彤 21009100966　王子烨 21009101567　应秉诺 21009200312　唐家乐 21009200557
仉浩宇 21009201354　刘元森 21049200406　陈秋亦 21069100148　黄钰雯 21089100033
周若男 21089100044　于子坤 21009101103　王杰莹 21009200505　闫丰韬 21009200528
井嘉伟 21009100226　郑泽彬 21089100051　李晓君 21009101411　高若萌 21009200650
杨璐宇 21099100030　胡嘉讯 21069100099　赵　彤 21009101880　贾士博 21009200508
杨新宇 21099100076　王可儿 21009200301　范培栋 21009200176　范子涵 21009100636
杨贵成 21159100001　刘一卓 21009201122　赵雨晨 21009201102　罗舜睿 20009200173
卢钊力 20009200272　卢宇豪 20009100834　李雪尔 20009201385　苏鸿飞 21050100001
贾明诚 21009200918　陈蔚杰 21049200528　孙雪妍 21009200603　马悦昂 21009200881
郝雯杰 20009102297　韩相宇 20009201345　赵梁森 20069100010　陈少杰 20009100512
张荣浩 21069100142　张艺博 21009101256　张雨轩 21009101696　陈　哲 21009100963
吴楷熙 21069100132　雷丰艺 21089100045　白　云 19069100045　马韩琨 19050400019
陈啸煜 19030100111　刘逸康 20009200179　侯景瑞 20009201098　詹瑜萍 20009201159
于心睿 20009201160　张宏雁 20089100041　褚安阳 20020190002　刘昱秀 20009101880
陈国宇 21089100041　田　程 19069100202　温彬妍 21089100032　何　洵 20179100116
李　凡 20009102186　马　妍 20069100232　白思涵 21009101544　闫培琰 20069100126
高子涵 20009101811　马昱玮 21009101684　文　峰 21069100232　张一博 21069100104
郭佳妮 20022100007　王英爽 20009100567　高　原 20069100154　郭佳馨 20080100005
胡静伊 21022100032　刘雨曦 21009101669　赵亚雯 20069100072　陈逸飞 20009101290
张书瑞 20022100068　吕林轩 20009200365　赵　琨 21009101368　李懿阳 21009100514
李超棋 21009201220　马乐千 21009101551　彭　毅 21009100851　张　璇 21009101864
陈榕杰 21009100548　余　快 21179100025　苗致豪 21179100066　曹铮鹏 21179100052
章强强 21009200290　张佳祺 21009101654　姚雨杉 21069100194　陈子宁 21179100115
魏忆璇 21049200139　李绍枫 19029100013　朱　博 20009200472　陈浩宇 20009200472
薛洋杨 21009200321　彭沛尧 20009100643　翟奕然 20099100027　叶凯琳 20099100044
田　蜜 21089100038　赵紫瑶 21009200964　王　娅 21069100027　耿天豪 21009102045
潘浩东 20069100054　陈耀华 21009100130　王向前 21009200001　吴兵杰 21049200260
周建鹏 20009102312　郭清莲 21159100020　张草轩 21049200121　白家瑞 21009101976
高妍文 21069100206　孙雅欣 20079100062　耿豪杰 21009101704　梁　旭 21069100007
孙惠桢 21069100110　杨唯一 21009101118　曾屹强 20049200276　赵庆佳 20009201441
董　放 20009200614　刘星原 20009100872　刘义豪 21099100003　张书豪 21009102012
户昱炜 21049200393　段星宇 21009100363　洪存辅 20069100177　闫欣怡 20009101594
孙鹏程 20009101588　柴丁瑞 20009101788　张正泽 21009101849　魏子翔 21069100236
方超杰 20049200123　孙铭泽 21009101329　周馨怡 20069100224　刘美含 20009200913
年馨蕊 21009101678　李涵宇 21012100001　霍志杰 21009201175　曹玥玥 20069100114
孟宪泽 21009200677　池　盾 21009101882　邹嘉钰 21009200341　王茂林 20009101017

周士钰 20009100607　骆艺迪 20009201169　景晨兴 21009200664　刘敬瑄 21009101240
梁欣茹 21009190018

校研究生会临时团支部：

张钰林 20021210885　史若楠 20041211868　李小雪 20061212273　陈振宇 21041211967
郭晓蝶 21161213765　张文雪 20161213640　张玮瑜 21061212389　陈炳润 21041212043
王盼喆 20161213645　黄　凯 20151213425　谢旭智 21041211887　张　瑜 20031211540
梁玮麟 20031211398　赵　乐 21161213783　李安琦 21171213867　韩锦超 19061212465
王家琪 20161213659　袁炀博 21041211855　田心怡 20021210871　牛津晶 20061212300
秦亚星 21051212166　刘　菲 21161213760　王安欣 21061212596

校学生会临时团支部：

赵欣怡 20009201217　宋博宇 20009101449　赵　健 20009201319　赵芷婵 20069100119
饶宇晨 20069100227　黄恺彬 20009100400　冯鑫怡 20012100092　周立爽 20090300001
谢雨彤 21049200353　沈窈妃 21099100047　陈　诺 20009200141　梁浩凌 21009100328
李涵睿 21030100012　段琨晴 20009101771　刘雅洁 20009100702　刘佳毓 20069100214
谭凯心 20009100237　杜　科 20009201337　付卓琳 20022100084　刘清波 20009100655
卢宇豪 20009100834

各学生社团临时团支部：

梁　爽 20049200283　李明哲 18130500238　隋心雨 20009101572　杨星瑞 20009100685
陈　倩 19020300088　王　帅 20009100889　王翰臻 20069100127　侯朋序 20009100630
王新媛 20200100002　石永怡 20009201067　郭佳欣 21009101570　李佳朋 20009101578
张乃天 21009101076　刘子琦 20049200333　彪雨露 20009102125　李艺隆 20050500011
黄冠茗 21009200396　相云龙 21009200069　樊宇彤 21009290044　李明睿 20009100995
许铭宸 20012100080　王宇轩 19030600019　米峰良 21012100040　胡杨林 21049200344
黄哲朋 20009101279　李熠康 20010100002　于　曦 20009100570　李绍枫 19029100013
张奕翔 20009100109　张　倩 20159100079　白宇杨 20009200849　田　龙 20009102318
张泰瑞 20089100018　赵晨晋 20089100020　刘　畅 20049200360　郑桂勇 20009100338
尹逸鑫 21009100987　易楚朔 20009200897　李国强 20010100003　黄鑫睿 20009100274
朱方羽 20079100058　刘　娜 20009100041　张子玉 20079100060　黄雅琪 20009101552
魏锦峰 20009100244　程浩然 20009200612　张佳凡 20009201208　李墨涵 20022100056
马　琨 20009100882　朱　莉 19069100001　程智乐 20009101043　张慧宇 20069100118
陈昕亮 21009201017　刘子康 20009101305　万时骞 20009101640　郭浩铖 20069100075
吴振希 19010100438　张亚婕 21080100018　陈婧颖 21159100013　廖洋杰 21009100813
冯子轩 21079100096　罗郦雯 20069100059　李函钰 20089100014　赵　鹏 19140200127
李　娜 20009201009　徐　宁 21049200451　薛绍宏 19020100016　赵　涵 20009100125
梅若海 20009100125　乔平彪 21159100072　赵林涛 21009100845　孙钰轩 21009101861
郑雨婷 20009101667　梁　爽 20009102132　范　雷 20080100011　陈星彤 20099100085
许召林 19020700015　王迎巧 20009100500　刘星宇 20009200335　司钊瑞 20009200343
郑慧森 20009100490　文思栩 20009101678　张闻笛 20009101498　张　弛 20009100482
于　鹏 21009200768　杨书航 20009200306　邢甲德 20200100001　张培榑 20200100008

曾青璞 21049200474 周德栋 19030700005 蒋全洋 20049200245 赵乙宁 20179100101
张馨丹 20010190006 张马跃 20009102085 贺宇航 20009201365 赵佳盼 20009100873
何贤君 20009101169 赵婧玮 20069100162 张馨予 21069100150 张 政 21009101406
延宇兴 21069100171 邢凯烨 21009190010 汪嘉怡 21009102036 李朝阳 21069100136
贺宇桐 21009200021 刘泽曦 18180300023 雷贵岚 20009101344 李详详 20080100001
孔维伟 20022100018 蒋卓轩 20030100011 白 越 20022100092 侯博京 20009100700
王怡丹 20049200525 路钰萌 20080100003 汪 涛 20022100071 李 科 21080100033
赵霖楠 20049200230 雷明南 21080100027 杨林中 19050300040 唐启哲 20009101409
李媛敏 21009200719 彭静瑶 21099100016 薛翰林 21009102294 汪睿哲 19180100041
许怡翾 21080100034 程馨怡 20080100002 崔又天 19030100054 江瑞贤 19012100047
曹欣桐 20099100011 李一恒 20080100029 马 扬 21009100762 刘霄阳 21009102154
刘瑞霖 20080100023 郑树芳 20079100089 张志远 20009101143 李 增 20009100321
祁东霞 21061212410 和秋娴 21010500008 孙沁雪 21009101246 吴昊汶 20009101335
陈鸣洋 20009201199 李昱晔 21009200168 关崇周 21009200324 俞宏翔 20079100055
王健哲 21009200831 赵 迪 21049200153 金鹏飞 21009102097
阿迪娜·阿里木 21200100007

附属中学：

杜星言 G610422200312192911 黄思源 G610104200403164423
杨艺龙 G610125200404170819 尚 可 G610104200503128323
孙笑雨 G610113200502162120 鲁映汐 G610481200502110526
白心韬 G610103200511113619 张李缘 G610115200601157266
刘昊麟 G61011320070315213X 陈权子墨 G610113200608060421

2022届本科生“毕业生之星”

通信工程学院：李岱勋
电子工程学院：杨文昊
经济与管理学院：孙海航
数学与统计学院：倪 成
人文学院：吕佩莱
微电子学院：封 天
空间科学与技术学院：郭洪志
先进材料与纳米科技学院：纪 宁
网络与信息安全学院：朱孝羽
人工智能学院：张君杰

2022届本科生“毕业生之星提名奖”

电子工程学院：段正鹏

计算机科学与技术学院：刘　铮
机电工程学院：徐冬阳
物理学院：李茗逸
光电工程学院：周涵涛
外国语学院：杨嘉翼
生命科学技术学院：郑佳欣
网络与信息安全学院：侯钊莹
人工智能学院：施屹庆
国际教育学院：TAN PEI SZE

西安电子科技大学 2022 届本科“优秀毕业生标兵”获奖名单

通信工程学院：
李岱勋 18010100278　　赵唯珂 18010400019

电子工程学院：
严紫文 18020100097　　杨文昊 18020100170　　杨雨辰 18029100012　　陈泳吉 18040400019

计算机科学与技术学院：
严晨渤 18030100295　　施鹏飞 18040100077　　王　逸 18050500049　　陈凌灏 18130500143

经济与管理学院：
孙海航 18069100178

数学与统计学院：
倪　成 18070100012

人文学院：
吕佩蓁 18080100029

外国语学院：
杨嘉翼 18090200022

微电子学院：
封　天 18140100180　　阮佳程 18140100191

空间科学与技术学院：
于　凡 18160200005

先进材料与纳米科技学院：
纪　宁 18170100051

网络与信息安全学院：
侯钊莹 18180300040

人工智能学院：
谭　浩 18069100046　　18200100233 张君杰

西安电子科技大学 2022 届本科“优秀毕业生”获奖学生名单

通信工程学院：

吉午政 18010100062　易沛霓 18010100240　李金钊 18012100002　亢红梅 18040400004
冷奕泓 18010100109　巨展宇 18010100383　张　涛 18012100047　杨苾妍 18050100158
崔琪伟 18010100137　李煜蓉 18010400002　尹文贝 18019100026　王树勋 20010540020
姜洪旭 18010100144　于小雪 18010400030

电子工程学院：

赵　典 18020100015　郭哲宇 18020100146　张子莹 18020100441　吴嘉宸 18040500021
钱辰涞 18020100016　林知豪 18020100158　刘雪静 18020300017　冯新民 18050500129
李　权 18020100020　黄得民 18020100159　刘育涵 18020300029　徐逸飞 18059100001
周皓楠 18020100115　吕文艳 18020100343　金潇雨 18020300097　王丽娟 18150200004

计算机科学与技术学院：

张　洁 18030100053　凌　茜 18130500027　周伽睿 18130500187　段佳芮 18130500237
王帅松 18030100311　刘　铮 18130500133　戴子佳 18130500190　李雨桐 18130500357
关展鹏 18030100324　林纯钢 18130500144　何维杰 18130500201　孙　震 18160100011
邓俊逸 18030100440

机电工程学院：

王佳琦 18040100135　徐涵城 18040300053　赵时仲 18040400012　程嘉翔 18040500120
葛俊凯 18040100141　李正炜 18040300055　高晶晶 18040500005　甄雪芝 18040600009

物理与光电工程学院：

王皓杰 18050300046　喻　萍 18050500018　奚睿卿 18050500054　李茗逸 18050600026
吴紫佳 18050500012　吕佳朋 18050500026

经济与管理学院：

王子韬 18069100073　吴宇辰 18069100115　王洁睿 18069100179　原德霖 18069100222

人文学院：

马丹宁 18080100012　吕坤宁 18080300023

外国语学院：

高东辉 18090100018

微电子学院：

周靖鹏 18050100150　马学周 18140100076　宋泽宇 18140200144　王皓玉 18140200214
李若雨 18050400006　江之行 18140100194　张可欣 18140200184　苗　田 18140200217
付国龙 18140100005　杨文豪 18140200140　李佳颖 18140200191　邵万成 18140200251

空间科学与技术学院：

郭洪志 18040100088　吕佳丽 18160100004　蒋梦瑶 18160200043

先进材料与纳米科技学院：

牟云琪 18170100050

网络与信息安全学院：

李庆庆 18040500022　任一鸣 18069100204　漆　静 18180100053

人工智能学院：

李堃婷 18050100074　章延赫 18179100002　邹　帅 18200100110　刘继垚 18200100176
陈　静 18050100102　郭鑫宇 18200100079　施屹庆 18200100122　李哲瀚 18200100220
肖程洪 18050100133　黄　河 18200100097　门天逸 18200100150　罗峻林 20200340010
阮受炜 18170200023

西安电子科技大学2022届本科“优秀学生干部”获奖名单

通信工程学院：

黄　研 18010100282　邓　誉 18010100320　白光召 18010400026　裴璐璟 18010100050

电子工程学院：

冯　源 18020100064　万芙莉 18020100120　石誉欣 18020100383　张子莹 18020100441
陈景轩 18020100104　胡启元 18020100373

计算机科学与技术学院：

张　洁 18030100053　吴梦娜 18030100172　王　铭 18130500043　费佳强 18130500240
王柄禾 18030100154　袁鑫浩 18030100310　刁　然 18130500181　王　豪 18130500313
马泽良 18030100157　韦勃豪 18030100380　戴子佳 18130500190　程　果 18130500385

机电工程学院：

安博涵 18040100127　卜誉博 18040300043　张琼方 18040600023　王贞理 18040500083

物理与光电工程学院：

杨　波 18050100054　刘泽霖 18050100084　杨智乔 18050100231　孟令辉 18050500121

经济与管理学院：

杨谕东 18069100026　李明乾 18069100055　宋颖博 18069100096

数学与统计学院：

阮高飞 18070100005

人文学院：

高宇涵 18080100019

外国语学院：

马文丽 18090300028

微电子学院：

王白玉 18140100167　侯　岩 18140100189　赵培新 18140200020　李　晨 18140200205
陈　龙 18140200229　张瀚文 18140200243　张泽宇 18140100041

空间科学与技术学院：

薛博文 18160100001　　程天宇 18160200055

先进材料与纳米科技学院：

纪　宁 18170100051

网络与信息安全学院：

邹　胜 18180100045　　王　宁 18180100103　　李致远 18180300011　　金小龙 18189100008

人工智能学院：

张晓艳 18050100078　　王兆鑫 18200100008　　陈　烨 18200100120　　尹振龙 18200100216

孙博文 18200100189　　张惟楚 18200100117

西安电子科技大学关于表彰奖励裴璐璟等 72 名 2022 届毕业生的决定

为进一步加强引导实效，鼓励毕业生前往基层、西部地区和国家重点单位建功立业，根据《关于引导 2022 届毕业生到国家重点单位和基层就业的通知》(西电学〔2022〕1 号)文件精神，经学校研究决定：

授予参加“中国青年志愿者研究生支教团”计划的裴璐璟、张惟楚、孙博文、张泽宇、杨千禧龙、高宇涵、王昊、王贞理等 8 名本科生“扎根基层，建功立业”先进个人称号，并给予每人奖励人民币 3000 元。

授予“大学生志愿服务西部计划”项目的尹利莎、谢湘媛、祖力比哈尔•吐尔逊、兰明鹤等 4 名本科毕业生“扎根基层，建功立业”先进个人称号，并给予每人奖励人民币 3000 元。

授予参加各省选调生计划的王建康、卜誉博、杨君杰、张纪涛、张存澳、龚颖、马辰诺、钱翀、董俊涛、王强等 10 名本科毕业生“扎根基层，建功立业”先进个人称号，并给予每人奖励人民币 3000 元。

授予参加海南省选调生计划的硕士毕业生王月莹同学“扎根基层，建功立业”先进个人称号，并给予奖励人民币 4000 元。

授予参加“新疆招录内地高校优秀毕业生到南疆乡镇工作”计划的本科毕业生马文丽同学“扎根基层，建功立业”先进个人称号，并给予奖励人民币 3000 元。

授予到中国农业银行股份有限公司西藏自治区分行就业的本科毕业生达吉同学“扎根基层，建功立业”先进个人称号，并给予奖励人民币 3000 元。

授予到宁夏西云数据科技有限公司就业的本科毕业生王翔飞同学“扎根基层，建功立业”先进个人称号，并给予奖励人民币 3000 元。

授予到中国人民解放军第五七〇二工厂就业的和镇菲、张一凡等 2 名本科毕业生“扎根基层，建功立业”先进个人称号，并给予每人奖励人民币 3000 元。

授予到航天动力技术研究院就业的本科毕业生刘佳河同学“扎根基层，建功立业”先进个人称号，并给予奖励人民币 3000 元。

授予到中核四〇四有限公司就业的本科毕业生魏兴培同学“扎根基层，建功立业”先进个人称号，并给予奖励人民币 3000 元。

授予到阿坝师范学院就业的硕士毕业生马雪同学“扎根基层，建功立业”先进个人称号，并给予奖励人民币4000元。

授予到临夏回民中学就业的硕士毕业生马玉婷同学“扎根基层，建功立业”先进个人称号，并给予奖励人民币4000元。

授予到061基地江南机电设计研究所就业的彭涛、杨云霄等2名硕士毕业生“扎根基层，建功立业”先进个人称号，并给予每人奖励人民币4000元。

授予参加直招军官项目的赵荣亮、蒋成璐、田桐硕、白志欣、闫少翀、肖涵予、张起海、茹威、曹杰、刘智斌、林厚源、席高高、赵锦轩、朱冠宇、尤群越、刘博文、宋超等17名本科毕业生，贺若珺、单梦豪、赵豪爽、骆鸿雁、李永强等5名硕士毕业生，博士毕业生姚鑫“投身国防，建功立业”先进个人称号，并给予每人奖励人民币6000元。

授予参加直招士官项目的本科毕业生陈磊同学“投身国防，建功立业”先进个人称号，并给予奖励人民币6000元。

授予应征入伍的本科毕业生依尔番·乌斯曼“投身国防，建功立业”先进个人称号，并给予奖励人民币6000元。

授予到军工重点单位就业的付康等13名同学“军工重点单位就业先进个人”称号。详细名单随文件下发各单位。

希望以上受表彰和奖励的同学在今后的职业生涯中敢于担当、乐于奉献、锐意进取、建功立业，书写无愧于时代的华彩篇章。

“军工重点单位就业先进个人”名单

付　康　郭怡晗　单君怡　宁　达　左苗苗　李浩林　赵裴翔　张玉洁　刘　夏　李帅东
马文超　王金跃　廖金玲

2021—2022学年学生工作先进单位

学生工作先进单位

通信工程学院　电子工程学院　数学与统计学院
微电子学院　空间科学与技术学院　人工智能学院
丁香1号书院　海棠1号书院　海棠2号书院

学生工作考核合格单位

计算机科学与技术学院　机电工程学院　光电工程学院
物理学院　经济与管理学院　人文学院
外国语学院　生命科学技术学院　先进材料与纳米科技学院
网络与信息安全学院　马克思主义学院　海棠3号书院
丁香2号学院　竹园1号书院　竹园3号书院
广州研究院　杭州研究院

西安电子科技大学2021—2022学年优秀学生标兵获奖学生名单

通信工程学院：

陶征庆 19010100237　李昊坤 19012100072　程允杰 20009100339　杨文康 20009101525
费雨露 19010100342　郑哲健 19019100009　李政昊 20009100467　彭泽刚 20009101739
夏羽枫 19010100417　谭泽琮 19160200041　马　鑫 20009100571　张倖玺 20012100022
岳炳昊 19010500078

电子工程学院：

罗宏亮 19020100142　郑　哲 19020600013　韦　岸 20009100264　李心涛 20009101613
靳子阳 19020100206　殷雅如 19022100032　侯朋序 20009100630　顾文杰 20009102264
赵思垚 19020100249　朱军伟 19170100001　康家齐 20009101005　刘东霞 20020190006
石宇航 19020190011　陈金麟 20009100097　晋小川 19020300019

计算机科学与技术学院：

王志利 18130500165　张雅茹 19030500320　魏振寰 19069100063　曾祥翼 20009200703
问　好 19030100076　葛浩杰 19030700009　王舒琪 20009200542　丁雅可 20009200783
潘曲阳 19030100153　赵宇盛 19049200010　栾昕亚 20009200549　张一栋 20009201250
陈德创 19030500217　许珈铭 19050500032　湛忠胜 20009200576　王言聪 20009201270
靳东明 19030500219

机电工程学院：

陈兆均 19040100077　温馨怡 19040600021　王芊骥 20049200244　王之韵 20049200393
赵新炜 19040300043　郭思远 19040600026　李凯悦 20049200309　霍建兴 20049200447
张冠捷 19040500112　宋　阳 20049200179

光电工程学院：

程　睿 19050100101　胡珈魁 19050100220　李敬城 20009100350　张秉颜 20009100592
孙思颖 19050100176　曾祥建 20009100140

物理学院：

张　斌 19050500005　倪　朔 20009100510　武　彤 20009101584

经济与管理学院：

刘云珂 19069100068　闫雨昕 19069100218　李心愿 20069100151　李子一 20069100160

数学与统计学院：

贾志博 19070300018　施柯煊 20079100050

人文学院：

田姝琦 19080300011　宫懿伦 20089100025

外国语学院：

洪志多 19090100033　董一诺 20099100058

微电子学院：

陈子浩 19140100107　王　宠 19140200128　陈培林 20009100337　王拓一 20009102233
秦　川 19140100146　王君绮 20009100121　李世昂 20009101840　郑杰文 20049200252
常舒婷 19140200074

空间科学与技术学院：

李明昆 19040400040　王梦祥 20009100716

先进材料与纳米科技学院：

邱嘉俊 19170100016　王　磊 20179100006

网络与信息安全学院：

张思卿 19180100117　王汇轩 19180300042　王棕祺 20009200873　王士博 20009200904
王申奥 19180300017　王腾宇 20009200046

人工智能学院：

郑浩瀚 19070100028　阮　恺 19200100105　张欣晨 20009200073　刘焕宇 20009200770
李安琪 19070300011　张旭东 19200300014　蔡雅琪 20009200696　庞小博 20009201364
付凯文 19170100004

海棠 1 号书院：

齐乐恒 21009100038　王晨悦 21009100441　马玉鑫 21009101384　倪培雨 21022100010
殷宇辰 21009100062　孙竟博 21009100508　张安思源 21009101433　石佳楠 21049200487
史文珺 21009100085　赵人毅 21009100554　王玉楠 21009101642　郝丹瑜 21069100108
魏铭科 21009100102　金琪皓 21009100591　陈睿智 21009102029　周荣幸 21069100227
刘若曦 21009100112　傅佳木 21009100802　陈心语 21009102266　吕明远 21079100033
胡博睿 21009100245　李超凡 21009100896　林煜涛 21009102278　黄佳琦 21099100006
王　皓 21009100335　罗晓燕 21009101052　覃　朗 21010500004　王　艺 21159100048
贾鼎祥 21009100408　洪彬凯 21009101066　张富尧 21012100059　刘佳秀 21179100057

海棠 2 号书院：

胡宇航 21009200011　杨竣博 21009200129　边玉然 21009200701　赵泽宇 21049200194
王则清 21009200022　汪文轩 21009200130　陈茵茵 21009201334　谢雨彤 21049200353
王俞钦 21009200033　游霄童 21009200158　孙振元 21009201347　刘艺涵 21049200444
江昱峰 21009200038　谢雨晗 21009200284　李宁国 21049200090　樊洋希 21089100029
黄皓博 21009200058　周文杰 21009200463　王　亮 21049200189　詹倚睿 21159100012
张李斌 21009200082　杨子璇 21009200696

西安电子科技大学 2021—2022 学年优秀学生获奖学生名单

通信工程学院：

韩浩楠 19010100038　计宇清 19010400001　沙云珠 20009100115　杨珍慧 20009101275
李萧龙 19010100045　齐　阁 19010500035　李智超 20009100346　李昊程 20009101291

武睿敏 19010100088 卢雪玉 19010500040 潘睿垚 20009100525 陈伟跃 20009101352
薛　楠 19010100131 唐　爽 19010500059 王彬成 20009100527 林宇杰 20009101370
刘孝松 19010100148 李新宇 19010500061 梁忠鑫 20009100531 李佳铄 20009101519
曹冰洋 19010100189 曹思宇 19010500066 霍晶莹 20009100557 张运泽 20009101526
杨海天 19010100194 方效天 19010500112 许昊天 20009100673 万时骞 20009101640
孙浩楠 19010100211 袁宗林 19012100045 张　晗 20009100801 周　楠 20009101921
张宇思 19010100223 程添铄 19012100060 沈　扬 20009100810 王紫琼 20009101929
金福鹍 19010100252 王　喆 19012100074 王逸彬 20009100813 朱嘉怡 20009101941
吴圣栋 19010100285 刘天翼 19012100080 何子奕 20009100861 陈永航 20009101947
牛淳隆 19010100304 张开元 19019100012 马　琨 20009100882 王　远 20009101975
许志鹏 19010100317 应憬恺 19049100004 付　淳 20009100918 梁益珩 20012100006
林佳璇 19010100319 梁欣怡 19069100236 张嘉颖 20009100953 王熙成 20012100045
王　萌 19010100330 张晓宇 19140200095 陈星羽 20009101029 张云儿 20012100061
刘佳琪 19010100347 王朝晖 19200100021 丁宇鑫 20009101134 马艺铭 20012100084
兰清宇 19010100439

电子工程学院：

黄楠琳 19020100011 张鹏程 19020100363 蒋晓天 19029100002 徐旭东 20009101458
庞明杰 19020100080 张嘉豪 19020100377 尤乐航 19029100006 李宇哲 20009101516
范雪元 19020100086 杨佳彬 19020100433 邓博峰 19140100103 齐子琨 20009101692
秦培杰 19020100108 杨佳瑞 19020100447 刘　娜 20009100041 朱恒希 20009101763
朱可盈 19020100144 黄子昊 19020190013 王怀杰 20009100135 王国苗 20009102027
张西凯 19020100146 钱尧琦 19020300009 周伯楚 20009100275 王旭辉 20009102045
余　翔 19020100149 马源黎 19020300051 张玲宁 20009100422 冯　宇 20009102133
刘华玥 19020100175 王光策 19020300068 刘　畅 20009100545 耿天宇 20009102279
张　驰 19020100186 邵朝熠 19020300087 齐宇兴 20009100628 郑皓天 20009101357
李郅泽 19020100197 刘永贤 19020600022 曹培洲 20009100634 张　波 20020100014
张宇萌 19020100221 张斯雯 19020700028 侯　鹏 20009100666 高芳洁 20022100029
刘世龙 19020100246 刘宇晨 19022100018 薛宇佳 20009100708 郑雯馨 20022100030
杨朝旭 19020100308 朱艺璇 19022100034 江家庆 20009100983 王雅琦 20022100049
滕思玥 19020100325 李佳惠 19022100084 吴　镝 20009101289 齐心语 20022100052
席明宇 19020100356 康佳乐 19022100087 王吴语卿 20009102282

计算机科学与技术学院：

曲涵石 19030100053 孙梦洁 19030500083 张毕特 19160200054 李傲松 20009200591
崔又天 19030100054 裴智翔 19030500088 王立文 20009200043 张庆阳 20009200605
徐　熠 19030100071 董正宇 19030500125 刘嘉乐 20009200048 庄　涛 20009200699
郑振华 19030100164 张　毅 19030500131 谷卓亚 20009200063 陈伊婧 20009200754
谢铭松 19030100192 朱浩然 19030500160 陶天乐 20009200100 周洪锋 20009200766
郑　凯 19030100202 石　潇 19030500162 汪永嘉 20009200136 张家喆 20009200820
谭升阳 19030100265 许森延 19030500182 叶锦伦 20009200193 靳培涵 20009200834

李易霖 19030100292　王孟晞 19030500192　周春艳 20009200207　文茂吉 20009200945
尚丹彤 19030100295　宋志元 19030500222　裴宇涵 20009200242　王淑靳 20009200963
周洧川 19030100331　魏小雨 19030500301　万在舟 20009200287　李欣悦 20009201026
李子睿 19030100436　郭浩杰 19030500313　鲍　杰 20009200351　安　晨 20009201163
曹　聪 19030100444　盛泰舒 19030500342　周柏林 20009200423　解凯华 20009201256
吴籽言 19030400007　徐万云 19030500347　赖思岑 20009200426　石佳欣 20009201353
刘润泽 19030400028　欧心缘 19030500349　蒋叶桢 20009200429　冯宇航 20009201405
陈　伟 19030500010　付豪帅 19030600004　林初浩 20009200464　刘怡君 20049200450
马子豪 19030500024　闫育青 19030700027　陈浩宇 20009200472　倪海瑞 20079100002
吴泽凯 19030500041　任颖萱 19040300071　赵一全 20009200475　郑晗昕 20079100056
徐　静 19030500043　徐伟健 19069100006　洪家乐 20009200479　石　溢 21030140021
赵靖宇 19030500079　王雨婷 19140200137　齐相然 20009200500　陈　卓 21030540022
何思源 19030500082　冯瑞森 19140200142　路青林 20009200582

机电工程学院：

乔　枫 19040100027　裴青琦 19040400012　季晓飞 20049200038　郑璐阳 20049200266
薛舒霖 19040100050　肖　雨 19040400041　方超杰 20049200123　孙钦浩 20049200325
陶海珍 19040100055　杨　笑 19040400046　张忠铭 20049200129　梁梦垚 20049200416
魏子棚 19040100122　曹涵慧 19040500008　靳钰婷 20049200170　董晓源 20049200440
田旭阳 19040100143　张佩轩 19040500043　刘点点 20049200172　王子政 20049200442
鲁毅立 19040100146　张　彪 19040500054　赵明宇 20049200176　何梓寒 20049200451
王睿妍 19040200001　刘嘉懿 19040500088　毛贺文 20049200188　黎博豪 20049200484
朱子璐 19040300081　冯璐高泽 19040500095　韩旭东 20049200194　白雨晗 20049200527
宋康乐 19040300086　孟德圆 20049200001　何贯中 20049200261　闫博瑞 20049200540

光电工程学院：

陈嘉立 19050100098　杨　浩 19050300055　赵泽佳 19069100174　李可心 20009101538
程宇翔 19050100100　田　夏 19050300063　刘昊东 20009100044　李智博 20009101758
刘俊池 19050100106　刘天畅 19050500001　钱禹辰 20009100127　高飞扬 20009102093
黄旭波 19050100148　朱瀚堃 19050500030　马海阳 20009100251　宁玙凡 20009102182
林来福 19050100154　张诗雨 19050500127　王可蓥 20009100795　郭晴晴 20009102184
贠亦婷 19050100206　沈思涵 19050600011　曹　洋 20009101133　熊贤龙 20009102202
刘雅男 19050300013　叶涵楚 19059100014　肖圣松 20009101493

物理学院：

马韩琨 19050400019　周　洋 19050500097　赵海天 20009100291　杨凯智 20009101818
孙以恒 19050400022　王思莹 19050500153　罗　壹 20009100946　李超阳 20009101928
夏辉鹏 19050500019　赵研斌 19050600003　吴艾文 20009101165　代传洪 20179100115
高　毅 19050500057　巩宝鹏 20009100196　于欣以 20009101587

经济与管理学院：

胡罂斌 18069100036　张佳颖 19069100107　王艺霖 20069100067　庄　严 20069100106
项虹桥 19069100015　王怡欣 19069100138　张　莹 20069100087　王傲寒 20069100148

马博坤 19069100044　田　程 19069100202　许笑颜 20069100095　刘鹏波 20069100158
王雨佳 19069100069　张子晗 20069100008　王佳晖 20069100100　洪铭锋 20069100191
许亚雨 19069100070

数学与统计学院：

刘　阳 19070100032　刘　冰 19070200003　陶禹成 20079100010　李　武 20079100081
雷天煜 19070190020　谢丽君 19070300016　赵　璇 20079100038　谢　蓉 20079100091

人文学院：

李怡雯 19080100011　梁圆圆 19080200010　郭佳馨 20080100005　李函钰 20089100014
侯天骄 19080100014　李详详 20080100001

外国语学院：

张亦佳 19090100023　曹　莹 19090300003　王静娴 20099100036　白浩楠 20099100070
张润泽 19090200014　赵晨烨 20099100031

微电子学院：

钱茂文 19140100018　黄浩博 19140200053　张奕翔 20009100109　官泽宇 20009101034
王　戈 19140100027　许　坤 19140200117　胡乔昱 20009100145　刘　杰 20009101069
闫正杰 19140100034　任秦鲁 19140200149　刘静遥 20009100148　芮鹏凯 20009101142
胥　凯 19140100048　李　想 19140200156　翟　朔 20009100241　刘　亮 20009101147
杨智迪 19140100051　薛乐洋 19140200188　郑桂勇 20009100338　贾云天 20009101418
黄一耀 19140100070　刘相宜 19140200206　朱俊奥 20009100554　王玉言 20009101489
李润涵 19140100147　祝君超 19149100015　刘佩和 20009100638　吴　林 20009101495
陈昱霏 19140100153　李　振 19149100016　胡超杰 20009100838　赵　博 20009101581
张可欣 19140100201　李青洋 19170100038　沈世镇 20009100840　黄真通 20009101800
杜昊宸 19140200027　许　江 19170100085　刘海霖 20009101008　高展铭 20049200446

生命科学技术学院：

杨晨曦 19150300008　沈洪宇 19159100009　张晶晶 20159100041　张婉晴 20159100086
赵　广 19150300021　安家良 20159100025　王蔚璎 20159100068

空间科学与技术学院：

凌　通 19160100004　许鸿儒 19160200049　马圣智 20009101710　张偲彬 20009102079
闵　昕 19160200002　李宇杭 20009100182　孙泽宇 20009102005　吴恩帅 20159100034
唐旭阳 19160200032　杨国强 20009101040

先进材料与纳米科技学院：

武新明 19170100037　张殊诚 19179100007　张志鹏 20179100036　王嘉怡 20179100052
卫晨龙 19170200020　姜向乐 20179100034　樊邵桦 20179100048

网络与信息安全学院：

贺紫怡 19180100060　梅克寒 19180200005　黄　博 20009200099　王子涵 20009200562
董梦迪 19180100068　王志刚 19180200025　张桂洋 20009200427　宋金宁 20009200565
张　骋 19180100069　宋佳睿 19180200040　周　昌 20009200478　杨辰烨 2 0009200583
刘昕蕾 19180100102　李长青 19180300007　陈思远 20009200481　甘文姬 20009200828

唐英豪 19180100116　王亚龙 19180300040　陈子涵 20009200548　王浩宇 20179100011
苏媛媛 19180100122　栗嘉泽 20009200059

人工智能学院：

常宇轩 19020300038　李晓辰 19200100086　丁泽华 20009200109　蔡建峰 20009200780
盘国萍 19040100128　张紫艺 19200100103　徐志铭 20009200324　李博华 20009200878
王正扬 19049100016　薛茜月 19200300040　李灵蕾 20009200325　樊肇星 20009201138
武欢欢 19069100209　刘卉杰 19200300054　王子龙 20009200388　牛志康 20009201191
向天琪 19069100235　闫浩霖 19200300129　刘艳青 20009200568　张佳凡 20009201208
刘　俊 19070190005　梁汇嘉 19200300159　刘峻峰 20009200571　闫家浩 20009201372
秦春霞 19200100019　王骏华 20009200024　谢竞成 20009200731　胡　真 21200340018
王　璇 19200100045

海棠1号书院：

毛翔宇 20022100022　张丹雯 21009100575　李晓君 21009101411　李佳蕙 21012100051
韩梦媛 20069100011　商迪凯 21009100576　李文卓 21009101426　崔　哲 21012100076
杨和臻 21009100061　李振凯 21009100583　李昶运 21009101434　张佩东 21012100095
沈　童 21009100063　李徐涛 21009100590　王德礼 21009101439　祝晓蓉 21022100005
王玮稼 21009100076　谢文婷 21009100596　徐婧琦 21009101484　杨尚文 21022100008
郭敬成 21009100093　董炳智 21009100656　王汝心 21009101486　王雨佳 21022100046
臧雨阳 21009100094　王欣悦 21009100680　钱　钊 21009101487　赵　迪 21049200153
施允恺 21009100095　刘旭安 21009100702　李淑娜 21009101492　刘　洋 21049200295
毛鑫鹏 21009100103　周书宇 21009100747　肖俊越 21009101525　梁城斌 21049200466
吴　非 21009100106　吴光毅 21009100816　聂宇鑫 21009101534　梁　旭 21069100007
张之晟 21009100113　曾智文 21009100847　黄嘉宁 21009101535　王　洋 21069100021
顾晟宙 21009100123　凌一飞 21009100859　白思涵 21009101544　姜牧含 21069100059
焦志琨 21009100269　欧阳文正 21009100877　叶　洋 21009101547　邱欣欣 21069100066
徐　婧 21009100290　赵亚琦 21009100885　焦燕燕 21009101586　王　乐 21069100071
马航宇 21009100291　田佳鑫 21009100897　霍佳玘 21009101588　尤家馨 21069100079
胡铉祥 21009100298　刘亚超 21009100911　黄凯悦 21009101609　张圣阳 21069100082
谢浩澜 21009100310　陈中旭 21009100919　李星宇 21009101662　王钰翔 21069100093
赵盛甫 21009100317　王一星 21009100926　高安妮 21009101692　张一博 21069100104
王耀卿 21009100367　谭以承 21009100956　张　乐 21009101725　雷　玥 21069100190
田康杰 21009100406　孙治泓 21009101058　杨金妍 2 1009101753　朱以恒 21079100058
李嘉源 21009100414　王蔚榕 21009101064　刘文博 21009101771　陈彦竹 21079100064
王翌阳 21009100416　蒲　莉 21009101101　孙钰轩 21009101861　覃婧雯 21079100065
王　程 21009100428　吴佳玲 21009101197　肖世钟 21009102085　王　奕 21079100095
苏　睿 21009100435　高云迪 21009101233　张曦元 21009102087　杨夏润 21099100023
杜浩南 21009100438　钱骥堃 21009101249　戴晨康 21009102109　王一帆 21099100027
王艺臻 21009100461　鹿竞泽 21009101253　林子媛 21009102111　徐诗月 21099100073
胡　卓 21009100473　王永康 21009101279　梁诗琪 21009102131　李巴特 21140100001

刘芝含 21009100487
黄单德 21009100522
郑全超 21009100533
陈榕杰 21009100548
王可欣 21009100567
寇晓宇 21009101298
赵　琨 21009101368
高澜城 21009101379
任宇航 21009101389
张　政 21009101406
刘霄阳 21009102154
庞梓晗 21009102220
邱　奇 21009102287
薛翰林 21009102294
米峰良 21012100040
黄天宇 21179100018
朱志伟 21179100049
周嘉乐 21179100055
刘　洁 21179100075
熊　涛 21179100095

海棠2号书院：

邹东洋 20009201440
刘庚池 21009100005
杜一笑 21009200016
刘佩汉 21009200050
范天阳 21009200065
许天一 21009200131
杜雨豪 21009200140
王冰戈 21009200144
职　泉 21009200153
张　毅 21009200163
朱雯霞 21009200268
裴小琪 21009200285
王可儿 21009200301
陈依玲 21009200305
蒋天健 21009200307
应秉诺 21009200312
徐浩然 21009200314
刘英泽 21009200340
李晔欣 21009200370
刘飞扬 21009200419
谢雨涵 21009200430
蒋米诺 21009200431
何智诚 21009200435
何大用 21009200452
吴启宇 21009200489
潘子瑜 21009200503
王靖淇 21009200619
郭　旭 21009200637
李墨晗 21009200639
张仕浩 21009200642
戎思铭 21009200649
郑屿蓬 21009200658
郅雨彤 21009200700
刘泽森 21009200735
邬家齐 21009200756
于　鹏 21009200768
王志宇 21009200771
朱源田 21009200803
刘力宏 21009200818
何雅瑄 21009200862
李宇欣 21009200915
杨楮涵 21009200923
冯幼恒 21009200938
程梦鸽 21009200966
田雨沫 21009200998
屈圆风荷 21049200221
孟怡怡 21009201115
张又霏 21009201234
余评秋 21009201296
梁智扬 21009201315
颜毓辰 21009201350
张艺龄 21009201352
王奕婷 21009201356
林滕劼 21009201390
林伟龙 21009201396
曾　岩 21009201397
吴思宸 21009201412
蔡泽雨 21009201415
陈莹露 21009201425
黄平平 21009290004
祝经杭 21009290029
游昌榕 21009290068
沈　锐 21049200028
王梦雨 21049200079
李柯霖 21049200096
刘　成 21049200119
关　欣 21049200136
杨超然 21049200149
韩耀文 21049200151
乔小圃 21049200158
郝　奇 21049200159
臧英杰 21049200165
杜浩程 21049200166
曹泽江 21049200193
张佳琪 21049200206
文柏扬 21009201026
徐进雄 21049200244
李　杰 21049200342
户昱炜 21049200393
王凯正 21049200434
阎胜伟 21049200449
陈道林 21049200459
刘琬琰 21049200477
杨　隆 21049200489
刘霏燕 21080100010
涂凯旋 21089100031
周若男 21089100044
李豪杰 21159100008
赖泽豪 21159100018
李懿辰 21159100047

西安电子科技大学2021—2022学年优秀学生干部获奖学生名单

通信工程学院：

郭翔宇 19010100064
崔世欣 19010100069
武睿敏 19010100088
王　耀 19010100205
陶征庆 19010100237
金福鹍 19010100252
刘航运 19010100364
贺纪尧 19010190005
孙晓龙 19010400011
齐　阁 19010500035
刘　俊 19010500083
刘雨涛 19012100014
刘　琪 20009100220
孟令赫 20009100581
王嘉瑜 20009100614
竹文浩 20009100847
张　韵 20009101070
张　亮 20009101421
李进博 20009101869
陈子轩 20009101915
张伟华 20009102118
孟祥润 20009102241
王凯乐 20010190009
曹淑雯 20012100035

严拓宇 19010100334　袁宗林 19012100045　李佳铄 20009101519　黄琦轩 20012100073
邓嘉鹏 19010100355　郑哲健 19019100009　刘梓江 20009101743

电子工程学院：

张森森 19020100126　宋非凡 19020100258　陈金麟 20009100097　林逸垒 20009101347
罗宏亮 19020100142　李　迪 19020100452　王怀杰 20009100135　王酝熙 20009101450
马美婷 19020100148　陈奕霏 19020300013　李佳敏 20009100219　朱恒希 20009101763
刘华玥 19020100175　归佳瑶 19020600030　秦苏瑾婷 20009100428　王　清 20009102025
李嘉诚 19020100198　李文韬 19022100005　闫泽涵 20009100472　王旭辉 20009102045
郄心怡 19020100205　杨小辰 19022100045　张　驰 20009100617　张　波 20020100014
赵宗健 19020100214　喻鼎渊 19029100021　樊钦中 20009100715　高芳洁 20022100029
刘世龙 19020100246　朱军伟 19170100001　张志远 20009101143

计算机科学与技术学院：

鄢　宇 18130530001　孙　腾 19030500143　郝鹏飞 20009200116　赵书萱 20009201293
刘瑞阳 19030100108　严海彰 19030500193　杨佳雯 20009200321　李正言 20009201295
杨纪元 19030100222　任奂宇 19030500226　鲍　杰 20009200351　杜星月 20009201314
王毓梓 19030100283　陈宇菲 19030500294　高　超 20009200387　李明桀 20009201402
侯文杰 19030100287　吴　越 19030500308　范兴航 20009200587　李　岚 20009201427
刘　菲 19030100289　曲世恒 19030600006　陶晨钰 20009200630　程海鹏 20030100006
岳云凡 19030100434　周德栋 19030700005　王雅洁 20009200664　张少艾 20049200278
郭奕彤 19030400013　陈鹏宇 19040100135　李　腾 20009200837　倪海瑞 20079100002
郑　昊 19030500066　许珈铭 19050500032　燕渝凡 20009201147　刘沛宇 20079100101
孙梦洁 19030500083　李子涵 19070300012

机电工程学院：

汤　毅 19040100025　张　硕 19040400025　李锦源 20049200103　邓泽方 20049200418
赵子健 19040100117　李中博 19040400027　韩旭东 20049200194　黎博豪 20049200484
于正坤 19040200016　肖佳宣 19040400032　王爱嘉 20049200196　李咏珈 20049200515
杨　帆 19040300056　唐震宇 19040500049　刘梓凌 20049200250　杨景淇 20179100003
杜文静 19040300092　张子谦 20049200079　王　允 20049200322　杜金阳 21040640015

光电工程学院：

谭卜风 19050100011　杨瑞祥 19050100139　曾祥建 20009100140　张秉颜 20009100592
王浦镇 19050100061　宋雨珂 19050100153　马海阳 20009100251　黄雅琪 20009101552
高　原 19050100064　刘佳琦 19050100199　陈少杰 20009100512　李智博 20009101758
赵敬铎 19050100079

物理学院：

任浩德 19050400012　王思莹 19050500153　张宇博 20009100185　陈宽懿 20009101559
张艺轩 19050500081　郭守军 20009100007　罗　壹 20009100946

经济与管理学院：

于青平 19069100147　胡　旸 19069100150　任乔杨 20069100090　刘鹏波 20069100158

李欣雨 19069100148　田　程 19069100202　黄泺洁 20069100093　王成严 20069100180

数学与统计学院：

章振国 19070190010　刘　冰 19070200003　肖嘉慧 20079100063　金科元 20079100080

人文学院：

刘欣慧 19080200028　白泠漪 19080300027　宫懿伦 20089100025　王艺乔 20089100037

外国语学院：

马英博 19090200012　吴亚邯 19090300012　徐　焱 20099100023　姜冰瑶 20099100052

微电子学院：

胥　凯 19140100048　高天元 19140200091　焦云江 20009100181　贾云天 20009101418
王瑞清 19140100152　刘相宜 19140200206　周文隆 20009100604　吴　林 20009101495
梁维静 19140100185　高慧博 19149100008　周政宇 20009100963　郭家豪 20009102191
覃心瑶 19140100227　雷圆莹 19170100046　芮鹏凯 20009101142　林嘉佳 20140100003
王榕茗 19140200071　刘静遥 20009100148　刘　亮 20009101147

生命科学技术学院：

白婷婷 19150300020　张伊哲 20159100014　张晶晶 20159100041

空间科学与技术学院：

李小军 19160100019　孙榕泽 19160200017　王梦祥 20009100716　马玉宁 20009102097

先进材料与纳米科技学院：

王梦涵 19170100083　樊邵桦 20179100048　贾卉悦 20179100095

网络与信息安全学院：

冯浩男 19180100046　汤棋尧 19180200004　霍文翔 20009200253　冉家萱 20009201024
田　昊 19180100075　杨利伟 19180200006　田宗凯 20009200392　王浩宇 20179100011
唐英豪 19180100116　王汇轩 19180300042　李昕泽 20009201017

人工智能学院：

刘贤良 19200300083　褚天舒 20009200308　蔡建峰 20009200780　樊肇星 20009201138
高鸣远 20009200078　吕桐奇 20009200322　李博华 20009200878　李雨萱 20009201182
魏晨天 20009200147　张楷伟 20009200595　宋柯俭 20009200930　王新媛 20200100002
蒋之铭 20009200272　后胜涛 20009200634

海棠1号书院：

李　想 21009100009　刘得鑫 21009100674　朱浩天 21009101533　茹芷函 21012100004
殷宇辰 21009100062　刘子赫 21009100676　杨舒皓 21009101687　崔　哲 21012100076
程心远 21009100064　边浩时 21009100679　罗婉怡 21009101727　汪越洋 21022100013
杨　东 21009100115　张旭东 21009101100　金　豪 21009101739　滕　越 21022100033
张文慧 21009100158　付新龙 21009101203　卢姜辰 21009101811　黑紫其 21050100006
郑　月 21009100277　赵赫男 21009101221　孙钰轩 21009101861　李其辉 21069100018
王蓓蕾 21009100301　师若君 21009101242　赵　彤 21009101880　张靖英 21069100105
牛　琛 21009100344　郑　昊 21009101250　谭一凡 21009101897　廖馨怡 21069100118

史嘉木 21009100413
王竹烨 21009100425
宋景祺 21009100466
胡 卓 21009100473
程帅豪 21009100607
范子涵 21009100636
穆晋涵 21009100650
董炳智 21009100656
鹿竞泽 21009101253
吕世民 21009101255
张艺博 21009101256
韩 旭 21009101316
卢 畅 21009101372
宋 哲 21009101395
张自拓 21009101480
邓 开 21009101515
李泽瑞 21009101925
李 杰 21009101966
刘 哲 21009101989
杜 越 21009102033
林承远 21009102292
杨 凯 21009190024
陈治同 21009190051
李帅颖 21010500003
杨若柳 21069100153
吴 昊 21069100226
张可颖 21079100055
戚家恺 21079100061
邹玮洁 21090300001
孔庆钰 21099100021
李博润 21179100059
宋文臻 21179100105

海棠 2 号书院：

王俞钦 21009200033
朱彦冰 21009200036
黄 耀 21009200087
马晨然 21009200207
王嘉慧 21009200297
林 涛 21009200299
潘忠鹏 21009200309
徐浩然 21009200314
贾 硕 21009200322
戴海旺 21009200336
刘英泽 21009200340
孙 睿 21009200472
刘梦洁 21009200678
王慧洁 21009200709
郑 垚 21009200722
赵 愉 21009200750
李祥铭 21009200759
朱源田 21009200803
徐智姚 21009200843
冯幼恒 21009200938
宋 奔 21009200962
毛美文 21009201005
夏雨轩 21009201006
邸文青 21009201075
关嘉毅 21009201232
陈科旭 21009201306
陈朋伟 21009201353
许泽成 21009201392
侯铭钦 21009201404
江梓文 21009201409
杨景博 21009290058
裴宸豪 21040100001
陈昌慧 21049200054
刘 成 21049200119
王柄尧 21049200145
宋国鹏 21049200179
刘梦馨 21049200265
张师硕 21049200314
李伊风 21049200322
李成成 21049200355
董伊阳 21049200420
秦国程 21089100030
马晨曦 21089100036
刘 寰 21159100068
乔平彪 21159100072

2021—2022 学年度“优秀研究生”表彰名单

通信工程学院：

夏 伟 肖慧子 万 飞 肖婷婷 杨惠婷 吕思婷 胡俊凡 刘 敏 张 帅 赵钟灵
毕 城 尹 洁 丁建阳 吕润宇 赵品灿 张 征 李航宇 龙汶轩 周城毅 徐 莉
侯少雄 江建格 宋紫薇 陈 宸 蒋成军 李雅婷 张 鑫 徐东苓 王敏锐 任萌萌
刘子钊 刘国傲 高尧鑫 冉怡欣 侯 昱 郑羊茹 张瀚文 王 超 张瑞天 高向兰
秦 畅 杜晓娟 闫健香 田镇洋 付丘宇 班 堃 张雨洁 马 澄 孙会苹 张志远
牛珑昌 舒晓窗 周 妍 常孝天 陈 妮 潘浩喆 常 昊 董 航 徐克鹏 胡荣凯
王怡昕 武苗佳 司晨曦 成旭曼 杨颜冰 郑 晓 顾大卫 刘易丹 谷怡洁 林 任
韩 政 鲁静芸 田腾亚 高 翔 杨 仪 施会丽 董 茹 马馨雅 许 萌 李续楠
徐云霜 韩 硕 滕辰辰 武银霞 马飞龙 马步云 徐浩森 张子晴 程庆伟 张广凯
姜国勇 曹明月 徐晓雯 王孟洋 刘飞达 张文悦 武明超 王珺锋 朱子荣 肖雪莹
张琪浩 张 睿 程回归 宋育杰 冯洋洋 庞翔云 彭錞湉 王 浩 雷诗阳 马珑瑗
唐丽桢 刘长林 王艺卓 万泽康 段婷玮 赵 楠 张达越 冯家伟 王 刚 曾依妮
薛佳丽 常乔伟 刘燕青 赵 丽 王昱阳 刘欢欢 张露露 陈婷婷 焦 青 杜红青
袁晓方 杨小雪 焦学凯 张 可 马淑慧 娄增进 李世崇 常莉莉 赵春宇 张舒婷

杨毅珽　周　怡　张悦萌　曹琦轩　訾顺遥　雷松涛　梅金波　邵佳琪　刘　攀　张　鑫
陈　天　张思凡　豆　莹　谷碧玲　戴若雨　杨鹏飞　胡胜贤　瞿博越　朱春辉　刘丹丹
李　白　龚峻扬　李明进　杜雅婷　丁　强　王文哲　贺润森　杨　硕　王律淋　吴冰茹
赵文胜　姜威阳　付　祎　于同阳　万浩东　赵梦楠　江昊霖　闫青炜　江天宇　封琴琴
张佳浩　王莉宁　何　倩　韩　璐　方贻平　印明建　位　萱　左瑜瑜　张　莎　吴　俊
陈　赛　高思佳　王恒昌　栾定彬　杨　帆　周　陈　侯天祥　赵　明　王　靓　陈浦芳
陈　超　安智慧　程　帅　孙赛楠　舒　凯　柯　静　赵思茹　王　珏　胡正午　赵茁乔
郭潇忆　王浩林　韩　欢　胡伟涛　张　甜　张晗昀　赵逸尘　付　杭　何呈宇　王旭坤
王　英　张佳雯　李文华　李佩瑜　郑华芝　罗一诺　高文栋　刘宇鹤　张康迪　王梓珏
李思成　贾轶名　鲁　玥　李佳兴　李　丽　陈　敏　申雨洁　高廷帅　梁向园　覃思捷
郭峥嵘　王鸿玉　孙浩然　于少东　王禹博　李　迪　曹　阳　陈伊依　樊潇怡　岳　珂
谢坤丹　杨海洲　孙　喆　何　潇　张天宇　王贵旗　陈劲楠　李刚刚　霍梦辰　兰毛毛
宋宇晨　董　晔　刘嘉琪　陈娟娟　任　爽　高　梦　孙学峰　赵嘉禾　雷　锐　于　倩
杨　青　刘子君　王艺博　彭仁康　于洪悦　柴君巍　张小丽　李梦菡　程　甲　王文璟
罗柳君　郁照敏　潘文俊　吴家艳　刘　浩　耿英凡　于　晴　刘祥林　刘锦辉　付星明
徐中义　任　妍　刘晨华　李珍珍　谢泽辉　王敏敏　杨鸿铭　谢雨欣　宋佳鑫　冯莹莹
于胜寒　杨松林　孙帅琦　方　健　牛珂欣　杨泰麟　常田雨　胥心兰　张程宏　赵宇霖
陈经纬　张　瑾　李文乐　贾　佳　曹　煜　王　帅　卢　晗　尹竹松　罗雪妮　肖飞龙
魏雅琦　侯　轩　赵高升　张庆敏　强一凡　张晓庆　赵鸿飞　刘　硕　胡贤斌　张振尧
刘孟洁　王孝容　王庆轶　邓廷祥　刘梦田　蒋　豪　赵鑫铷　黄丛丛　王天续　张峻荣
成思玥　白雅璐　伏丽莹　孙　雪　宋亚童　李静怡　梁铭志　张　倩　郭琳琳　寇宗祥
梁　沅　张晓薇　王　希　孙　欢　郜烨帆　闫义博　巩亿平　李浩轶　陈天放　魏鹏宴
杨晶晶　刘　童　周　倩　李世龙　刘　典　唐杰权　郑　瑞　陈朋祥　潘荣宇　张义斌
赵　杰　郭丹敏　王　鹏　吴雪岩　王　硕　韩家豪　郑晓瑜　张雪松　王振羽　徐思敏
赵欣雨　王忠耀　张鹏飞　郭　怡　朱文鑫　卫施展　许　晨　范　悦　徐芷君　郑培源
侯璋婷　杜晨阳　骆苑新雨

电子工程学院：

井佳秋　钟庭轩　宋娅菲　张聪睿　吴代翱　鲜要胜　李淑玉　孟昭晗　庞广辉　耿晓静
刘泽涛　余　悦　董汶陇　李春霄　王有恒　雷欣岚　林明聪　杨　福　方锦滨　付　杰
罗　娇　张帅杰　沈绪奇　刘　茜　符昌森　朱宇航　韩可欣　肖嗣斌　陈　锴　马宇飞
解　蒙　艾仰浩　何康健　杨观宝　许力文　王选琪　王　聪　何　绮　黄玮俊　王璐婷
王雅丽　陈锐琪　高　松　徐玉凤　边洪旭　李　强　连芷昕　朱宇航　邓功毅　张　毅
李泽昊　陈亚芸　袁海悦　王威力　安欣月　付原龙　介　瑞　畅雅琪　翟博文　易志坚
林鹏逸　胥　庆　沈嘉诚　张浩田　高士杰　张　宇　黄铭豪　陈黄威　王天鸿　张　伟
查子健　孙基伟　雷含笑　施雯彬　张亚玮　张　玎　孙小渊　孔鹤翔　王诗潼　王泽溥
朱红欢　叶坚挺　毛　玥　徐影帝　袁　雪　李锦歌　高孟瑶　张紫卉　辛俞历　孟双双
雷瑶旭　崔　鑫　孙　鸽　刘鑫鑫　黎祝伸　王天鹏　丁学智　王向博　刘伟申　许雯瑾
李天瑞　李磊奇　张家宾　张浩秦　牛广群　刘祎敏　郭可心　李冠璇　张洪浩　谭宇燕
张亚丽　左祺森　赵新鹏　段丽宁　王铎鹏　王浩东　宋怡佳　邹欣杉　刘　剑　李建鑫

刘　成　林一鸣　冯浩轩　付东豪　徐　露　张　丽　鲍玉倩　闫苏苏　张　旗　陈文哲
苗媛媛　刘远超　郝维冰　王智葳　任宇佳　程泓钧　陈豪辉　黄略家　李文波　黄冰冰
雷博翰　刘　典　尚家东　杨富森　李佳佳　朱　奥　冯　镇　许相乐　黄子谦　惠才涛
康寰宇　吕东卯　史　册　董淑幻　景　敏　刘　俊　李晋杰　程泽昊　王　猛　张　杰
鲍世雄　蔡泺哲　任泉臣　张志远　胡敦法　杨军祥　王楚源　王浩翔　吴云松　蒲柏良
周珂珺　刘媛婧　王　展　李晓锋　王昱璁　张　跃　杜雪漫　李瑞瑞　陈景思　苏斌斌
万相宏　孟祥志　韩蓉蓉　刘岳森　陈俊妮　陈文举　刘晨康　高　远　刘一帆　刘诗若
李仪邦　李玉琨　吴贻东　白如雪　黄子纯　薛翌晟　张雅琼　张连炜　张　宇　闻　博
方　毅　蒋志衡　孙宇峥　丁晨涛　黄禹豪　王　璐　叶润达　杨世豪　张庚艮　黄　海
何　祯　朱光裕　马文丹　张寅嵩　田心怡　陈晓阳　李逸明　张　盼　于紫衣　王志伟
方瑞敏　陈晋宇　李雨旺　王　祎　侯永宁　缑佳佳　王梓霖　陈旭晖　吴渟渟　吕烜威
李　雨　魏子方　焦银萍　孙闻浩　安怡睿　曾泽群　宇文珊　何家正　李　宁　张斯佳
吴俊丽　李婧婕　张晏合　赵　伟　童　涛　尹　威　杜思予　陈　洋　刘　钺　杨　玲
赵友晨　庞思琪　吕云峰　王　硕　吴德航　席　昕　陈红锦　汤彭钰　程天阳　周磊磊
寇　轩　陈玮铭　谢金池　陈照东　甘海林　杨光照　黄羽晴　郭盛林　张宗昌　张立泽
郝钰鑫　张晓燕　孙　娜　陈欣雷　许　琦　张超仑　李嘉秀　卢　怡　李　钊　武啸楠
刘　博　梁宇栋　李文华　谭东升　于洪飞　孔旭东　张　松　问馨允　蒯　璋　李瑞玉
刘　婷　侯　鼎　吴　威　赵　静　王开宇　王志辉　程英鑫　张浩然　吕乐玮　李　波
葛雅儒　李园光　田真豪　任俊钢　徐　凯　叶嘉荣　杨　甜　申琳娟　李　凯　黄　磊
雷帅帅　毛思博　单廷畅　刘　亮　康芙静　胡泽展　翟瑞洋　常双双　张　彤　苗夕顺
张　杨　陈福奎　梁信煜　童　宽　赵一豪　郭　健　康　苗　李小虎　牛志国　韩光烨
赵靖宇　王　骏　王建新　赵　恒　刘英楚　王　琦　马铭旭　刘　江　陈子康　田　超
徐竟翔　刘桂平　王　豪　刘玉杰　辛一鑫　张亚聪　周波玉　张乐茹　刘一廷　靳　亮
屈先钊　王　锐　戴诚睿　毛俊茹　王启鑫　袁　豆　王乐乐　王广宇　刘若晨　张丙杰
宋嘉棋　马　娟　袁铭泽　牟一飞　钱文豪　李志远　姬万里　王晨曦　房　诗　高迎迎
付少雄　刘　甜　李翰林　张大鹏　杨文博　陈　彪　彭　烨　胡靓亮　胡俊杰　时贞云
李艳慧　姜丽格　王心怡　张　珂　衡博文　陈　振　赵成义　张　晨　李春辉　崔黎明
李　承　祝星月　李登魁　祝森郁　丁林林　张　宇　赵子文　郑　永　邓夏迪　梁添程
袁　昕　唐珍珍　贾　岩　朱雅昕　刘　慧　张超群　陈斯龙　彭　磊　蔡晨雨　钟　斌
杜龙辉　李倩慧　薛瑞航　林　浩　韩文畅　薛　皓　张　冰　高　原　温利武　王　鹏
丁杰如　王裕旗　黄学军　梁东星　郭朝宗　赵小宇　杨　洋　顾亚男　李　毅　秦基凯
陈颖超　张逸群　钟湉田　徐赛琴　刘佳璐　张廷豪　陈青艳　朱东晨　王鹏飞　余　昆
杨　标　吕　坤　赵　晗　李锐杰　白晓惠　任子琪　王奥亚　邹鹏佳　张诗羽　张振熙
刘东贺　石　钰　卫容宇　阚　尧　李金凯　丁　彤　戴金辉　董淑仙　谢意远　赵　阁
周　恒　李靖怡　赵小斐　张政和　丁家宝　丁　宁　杨敏佳　朱晶晶　李翔宇　李小勇
梁雪玲　王　阳　高思哲　傅昊升　胥　喆　陈　霑　贺子轩　张右润　黎健钊　吕勤哲
夏良新　贾毓鑫　陈柔暄　张　晨　马向进　王　樾　张宇杰　王柯祎　阚庆云　田旭东
李国璋　常明扬　侯　锐　方一翔　隋金鑫　王媛媛　白　婵　葛江诚　郭立博　牛　威
薛凯彬　赵　君

计算机科学与技术学院：

谭青林　汪春阳　王宇晨　姚广宇　曹　蓉　李靖阳　马宇晴　王海月　李春奕　刘洪标
王　丹　杨　锐　杨祖超　俞超峰　马国臣　李国浩　刘怡博　胡雅娜　高晓伟　王　鹏
郭栩彤　谭华林　王鹏程　李晓龙　廖先富　刘宣宣　汪字全　党俊俊　张可敏　雒　凯
闫　杨　赵睿钰　丁亚玮　李江涛　袁志强　余　霖　高　宇　董夏楠　蒋云展　刘　宜
曾思睿　秦敏敏　张　成　滕　达　李　康　成博栋　刘森鹏　张振中　贾秉文　贾怡然
崔伟利　李瑞阳　梁宗南　张高鹏　梁玮麟　梁小凤　刘　俨　杜欣蔚　马文杰　靳　铎
张玮石　刘　阳　贾倩楠　杨晴东　任姝洁　吴　悦　乔　雯　张　敏　赵　琦　李嘉慧
刘敦辉　王宇飞　郑　宇　王国林　底子杰　常　顺　牛嘉民　张　琪　徐晓阳　赵京龙
赵志国　张俊波　史令安　翟之博　李　欣　陈生聘　刘　糠　姬智聪　博艺婷　杜龙廷
王　武　王煜琨　仝浩辰　林俊威　徐雪灵　郑　可　张城槐　韩　超　雒孝通　章　丰
张久同　明　阳　潘子昭　丁韵青　李建洪　李　晨　孟　瑶　许志鹏　曹焱龙　梁　博
李紫微　马志宇　马芷璇　李华东　戚富琪　杨凌霄　贾竣博　吕文凯　毛文杰　仵训练
闫　萌　颜思彤　王　昊　徐　巍　杨方嘉　刘家铭　丁航奇　姚坤志　梁　涛　刘亚民
谢润志　柴尚岭　付媛媛　彭　友　支　卓　杨济羽　肖炘宜　仵康健　杨逸飞　蔡肇源
张梓辉　鲁婉莹　公沛然　刘　宇　张　琰　许传容　李　鹏　周靖文　常家俊　文悦力
王艺静　刘旭杰　祝　焕　张媛媛　万金婷　郑萍萍　佘嘉洛　卫彪彪　孙　越　徐铭阳
张韶远　李苑辉　王凯瑜　冯婧怡　张景辉　王婧丽　李云鹏　丁　兰　胡　刚　韩炳喆
武志伟　黄朝阳　程琰婕　肖玮昊　侯森悠　朱继鑫　赵梓君　张　晗　姜　恒　唐亚娇
陈明陶　常正奇　张珈豪　刘雨晴　丁　伟　张智强　宁新亚　唐　轲　张筠瑶　史　越
王宏博　袁韬博　宋　飞　李泽华　曲新宇　王世杰　杨绍京　李　璐　延亚洁　刘文婧
王　拓　杨　瑾　杨　卓　徐　浩　王智莹　张佳佳　吕梦鸽　苏照兵　田昌宁　王志鹏
郑毓铭　张　克　付　涛　王啸林　郭晓妍　吴寅琛　胡　古　时小丫　卢宪涛　李渊博
林永彬　赵晓虹　丁潇潇　毛　佳　朱思雨　薛凌涛　李建华　顾书浩　赵雨农　贺嘉豪
郑天洋　张启元　杨泽菲　吴雪儿　李嘉明　周　成　相若彤　周韫怡　石子炜　马治东
陈廷彬　阮紫玲　聂博文　长孙盼盼

机电工程学院：

徐洪成　蔡　恒　赵　琦　邵毓强　谭钦雪　杨璐雅　刘迦南　田锡威　杨　谱　黄翰林
路　瑶　张子良　陈康宇　王安宇　李子威　杜建功　徐丹丹　王祎玮　孙　彭　董兴琨
石志杨　杨　阳　林强强　商　晨　杨　兴　梁超余　徐　翔　李　昭　宋　君　刘馨阳
宁宇铭　吴　凯　马　军　李　飞　徐孝贤　田艳伟　郭　超　曾　旭　郭　旗　乔子萱
于亦奇　王　岩　李　勇　黎旭康　李　栎　曹　政　李瑞波　高　翔　滕昱成　秦　龙
郭　旺　袁利荣　靳　峥　冷　琦　卢嘉润　申　昕　闫　凯　刘　聪　巩　谦　李鹏飞
侯　汪　马梦娇　朱　越　姚松杰　马毛旦　冀祥瑞　刘顺畅　熊吉川　贾　瑜　李兴华
张　永　徐元兵　王　杰　郭常青　成东明　问弄鼎　李悦言　杨建利　王枫岐　常　妍
张金刚　刘成见　王泽林　王晓龙　韩来新　刘幸一　焦　见　徐占营　郭　辉　秦宇鑫
孙青鹤　郭佳兴　郭纪元　史若楠　王　伟　佟建朋　张　妍　赵校庆　赵宁娟　张　涛
张俊超　刘鹏翔　程　羽　魏昱璠　孙　悦　樊　敏　赵　莎　王　珩　吕胡方　李振华
李晓涵　卢星智　罗　俊　汪小娟　张雪芹　王佳亮　张立平　马敏娟　姜佳刚　陈梦伟

王子峥 吴永云 孙帆帆 刘思伟 冯　威 孙钦祖 焦小婷 王　晋 王　政 张智栋
吴冰璇 王诗钧 冯帅波 齐　瑞 王　良 李振宇 王锦鹏 郑　柯 韩建华 周润宇
孙博钰 王　涛 陈　琳 吴子卓 范陆健 曾子杰 原韻松 袁炀博 贺大航 刘　翔
赵怡敏 王宇婷 虢海银 高　正 潘成辉 杨佳欣 李　博 刘晨阳 查　涛 叶海涛
郭彦浩 许　怡 李金龙 谢旭智 郎颖毅 谭育正 于　蓉 梅嘉敏 王学子 习昱辰
张银伟 丁荣荣 吴天瑜 王　虎 赵　驰 牛定超 文　磊 程路路 李艳龙 徐名亮
史腾崟 孙小宇 肖星宇 杜　洁 李　辉 张硕岩 余佳恒 牛凯业 杨浩天 李思新
谭　哲 侯宇琪 武晓君 杨佳宁 席睿达 范子祎 丁　苗 王　悦 周希玮 吴润国
杨岳蓉 梁　欣 雷　宸 高　博 郭振宇 许建敏 李　琦 张广豪 张开云 李锦琪
唐培琦 曹　鸽 雷保新 李腾浩 苏伟杰 蔡林生 王奔犇 张　斌 郝文帝 梁健焯
任宇虎 申勇涛 王　磊 郑思琪 陈季超 郭江伟 闫　超 单玉玉 王英权 张　志
石庭磊 赵建川 贾亚鹏 王　翔 席晓锋 王文博 张　晴 王国庆 张博仁 郑文宇
屈志峰 陈炳润 万宇航 崔　怡 家康育 冯　乾 刘志凯 马兆圆 刘学超 郝书睿
李汉青 王家怡 刘　赛 赵宏飞

光电工程学院：

卫　毅 郑　立 李鑫辰 张　乐 张宁宁 孙　浩 何霖峰 曹学影 尚亚洁 王　琛
叶暑冰 陈月航 王禹彭 苏永亮 卢长浩 刘若玉 魏　宽 高伟国 马丁翰 杜丹阳
李梦园 沈科委 田　轩 范颖颖 雍嘉伟 谢　彬 冯　怡 曹毓娉 徐祥凯 孙　鹏
李浩博 屈　阳 贺春雨 李帅帅 张　博 刘　晴 武增艳 章学仕 白　璐 王　姬
李聘滨 周　蕾 蔡　鑫 李昊坤 于　纯 杨晓琰 李艳茹 卫润茜 巴雨璐 於超然
刘　敏 葛韩星 张雨彤 宋保名 陈嘉欣 李　乾 何圆凤 罗云麟 张子旭 欧　彤
兰金蓉 海　斌 拔　彪

物理学院：

卞　政 刘　峪 王晶晶 邓宇鑫 谢锦宇 张　[illegible] 高　璇 余　乐 卓可群 孙梦君
唐　欢 高孟言 高兆琳 方争光 李福军 姬　宁 张可佳 杨　柳 王　举 张培鹏
刘凯欣 梅峻溪 胡　凯 岳喜林 肖　磊 韩锦绣 罗　怡 王　阳 贾　哲 安迎照
郭　策 张　钰 袁　辉 张思敏 张立功 易志豪 薛超凡 王元靖 张　淑 魏博健
周筠钦 蒙　炜 宋宁宁 严亚琼 杨昊嘉 黄　桓 刘　晗 董　悦 卢雅雯 王　珂
郑　燕 马　茜 史慧刚 刘瑞桦 王翔宇 曹新月 尹晓涵 李娇月 李志玉 王国耀
李　寅 孙正阳 马豪伟 于子萱 董佳蓉 蔡丹蕾 江岳鹏 石浩志 唐小虎 常瑞波
习永基 李春雪 王洁妮 刘　星 张　毅

经济与管理学院：

吴茜茜 李春钰 刘珏娅 李梦迪 李　晓 罗　丹 袁思思 曾　靖 吕哲雅 马　骏
刘晨曦 杨怡静 郭雨舟 陈昕芸 李　诺 亢靓颖 廖雪晴 李静蕾 潘　岳 许　游
赵凤男 祁东霞 张玮瑜 闫　虹 朱利虹 王姣艳 杨喻博 穆一帆 孙钰欣 余丽君
赵　婕 任　瑛 张晓瑾 孙　瑶 陈　芸 蒋梦钒 陈咏琦 张婷丹 林文芳 侯静云
刘娅婷 魏歆婷 张　薇 浩艺新 王新春 冉朝阳 李汶蔚 邵佳玉 任吉庆 王淑娟
张怡雪 李春玲 蒙　欣 申明可 佟志颖 何　林 梁智野 张善庄 刘沁雯 万　欣
黄艳玲 赵明潇 廖荣戈 张舒涵 李　娜 陈　朝 许　娜 王若婷 何　鹏 杨　云

韩　敏　闫丙燕　闫晓娜　刘昱昕　乔金豆　王一凡　肖一凡　袁帅磊　徐婉莹　高雅倩
郑一帆　杨　帆　李雨露　李玉梅　茹丹阳　徐静静　王珍梦　秦　莹　王雅欣　王　欢
孙淑慧　蒿　恒　常　莎　陈佳秀　段培吉　张仪琳　戴梦欣　张　静　贺豪楠　李娟丽
陈墨浪　张莉莉　王鑫昕　孟纬茜　吴泽源　王　洁　牛津晶　王　峥　胡　旭　刘亚希
郜钰格　王瑶瑶　李增现　杨蕊谦　王星蕊　白军成　刘海曼

数学与统计学院：

韩佳乐　邱慧娟　陈　悦　王德俐　侯志莹　管　煜　赵　康　张　阳　闫慧琳　潘　浩
李宁娟　吴文豪　刘　洁　谭肖肖　王艺遐　王芙蓉　卫珍妮　季鑫缘　吴锦涛　王厚强
侯炫仰　冀毅星　董怡琦　刘雅畑　李咏徽　燕振阳　李　瑶　汪锦馨　王美宏　邓晓卓
张　璐　万梦依　史红燕　李鑫洁　贾　冰　吕鹏辉　杨　君　高凯天　王　婕　赵楚楚
白利霞　张　颖　卢思瑾　闵晓飞　闫慧敏　黄　雅　李　俭　陈　妍　田秀敏　何　婷
丁玉婉　赵建国　陈　成　司红涛　张萌萌　綦晨晓　申金顺　党　拓　刘汶霖　马亚薇
褚慧洁　韩卓茹　杜彩虹　刘怡彤　介科伟　魏艳艳　张　晓　龚育冬　弋佳乐　卫志芳
党乾龙　雷艳芳　令狐嘉乐

人文学院：

陈颖嘉　潘雪艳　白倍铭　杨佩莹　武洒洒　孔祥琛　张　帆　苏益玄　史林鹰　邓佳鸣
韩子轩　李心钰

外国语学院：

唐廷娇　张楷涓　张　悦　王卓轶　曹子涵　王瀚松　郭恬恬　明　笑　柯　凤　韩睿煜
杜云珠　王书晨　王　清　李佳睿　庞　媛　范　荣　包　玉　宋玥涵　王铅铅　张　漠
梁　丰　陈清虹　乔桃盈　巨奕宁　阴俊如　何佳欣　张　逗　石佳凝

微电子学院：

廖新芳　赵冉冉　李照希　尉江渤　种　晨　牛雪锐　芦　浩　杨珞云　王　琳　史鑫龙
张一驰　贾富春　袁海东　侯琛雪　刘　爽　智常乐　贺　健　李　昂　王鹏飞　杜航海
王　博　曹文飞　洪悦华　范晨晖　李开轩　刘　茜　罗　朋　马家骥　沈愉轲　苏华科
文　奎　肖金海　姚佳佳　张乘浩　赵建新　马金榜　张云帆　裴　晨　彭超群　闫钦元
詹　鹏　吴海东　王　纯　闫芃如　惠昱澎　黄钰文　陈治宏　向绍嘉　平振远　孟祥瑞
魏　巍　邓　松　张宇豪　邵际芳　陈柯旭　付兆殊　严加智　张　潇　陈　丽　徐林可
张旭阳　贠博祥　王炫杰　李宇飞　徐少杰　王帅利　李欣樾　李二鹏　袁飞霞　徐佳豪
李俊鹏　刘　旺　苏柏文　张雨轩　李　屾　韩学婧　卢　勇　侯伟群　韩瑶域　马俊超
赵　浦　周育伦　冯　捷　王　欢　张凯瑜　陈　灿　杜　柯　何逸冰　李　磊　刘建华
任　栋　王　凯　文　桢　杨建业　罗开顺　杨菲儿　李嘉睿　张　丹　赵孜睿　任雨辉
赵　阳　黄浩铭　朱　毅　刘上敬　谢素贞　王　璐　陈佳燕　王宇轩　胡嘉豪　苑广安
谢雨峰　邱慧嫣　王　霄　惠　超　李　博　吴　佳　赵超越　白新宇　郭泽昊　王竞曈
郭文文　王　蒙　潘奇彦　张栋清　谷晓洁　洪泽乾　马云超　张瀚臣　李海江　李金宝
赵　蓉　赵清华　王志超　王　立　张越影　郭若昱　坚　继　王　杰　齐毅璇　刘国骄
刘瑞强　柘　腾　苏泽航　张艺馨　黄秋娟　刘　超　刘一行　梁　伊　高　扬　李　鑫
米猛豪　胡国翔　李金涛　李宛真　崔文清　张　旭　李　航　陈添华　郜康欣　王晓波
陈康伦　时　爽　向光鑫　朱江涛　张天赐　刘蕾蕾　刘婷婷　罗　迪　张文爽　王彦博

赵天博 郭建宇 崔芯慧 杨建行 霍昌建 王新宇 王婷钰 仵梦童 吴　琪 文　钰
佟思源 谢宇航 秦政赫 徐　爽 王博麟 平雨晗 卢怡玮 王一非 李思远 高田芝
樊庆庆 韩天娇 郭思音 葛伟刚 王一润 张千萃 马钧恺 王业成 李少轩 刘　旭
李永鑫 朱　昊 胡洋辉 许　睿 张岳琦 鲁　瑶 杨一彤 丁家乐 刘　鹏 程　怡
姚悠远 黄钰凯 周朝阳 商鹏鹏 黄林国 刘子卯 康嵘哲 史晓伟 徐嘉希 王云奇
付子杰 余　莹 吴家桢 安思瑞 李春林 徐　辉 冯西庭 吴颖颖 方　航 马英杰
李欧文 邓龙格 杨　猛 师瑞之 高一斐 刘蕙宁 孔　龙 郭　卫 赵依晗 张太嘉
王　阳 薛　涛 贾世诚 周志余 仝令威 曹泽斌 马馨童 李　凤 郭云峰 艾　月
郭　昂 何祺伟 兰　军 雷邑平 李超凡 李欣仪 连浩如 刘　瑜 卢　灏 马　旭
师小鸥 孙　锦 涂一肖 王晨光 王兆策 武岩松 杨翠莉 赵浩男 赵　晔 王　骃
段维国 刘存明 张林颖 蒋　涵 王子成 唐元昊 张夏天 刘博成 邓凌志 张艺潇
杜建华 黄启威 徐　玉 赵晓春 武秀海 葛崇志

生命科学技术学院：

杨　祚 王燕兴 林　碧 杜付玉 李　蕾 冀渭斌 王佳良 姜富坤 薛明阳 张晓燕
王　鑫 曹建霞 卢　玲 张淑明 贾宇霞 耿博文 朱钰彤 叶紫云 马亚群 蒋依依
王宇泽 徐　克 吴媛青 常　鹏 贺江山 李　丽 董群艳 张传贤 刘正浩 刘　翔
桑鹏翔 龚立萍 梁景棠 陈多丽 高　婷 关慧迪 贺安娜 焦子豪 李朋宇 李文玉
李志强 刘欢欢 刘鹏辉 刘素素 陆振南 牟晓程 权道意 苏文杰 覃新宇 王超凡
王辰颖 王　展 文　博 夏　冉 闫胚娆 杨慧婷 张　杰 张婧玉 张梦锴 赵展通

空间科学与技术学院：

牛　越 孙田野 张泽葳 张超彦 王　超 廖楠楠 李　旭 赵思博 乔良全 武祥兵
冯浩楠 李润鑫 李雪妍 张靖晗 蒋浩然 赵佳晨 张鹏飞 甘东文 王佳明 张廷焜
张毓瑾 刘梦楠 刘彦斐 杨　俊 陈雪梅 洪逸清 李　瑞 刘依洋 张　魁 王爱强
尹相杰 刘姝妍 郭泽熙 贺之豪 武钰扬 颉建斌 元利芳 冯　峥 陈天乐 张　波
胡　敏 董昂杨 邓复元 李静静 邱远帆 胡伯元 王伯阳 王夕媛 王绍聪 张　森
刘　鑫 齐凯旋 朱婧祎 张睿虎 江福华 常子炫 徐为政 翟羽彤 陈泉至 闵　洁
赵　勇 李佳欣 黄馨雨 张达港 刘佳琪 乔林刚 王若宁 牛夏露 龙双星 周　悦
张　烁 郭玉茹 祁文娟 焦聪雨 张文杰 薄建昊 孙国盼 刘思奇 于悦洋

先进材料与纳米科技学院：

刘存顺 韩　玉 李赛璇 杜梦琦 魏宇翔 董佳炜 党紫薇 石换莉 马颖妍 曹　烨
郭咏琪 李仕明 黄嘉宁 刘智辉 赵　文 王雨昕 李浩然 高程杰 杨怡航 冯宇舸
徐庄婕 沈俊啸 何叶馨 陶仁贤 李腾飞 刘源水 尹　彤 李萌迪 吕蒙蒙 刘心怡
文军武 陈　延 覃文杰 张建斌 胡文帅 黄训芳 李蓥君 叶　涛 曾承鑫 张诗仪
孙聪聪 张紫璇 刘瑞宇 朱镕立 张鑫鑫 丁李淞 高晓亚 孙　梅 简瑛瑛 李　强
郭力豪 罗　丰 周雨威 吴丽婷

网络与信息安全学院：

谢　意 贺　超 徐　奇 闫皓楠 曹艳梅 李一戈 田国华 张家蕾 谢雨航 刘　涛
王　杰 赵家奇 白宇晗 岳菁斐 火星星 赵　瞻 韩昊翔 黄　凯 廉思嘉 杨元元
姚　舟 李　双 石小平 杜晓鑫 陈嘉伟 洪意阳 付　艳 刘梦如 杨慧敏 李泽昊

卜秋雨 李雅洁 朱鹏锴 苏存柱 张哲瑛 沈　啸 柴家石 王　欢 梁怡晓 李清华
付俊发 徐华保 王兰燕 梁秀娟 邓舟彦 王若凡 刘钊言 刘玖樽 刘　彤 史　鉴
李瑞馨 夏　威 薛志霞 刘奕呈 郑　玮 侯哲贤 刘康德 周林轩 高玉堃 辛金文
张思君 闵静怡 何　成 王鸿波 赵晓庆 卢嘉威 杜照乾 张得海 李　戈 杨晓庆
赵思源 罗　雨 仇卿云 宋　琳 文浩斌 李　威 李海洋 赵玥瑶 李致君 李　锋
童秋云 杨男子 杨易龙 郝学轩 杨　雪 马智秀 王　哲 赵晓敏 陶　浩 孔　藤
杨玉涛 刘紫腾 田　笑 王子豪 刘正道 胡　月 郑　聪 吕树彤 肖　进 高　楠
李沛凝 刘兴东 安洁莹 康怿涵 佟　画 陈城威 马志国 李思远 杨泽霖 杨金城
申田园 蔺如嫣 刘弋嘉 尹若玉 马明洋 李维辉 李　想 李淳钧 张凌玮 刘成玉
蔡宇轩 张冬林 郝帅红 尹思薇 罗思琦 孙小敏 方李涛 李　婷 蔡佳音 徐　斐
刘奎志 洪劲涛 苏鹏飞 李文浩 高　勇 郭子尧 熊　帅 靳咏雷 余铮隆 雷帮民
李卓文 李博文 刘　瑾 张永旭 党张轩 马　梅

马克思主义学院：

张文华 侯　捷 刘海琴 林清香 陈盼盼 张希立 郭慧如 董春阳 王肖亚 彭岗岗
张文雪 李文璐 梁海敏 杨　婷 李月英 王　彤 杨　瑞 姚　雪 张友森 王仁源
幸　华 孟庆琰 饶　伟 岳琪峰 郭晓蝶 王晓宁

人工智能学院：

杨芳涵 刘君俊 范紫琪 李若雪 赵　帅 李东昊 刘勇存 孙宇鑫 杨帅泽 胡　浩
朱　晨 刘尧林 彭同庆 唐峻烽 郑　楠 张洪伟 李　根 张心雨 吴鹤群 王凯锐
张珊珊 朱珂瑶 赵欣怡 张云惠 王屹晨 张　洁 张　乐 刘　畅 董倬君 廖　宇
姜全鹏 周子昱 惠翌铭 高子涵 何文鑫 宋欣燃 高樱嘉 徐宇航 楚文龙 薛睿晨
景润哲 王懿婧 任俊杰 王　旭 黄　湖 崔鑫语 陈　璐 赵得君 赖　琼 马天植
任　睿 邬一婷 林俏伶 王子宁 张艺谱 范　亮 吴　彬 高欣怡 杨　婷 续溢男
杨玉林 白改琴 李明腾 牛道鸿 史　伟 周钰轩 李天翔 饶承炜 王梦娇 李源钊
魏慧媛 曹思颖 任子豪 陈皖凤 郭宣威 张忠宇 唐静竹 冯继凡 李　慧 屈　康
齐梦男 赵珂佳 池海静 安炳贞 郭瑾坤 李嘉铭 李腾武 李　娜 骆安琳 潘　潇
白苑宁 彭章恒 岳铭煜 孙柯楠 要泉赫 谷　雨 李德生 陈建生 刘　钊 张轩铭
高姿卓 王　倩 王　璐 李鸿鑫 张亦弛 刘金生 张　拓 邓亚鹏 王　铠 郭项龙
王体雯 孙　龙 安维鑫 马彦彪 李艺帆 刘　洋 方振轩 宁　倩 杨旻曦 李　硕
沙　毓 臧　琪 杨　瑞 杨育婷 马明明 付博勋 刘　畅 王冠淳 吴贤德 袁锴薪
赵嘉璇 朱宇凡 董宇波 王　超 周祎瑾

广州研究院：

张澍文 刘　憶 翟　威 郭婧蕊 李　琳 刘　丹 卢　姗 张　帝 齐嘉璐 白　廷
樊　琛 郭晓琳 侯运阳 李艳林 李阳羿 刘文琛 刘怡平 宁佳萌 苏家楠 王晨宇
王立恒 杨晨琪 杨茜雪 杨天明 杨　志 张亚欣 周子然 陈　愿 贾伯阳 杨　慧
张依凡 吕思涵 匡仁珺 弓丽凤 朱玉召 孟凡腾 王　梅 薛　敏 李元浩 孙晨舒
秦雪雪 马　帅 付　明 周鹏程 许洪扬 王孝成 廖　荀 袁晋权 刘晨冰 张卫华
侯泽文 干溪旎 李瑞康 韩潇哲 郭怡凡 马运强 徐　青 耿巧珍 周振扬 赵峰锋
张宇航 安　怡 吴小丽 廖月辉 韩　颖 郭瑞卿 邱晓琴 温静文 乔璐妍 李西浩

高培荣　朱军宝　许庆波　曹博鑫　李博涛　王　娟　严　静　白群迪　段　浩　高天滑
振　鹏　黄　波　贾文韬　贾晓杰　雷嘉瑞　李沛源　林鸿凯　刘　逵　缪亚泰　石　靖
宋亚思　王海洋　王瑾权　王　松　徐智豪　闫慧军　杨　琦　姚　航　张潇丹　张星雨
张艳鑫　赵　丹　李　健　刘伯航　孙印昂　韩占飞　李　波　沈雨桐　曹宪法　谢　冰
朱梦尧　李恒辉　赵彦博　秦　旺　党文杰　于姝婷　张　鑫　周圣钧　李　通　杨　红
赖建锟　裴冰洁　秦冰冰　白　洁　陈　佶　封星宇　高　阳　高　原　惠炳谕　李龙飞
李宇星　谭　豪　孙新凯　林伟权　汤　奇　王博康　薛宇辉　刘星宇　张　欢　段佳忱
李晨光　王奕卓　谢子昂　徐沛航　武文韬　刘松松　彭显翠　白　璐　葛　威　郭　彦
程子杰　李恒杰　屈博瑞　权常浩　史凯迪　覃　江　王婧晗　王立展　王　清　王文康
王玉琪　王昱凯　魏赫男　胥智豪　李　晋　廖　艾　律春云　王　恒　成　琼　田思怡
张　瑶　冯浩俊　李志敏　林义银　马　振　吴浩泽　薛　蛟　于泽洋　张　鹏　张　艺
张　璞　赵智浩　麦海静　熊　丰　李　祎　孙伟博　王　勇　胡　洁　周媛媛　洪宇轩
尹泽芃　张卫琳　宗智炜　熊　力　李梦娇　刘蕴春　吴崇远　刘晓炜　张明阳　廖飞兵
钟子彦　刘　聪　鲁　帅　乐　驰　涂玉龙　易　云　张静雯　孙晓鹤　姚文斌　相　鑫
何代毅　杨　淼　冉　静　郑明俊　丰啸林　朱　颖　李友鹏　刘韩信　邓增睿　刘松杰
刘欣怡　刘真佑　吕梦凡　汪思瑶　王一鸣　韦　豪　闻思凯　吴传铭　许灿虎　杨洁艺
周雅馨　张广臣　黄继来　单颖欣　李浩然　曹天培　董锡耀　张志恒　刘大威　张前峰
王邦鸿　张方蓉　廖俊茹　唐　瑜　朱星光　苗续昌　赵安辉　李　荣　刘寄甲　高筱竹
孙　政　熊诺晔　陈伟烨　王梓涛　樊雨佳　陈淑莹　唐从威　马昆明　汪炜杰　李江明
张世杰　付皓瑜　王　猛　姜　璇　许淑宁　王峻博　毛雪妮　潘美珍　徐　美　缪孔苗
张第圣　陈　航　陈翼飞　王姝涵　翟得胜　楼佳庆　刘宇钊　梁　硕　宁旭辉　曾铎锋
甘礼福　马祎繁　刘　艺　彭盛斌　陈兰兰　何　瑶　黄奕洋　张　津　李文正　曹　畅
金伟康　郝晓斌　陈怡璁　宋亮亮　祝　越　李明亮　青　枫　于海坤　孙才皓　钟晓键
于越明　李鑫熠　李晟名　陈炳聪　方保坤　胡彤晖　朱明达　户嘉伟　黄创明　刘翠兰
刘祎明　刘语嫣　罗楚瑶　石洛豪　覃伯君　唐　路　王　博　许　超　薛行策　董　杰
刘　鹏　张　舒　唐　波　王　宁　李祖凡　牛旭晖　陈锡颖　何亚东　屈柯帆　张可乐
周文涛　高梓浩　洪　圳　李明轩　孙逸涛　袁　点　夏国源

杭州研究院：

秦慧敏　曹植伟　郑　顾　孙　煜　韩金恒　王孟瀛　黄兰兰　李　钊　杨　浩　蒋蓉蓉
段跳楠　张艺如　张耀辉　路广荣　侯晓玲　卢宗辉　牛玉翔　周胜武　郭博涛　王欣彤
陈　轩　李一雯　王宇翔　闵弘炜　张玉涵　周上楠　秦立源　赵静宇　李鹏程　靳文源
梁之昱　刘欣蕊　刘力媛　王瑞康　杨　春　李荣禄　田嘉琦　张　慧　张宇佳　柴冰洁
刘　鑫　李向阳　杨廖明　崔志远　刘文啸　蒲彦洁　罗　检　辛　柔　张清华　朱秉桢
付芸磊　李朝晖　张一松　陈麒丞　张泽慧　王旭东　孟晓雯　陈风娜　王　安　刘志鹏
马　鲁　张　喆　董　禹　王麒惠　王宗卓　李沛儒　刘　彤　曹　岩　刘文博　田　宇
王逸琳　魏　帅　魏　媛　刘昆鹏　石枫林　李柯欣　刘　通　王　宇　王乾舟　武崇建
聂纬坤　郑乐豪　邢恒睿　李振坤　刘　安　包兰天　刘子奇　马　鑫　白雪菲　伍宇微
程昊然　张霁赫　张重洋　窦　俊　孟冬阳　陈延鑫　冯林林　焦景森　贾浪博　冯旭东
蔡　浩　崔敏霞　高　然　吴剑秋　李宸瀚　王其法　戴初一　焦　升　潘　超　王迦南

翟帼华　李　娟　戈淑雅　吴俊琳　熊子涵　曹道鼎　张姝瑶　周立山　呼跃阳　安甲林
雷雨馨　武文欣　郭　超　史　腾　马相如　宋家伟　陈力云　王天宇　黄晨曦　曾舸峰
张本全　王志强　蔡志永　徐成杰　鲁韦宏　孙昊斐　杨博文　熊成甫　黄安吉　李临杰
张　辰　刘子安　袁崇杰　王龙涵　韦　怡　于　飞　易有良　刘海宇　马　浩　崔梦阔
姚育鹏　魏自强　王　震　陈庆旭　朱世杰　李　妍　杨光亮　于　卓　马明利　崔朱慧东
王旭茂　李思琦　张　展　王嘉璇　党　展　王家辉　胡浩楠　李贝贝　张志豪　张　颖
杨　航　袁浩楠　曲　超　刘若彤　高竟博　高其杨　吴永恩　薛转转　谭　逍　刘若愚
王嘉诚　戴　晨　李若琳　赵汉涛　莫毅鸽　孟　畅

体育部：

赵　倩　孟欣雨　周　敏

2021—2022 学年度“优秀研究生干部”表彰名单

通信工程学院：

孙广越　宋延博　单董娟　解子文　代嫣冉　曹锴郎　武超雄　高　爽　万维东　朱铭涵
魏乐乐　李沁霏　李雨欣　郭　康　李　媛　孙斯怡　于恒苏　朱兆瑞　王文秀　姚国润
刘光辉　付馨慧　王鹤潼　谢宏麟　李小萌　沈淑曼　孟昊炜　于震浩　刘兆建　李越杰
李思远　翟甜甜　黄博学　肖林青　王新志　岑昌润　柏海琛　刘妍泽　王凯涛　郭晓鹏
郭炯君　张立文　张艳蔷　徐杰涛　王秀程　郭　帅　黄彦彪　翟俊峰　李鹏飞　蒋文杰
胡　阳　战国栋　刘思源　司佳宝　李科慧　石　贝　刘静怡

电子工程学院：

郭宗兴　曲嘉轩　刘　昊　吴万瑶　曹若石　田沛荣　刘　昭　成　杰　朱志强　曹稀哲
陈亚芸　王子安　狄子琦　杨昕桥　孔鹤翔　王诗潼　王泽溥　朱　欢　温伟宏　任庆辉
张笑堃　张忠旭　王成锐　井普城　周珂珺　李得众　刘媛婧　王　展　李晓锋　魏子方
田心怡　李　雨　吕烜威　安怡睿　陈旭晖　郭泽坤　尹　威　杨　玲　张杨帆　殷　娇
周　博　曹　旭　张　杨　陈　俣　周恩杰　李　懋　荣　岩　韩　振　赵　悦　曹　洋
解喆翔　杜龙辉　李倩慧　张　钰　扈　田　蔡洁雯　雷浩宇　蒋　鹏　邹宇甲　孟赞奎
王坤博　杜皓晅　杨博光　栾嘉伟　祁佳炜　卢　靖　周志刚　许　凡　张昕雨　汪　乐
荆泽寰　安欣月　付　杰　赵　怡　甘传惠子

计算机科学与技术学院：

王宇晨　李靖阳　马宇晴　张明婕　王　丹　胡雅娜　李瑞阳　梁玮麟　赵　琦　徐晓阳
李　欣　郭秀林　郑　可　马志宇　马芷璇　戚富琪　毛文杰　王　昊　徐　巍　丁航奇
姚坤志　付媛媛　高鹏飞　张梓辉　武泽海　常家俊　文悦力　卫彪彪　李苑辉　韩炳喆
唐亚娇　李泽华　杨绍京　延亚洁　杨　瑾　张　克　李渊博　赵雨农　马治东

机电工程学院：

孙　红　程　涵　杜建功　孙梓涵　吴　凯　侯　汪　冀祥瑞　孙青鹤　魏昱璠　齐　瑞
王　良　王锦鹏　郑　柯　王　杰　刘鹏翔　张　涛　李　栎　徐占营　王子峥　李锦琪
曹　鸽　唐培琦　郑文宇　冯　乾　李　拓　雷　宸　曾子杰　叶海涛　王学子　牛定超
袁炀博　张硕岩　查　涛　李　辉　郭洪源　谢旭智　陈振宇　梁　欣

光电工程学院：

魏士杰　段景博　赵二磊　郭鹏飞　张虎强　厚志峰　张　弛　杨　光　郭若昊　贺伟明

物理学院：

温凯　于岚　陈鑫淼　付茜玮　孙少波　王哲　左亚聪　秦亚星

经济与管理学院：

狄成鑫　王　洋　张鸿霖　昝　婷　窦友婍　王　晶　刘蕴锋　王烁恺　张善庄　佟志颖
秦　莹　王焜阳　吴泽源　张闻功　冯　旭　牛津晶　王　峥　杨蕊谦　闫　虹　孙钰欣
张博锐　王安欣

数学与统计学院：

郝佳宝　王芙蓉　闫慧琳　卫珍妮　吴锦涛　陈妍　魏旭龙　申金顺　丁玉婉　龚玉晓
龚育冬　弋佳乐

人文学院：

郑　月　霍逸凡　史林鹰

外国语学院：

张楷涓　王卓轶　包　玉　陈清虹　张　逗

微电子学院：

狄佳钰　官俊涛　朱　甜　朱顺威　李国良　张玉鑫　赵　鑫　方　珂　郭艺玮　王逸飞
党一臣　邓相冀　周　鑫　马剑雄　林欣凯　张祥辉　张翔宇　王致远　陈　洋　王志成
张　焱　黄思源　陈　瑶　李彦佐　吴　风　史梦瑶　李梓睿　李延港　吴　迪　赵　洋
高　源　王鑫炀　祝子辉　汪芳倩　张宇轩　王小洁　孙文杰　潘媛灵　南　剑　张　涛
佟福祥　何新华　魏小可　张泽鋆　尹晓瑜

生命科学技术学院：

杨　祚　林　碧　李国倩　王佳良　马亚群　陆振南　覃新宇　张婧玉　张　康

空间科学与技术学院：

周旭阳　雷朝晖　袁淑容　赵嘉祺　毛　铮　孔　哲　赵晋阳　陈亚正　赵迎新　王　平
杨　锐　温如月　赵雅琪

先进材料与纳米科技学院：

刘智辉　黄嘉宁　魏宇翔　杜梦琦　王　栋　周文杰　刘瑞宇　刘心怡　焦婧一

网络与信息安全学院：

贺　超　岳菁斐　赵　瞻　卜秋雨　朱鹏锴　付俊发　王若凡　郑　玮　高玉堃　闵静怡
杨怡林　郭振洋　张　展　陶　浩　田　笑　肖　进　高　楠　雍辛为　成泽辉　佟　画
刘弋嘉　靳咏雷　雷帮民　张永旭

马克思主义学院：

赵　影　梁　佩　黄自满　王少雄　王肖亚　曹梓若　王盼喆　王晓宁　罗　谦

人工智能学院：

刘君俊　范紫琪　杨帅泽　刘尧林　王凯锐　张云惠　张　乐　何文鑫　史　伟　魏慧媛
陈皖凤　郭宣威　骆安琳　王　璐　刘金生　郭项龙　孙　龙　马彦彪　宋　雪　游　超
杨育婷　冀有硕　李安琦

广州研究院：

刘君兰　徐龙昌　程汶阳　龚楚鸿　刘朔岑　宫玮成　秦楠楠　张天祥

杭州研究院：

曾舸峰　王佳琪　杨　航　雷雨馨　付芸磊　翟帼华　魏正恒　郑　顾

体育部：

左志雷

2021—2022 学年度“研究生先进班集体”表彰名单

通信工程学院：

硕 012001 班　　硕 012002 班　　硕 012101 班　　硕 012104 班

博 012111 班　　博 012121 班

电子工程学院：

博 021921 班　　博 022121 班　　硕 022001 班　　硕 022101 班

计算机科学与技术学院：

博士 2020 级班　　硕士 2020 级 2 班　　硕士 2021 级 1 班

机电工程学院：

博 0420 班　　硕 0420 班

光电工程学院：

硕士 20 班

物理学院：

2021 级博士班

经济与管理学院：

210611 班

数学与统计学院：

硕 072101 班

人文学院：

研 210801 班

外国语学院：

研 200901 班　研 210901 班

微电子学院：

硕 2020 级工学班　　硕 2020 级集工班　　硕 2020 级软工班

生命科学技术学院：

硕 21-12 班

空间科学与技术学院：

硕 132001 班

先进材料与纳米科技学院：

硕 2114011 班

网络与信息安全学院：

硕 211501 班

马克思主义学院：

研 21161213 班

人工智能学院：

211701 班

广州研究院：

2021 联合班　广研 2021 级人工智能专业方向班　2020 联合班

杭州研究院：

192109 班(集成电路与系统实验室)　192111 班(网络空间安全实验室)

第七届中国国际“互联网+”大学生创新创业大赛优秀组织单位及先进个人

一、优秀组织单位

通信工程学院

电子工程学院

计算机科学与技术学院

微电子学院

空间科学与技术学院

先进材料与纳米科技学院

人工智能学院

二、创新创业工作先进个人

顾家榕　方　心　陈　龙　刘雨晗　靳志伟　张万强　贺　媛　冯晓丽　陈雪利　席　慧
谭　丹　杨　超　侯晓慧

三、优秀创新创业导师

1. 第七届中国国际“互联网+”大学生创新创业大赛项目指导教师

丁　园　于建国　于　斌　万　波　万盛华　马彦彪　王中林　王　旭　尹志胜　尹　鹏
孔婉秋　邓　成　卢　阳　卢　琳　田　聪　史　琰　白卫岗　令狐龙翔　冯晓丽　宁艳丽
朱文凯　朱　伟　刘　旭　刘　芳　刘俊宇　刘洁怡　刘　毅　苏　涛　李建东　李浩然
杨如森　吴宪云　吴家骥　余　博　张文博　张进成　陈　渤　邵明绪　武光玲　武福平
周　笛　周慧鑫　郑　阳　屈　檀　承　楠　赵岩松　郝　跃　柯元旦　段振华　秦皓楠
贾　广　夏永林　顾华玺　徐　晗　高　超　郭　兴　曹运华　盛　敏　崔暖洋　韩　红
傅　超　焦李成　谢　楷　蔡觉平　薛军帅

2. 国家级创新创业训练计划结题优秀项目指导教师

侯　彪　尹佳媛　卢启军　邓　军　朱虎明　李团结　卞学愚

第八届“校长杯”创新创业大赛暨第八届中国国际“互联网+”大学生创新创业大赛校内选拔赛获奖名单

赛道	学院	项目名称	项目负责人	项目成员	指导教师
金　奖					
高教主赛道	通信工程学院	AIMIS3D——基于人工智能的医疗影像三维分割软件	张运泽	杨文康　张倖玺　李昊坤　刘云珂　陈永航　张之晟　李可心　侯天骄　董诗睿　马家悦　张家和　吴丞楚　孙浩楠　韩佳鑫	贾　广　顾华玺
高教主赛道	通信工程学院	外卖骑手守护者——基于AR技术的智能安全头盔	张倖玺	袁宗林　王佳晖　黄琦轩　郎　祺　张运泽　马浩然　武欢欢　陈航然　张之晟　傅楚珊　张家和　刘伯航　宋佳阳　郭俊豪　李可心	吴宪云　秦皓楠　谢卫莹　雷　杰　陈宜乔　郭　杰　李娇娇　张铭津　曲佳慧　董文倩
高教主赛道	通信工程学院	天堑智通——筑牢大应急时代的通信长城	王先豪	周　杨　齐相然　易沛霓　巨展宇　张文泰　秦国程　李欣原　张丰源　郑哲健　牛志康　吴燕薇　梁梦垚　肖健伟　田旭阳	程文驰　沈　强　任智源　尹　鹏　邵明绪
高教主赛道	通信工程学院	剧说风华——“沉浸式”AI+红色剧本思政教育新阵地	闫瑞松	张运泽　李子一　李怡雯　王梓萌　雷　玥　张富尧　刘鹏波　徐伟健　董正宇　栾昕亚　全　新　杜慧融　赵旭喆　袁宗林	穆宏浪　王　禛　华俊文　李恩慧
高教主赛道	通信工程学院	智控天网——立体通信网络协同管控技术领军者	周城毅	解子文　张夏雨　曹冰洋　王　萌　徐冬冬　雷松涛　赵晨曦　张亚倩	盛　敏　郑　阳　刘俊宇　李建东　史　琰　文　娟　白卫岗　周　笛　李浩然　朱　彦
高教主赛道	通信工程学院	星智物联——中国全天候对地监控服务引领者	叶航宇	袁宗林　曹　聪　武欢欢　张凯熙　马纪涛　许亚雨　刘美含　李子一　陈航然　宋博为　王梓筝　卢天恩　徐小鸿	李云松　谢卫莹　秦皓楠
青年红色筑梦之旅赛道	通信工程学院	良畦千渠——智熵监测型精准动态灌溉系统	郭智元	高　雅　杨文康　李政昊　刘展旭　张曦元　马　鑫　李　颖　郭瑜妍　袁欣瑶　张思楠　王怡欣　李江丽　李雅歌　崔　璨	李勇朝　马英红

续表一

赛道	学院	项目名称	项目负责人	项目成员	指导教师
青年红色筑梦之旅赛道	通信工程学院	星守山川——共享卫星助力秦岭乡村绿色发展	巩亿平	贾 霄 韩锐强 牛淳隆 林佳璇 郝 琪 刘佳琪 兰天宇 鲍晨曦 杜盼盼 贺红梅 刘伯航	盛 敏 李浩然 白卫岗 周 笛 朱 彦 刘俊宇 文 娟 郑 阳
高教主赛道	电子工程学院	OnceAI——基于知识蒸馏的多场景模型自动压缩部署系统	高永凯	韩翔宇 尚丹彤 王宏宇 赵霖楠 江家庆 王先豪 余雯婧 王之韵 梁梦垚	吴家骥
高教主赛道	电子工程学院	清芯视界——超高清画质提升 IP 领航者	张立泽	胡 健 罗宏亮 尤乐航 冯姣姣 李子昂 曹培洲 刘静遥 李新宇 万家洋 马 龙	路 文 查 林
高教主赛道	电子工程学院	电磁安全卫士——空间电磁感知与保障系统	徐鹏达	张 旭 杨大慰 宦世涛 程通	姜 文 洪 涛
高教主赛道	计算机科学与技术学院	玉衡 OS——专为智能机器人设计的操作系统	尚丹彤	王之韵 刘逸康 王梦祥 盘国萍 余雯婧 张雅茹 陈德创 许钰康 贾睿吉 李浩然 程潇阳 李 晨 张一栋 高永凯	于 斌
高教主赛道	计算机科学与技术学院	抑览无遗——基于大数据与可穿戴技术的校园心理健康先行者	阮紫玲	杨珂艺 黄嘉阳 苗 毅 程添铄 师浩然 郭瑜妍 问 好 苏柯嘉 熊 帮 汪月海	万 波 赵 静 宋宝萍 杨鹏飞
青年红色筑梦之旅赛道	计算机科学与技术学院	星星不息——孤独症康复融合社区治理服务益行人	闫雨昕	师浩然 郭瑜妍 李佳蕙 丁泽华 刘心语 王艺霖 陈茵茵 庞小博 苗 毅 刘天翼 程添铄 李丞正旭 曲星俊	万 波 赵岩松 熊 帮
青年红色筑梦之旅赛道	计算机科学与技术学院	信息息壤——灾害信息战先行者	韦卓纯	陈浩宇 程添铄 刘泽森 王言聪 丛 禹 刘天翼 李 岚 樊 靖	万 波 于 斌
高教主赛道	机电工程学院	破晓蛟龙——基于数字孪生的盾构机掘进姿态智能控制平台	田旭阳	邹玮洁 刘伯航 刘鹏波 宋康乐 李心愿 李可心 李易霖 贾云天 林佳璇 刘 阳 王佳琦 陶海珍 张运泽	王 佩 陈晓龙 周家社 孔宪光 常建涛
高教主赛道	经济与管理学院	“网泰众安”——基于语义智能的互联网信息内容生态治理	张善庄	张晓瑾 王亚凯 陈秋亦 郭妍琪 杨茜瑶 杨蕊谦 王 洁 张 静 杨 帆 李 帅 冯 旭	刘怀亮
高教主赛道	微电子学院	面向 5G 基站的氮化镓射频功率放大器	郭家豪	刘 帅 吴艾文 陈思帆 任骏鹏	卢 阳

续表二

赛道	学院	项目名称	项目负责人	项目成员	指导教师
高教主赛道	生命科学技术学院	济心——基于毫米波雷达的智能全天监测系统	侯羽轩	李文帅　王艺桦　刘昊龙　樊天惠　耿天宇　陶科达　王　艺　梁国朝　刘思杰　张富尧	苏　涛　陈多芳　陈　慧
高教主赛道	生命科学技术学院	智阅慧诊——融合无透镜计算显微成像和弱监督深度网络的病理切片诊断平台	安家良	马宏宇　史文纬　杜　晶　许倩倩	陈雪利　陈多芳　谢　晖　拓金梁
高教主赛道	生命科学技术学院	MedVision——强交互多模态虚拟手术培训系统	杨晨曦	沈洪宇　周　楠　姚戈昶　秦　川　魏子怡　张倖玺　胡珈魁　冯德湟　王　艺　岳淑婷　白秋蓉　田佳乐	任胜寒　刘丽文　李　军　陈雪利
高教主赛道	生命科学技术学院	Braille Translator	赵　广	安龙飞　冯越童　王梓恒　王怡欣	朱守平　曹　旭　王艺涵
高教主赛道	生命科学技术学院	“守护之光”快速无辐射平板式扩散光学乳腺成像系统	王　鑫	李志强　赵展通　麻　丽　王艺蓉　胡　蕊　闫　强　沈宇栋　张从耀　马　骋　陈睿博　赵　婧　吴昊奇	曹　旭　王艺涵　朱守平　康　飞　崔传贞　赵林安　李　军
高教主赛道	空间科学与技术学院	极境欣嗅——无创式血糖监测呼吸仪	王佳伟	韩卓名　丁少洋　张　天　许笑颜　李政昊　毕天祥　张偲彬　戴嘉欣　王松垚　张　莹	王莹麟　郝熙东　孙善富
高教主赛道	空间科学与技术学院	宠爱佑家——宠物除菌祛味仪	徐涵城	张　彤　黄铁泓　钱尧琦　韩卓名　梅若海　魏子棚　魏子怡　王佳晖　赵　涵　李子一　傅楚珊　赵唯珂	邵明绪　徐　晗　谢　楷
高教主赛道	空间科学与技术学院	U-Clean	黄铁泓	刘伯航　张佳颖　王怡欣　韩卓名　高永凯　陈宇峰　陈国杰　梁　旭　宁　可　张闻笛　李易兴　徐涵城　李心愿	邵明绪　谢　楷　徐　晗
青年红色筑梦之旅赛道	空间科学与技术学院	生灵动脉——野生动物动态监测助力秦岭生态建设	钱尧琦	郑杰文　曾屹强　刘鹏波　郑雨婷　段星宇　吴欣燃　赵梓宇　晋小川　张闻笛　黄铁泓　徐涵城	邵明绪　谢　楷　徐　晗　朱　伟
高教主赛道	先进材料与纳米科技学院	柔光熠辉——弱光环境柔性发电电池领跑者	王　磊	杨　晨　董亚霖　姜向乐　刘　阳　徐旭东　杨孟然　崔子锦　赵梁森　刘逸辰　弥旭珂　武新明	杨　丽　李　聪
高教主赛道	先进材料与纳米科技学院	航芯聚存——芯一代航天存储开拓者	戴思维	樊邵桦　王　磊　徐旭东　王泽华　秦镜博　刘逸辰　贾卉悦　刘佳秀　武新明　严　刚　王倩雯　文树斌	周益春　廖　敏　廖佳佳

续表三

赛道	学院	项目名称	项目负责人	项目成员	指导教师
高教主赛道	人工智能学院	Safety AI——人工智能模型安全性检测机构	吕一忱	刘　乐　任芷妍　庄　严　阮受炜	沈玉龙
高教主赛道	人工智能学院	远望科技	后胜涛	樊肇星　洪铭锋　庄　严　马博坤　王贞紫　高鸣远	董伟生　李　甫
高教主赛道	人工智能学院	果宝特攻——智能水果品质检测与分拣系统	李雪尔	李昱颖　李灵蕾　郝珮琪	曹　震
高教主赛道	人工智能学院	心韵愈灵——神经音乐未来交互体验开拓者	蒋之铭	韩香云　张嘉伟　蒋曦亭　王傲寒　胥　茜　李心愿	李　甫
高教主赛道	广州研究院	字栈隐私计算	洪宇轩	初金朝　宋亚童　尹　杰　雷　静　肖慧子	李红宁　裴庆祺　刘　涛　吉　祥
高教主赛道	广州研究院	“艾薇尔蒂”——智能化虚拟现实结直肠镜诊疗系统	黄继来	赵安辉　林国清　刘思昱　董锡耀　罗楚瑶　张艳鑫　刘寄甲	李　军　吉　祥　刘　涛
高教主赛道	杭州研究院	医路影航——全自动血管腔内介入手术智能机器人	祁佳炜	丰　蕊　马晟亭　郭文颖　冯　浩　于春雨　任　序　刘晓宁　苏泊豪　刘森森　赵唯羽	廖桂生　王　阳　陆清声　宋　超　王金龙　罗　丰　张海宾　田红心　韩　光
银　　奖					
高教主赛道	通信工程学院	艺链科技——基于区块链的艺术品数字资产确权流通平台	张　骞	陶征庆　费雨露　杨东阁　刘一萱　王　耀　强欣乐　张开元　宋博为　夏羽枫　吴圣栋　高蕾淞	顾华玺　裴庆祺
高教主赛道	通信工程学院	逐路交通智慧孪生平台——未来城市道路发展引领者	陈新洋	郑哲健　计宇清　王西兰　胡罂斌　侯天骄　傅连浩　薛　楠　陈航然　刘鹏波　马艺铭　潘雅雯　陈奕韬	李长乐　岳文伟　毛国强
高教主赛道	通信工程学院	惊鸿照影——基于智能无人机平台的VR直播系统	尹　颉	康家齐　侯朋序　王晨悦　杨佳瑞　张宇航　陈星羽　魏才翔　颜于博　李文驰	邓　军　刘　怡
高教主赛道	通信工程学院	基于树莓派的多功能导航手杖	王紫怡	姚雨欣　王　静	郭　杰
高教主赛道	电子工程学院	AI 实时语音克隆	吴　迪	石宇航　黄子昊　贾宸昊　席明宇	陈　渤
高教主赛道	电子工程学院	恒南随航——室内定位与导航系统	张玲宁	芮鹏凯　张艺馨　李　锴	李隐峰
高教主赛道	电子工程学院	视界——光学检测专家	雷贵岚	马美婷　卜舜尧　王　璐　吴思远	刘洁怡
高教主赛道	电子工程学院	高动态夜视辅助驾驶系统	黄丹桂	付振昊　王国苗　罗　颖　李洁如　马博坤　庄　严　王　宽　汪子涵　陈雨果	刘　怡
高教主赛道	电子工程学院	航空航天——军用电连接器的电、力分离特性检测设备	王行宇	郭　毅　席明宇　周汉栋　卫森昊	米月琴　黄军荣　王新怀　周佳社　徐　茵
高教主赛道	电子工程学院	智鲸——智能模块化水下仿生蛇形机器人项目	杨佳瑞	丁雨程　郭浩楠　常宇轩　周书宇　师静谊	李　龙

续表四

赛道	学院	项目名称	项目负责人	项目成员	指导教师
高教主赛道	电子工程学院	佳材立数——基于OpenCV的智能钢材计数器	曹培洲	殷雅如 陈家欢 任芷妍 李欣悦 冯媛霞 李世昂 陈竟凡 孙竟博 渠成溪 刘一萱	杨 熙
高教主赛道	电子工程学院	潜龙腾渊——智慧水产养殖无人机	康家齐	尹 颉 侯朋序 王晨悦 尚采薇 王宇帆 杨佳瑞 龚建峰 赵明宇 何书豪 刘润楷 陶司宇 沈世镇 郭彦序 加合斯力克·阿尼瓦尔	邓 军
高教主赛道	电子工程学院	艺点意创——AI智能软植入广告解决方案	王淑靳	高永凯 牛志康 张 莹 陈锦力 孙心怡 张玉婷 乔学敏 王先豪 张嘉怡	于建国
高教主赛道	电子工程学院	智能幻方	张泽源	熊向睿 张斯雯 吴成业 佘佳杰 贺智彤 文梓丞	刘洁怡
高教主赛道	电子工程学院	“雷透识瑕”——高帧频毫米波雷达穿透检测系统	滕思玥	王紫怡 张 硕 杨子璇 张 鹏 唐 睿	严俊坤 邵 帅 董刚刚
高教主赛道	电子工程学院	智能多模式编程积木	张雅琼	林鹏逸 翟博文 谢家强 袁 昊 常雅淇 朱文帅 户昱炜 伍晨阳	张文博
高教主赛道	电子工程学院	全自动圆饼状工件智能缺陷检测设备	刘晨康	韩圣羽 林思玥 李仪邦 刘 璐 路鹏超	张伟涛 楼顺天
青年红色筑梦之旅赛道	电子工程学院	智慧天河——智慧河道监测与分析系统	赵思垚	赵秋博 刘灏天 张 毅 秦培杰 韩玉千 李林谕 陈 扬 薛宇佳 徐梓铭 曹思宇	臧 博 刘 龙 李 林 龙璐岚 姜超颖
青年红色筑梦之旅赛道	电子工程学院	智慧“盖”念——城市井盖管理监测系统	薛钰琛	刘伟申 刘鑫鑫 丁学智 刘 博 李 钊 仝晓雨 韩 颖 乔璐妍 石曾辉	魏 峰
青年红色筑梦之旅赛道	电子工程学院	基于多传感器系统的智能手语翻译手套	姬怡希	冶佳丽 陈昱霏 侯永康 胡晓哲 王鹏皓	严俊坤 王树龙
高教主赛道	计算机科学与技术学院	觅忆——阿尔茨海默症陪伴型记忆恢复训练平台	刘美含	高 飞 李欣悦 陈思远 米国良 李 响 冯媛霞 陈浩宇 邵昕晨 周馨怡 李雨菲 司钊瑞 吴 璇	杜军朝 王炳波
高教主赛道	计算机科学与技术学院	屏幕安全防窃拍系统	石子炜	马治东 时小丫 陈泽瀚 李朝阳 刘 蓉 刘博涵 李芷璇 汪振海 徐德海 赵浚淇	沈玉龙 张志为
高教主赛道	机电工程学院	柔星智感——一种智慧全柔性可延展健康监测系统	曹涵慧	周 楠 张润欣 陈沛轩 丁海佳 窦 萱 牟 萍 雷天煜 黄歆芮 赵 薇 薛兆文 王腾宇	高立波 王卫东

续表五

赛道	学院	项目名称	项目负责人	项目成员	指导教师
高教主赛道	机电工程学院	智联万清——综合式垃圾分类回收系统	靳钰婷	封辰阳 宋 阳 马浩毓 高展铭 吴凯华 黄思琦 董诗睿 渠成溪 李敬城 武 彤 张容瑜	郭宝龙
高教主赛道	机电工程学院	双轮双足机器人	韩旭东	加合斯力克•阿尼瓦尔 苟虎劲 李佳航	白小平
高教主赛道	机电工程学院/空间科学与技术学院	守望苍穹	毕天祥	韩卓名 王佳伟 张偲彬 张 莹 许笑颜 李政昊 丁少洋 张 天 戴嘉欣 王松垚	程鹏飞 王莹麟
高教主赛道	机电工程学院	特种仓库中的智能物流机器人系统——智物流	侯钧宇	刘 杰 赵自通 吕育权 张子谦	刘 鼎
高教主赛道	机电工程学院	翼捷创维——赋能多材共形集成智控技术新未来	平 补	牛津晶 师学友 时洪亮 戴嘉欣 李 进 王新浩 刘佩和 林宸旭 洪铭锋 李子一 杨智博	孟凡博 黄 进 赵鹏兵 王建军 张 洁
高教主赛道	光电工程学院	蔚蓝灵视——水下偏振成像系统	封辰阳	马浩毓 刘瀚原 吴一楷 蒋晓天 渠成溪 王傲寒 张秉颜 胡家苇 张容瑜 马海阳 张堰乔 侯赛金	刘 飞 王 纲
高教主赛道	光电工程学院	基于自动控温控压子母双锅炉的半自动意式咖啡机	孟庆楷	卢德维 董逸飞 苏党华建 姜睫颂 张忠铭 尹海阔 赵晨烨 崔 进 孟庆豪 赵晓龙 刘 帅	曾晓东
高教主赛道	光电工程学院	智手慧音——基于深度学习的实时手语翻译系统	王艺桦	王顺新 魏苏阳	秦翰林
高教主赛道	物理学院	基于 RISC-V 的超低成本口袋实验室	王洲行	魏仕荣 马航宇	武颖丽
青年红色筑梦之旅赛道	物理学院	智瞳医疗——眼底疾病综合诊断平台	马韩琨	王淑彬 邓一默 白 云 褚安阳 魏 宁 于心睿 章祎成 刘逸康	段庆威 王昱博
高教主赛道	经济与管理学院	臻云创——可视化小程序开发平台	庄 严	李子一 曹 聪 李欣悦 渠成溪 李家升 陈家欢 雷天煜 张润欣 陶科达 张容瑜 王梓萌 栗茂洋 常欣尔	李 慧
高教主赛道	经济与管理学院	“帮你谈”——基于多模态语义理解的谈话全流程智慧整理	王亚凯	张善庄 张晓瑾 杨蕊谦 王 洁 张 静 梁玮麟 熊 帅 杨 帆 李 帅 冯 旭	刘怀亮
高教主赛道	经济与管理学院	“农识天下”——空天地一体化跨媒体农业智能知识服务	张晓瑾	张善庄 王亚凯 谭楚凡 贺冰玲 李耀东 杨蕊谦 王 洁 张 静 杨 帆 李 帅 冯 旭	刘怀亮
高教主赛道	微电子学院	基于云端的远程实验平台	王 戈	周维民 赵 奇 田昊宇 杜昊宸	刘博文

续表六

赛道	学院	项目名称	项目负责人	项目成员	指导教师
高教主赛道	微电子学院	遇见维度——基于单目深度估计的全息显示	王紫琼	王瑞青 胡超杰 赵伟铭 陈泓锦 李 振 姚 尧 赵婧玮 陶科达 强欣乐 陈培林	冯 杰 李振荣 裴庆祺
高教主赛道	微电子学院	坐享健康——基于 FPGA 的智慧医疗检测马桶	刘 杰	常志强 杨文豪 章 宏 钱茂文	张玉明 胡辉勇
高教主赛道	微电子学院	双足机器人	官泽宇	惠倩 向湖杨 雷勐玮 丰佳伟 赵婧玮 庄 严 原玮浚 颜鸿宇 鲁毅立	陈永琴
高教主赛道	微电子学院	智能精细化电力巡检无人机	陈昱霏	王鹏皓 冶佳丽 胡晓哲 姬怡希 侯永康	
高教主赛道	微电子学院	万像出新——基于 FPGA 的视频处理硬件加速器	唐晓婷	王瑞青 朱润雨 张可欣 张倖玺 王傲寒 顾文凯 王松垚 胡乔昱 于梦婷 董一诺 孙一婷 范俊杰 丁弋桐 李 瑶	宁 静
高教主赛道	微电子学院	镜像教练——针对线上健身的动作纠正	刘天浩	刘海霖 李兴华 张瑾葳 栾钰涵	王利明
高教主赛道	微电子学院	天地大同——卫星通信与 5G 通信的未来	刘文良	王语晨 周九鼎 平振远	马晓华 卢 阳 赵子越
高教主赛道	微电子学院	“镓芯微”宽禁带半导体氧化镓 Mist-CVD 外延技术	张泽雨林	闫芃如 李 哲 杜丰羽 刘丁赫 巴延双 柴文明 何逸冰	陈大正 宋庆文
高教主赛道	生命科学技术学院	图闻病貌——基于深度学习的肺癌亚型诊断系统	郑浩瀚	蒋曦亭 张伊哲 赵明宇 马仁明 刘伯航 齐相然	吕锐婵 田 捷
高教主赛道	生命科学技术学院	单像素高灵敏度荧光信号探测仪	何 颖	赵 广 李乐诚 胡友源 靳思琪 侯羽轩 秦 昊 张浩然 任彦珂	陈雪利 谢 晖 徐欣怡 拓金梁
高教主赛道	生命科学技术学院	CellAnalyzer——便携式智能化高通量细胞分析仪	张晶晶	蒋曦亭 杨晨曦 张伊哲 魏欣雨 白婷婷 贾宇豪	陈雪利 谢 晖 陈多芳 徐欣怡 崔传贞
高教主赛道	生命科学技术学院	光声智影——小动物活体高分辨光致超声成像系统	林若歌	石嘉韫 雷 昊 张宏雁 宋俊杰	王艺涵 朱守平
高教主赛道	生命科学技术学院	牙医助手——基于 pointnet++ 的牙齿智能分析诊断系统	张子涵	李姗姗 崔力文	曹志诚
高教主赛道	生命科学技术学院	“一芯易医”全流程智能便携式多重数字 PCR 仪	梁明辉	张 畅 张琳琳 刘银涛 栾钰涵 张晶晶 张 倩	胡 波 赵 磊
高教主赛道	生命科学技术学院	智医——第三代智慧病房引领者	张 磊	杨晨曦 华瑞哲 杨 晓 秦春霞 林子隆 姜瑞霖 窦 萱 陈淑琴 王 江	刘继欣
青年红色筑梦之旅赛道	生命科学技术学院	清网智行——糖网病早筛下乡先行者	蒋曦亭	齐相然 刘伯航 郑浩瀚 席艺攀 李世昂 李涵宇	吕锐婵 田 捷
青年红色筑梦之旅赛道	生命科学技术学院	破壁引光——面向金银花成分检测的拉曼光谱分析平台	宋秉桦	行霆燕 安家良 毛志波 王骁腾 文 创 张晶晶 魏欣雨 张伊哲 蒋曦亭 李 丽 韩 明 刘 瑞	陈雪利 曾 琦 谢 晖 拓金梁 沈晓敏 崔传贞

续表七

赛道	学院	项目名称	项目负责人	项目成员	指导教师
高教主赛道	空间科学与技术学院	多功能多场景气体强化检测仪	唐旭阳	吕京涛 闵昕 凌通 李鼎宇 王新云	胡文文 吴巍炜
高教主赛道	空间科学与技术学院	极趣工坊——中西部特色文化 IP 打造	刘昱秀	张宏雁 魏宁 褚安阳 于心睿 侯景瑞 王淑彬 马韩琨 周德栋	
高教主赛道	空间科学与技术学院	Smart U1.0——无人机影像情报处理与控制核心软件	周旭阳	马圣智 易乃欣 薄建昊 张照林 龙双星 林海 杨国强 孙小明 王知非	孙伟 郭宝龙
青年红色筑梦之旅赛道	空间科学与技术学院	百年红魂——乡村基层组织振兴赋能者	党奇伟	徐万云 秦川 滕智琳 王佳晖 高若萌 牛津晶 闫瑞松 郭泽昊 刘静遥 张诗雨 黄一耀 黄雅琪 宫怡然 陈俊宇	朱伟 刘毅 郑瑞博
青年红色筑梦之旅赛道	空间科学与技术学院	天幕影科	孙泽宇	贾云天 李可心 徐焱 曾祥建 赵一方 张宇博 梁子玉 邢书诚 朱嘉怡 程怡婷 杨金诚 刘宇晨 王一丁 李一恒	朱伟 郑瑞博 席慧
高教主赛道	先进材料与纳米科技学院	隐形材料——3D MXene 气凝胶吸波性能的研究	张志鹏	秦一铭 刘宁娜	周雪皎
高教主赛道	先进材料与纳米科技学院	方闻智识——电子鼻开辟健康快速检测新路径	李昊泽	苗致豪 马晓慧 熊涛 冉勇 白建斌 许元胜 刘琦胜 许启航 余快 姚鑫君	吴巍炜
高教主赛道	先进材料与纳米科技学院	资源整合，共创氢能时代——利用可再生能源驱动高效电解水	马颖妍	陈亮强 安子骐 杨孟然 刘永旺 崔子锦 黄志翔	哈媛
高教主赛道	网络与信息安全学院	烛龙：视频多目标行为安全分析平台	樊博	李梓萌 谢拓融 李萧龙 赵晨烨 李嘉成 高子涵	彭春蕾 胡瑞敏
高教主赛道	网络与信息安全学院	基于机器学习的钓鱼网站检测	雷雨轩	杨轩 高嘉坤	尤伟
高教主赛道	网络与信息安全学院	秦盾国产关系型数据库	李戈	刘义豪 秦川 徐海洋 王文康 何成 刘奎志 刘祎明	沈玉龙 马建峰 王祥宇 卢笛 张涛
高教主赛道	网络与信息安全学院	御网安云	林杨旭	廖艾 尹思薇 方保坤 林炜国 孙小敏 蒋啸峰 赵呈楠 李思琦 莫奇豪 朱雄杰 魏少博 肖思捷	李腾
高教主赛道	网络与信息安全学院	星讯安——面向北斗/5G/Wi-Fi 的多模智能终端安全通信方法及系统	卜秋雨	高雨萌 刘睿涵 盛荣 崔进 张蔓思 李萧龙 郭振洋 王晨冉 尚超 唐灿辉 杨嘉伟	曹进

续表八

赛道	学院	项目名称	项目负责人	项目成员	指导教师
青年红色筑梦之旅赛道	人工智能学院	共赴牧业——乡村智慧养殖开创者	宋卓琛	李宝富　赵欣怡　沈怡敏 李　傲　刘云珂　马博坤 毛晓洁　林宸旭　赵佳怡 章星宇　蒋之铭　邓力铭	李　甫　牛　毅
高教主赛道	广州研究院	“骐骥智行”自动驾驶车路协同关键技术验证平台	王晨宇	刘子烨　司佳宝　黄子勤 户嘉伟　肖婷婷　王　聪 王若婷　谷志伟	沈八中　陈　晨　裴庆祺
高教主赛道	杭州研究院	融合毫米波雷达与深度视觉的盲人导航系统	田　宇	王　宇　王乾舟　李玉洁 刘　通　张　展　王佳怡 郑乐豪　李　桥	翁子彬　高　阳　焦永昌
高教主赛道	杭州研究院	视频语义搜索平台	万鑫波	曾梓原　包兰天　陈思源 任恒德　李　豪　程昊然	苗启广
高教主赛道	杭州研究院	低轨星座多源遥感目标智能检测技术	付芸磊	王旭东　赵登帅　赵嘉懿	张学攀
铜　奖					
高教主赛道	通信工程学院	惊鸿路网：公路智慧化方案提供者	贺润森	沙子凡　樊　帅　王　刚 涂远发　程庆伟　李治明	李长乐　惠一龙
高教主赛道	通信工程学院	智航伴影——基于阿尔茨海默症的陪伴小车	马沛怡	戴嘉欣　强欣乐　李欣原 郭韩星　李泽昊　刘佩和	易运晖
高教主赛道	通信工程学院	除菌卫士	宋博为	刘一萱　曹思宇　刘纬奇	韩　静
高教主赛道	通信工程学院	柔性光电心率检测传感器	李婉芸	徐婧琦　张　文	杜永志
高教主赛道	电子工程学院	觅迹寻踪——仿生蠕动机器人	龚建峰	加合斯力克·阿尼瓦尔 侯朋序　刘东霞　蒋晓天 刘奉明　王晨悦　张秉颜 武欢欢　白兆曦　李生田 刘琦胜　王傲寒 董俊炜　林煜涛	王新怀　徐　茵　周佳社 李亚超　张媛媛
高教主赛道	电子工程学院	智能会议及课堂录制系统	黄佩雯	王雨婷　周书宇	任爱锋
高教主赛道	电子工程学院	EnhanceX——肺部X光片辅助诊断系统	彭靖	谢志伟　付凯文 武新明　樊邵桦	
高教主赛道	电子工程学院	“智立方视安”基于深度学习的危险动作别预警系统	郭浩楠	丁雨程　杨佳瑞　蒋晓天 周书宇　师静谊	李　龙
高教主赛道	电子工程学院	智慧森林——基于林业大数据资源的森林管理计划评估与决策融合系统	贾宸昊	石宇航　黄子昊 郭浩楠　席明宇	李　君
高教主赛道	电子工程学院	智能EDA实验平台	熊向睿	张斯雯　吴成业　黄佩雯 张泽源　赵起璇　黄逸轩	李　龙　袁晓光 杨笑宇　任爱锋
高教主赛道	电子工程学院	易联——基于室内导航和机器视觉的智慧商场数字孪生体解决方案	崔　进	张家铭　张天庆 李智超　王飞扬	杨　刚

续表九

赛道	学院	项目名称	项目负责人	项目成员	指导教师
高教主赛道	电子工程学院	方舟旅行 App	王嘉豪	熊向睿 张斯雯 吴成业 黄佩雯 庞明杰 张泽源	刘洁怡
高教主赛道	电子工程学院	智慧大棚——助力智慧生态农业	韩江雪	杨春晨 孙翊丹 赵月桢 吴 迪	任爱峰
高教主赛道	电子工程学院	智泰行——安全驾驶守护者	周 君	南静怡 周 童	钟 桦
高教主赛道	电子工程学院	近场 3D MIMO-SAR 成像系统	胡 泽	庞广辉 赵 晨	苏 涛
高教主赛道	电子工程学院	末端无人物流配送优化系统	徐竟翔	王瑞康 卓娅玲 鲍世雄 陈锐琪 刘 鑫 高 山	左 磊
高教主赛道	电子工程学院	AI-Dolly 多场景无人智能车	李保瑞	钟先锐 张鹏程 蒋晓天 金奕格 贾君和	郭开泰
高教主赛道	电子工程学院	智能水下仿生蛇形机器人——蓝鳍	刘宇晨	谢从锶 宋安琪 张馨丹	吕 宁
高教主赛道	电子工程学院	基于专注度检测和可见光通信的物联网阅读灯	冯 宇	王吴语卿 金 涛 王杰莹 成宇轩	袁晓光 龙璐岚
高教主赛道	电子工程学院	“宗师”——智能散打辅助训练系统	刘海霖	卢春辉 郑恺填 周锦程 袁皓聿 黄歆芮 后 霄	王 楠
高教主赛道	电子工程学院	基于 RFID 的室内寻物 App	孙佳鑫	吕鑫慧 夏雨晴	郑春红
高教主赛道	电子工程学院	自由空间近场天线测量系统	孙 鸽	薛凯彬 张 超	翁子彬
高教主赛道	电子工程学院	WYSIWYG——智能脑控护理床	陈 乐	郑皓天 朱镇宇 陈宇菲 柯 磊 刘 亮 季俊韬 李睿婷 朱子璐 冯玥瑛	何立火
青年红色筑梦之旅赛道	电子工程学院	触见天日——视障者电子盲文凸点平板	于添叶	薛宇佳 张 硕 周倩倩	初秀琴 王 君
青年红色筑梦之旅赛道	电子工程学院	“小旺科技”——安居守护者	王吴语卿	冯 宇 樊志诚 金 涛 王泰宇 王杰莹 焦玉婷 田宇轩 成宇轩 张佳凡	邓 成 宗 汝 杨 旭 徐少莹
高教主赛道	计算机科学与技术学院	极影动捕——姿态感知助力 5AIoT 智能交互生态	陶晨	刘睿轩 夏林锐 王佳悦 王嘉悦 彭 璐 连嘉乐 王心怡 王可欣 张玉婷 张德锟 彭冠升 徐罗帆 王正訸	李光夏
高教主赛道	计算机科学与技术学院	creeprint 智能攀爬粉刷机器人	孙蓝羽	顾 晨 赵传博 牛荣凯 陈永康	谢永强
高教主赛道	计算机科学与技术学院	数字电路虚拟/远程实验室系统	高瑞琦	赵仲海 蒋卓轩 段森化 井蕴哲 文茂吉 王翰臻 霍佳禾 郑佩林 杨易宸 卢钊力	刘 刚

续表十

赛道	学院	项目名称	项目负责人	项目成员	指导教师
高教主赛道	计算机科学与技术学院	中华优秀传统文化开发与复用——文化资源传播与推荐系统	党俊俊	刘宣宣　岳瑞峰　田佳博	万　波
高教主赛道	计算机科学与技术学院	篮球教学辅助分析平台——“BasketballTA”	苏柯嘉	熊　帮　黄嘉阳　伍宇微　葛　毅　缪　悦　王小雨　郭　鑫　张　沛　信纪格	万　波　江茹莉　王　笛
高教主赛道	计算机科学与技术学院	北斗思维——高等院校思维教育平台	孙青云	邹培源　王心怡　樊洋希　王西兰　张雨茜　薛　诺　刘丹蕾	董　明　王　倩　王　曦
高教主赛道	计算机科学与技术学院	基于社交媒体大数据的交通感知分析平台	岳浩东	吴启龙　樊瑞祥　王知非　胡　堤　王　祥　石佳欣　黄彦文　黎博豪	苗启广　张菊莉
青年红色筑梦之旅赛道	计算机科学与技术学院	智听——跨时代的智能助听系统	曹旭东	任颖萱　金思雨　靳培涵	孟繁杰　李素兰　朱　伟　卢　毅　张其亮
青年红色筑梦之旅赛道	计算机科学与技术学院	粮心——大数据赋能农业指导	张丰源	张富尧　马　扬　郭欣怡　王艺桦　李志轩　杜星月　殷　娟　惠安琪　韩　磊　齐熠康　齐相然　顾黎明	董　玫
青年红色筑梦之旅赛道	计算机科学与技术学院	“剪影”活力助力乡村振兴——以咸阳市旬邑县为例	林姝彤	杨　柳　王梓恒　牟　萍　阳舒羽　段轩轩	张　彤
青年红色筑梦之旅赛道	计算机科学与技术学院	识珠辨迹——文旅融合赋能非遗传承的数字化产品设计	樊天惠	许笑颜　张璐瑶　楚映知　刘　阳　何铚远	徐雅卿
高教主赛道	机电工程学院	基于多连杆机构的仿生水母实验平台	张　赫	徐晨耀　王芊骥　孙钦浩　吴炳楷	段清娟
高教主赛道	机电工程学院	SmartCAL——MEMS智能标定传感器	韦翰林	张　彪　朱　坤	董春云　陈晓龙
高教主赛道	机电工程学院	科研利器——低成本扫描隧道显微镜	宋国鹏	袁华阳　王天泽	王建军
高教主赛道	机电工程学院	双臂协作机器人	张　鑫	郭　毅　王芊骥	刘永奎
高教主赛道	机电工程学院	基于STM32的智能空气质量检测系统	董晓源	张凤羽　刘嘉璐　胡皓宁	宫　睿
高教主赛道	机电工程学院	面向复杂结构管道检测的履带式移动机器人系统设计	吴炳楷	徐晨耀　孙钦浩	赵鹏兵
高教主赛道	机电工程学院	智慧养殖——鸡舍养殖环境测控物联网系统	蔡　浩	郭　涛　高　林　何雷波　张志浩　刘常峰　武晓军　马兆圆	谢永强

续表十一

赛道	学院	项目名称	项目负责人	项目成员	指导教师
高教主赛道	机电工程学院	“灵犀”——一种人机交互的可穿戴远程可控机械手系统	周楠	曹涵慧 刘佩和 张 涛 信纪格 陈沛轩 冯 萱 范博浩	高立波
青年红色筑梦之旅赛道	机电工程学院	“易农”特色农产品宣传推广平台	蒋自为	王一铭 浦仕特 薛马超 田 畯 李咏珈 赵雪莹 张家博 戎晋新 梁 烨 梁 爽 林家靖 方超杰	丰 博
高教主赛道	光电工程学院	多波段激光功率稳定仪	厚志峰	牛晓艳 庞佳璐 李星煜 张泽熙 鄂小明 欧 彤 支渝琪 柯苏芮 苏永亮 张虎强 刘 晴 张陇疆 郭鹏飞 唐小烨	赵小明 高 苗
高教主赛道	光电工程学院	基于深度学习的化验单自动分析系统	单天奇	高飞 吴佳玲	黄 曦
高教主赛道	光电工程学院	电磁超表面智能设计与测量项目	贠亦婷	吴家亮 史 韬 武欢欢 宗钰蓉 明钰婷 王芷若 杨博媛 郭洪旭 王延宁 孙欣怡	尹应增 任 建 张媛媛
高教主赛道	光电工程学院	基于 PERCLOS 值的疲劳驾驶监测预警系统	李佳铄	刘圣策 陈嘉立	来 志
高教主赛道	光电工程学院	基于双目相机的水下三维场景重构	曹 洋	丁宇鑫 朱俊奥 茆荣星	韩 彪
高教主赛道	光电工程学院	练球机	艾启航	杨佳彬 钟先锐 田丰昱 刘奉明 马浩毓 封辰阳 渠成溪 张容瑜 张秉颜	郭宝龙
高教主赛道	物理学院	电磁空间数字超表面设计	武 彤	李子萱 王先成 黄雅琪 蔡子瑞 阳舒羽 王昕玉	尹应增
高教主赛道	物理学院	基于物联网的植被多维信息监测-养护一体系统	肖圣松	林子睿 陈胜钦 邢书诚 吴佩虹 江家庆	张元元
高教主赛道	物理学院	便携式无标记数字全息成像仪	李艳茹	高兆琳 方 翔 卓可群 王 阳 刘玉杰 李娇月 刘瑞桦 刘 星	郜 鹏 马 英 刘立新 刘 旻 郑娟娟 安 莎
高教主赛道	经济与管理学院/电子工程学院	智慧视觉 Sign Language	张润东	江孟琪 王西军 周荣幸 王 一 柴腾娟 肖淑馨 谢沁珂 叶 洋 王朝阳 陈清贤 雷仔航	卢子祥
高教主赛道	经济与管理学院	绘维视界	张 莹	许笑颜 付明馨 蒋晓天 丁雨程 钟先锐 王一枭 赵宣普 傅渊博	王 磊 王新怀 赵岩松

续表十二

赛道	学院	项目名称	项目负责人	项目成员	指导教师
高教主赛道	经济与管理学院	基于鼻纹识别技术的城市动物身份识别系统	杨佳彬	艾启航 刘奉明 田丰昱 胡家苇 刘艺林 刘瀚原 吴 璇 梁宁琦 虞鸿杰 靳昊睿	董 明
高教主赛道	经济与管理学院	链城之壁——IP 衍生品授权与创意社区	洪铭锋	刘睿康 王渝普 胡雨安 蔡子瑞 张云儿 蔡建峰 王立文 刘博涵 张馨仪 杨智博 王 亮 傅楚珊 郑屿蓬	崔江涛 裴庆祺 黄丽娟
高教主赛道	经济与管理学院	智城科技——城市内涝治理的智慧大脑	张丁艺	刘鹏波 魏子翔 陶科达 李欣泽 李心愿 李唐蔚 丁弋桐 王雨佳 李 腾 倪海瑞 张瑞环	谢 琨
高教主赛道	数学与统计学院	基于 SSM 框架的大学生学业、就业指导系统	李能卓	金科元 徐 翔 刘言超	靳志伟
青年红色筑梦之旅赛道	人文学院	A.I.爱回收——智能农村垃圾循环处理系统	张家源	董香兰 刘永旺 彭泽炳 邢 蕾 陈德天 冯永钢 张艺凡 刘易林 刘榅涛 丁 睿 白泠漪	刘建伟 陈春晓 顾 陇
青年红色筑梦之旅赛道	人文学院	美美与共——艺术星火点亮青少年美育希望	许怡翾	杨珂悦 胡雨萌 宋佳慧 郝滢滢 马锦川 李 科	华俊文
青年红色筑梦之旅赛道	人文学院	医贯古今——一种新型中药膏贴	刘易林	白泠漪 马英博 靳思琪 申寒彬 樊邵桦 翟鹏程 贾卉悦	陈春晓
青年红色筑梦之旅赛道	外国语学院	“成蹊科技”——便民生活的智慧守护者	王雨佳	田 程 王泰宇 鹿勇哲 靳昊睿 桑小倩 高 原	尹 鹏
高教主赛道	微电子学院	智能家居——智能窗帘	肖仁孝	杜文张 张志豪 夏佳易 王 鑫	
高教主赛道	微电子学院	疫览无遗——基于 SEIR 优化模型的疫情决策辅助平台	郑杰文	李敬城 龙增平 郑知航 王 宠	张 弘 刘焕峰
高教主赛道	微电子学院	智存高源——基于第三代半导体材料的高功率密度电源设计	王拓一	万家洋 赵祥麟 何梓寒 王佳琳 王宇青 阿衣加木·阿满尔别克 仉浩宇 曹思怡 朱 奕 陈秋亦 唐家乐 沈世镇 曲昕彤 石一然	张艺蒙
高教主赛道	微电子学院	基于氮化镓异质结柔性压电传感器的医疗检测系统	李奕霖	韩 硕 李书行	

续表十三

赛道	学院	项目名称	项目负责人	项目成员	指导教师
高教主赛道	微电子学院	“隔”物致知，“疫”路相连——“云桥”远程电子线路实验平台	贾云天	任秦鲁 张竞文 李广龙加 周家伟 马俊飞 陈培林 王奕博 杨璐箐 达娇娇 王 宠 朱婧鑫	黄丽娟 张 弘
高教主赛道	微电子学院	攀研者——学习辅助软件	朱 奕	沈世镇 王拓一 万家洋 牛泽宁 王佳琳 何梓寒 曹思怡 曾祥建 齐宇兴 马 龙 王宇青 王彬成	李隐峰 金 艳
高教主赛道	微电子学院	“人小鬼大”——MI-SISL带通滤波功率放大器	周瑞琪	卢怡玮 邓龙格 姚天舜	马晓华 冯 婷 马凯学
高教主赛道	微电子学院	“习语·知音”——查询便捷的方言数字化乡镇方言保护宣传工程	卢泓熹	张一诺 孔祥志 薛 诺 韩香云 陈南迪 张庭嘉 杨京达 王逸彬 李 强 田皓天 张锦文	张 弘 刘焕峰
高教主赛道	微电子学院	神行——基于BCI及VR的运动想象训练系统	王静娴	秦 川 杨晨曦 项虹桥 胡珈魁 吴思天 张运泽 袁 藏 李润涵 杜保正 曹思宇 张倖玺 毛翔宇 华瑞哲 杨 晓	胡辉勇 于 斌 刘博文
高教主赛道	微电子学院	基于YOLO视觉识别的野外搜救无人机	王天泽	宋国鹏 刘佳毓 易雅宁 黄培益 袁华阳 黄璐阳 周欣楠 刘梦玲	宋建军 田 斌
高教主赛道	微电子学院	第三代半导体功率器件特性表征	闫 晨	高平利 朱 弋 陈昱霏 支冬晖	
高教主赛道	微电子学院	霍尔测微——高性能传感器产品的领导者	李德攀	胡怡宁 吴一昊	刘博文
高教主赛道	微电子学院	基于GOWIN-FPGA和MSP430的协同多功能无线通信系统	李书行	韩 硕 李奕霖	
高教主赛道	微电子学院	“脑医声”智能经颅超声诊疗专家	李照希	侯琛雪 李 娜 单奕琳 杨瑶瑶 王业成 黄歆芮 杨宜衡 杨生辉 刘高峰	费春龙
高教主赛道	生命科学技术学院	智养云管家——基于智能视觉物联网的多场景老人监护系统	王蔚瓔	杨晨曦 李广龙加 欧 迅 郭泓良 刘海亮 杨 航	胡 波
高教主赛道	生命科学技术学院	“一器定音”——基于心音的智能健康检测系统	林渝璇	何 颖 许 鹏 刘伯冰 秦 浩	朱守平 曹 旭 王艺涵
高教主赛道	生命科学技术学院	抗HER2型ACT CAR-M巨噬细胞肿瘤免疫治疗	贺安娜	原菁彤 叶子璇 杜付玉 范宏宇 路川钊	宁蓬勃 王忠良

续表十四

赛道	学院	项目名称	项目负责人	项目成员	指导教师
青年红色筑梦之旅赛道	生命科学技术学院	Bioluminescence——基于膜融合脂质体的绿色新能源	张婉晴	张浩然 赵晨晖 周天行 刘明宇 秦 浩 邱子川 李鑫文	张象涵 夏玉琼
高教主赛道	空间科学与技术学院	基于无人机的一种救援系统	王开旺	周子君 陈俊宇 王昊荣 朱家阳	张 华
高教主赛道	空间科学与技术学院	DrugKiller 便携式毒品检测电子鼻	南艺璇	姚兆迪 刘梦竹 于梦婷 李唐蔚 常志杰	程鹏飞 卢 毅 朱 伟
高教主赛道	空间科学与技术学院	忆心——基于 AR 的痴呆症预防诊断治疗一体化 IOS 平台	陈聪奕	郭铭悦 涂志鹏 曹 聪 孙菁苗 任宇航 顾文凯 顾芃骐	霍秋艳
青年红色筑梦之旅赛道	空间科学与技术学院	视界——空间科学可视化教学演示平台	李明昆	高茁豪 麦 潇 李佳龙 孙文亮	程春霞 孙文方
青年红色筑梦之旅赛道	空间科学与技术学院	吉金鉴古——基于深度学习的中国古代青铜器鉴别交流系统	任颖萱	金思雨 于 凡 靳培涵 高 蒙 孙 震 段嘉伟	付少锋 孟繁杰 朱 伟 吴为民 付小宁
高教主赛道	先进材料与纳米科技学院	扶摇——集中式轻量级无人机控制局域网密钥管理体系	王浩宇	陈淑婷 王子涵	李 腾
高教主赛道	先进材料与纳米科技学院	智畅安行——人工智能驾驶辅助系统	武新明	付凯文 杨孟然 朱志伟 秦镜博 邱嘉俊 张殊诚 樊邵桦 王 磊 刘逸辰	侯 彪 曹 震 崔 康
高教主赛道	网络与信息安全学院	AnonymRecognizer——基于身份关系编码的人脸匿名识别	张舒越	杨 昊 张晨阳 刘鸣宇 周馨怡 郭浩铖 吕之越 张文泽 冯子涵 李 烨	彭春蕾 王楠楠
高教主赛道	网络与信息安全学院	基于渗透测试和模糊测试的 5G 安全测评框架	宋金宁	周 昌 李玺韵	曹 进
高教主赛道	网络与信息安全学院	基于同态加密的密文检索系统	余宏宇	高佳运 姬嘉婕	苗银宾
高教主赛道	网络与信息安全学院	智能网联车内网络安全通信系统	李昕泽	李奇珍 王赫雨	曹 进
高教主赛道	网络与信息安全学院	联医——安全互通的智慧诊断平台	王一丞	宋一春 张 颖 李适同 朱鸿宇 彭婷钰 邵煜喧 牟天翔 宁喜悦 熊子雯 闫 岩 张轶督 阮娅洁 吴振阳 张时豪	张俊伟
高教主赛道	网络与信息安全学院	基于异常因子检测算法的联邦投毒攻击检测	王新明	曹瑀晗 汪晓月	王子龙
高教主赛道	网络与信息安全学院	火眼金睛——可信身份辨识系统	刘帆	岳菁斐 曲 颖 余成熙 赵明宇 王知非	胡瑞敏 彭春蕾
高教主赛道	网络与信息安全学院	TrustDB——云数据隐私保护系统	吴姣姣	雍辛为 安淑贞 谭真真 史怡雯	陈晓峰 王剑锋

续表十五

赛道	学院	项目名称	项目负责人	项目成员	指导教师
高教主赛道	网络与信息安全学院	基于深度学习的红外小目标检测	张思卿	江家庆　赵宇盛	张铭津
高教主赛道	网络与信息安全学院	面向校园疫情防控的人群智能仿真管理系统	黄　博	李　佳　陈佳瑶	罗林波
高教主赛道	网络与信息安全学院	“安瞳”——RV 控制语义安全检测防御系统	肖丹蕾	李超凡　王腾宇　韩瑞冬	杨　超
高教主赛道	人工智能学院	“她护”——Femtech 女性健康实时监测系统	卜天音	杨欣茹　黄泺洁　马俊豪　倪绅益　卢　迪	曹　震
高教主赛道	人工智能学院	Image Voicer——基于计算机视觉的图像发声器	武欢欢	周泽熙　许亚雨　石博洋　张安思源　张雨田　郭雅婧　陈航然　郭俊豪	白　静　裴承全　黄丽娟
高教主赛道	人工智能学院	眼传智育——幼儿智能托育机器人及智能监控系统	孟雅清	易泓竹　王正扬　郭思远　高雅晨　许亚雨	古　晶
青年红色筑梦之旅赛道	人工智能学院	AI 之眼	樊肇星	后胜涛　石　稳　张晓东　郑昊纶　吴　昊　丰宇腾　牟　萍　彭　欢　朱昱丞　谢健一　蒋天健　周炳璋　戴正展	侯　彪　李阳阳
高教主赛道	广州研究院	“Wearable Power”基于能量收集的自供能可穿戴物联网终端	夏国源	周文涛　陈锡颖　罗韶雄	张大兴　蔡明京
高教主赛道	广州研究院	“智道”——轨道交通自动巡检机器人系统	孙逸涛	郭　涛　李璐廷	谢永强
高教主赛道	广州研究院	5G 基带毫米波开发套件，让5G 科研趁势而上！	周　楠	吕思婷　李欢洋　倪志杠　刘晓炜	李晓辉
高教主赛道	广州研究院	“康宝”——便携式痛风病日常监测评估系统	祝　越	黄宸宇　薛明胜　贺　昱　石　劢	李　军　吉　祥　刘　涛
高教主赛道	广州研究院	万驼智能园区无接触配送系统	周媛媛	吕思婷　苏家楠　张　鹏　喻文轩　潘兆晗	李晓辉
高教主赛道	广州研究院	慢性肾脏病的计算机 AI 辅助筛查与诊断系统	尹truncated伊	金剑杰　薛　昊	张军英
高教主赛道	杭州研究院	海上渔场智能投喂机器人系统	戴初一	李盛霖　尚嘉豪　杨　莹　黄雪影	刘　鼎
高教主赛道	杭州研究院	情绪警官——通过行为检测情绪的预警平台	张晓东	陈程程　姚明鑫　刘庆斌　李娟丽　李泽健	胡瑞敏
高教主赛道	杭州研究院	星载 SAR 射频干扰检测与抑制系统	赵嘉懿	刘晓宁　于春雨　李　琨	张学攀
高教主赛道	杭州研究院	基于深度学习的语料标注迭代优化工具	周上楠	李一雯　刘娇月	尚　韬

续表十六

赛道	学院	项目名称	项目负责人	项目成员	指导教师
高教主赛道	杭州研究院	智慧安防——偏振三维监控系统	平航泽	闫金轲　郭　超　王佳琪　马相如　马寅鹏　刘志强　戈淑雅　李家豪　宋家伟　吴俊琳	邵晓鹏　李　轩
高教主赛道	杭州研究院	基于电磁传感器的便携式连续无创血糖监测仪	刘　通	李　龙　田　宇　张　展　王　宇　魏逢林　黄兰兰　肖　晗　张　怡	高　阳　翁子彬
高教主赛道	杭州研究院	高精度逐次逼近型模数转换器	曾舸峰	马彦明　杨博文	沈　易
高教主赛道	杭州研究院	多场景多雷达显示系统	阮璐瑶	韦婧歆　王映中　辛　柔	张林让
高教主赛道	杭州研究院	机场卫士——机场安检行为模式分析与异常状态监测系统	黄于豪	朱鹏锴　王晋浩　火星星　张　芊　李　丹　杨浩霁　王傲寒　卢凤苓　曲芝璇	胡瑞敏

2022年“遨游科学”研究生学术年会优秀论文获奖名单

序号	学院	论 文 题 目	作者	学号
1	通信工程学院	More Efficient Tightly-Secure Lattice-Based IBE with Equality Test	曲全博	19011110307
2	通信工程学院	Joint Spectrum and Power Allocation for V2X Communications with Imperfect CSI	王　鹏	21011210488
3	通信工程学院	A Non-Line-of-Sight Reflective Underwater Wireless Optical Communication Channel Model Based on Capillary Waves Rough Sea Surface	徐　珊	21011210036
4	通信工程学院	A Cooperative Vehicle-Infrastructure System for Road Hazards Detection with Edge Intelligence	姚国润	20011210259
5	通信工程学院	基于光学相机的光流-相机定标融合定位算法	苑振博	20011210179
6	电子工程学院	纹理异常感知SAR自监督学习干扰抑制方法	岑　熙	21021110352
7	电子工程学院	Adaptive Channel Assignment for Maneuvering Target Tracking in Multistatic Passive Radar	戴金辉	20021110259
8	电子工程学院	Spectrally-Agile Waveform Design for Wideband MIMO Radar Transmit Beampattern Synthesis	贾聪月	21021110331
9	电子工程学院	Multistatic Radar Target Detection Based on the Time Reversal in Clutter Environments	连　昊	21021110037
10	电子工程学院	Detection and Positioning of Spinning Target with Electromagnetic Vortex Radar Based on Rotational Doppler Effect	吕　坤	19021110356

续表一

序号	学院	论 文 题 目	作者	学号
11	电子工程学院	认知 FDA-MIMO 雷达网目标识别和跟踪算法	杨 标	19021110503
12	电子工程学院	基于 Bi-LSTM 网络的高速 IO 系统输出响应预测	袁海悦	21021210688
13	电子工程学院	一种用于 MEMS 电容式加速度计读出电路的三路复用架构	黄铭豪	21021210678
14	电子工程学院	产生多路同轴 OAM 波束的双频自旋解耦超表面	徐 鹏	18021110184
15	电子工程学院	基于信道化的宽带自适应非线均衡	何茂林	20021210746
16	电子工程学院	模型空间下的雷达辐射源隐蔽能力度量方法	陈颖超	19021110339
17	电子工程学院	美军一体化装备系统发展概况	黄东杰	20021210678
18	计算机科学与技术学院	Graph Collaborative Filtering based Bug Triaging	歹 杰	20031110281
19	计算机科学与技术学院	Incorporating Neighboring Stimuli Data for Enhanced SSVEP-Based BCIs	黄嘉阳	18031110273
20	计算机科学与技术学院	SACF-Net: Skip-attention Based Correspondence Filtering Network for Point Cloud Registration	胡西道	21031211639
21	机电工程学院	针对球面聚光基于聚光积分法的光机模型分析	王东旭	20041110178
22	机电工程学院	轻量化并联式天线座设计与控制研究	何 帅	21041110077
23	机电工程学院	Deep Discriminative Clustering and Structural Constraint for Cross-domain Fault Diagnosis of Rotating Machinery	吴文博	21041211982
24	机电工程学院	耐高温液态金属频率选择表面流道拓扑优化设计	陈尔瞻	21041211878
25	机电工程学院	高超声速非对称伸缩翼飞行器再入轨迹跟踪	谢 添	21041211942
26	机电工程学院	基于拓扑优化的交错进出口散热器数值研究	汤星平	21041211803
27	机电工程学院	基于深度强化学习的高速驾驶策略研究	薛海峰	21041211969
28	机电工程学院	基于纳米压痕及区间优化的 Al 2024-T3 铝合金本构参数识别研究	张桂涛	21041211911
29	光电工程学院	Spectral-Spatial Isolation Forest Using Low-Rank and Sparsity Matrix Decomposition for Hyperspectral Anomaly Detection	曹学影	20051212172
30	物理学院	Research on two-dimensional laser warning integrated detection technology	石 金	22201110667
31	经济与管理学院	制造商规模不经济下零售商策略性库存选择	柯 湾	21061110477
32	数学与统计学院	基于动态局部搜索的改进蝗虫优化算法	邓凌云	21071212679
33	数学与统计学院	DapNet-HLA: An Adaptive Dual-attention mechanism Network based on deep learning to predict non-classical HLA binding sites	景媛媛	21071212686
34	数学与统计学院	FOPID 控制器对广义 VDP 随机系统瞬态响应和可靠性的控制	管 煜	21071212628
35	数学与统计学院	Conformity-aware Competitive Independent Cascade Model on the Containment of the Rumor	龚育冬	20071110308

续表二

序号	学院	论 文 题 目	作者	学号
36	人文学院	深度学习人工智能的意义建构问题	白倍铭	20081212642
37	外国语学院	在线机器翻译平台译文质量对比研究	李爱群	21091212739
38	微电子学院	用于音频领域的 44 μW 20 kHz BW，91.3 dB SNDR 离散时间调制器	王 凌	21111110127
39	微电子学院	毫米波低压应用的具有 n + GaN 接触台阶结构的 InAlN/GaN HEMT	龚 灿	21111110539
40	微电子学院	基于非晶氧化镓的高性能日盲光电晶体管研究	王逸飞	21111110112
41	微电子学院	Study on H-TiO_2/Ti2COX Photoelectrochemical Biosensor Detection Signal Modulation Mechanisms	郭艺玮	21111110502
42	微电子学院	β-Ga_2O_3 日盲深紫外探测器引入 IZO 夹层平衡器件的光暗电流以提升器件性能	张泽雨林	21111110536
43	空间科学与技术学院	基于高光谱特征的高超声速目标无监督分类算法	翟羽彤	21131213350
44	先进材料与纳米科技学院	大直径半导体碳纳米管的高网络密度薄膜晶体管制备	魏宇翔	21141213511
45	网络与信息安全学院	Owner-Free Distributed Symmetric Searchable Encryption Supporting Conjunctive Query	童秋云	21151110154
46	网络与信息安全学院	基于可否认匹配加密的认证可否认匿名通信	曹艳梅	19151110583
47	网络与信息安全学院	格签名方案综述	夏雯雯	19151110203
48	网络与信息安全学院	具有感知质量评估的移动群智感知隐私保护用户招募	安洁莹	21151213552
49	网络与信息安全学院	视觉身份隐私保护：人脸匿名化研究方法	苗紫民	21151213571
50	网络与信息安全学院	关于区块链分片的研究综述	刘心梦	21151213563
51	马克思主义学院	资本逻辑批判中马克思物质变换断裂理论的生成逻辑、理论旨趣及价值意蕴	曹梓若	20161213633
52	人工智能学院	Multi-scale Contourlet Knowledge Guide Learning Segmentation	刘梦琨	1702110244
53	广州研究院	基于 SiC MOSFET 变换器应用的实时结温估计方法	王 颖	20111110254
54	杭州研究院	A novel variational Bayesian adaptive Kalman filter with mismatched process noise covariance matrix	刘欣蕊	21021211065

★大 事 记★

2022 年大事记

一　月

1 日至 3 日学校党委书记查显友先后前往南北校区各疫情防控重点场所、重要卡口，看望慰问元旦假期仍坚守岗位的干部职工和志愿者，向他们致以亲切问候，送上新年祝福。

11 日上午，西安电子科技大学采用线上线下相结合的方式开展了党史学习教育专题民主生活会会前学习研讨暨党委理论学习中心组(扩大)会议，学习习近平总书记在党史学习教育总结会议上的重要指示精神，以及在中共中央政治局党史学习教育专题民主生活会上、在中央全面深化改革委员会第二十三次会议上、在党的十九届六中全会第二次全体会议上的重要讲话精神等。校领导参加会议。会议由学校党委书记查显友主持。

▲ 第三届全国高校混合式教学设计创新大赛落下帷幕，西安电子科技大学外国语学院朱琳菲老师所在教学团队经学校推荐及全国组委会评选，凭借优异表现，在全国 157 所参赛高校、401 个复赛项目中脱颖而出，获得全国三等奖。

▲ 教育部公示了第二批“全国高校黄大年式教师团队”认定结果，西安电子科技大学宽禁带半导体教师团队成功入选。

▲ 国家留学基金管理委员会公布了 2022 年“创新型人才国际合作培养项目”获资助项目名单。由学校国际合作与交流部牵头组织，依托前沿交叉研究院申报的“地球科学与智能遥感创新型人才国际合作培养项目”通过项目评审，获得立项资助。

▲ 西安电子科技大学微电子学院杨银堂教授团队李迪、谌东东等人在对压电能量收集系统的不同种类接口集成电路(Integrated Circuit，IC)深入研究的基础上，综述了近年来压电能量收集系统接口 IC 的最新研究进展，相关成果以“Recent progress and development of interface integrated circuits for piezoelectric energy harvesting”为题发表在国际顶级期刊 *Nano Energy*(影响因子为 17.881)上。李迪教授为论文第一作者，谌东东博士和杨银堂教授为共同通讯作者，西安电子科技大学微电子学院为论文第一单位和通讯单位。

▲ 西安电子科技大学计算机科学与技术学院崔江涛教授团队夏小芳博士撰写的 47 页观点性综述长文“智能电表窃电检测方法综述”(Detection Methods in SmartMeters for Electricity Thefts: A Survey)被 IEEE 旗舰期刊《电气与电子工程师协会会报》(*Proceedings of the IEEE*)录用并发表。这是计算机科学与技术学院首次在该刊物上发表论文。夏小芳博士是论文第一作者，崔江涛教授和美国阿拉巴马大学肖杨教授是共同通讯作者，中科院沈阳自动化所梁炜研究员为论文的合作作者，西安电子科技大学为论文的第一完成单位及通讯作者单位。

▲ 陕西省科学技术厅发布了《陕西省科学技术厅关于 2021 年度陕西省国际科技合作基地绩效评价结果的通知》，西安电子科技大学参评的“新一代数字媒体技术国际联合研究中心”获评优秀。

▲ 陕西省高等学校毕业生就业服务中心对我省高校毕业生就业工作举措扎实、成效突出的高校给予表彰，西安电子科技大学荣获陕西高校就业工作先进集体称号。

▲ 在 2022 年农历春节临近之际，学校领导看望慰问了在校的两院院士、老领导、老专家、抗战

前和抗战时期入党的老党员、90 岁以上老同志、省部级劳动模范、教师代表等，向他们送上新春的美好祝福，传递学校的温暖关怀。

二 月

22 日，陕西省统战部长会议在西安召开。西安电子科技大学等 3 所高校荣获 2021 年度全省统战工作宣传先进单位；西安电子科技大学报送的《以“打造智慧统战”大数据平台推动新时代统战工作高质量发展》文章被评为 2021 年度全省统战工作实践创新优秀成果，全省高校仅有 3 项成果获奖。

27 日 11 时 06 分，在海南文昌卫星发射中心，“西电一号”卫星由长征八号遥二运载火箭以“一箭 22 星”的方式成功发射升空，卫星顺利进入预定轨道，任务获得圆满成功。

28 日下午，陕西省副省长方光华赴西安电子科技大学调研“双一流”学科建设情况，并检查学校疫情防控工作。

▲ 西安电子科技大学微电子学院宽禁带半导体重点学科实验室郝跃院士团队刘艳教授在国际知名期刊 *ACS Nano* 上发表了题为“Dual-Ferroelectric-Coupling-Engineered Two-Dimensional Transistors for MultifunctionalIn-Memory Computing”的论文，该论文阐述了郝跃院士团队在新型铁电晶体管及存内计算原型器件研究方面取得的新进展。

▲ 陕西省知识产权局公布 2022 年第一批陕西省专利导航服务基地名单，西安电子科技大学与远诺技术转移中心联合申报的陕西省专利导航(西安电子科技大学)服务基地成功入选，成为首批 4 所高校服务基地之一。

▲ 中央网信办公布了《关于国家区块链创新应用试点入选名单》，全国教育领域入选项目共 14 项，西安电子科技大学申报的教育区块链应用创新项目是陕西省教育领域唯一的入选项目。

▲ 工业和信息化部与教育部联合发布了 2021 年“5G + 智慧教育”应用试点项目名单，西安电子科技大学“5G + 智慧教育”探索实践项目成功入选融合类应用试点项目。

▲ 教育部办公厅公布首批虚拟教研室建设试点名单，全国共有 439 个虚拟教研室获批试点建设，西安电子科技大学 4 个虚拟教研室入选，入选数量居于全国高校前列、全省第二。

▲ 西安电子科技大学郝跃院士团队在硅基纳米阵列中如何高效率地产生二次谐波技术方面取得了突破性进展，其研究被国际光学顶级期刊 *Laser&Photonic Review* 报道(中科院一区，IF：13.1)。

▲ 教育部、财政部、国家发展和改革委员会联合发布通知，公布第二轮“双一流”建设高校及建设学科名单，共有建设高校 147 所，西安电子科技大学信息与通信工程、计算机科学与技术 2 个学科入选“双一流”建设学科。

三 月

1 日下午，西安电子科技大学物理学院、光电工程学院成立大会暨揭牌仪式在北校区科技楼报告厅举行。陕西省科学技术厅副厅长赵怀斌、陕西省人民政府学位委员会秘书长袁宁、中国科学院西安光学精密机械研究所所长马彩文等 10 余位嘉宾出席仪式。国家自然科学基金委员会副主任谢心澄、原中国科学院物理研究所所长王玉鹏等 9 位院士以及 20 余所兄弟高校和单位的领导专家以线上或线下的方式参加仪式。学校全体校领导、相关职能部门、学院负责人、相关一级学科及学科方向负责人、教师和学生代表共同参加了仪式。仪式由校党委副书记杨银堂主持。

18 日，“华为杯”第四届中国研究生创“芯”大赛决赛克服疫情困难，通过直播竞技形式圆满落幕。

西安电子科技大学微电子学院刘帘曦教授指导的“红星闪闪小分队”以总分第一的优异成绩，从全国 499 支参赛队伍中脱颖而出，实力斩获大赛最高奖——创“芯”之星。

29 日下午，西安电子科技大学党委理论学习中心组在南校区 210 报告厅设主会场召开扩大学习会议，专题传达学习全国两会精神。全国政协委员、中国科学院院士郝跃，全国政协委员、数学与统计学院教授刘三阳作两会精神传达报告。全体校领导参加会议。会议由校党委副书记杨银堂主持。

30 日，陕西省学生联合会发布《关于 2021 年度陕西省标兵学联学生会组织、陕西省学联学生会先进个人的通报》，西安电子科技大学学生会、研究生会分别获评“2021 年度陕西省标兵学联学生会组织”(全省共有 25 个高校学生会、11 个研究生会获奖)。此外，张瑜、韩锦超、杨玲(研究生)、杨少曦、伦恒睿(本科生)等 5 人被授予“2021 年度陕西省学联学生会先进工作个人”称号。

31 日，2022IEEE GARSS 数据融合竞赛组委会官方邮件发来喜报，西安电子科技大学人工智能学院获得遥感领域顶级会议——国际地球科学和遥感专题讨论会(IGARSS)官方赛事唯一的冠军奖项。

▲ 西安电子科技大学物理学院王军利教授团队在弛豫铁电晶体的全光极化研究中取得新进展，并在国际光学类顶级期刊 *Advanced Optical Materials* 发表题为“Optical induction and erasure of ferroelectric domains in tetragonal PMN-38PT crystals”的论文。

▲ 西安电子科技大学生命科学技术学院吕锐婵教授团队在国际化学顶级期刊 *Coordination Chemistry Reviews*(中科院一区 TOP，IF：22.3)发表了题为“Nanochemistry advancing photon conversion in rare-earth nanostructures for theranostics ”的论文。该论文第一作者为吕锐婵教授，第一单位为西安电子科技大学(田捷教授，王燕兴博士)，合作单位包括中国科学院长春应化所(林君研究员)和纽约州立大学布法罗分校(Paras N. Prasad 教授，Micah Raab 博士)。*Coordination Chemistry Reviews* 是由爱思唯尔(Elsevier)出版的权威学术期刊，这也是该期刊第一次录用学校的研究成果。

▲ 西安电子科技大学生命科学技术学院邓宏章教授团队在国际顶级期刊 *Journal of Controlled Release*(中科院一区 TOP，IF = 9.776)发表了题为“Nanomaterials targeting tumor associated macrophages for cancer immunotherapy”的论文。

▲ 教育部办公厅印发《关于公布第三批全国党建工作示范高校、标杆院系、样板支部培育创建单位名单的通知》，西安电子科技大学微电子学院党委入选第三批全国党建工作标杆院系培育创建单位，西安电子科技大学空间科学与技术学院测控通信系教职工党支部和人工智能学院博士第一党支部入选第三批全国党建工作样板支部培育创建单位。

▲ 根据《专业技术人才知识更新工程实施方案》和《数字技术工程师培育项目实施办法》，经自愿申报、地方人社厅局推荐、专家评议、公示等程序，西安电子科技大学申报的数字技术工程师培育项目“大数据培训机构”“区块链培训机构”成功入选，成为首批具备面向全国开展数字技术工程师培训资质的单位之一。

▲ 共青团陕西省委对 2021 年度陕西省共青团系统优秀单位及个人进行表彰。西安电子科技大学团委获评 2021 年度陕西高校共青团工作优秀单位，校团委书记傅超荣获“陕西省优秀共青团干部”称号，电子工程学院团委书记杨笑宇荣获“陕西高校共青团工作先进个人”称号。

▲ 教育部思想政治工作司公布了 2022 年高校思想政治工作有关培育建设项目入选名单，西安电子科技大学党委学生工作部牵头申报的《基于“资助 + 五育”模式的“FAST”发展型资助育人工作体系的探索与实践》入选高校思想政治工作精品项目。

▲ 由共青团中央、中国科学技术协会、教育部、中国社会科学院、中华全国学生联合会和四川省人民政府共同主办，四川大学承办的第十七届“挑战杯”全国大学生课外学术科技作品竞赛终审决赛落下帷幕，西安电子科技大学报送的作品获一等奖 1 项、二等奖 1 项、三等奖 2 项。

▲ 西安市发改委公布了首批西安市工程研究中心立项建设名单，西安电子科技大学申报的“宽禁带半导体高端装备与新材料西安市工程研究中心”和“西安市无人机智能集群与未来飞行器工程研究中心”获批立项，这也是此次仅有的两家由高校牵头申报获批的市工程研究中心。

四 月

1日上午，工业和信息化部副部长徐晓兰校友一行来到西安电子科技大学调研指导。工业和信息化部中小企业局一级巡视员叶定达、陕西省工业和信息化厅厅长张宗科陪同调研。学校党委书记查显友、党委副书记杨银堂、副校长王泉参加调研活动。

2日，第十三届“北斗杯”全国青少年科技创新大赛西北区决赛在西安航天基地圆满落下帷幕。西安电子科技大学7支队伍再创佳绩，斩获一等奖2项、二等奖1项、三等奖4项。

8日，学校党委书记查显友带队分别前往中国兵器工业集团北方电子研究院(第二〇六研究所)、陕西电子信息集团调研，与两家用人单位就深入实施“访企拓岗”、建立常态化交流合作机制、促进毕业生更加充分更高质量就业以及进一步加强科研攻关和人才培养合作进行了深入交流。

12日，西安市市长李明远前往西安电子科技大学调研国家重点实验室建设有关工作并召开座谈会。

24日上午，陕西省纪委监委第四监督检查室主任齐军建一行来校调研，指导学校纪检监察体制改革和监督执纪工作。学校党委书记查显友对齐军建一行来校调研表示欢迎，并简要介绍了学校的发展历史、办学特色、改革发展成效和全面从严治党工作等情况。

▲ ACM国际集成电路物理设计会议ISPD(International Symposium on Physical Design)公布竞赛结果，西安电子科技大学微电子学院研究生团队获得全球冠军。这是ISPD举办竞赛18年以来，中国大陆高校在Contest@ISPD环节首次获得冠军，实现了新突破。

▲ 图书情报领域顶级期刊国际信息科学与技术学会会刊*Journal of the Association for Information Science & Technology*(JASIST)在线发表了西安电子科技大学经济与管理学院、陕西信息资源研究中心秦春秀教授牵头撰写的论文——《为在线社区设计意外知识发现：标签呈现方式和经验开放性的视角》(Designing for serendipity in online knowledge communities: An investigation of tag presentation formats and openness to experience)。这也是学校“图书情报与档案管理”学科的教师首次在该领域顶级期刊发表学术论文。

▲ 陕西省人民政府发布《陕西省人民政府关于2021年度陕西省科学技术奖励的决定》，西安电子科技大学段宝岩院士获得2021年度陕西省最高科学技术奖；刘英教授、陈渤教授分别牵头获得自然科学奖一等奖，邢孟道教授牵头获得技术发明奖一等奖，朱樟明教授牵头获得科学技术进步奖一等奖；吴事良教授牵头获得自然科学奖二等奖，连培园讲师牵头获得技术发明奖二等奖，李青山教授、保宏教授分别牵头获得科学技术进步奖二等奖；周晓阳教授牵头获得科学技术进步奖三等奖。

▲ 杭州市科学技术局发布杭州2022年第19届亚运会智能应用项目名单，经过层层选拔，西安电子科技大学杭州研究院的“空间电磁安全卫士与智慧场馆数字孪生平台”项目榜上有名。

▲ 陕西省教育厅命名首批“陕西省大中小学劳动教育实践基地”，西安电子科技大学“金银花采摘劳动教育实践基地”成功入选。

▲ 陕西省教科文卫体工会委员会下发《关于表彰2022年陕西省教科文卫体系统五一巾帼标兵和标兵岗的通报》，对2022年陕西省教科文卫体系统优秀单位及个人进行表彰。西安电子科技大学经济与管理学院工商管理系、校医院疾控科、心理健康教育中心荣获“陕西省教科文卫体系统五一巾帼标兵岗”荣誉称号，电子工程学院教授杜兰、物理学院教授韩香娥、生命科学技术学院党委书记王丽玲、

校医院副主任医师王晓霞荣获“陕西省教科文卫体系统五一巾帼标兵”荣誉称号。

五　月

20 日，学科交叉融合前沿论坛在西安电子科技大学成功举办，本次论坛由郑晓静院士倡议和发起，由陕西省空间超限探测重点实验室主办。论坛旨在邀请不同学科领域专家学者增强交流合作，促进科研工作开展。

22 日，西安电子科技大学承办第十三届中国大学生服务外包创新创业大赛西部区域赛决赛。副校长王泉，大赛组委会副秘书长徐迪，大赛专家委员会副主任、江南大学科学技术研究院院长吴小俊等领导参加大赛相关活动。

当地时间 5 月 26 日，多米尼克国立大学孔子课堂揭牌仪式在罗索举行，这是中国与多米尼克两国大学合建的首个孔子课堂。多米尼克总统萨瓦林、总理斯凯里特、教育部部长艾尔弗雷德、中国驻多米尼克大使林先江、多米尼克国立大学校长彼得斯等现场出席揭牌仪式。中国国际中文教育基金会副理事长兼秘书长赵灵山、孔子课堂中方合作院校西安电子科技大学党委书记查显友以视频方式出席。

30 日，在第六个全国科技工作者日到来之际，经过初评、终评和公示等程序，中国科学技术协会、教育部、科学技术部、国务院国有资产监督管理委员会、中国科学院、中国工程院、国防科技工业局决定命名 140 个单位为 2022 年度科学家精神教育基地。西电宽禁带半导体国家工程研究中心成功入选。

▲ 由陕西省委教育工委、省教育厅主办的 2021 年度陕西高校思政课教师“大练兵”省级展示活动在陕西师范大学举行。西安电子科技大学马克思主义学院在活动中取得优异成绩，马克思主义学院德法教研室张阔海、原理教研室李雪娇、纲要教研室徐雪强等 3 名教师获得“思政课程教学标兵”称号，马克思主义学院德法教研室王艳获得“思政课程教学能手”称号。这是西安电子科技大学参加陕西高校思政课教师“大练兵”活动以来取得的最好成绩，获奖质量和数量均居陕西省高校前列。

▲ 由科学技术部主管、科学技术部火炬高技术产业开发中心受托管理的中国技术创业协会公布了 2021 年度“中国技术创业协会科技创业贡献奖”评审结果，经过推荐、择优、评审及公示，由西安电子科技大学工程技术研究院有限公司(以下简称“西电工研院”)运营的西安电子科技大学星火孵化器(以下简称“西电星火孵化器”)，凭借其在科技创业孵化领域的出色表现，获得了 2021 年度“科技创业孵化贡献奖”。这是继 2019 年中国产学研合作创新与促进奖之后，西电工研院获得的又一重大国家级荣誉奖项，西电工研院也是此次陕西地区唯一荣获该奖项的单位。

▲ 国家人力资源和社会保障部公示了 2021 年全国技工教育规划教材遴选结果，并制定了国家级技工教育和职业培训教材目录。西安电子科技大学出版社出版的《网络安全防护项目教程》《ASP.NET 程序设计立体化教程》《Linux 网络操作系统》《计算机网络安全防护技术》《Arduino 应用技术》等 5 种优秀教材成功入选。

▲ 西安电子科技大学天线与微波技术重点实验室刘英教授团队在凝聚态物理顶级期刊 *Physical Review B* 上以快报(Letter)形式发表研究论文，论文题目为“Self-localized topological states in three dimensions”。李汝江副教授为论文第一作者，李汝江副教授和刘英教授为通讯作者。

▲ 为繁荣交叉学科发展、促进国际科研合作交流、探索国际化人才培养创新模式，前沿交叉学科国际论坛(International Advanced Interdisciplinary Forum)以线上线下相结合的方式举行。论坛由西安电子科技大学前沿交叉研究院、国际合作与交流部联合主办，副校长张进成参加并致辞，海内外百余位专家学者参加论坛。

▲ 西安电子科技大学外国专家拓跋贺(Witold Pedrycz)教授荣获 2021 年度“三秦友谊奖”。“三秦

友谊奖”是陕西省政府为表彰在陕西省经济社会发展和促进中外合作交流中作出突出贡献的外国专家而专门设立的最高荣誉奖项。

▲ 中共陕西省委教育工委印发《关于公布第三批陕西高校党建工作示范高校、标杆院系、样板支部培育创建名单的通知》(陕教工函〔2022〕74 号)，西安电子科技大学党委入选第三批陕西高校党建工作“示范高校”培育创建单位，网络与信息安全学院党委、电子工程学院党委入选“标杆院系”培育创建单位，电子工程学院天线所党支部、通信工程学院 ISN 国家重点实验室第二党支部入选“样板支部”培育创建单位。

六　月

1 日，西安电子科技大学经济与管理学院杜荣教授作为通讯作者的研究成果“Product Reviews: A Benefit, a Burden, or a Trifle? How Seller Reputation Affects the Role of Product Reviews”发表在管理类国际顶级期刊 *MIS Quarterly*(下文简称 MISQ)上。该成果是经济与管理学院首篇 MISQ 论文，是杜荣教授团队继 2021 年在国际顶级期刊 POM 上发表成果后的又一篇国际顶级期刊成果。

5 日，西安电子科技大学段宝岩院士带领的“逐日工程”研究团队传来好消息，世界首个全链路全系统的空间太阳能电站地面验证系统顺利通过专家组验收。

8 日至 10 日，第二届“一带一路”倡议跨学科会议在英国兰卡斯特召开，此次会议由英国兰卡斯特大学一带一路研究院主办，清华大学一带一路战略研究院合办，西安电子科技大学“一带一路”信息通信技术传播话语研究中心协办。

10 日至 13 日，第 24 届“外研社杯”全国大学生英语辩论赛全国总决赛以在线直播方式成功举办。西安电子科技大学机电工程学院 2018 级学生胡心兰和电子工程学院 2018 级学生胡叶芬获得全国总决赛一等奖，取得了学校在该项赛事上近十年来的最佳成绩。

12 日上午，北京奕斯伟科技集团董事长、创始人王东升一行来校调研。学校党委书记查显友、党委副书记杨银堂等陪同王东升一行参观了校史馆并进行了合作交流。

21 日上午，安庆市市长张君毅一行来校，就新兴产业链发展合作事宜进行座谈交流。学校党委书记查显友、党委副书记杨银堂参加座谈。

21 日上午，陕西省委军民融合办副主任柳林一行来西安电子科技大学考察，就学校重点实验室建设情况进行了深入调研。学校副校长林松涛参加调研活动。

23 日，陕西省纪委监委案件审理室副主任张国强一行来校，就案件审理工作及案件质量评查工作进行调研。学校党委副书记、纪委书记任应坤参加座谈。

24 日下午，蚌埠市委书记黄晓武、蚌埠学院院长丁明、市委副书记许光友、副市长潘君齐一行来校调研。学校党委书记查显友、党委副书记杨银堂参加座谈。

25 日，由陕西省机械工程学会主办、西安邮电大学承办的陕西省第十三届工业工程改善创意竞赛决赛在西安邮电大学雁塔校区举行。在西安电子科技大学经济与管理学院陈希、刘怀亮、于江霞、张晓等老师的精心指导下，学校参赛作品共获一等奖 2 项、三等奖 3 项，同时获最佳组织奖。

25 日，由共青团陕西省委、中共陕西省委教育工委、陕西省科学技术厅、陕西省人力资源和社会保障厅、陕西省科学技术协会、陕西省社会科学院、陕西省学生联合会、陕西省西咸新区开发建设管理委员会主办的第十一届“挑战杯”陕西省大学生创业计划竞赛闭幕式暨颁奖仪式在西安理工大学曲江校区图书馆报告厅举行。西安电子科技大学学子在本届大赛中荣获金奖 6 项、银奖 5 项、铜奖 3 项，再捧省赛“优胜杯”。

29 日上午，中国联通陕西省分公司党委书记、总经理陈继秋，副总经理李武一行来校调研。学校党委书记查显友、副校长王泉参加座谈。

▲ 教育部公布了第二批虚拟教研室建设试点名单，西安电子科技大学通信工程学院任光亮教授主持的“通信原理课程虚拟教研室”入选。

▲ 陕西省教育厅发布了《关于 2021 年度全省教育系统综合表彰的通报》，西安电子科技大学通信工程学院获 2021 年度陕西高等学校本科教学管理工作先进集体。

▲ 陕西省人民政府公布了 2021 年教育教学成果奖获奖名单，西安电子科技大学有 16 项成果获奖，包括高等教育教学成果奖 15 项、基础教育教学成果 1 项，其中，特等奖 3 项、一等奖 6 项、二等奖 7 项，获奖总数较上一届增长 15%，有力验证了近年来学校在教育教学综合改革方面所取得的成绩。

▲ 教育部办公厅印发《关于公布第二批新时代高校党建示范创建和质量创优工作和首批高校“双带头人”教师党支部书记工作室建设单位验收通过名单的通知》(教思政厅函〔2022〕12 号)，西安电子科技大学综合业务网国家重点实验室第一党支部顺利通过第二批“全国党建工作样板支部”建设验收，电子所党支部书记工作室顺利通过首批高校“双带头人”教师党支部书记工作室建设验收。

▲ 陕西省开展了非学历继续教育“一校一品”首批示范项目评选工作。经高校申报、专家组评审，最终确定了 18 个项目入选陕西省非学历继续教育“一校一品”首批示范项目，西安电子科技大学网络与继续教育学院申报的“聚集电子信息特色优势，服务专业技术人员培训”成功入选。

▲ 中共陕西省委教育工委下发《关于表彰 2019—2021 年度陕西省高校统战工作先进集体先进个人的通报》(陕教工函〔2022〕90 号)，西安电子科技大学党委统战部荣获“陕西省高校统战工作先进集体”称号。

▲ 教育部高等教育司发布了《2022 年高等教育中外教材比较研究项目立项名单》，西安电子科技大学电子工程学院邓成教授主持申报的《通过翻译原版教材对电子信息类专业基础课程群建设的思考与研究》获批重点项目立项。全国仅 12 项，这是学校教学改革取得的又一进展。

▲ 2022 计算机视觉和模式识别会议(CVPR 2022)举行。西安电子科技大学人工智能学院参赛队伍在 CVPR 2022 的 4 项竞赛中取得 2 冠军、2 亚军、2 季军成绩，共计 11 支队伍入围排行榜前五，14 支参赛队伍入围各赛题榜单前十。所有获奖队伍均受到竞赛主办方邀请，将在 Workshop 会议上进行报告或者展示获奖的竞赛方法。

▲ 西安电子科技大学生命科学技术学院张象涵副教授、王忠良教授团队与新加坡南洋理工大学浦侃裔教授团队合作，在国际综合类顶级期刊 *Nature Communications*(Nature 系列期刊中的综合类子刊，IF = 14.919)发表了题为“Bioorthogonally Activatable Cyanine Dye with Torsion-Induced Disaggregation for In Vivo Tumor Imaging”的研究论文(DOI: 10.1038/s41467-022-31136-3)。西安电子科技大学为论文第一单位，张象涵副教授为论文第一作者，西安电子科技大学王忠良教授、田捷教授和新加坡南洋理工大学浦侃裔教授为论文的共同通讯作者。

▲ 陕西省教育厅公布了 2022 年度陕西省教师教育改革与教师发展研究项目立项名单，西安电子科技大学限额申报的“高校教师教学创新能力影响因素及提升路径研究”等 5 个项目均获批。其中，重点项目 2 项(全省 35 项)、一般项目 3 项(全省 115 项)，立项质量和数量均居全省高校前列。

▲ 计算机视觉国际顶级会议 CVPR(IEEE Conference on Computer Vision and Pattern Recognition)所举办的国际图像视频复原和增强大赛(NTIRE 2022)陆续公布竞赛结果，西安电子科技大学通信工程学院李娇娇副教授带领的参赛队伍 CVIA_SSR 在光谱重建挑战赛(Challengeon Spectral Recovery)中荣膺全球季军，并受邀在 7th NTIRE:New Trends in Image Restoration and Enhancement workshop and challenges 的线上研讨会上作专题报告。

七 月

1 日上午，西安电子科技大学与百度 AI 人才培养合作签约仪式举行，双方校企合作深度共建，协同助力国家“两基一底”人才培养，共促我国高等教育高质量发展。西安电子科技大学副校长王泉、百度副总裁璩静致辞，人工智能学院党委书记魏峻、执行院长侯彪，百度高校合作部总监李轩涯、高校合作部副总监计湘婷等参加仪式并见证签约。

2 日，第三届陕西高校团干部素质能力大赛决赛暨颁奖仪式在西北工业大学友谊校区举办。经过 3 个月激烈角逐，西安电子科技大学团委副书记华俊文、计算机科学与技术学院团委书记李栋荣获专职团干部组二等奖；空间科学与技术学院团委书记郑瑞博获专职团干部组三等奖；经济与管理学院研究生王冠玉、网络与信息安全学院研究生谢雨航获学生团干部组二等奖；西安电子科技大学获优秀组织单位称号。

2 日下午，西安电子科技大学空间科学与技术学院产教融合捐赠仪式暨联合研发中心揭牌仪式举行。学校党委副书记杨银堂，中国科学院院士、空间科学与技术学院院长包为民参加仪式。

3 日，第七届西浦全国大学教学创新大赛落下帷幕。由于疫情影响，生命科学技术学院谢晖老师团队在教师教学发展中心及学院的保障下，通过学校智慧教室线上参赛答辩，最终获得全国一等奖。这是西安电子科技大学教师首次在该项赛事上荣获全国一等奖，也是陕西高校在本届大赛中取得的最好成绩。

4 日上午，西安电子科技大学杭州研究院与国家工业信息安全发展研究中心在杭州共同签署《工业互联网安全创新研究院共建合作协议》。国家工业信息安全发展研究中心副主任郝志强、保障技术所所长李俊，西安电子科技大学杭州研究院党委书记邓军、网络与信息安全学院院长胡瑞敏等参加签约仪式。

11 日上午，西安电子科技大学举行段宝岩科教创新基金捐赠仪式。在校校领导及相关职能部门、学院负责人参加捐赠仪式，捐赠仪式由学校党委副书记杨银堂主持。

13 日上午，西安电子科技大学与中国国际中文教育基金会、马来西亚深斋教育集团在线签署马来西亚深斋孔子学院三方合作协议。中国国际中文教育基金会副理事长兼秘书长赵灵山，陕西省教育厅一级巡视员刘宝平，马来西亚深斋教育集团荣誉主席胡万铎、董事长胡恩林，中国国际中文教育基金会政策与发展部主任李宏宇，陕西省教育厅对外合作与交流处处长文通，陕西省孔子学院联合工作机制理事长单位代表、西安外国语大学国际合作与交流处处长景楠，马来西亚深斋教育集团及学校相关部门负责人参加签约仪式。校党委书记查显友参加签约仪式并致辞，仪式由副校长张进成主持。

▲ 一年一度的计算机视觉学术盛宴 CVPR(IEEE Conference on Computer Vision and Pattern Recognition)刚刚落下帷幕。西安电子科技大学通信工程学院何刚老师带领团队 Kingslayer(团队成员：王勇、徐莉、张文莉)和北京快手科技有限公司合作在图像质量感知赛道(Perceptual Quality Track)中取得全球第三(季军)、高校排名第二的优异成绩。

▲ 在由上海外国语大学中国外语战略研究中心、中国外语教材与教法研究中心和外语教育出版社联合主办的第二届“外教社·词达人杯”全国大学生英语词汇能力大赛中，西安电子科技大学计算机科学与技术学院刘文宇同学荣获全国决赛一等奖。

▲ 由中国电子学会与国家级实验教学示范中心联席会电子学科组联合主办的第九届“鼎阳杯”全国高校电工电子基础课程实验教学案例设计竞赛总决赛顺利举办。西安电子科技大学获得全国一等奖 3 项、三等奖 1 项的优异成绩，并首次摘得“最佳授课奖”，一等奖获奖数全国并列第一。

▲ 欧洲科学院(Academia Europaea)院长 Marja Makarow 向西安电子科技大学华山学者讲座教授、83 级校友姜开春(Kyle Jiang)发来贺信，祝贺他当选 2022 年度欧洲科学院院士。

八　月

1 日上午，由国家留学基金管理委员会主办、西安电子科技大学和华为技术有限公司承办的 2022 年“感知中国——智创未来”活动(西安站)开幕式举行。西安电子科技大学郝跃院士、副校长张进成、华为西安研究所副所长刘宗平以及学校和华为技术有限公司相关负责人参加活动。

3 日，2022 年高等学校教学信息化与教学方法创新指导委员会(简称“教指委”)年会召开。本次会议由教育部教指委、陕西省教指委、重庆市教指委联合主办，西安电子科技大学承办。教育部教指委主任委员杨宗凯、副主任委员徐晓飞、秘书长杨九民以及教指委委员共 34 人现场参加会议，39 人线上参加会议。会议由西安电子科技大学副校长王泉主持。

3 日至 4 日，学校党委书记查显友、副校长林松涛看望慰问北京校友，走访北方华创科技集团股份有限公司、中电智能科技有限公司、拓尔思信息技术股份有限公司、北京星宇天航科技有限公司、北京信而泰科技股份有限公司等校友企业，围绕校企合作科研创新、联合培养、实习就业等主题进行交流。

4 日，“华为杯”第五届中国研究生创“芯”大赛决赛在杭州圆满落幕。本届大赛西安电子科技大学共荣获 55 项大奖，郝跃院士团队、微电子学院周弘教授指导的“氧化镓小分队”从全国 503 支参赛队伍中脱颖而出，斩获大赛最高奖项——创“芯”之星，这是学校第五次获得该项大奖。

6 日，由陕西省人民政府主办、陕西省体育局和榆林市人民政府承办的陕西省第十七届运动会在榆林体育中心体育场开幕。本次省运会首次设立大学生组，西安电子科技大学乒乓球队、羽毛球队奋力拼搏、摘金夺银。乒乓球队在本次比赛中斩获男子团体冠军、女子团体亚军，羽毛球队获得男子团体第四名。

6 日至 8 日，第五届全国高等学校青年教师电路、信号与系统、电磁场课程教学竞赛决赛在青海大学举行。西安电子科技大学空间科学与技术学院吴宪祥老师荣获电路组全国一等奖。

12 日上午，教育部党组书记、部长怀进鹏来西安电子科技大学调研，听取了学校关于立德树人、科技攻关、“人工智能 + 教育”建设等方面的工作汇报。

13 日至 15 日，学校党委书记查显友赴杭调研推进杭州研究院工作，带队拜会了杭州市委常委、萧山区委书记王敏，萧山区区长姜永柱等当地领导同志，现场察看了杭州研究院硬件设施条件和新园区工程建设进展，看望慰问了暑期留校师生，并与部分浙江校友进行交流。

16 日上午，中国联通集团公司党组书记、董事长刘烈宏一行来西安电子科技大学调研，就加强与学校教育信息化发展合作进行了深入研讨交流。学校党委书记查显友、党委副书记杨银堂、副校长王泉参加座谈。

16 日上午，广州市科学技术局党组书记弓鸿午一行来西安电子科技大学考察，调研学校科技成果转化及产学研合作情况，并就双方加强校地科技创新合作、促进科技成果转化有效落地广州进行了座谈交流。学校党委书记查显友参加座谈。

17 日上午，华中科技大学党委常委、副校长解孝林一行来西安电子科技大学调研学校新校区建设相关情况。学校党委副书记杨银堂参加座谈。

22 日，第十五届全国大学生信息安全竞赛作品赛决赛在湖南长沙顺利落幕，西安电子科技大学在本届竞赛中再创佳绩，共获一等奖 3 项、三等奖 5 项，在全国高校中位居前列。

30 日下午，中国银行陕西省分行党委书记蒙震，党委副书记、首席业务经理田晓一行来西安电子科技大学调研，就银校开展合作进行座谈交流。学校党委书记查显友、副校长林松涛参加座谈。

▲ 西安电子科技大学先进材料与纳米科技学院李智敏教授与贵州振华新材料有限公司向黔新研究员等人合作的研究成果以“Magnetic frustration effect on the rate performance of $LiNi_{0.6}Co_{0.4-x}Mn_xO_2$

cathodes for lithium-ion batteries”为题，发表在国际能源领域顶级期刊 *Advanced Energy Materials* (IF: 29.698)上。西安电子科技大学为论文第一单位，先进材料与纳米科技学院 2020 级硕士研究生叶涛为论文第一作者，李智敏教授、向黔新研究员为共同通讯作者。

▲ 共青团陕西省委和陕西省委教育工委联合印发了《关于确认全省学校团建示范单位培育资格的通知》。西安电子科技大学空间科学与技术学院团委、微电子学院团委入选“全省高校团建标杆院系”培育单位；光电工程学院 200501101 团支部、马克思主义学院研 201612 团支部、人工智能学院 2020011 团支部入选“全省高校团建样板支部”培育单位。

▲ 第二十四届机器人及人工智能大赛全国决赛落下帷幕，西安电子科技大学空间科学与技术学院 SmartLintener 团队的“智听——智能助听先行者”项目获创新类赛项全国一等奖。

▲ 第八届中国国际“互联网+”大学生创新创业大赛陕西赛区省级复赛成功举办，西安电子科技大学共获 24 项金奖，其中高教主赛道金奖 13 项，“青年红色筑梦之旅”赛道金奖 4 项，产业命题赛道金奖 7 项，“清芯视界——超高清画质提升 IP 开拓者”项目获陕西省高教主赛道季军。

▲ 西安电子科技大学外国语学院教师、“一带一路”信息通信技术传播话语研究中心副主任程静博士与英国兰卡斯特大学教授、西电“华山学者”讲座教授曾敬涵合作撰写的论文在区域研究顶级期刊 *Journal of Contemporary China* (当代中国)在线发表。

▲ 第三届“寻找最美三秦青年科技之星”评选活动结果公布，西安电子科技大学通信工程学院讲师、准聘副教授赵越，电子工程学院准聘副教授兰岚，前沿交叉研究院博士后陈穆林获“三秦青年科技未来之星”荣誉；通信工程学院电磁认知与管控团队获“三秦青年科创先进团队”荣誉。

▲ 西安市科学技术局(外国专家局)公布了第三批西安市国际科技合作基地认定名单，西安电子科技大学推荐的西安离散事件动态系统理论与应用国际科技合作基地、西安数据安全与隐私保护国际科技合作基地、西安先进医学影像智能计算国际科技合作基地、西安车联网国际科技合作基地和西安“一带一路”统计学与随机理论及应用国际科技合作基地等 5 个基地获批认定。

▲ 2022 年“TI 杯”全国大学生电子设计竞赛模拟电子系统设计专题邀请赛全国决赛成绩正式公布，西安电子科技大学王新怀、徐茵、周佳社老师指导的张西凯、庞明杰和白兆曦队，秦红波、易运晖、周佳社老师指导的张冠捷、张佩轩和张晓巍队均获得全国一等奖(全国仅 9 项)，获一等奖数位列全国第一，是该项全国赛事举办以来学校取得的历史最好成绩。

▲ 陕西省委教育工委、陕西省教育厅下发《关于第二批陕西高校网络思想政治工作研究课题与实践项目立项的通知》，西安电子科技大学共有 6 项课题和项目获批立项，其中重大研究课题 1 项、一般研究课题 2 项、重点资助实践项目 1 项、一般自筹实践项目 2 项。本次学校立项数目位于全省部属高校首位，重大研究课题立项首次实现突破。

▲ 全国大学生机器人大赛组委会公布第二十一届全国大学生机器人大赛 RoboMaster2022 机甲大师超级对抗赛全国赛获奖名单，经过团队一年的研发备赛，西安电子科技大学 IRobot 战队与全国 170 余支高校队伍同场竞技，斩获全国赛二、三等奖各 4 项。

▲ 2022 年华为嵌入式软件大赛总决赛在华为松山湖欧洲小镇顺利落下帷幕，西安电子科技大学电子工程学院王新怀、李亚超教授指导的参赛队伍“影舞随踪”在实物组中荣膺全国亚军。

九　月

5 日下午，西安电子科技大学杭州研究院与杰牌传动联合共建的“未来传动联合实验室”在杰牌传动科技有限公司正式揭牌。作为杭州市萧山区高能级科研平台代表和“未来工厂”企业代表，双方的牵手为下一阶段萧山区打造产业数字化升级版吹响了冲锋号。

8 日下午，中兴通讯高级副总裁苗伟一行来西安电子科技大学调研，双方就 ICT 行业标准人才校企联合培养模式进行交流。学校党委书记查显友会见苗伟一行，副校长王泉参加座谈。

15 日下午，九三学社陕西省委专职副主委曹增武，陕西省社会主义学院副院长、九三学社西安交大委员会副主委仲伟周，九三学社陕西师大委员会主委雷秀娟等调研组一行，围绕“建设高素质化人才队伍 推动陕西高质量发展”主题来西安电子科技大学开展专题调研。副校长蒋舜浩参加并讲话。

21 日上午，中共陕西省委外事工作委员会办公室副主任黄勇、出入境管理处处长彭元庆一行来西安电子科技大学调研外国留学生工作。副校长张进成参加调研会议。会议由国际合作与交流部副部长郭彤主持。

21 日，西安电子科技大学、中国证券监督管理委员会陕西监管局、深圳证券交易所和国信证券股份有限公司签署四方合作备忘录。深圳证券交易所党委副书记、总经理沙雁，陕西省地方金融监督管理局党组书记、局长苏虎超，中国证券监督管理委员会陕西监管局党委书记、局长兼西安稽查局局长鱼向东，西安市金融工作局党组书记、局长王丽，国信证券股份有限公司副总裁杜海江，学校党委书记查显友，经济与管理学院院长谢军占等参加签约仪式。

21 日，第五届中国“北斗之星”创新创业大赛(丝路国际挑战赛)全国总决赛在河南郑州举行。西安电子科技大学空间科学与技术学院 2020 级本科生王文宇(队长)、刘勇、王梦祥、叶晨光等同学组队完成的参赛项目“城市之心——基于北斗的交通检测预警系统”在比赛中脱颖而出，获得全国特等奖并受邀在大会上作相关报告，指导教师张华教授获得“北斗名师奖”。

22 日下午，西安电子科技大学召开教师干部大会。教育部人事司司长何光彩在会上宣布了教育部党组的任免决定，张新亮同志任西安电子科技大学校长、党委副书记，杨宗凯同志不再担任西安电子科技大学校长、党委副书记职务。

27 日下午，陕西省首批国家级创新创业学院(实践基地)建设工作启动会在西安电子科技大学召开，会议围绕国家级双创学院(实践基地)建设开展部署和研讨。陕西省人民政府学位委员会秘书长袁宁参加并讲话，西安电子科技大学副校长王泉致辞，会议由陕西省教育厅高教处处长高强主持。

29 日上午，中电科思仪科技股份有限公司(简称“电科思仪”)总经理、40 所、41 所所长方葛丰校友一行来西安电子科技大学调研，与学校就人才培养、科技成果转化等问题进行交流座谈。校长张新亮、副校长张进成参加座谈。

▲ 国际 ECCV 2022 官方多次传来捷报。在西安电子科技大学人工智能学院刘芳教授、焦李成院士的共同指导下，博士生李硕等人撰写的论文被 ECCV 2022 正式公布录用。

▲ 陕西省委宣传部、省委教育工委印发了《关于印发陕西省第二批重点马克思主义学院和重点马克思主义学院培育单位名单的通知》，西安电子科技大学马克思主义学院成功入选重点马克思主义学院。

▲ 由文化和旅游部、中国对外文化集团有限公司、中国合唱协会、国际合唱联盟等单位共同主办的“第十六届中国国际合唱节”在北京落下帷幕。西安电子科技大学大学生合唱团从来自全球 52 个国家和地区的 530 余支合唱团中脱颖而出，获得比赛青年学生组和民谣组两个组别最高荣誉“一级合唱团(金奖)”称号，刷新了陕西高校合唱团此项比赛的历史最好成绩。

▲ 第十届全国大学生光电设计竞赛决赛在华中科技大学以线上创新赛形式圆满落幕，经过西北区赛和决赛的层层选拔，西安电子科技大学代表队获得两项国家二等奖、多项西北区赛奖项的好成绩。

▲ 西安电子科技大学通信工程学院 ISN 国家重点实验室王勇超教授团队在信息论顶级学术期刊 *IEEE Transactions on Information Theory* 上发表了题为“Decoding Nonbinary LDPC Codes via

Proximal-ADMM Approach”的学术论文(DOI:10.1109/TIT.2022.3147906)。王勇超教授为论文第一作者，团队博士生白晶(毕业后就职于石家庄铁道大学)和王勇超教授为论文共同通讯作者。

▲ 在外语教学与研究出版社“2022 年中西部地区高等外语课程思政教学设计大赛”和高等教育出版社“2022 年外语课程思政优秀教学案例征集与交流活动”中，西安电子科技大学外国语学院教师团队共斩获团队特等奖 6 项、一等奖 3 项、二等奖 1 项以及个人赛一等奖 2 项，成绩喜人。

十 月

10 日，在《九三学社中央关于授予万建民等 10 名同志“九三楷模”荣誉称号的决定》中，九三学社陕西省第十三届委员会主委郝跃院士被授予第六批“九三楷模”荣誉称号。

12 日下午，广东省科学技术厅副厅长杨军一行到访西安电子科技大学广州研究院，调研广州研究院落地广州以来的科研推进情况，并就未来发展规划等事宜进行交流。西安电子科技大学副校长张进成及科研院相关负责人线上参会，广州研究院党委书记刘丰雷、执行院长王从思及部分教师线下参与座谈交流。

19 日下午，陕西省发展和改革委员会副主任刘迎军一行来到西安电子科技大学，调研国家工程研究中心建设情况。学校党委书记查显友、副校长张进成参加调研活动。

31 日下午，陕西省空间超限探测重点实验室学科交叉融合前沿论坛第二讲在西安电子科技大学成功举办。本论坛由中国科学院院士、发展中国家科学院院士郑晓静教授倡议和发起，由陕西省空间超限探测重点实验室主办。

▲ 教育部公布了新一批教育部工程研究中心建设项目立项名单，由西安电子科技大学牵头申报的“区块链技术应用与评测教育部工程研究中心”获批立项建设，成为学校第 4 个获批建设的教育部工程研究中心。

▲ 陕西省科学技术厅公布了新一批陕西省工程技术研究中心建设名单，由西安电子科技大学牵头申报的“陕西省遥感大数据应用工程技术研究中心”获批立项建设。这是学校继 2009 年获批首个省工程技术研究中心以来取得的又一突破。

▲ 共青团中央青年发展部发布《关于 2022 年全国大中专学生志愿者暑期文化科技卫生“三下乡”社会实践活动的通报》，西安电子科技大学团委获评 2022 年“三下乡”社会实践优秀单位，西安电子科技大学“续写人才培养现象，办好新时代西军电”社会实践队获评 2022 年“三下乡”社会实践优秀团队。

▲ 应 *Information Fusion* 主编 Salvador Garcia 教授邀请，西安电子科技大学机电工程学院张强教授团队和英国 Aberystwyth University 计算机科学学院终身教授韩军功课题组联合在多模态信息融合领域顶级期刊 *Information Fusion*(中科院一区，影响因子为 17.564)发表了题为“Deep Learning for Visible-Infrared Cross-modality Person Re-Identification: A comprehensive Review”综述论文。西安电子科技大学为论文第一完成单位，机电工程学院张强教授、团队博士研究生黄年昌分别为论文通讯作者和第一作者。

▲ 2022 欧洲计算机视觉国际会议 European Conference on Computer Vision(ECCV)多项竞赛大奖尘埃落定。在西安电子科技大学人工智能学院焦李成院士、刘芳教授、屈嵘教授、刘旭副教授、李玲玲副教授、陈璞花副教授与团队杨育婷等博士生研究生的共同指导下，人工智能学院的 16 支队伍入围各类赛事前 10，再次斩获 ECCV 2022 竞赛 12 项(3 冠军、6 亚军、2 季军、1 陪审团奖)奖项，获奖队伍均受到竞赛主办方邀请，在 ECCV 2022 会议上报告与展示了获奖的竞赛方法。

十 一 月

6 日，为期两天的 2022CCF 中国开源大会圆满落幕。大会由中国计算机学会(CCF)与开放原子开源基金会联合主办，CCF 开源发展委员会、西安电子科技大学承办，西安电子科技大学计算机科学与技术学院(国家示范性软件学院)、西安电子科技大学软件工程学科、西安市智能软件工程重点实验室具体实施。

12 日，在温州举行的 2022 世界青年科学家峰会开幕式上，第十七届中国青年科技奖揭晓并举行颁奖仪式。本届全国共有 100 名青年科学家获得奖项，其中 10 人获该奖项特别奖。全国政协副主席、中国科协主席万钢为获奖者颁奖。此次西安电子科技大学共有杨丽、刘英两位教授获此奖项，其中杨丽获得中国青年科技奖特别奖。据悉，陕西省共有 4 人获得中国青年科技奖。

10 日至 13 日，由教育部等 12 个中央部委和重庆市人民政府联合主办、重庆大学承办的第八届中国国际“互联网+”大学生创新创业大赛总决赛通过线上形式举行。经过紧张激烈的角逐，西安电子科技大学 5 个参赛项目获得金奖 1 项、银奖 4 项，连续 8 年获国赛金奖。

11 日至 13 日，由教育部学位管理与研究生教育司指导，中国学位与研究生教育学会、中国科协青少年科技中心、中国电子学会共同主办，如皋市人民政府承办的“兆易创新杯”第十七届中国研究生电子设计竞赛全国总决赛颁奖典礼暨“研电之星”挑战赛在如皋成功举办。西安电子科技大学参赛团队共获得一等奖 5 项、二等奖 5 项、三等奖 6 项，其中技术竞赛优秀论文获奖 3 项，最具商业价值奖获奖 2 项。此外，西安电子科技大学再次获得大赛“优秀组织奖”，入围国赛队伍数量和国赛获奖质量再创佳绩。

13 日，“美亚杯”第八届中国电子数据取证大赛圆满落幕，本届大赛共有参赛队伍 1095 支、报名人数超 3000 人。西安电子科技大学组织 13 支学生代表队共计 39 人参加了本次电子数据取证大赛。经过紧张激烈的角逐，学校参赛选手在资格赛中获得一等奖 2 项、二等奖 1 项、三等奖 4 项，在团体赛中获得一等奖 5 项、二等奖 4 项、三等奖 3 项的优异成绩。此外，西安电子科技大学获得优秀组织奖，网络与信息安全学院张宁老师获得优秀指导老师奖。

23 日，陕西省女科技工作者协会成立大会暨第一次会员代表大会在西安召开。陕西省委常委、副省长王琳作出批示表示祝贺。中国工程院院士、中国女科技工作者协会会长王红阳视频致辞。大会选举中国科学院院士郑晓静为陕西省女科技工作者协会首任会长，中国科学院院士周卫健、何雅玲，西安电子科技大学李赞教授等 12 人当选为副会长。

27 日，2022 年高等学校(本科)外语课程思政优秀教学案例交流活动全国总决赛成绩揭晓，西安电子科技大学外国语学院教师团队再创佳绩。经过第一阶段初选与第二阶段省级遴选推荐，学校 3 支教师团队均以省级特等奖晋级第三阶段全国总决赛，且在大学英语组比赛中全部获奖。其中，王丽莉、廉虹、邓婷、王俊、曹志宏团队获特等奖，赵小溪、任静、马琪、彭瑾、陈万庆获一等奖，陈争峰、王雅萍、冯延琴、徐艳琴、李文兰获二等奖，学校获优秀组织奖。

30 日上午，陕西省总工会党组副书记、副主席兰新哲，陕西省教科文卫体工会主席徐富权一行来西安电子科技大学看望劳模，走访调研焦李成劳模创新工作室、杨银堂劳模创新工作室，听取工作室建设情况汇报。学校党委书记查显友在座谈会前与兰新哲进行交流。副校长蒋舜浩参加座谈并讲话。

30 日上午，陕西省科学技术协会党组书记李豫琦，党组成员、副主席张俊华一行来到西安电子科技大学，走访看望学校第十七届中国青年科技奖获得者杨丽、刘英两位教授，同时参观调研“科学家精神教育基地”宽禁带半导体国家工程研究中心、ISN 国家重点实验室和科技成果展厅。校长张新亮参加座谈，副校长张进成全程陪同。

▲ 国际权威学术刊物 *Research* 在线发表了西安电子科技大学先进材料与纳米科技学院华山特聘教授彭彪林有关铁电薄膜高介电可调谐研究论文。该论文题为“B-site nanoscale-ordered structure enables ultra-high tunable performance”，其研究成果可为超高集成毫米波相控阵雷达移相器材料的制备提供重要科学参考。彭彪林为论文第一作者与通讯作者，西安电子科技大学为论文第一完成单位。

▲ 两年一届的欧洲计算机视觉会议(European Conference on Computer Vision，简称 ECCV)在以色列特拉维夫举行。ECCV 和 CVPR、ICCV 是计算机视觉领域三大顶级国际会议。由西安电子科技大学、洛桑联邦理工学院(EPFL)、Magic Leap 组成的联合队伍获得了此次会议举办的 BOP Challenge (Benchmark for 6D Object Pose Estimation)中的单模型赛道冠军，同时受邀在 6th International Workshop on Recovering 6D Object Pose 上汇报。

▲ 经专家评审答辩，秦创原创新驱动平台建设领导小组审定，西安电子科技大学获批“秦创原引用高层次创新创业人才项目”11 项。

▲ 计算机图形学与多媒体领域国际顶级会议 The 30th ACM International Conference on Multimedia(ACM MM 2022)在葡萄牙里斯本举行。该会议被中国计算机学会(CCF)列为 A 类会议。西安电子科技大学网络与信息安全学院陈晓峰教授团队的最新研究成果“Purifier: Plug-and-play Backdoor Mitigation for Pre-trained Models Via Anomaly Activation Suppression”被会议论文集收录，并作大会报告。

▲ 第六届中国青年志愿服务项目大赛举行全国终评，大赛采取“参评项目线上路演展示、评委监委线下集中评审”的方式进行评审交流。西安电子科技大学的“大创筑梦”项目以陕西省第二的成绩入围终评路演并斩获全国银奖，追平历史最好成绩。

▲ 国际权威学术期刊 *Research* 在线发表了西安电子科技大学前沿交叉研究院柔性电子研究中心负责人常晶晶教授有关钙钛矿单晶高能 X 射线探测的研究论文。论文题为“Low Trap Density Para-F Substituted2DPEA$_2$PbI$_4$(X = Cl, Br, I) Single-crystals with Tunable Optoelectrical Properties and High Sensitive X-Ray Detector Performance”。博士生狄佳钰为论文第一作者，西安电子科技大学为论文第一完成单位。

▲ 科学技术部 2022 年度国家重点研发计划“智能传感器”重点专项立项通过公示，西安电子科技大学生命科学技术学院王忠良教授作为项目负责人牵头的“动态非线性磁场传感机理及生物组织成像技术研究”获得立项资助，这是生命科学技术学院作为项目牵头单位获批的首个国家重大项目，也是科学技术部在磁粒子成像领域立项的首个重大项目。

▲ 西安电子科技大学通信工程学院何刚老师团队联合北京快手科技有限公司的最新利用深度学习算法针对传统 SDR 视频(标准动态范围视频)生成高质量 HDR 视频(高动态范围视频)(SDRTV-to-HDRTV)技术的研究成果“SDRTV-to-HDRTV via Hierarchical Dynamic Context Feature Mapping”被多媒体领域顶级会议 ACM MM (ACM Multimedia) 2022 收录。

十 二 月

3 日，华语辩论世界杯西安赛区最后一轮比赛于线上进行，西安电子科技大学辩论队战胜西安交通大学辩论队，以六胜一负、积分榜第一、净胜分第一、最佳辩手榜第一的好成绩获得 2022 年华语辩论世界杯西安赛区冠军。

8 日，西安电子科技大学承办的 2022 世界慕课与在线教育大会分论坛“数字革命与大学教学变革”成功举行。

10 日至 11 日，“双一流”学科与交叉学科建设论坛于云端举办。本次论坛聚焦计算机科学与技术“双一流”学科建设、人工智能交叉学科建设、人工智能发展的前沿与挑战等主题，特邀 13 位国内外专家、学者。论坛直播吸引了超过 130 万人次观看。

15 日，西安电子科技大学与中航光电科技股份有限公司在西安电子科技大学学术交流中心举行“未来技术创新中心”成立暨合作项目签约仪式。中国工程院院士段宝岩教授、西安电子科技大学党委副书记杨银堂、中航光电总经理李森、人力资源部部长常国亮、光电产品部部长刘朋以及校企双方有关负责同志参加了签约仪式。

21 日，国家知识产权局办公室、教育部办公厅联合发布了第四批高校国家知识产权信息服务中心名单，西安电子科技大学成功入选。

25 日至 29 日，国家自然科学基金委员会组织专家在西安电子科技大学对学校首个国家重大科研仪器研制项目“临近空间高速目标等离子体电磁科学实验研究装置”进行验收。经过充分讨论后，专家组认为项目达到预期研制目标，符合验收要求，同意通过验收。

▲ 西安电子科技大学先进材料与纳米科技学院 Ajit Khosla 和赵振环当选英国皇家化学会会士(Fellow of the Royal Society of Chemistry, FRSC)。

▲ 在陕西省教科文卫体工会委员会开展的 2022 年度优秀提案评选活动中，西安电子科技大学经济与管理学院杜荣、空间科学与技术学院戴浩申报的《关于加快新能源汽车充电桩建设的提案》(学校六届四次教代会立案提案)获评优秀提案。此次评选经综合审核，共有 30 份优秀职工代表提案予以通报表彰。

▲ 九三学社中央发布了《九三学社中央关于表彰 2021－2022 年社会服务先进集体和先进个人的决定》，九三学社陕西省第十三届委员会主委郝跃院士、九三学社陕西省委第十四届副主委马晓华教授荣获九三学社中央“全国社会服务先进个人”称号。

▲ 经陕西省高等教育学会中外合作办学分会评选，西安电子科技大学与美国弗吉尼亚理工大学大数据管理与应用专业本科教育项目获评“2022 年度陕西省中外合作办学优秀机构(项目)”，西安电子科技大学电子工程学院副院长曹静荣获“2022 年度陕西省中外合作办学优秀专家”称号。

▲ 西安市科技局公布了 2022 年西安市重点实验室认定名单。西安电子科技大学组织申报的西安市先进数据库技术重点实验室、西安市智能系统安全重点实验室和西安市智能频谱感知与信息融合重点实验室获批认定。

▲ 全国高校“一站式”学生社区风采展示活动优秀案例名单公布，西安电子科技大学申报的《组织创新 信息赋能 开辟社区党建育人新格局》《立足“一站式”学生社区构建“三全育人”立体场域》2 个案例获评优秀案例。

▲ “2022 中国年度最佳雇主”颁奖盛典暨中国人力资本国际管理论坛在线上成功举办。西安电子科技大学与西安交通大学、复旦大学、南京大学、华中科技大学等 24 所高校获得“2022 中国年度最佳高校就业典范奖”。

Liu Zengli

EMBA

学英语教师

近30年策划主编图书数千种

教育考试研究院 · 院长

：中西方教育考试

之一：组织北京各区奥数教练制作118集大型动画片《奥数

让思维训练从纯文字走向荧幕，使学生的抽象思维能力获得

升。

经济管理学院2007级北京校友会副会长

语大学基础教育校友会会长

语大学教育发展基金会理事

语大学兼职教授

大学人文与外国语学院兼职教授

外国语学院兼职教授

学习法，是高效学习之本；自主学习是

Alice

大学附属小学、初中、高中

：Saddleback Valley Christian School(鞍峰山谷基督中学)

：Chapman University(查普曼大学)

中国人民大学在读

经济管理学院-YES青年商业学堂

创业投资公司在查普曼大学设立的大学生创业项目负责人（大

5 创业投资公司负责与美国各大学创业中心对接。同时，也是

及评审委员会成员。

想考满分 怎么办？怎么办？怎么办？

1 预习必用
提前预习 课堂高效

语文

一年级 二年级 三年级 四年级 五年级 六年级

2 听课必用
听了记不下 记了听不全

语文 数学 RJ/BS 英语 PEP

一年级 二年级 三年级 四年级 五年级 六年级

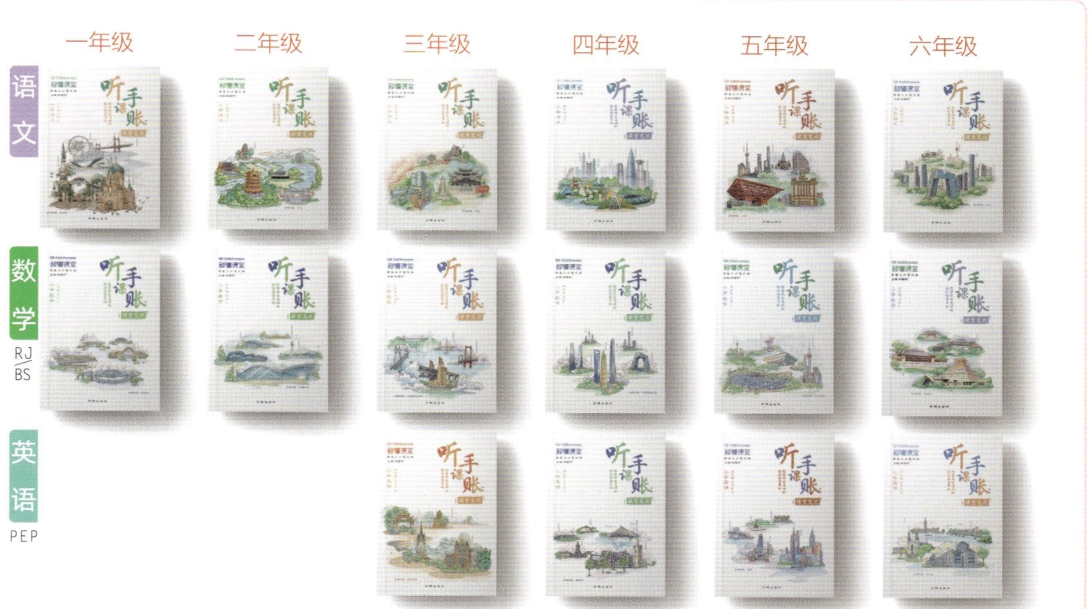

3 提升必用
满分必备 专项突破

语文 数学

支持原创 NO 拒绝盗版

一本书一个承诺
凡是您购买的图书，如有任何质量问题，均可在全国任何一家销售此书的书店免费更换。
售后服务电话：029-86184999-684。

物流编码
30406010100010241

什么时候用本书？

预习	听课	作业	复习
胸有成竹 百战百胜	主体已好 补充笔记	日清日高 日日拔高	回顾所学 万无一失
假期提前学	左页标记	日作业	单元考试前
上课前一天预习	右页记录	周作业	月考前
早自习预习		周复习	期中考试前
课间预习			期末考试前
课前几分钟预习			

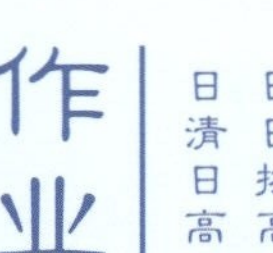

万向思维 教育考试研究院 Education Examination Institute of Wanxiang Siwei

秒懂课堂·听课手账

小学语文 六年级上·RJ

主编 刘增利

万向思维 教育考试研究院 Education Examination Institute of Wanxiang Siwei

秒懂课堂

课堂三分笔记法

主编 刘增利®

小学语文

六年级上 RJ